阳台集

大觉寺
与西山历史文化研究

北京大觉寺与团城管理处　编

李永泉　主编

北京燕山出版社

图书在版编目（CIP）数据

阳台集：大觉寺与西山历史文化研究 / 北京大觉寺
与团城管理处编；李永泉主编 . — 北京：北京燕山出
版社，2022.11

ISBN 978-7-5402-6545-8

Ⅰ . ①阳… Ⅱ .①北… ②李… Ⅲ .①佛教—寺庙—
文化—北京—文集 Ⅳ . ① B947.21-53

中国版本图书馆 CIP 数据核字（2022）第 191504 号

阳台集：大觉寺与西山历史文化研究

编　　者：北京大觉寺与团城管理处　编

　　　　　李永泉　主编

责任编辑：张金彪

封面设计：王　鹏

出版发行：北京燕山出版社有限公司

社　　址：北京市丰台区东铁匠营苇子坑 138 号 C 座

邮　　编：100079

电　　话：010-65240430

印　　刷：北京富诚彩色印刷有限公司

开　　本：787mm×1092mm　1/16

字　　数：573 千字

印　　张：29.75

版　　次：2022 年 11 月第 1 版

印　　次：2022 年 11 月第 1 次印刷

书　　号：ISBN 978-7-5402-6545-8

定　　价：108.00 元

《阳台集》编纂委员会

主　　编：李永泉

编委会成员：刘克全　顾春敏

　　　　　　宣立品　张蕴芬

　　　　　　王　松

序　言

　　大觉寺，在北京西山永定河文化带中具有独特的魅力，因有清泉绕寺，故曾名清水院。寺内院落中有一通十分珍贵的辽代石碑，刻有《阳台山清水院创造藏经记》，记载着辽咸雍四年(1068年)，社会捐资修葺僧舍和印刷《大藏经》的始末，相关的历史文献曾描述："清水院者，幽都之胜概，跨燕然而独颖，侔东林而秀出"。整个寺院至今依然保存着辽代寺院坐西朝东的建筑布局，体现了辽代契丹族以东为尊的朝日习俗，在西山众多寺院中颇负盛名。

　　历史上的大觉寺不仅以佛教圣地声名远播，更以古树清泉、花木繁盛的景观和优雅寂静的环境享誉京城。清澈的山泉从寺院上方的龙潭泉眼中流出，沿南北两条石槽水路缓缓而下：南路出憩云轩，顺山势向下流动形成三叠飞瀑状，穿四宜堂注入前院功德池；北路出香积厨前的碧韵清池，顺山势而下汇入前院功德池。游人若登龙王堂居高俯临，可见寺内南北两道清泉，自上而下，蜿蜒曲折于寺内，为大觉寺一奇异妙景。

　　大觉寺内上百棵郁郁葱葱、姿态各异的参天古树与古朴庄重、风格独特的庙宇楼阁相互映衬，自然与人文景观在此浑然一体，此景美不胜收。寺内有奇异的老藤寄柏、鼠李寄柏等植物景观；有树龄三百余年闻名京师的古玉兰；有五百余年树龄的七叶树、楸树等珍贵树木；有一棵30余米高、树龄千年的巨形银杏树，被称为西山"银杏王"，高大挺拔，超越寺庙大殿，浓荫遮盖半院，历史上曾被乾隆皇帝赋诗赞誉道："古柯不计数人围，叶茂枝孙绿荫肥"。

　　大觉寺自辽代建成以来，历经千年而不衰，始终保持着辽代特有的规划布局和建筑特色，并在漫长的历史岁月中，不断丰富和延续着其特有的传统文化内涵，成为不同历史时期的帝王、文人墨客游历西山、消夏避暑以及社会民众参观游览的文化场所，无数的游人为之流连忘返，历代的名人墨客为之吟诗作赋。

　　大觉寺所依托的西山永定河文化带的人文背景，历史悠久，底蕴深厚。这里早在石器时代即开启了人类活动与文明的历史，沉淀了极其深厚的历史与生态资源，从而造就了大觉寺产生及发展的自然环境和文化底蕴。

优美的山林生态与地理环境，为大觉寺提供了得天独厚的高等级的风景名胜区、森林公园和自然保护区所构成的周边环境；西山地区著名的鹫峰、凤凰岭、阳台山、翠微山等形成层峦叠嶂、满目青绿的秀美景致，成为大觉寺依托的山川地理背景。

内涵丰富、多元融合的历史文化资源，构成了大觉寺周边的人文生态环境，考古界著名的东胡林人遗址，历史上各时期的寺庙、水院，元代大运河遗迹、古村落、抗战革命遗迹、红色文化纪念地等等，多种文化资源相组合，形成大觉寺及周边广大区域内丰富多彩的文化载体。

北京市文物部门自 20 世纪 90 年代初期接收大觉寺以来，对整个寺院的历史建筑开展了多次保护维修工作，先后修缮了中路的山门、御碑亭、功德池、钟鼓楼、天王殿、大雄宝殿、无量寿佛殿、大悲坛、龙王堂；维修了北路跨院明清僧舍，主要包括方丈院、北玉兰院、香积厨等；维修了南路跨院并依然保持了清代皇帝行宫的格局——四宜堂院、憩云轩及垒石、瀑布等组成的园林式建筑；保护和恢复了寺内特有的山石路面，改善了寺内参观游览环境，延续了古寺的历史文化特色，成为一处吸引广大游客参观游览的历史文化古迹。

当前大觉寺的保护利用工作迎来了全新的发展时代。全市文博行业以习近平总书记关于文化遗产保护的重要讲话精神为指导，全面贯彻市委、市政府保护文物的决定，认真贯彻《北京市"十四五"时期历史文化名城保护发展规划》，大觉寺的保护利用工作，坚持立足于首都西山永定河文化带建设的定位，落实首都文博工作和博物馆之城建设的总体要求，以西山永定河文化带丰富多元的历史文化资源为依托，以保护好、传承好、利用好大觉寺及周边历史文化遗产为原则，保护大觉寺自身及周边的山水生态文化遗产，以科学的保护方式使寺内数百年历史的古树名木得以延续，传承以大觉寺为核心的周边广大区域范围内的历史文脉，使整个周边区域的历史资源和文化遗产得以持续发展。

全面开展大觉寺历史文化资源的探索与研究，不断推出多种文化惠民展示活动。深入挖掘大觉寺延续千年的历史文化内涵，开展大觉寺历史生态、文化的专题研究，全面梳理大觉寺的自然生态和历史文化资源，深入阐示大觉寺的历史演变及周边区域的人文内涵，形成系统性的大觉寺及周边区域的历史文化资料档案，围绕大觉寺的保护利用开展多种形式的文化论坛、专题讲座，策划创作和出版一批大觉寺及周边区域的自然生态、历史人文和活化利用的丛书，特别是充分利用西山庙会传统活动和进香通道的地理优势，开展多种形式和内容的展览、展示活动，不断扩大大觉寺在西山永定河文化带区域的影响力。

孔繁峙

前　言

"阳台山者，蓟壤之名峰；清水院者，幽都之胜概。"这是位于北京西北阳台山东麓的大觉寺所存碑刻《阳台山清水院创造藏经记》的记载。大觉寺的历史已逾千年，千年时光精雕细琢着这片灵秀的山水，也深深积淀着独特的历史文化，使这里成为人们饱览胜境、寻古抒怀的一方宝地。近年来，首都三个文化带建设更是将大觉寺纳入西山文化带的整体视野中来阐释其重要的文化价值，并持续为擦亮北京文化金名片增色添彩。二十大报告提出的"增强中华文明传播力影响力，坚守中华文化立场，讲好中国故事、传播好中国声音"为我们的事业发展指明了方向，如何充分利用区域资源禀赋，在"文化＋"战略引导下，让文物活起来，惠及更多公众，成为我们面临的新课题。

大觉寺于1979年被公布为北京市重点文物保护单位，2006年被公布为全国重点文物保护单位，2013年成为国家AAA级旅游景区。北京西山大觉寺管理处自1989年初成立，三十多年来在北京市文物局的领导和支持下，不断在古建保护、藏品管理、科学研究、社教宣传等方面深耕细作，不仅将其作为北京地区著名寺庙遗址，而且努力将其打造为北京地区一处社会科学类专题遗址博物馆。2021年，北京西山大觉寺管理处与北京市团城演武厅管理处整合组建为公益一类事业单位——北京大觉寺与团城管理处。这两处历史文化遗产同处于西山文化带，未来将整合古代建筑、园林水系、历史遗迹、历史事件、传统民俗等文化资源，使其成为西山文化带建设中的重要示范区域。

值此，我们谨将《阳台集：大觉寺与西山历史文化研究》文集奉献给大家，作为献给大觉寺开放30周年的一份礼物。文集内容涉及寺庙文化研究、文物考释与探索、遗产保护与利用、园林生态与环境、博物馆理论与实践等诸多方面，追述着一座文物古建的前世今生，更记录着一座社科专题博物馆蒸蒸日上的成长经历，承载着为之奋斗的人们的珍贵记忆。

在书稿收录过程中，多位专家学者将他们的研究成果无私赠与，文物战线上的领导和同志们也热情赠稿，为文集增色颇多，我们衷心感谢！对于本文集编辑组同志们的辛勤付出以及全馆同志们的热情参与，在此一并表示感谢。

李永泉

目录

一

寺庙文化研究

阳台集——
大觉寺与西山历史文化研究

明朝僧人道深史事述略

舒小峰[*]

摘　要：明初高僧智光的弟子道深，他出生于西南少数民族地区，先后师从智光、慧进、独芳，具有深厚的汉藏佛教和儒学功底。道深先后创建宝藏寺、月河梵苑，曾为京城众多寺院题写碑记，是一位正统至成化年间活跃在北京地区的著名僧人。

关键词：道深　大觉寺　宝藏寺　佛教　西天僧

大觉寺是明初高僧智光生前所居最后一所寺庙。《智光塔铭》记载：

> 旸台山之大觉寺实皇帝（明宣宗）奉皇太后慈旨出内帑所创者，功德利济无间显幽。特命大国师（智光）居之以佚其老，并敕礼官度僧百余人为其徒，恩德至厚，无以加矣。[①]

明宣德十年（1435 年）六月十三日，88 岁的智光圆寂后，便葬在大觉寺北百余步的西竺寺。明弘治六年（1493 年）八月所立《敕建西竺寺重修碑》记载：

> 西竺寺在顺天府宛平县旸台山，与大觉禅林相联峙。曩者西天大通法王智光上师以佛道高深，缘契不浅，遭际累朝眷顾，赐予甚厚，乃于大觉寺侧倩工累石为塔，以为异日栖神之所。逮宣德十年法王圆寂之后，讣闻于上，上甚嗟悼，特赐金帛遣官谕祭，敕有司具葬仪，增广其塔为建兹寺，赐名曰西竺。[②]

---

*　舒小峰，曾任北京市文物局党组书记、局长，现任北京市政协教文卫体委员会副主任。

① 《智光塔铭》，北京图书馆金石组编《北京图书馆藏中国历代石刻拓本汇编》第 51 册，中州古籍出版社，1989 年，第 77—78 页。

② 《敕建西竺寺重修碑》，北京图书馆金石组编《北京图书馆藏中国历代石刻拓本汇编》第 53 册，中州古籍出版社，1989 年，第 20—21 页。

智光一生弟子众多。明李贤撰《大通法王碑铭》称：智光"所度弟子中外无虑数千人，凡经藏之蕴必恳恳开说，各随其才器而诱掖之，以故上首及传衣钵者得人最众"。① 杨荣所撰《灌顶广善西天佛子智光大国师事实》记载得更为详细：

> 其中外弟子数千人，各随其器宇引掖之。上首则有僧录司右讲经月纳耶实哩、禅师吾巴帖耶实哩、左讲经帖纳实哩、左讲经吾答耶实哩、捞耶实哩、衣钵侍者左觉义纳耶实哩、左觉义禅牒实哩、右觉义三曼答实哩及高僧褒然为领袖者数十人，及以番字授诸生擢为美官者亦十数人。②

智光的弟子中除少数尚有史迹可觅之外，大多于史无征。杜常顺在《明代"西天僧"考略》一文中，根据目前所见材料，对吾巴帖耶实哩、纳耶实哩、三曼答实哩、智深、桑渴巴辣、释迦哑尔塔、津塔实哩和道深等人都做了比较详细的研究。③

检索《北京图书馆藏北京石刻拓片目录》，有 9 张由智光一位名叫道深的弟子为寺院或僧人撰写的碑文拓片，时间从正统四年（1439 年）至成化十五年（1479 年）长达 40 年。遍检《北京图书馆藏北京石刻拓片目录》收录的明朝寺院拓片，以僧人作为撰述者，道深在数量上是首屈一指的。可见，道深在明朝正统至成化年间是北京地区一位非常活跃的僧人。

不过，这样一位活跃在北京地区的僧人，有关史料的记载却很少，《日下旧闻考》和《光绪顺天府志》等书中只节选了他撰写的部分碑文片段，对于道深生平记载最为详细的，也仅限于道深自撰的《宝藏寺碑》④ 和程敏政的《月河梵苑记》⑤ 一文。当代人对道深生平事迹的描述，目前仅见到杜常顺《明代"西天僧"考略》和一位署名"千秋雪人"的网络博客文章《北京金山宝藏寺历史沿革考》。这两篇文章对道深的生平和史事虽有所涉及，但仍不完整。

因此，本文拟根据相关史料和拓片对其生平及史事做进一步探索，以期对智光为代表的"西天僧"及大觉寺、宝藏寺历史研究有所助益。

---

① 李贤：《大通法王碑铭》，北京图书馆金石组编《北京图书馆藏中国历代石刻拓本汇编》第 52 册，中州古籍出版社，1989 年，第 31 页。

② 杨荣：《灌顶广善西天佛子智光大国师事实》，《国朝献征录》卷 118，《明代传记丛刊》第 114 册，明文书局，1991 年，第 939—940 页。

③ 杜常顺：《明代"西天僧"考略》，《世界宗教研究》，2006 年第 1 期。

④ 道深：《宝藏寺碑》，北京图书馆金石组编《北京图书馆藏中国历代石刻拓本汇编》第 51 册，中州古籍出版社，1989 年，第 93 页。

⑤ 程敏政：《篁墩文集》卷 13，《四库全书》集部第 1252 册，第 221—222 页。

一

记述道深生平事迹最多的是其自撰的《宝藏寺碑》，杜常顺和"千秋雪人"的两篇文章对道深事迹的介绍也大都源于此。本文研究道深的生平及其史事，也从《宝藏寺碑》入手。

宝藏寺位于海淀区青龙桥街道老府村，现为海淀区文物保护单位。该碑撰于正统四年（1439 年），题名为"承旨讲经兼赐行在僧录宝藏第一代开山圆融显密宗师播阳道深撰述"，碑文称：

> 永乐十九年，播州宣慰使司宣慰使郡侯杨昇携予进贡，来朝北京。①

永乐十九年，即公元 1421 年。碑文中的播州，历史悠久。《明史》专门记载了播州的历史沿革。②播州古为夜郎国地，汉先后属犍为、牂柯郡。唐贞观十三年（639 年），置播州，因境内有播川而得名。唐末为土司杨氏所据，宋、元皆置播州安抚司、宣抚司等，驻地在今贵州省遵义市。明洪武五年（1372 年）置播州宣慰司，长官为宣慰使，由杨氏世袭。《明史》载："（永乐）七年，宣慰使杨昇招谕草塘、黄平、重安所辖当科、葛雍等十二寨蛮人来归。"③《宝藏寺碑》的"播州宣慰使司宣慰使郡侯杨昇"，即《明史》所载播州宣慰使杨昇。杨昇是播州第二十三代土司，今遵义市杨氏家族墓区中，有杨昇墓，曾出土杨昇和其妻田氏墓志铭。《宝藏寺碑》载杨昇"来朝北京"的永乐十九年（1421 年），正是明成祖朱棣正式迁都北京之年，杨昇此次进京，当是进贡并朝贺。这一史实在《明史》和《遵义府志》中均无记载，《宝藏寺碑》可为研究永乐年间迁都北京时，中央政府与西南土司的关系增加一则史料。

"承旨讲经"为明朝僧录司官员，有左、右讲经之职，从六品。但道深并未自称"左讲经"或"右讲经"，而自称"承旨讲经"，大概是指其在宣德初年"侍大国师"时，"屡应宣宗章皇帝宣召，每与经筵"，看来宣宗皇帝并没有实授其僧官官职，而是临时宣召其入宫讲经，道深将此经历作为荣誉夸耀，故曰"承旨讲经"。

九通碑当中，其头衔大同小异，唯正统四年（1439 年）《宝藏寺碑》有"行在僧录"四字，其他八碑中未见此头衔。据《明史》，"永乐元年正月，建北京于顺天府，称为'行

① 道深:《宝藏寺碑》，北京图书馆金石组编《北京图书馆藏中国历代石刻拓本汇编》第 51 册，中州古籍出版社，1989 年，第 93 页。

② 《明史》卷 312《列传第二百·四川土司二》，第 26 册，中华书局，1974 年，第 8039—8049 页。

③ 《明史》卷 312《列传第二百·四川土司二》，第 26 册，中华书局，1974 年，第 8040 页。

在'"；"十九年正月，改北京为京师"；"洪熙初，仍称行在。正统六年十一月罢称行在，定为京师"。① 故正统四年时，道深称北京的僧录司为"行在僧录"。

道深在《宝藏寺碑》中自称为"播阳道深"，其余诸碑或称"播阳道深"，或称"鄱阳道深"。播阳与播州是什么关系呢？据《明史》和《大明会典》，明代曾设播阳巡检司，属湖广布政使司的靖州府通道县。今湖南怀化市有通道县，位于湖南、贵州、广西三省区交汇处的湖南境内，红军长征史上著名的通道会议就是在这里召开的。通道县境西部有播阳镇，西与贵州黎平县交界，东与地阳坪、牙屯堡乡相连，南与独坡、大高坪乡毗邻，北和靖州接壤。贵州省洪洲河自西南入县境后称播阳河，流经南北 10 个村，长约 25 公里。② 可见，道深在明朝时是靖州府通道县播阳人，即今湖南怀化通道县播阳镇人。

明朝时，靖州府由中央派官吏直接管辖，而播州宣慰使司则由当地土司管辖。那么，道深在永乐十九年进京，为什么称"播州宣慰使司宣慰使郡侯杨昇携予进贡，来朝北京"呢？

遍查有关史料，没有播阳属播州宣慰使司治下的明确记载。播阳所处的地理位置十分特殊，位于今天湖南、贵州、广西三省区交汇处，在明朝时，处于靖州府通道县播阳巡检司与播州宣慰使司的交界处。再看前引《明史》记载的那条史料："（永乐）七年，宣慰使杨昇招谕草塘、黄平、重安所辖当科、葛雍等十二寨蛮人来归。"③ 黄平，即今贵州省黔东南州黄平县；重安，即今黄平县下的重安镇；草塘，即黄平县北黔南州瓮安县草塘镇。三处的地理位置都紧邻播阳。据此分析，道深的家乡播阳因为所处的特殊位置，曾一度是播州宣慰使司和靖州府中间的真空地带，永乐七年（1409 年）播州宣慰使司招谕草塘、黄平、重安等地十二寨蛮人的时候，很可能将播阳一并划入到了播州土司的管辖范围。因此，当永乐十九年（1421 年）播州宣慰使杨昇进京进贡时，道深自然成为播州代表团成员了。

目前没有道深出生时间的记载，其俗家姓氏在《宝藏寺碑》中没有透露。程敏政在《月河梵苑记》说："道深，播州人，杨氏子。"④ 据此可知，道深俗姓杨。其民族已不可考，今通道县有 70% 的居民为侗族，道深在明朝时为"蛮人"即少数民族也未可知。

---

① 《明史》卷 40《志第十六·地理一》，第 4 册，中华书局，1974 年，第 883—884 页。
② 《光绪黎平府志》卷 2 上载："洪江源出黎平府洪州司治北，下流至靖州城东，合渠阳江。渠阳江源出靖州通道县之东北一百里，广西分界佛子岭，合众流，环靖州城东，入于洪江。洪江自靖州治流三百四十里，三百一作二百，至会同县西南，洪江入于沅江。"《光绪靖州乡土志》卷 2《志地理·志水》亦称："渠水有两大源，一出贵州黎平府南之九龙寨，东南流三十里，至潘老厂……经洪州司，曰洪州江。又东北流经流塘关，凡三十五里，至黄寨，入本省通道县境，右受昌蒲溪，又东北流十里，至播阳废司，曰播阳河。"
③ 《明史》卷 312《列传第二百·四川土司二》，第 26 册，中华书局，1974 年，第 8040 页。
④ 程敏政：《篁墩文集》卷 13，《四库全书》集部第 1252 册，第 221 页。

道深所在的播州地区，在明代虽属偏远边陲的蛮荒之地，但中原文化对这里的影响却也不小。《大明一统志》载，靖州府有靖州府学、鹤山书院、作新书院，其属县会同县、绥宁县和通道县也都分别建有县学。[①] 而其毗邻的播州宣慰使司也十分重视儒学。《明史》记载，洪武二十一年（1388 年），"播州宣慰使司并所属宣抚司官各遣其子来朝，请入太学，帝就国子监官善训导之"。[②] 播州宣慰使杨昇于"永乐初，请开学校荐士典教，州民益崇习诗书礼义"[③]。正统年间，播州宣慰使杨辉"诸经、子、史，皆博览之。兴有所列，形之歌咏，得唐人之音响。大书行草书，皆遒劲可爱。此其于文学也甚工。……修学校、延明师、育人才，而致文风日盛于前"[④]。上层统治者的热衷和提倡，对当地接受汉文化产生了积极的影响。《明史·职官志四》载，"其后，宣慰、安抚等土官，俱设儒学"[⑤]。在这种氛围之下，道深自幼便受到过良好的教育，他自称："少学举业，读群书，操□翰"[⑥]。程敏政也说，道深"性疏秀，通儒书"[⑦]。

二

道深随杨昇来京进贡后，并没有随杨昇回播州，而是留在了北京。道深何时、在何地、为何出家为僧？史无记载。不过，来到北京以后，道深不但受到"太宗文皇帝赏赉褒重"，还先后师从于三位高僧，这对于今后他在北京佛教界的地位产生了深刻的影响。

第一位是智光。智光是明初藏传佛教的著名僧人，受到明初历代皇帝褒扬。道深来到北京后，"得从灌顶广善大国师智光受灌顶戒，学西天梵书字义"[⑧]。道深在其所撰《敕赐崇恩寺西天大剌麻桑渴巴辣实行碑》中称："予亦与其（即桑渴巴辣）昔同参于无隐上师之

---

① 李贤等：《明一统志》卷 66，《四库全书》史部第 473 册，第 394 页。
② 《明史》卷 312《列传第二百·四川土司二》，第 26 册，中华书局，1974 年，第 8040 页。
③ 李贤等：《明一统志》卷 72，《四库全书》史部第 473 册，第 545 页。
④ 《跋退斋杨侯挽诗后》，《道光遵义府志》卷 31《土官·播州宣慰司杨氏》。此碑现仍保存于贵州遵义杨辉墓前，碑额篆书为"跋退斋杨公挽诗之后"，作者为明工部尚书谢一夔。见《土司考古的又一新成果——贵州遵义团溪明代播州土司杨辉墓地》，《中国文物报》2016 年 4 月 8 日。
⑤ 《明史》卷 75《志第五十一·职官四》，第 6 册，中华书局，1974 年，第 1852 页。
⑥ 道深：《宝藏寺碑》，北京图书馆金石组编《北京图书馆藏中国历代石刻拓本汇编》第 51 册，中州古籍出版社，1989 年，第 93 页。
⑦ 程敏政：《篁墩文集》卷 13，《四库全书》集部第 1252 册，第 221 页。
⑧ 道深：《宝藏寺碑》，北京图书馆金石组编《北京图书馆藏中国历代石刻拓本汇编》第 51 册，中州古籍出版社，1989 年，第 93 页。

门。"① 道深能够由智光为其授灌顶戒，并师从于智光，确实对他后来成为著名的"西域僧"产生了至关重要的影响。洪熙元年（1425 年），道深又受到仁宗的奖谕，特别赐予他"高僧"的称号。到宣德初年，道深曾跟随智光"屡应宣宗章皇帝宣召，每与经筵"②。

第二位是慧进。《补续高僧传》有《慧进传》。慧进生于元朝末年。明洪武时，由于他"究通华严宗旨，傍达《唯识》《百法》诸论，意解心融，众所钦服，遂得'法主'之称"③。永乐时，慧进升任左阐教。他曾奉诏在北京海印寺主持纂刻大藏经，即著名的《永乐北藏》。宣德时，宣宗"待以国老，赐毗卢冠、织金磨衲。诏于内翰因多官并僧众对写金字《华严》《般若》《宝积》《涅槃》四大部经，尚膳供馔饮"④。后又奉旨在隆善寺开讲《楞严经》。道深除师从于智光以外，还跟随"僧录司左阐教、法主大师学习《华严》《圆觉》《楞严》等经、大小宗乘等律、《唯识》《百法》等论"。⑤"法主大师"即慧进。《补续高僧传·慧进传》中对道深与慧进的师承关系也有明确记载，称：在慧进的弟子中有"承旨讲经道深"等人，"余不尽举"。⑥ 可见，道深在慧进的弟子当中是比较优秀的。慧进于正统元年（1436 年）去世，故道深师从于慧进应当在 1436 年前。

第三位是明初著名僧人洪莲。《补续高僧传》有《洪莲传》，称"洪莲，字独芳"。他于"永乐中奉旨笺注《大明三藏法数》，校勘藏经"。也在"海印寺较写三藏"。先后任僧录司右讲经、左讲经等职。洪莲于景泰七年（1456 年）去世，景泰帝赐赠"净梵翊教禅师"之号。⑦ 道深在向智光、慧进学习以后，"复从讲经独芳叟入室，参千百则公案"⑧。道深师从于洪莲，当在景泰七年（1456 年）前。

道深来京后，师从三位高僧，佛学造诣有了很大提高。洪熙元年（1425 年），道深还受到仁宗的奖谕，特别赐予他"高僧"的称号。宣德初年，道深曾多次跟随智光"屡应宣

---

① 道深：《敕赐崇恩寺西天大剌麻桑渴巴辣实行碑》，北京图书馆金石组编《北京图书馆藏中国历代石刻拓本汇编》第 52 册，中州古籍出版社，1989 年，第 10 页。

② 道深：《宝藏寺碑》，北京图书馆金石组编《北京图书馆藏中国历代石刻拓本汇编》第 51 册，中州古籍出版社，1989 年，第 93 页。

③ 明河：《补续高僧传》卷 4《慧进传》，《续修四库全书》子部第 1283 册，第 59 页。

④ 明河：《补续高僧传》卷 4《慧进传》，《续修四库全书》子部第 1283 册，第 59 页。

⑤ 道深：《宝藏寺碑》，北京图书馆金石组编《北京图书馆藏中国历代石刻拓本汇编》第 51 册，中州古籍出版社，1989 年，第 93 页。

⑥ 明河：《补续高僧传》卷 4《慧进传》，《续修四库全书》子部第 1283 册，第 59 页。

⑦ 明河：《补续高僧传》卷 5《洪莲传》，《续修四库全书》子部第 1283 册，第 68 页。

⑧ 道深：《宝藏寺碑》，北京图书馆金石组编《北京图书馆藏中国历代石刻拓本汇编》第 51 册，中州古籍出版社，1989 年，第 93 页。

宗章皇帝宣召，每与经筵"①。

从道深的法脉渊源看，由于他从智光受灌顶戒，当属藏传佛教一派。后人和今天的研究者都称这一时期藏传佛教的僧人为"西域僧"。实际上，所谓"西域僧"，并非全部是西域人，智光就是山东人。因此，《日下旧闻考》和《光绪顺天府志》的作者都认为播州人道深是"西域僧"。从《北京图书馆藏北京石刻拓片目录》收录道深题撰的九通碑文内容看，也大多是为藏传佛教寺庙或藏传佛教僧人撰写的。当代研究者也是如此看法，称道深为"西域僧"或"西天僧"。②

不过，道深却不认为自己是"西域僧"。天顺五年（1461年），他在撰《普陀寺碑》时，自称"嗣孝严宗法师播阳道深"③。可见，道深自称法脉传承的是"孝严宗"。

关于孝严宗，我们认识不多。但仔细研究，还是发现如下线索：

第一，河南温县有慈圣寺，寺有《慈圣寺住持公行迹碑》，称慈圣寺住持广福，于"明洪武十五年壬戌之岁（1382年），诣王川盘谷（今济源市盘古寺），师从孝严宗古峰宗师，是慈胜寺才庵和尚之亲徒"，后任慈圣寺住持十五年，"洪武三十年丁丑之岁八月二十五日，微疾，俨然迁化。"正统四年，其门人主持僧得寿、得然率徒孙会真、云真等，曾徒孙道信、道沉等，与孝严宗济源盘谷寺僧惠通、无量，孝严宗王川灵山寺讲经论传戒沙门月庵等人设祭立石。

第二，河南北部济源市有盘古寺，寺有舍利塔，系明代该寺住持一峰重建，塔铭曰："释迦佛真身舍利宝塔。当代住持续孝严宗讲经沙门一峰（疑为"古峰"之误），大明洪武十六年仲春月艮日"④。

可见，古峰是孝严宗的一代宗师，在洪武、永乐时活动。

《钦定古今图书集成》引《开封府志》：

> 胜安，号古峰，俗姓周，出家弥陀寺，戒律精严，道行绝洁，尝开讲大乘诸经五十余会，修葺招提四十余所。永乐中移居祐国寺，一时缁黄之士，从者云集。后以疾而逝，停龛三日，飞烟环绕，阇维之得舍利，凝聚五色，精莹如珠，观者异之。⑤

---

① 道深：《宝藏寺碑》，北京图书馆金石组编《北京图书馆藏中国历代石刻拓本汇编》第51册，中州古籍出版社，1989年，第93页。
② 如杜常顺《明代"西天僧"考略》和"千秋雪人"的博客文章《北京金山宝藏寺历史沿革考》。
③ 道深：《普陀寺碑》，北京图书馆金石组编《北京图书馆藏中国历代石刻拓本汇编》第52册，中州古籍出版社，1989年，第32页。
④ 卢化南：《盘古寺考》，《第二届古天文与中华传统文化暨王屋山古文化国际研讨会论文集》，第178—179页。
⑤ 《钦定古今图书集成·博物汇编·神异典》卷190《僧部列传六十六·明二》。《万历开封府志》卷24亦有"胜安"条，与此大同小异。（《四库存目丛书补编》第76册，第754—755页。）

《乾隆济源县志》卷 11 亦载：

> 古峰和尚，姓周，名胜安，盘古寺僧，幼受沙弥戒，修废寺三十座，为一代名
> 僧，临终有诗：平生僻志慕林泉，为爱清幽远市廛。破碎伽蓝重整理，荒残祖道再流
> 传。云云。①

慧进曾在洪武初年，"入汴依古峰，究通《华严》宗旨，傍达《唯识》《百法》诸论。
意解心融，众所钦服，遂得'法主'之称。"②可见，慧进曾到河南向古峰求教《华严经》，
并"傍达《唯识》《百法》诸论"。可见，慧进师从于古峰，自然是孝严一脉了。道深曾师
从于慧进，自称"嗣孝严宗法师"，是有所本的了。

关于道深的法脉传承，在《北京图书馆藏北京地区石刻拓片目录》收录道深所撰的九
通碑当中，道深自己用得最多的还是"圆融显密宗师"。程敏政《月河梵苑记》称这一称
号是皇帝所赐（"赐号圆融显密宗师"）。"显密"指佛教教派之显教和密教，简言之，即汉
传佛教和藏传佛教。称"圆融显密"，当是言其兼通汉传与藏传佛教了。而称为"宗师"，
当是在汉传佛教和藏传佛教都有相当深的造诣了。道深一定对"圆融显密宗师"这个称号
颇为自得，于自己的身份、佛学造诣十分相称，因此在九通碑文当中大都署有这一名号。

三

道深一生的事迹主要有四：一是建苍雪庵，二是将苍雪庵扩建为宝藏寺，三是建月河
梵苑，四是为众多寺院撰写碑文。

道深自称"宝藏第一代开山"，在其所撰《宝藏寺碑》中描述甚详：

> 越八年七月半罢参，无何，闰八月后中秋，独游大觉寺，过西湖，至金山口迷
> 路，稍西行二里所，忽来到此，见山峦掩映，岐涧幽深，中有清泉一泓，可数掬而尤
> □湛甜美。私谓此处宜插一草团，标以为游息读藏经二十日。躬自诛茅辟地，创成衡
> 宇数楹，坐西向东，然而小巧，地少不多。③

道深从独芳洪莲参公案之余，"七月半罢参"不久，于闰八月中秋独往大觉寺，在过

---

① 《乾隆济源县志》卷 11《人物·仙释》。
② 明河：《补续高僧传》卷 4《慧进传》，《续修四库全书》子部第 1283 册，第 59 页。
③ 道深：《宝藏寺碑》，北京图书馆金石组编《北京图书馆藏中国历代石刻拓本汇编》第 51 册，中州古籍出版
　社，1989 年，第 93 页。

西湖时，至金山口迷路，来到一处山中，在此"读藏经二十日"。此后，他"躬自诛茅辟地，创成衡宇数楹，坐西向东，然而小巧，地少不多"。此即程敏政《月河梵苑记》所说的苍雪庵。明朝永、宣时期，有闰八月的年代只有宣德八年，即公元 1433 年。可见，道深创建苍雪庵的时间为宣德八年（1433 年）。

第二年，即宣德九年（1434 年）夏，道深与偶然至此的御马监太监王贵等人相识，并于六月初三日"共力开山"，对苍雪庵实施改扩建工程。工程由宣德九年至正统三年，历时五年，在此期间，此地仍名为苍雪庵。新建筑落成后，于正统三年（1438 年）十二月二十一日上奏皇帝，赐额"宝藏禅寺"。第二年，即正统四年（1439 年）三月，道深刻碑纪之。可见，宝藏寺建设工程始于宣德九年，正统三年竣工并由皇帝赐额命名。而康熙四十七年（1708 年）《修建金山宝藏寺碑记》称宝藏寺创建于明永乐九年（1411 年），是错误的。

新落成的宝藏寺有善住秘密大宝楼阁。阁中"置十佛之师，新袭宣慰使杨炯与同前都指挥某等鼎造"。据记载，携道深进京的播州宣慰使杨昇于正统五年（1440 年）去世，而杨昇的次子杨纲在正统六年（1441 年）从其长兄杨正声之子杨炯位上袭任怀远将军、播州宣慰使之职。在杨昇和次子杨纲之间，杨昇的长孙杨炯曾短时间袭任宣慰使一职。关于这一袭任过程，《明史》没有记载，《遵义府志》只称，播州土官杨氏当中，杨升为二十一世，其次子杨纲为二十二世，而没有杨炯。从《宝藏寺碑》看，杨炯确实袭任过宣慰使一职，并以宣慰使的名义在北京宝藏寺捐资建造了佛像。

值得注意的是，道深撰《宝藏寺碑》的时间是正统四年（1439 年）三月，碑文称杨炯为"新袭宣慰使"。而据记载，杨昇是在正统五年（1440 年）去世的。由此可见，杨炯袭任宣慰使一职，并不是"父死子继"。据《明史》及《遵义府志》记载，入明以来，播州宣慰使曾因各种原因，上书朝廷致仕，并得到批准。因此，可以据此推测：正统四年（1439 年）三月以前，播州宣慰使杨昇已经致仕，其宣慰使一职由其长孙杨炯继任。第二年，即正统五年（1440 年），杨昇去世。正统四年以前，杨炯袭封，其本人或播州宣慰司代表进京履行手续时，与播州在北京的知名人士道深相见。当时，正值道深建设宝藏寺，故捐资。此时，虽然距道深进京的永乐十九年（1421 年）已经过去了近 20 年，这位客居京城的僧人，仍然和播州有着联系，并与上层关系密切。因此，《宝藏寺碑》在明代播州历史和杨氏家族史上，可补史之不足。

道深建月河梵苑之事，见于程敏政的《月河梵苑记》一文。程敏政与道深相知甚好，故其《月河梵苑记》为我们进一步了解道深提供了生动的画面。该文记载，道深年老后，在朝阳门外建造月河梵苑，以"营此自娱"。

月河梵苑实际是道深的一处别院，也是一处寺庙，故程敏政在《篁墩文集》的其他文章、诗句中亦称其为"月河寺"。

《月河梵苑记》称：道深"宣德中住西山苍雪庵……后归老，乃营此自娱"。从程氏语义看，是先有苍雪庵，后建月河梵苑。宝藏寺的前身苍雪庵创建时间是宣德八年（1433年），月河梵苑的创建时间当晚于宣德八年（1433年）。

至于月河梵苑的废毁时间，程敏政书《月河梵苑记》一文在天顺甲申年（1464年），程敏政《篁墩文集》有《书月河梵苑记后》一文，称："予记此二十三年矣，深师及其徒得清者俱已物故"，而月河梵苑"之池亭亦多芜废"了。[①] 则《书月河梵苑记后》当撰于成化二十三年（1487年）。据此，月河梵苑之废毁时间当在天顺八年（1464年）至成化二十三年（1487年）之间。

道深何时去世，史无记载。目前所见道深撰写的碑文，最晚的是成化十五年（1479年）为海淀区大觉寺旁普照寺撰写的《慈济塔碑》。因此，道深的去世时间应晚于成化十五年（1479年），不晚于程敏政撰《书月河梵苑记后》的成化二十三年（1487年）。综合分析，道深去世的时间当在成化十五年（1479年）至成化二十三年（1487年）之间。

道深自永乐十九年（1421年）来京，成化十五年（1479年）至成化二十三年（1487年）间去世，在北京居住了五六十年。

道深去世后，葬于何处，史无记载。道深的法脉传承，亦不清晰，只是从程敏政《篁墩文集》中《书月河梵苑记后》一文中得知，他有一个徒弟叫得清。

四

道深在京城佛教界甚为活跃，曾为众多寺院撰写碑文，绝不仅《北京图书馆藏北京地区石刻拓片目录》收录的9张拓片，据目前所见资料，至少撰写了18通碑文。现据有关资料整理如下：

1. 正统四年（1439年），撰《宝藏寺碑》[②]。

2. 正统十一年（1446年），撰《普济寺碑》：

> 普济寺遗址尚存，有断碑一，明僧道深撰，正统十一年立，略云：香山乡五华之

---

① 程敏政：《篁墩文集》卷37，《四库全书》集部第1252册，第660页。
② 道深：《宝藏寺碑》，北京图书馆金石组编《北京图书馆藏中国历代石刻拓本汇编》第51册，中州古籍出版社，1989年，第93页。

西，层峦巨壑，叠嶂悬崖，双洞交流，千岩毓秀，可为梵刹，募众缘鸠工建造，额曰普济禅寺。又建尊胜宝塔一座，兴工于正统八年，完于丙寅之秋，僧国观为住持。[①]

3. 天顺元年（1457 年），撰《碧峰寺碑》：

　　碧峰寺，古刹，一名碧云寺，正统初太监夏时等建。天顺元年敕赐今名，沙门道深记。[②]

4. 天顺二年（1458 年），撰西城区护国寺街《桑渴巴辣实行碑》：

　　桑渴巴辣实行碑，明天顺二年（1458 年）九月九日刻。碑在北京西城区护国寺街。僧道深撰，程洛正书，张瓒篆额。[③]

5. 天顺五年（1461 年），撰并正书海淀区大觉寺旁《普照寺碑》：

　　普照寺碑，道深撰并正书，胡濙篆额，天顺五年（1461 年）八月十五日。首题："敕赐普明照寺记"。额篆书题："敕赐普明照寺重修碑记"。海淀区大觉寺旁。[④]

6. 天顺五年（1461 年），撰海淀区玉泉山旁北坞村《普陀寺碑》：

　　普陀寺，在瓦窑村，宣德年高丽僧野衲峪叟初筑轩于此，正统年太监唐慎等重建，天顺年敕赐今名。沙门道深记。[⑤]

　　普陀寺碑，明天顺五年（1461 年）十二月八日刻。碑在北京海淀区玉泉山北坞村。僧道深撰，汪景昂正书，孙继宗篆额，黄宣镌。[⑥]

7. 成化元年（1465 年），撰朝阳区建国门外《月河寺碑》：

　　月河寺碑，李文达撰，道深撰记，许文正书，周僖撰侧记，丁鹤年重书，成化元年（1465 年）四月二十一日。清同治元年（1862 年）三月上浣重刻。首题"月河寺

① 《日下旧闻考》卷 102《郊坰·西十二》。
② 沈榜：《宛署杂记》卷 19《僧道》，北京古籍出版社，1980 年，第 223 页。
③ 道深：《敕赐崇恩寺西天大剌麻桑渴巴辣实行碑》，北京图书馆金石组编《北京图书馆藏中国历代石刻拓本汇编》第 52 册，中州古籍出版社，1989 年，第 10 页。
④ 《北京图书馆藏北京石刻拓片目录》，书目文献出版社，1994 年，第 215 页。
⑤ 沈榜：《宛署杂记》卷 19《僧道》，北京古籍出版社，1980 年，第 226 页。
⑥ 道深：《敕赐普陀禅寺开山记》，北京图书馆金石组编《北京图书馆藏中国历代石刻拓本汇编》第 52 册，中州古籍出版社，1989 年，第 32 页。

记"，额篆书同首题。①

8. 成化元年（1465年），撰并正书及篆额房山区北歇息岗《兴隆寺碑》：

> 白水寺又名兴隆寺，成化元年重修，僧道深撰文，住持净广立石。②
>
> 兴隆寺碑，明成化元年（1465年）九月九日刻。碑在北京房山区歇息岗。僧道深撰，并正书及篆额。③

9. 成化三年（1467年）十月，撰昌平州芹城村《龙泉寺碑》：

> 龙泉寺在昌平州芹城村龙潭之上，本天祐旧刹，驸马都尉济延修之。成化三年十月，释道深撰碑，行湛立石。（《黄图杂志》）
>
> 释道深敕赐龙泉寺记。神山在昌平县东三十余里芹城村，村有龙潭，约九亩，有古龙泉寺。天祐元年造舍利宝塔，又有海云国师及大庆寿尊宿塔。又有望景轩，宣德间嘉兴大长公主偕驸马都尉济延舍金帛建。龙泉寺石刻。④

10. 成化三年（1467年），撰《崇福寺碑》：

> 都城之南旧有寺曰静宁，圮已久矣。有僧宏琼栖其地，御用监太监潘瑛为之建寺，肇自天顺庚辰，讫于成化丁亥。寺成，请于朝，赐额崇福。寺有二碑：一兵部左侍郎兼翰林学士淳安商辂撰，中书舍人直文渊阁钱塘凌晖书；一鄱阳释道源撰，礼部郎中鄞人章规书。寺今圮矣，而土人尚目之曰新寺。（《析津日记》）⑤

按：成化丁亥年，即成化三年（1467年）。"鄱阳释道源"，当为道深，《析津日记》误。

11. 成化三年（1467年），撰《福昌寺碑》：

> 福昌寺，在童子山，系古泉庵旧址。正统乙丑僧无心募太监阮安等重建，敕赐今名。成化三年钦赐护持敕谕，僧道深记。⑥

---

① 《北京图书馆藏北京石刻拓片目录》，书目文献出版社，1994年，第215—216页。

② 《日下旧闻考》卷132《京畿·房山县三》。

③ 道深：《大方山白水兴隆禅寺重修造碑记》，北京图书馆金石组编《北京图书馆藏中国历代石刻拓本汇编》第52册，中州古籍出版社，1989年，第50页。

④ 《日下旧闻考》卷135《京畿·昌平州二》。麻兆庆《昌平外志》卷4《金石记》有《敕赐龙泉寺记略》，亦此。

⑤ 《日下旧闻考》卷60《外城·西城二》。

⑥ 沈榜：《宛署杂记》卷19《僧道》，北京古籍出版社，1980年，第227页。

12. 成化五年（1469 年）四月，撰《广慧禅寺开山记》：

　　广慧寺，明成化间因五华寺遗址修建。今已圮，惟余屋三楹。内磬一、钟一，并有玉河乡朱家庄五华寺等字。寺后废壤中仆大钟一，有敕赐广慧寺开山祖师中圆功德主金福聚住持圆相归静万历二年三月造等字。寺有旧碑二：一为《广慧寺开山记》，僧道深撰；一为《檀越题名记》，皆明成化五年四月立。

　　僧道深广慧禅寺开山记略。京都之西十数里许玉河乡朱家庄五华梵刹，乃古之遗迹，岁久荒芜。于正统年，信官章文达、王福兴辈邀中圆尊宿倒拈没孔钳锤，无痕斤斧，重开其山，依原基款修造山门、天王殿、正佛殿及东之斋堂、伽蓝堂、钟楼，西之禅堂、祖师堂、鼓楼，两廊僧房四十余间，其后方丈，左之退居，右之廪库皆具。而复周围筑以垣墙，一顷八十余亩，栽桓果木数千，穿凿二井，浇灌蔬圃。正殿塑释迦佛，侍立香花菩萨。殿东塑补陀胜境观世音菩萨慈救八难之妙相。殿西塑阎摩罗界地藏大菩萨严列十王之仪相。诚可谓非色相是名色相，作人天之瞻仰，为巨道场矣。功完凡十载，敕赐额曰广慧禅寺，特命中圆尊宿为第一代重开山祖师。尊宿讳智湛，潞阳巨姓，久慕少室单传，乃大翠微山善世南浦大师之上首，嗣其师祖西竺大善知识，为临济正宗。并著于斯，以备传灯续焰。成化五年四月立。[①]

13. 成化六年（1470 年），撰门头沟区马栏村《重建圣泉寺记》：

　　圣泉寺，辽景炎年建，宣德五年尼僧善用重建，沙门道深记。[②]

　　圣泉寺重建碑：（斋堂镇马兰村，明代）寺无存，唯遗成化六年（1470 年）《重建圣泉寺记》碑一通，高 1.5 米，宽 0.7 米，厚 0.25 米。圆首，额线刻蔓草纹，额题：《重建圣泉寺记》。承旨讲经兼室（当为"宝"）藏开山圆融显密宗师鄱阳道深撰文，奉政大夫通政参议前翰林侍书广陵赵昂篆额、在中樵子金台李谦书丹。[③]

14. 成化八年（1472 年），撰海淀区羊坊店吴家场《广济庵碑》。
《日下旧闻考》载：

　　广济庵，明天顺八年碑一，僧道深撰。[④]

---

① 《日下旧闻考》卷 95《郊坰·西五》。
② 沈榜：《宛署杂记》卷 19《僧道》，北京古籍出版社，1980 年，第 228 页。
③ 《北京文物地图集》下册，科学出版社，2009 年，第 289 页。
④ 《日下旧闻考》卷 95《郊坰·西五》；《光绪顺天府志》卷 17《京师志·寺观二》及《北京图书馆藏北京地区石刻拓片目录》第 52 册，第 92 页均有记载。

《光绪顺天府志》亦载：

> 玉河乡池水村五道圣庙之旁，为古刹观音堂，岁久荒芜。天顺元年，广慧禅寺瑞
> 云，遇施地功德主惠普宽等喜舍，建寺曰广济，以为广慧之下院，有天顺八年僧道深
> 开山记碑。①

然《北京图书馆藏中国历代石刻拓本汇编》称此碑撰于成化八年：

> 广济庵碑，明成化八年（1472 年）八月十日刻。碑在北京海淀区羊坊店吴家场。
> 僧道深撰，僧善洪正书，赵昂撰额。②

据碑记，广济寺是广慧寺僧瑞云接受施舍所建，为广慧寺下院。而据道深在成化五年
四月所撰《广慧寺开山记》，广慧寺乃是正统年间由信众施舍，在五华寺遗址上重建而成，
"工完凡十载"，敕赐额曰广慧禅寺。即是广慧寺下院，则不应早于广慧寺，故《日下旧闻
考》及《光绪顺天府志》所称广济寺建于天顺八年，误。

15. 成化八年（1472 年），撰西城区龙华寺碑：

> 龙华寺，古刹废址，成化二年锦衣卫指挥万贵建。敕赐今名，沙门道深记。③
> 成化三年，锦衣卫指挥佥事万贵，自创寺成，疏请寺额于朝，宪宗赐额曰龙华
> 寺，部覆报可。成化八年，沙门道深碑记焉。④

16. 成化九年（1473 年），撰海淀区大觉寺北坡上西竺寺遗址《禅牒塔铭》：

> 禅牒塔铭，明成化九年（1473 年）四月八日刻。石在北京海淀区大觉寺北坡西竺
> 寺遗址。僧道深撰，孙添济正书，邹干篆额。⑤

17. 成化十一年（1475 年），撰海淀区大觉寺旁普照寺内《班丹托思巴塔铭》：

> 班丹托思巴（净戒禅师）塔铭，明成化十一年（1475 年）七月十五日刻。石在北

---

① 《光绪顺天府志》卷 17《京师志·寺观二·郭外寺观》。
② 道深：《广济寺开山碑记》，北京图书馆金石组编《北京图书馆藏中国历代石刻拓本汇编》第 52 册，第
　　32 页。
③ 沈榜：《宛署杂记》卷 19《僧道》，北京古籍出版社，1980 年，第 223 页。
④ 孙承泽：《帝京景物略》卷 1，北京古籍出版社，1983 年，第 37 页。
⑤ 道深：《禅牒塔铭》，北京图书馆金石组编《北京图书馆藏中国历代石刻拓本汇编》第 52 册，第 99 页。

京海淀区大觉寺旁普照寺内。僧道深撰，赵昂正书，邹干篆额。①

18. 成化十五年（1479 年），撰海淀区大觉寺旁普照寺内《慈济塔碑》：

    慈济塔碑，明成化十五年（1479）四月八日刻。碑在北京海淀区大觉寺普照寺内。僧道深撰，赵昂正书，邹干篆额，张纯镌。②

以上 18 通碑文，时间从正统四年（1439 年）至成化十五年（1479 年），共计 40 年。

五

综上，我们对道深的生平事迹有了一个大致的了解：

生年不详，约为明初洪武年间、永乐初年出生于今湖南省怀化通道县播阳镇。

永乐十九年（1421 年），随播州宣慰使杨昇进京；

洪熙元年（1425 年），受到仁宗的奖谕，特别赐予"高僧"的称号；

宣德八年（1433 年），创建苍雪庵；

宣德九年（1434 年），与御马监太监王贵等一起扩建苍雪庵；

正统三年（1438 年），扩建工程完工，英宗赐额"宝藏禅寺"；

正统四年（1439 年），撰《宝藏寺碑》；

正统十一年（1446 年），撰《普济寺碑》；

天顺二年（1458 年），撰西城区护国寺街《桑渴巴辣实行碑》；

天顺三年（1459 年），于永隆寺说楞严诸经；

天顺五年（1461 年），撰并正书海淀区大觉寺旁《普照寺碑》、撰海淀区玉泉山旁北坞村《普陀寺碑》；

成化元年（1465 年），撰朝阳区建国门外《月河寺碑》、撰并正书及篆额房山区北歇息岗《兴隆寺碑》；

成化三年（1467 年）十月，撰昌平州芹城村《龙泉寺碑》、撰《崇福寺碑》；

成化五年（1469 年）四月，撰《广慧禅寺开山记略》；

成化六年（1470 年），撰门头沟区马栏村《重建圣泉寺记》；

① 道深：《班丹托思巴（净戒禅师）塔铭》，北京图书馆金石组编《北京图书馆藏中国历代石刻拓本汇编》第 52 册，第 123 页。

② 道深：《慈济塔铭》，北京图书馆金石组编《北京图书馆藏中国历代石刻拓本汇编》第 52 册，第 142 页。

成化八年（1472 年），撰海淀区羊坊店吴家场《广济庵碑》、撰西城区龙华寺碑；

成化九年（1473 年），撰海淀区大觉寺北坡上西竺寺遗址《禅牒塔铭》；

成化十一年（1475 年），撰海淀区大觉寺旁普照寺内《班丹托思巴塔铭》；

成化十五年（1479 年），撰海淀区大觉寺旁普照寺内《慈济塔碑》；

成化十五年（1479 年）至成化二十三年（1487 年）之间，道深去世。

六

从道深的经历我们可以看出其风采、为人：

第一，佛学功力深厚，兼通汉藏。已见前述，且在天顺三年（1459 年），于永隆寺说楞严诸经。

第二，通儒书。道深受到过良好的儒学教育，即使是出家为僧以后，其从前受到过的教育也仍然发挥作用。入明以来，佛道儒三教有合流之势，"明末四僧"都不再排斥儒学，而是力图寻找二者之间的共同点。在这一大背景下，"通儒书"的道深，显然更像是一位文僧。道深的文章写得很有风采，九通碑文文笔流畅，书法精到。目前，我们从拓片和史料中梳理出道深留下的 18 通碑文当中，有两通是由他亲自书写的，一是《普照寺碑》，二是《兴隆寺碑》。从这两通碑中，我们可以窥见道深的书法造诣。

第三，情趣高标。道深所建的宝藏寺和月河梵苑，不但是佛教寺院，同时充满了园林野趣。宝藏寺有"八景"，月河梵苑步步有景，与其说是一处寺院，不如说是一处私家园林。身临其间，诵经、操琴、吟诗、品茶，一派文人雅士的作派。

第四，关于其交游。早年随杨昇进京后，主要从智光、慧进、独芳学习汉藏佛教。在此期间，随师长入宫，颇受封赏。但由于其"性疏秀"，故在宣德八年（1433 年）罢参独游大觉寺迷路误入金山，创建苍雪庵，便开始离开师长，独自创业了。在扩建宝藏寺期间，他与御马监太监王贵偶然相识，共同扩建宝藏寺，并由于王贵的关系，获得皇帝敕赐寺名。这时，他与播州宣慰司也保持比较密切的联系。从他为众多寺院撰写碑文看，道深在佛教界比较活跃，威望较高。但于仕宦的交游，也仅见与程敏政交游甚密，甚至程敏政的弟弟去世后，其棺木都暂厝于月河寺。程敏政于明成化二年（1466 年），应殿试中进士，授翰林院编修。弘治初，擢少詹事，后被提升为侍讲学士。任太常卿兼侍讲学士，掌院事。后又任礼部右侍郎，专掌内阁诰敕。晚年颇不得志。其为官，更多的像是一位文人。道深与翰林学士黄谏的交往，也仅仅是因为他在永隆寺讲经，遇黄谏而请撰碑文，可见关系一般，不似与程敏政那样密切。在景泰年间，不见有史料记载道深的行踪，但考虑我们了解道深大多是由于其为寺院撰写碑文，而景泰年间战乱频仍，无心新建或重修寺院，故道深在此期间的交游无从查考，不能据此便断定道深在景泰年间沉寂。但我们可以看出，道深在离开师长独自开山以后，再不见他与仕宦高层的交往，而只见其与僧流和文人雅士的交游了。分析起来，这与其"性疏秀""谐者颇寡"的性格一定有非常大的关系。道深从骨子里更像是一位文人雅士，但也不能免俗，他在撰写碑文时，仍然念念不忘当年皇帝赐给他的名号"圆融显密宗师""承旨讲经"。也许，正因为道深的这种性格，他在佛教界的影响也只限于为人撰碑，既无经文疏解流传下来，此后的"传灯录"当中也无小传，其法脉传承也只限于得清一人，此后再无宗嗣，以至于在他和徒弟去世后，连月河梵苑也荒芜了。

通过对道深生平的考述，我们看到了一位出生于西南边陲少数民族地区的少年，来到北京剃度为僧后，不断学习、吸收各种文化，把自己塑造成具有深厚汉藏佛教和儒学功底，颇具文人雅士风格的文僧形象，在这里，我们看到了明朝北京地区民间寺院当中文僧的生活和心路历程。

京西妙峰山庙会与大觉寺

顾　李
军　泽
　　坤 *

摘　要：首都博物馆的馆藏清末画作《妙峰山进香图》，展现了一幅在大觉寺门前香客们进香时的热闹场景。妙峰山庙会是在民间具有较大影响力的道教活动，大觉寺是著名的皇家佛教寺院，一民一官、一道一佛，且位于妙峰山山顶的娘娘庙与位于山麓的大觉寺相距超过10公里。妙峰山庙会与大觉寺，为何会在同一幅画作中被统一到一起呢？本文通过梳理妙峰山庙会和大觉寺的历史，从地理位置、史料记载、民间传说、儒释道合流的大背景等多个角度，浅析了妙峰山庙会与大觉寺之间的历史渊源。

关键词：北京史　文化遗产　妙峰山庙会　大觉寺

　　妙峰山位于北京西北郊地区，其山顶的碧霞元君庙（俗称娘娘庙）远近闻名，香火极为旺盛。很多文献中都称妙峰山为北京的"宗教中心"，一个重要的原因是每年四月在这里举行的妙峰山庙会。首都博物馆有一幅清末绘制的画作《妙峰山进香图》，展现了当时人们到妙峰山进香的盛况。值得注意的是，这幅图所描绘的场景，并不是在妙峰山碧霞元君庙，画面中心部位是一座寺院的大门，匾额上写着"大觉寺"三个字。大觉寺在妙峰山山麓，从地图上看，大觉寺到妙峰山娘娘庙直线距离约10公里，步行时间约3小时。为什么《妙峰山进香图》画的是一个距离妙峰山娘娘庙10公里远的地方？为什么妙峰山庙会的盛况会一直延伸到这里的大觉寺？本文将通过梳理妙峰山庙会和大觉寺的历史，讨论妙峰山庙会与大觉寺之间的渊源。

*　顾军，北京联合大学文化遗产研究所所长、教授；李泽坤，北京联合大学中国史专业硕士研究生。

图 1 《妙峰山进香图》（局部）

1. 妙峰山庙会

妙峰山位于京城西北侧，是京郊的避暑胜地。位于妙峰山顶的娘娘庙供奉碧霞元君，是明清以来中国华北地区碧霞元君信仰的活动中心，香火鼎盛，声名远播。

1.1 有关碧霞元君的崇拜

关于碧霞元君的历史，要追溯到宋真宗时期。对于山的崇拜在中国由来已久，中国古代的皇帝，通过在山中举办封禅和祭祀活动，祈求天地和祖先的保佑。为了巩固自己的政权，自唐代开始皇帝便不断给山"封爵"，最开始是封王，宋朝开始封帝。宋真宗将东岳泰山封为"东岳天齐仁圣帝"，又将泰山上的玉女石雕像封为"天仙玉女碧霞元君"。宋真宗的这一加封，使得民间对碧霞元君的崇拜高涨起来。

吴效群先生在《妙峰山：北京民间社会的"紫禁城"》一文中介绍，在民间的传说中，泰山的山神"东岳大帝"的形象威严且令人害怕，他掌管死亡，是阴间的主宰；碧霞元君是东岳大帝的女儿，她的形象与父亲完全相反，掌管世间生命的降生，是一个温柔慈爱、带给世界生机和活力的山神。东岳大帝和碧霞元君"一生一死"的形象对比，可能是出于人们朴素的对立统一的哲学思想。然而，这种形象的对比却使得碧霞元君理所当然地得到了人们的爱戴，被百姓称为"奶奶"或者"娘娘"，这也是碧霞元君庙被称为"娘娘庙"的原因。

无论是哪一种说法，都可以看出民众对碧霞元君的喜爱和崇拜。碧霞元君的生日是农历四月十八日，于是，每年此日便成为百姓前往娘娘庙朝拜的节日。这是妙峰山庙会形成的基本文化背景。

1.2 妙峰山庙会的源起和发展

关于妙峰山庙会的起源，学术界的普遍观点认为其始于崇祯二年（1629年）或更早，其根据是康熙二十三年（1684年）编写的《宛平县志》卷6中碑文《妙峰山庙会序》的记载："己巳春三月，里人杨明等卜吉共进楮币于妙峰山天仙圣母之前……"。由1684年往前推算的"己巳年"即为1629年。然而，2009年郑永华先生在文章《〈妙峰山庙会序〉碑刻之年代订误》中指出，该年代的推断可能有误。由于《妙峰山庙会序》碑文末记载的篆刻时间为康熙二十八年，而康熙二十八年恰好也是己巳年，《宛平县志》又有注明《妙峰山庙会序》的作者为"本朝"（即清朝而非明朝）人，因此原推测很可能早了60年，即妙峰山庙会应始于1689年或更早。

事实上，自明代起北京的娘娘庙众多，其中较为著名的几座娘娘庙素有东、西、南、北、中"五顶"和"金顶"之称，而妙峰山娘娘庙，正是这其中的"金顶"。关于金顶称号的由来，有传说是皇帝册封，但尚没有得到学术界的证实。从地理位置上看，"五顶"环绕京城，是皇家所设置的具有象征意义的寺庙，因此普通民众前往的兴趣并不高；反而是远离皇家的"金顶"娘娘庙，受到百姓的欢迎。

1.3 妙峰山庙会的兴盛

妙峰山进香活动在其发展的过程中，形成了一套独特的体系。除个人进香者外，还有相当多的百姓是结为团体，为进香人提供各种服务和娱神的表演，这些团体称为"香会"，而且分为"文会"和"武会"两种。其中，文会主要负责提供设施和服务（如修路、修鞋、茶饮、提供祭祀用品等），而武会则主要进行表演。丰富的进香活动为人们提供了各式各样的机会，不同的人们各司其职，甚至还形成了一套独立的秩序和规则，"建立了自己'虚拟的紫禁城'"①。于是，妙峰山庙会就成了百姓生活中一道独特的风景。

虽然妙峰山庙会的发展壮大基本是一个由民间自发的过程，但其在清末达到鼎盛时期，则与清政府的态度变化有着很大的关系。道咸年间，清政府曾因妙峰山庙会于治安有妨碍，一些剧目表演有伤风化等，曾禁止妙峰山庙会香会活动。但到清末，以白云观为中心的道教龙门派异军突起，白云观的住持高明峒深受慈禧崇信，慈禧身边的大小太监纷纷入道，道教的势力一时超过了佛教。作为华北第一道场的妙峰山庙会自然得到了慈禧太后的支持，她不仅亲自前往妙峰山进香，而且每年还要在颐和园观看香会的表演，并且对香会进行赏赐。慈禧的行为使得百姓对妙峰山庙会的热情更加高涨，香会的规则中甚至增加

---

① 吴效群：《妙峰山：北京民间社会的"紫禁城"——清代北京地区的碧霞元君信仰与妙峰山庙会》，《山岳与象征——2001山岳文化国际学术研讨会论文集》，2001年，第392—423页。

了一条，即：让慈禧看过的香会将拥有更高的地位和权利。慈禧参加妙峰山庙会带来的另一个影响，是太监们开始动用朝廷的银子为进香修路，根据目前文献中的记载，妙峰山进香的道路大致分为五条，其中有两条都专门为慈禧修建过。这样一来，无疑也就更加方便了百姓的进香。

2. 大觉寺

和妙峰山庙会相比，大觉寺有着更加久远的历史。大觉寺始建于辽代，具体年份目前无从考证，仅从寺中存有距今九百多年以前的碑文，可以推断其历史已有近千年。大觉寺最初的名字叫"清水院"，自创建起便是皇家寺院，在朝代更替中几经衰落，香火从未中断。封建王朝的统治总是离不开宗教的手段，大觉寺就是在这样的背景下得到多位皇帝的重视，不断修整扩建，成就了自己的传奇历史。

2.1 大觉寺的兴建

《大觉禅寺》一书记载："在我国佛教史上，由于帝王扶持倡导而法式大兴者，虽不乏其例，但尤以辽代为甚。"[①] 由于民众饱受战乱之苦，统治者希望通过大兴佛教来巩固自己在百姓心目中的地位。不仅要百姓信佛，统治者自己也要信佛、礼佛，清水寺正是在这一背景下建立的，香火曾经盛极一时。值得注意的是，北京（辽代称为"南京"）自辽代起，辽、金、元、明、清连续五代作为都城，这也是大觉寺能够一直得到皇帝宠幸的原因之一。

到了金代，金章宗（1168—1208年）时期国内政治稳定、经济发达，皇帝开始"广修离宫别苑，建名胜景点，使中都（北京）进入园林建设的兴盛时期"[②]。仅在西山地区修建、改造的寺院就有八座，称西山八大水院，即"西山八院"。清水寺便是这西山八院之一，作为皇帝的行宫，延续了其旺盛的香火。

2.2 元明时期的大觉寺

根据部分史料推测，清水寺曾在元朝灭金的战火中被毁，后又重建，并改名为"灵泉佛寺"。虽然没有正面的记载，但其香火得以延续是事实。

灵泉佛寺在明代重新进入鼎盛时期，宣德三年（1428年），明宣宗奉太后之意重修灵泉佛寺，并将其更名为"大觉寺"，意为望众生在此顿悟参佛。明宣宗不仅重修大觉寺，还请高僧智光到此担任住持。自明宣宗之后，明朝多位皇帝都曾拨款修缮大觉寺，而怀念、追思先人则是修缮的理由之一，如明英宗曾表示希望能在大觉寺中找到父亲（明宣

---

① 孙荣芬、张蕴芬、宣立品：《大觉禅寺》，北京出版社，2006年，第7页。

② 孙荣芬、张蕴芬、宣立品：《大觉禅寺》，北京出版社，2006年，第22页。

宗）的身影，因而对大觉寺进行重新修缮。由此可见，大觉寺在明代已经成为名副其实的皇家寺院。

2.3 清代的大觉寺

如前文所说，妙峰山庙会大致起源于明末清初，因此若要寻找妙峰山庙会与大觉寺历史渊源，自然应该从清朝开始。

清代是大觉寺的第三个兴盛期，这一时期大觉寺依然是深受皇家青睐的寺院。康熙五十九年（1720年），当时还身为皇子的雍正提议重新修建大觉寺，并邀请高僧迦陵禅师入寺担任住持。乾隆皇帝于乾隆十二年（1747年）出资翻修大觉寺，并在《御制重修大觉寺碑文》中表达了对父亲的思念。随着国力的衰弱，嘉庆、道光、咸丰年间均未对大觉寺进行过修缮，然而在光绪五年（1879年），慈禧又出资修建了大觉寺南塔院。

慈禧为何会在上次翻修130多年后再次出资翻修已经不再辉煌的大觉寺？这与前文提到清朝末年政府推动宗教和民俗发展之间是否存在联系？

3. 妙峰山庙会与大觉寺的历史渊源

若论妙峰山香道与大觉寺的联系，最为直观的便是"香道"。本文最初提到的《妙峰山进香图》，在大觉寺后方可看到一条蜿蜒的山路，一直通向远方，进山朝拜的香客们熙熙攘攘，沿着这条山路走向妙峰山山顶的娘娘庙。这条山路便是妙峰山五条香道中的一条，称为"中道"，大觉寺紧邻中道的起点。除香道外，我们还可从一些民间传说的故事中，听到妙峰山庙会与大觉寺的联系。此外，无论是香道还是传说，或多或少还都与一位重要人物相关——慈禧。

3.1 妙峰山香道

妙峰山香道主要包括五条，分别为：中道、中南道、中北道、北道、南道，此外还有西道，但香客人数较少。《妙峰山庙会》（下）一书中对各条香道的距离进行了对比，其中南道最远，而大觉寺所在的中道最近。

既然中道最近，按理说应该选择走中道的香客也最多，但历史上并非一直如此。《妙峰山纪略》中有这样一段记载："盖中道香火素盛，同光以降，始渐衰也。当其盛时，有海灯会，沿路灯火灿烂，不似今日坎坷不平，盖路久失修矣。"可以看出，曾经选择中道的游客确实较多，但同光年间起因年久失修，道路变得艰难且危险，走的人就少了。《茶余饭后话北京》一书中有段老乡对中道的介绍，说："中道是一条羊肠小路，走此道者均为当地农民，大都是上山打柴、放牧的。"[1] 不过中道的这种状况又因为慈禧而改变了。

---

① 边建：《茶余饭后话北京》，中国档案出版社，2008年，第34页。

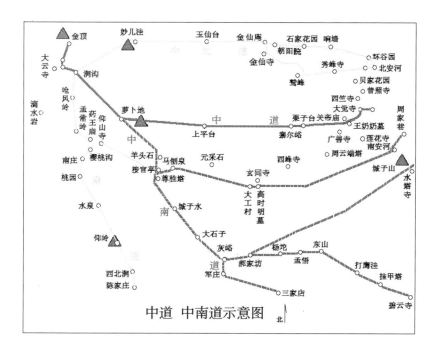

图 2　妙峰山香道（选自北京海淀区文化馆网站）

慈禧共有两次到妙峰山娘娘庙进香，吴效群先生在《北京碧霞元君信仰与妙峰山庙会》中对此进行了梳理：第一次是同治十二年（1873 年）为祈求给同治皇帝治疗"发痘"，其记录可在妙峰山灵感宫前的介绍中查到；第二次是光绪二十五年（1899 年）四月，在金勋所著的《妙峰山志》中可以查到。

慈禧的这两次进香，第一次走的香道便是中道。为了这次进香，太监安德海于同治三年（1864 年）整修了中道，《妙峰山志》中记载："由大觉寺往上，开成山道宽约七尺，用方石砌成石蹬，旅者称便。"[①]可见这次整修改善了中道的路况，且起点正是大觉寺。事实上，慈禧第二次进香便改走了中北道，另一位太监刘诚印又为此捐资修建了中北道。

3.2 民间传说

在《阳台山的传说》一书中，有两个关于慈禧到妙峰山进香的故事，虽然细节有所不同，但可以看出讲的是同一件事情。这里仅以其中一个故事为主，做简要介绍：

同治皇帝在十七岁那年（1873 年）出了水痘，病情越来越严重，服用了御医开的药却仍不见好转。慈禧情急之下，便想要到妙峰山娘娘庙祈求碧霞元君保佑。为保证慈禧求得头香，妙峰山娘娘庙里的僧人提前封了山门，待老佛爷进香之后才准许其他人前往烧香。

---

① 金勋：《妙峰山志》，民国抄本，中科院文献情报中心藏。

从妙峰山返回的路上，慈禧到访了大觉寺。大觉寺的住持禅师与慈禧身边的大太监安德海有莫逆之交，在得知慈禧此次进香的原由之后，老禅师便向安德海推荐寺中一名叫作"惠诚"的和尚给皇上看病。

安德海有所顾虑，没敢当时向慈禧禀报。但回宫后见皇上病情仍不见好转，安德海便把惠诚和尚的事情向慈禧说了。慈禧别无他法，便同意一试。不料，服用了惠诚和尚开的药，同治皇帝竟真的逐渐康复了。

慈禧为了表达感谢，为大觉寺题写了三块匾额，分别为：妙悟三乘、法镜常圆、妙莲世界。

在另一个故事当中，没有大觉寺惠诚和尚这一段，同治皇帝最后也并没有康复。事实上，同治皇帝于 1875 年死于天花，因此故事中的内容确实值得再考证。但慈禧于 1873 年到妙峰山为同治皇帝进香与文献记载是吻合的，且考虑到此次进香走的是以大觉寺为起点的中道，以及与前文提到的慈禧于 1879 年捐资修建大觉寺南塔院一事在时间上也有一定的符合，因此慈禧在这次进香中曾经到访过大觉寺的可能性确实是存在的。而慈禧进香、修路、捐资这一系列行为，也确实对妙峰山庙会和大觉寺起到了积极的作用。

4. 小结

综上所述，首都博物馆的馆藏画作《妙峰山进香图》，展示了妙峰山庙会与大觉寺之间的联系。从这幅画选择大觉寺作为场景这一点来看，大觉寺应该是在整个进香活动中比较重要、比较热闹或比较著名的一处地点。若深究其原因，可能会有很多解释，但也未必会有哪一种能成为绝对的原因，这一现象或许就是在民众进香活动中逐渐形成的结果。

无论怎样，妙峰山庙会和大觉寺之间的渊源确实值得思考。一个是在民间具有较大影响力的道教活动，另一个是著名的皇家佛教寺院，这一民一官、一道一佛，却在同一幅画作中被和谐地放到了一起，颇有一点"天下一家亲"的感觉。

4.1 地理位置及条件所致

从前往妙峰山进香的香道来看，大觉寺所在的中道是最短的一条，且经过安德海修建后路况较好，因此受到民众的欢迎也是情理之中。尤其是大觉寺位于这一香道的起始位置，就像整个进香活动的大门一样，来到这里，便开始了登山进香的旅程。于是，在这一进香活动的起点位置，活动的场面更为盛大，甚至成为一个标志性的场所，都是合乎情理的。

4.2 慈禧的推动作用

综合史料记载和民间传说分析，慈禧是在妙峰山庙会和大觉寺之间的一个重要人物。从安德海修建香道、慈禧上山进香，到大觉寺僧人给光绪皇帝看病的传说，再到慈禧亲自出资修建大觉寺南塔院，使妙峰山香会和大觉寺之间产生了种种联系。当然，目前的资料还存在一些疑点，比如慈禧 1873 年的那次进香是为了给同治皇帝祈福，而安德海是在 1864 年就修整了香道，安德海是怎样提前 9 年就知道同治皇帝会出水痘的呢？不过，这些细节并不影响一个事实——这次修整使得中道的繁荣以及大觉寺在香道中的重要位置均得以维持。

4.3 儒释道合流大背景的影响

清朝末年的《妙峰山进香图》，一定程度上体现出了明清以来儒释道三教的日渐合流。妙峰山庙会从根本上说，是一种宗教活动，而大觉寺恰是著名的宗教寺院，仅此一点而言，似乎将大觉寺作为进山朝拜碧霞元君娘娘的起点是非常合适的。虽然佛道有别，但或许在进香民众的观念中并没有在意，甚至没有意识到此二者的不同，而大觉寺的僧人也没有反对百姓在大觉寺门前举办这些活动。于是，在一年一度的进香活动中，逐渐形成了这样在佛教寺院前举办道教活动的独特场面。

参考文献

1. 中国人民政治协商会议北京市门头沟区委员会文史资料研究委员会：《门头沟文史》第 1 辑，1993 年，第 250—253 页。

2. 孙荣芬、张蕴芬、宣立品：《大觉禅寺》，北京出版社，2006 年。

3. 边建：《茶余饭后话北京》，中国档案出版社，2008 年。

4. 苗地、潘永卫：《阳台山的传说》，北京燕山出版社，2014 年。

5. 包世轩编著：《妙峰山庙会》（下），北京美术摄影出版社，2014 年。

6. 李海荣：《北京妙峰山香会组织变迁研究》，首都师范大学硕士论文，2005 年。

7. 李澄、孙秀清：《首博馆藏〈妙峰山进香图〉所反映的妙峰山香会习俗》，《首都博物馆丛刊》，1994 年，第 165—167 页。

8. 吴效群：《北京碧霞元君信仰与妙峰山庙会》，《民间文学论坛》，1998 年第 1 期，第 46—52 页。

9. 张蕴芬：《京西古刹大觉寺》，《健康》，1996 年第 4 期，第 32 页。

10. 王晓莉：《明清时期北京碧霞元君信仰与庙会》，《中央民族大学学报（哲学社会科学版）》，2006 年第 5 期，第 108—114 页。

11. 郑永华：《〈妙峰山香会序〉碑刻之年代订误——兼及妙峰山香会的初始时间》，《民俗研究》，2009 年第 2 期，第 60—67 页。

12. 郑永华：《北京妙峰山“金顶”称号始于何时》，《北京社会科学》，2010 年第 6 期，第 90—

92 页。

13.《大觉寺渊源》，《文化月刊》，2012 年第 5 期，第 102—103 页。

14. 宣立品、王松：《大觉寺：古刹千年迷踪》，《文化月刊》，2012 年第 5 期，第 96—101 页。

15. 王琳珂：《由皇家寺院到文化博物馆——西山大觉寺的千年巨变》，《北京档案》，2021 年第 3 期，第 58—60 页。

16. 吕英凡：《北京金顶妙峰山香会简述》，《北京历史与现实研究学术研讨会论文集》，1989 年，第 363—385 页。

17. 吴效群：《妙峰山：北京民间社会的"紫禁城"——清代北京地区的碧霞元君信仰与妙峰山庙会》，《山岳与象征——2001 山岳文化国际学术研讨会论文集》，2001 年，第 392—423 页。

18. 姬脉利：《保护传承大觉寺历史文化　推动北京文化之都建设》，《繁荣古都历史文化　实现中华民族伟大复兴的中国梦论坛文集》，2013 年，第 140—143 页。

19. 李俊领：《晚清京西妙峰山信仰礼俗变迁三题》，《中国社会科学院近代史研究所青年学术论坛》（2014 年卷），2016 年，第 16—32 页。

高僧远去不复还

陆
波[*]

摘　要：现今，北京大觉寺里智光和尚的痕迹很难寻觅了。自明宣德三年（1428 年），明皇室特意将一间几近废弃的寺院——大觉寺重新修缮，为安置智光和尚使其颐养天年，并派去礼部百余僧人追随习法。大约十年光阴，这座京城西北的寺院香火鼎盛，名噪四方。因为有皇家支持，且智光和尚身份高贵，这间寺院吸引着众多修法者及各方香客。而修法者中，追随智光和尚的"西天僧"众多，这也是中土佛教史上极为独特的现象。在智光和尚圆寂（1435 年）后，这座寺庙转入衰败，再次从朝廷及民间的记忆中消失。直到康熙末年，雍亲王再次力主重新修寺，迎接藩邸帷幄中与其关系密切的禅僧——迦陵和尚入寺住持，大觉寺开启了朝代新章。因为年代久远，史料有限，关于智光在大觉寺行仪修法记录很难寻觅，但围绕大觉寺的几座下院，为其弟子或弟子之弟子开创，说明法脉有持续相传，这为进一步了解明朝初年的佛教京城活动提供了某些佐证。由研究智光而展开，或许是一个不错的切入点。

关键词：大觉寺　高僧智光　法脉传承

一

元末明初，从皇室到民间行厚待佛僧之气，寺院供养优渥，僧俗往来热络，难免翰墨僧人风气浮泛。朱元璋更是要求僧人为皇权服务，设僧官职位，为国出使，甚至要求还俗管理地方事务。总之，那个时期的僧人不得清修福报，多多少少要卷入世间俗务。但有一位亦是不辞辛劳为皇帝行脚西天的法师却守住了宁静淡泊潜心佛法的清心，虽于后世并无特别渲染的事迹，然其言行如清风一缕，温润雨丝，弘法度化信众，在闻名至今的寺院等

---

*　陆波，北京市怡丰律师事务所合伙人，律师退休。著有《北京的隐秘角落》《寻迹北京问年华》。

地留下雪泥鸿爪，佛化后世，功德无量。他便是西天佛子大国师智光法师。

让我从他的人生终点圆寂地说起。

至今我也说不清是如何与京城的西山大觉寺结下的缘分。

每年正月初一，我都会很早起身，吸着新年新空气前往大觉寺上香。这往往是我能够体验到的最寒冷的早晨，最神清气爽的早晨，给新的一年打上崭新的印记。因为寺院在远离市区的山麓，自是孤冷清高，气温也会比市区低上一些。

寒冷似乎可使万物清醒，更可使人头脑警醒关照所及之物。

拾级而上，那尊造型优美的覆钵式白塔傲然矗立，塔身上有造访者放置的各种硬币，可以看出为使硬币不要掉下而使用的各种机巧。人们如此渴望与佛塔结下尘缘，而高僧却绝尘而去，永不复返。

我在一篇《大觉寺与迦陵和尚》的小文里，对大觉寺传言的所谓"迦陵和尚塔"提出过质疑。"迦陵和尚塔"的由来缘于乾隆《御制重修大觉寺碑文》，指迦陵"及圆寂归宗，复命其徒造塔"。《日下旧闻考》也记载："寺旁有僧性音塔"，后世人便以为这就是乾隆出资建的塔。人们忽略了一个至关重要的证据，就是这座白塔南北各有一棵古柏、古松（已死），而古柏的树龄至少有 500 到 600 年了，乾隆年间建塔时不可能可丁可卯地找到两棵树并在其间建塔，因其不合常理。而应该是某年某月建塔完毕后在塔的南北，人们刻意各种一棵松柏，伴塔而生，这才应是古人的美好愿望。这个推断简单但说得通，因为在 600 年前，曾经有一位伟大的法师在大觉寺度过了最后的 8 年。他就是生命贯穿六朝，被明英宗给予最高的封号——"西天佛子"，身后追谥"大通法王"的智光法师。大觉寺这座白塔应该是与他相关。"复命其徒造塔"，也确有其事。大觉寺塔林分布广泛，围绕着大觉寺的有南塔林、北塔林、圣果寺塔院、莲花寺塔院、西域寺等，如今也是存十毁百，散落于乱石草丛之间。"其徒造塔"造在距离大觉寺南 1.5 公里处，所有僧塔已于 20 世纪 70 年代破坏殆尽，仅存塔基。

我曾认真参观过大觉寺藏经楼里面的"大觉寺历史展览"，里面有迦陵法师画像弟子题诗、雍正亲王立碑题字等，却没有任何智光法师的资料，只有综述大觉寺历史的部分提及了一次他的名字，相对迦陵性音和尚那般轰轰烈烈的记录而言，几乎可以忽略。这让我很讶异。事实上，智光法师作为明朝初期获得皇室最高封号的汉僧，且他住世时间很长，寿至 88 岁，寿数超过那个时代几朝皇帝，佛法修习高深，受到后世敬仰，被其住锡寺院纪念诚然顺理成章，但今天的历史几乎把他遗忘干净了。

二

明宣德三年（1428 年），皇室特意将一间几近废弃的寺院——大觉寺重新修缮，为安置智光法师使其颐养天年，并派去礼部百余僧人追随习法，可见这个事件在当时的京城佛教界的重要性。在其于 1435 年圆寂大觉寺后，这个寺庙转入衰败期，他再次从朝廷及民间的记忆中消失。直到康熙末年，雍亲王再次力主重新修寺，迎接藩邸帷幄中与之关系密切的禅僧——迦陵和尚入寺住持。于是，这之后大觉寺的历史记忆重新变得清晰起来。前面的断裂，及断裂之前的荣耀则暗淡无光。

多年前，我喜欢翻山越岭式的户外运动，经常在京西阳台山一带游荡，在那些以文物景区进行管理的寺院，如龙泉寺、大觉寺，观赏那些规整良好的文物，听一些旅游宣传对它们的浮泛之词。有时，在寺院外围的广阔山野长久跋涉，算是一种户外活动。这一带的山峰统称阳台山（古称旸台山），但对户外旅行者而言我们称大觉寺倚靠的大山为萝芭地（俗称"萝卜地"），山顶相对开阔平坦，夏秋野花遍地，色彩斑斓。冒出的一个山尖就是它的高峰，叫"萝芭地北尖"，户外旅行者喜欢登上去远眺四方。向北的山峰叫鹫峰，再向西，穿越涧沟村就是妙峰山群峰。叫阳台山的山峰也有，但不在当前阳台山和鹫峰森林公园圈划的范围内，要更北些，海拔大约在 1200 多米，是这一带的最高峰。我在阳台山山脉大约方圆几十里的群山中盘桓、升降、登顶、吹风，春和景明，秋霜红叶，感受生命在大自然中的愉悦与美好。或许，几百年前的高僧大德，无论迦陵性音还是"西天佛子"智光都目睹过这历历"诸法实相"。因缘无处不在，这是我们与曾经的大山隐居者冥冥中的某种关联。走在一些小路野径，偶尔会发现一些废弃的残垣，断碑墓基，会有一阵心动，不知它们年代几何？只是静躺在荒凉山野砥砺光阴，或者被光阴溶蚀。可以想象，几百年前是另一些袈裟布履徜徉于此。有一次，我和小伙伴累了，便坐在一条倒地的碑石上，但越坐越不对劲，站起来仔细观瞧，墓碑上字迹模糊，但可以看出刻着好多好多的名字——这显然是某个寺庙的功德碑啊。那时恰是傍晚，山林里半明半暗，阴风习习，我们满怀着一腔忧思离开那片凄凉之地。那个位置大约在大觉寺之南的半山路上，可能就是比较接近记录中已被毁灭的大觉寺塔林或塔院，或者是传说中的西竺寺，而塔林的共同之处是，都埋有智光法师和迦陵法师的灵骨。

智光大师曾以佛法之光照耀京城，毫不枉费这一响亮的法名。我很踌躇将他贴标签于那个朝代，一般泛泛称其为明朝大法师，但事实上他是历经六朝更迭，平生贯穿元末一帝及明朝五帝，弘扬佛法的功绩卓绝，是当时引进印度佛教、藏传佛教，弘化汉地的提灯使者，我认为其功绩可以与玄奘等大师相提并论。因为，大法师的事迹并非以多寡论，智光法师是一位安静低调的法师，精通藏梵经书，修行高深，声望崇隆，在中国佛教史上地位独特。他没有多少论著释法之作，翻译的经书也很有限，但他以行者的身份，一生东来西往，行脚不倦，传播法音，培养弟子以千人计，影响数代僧团，是身体力行的佛法践行者。从明朝皇室的观点看，智光大师更是代表皇室出使远邦，昭示大明天朝赫赫国威的外交使者，有卓绝的政治贡献。

三

明宣德十年（1435 年）是多事之秋，明宣德帝驾崩，智光法师圆寂，9 岁的幼童英宗朱祁镇第一次登基（因为三十岁的时候他还有第二次登基）。半年之后，老权臣内阁首辅杨荣为智光撰写《西天佛子大国师塔铭并序》（以下简称"塔铭"）。但国家图书馆收藏的拓片基本模糊难识，好在有葛寅亮《金陵梵刹志》卷 32 收杨荣塔铭的略本，改名《西天佛子大国师志略》，成为今人考察智光法师生平事迹最直接的材料。崇祯十四年（1641年）释明河《补续高僧传》卷 1 有《西天国师传》，清乾隆时《日下旧闻考》卷 96 "西域寺"条收入曹义、李纶撰写碑文的节略部分，都是缘于杨荣塔铭而编成，都可作为补充资料。

根据上述史料，智光法师俗家姓王，山东武定州庆云人，又说是今天德州庆云县的，也有说是滨州惠民县（那就是济南府）的，生于元顺帝至正八年（1348 年）。十五岁时（1363 年）辞父母出家，落脚于大都（即后来的北京）法云吉祥寺。这时还是元朝末年，离朱元璋建立明朝还有五年。但就在他出家第二年的元至正二十四年（1364 年），因缘际会，他与人生中最重要的导师板的达萨诃咱释哩[①]相遇，并结下师徒缘分。那一年从西方天竺远道而来一位高僧——具生吉祥大师，梵名叫板的达萨诃咱释哩，来到中国。"板的达"是尊称，指通晓五明的僧人，可见他习通五明经律论。萨诃咱释哩在汉语的意思是"吉祥"，所以《补续高僧传》记他为"具生吉祥"。他出生于中天竺迦维罗国刹帝利家庭，最初研习大小乘经，但发现语言经文非究竟法，继而放弃研习到雪山深处禅定，历经十二年得奢摩他证。在中国元朝最后的岁月，他因向往文殊菩萨的道场五台山，发愿瞻礼，故"振锡而东"渡印度河，过突厥地，途经今天的新疆库车、高昌、吐鲁番等地，历经四寒暑抵达甘肃。在他越来越接近五台山的时候，元帝听闻有高僧自西来，一路传法受戒，声

---

① 有关萨诃咱释哩的事迹见《西天班的答禅师志略》，出自（明）葛寅亮《金陵梵刹志》卷 37，南京出版社，2011 年。

名远播，直接将他接到大都法云禅寺探讨佛法。有两种说法，一种说法是元顺帝虽然隆重接待了萨诃咱释哩，但话不投机，并不契合。另一种说法是元顺帝接受了他的灌顶。当然，灌顶也没应验神通，元顺帝的朝廷也不可能阻挡风卷残云般的起义大浪潮。但令人蹊跷的是，在元朝最后四年中，萨诃咱释哩一直没有朝拜五台山。是元顺帝阻止他，还是乱世烽火的缘故？四年时间里，他只有满怀夙愿南望五台。但正是这个机缘使得同在法云禅寺的年轻的僧人智光可以依止他的门下参证修学。根据记载，智光聪慧过人，有着超凡的学习能力，读书过目不忘。跟随萨诃咱释哩，很快习得梵语，精通了梵文经典、仪轨。又过了两年，在明朝建立后的洪武二年（1369 年），萨诃咱释哩终于得到机会朝拜五台诸山，"感文殊现相"，而此时，智光作为萨诃咱释哩的得意也是得力弟子，侍奉师父左右，驻锡寿安寺，前后五年，"恒山之民率从师化者甚众"。

这时候，由于萨诃咱释哩的威名传到了明太祖朱元璋的耳朵里，他很是好奇这位西天来的高僧，便将他们师徒招至应天蒋山（现南京钟山）接见，朱元璋本身也是小僧人出身，对佛教三宝自有敬仰，可以想象他对萨诃咱释哩的佛学造诣定是钦敬不已，相信西天来的僧必是带着真经。这个时候，朱元璋也认识了智光法师，经过几年的随师研习，智光法师也取得了相当的成就，以梵语诵念读写经书都已不成问题，故朱元璋命其翻译了萨诃咱释哩著述的《四众弟子菩萨戒》。该译本"词简意明，众所推服"，显示智光法师极高的语言理解及表达能力，他成为沟通天竺法师，以传播佛法于东土的汉僧翘楚，这些成就也为后来智光的三次西行打下了良好的基础。

智光后来之所以成就为一位伟大法师，一是他与萨诃咱释哩的师徒因缘，精通梵语佛经；二是他住世时间长，活得久。他并不是有着那种让善众立刻折服皈依的神通力量，如面貌奇伟，或者口若悬河，震慑心魄。他一如无形的清风，和缓的溪流，令法音绵延不绝，以佛法内在的力量沐浴道场，弘化众生。他总是可以去做持久忍耐的事情。

他陪侍萨诃咱释哩左右十余年，学到精深的佛教学问，也历练了不辞辛苦弘法传戒的"堪忍"精神。之所以成就为高僧，并不仅仅在于其本身修行高妙，还在于他普度慈航行菩萨道救赎人间苦难的高尚的行为。

萨诃咱释哩用其后半生完成了五台朝拜、东土弘法等大任，他品德高贵，清高自洁，"如古佛出世。洪武七年，上闻之，诏住蒋山。皈依者，风雨骈集。师道德深厚，容止安详，一见使人心化。不待接迦陵之音，虽檀施山积，曾不一顾。曰：'吾无庸是，悉为悲敬二田。'"（释明和《补续高僧传》卷 2《具生吉祥大师传》）这一段是对他东土生涯的生动描述，说他如古佛出世，被皇帝安排住锡蒋山，民众风雨兼程前来皈依。他的品德高洁，容颜安详，不愧为修行止观的师父，令见者内心融化。他不接受任何世俗华丽的娱乐，也不关注众多的供养施舍。他总是说，自己没什么大的作为，一切只为培福"悲敬二田"。这些品德几乎全被智光吸收。在洪武十四年（1381年）的春天，萨诃咱释哩再次提出回到五台山，这时他足部生病，行动不是很方便了。朱元璋知道后很是疑惑，以为是老和尚的托词，但也应允了。到了五月，老和尚感到大限已至，招弟子于左右，问："我要去五台，谁随我去？"包括智光在内弟子跪地恳请陪护。但老和尚叹了口气："我的脚已经坏了，如何跟从我？"这是一句谢世禅语，振聋发聩，弟子落泪请老和尚垂训佛法，萨诃咱释哩老和尚举起佛珠丢下，叹息一声坐化往西。修行高深的大僧人一般都是以微疾示寂，轻松往生。他们可以预知生死，圆融自如，临终不会慌乱无措，由此坚定世人修佛信心。

四

在老师萨诃咱释哩圆寂一年后，智光法师写成萨诃咱释哩的传记，曰：《西天班的答禅师志略》（收录于《金陵梵刹志》卷36），并拜托僧人来复做《西天善世禅师塔铭并序》（旧本静嘉堂文库藏抄本《蒲庵集》卷6）。智光与底哇答斯（东印度人，随萨诃咱释哩入中国）成为他的衣钵嫡传，成为当时修学印度佛法的带路人。

首先，智光法师对老师的继承就是远行寻法弘法，与老师方向相反，萨诃咱释哩是渡过印度河走今天的中亚、新疆、甘肃一线一路东行来到中国，而智光是向西而行，前往老师的故土，寻找佛法的真谛。史料记载，智光第一次西行应该是从当时的明朝国都应天府蒋山（南京钟山）出发，时间是洪武十七年（1384年），由朝廷指派前往西天天竺，这一趟的艰险没有详细记录，一切尽在不言中。因为这一去就是四个春秋，如同他老师的东土之旅。但这四个春秋不是都花在路上的，智光应该走的是商人旅道，包括茶马古道，下川藏并从今天的聂拉木、樟木山口入境尼泊尔（彼时称"西天尼八剌国"），即是沿着雅鲁藏布江谷地西行攀上高原再南转下行。这是何其艰难的征途！昼夜漫漫，高原荒凉、缺氧、严寒，那是600年前的青藏高原，难以想象靠脚力行走的和尚是以怎样的惊人毅力完成跋涉。

六年前，我与儿子驾驶一辆越野车也是从拉萨出发长驱南下，一路虽是令人辛苦的高原反应、雪山、狂风、暴晒，但扑面而来的是天地苍穹敞开胸臆的大壮丽、大山大河大宇宙，高原真是令人心生敬仰的地方。在翻越拉龙拉雪山垭口的时候，我们下车向众雪山致礼，马卡鲁峰、洛子峰、珠峰、卓奥友峰（不知600年前它们叫什么？），比肩矗立，雄伟圣洁，闪耀神性的光芒。恰好一行尼泊尔青年驾驶摩托车飞驰而过，回眸一笑，溢满了阳光下的纯真。这样的路途也是智光法师的路途，他定是满怀对佛祖释迦牟尼的向往及对佛法的坚定信心，翻过最后的雪山，600 年前的雪山雪线更高，蓝天更深，顶礼十方三世一切佛！顶礼十方三世一切法！顶礼十方三世一切僧！终于，雪山在北，他下降到米拉日巴修行的山谷——聂拉木镇时，是否感应到那位两百年前修行于此高山洞穴的密教大师米拉日巴的神通？六年前的我，懵懂无知，只会赞叹，受到不知所以然的震慑。我们的越野车像飞机一样从拉龙拉山口飞降聂拉木，我头晕目眩中试图寻找任何洞穴的踪迹。到了聂拉木已是半人半鬼状，很珍惜地将一碗兰州拉面一口口咽下肚，生出感恩之情。这是我和儿子半个月高原行程里的唯一饱饭。那时，我写下一首不着边际的诗，代表了我自己和与我相近的非觉悟者的茫然之心：

> 我无法穿越你率领的雪山，
>
> 我无法找到米拉日巴。
>
> 我退守于众多伟大的山口，
>
> 在 5000 米之上，依旧看不到天边。

相对于今天我们的茫然无知与内心的惶惑，智光大师是觉悟者，他定是目光如炬，平静走过聂拉木，直奔樟木山口。

去年尼泊尔加德满都发生了一场巨大的地震，看到人们在狭小逼仄的山谷惊恐奔逃很是心痛，不禁令人联想这一印度洋板块最着力的挤压地带到底蕴含了多么巨大的能量？那也是佛光四射的山谷。在智光法师抵达尼八剌国的时候，他发现，加德满都谷地还存在另一小国——"地涌塔国"，意为大地荒莽佛塔涌现，这是拥有巨大力量的画面，如《法华经·见宝塔品》："尔时佛前有七宝塔，高五百由旬，纵横二百五十由旬，从地踊出住在空中。"智光法师来到西天，那时的天竺国佛教已完全衰落，伊斯兰教已经横扫了中天竺，佛寺皆几近毁坏，大量僧人向北进入狭长的加德满都谷地。也就是说在智光到达之时西天的佛教基本是在喜马拉雅山脉南麓还有保留，有许多西藏的僧人也在这里习法修行。智光这次出使西天是带着大明帝国的使命而来，是国家使者，所以带来一堆好面子的大明朝送来的礼物。当时的明朝对天竺、尼八剌国不可能有现代地理学的认识，所以智光带着使命出使西天天竺国，也是走到哪儿算哪儿，天竺国已被灭佛，那他就滞留尼八剌国广宣佛法，据杨荣《塔铭》载："至尼巴辣梵天竺国，宣传圣化，众皆感慕，已而渴麻喝菩提上师，传金刚鬘坛场四十二会。礼地涌宝塔，其国敬以为非常人。"也就是说，智光在尼八剌国的时候，才知道了谷地还有另外一个小国"地涌宝塔"（今"巴德岗"一地），就顺势继续弘法，折服众生并得到当地人的礼敬。智光在这里完全没有语言障碍，他对梵语的听说读写在跟随萨诃咱释哩左右的十几年中已完全掌握，是大明朝沟通中西的不二僧才。

四年后智光归来。可想而知因为路途遥远，且经历藏地，智光法师一路走来探访了解了各地佛教情况，因为后来得知，智光也掌握了藏语，可知他定是一路上学习探访，广博知识。这次远行成果丰硕，带回了尼八刺国及"西番""乌思藏"等一并进贡的礼品，《明实录》"洪武二十年十二月庚午"条记载此事："西天尼八刺国王马达纳罗摩，乌思藏、朵甘二都指挥使司都指挥撷斡尔监藏等各遣使阿迦耶等来朝，上表贡方物，马匹、镔铁剑及金塔、佛经之属，贺明年正旦。"智光除了带来尼八刺国使者还有乌思藏（今西藏）、朵甘（今青海东部）等地官员派送的使者进贡顶礼，朱元璋看到此景定是龙心大悦，拿出厚重的礼品命智光再次西使还礼，可以想象偏安东方的大明朝有着多么强烈地了解外部世界的渴望。也可以说智光法师不单纯是宗教使者，他广泛游历，南至今天尼泊尔，西至今天的西藏青海四川等地，拜访各地朝廷任命的藏人管理者及僧官，起到了中央王朝对边远番邦的"宣化""抚喻"作用，拓展了明王朝与外部世界的联系，也进一步发展了与西藏地方的政治宗教关系。

智光第二次西行没有确切的时间记录，记载都是说："比还，再往，复率其众来朝"，"未几，复往，率其众来朝"。应该是第一次出使后很快再次前往西天，推测为洪武二十一年至二十二年之间（1388—1389 年）。而这次轻车熟路，往返只用了一年的时间，但他还是远及尼八刺国，于洪武二十三年（1390 年）带回了包括尼八刺国使者在内的十四个地方政权的使者来朝拜大明朝。可以说，朱元璋对这种四方朝拜过于享受了，第二次大概是派智光去查漏补缺，把能搜罗到的地方各部都转了个遍。由此可知，在明朝初年西南各部番邦对明朝还是持归顺朝贡的态度。

第三次智光西行没有再次去尼八刺国，当然他的一生更没有机会抵达他老师的故乡中天竺（今印度），这也许是他终身的遗憾。

第三次出使已是永乐初年，这之前他经历了明太祖朱元璋逐渐老去，太子去世，太祖撒手西归，而由建文帝承继大统。但他的四叔朱棣历经多年的北方边防历练，已成就为一代强藩，终于发动"靖难之役"轰走了建文帝，于 1402 年在南京登基，改元永乐。朝代更迭，和尚还是和尚。新皇帝朱棣是少有的文武双全的皇帝，《明史·成祖本纪》曰："雄武之略，同符高祖。六师屡出，漠北尘清。至其季年，威德遐被，四方宾服，受朝命而入贡者殆三十国。幅陨之广，远迈汉唐。成功骏烈，卓乎盛矣"。事实上他非常残暴，暴行令人发指。但他又是以佛教信仰作为他的宗教根基，据说他带兵打仗时定要带着法师，当然法师们怎有呼风唤雨的神通？无非是借此建立他勇往直前的精神支柱。他没有带过智光法师去打仗，但他敬羡智光高深的佛法造诣和远走西天的经历，在永乐年间，多次召见智光。"文皇帝嘉念其往返劳勤，复与论三藏之说，领会深奥，大悦之。乙酉（永乐三年），擢僧录司右阐教，明年（永乐四年），俾迎大宝法王葛哩麻（一译哈立麻），及还，敷对多所毗赞，赐图书舆服法供之具，诏居西天寺，升右善世。"从塔铭的这段记录可知，朱棣与智光和尚讨论三藏甚为投机，在永乐四年（1406年），特命智光去藏地奉迎大宝法王葛哩麻觐见，给予赏赐，诏居西天寺，并任命他担任"右善世"这一管理宗教事务的官员（官阶在僧录司排第二位）。这一年，智光和尚已五十七岁，因其通语言及精深佛法，因此只有他才是深入藏地奉迎法王的不二人选。这样，智光法师的第三次西行便是奉迎藏地法王葛哩麻。

五

永乐十五年（1417年），智光法师奉命回到北京住锡崇国寺，再次蒙朱棣召见，被赐予国师冠、金织袈裟、禅衣等物。这时距永乐王朝迁都北京的永乐十九年（1421年）还差四年，可以想象，那时北京正为打造成一个全新都城而在热火朝天地营造建设。但是他与永乐皇帝的缘分未见再续，永乐二十二年（1424年）也就是朱棣迁都北京后的第四年，朱棣远征蒙古死于榆木川的战帐中，一代强人落幕大漠。

继位的明仁宗朱高炽仅仅是一位"十月皇帝"，掌权未满一年而亡，他也非常尊崇智光，称智光"克光扬于佛道，式敬事于朝廷"，特地封他为"圆融妙慧净觉弘济辅国光范衍教灌顶广善大国师"，赐予金印、冠服、伞盖、幡幢、舆马以及供器、法乐等等，让他住锡能仁寺。

明宣宗朱瞻基当政之年（1425—1435年），智光已入耄耋之岁，但依旧培养弟子及在道场弘法论经。宣德三年（1428年）宣宗奉太皇太后谕，在京师西北景致幽深的阳台山，将金代清水院故址上业已凋敝的灵泉佛寺重新翻修，更名为"大觉寺"，让智光移居这里颐养天年，并指派了百数僧人随其习法。在他往返都城与寺院的途中，喜爱上一片可以憩息的地方，便出资在那里修建了一所寺庙，宣宗皇帝赐额"开元寺"。

然而宣德帝于当政第十年（1435年）的一月驾崩，而智光法师在当年的六月圆寂。他从元顺帝跨入佛寺丛林，一直迈入明英宗朱祁镇执政的元年，在当时北方佛教界的资历学位人品地位，无人能出其右，在其晚年他的声誉也达到了人生的最高峰。英宗即位，立即加封他"西天佛子"，但他的生命也就在此结束了。

在智光法师圆寂后二十二年（1457年），世事变迁，英宗再夺王位，他从一不明就里的懵懂的 9 岁小童，风云跌宕中历经人生起落，三十而立，变成一位仁慈的君王，他便愈加怀念法师，他特别请人为智光画像，并在画像题词，两年后又追谥智光法师为"大通法王"。这类封号除非是赐予藏地佛法大师，在汉僧中绝无仅有。所以说他"历事六朝"（《明史》称他"历事四朝"，去除元顺帝一朝，朱棣亦不承认建文帝的正统地位，故"四朝"），而且作出了卓绝的贡献。

其实这六朝乃是风云跌宕世事险恶的六朝，战乱、政变、中西交流、侍君畔、住寺弘法，每种场合都有着不可预知的风险。在洪武年间，智光法师两次出使西域并被朱元璋指定翻译梵文经书，但并没有什么赏赐记录，他本着忍辱知足的精神在蒋山跟随老师专注修行，并未被世间之事烦扰。而那一时期，朝廷发生过两次大的僧人卷入政治的事件，如洪武二十四年秋，朱元璋命礼部清理僧道，借口僧人中有人交结前首相胡惟庸谋逆，兴起大狱，杀掉六十四名僧人，而此时智光在南京居住已近二十年，不得已结识的权贵必定是有些，但他因谦虚低调，只是默默专注佛法，所幸未被卷入政治灾难。我一直奇怪智光法师出使西天的大功绩发生在洪武、永乐两朝，但皇帝给他的僧官与他的功绩严重不符，这是智光的内敛退却造成的吗？因为元明期间，朝廷厚待僧人，僧人有参与世俗、结交权贵的风气，有着种种"入世"的行为，就难免被政治漩涡裹挟，而智光最大程度地退却到寺院，保全了他可以继续修行佛法传经受戒的根本大体。

佛家重视高僧舍利，关于智光舍利的安葬也有记录。智光于宣德十年（1435 年）六月坐化，享年八十有八，僧腊七十三。三日入龛，又三日掩龛，举体柔和，容貌如生。他的荼毗仪式在当时是一件轰动京城的大事，明英宗特委派西藏高僧"大慈法王"、伟大的宗喀巴大师弟子释迦也失亲临现场主持了荼毗法，他诵经说偈并亲手点燃薪龛，顿时"智火进出，五色光明，化毕，骨皆金色，舍利盈掬"。

当时的荼毗之地在今日北京阜成门附近。荼毗之后部分舍利子由其弟子分别建塔建寺保藏。阜成门这个荼毗地建立了一座叫西域寺的寺庙，因有三塔，俗称"三塔寺"，就是智光弟子保藏舍利所建的塔，在清朝乾隆年间即已颓圮。据《日下旧闻考》记述，留存有几个破门框及两块碑石，一为曹义《西域寺碑》（弘治十七年即 1504 年），另一块为李纶《重修西域寺碑》（正统十年即 1445 年），三塔尚存二塔，另一塔已废。碑记都确认了在此智光荼毗地建有西域寺，弟子将其舍利分藏宝塔。这幅三塔剩一塔的面貌又维持了 200 年，直至"文化大革命"，剩下二塔才被彻底毁掉。西域寺的位置应该在今天北京车公庄大街一带，尚有"三塔寺"公交车站，算是留下一点名称的痕迹。

英宗在题智光遗像上有如此赞词："托生东齐，习法西竺；立志坚刚，秉戒专笃；行熟毗尼，悟彻般若；澄明自然，恬澹潇洒；事我祖宗，越历四朝；使车万里，有绩有劳；

摅沥精虔，敷陈秘妙；玉音褒扬，日星垂耀；寿康圆寂，智炳几先；灵消旷海，月皎中天！"赞词实际上是礼部尚书、二甲进士出身的胡荧代作。自古君臣之间没有著作权之说，那些洋洋洒洒的漂亮八股由帝王手下的进士臣子代笔是理所当然的。关于他高洁的人品，"澄明自然，恬澹潇洒"之誉，并不为过。《塔铭》提及他从不使用仁宗赐予他的仪仗乘舆出入，仁宗遣中人询问缘故，他说他只知道持经守戒之事，没有任何功德辛劳，只有珍藏皇帝的赏赐，使用了反而增添过失。也就是佛教所言"增加业力"。表面是谦虚之辞，实际是在弘扬佛家思想。

智光被誉"负辩才"，他在探寻佛法的真理之路上谈经论法，作为禅师，他于世的态度严谨谦虚而并非以所谓"出世态度"指点人间是非，这也是他之所以可以保全圆满修行大体，为弘法利世作出贡献的独特之处。这又让我想起后世的大觉寺住持——雍亲王的帷幄禅僧——迦陵性音，两人之命运反差，难道不是修行态度的迥异使然？

六

千年大觉寺，曾出过两位声名遐迩的高僧大德，他们以不同的方式弘法利世，都值得尊崇膜拜。

智光法师人生最后的二十年是在北京度过的，北京是他佛缘的缘起缘灭之地，除了他终老于斯的大觉寺外还有如下寺院记载，让京城的人们有迹可循。

法云寺　是他15岁从山东出家并在此结缘恩师萨诃咱释哩的寺院，与今天大觉寺相距不过十二三华里的吉祥法云寺，这个寺庙也是金章宗时期的西山八大水院之一——香水院，在元末叫吉祥法云禅寺，今天为清朝醇亲王奕譞的墓地，俗称"七王坟"，位于北安河西北10余里的妙高峰古香道旁，在苏家坨乡聂各庄村。

崇国寺　永乐十四年（1416年）他被朝廷指派再次回到北京，这时他已67岁高龄，住锡崇国寺，即今天的北京西四北大街护国寺，护国寺内有《大国师智光功行碑》一座。但今天的护国寺只是以熙熙攘攘的小吃一条街闻名罢了。

能仁寺　因褒奖智光"克光扬于佛道，式敬事于朝廷"，明仁宗这个"十月皇帝"还是在他执政的那十个月内（1424年）封智光为"融妙慧净觉弘济辅国光范衍教灌顶广善大国师"，赐予金印、冠服、伞盖、幡幢、舆马以及供器、法乐等等，让他住到大能仁寺。现今位置在西单南起兵马胡同，北至砖塔胡同的能仁胡同一带，只不过这间寺院到了清朝就变成了一间道观，最终毁于"文化大革命"。好在还有胡同名称残留一点记忆。

开元寺　前面提到的智光住锡大觉寺时，他往返城里与寺院之间的途中，爱上一片有河滩的地方，便出资在此修建了一所寺庙，皇帝赐额"开元寺"。历史上北京叫过"开元寺"一名的寺院还有现今圆明园里面的"正觉寺"，但智光法师与这个寺院无关。智光修建的"开元寺"地点应在今天海淀黑龙潭附近的白家疃。白家疃是白家滩讹传而来。根据《日下旧闻考》的记录："开元寺有明碑二：一是太仆寺少卿安成李纶撰，弘治六年立……"李纶重修开元禅寺碑略："开元寺距都城五十余里，金山口之西，玉河乡之原。旧传唐开元年所建，基址尚存。永乐中，西天佛子大通法王智光上师遭际列圣，赐予甚厚。宣德戊申，奉命前往大觉禅寺。往来憩息此地，爱其土厚水甘，风气攸萃，意图兴创，出己资，命鸠工庀材建立，仍请额为开元禅寺。"这个寺院后世没有记录，猜测是在雍正七年那次京城西郊大地震中毁灭，那次地震从香山一直延绵到今天的回龙观，白家疃正是在地震中心。而乾隆时期的《日下旧闻考》只有对明碑的描述，估计已经塌毁。

西竺寺　这个寺院是智光离世后修建的，原本智光住持大觉寺时在寺院附近修建一塔，他圆寂后在这座塔基础上扩建成一间新的寺院，明英宗赐名为"西竺"。一为智光建舍利塔，二为安置当年追随智光法师的众多外籍僧人。按照明正统十年（1445年）的曹义《西域寺记》碑的记载，其主体骨殖在西竺寺内建塔葬之。包世轩先生《揭开大觉寺内喇嘛式僧塔之谜》一文提到："民国早期，周肇祥对大觉寺一带智光国师西天教僧团史迹有记录：智光国师舍利塔，建筑于西山大觉寺东部西竺寺内，显然是其圆寂之后所建。又下为大通法王塔，高约六丈，西番式，坚固完满。塔前左为天顺五年（1461年）碑，右为同年建安杨荣撰塔铭、东吴夏昶书、广平程南云篆额。"可惜我尚未查到周肇祥先生的第一手资料，如今大觉寺的东部就是村庄，而传说中位于大觉寺北半山的所谓"西竺寺遗址"应该是它的塔林。1958年，在其上方兴建了小水库。仅有散乱分布的石碑和一些小型的覆钵式灵塔，也看不出与智光的关系。除主体骨殖，智光的舍利应该都是被他的弟子分别保存，有一部分供奉于前面提及的西域寺中。此外还有他的上首弟子在五台山普恩寺建塔，同样供奉了他的舍利。

再次回到本文初提及的大觉寺白塔。现在寺院管理方在这座白塔下写的说明牌子只简单标明："白塔"。有学者推测认为其是智光法师为纪念他的恩师萨诃咱释哩而建，未及建成而离世，故没有任何塔铭说明缘由。但我想，这个推测也许只是一种符合世俗标准的推测，好像我们怀念一位亲近尊敬的人，给他树碑立传，立塔也非要说出个由头。其实，一代印度佛教、藏传佛教大师智光晚年隐身大觉寺时早已修行高深，参透世间玄机，怎会住相于一塔之色、一塔之名呢？佛塔就是佛塔，菩萨无住相于佛塔。"凡所有相，皆是虚妄"。我想在接近600年前的某个日子，白塔竣工，一南一北各植松柏一棵，然后建塔的人遥望京城，面露欣然，他身后矗立的就是一尊高耸的佛塔，没有名相。

智光临终前日颂偈辞："空空大觉中，永断去来踪。实体全无相，含虚寂照同。"这个偈子我反复诵读，这位高僧大德在最后的刹那一语喝破了娑婆世界之空，点燃了莲登彼岸之灯。高僧就此远去，"永断去来踪"。

清末民初旅者眼中的大觉寺

张
巍[*]

摘　要：本文从地图中的旅者路线、笔触中的旅者之感、镜头中的旅者之观三个层面介绍清末民初的大觉寺。地图中的旅者路线是以《北平城郊鸟瞰图》《北京西郊名胜地图》两幅地图介绍从北京城到大觉寺的旅游线路；笔触中的旅者之感是从以花闻名、以水闻名、以大觉闻名等方面介绍清末民初旅人关于大觉寺的散文和诗歌，记述历史的同时，也展现了那一时代的文人风貌；镜头中的旅者之观是以四名不同身份的外国旅人拍摄的老照片角度，分析大觉寺的不同景致及他们眼中的大觉寺真实状态。最后，笔者从观众角度做三点简要剖析，探讨大觉寺的活化利用问题。

关键词：旅者　路线　笔触　镜头　活化利用

十九世纪末到二十世纪三十年代的北京，"有一种时光里凝固至永恒的味道。古都北京在一张张底片上留下了她最纯粹的风貌，那一时期的照片里的北京，不新，不旧，丰富却安静，相纸的纤薄掩不住厚重。一个平实、傲气、精致而完整的北京城，经由细腻的黑白影像传递下来，至今仍以其无可回避的美触动无数观者。……这个城市就是有着无与伦比的美，垂老帝国的乌云正在散去，没有什么比二十世纪新风吹拂下的街市、城门、西山的寺院、阳光下的昆明湖更能代表她蕴含的精神了。"[①] 黑白照片中留下的北京城，选出一帧代表着北京城独有韵致的西山寺院，其中名为"大觉"者，看旅者用相机、用笔触记录下的它，忆一些旧事，引只言片语，将尘封的、珍藏的享与今人，不只是往昔之美，还有跨越百年的感触与感动。

---

*　张巍，北京艺术博物馆副馆长。
①　徐家宁编著：《海因茨·冯·佩克哈默：中国历史影像·早期摄影家作品集》，文心出版社，2017年。

一、地图中的旅者路线

大觉寺所在之地原是辽代清水院的故址，金章宗西山八院之一，寺故名灵泉，明宣德三年建寺更额大觉。乾嘉时期的金石学家王昶在其著作《金石萃编》中对辽时清水院的位置进行了考证，"根据辽《地理志》，清水院似在玉河县。辽之玉河，析宛平，而云割蓟县者，当由两县犬牙相错之地也"[①]。可见辽时，清水院所在的玉河县就在宛平。明代的地理著作《帝京景物略》、清代的《顺天府志》等书都记述了大觉寺在京城西七十里，西直门外西北六十里，距圆明园三十余里，黑龙潭北右十五里等地理信息。

清末民初，旅人要从北京城到大觉寺，要费一番周折，就位置而言，大觉寺属于较为偏远的游览地。当时的地图如1908年《京师全图》、1920年《最新北京全城详图》、1930年《北平市最新详细全图》大部分都是以城墙为界的凸字形京城布局为主体，所涉范围以西以北都只是到西直门及德胜门而已。民国二十五年（1936年）绘制的《北平城郊鸟瞰图》详细标注了大觉寺及周边北安河、温泉及黑龙潭等，这张鸟瞰图范围北起青龙桥及詹天佑铜像，南到黄土坡车站，西至潭柘寺，东达苗家地，包括香山、北安河、北苑兵营、宛平县城等地，图采用传统的山水画法，形象地表示出山脉、城池、寺庙等。从图上可以看到从北京城到大觉寺，是出西直门，到颐和园，过青龙桥、西北旺、黑龙潭、温泉村，即达其处，这可能是当时较为常见的线路。

《北平城郊鸟瞰图》

同一时期的《北京西郊名胜地图》中，也同样绘制了西郊旅游的线路，这幅图绘自外国人，绘制手法更为简单，以简笔画的形式展现，这条线路是从西直门经由动物园，到达

---

①　王昶：《金石萃编》，中国书店，1985年。

圆明园、青龙桥、黑龙潭、温泉，最后到达大觉寺。无论是从西直门出发，经由圆明园还
是颐和园，最终都是要由黑龙潭、温泉到达大觉寺。

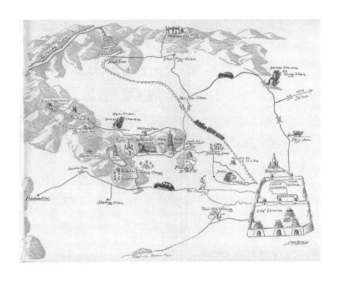

《北京西郊名胜地图》

这条线路不知延续了多少年，明代《帝京景物略》曾记述黑龙潭到大觉寺的沿途景
致："黑龙潭，入金山口，北八里……小山累累，小冈层层，依冈而亦碧殿，亦丹垣者，
龙王庙也。庙前为潭，干四丈，水二尺，文石轮轮，弱荇缕缕，空鸟云云，水有光无色，
内物悉形，外物悉影。土人传黑龙潜中，曰黑龙潭也……又北十五里，曰大觉寺，宣德三
年建。寺故名灵泉佛寺，宣宗赐今名，数临幸焉，而今圮。金章宗西山八院，寺其清水院
也。清水者，今绕圮阁出，一道流泉是。"[1] 在清乾隆二十三年《游大觉寺八韵》诗中，乾
隆写道："径转神潭路，言寻法海关。两年才一瞬，片刻此乘闲。近度温泉峪，遥瞻城子
山。青莲宫忽到，白玉级凭攀。指月空标性，拈花笑破颜。天龙吐德水，干闼隔尘寰。兴
到聊为住，诗成旋命还。钟声及泉韵，回听有无间。"[2] 其间的神潭、温泉峪、钟声及泉韵，
表现出乾隆皇帝从黑龙潭到大觉寺沿途的乘闲之兴。

大觉寺是很多旅人的目的地，也是很多旅人的经留地。据《妙峰山琐记》载："都人
进香之路，最著者四：曰中道大觉寺也；曰中北道北安寨也；曰南道三家店也；曰北道聂
各庄也。南道山景幽胜，中道、北道亦佳，中北道次之。以道里计，则中道最近。"[3] 妙峰
山在明清、民国时期是北方最著名的道教圣地，每年阴历初一到十五开山半个月，朝拜人

① 刘侗、于奕正：《帝京景物略》，古典文学出版社，1957年。
② 《乾隆御制诗初集》二集卷63，吉林出版集团股份有限公司，2005年。
③ 奉宽：《妙峰山琐记》，国立中山大学民俗学会，民国十八年。

数以万计。大觉寺处在妙峰山进香重要路径上，成为香客停留和参观之地，每逢庙会庙前
人流如潮，堪称盛景。

二、笔触中的旅者之感

大觉寺自古就被称为"幽都之胜概，跨燕然而独颖，侔东林而秀出"。大觉寺所在之
阳台山，山势盘绕，水流萦回，木郁以苍，草茂以芬，盖一天然胜境。清末民初的旅人眼
中的大觉寺是怎样的？他们关注的又是大觉寺怎样的景致？

芳华矜宠大觉寺

大觉寺及周边环境清幽，乔木参天，繁花成趣，清末民初这里尤以周边的杏花而闻名。

民国时期，天津铁路局编的《北京花事特刊》曾记载了大觉寺花事："寺之南院，有
玉兰二株，花光璀璨，大如玉杯；北院有娑罗树数株，亦极名贵，而以山之周围杏花为最
盛，管岭则尤佳，处地虽偏，引人入胜，萦冈匝野，一色锦屏，光艳交辉，芳华矜宠，诚
与市内园林，数丛春色者，顿自不侔。故每年春季花开之时，游人往观者，络绎不绝。"[①]
今日大觉寺的玉兰与银杏更为有名，特刊中提及了玉兰和娑罗树，但尤其推崇的还是一色
锦屏的杏花，络绎不绝的观众中，有很多文人留下了笔墨，为我们描述了花之烂漫。

书中写到，近人郭蛰云所作大觉寺看杏花诗，描写入微，不啻为家居者作卧游图也。诗云：

> 连峰趋阳台，近寺花未密。
>
> 客云管岭佳，鸣篨遂深入。
>
> 憧憧目先赴，绀云欻来集。
>
> 众立争便娟，娇红意尤昵。
>
> 繁枝乱插空，老根斜倚石。
>
> 乍看似古梅，丰姿正无匹。
>
> 心空荡温馣，境胜破荒寂。
>
> 澹阴染更明，何必佳风日？

郭蛰云另有一首：

---

① 天津铁路局编：《北京花事特刊》，1912—1949。

寺南爱花多，寺北爱花好。

入寺复出寺，穿林路千绕。

断霞扶青岑，半面阻幽宵。

须臾造香林，飞与急于鸟。

初闻色自殊，自成纷窈窕。

居人说大工，塔灰倏如扫。

成毁无两端，后来孰深考？

攀花重咨嗟，愿妆永相保。

郭蛰云，即郭则沄，字蛰云，清时曾授庶吉士、武英殿协修，民国时曾任国务院秘书长。郭氏才华横溢，著述浩繁，为民国京津文坛核心人物之一。诗中他写了看似古梅，丰姿无可匹敌的娇红杏花，描绘了那入目之花争先恐后之状，让人心中感受到温暖芳香。他来到大觉寺，入寺又出寺，爱上这寺南寺北的花，摘下一朵，发出花无千日红的感叹。

另一首游阳台看花诗是陈弢庵所作：

回转坡陀白间红，西峰无寺尽芳丛。

地偏留得多年树，花晚挨过几夜风。

为补前游寻胜遍，幸乘佳日挈家同。

无端划及元同塔，胜对遗黎说大工。

这是陈弢庵在1931年所作的诗，题为《辛未清明后二日复游旸台山南塔院西峰寺人工一带花开正盛》。陈弢庵，即陈宝琛，号弢庵，晚清大臣、学者，宣统元年奉召入京，担任礼学馆总纂大臣，宣统三年任宣统帝溥仪的老师，继任汉军副都统、弼德院顾问大臣。民国元年，清帝逊位，后仍追随溥仪，命修《德宗实录》。从诗的题目及诗文可以看出，陈弢庵为补前游未尽之兴，在清明后与家人一起复游阳台山赏花，同时观赏了大觉寺附近的大工村西峰寺的古物遗迹。

除了和家人一起出行，还有约上好友一同来的，曹纕蘅与李释戡同来大觉寺附近赏杏花，两人作诗相和。

曹纕蘅有诗云：

锦坊十里醉东风，簇粉蒸云喻未工。

近郭故应输胜赏，兹山才可称花丛。

人来白石青松外，春在轻阴薄霭中。

等是曲江筵上客，心情必与少年同。

李释戡则同作诗云：

> 管家岭下杏花丛，涨日遮天入大工。
> 照夜应输木笔白，闹春端胜海棠红。
> 风狂难阻耽游侣，景好还思秃发翁。
> 零落旧题寻不见，寺檐铁马自丁东。

民国时期，文人政客相伴赏花，颇多美谈。曹经沅，字纕蘅，曾任政府要职，嗣后主持国民大会代表联谊会，并主编《国大周刊》，擅书法、诗文，著有《借槐庐诗集》。其宦辄所经，皆以文会友，主持《国闻周报》之"采风录"，维系我国传统文化传承，卢冀野称其为"近代诗坛的维系者"。李释戡，字蔬畦，号宣倜，近代诗家，早年曾留学日本，回国后久居京师，精通戏曲音律，曾为梅兰芳编剧。梁鸿志曾作诗《故宫看太平花同冒鹤亭曹纕蘅李释戡》，曹纕蘅、李释戡还曾与冒鹤亭、梁鸿志相约故宫共赏太平花。诗文中两人互相应和，形容杏花的红白相间，一个说"簌粉蒸云"，一个说"照夜应输木笔白，闹春端胜海棠红"，一个"心情必与少年同"，一个"景好还思秃发翁"（秃发翁指代年老而无官势的人，用以自嘲），两人同游之事，传为美谈。

《北京花事特刊》中记述的赏大觉寺及周边杏花的文人，多是民国时期的著名政客。因为他们的诗，大觉寺杏花之名，乃益著矣。大觉寺旁的杏树，是如此惹人喜爱，山人以杏实为生，每年所获甚富，故于杏树之将获亦至勤。农人爱实，游人爱花，于是阳台之杏林蔚为大观。

除了《北京花事特刊》，田树藩在民国二十五年（1936年）出版的《西山名胜记》中曾记述大觉寺之花："寺南院四宜堂有白玉兰二株，初春开花，美丽绝伦，不可不看，故都士女来寺看花者，络绎不绝，门庭若市。"[①]并作诗云：

> 古寺名花放玉兰，芬芳满院雪成团。
> 钗光剑影纷如市，群向佛门一笑欢。

附近山坡，杏花成林，可同时观赏，以管家岭者为最盛，著者亦有诗云：

> 管家岭上杏花红，十里缤纷夺画工。

---

① 田树藩：《西山名胜记》，西山八大处柳西山房发行，民国二十五年。

翠柏苍松输尔艳，一年一度笑春风。

田树藩的诗中，不写文人的深沉内敛，而是将故都士女这个旅者群体形容得惟妙惟肖，形声俱现，充满着钗光剑影与欢声笑语，真可谓蒨花笑以春风。

流泉飞瀑大觉寺

大觉寺片山多致，寸石生情，但它的灵性，还是在水。其寺在历史上曾有清水院、灵泉寺之名。清代英和撰《恩福堂笔记》中赞誉该寺秀甲天下，"及庙……有泉出自山巅，盘旋回绕，到处皆通，淙淙虩虩，不舍昼夜，与檐马塔铃相酬答，闻之发人深省。"① 大觉寺的水声，与檐马塔铃一样，是最灵动的声音。

"大觉寺内山泉水，源自寺外李子峪峡谷，伏流入寺，出龙潭后分做两股，同汇聚于寺内功德池中。泉水清冽甘美，绕寺长流，千年不竭。两股水流中，北路泉水溪流潺潺，经畅云轩、竹林、碧韵清池汇入功德池中，南路出龙潭顺山势三叠飞瀑，汇于憩云轩后石渠，经四宜堂最后流入功德池。"② 虽分两路，但大部分的旅人记住的都是龙潭和飞瀑。

民国十五年（1926年）出版的《增订实用北京指南》中记有大觉寺流泉飞瀑之景，大觉寺"为前代故寺，寺后有山峡谷，中悬飞瀑，峡上亭二，山虽不高，颇雄壮。"③

李慎言在《燕都名山游记》中写到："楼后有一泉源，水从石虎头处向外流注，到一大方池内，这池名叫龙潭，正中有一笔架形的岩石，岩石中有三个洞，泉水由洞里传出，织出许多花纹，看来很有趣味，池子后有座高楼，楼上挂着一副对联：有兴常临水，无时不见山，情景切合，可称佳作……池子东南有个六角形亭子，叫领要亭，泉水经过作飞瀑向下奔流，水花四溅，鸣声铿锵，像是弹琴，像是击磬，妙景清音，令人依恋难舍。"④

许兴凯在民国二十三年（1934年）出版的《西郊游记》中写道："最后一层在半山中，有一座塔叫藏经塔，塔后有一个泉，泉从虎头石口向外流，流到一个大方池子里，池子正中有一块笔架式的山石，石头中间有三个洞，泉水从洞打个穿堂而出，看着很好玩。我们太爱那泉水了，每个人一连喝了好几茶杯，凉的打牙根，过嗓子眼儿到肚子，一直凉到底，庙里人告诉我们这叫龙潭，潭上是龙王庙。"⑤

① 英和：《恩福堂笔记》，上海古籍出版社，1985年。
② 姬脉利、张蕴芬、宣立品、王松：《大觉寺》，社会科学文献出版社，2016年。
③ 徐珂：《增订实用北京指南》，商务印书馆，民国十二年。
④ 李慎言：《燕都名山游记》，北京燕都学社，民国二十五年。
⑤ 许兴凯：《西郊游记》，北平师范大学出版社，民国二十三年。

大觉寺之泉，有人爱的是它勃发的雄壮气势，有人爱的是它变化的韵味，情景切合，有人爱的是它清凉之味，滋润肺腑，果然山水之趣各领其奥，旅人的游兴随泉流石注得到尽情地抒发。

小坐移候成大觉

大觉寺之大觉，有两种含义，一是指佛，一是意为正觉，证悟一切诸法之真正觉智，意指真正之觉悟。明宣德年间，明宣宗撰大觉寺碑，碑文中说，"像设俨然，世尊在中，三宝以序，诸天参列。鹿苑鹫山如睹，西土万众仰瞻，欢喜赞叹，遂名曰大觉寺。"

巍巍大觉，肇迹西土，德尊宇宙，道函率溥。关于大觉，每个人有不同的体悟。明初著名高僧智光，81岁高龄入大觉寺，大觉寺是他生前所居最后的寺院，宣德十年智光坐化，他临终前偈曰："空空大觉中，永断来去踪，实体全无相，含虚寂照同。"高僧对空的悟证，心念不起，智慧清净，了达悟真空，是妙有的境界。清人完颜麟庆官至河督，一生治水有功，他在《鸿雪因缘图记·大觉卧游》中写到，他拂竹床，设藤枕而卧，听泉声淙淙琤琤，愈是喧嚣愈觉寂静，有华胥之梦。睡着偶然醒来，越觉蝉噪声也安静，鸟鸣声也清幽，辗转间又入黑甜乡，梦回啜香茗。十余年，他做河督，到雨季秋汛，听到水声就心怦怦动，今日却安得听水酣卧。寺名大觉，他也大觉。完颜的顿悟，是一种解脱，他达到了安乐平和之境，心生欢喜。

《鸿雪因缘图记·大觉卧游》

清末民初，社会处于新旧交替，剧烈变化时期，很多旅人的"大觉"都与时局有关。《西郊游记》中记载："……泉旁高处有一个亭，匾上题著领要亭三字，亭旁古木连天，一地的野葡萄和百合花，把小窄道都塞住了。在亭子上休息休息，我们去看那塔上文学，一位忧国忧民的志士题词，'奇树清泉能有几？独有此间。国危民痛谁人救？只有青年。'"

其时曾任内阁教育总长的傅增湘于 1920—1937 年在大觉寺租住，春秋季节居住，他在白塔上题咏诗句：

> 长流清水甘无尽，丛藻方塘软似绵。
>
> 小坐移候成大觉，柔夸与世不争先。

还有一首：

> 岿然一塔压琳宫，沐日摩云势岸雄。
>
> 驯取蚊虻作环卫，惊看熊虎出深丛。
>
> 石螭似诉金源恨，林鹊长呼紫塞风。
>
> 佛力渐随王气歇，只留辽碣伴衰翁。[①]

面对时局，年轻人之大觉是在国危民痛中怒号奋发，也有那柔夸不争的衰翁追忆着旧时景光，犹悬梦寐。不同的心境下，大觉寺给不同的旅人不一样的心灵映照。

三、镜头中的旅者之观

笔者搜集的资料中，十九世纪末及至二十世纪三十年代，为大觉寺留下影像的，是为数不多的几名外国旅人，其中包括德国建筑师海因里希·希尔德布兰德、德国女摄影家赫达·莫里逊（Hedda Morrison）、德国驻华大使阿尔方斯·冯·穆默（Alfons von Mumm）和瑞典学者喜仁龙（Osvald Siren），他们身份不同，来大觉寺的时间、目的也不同，但他们都从旅者的角度展现了自己眼中的大觉寺。

海因里希·希尔德布兰德曾为大觉寺留下了翔实的史料，他也是对大觉寺最关注、最倾心者。他在 1897 年发表建筑专著《大觉寺——寺庙建筑的集大成者》，书由柏林建筑联盟发行出版，文章中配有 87 幅插图、8 幅石板印刷图片以及 4 幅凹版印刷图片，摄影图片不仅直观地展现出十九世纪末大觉寺的全貌，更从建筑学的角度分析建筑结构和材料，绘

---

① 中国人民政治协商会议北京市海淀区委员会编：《北京文史选编》，第 15 辑，2009 年。

制了建筑线图手稿。他进行了科学测绘，形成了大量的建筑数据，并针对寺庙建设提出了自己建设性的意见。希尔德布兰德从建筑艺术的角度对大觉寺进行了深入研究，他评价大觉寺为木结构的"安地斯神庙"，希望通过研究使东亚建筑艺术得到广泛而深远的传播。他以德国人的勤奋和深厚的知识储备，破除语言和文化的沟壑。他的成果为我们展示了科学分析下的大觉寺，他的成果今天仍能对大觉寺的研究起到重要的作用。

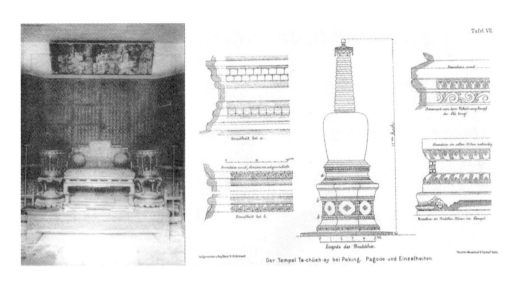

海因里希·希尔德布兰德拍摄的大觉寺　　　海因里希·希尔德布兰德绘制的大觉寺

　　另一位旅人，女摄影师赫达·莫里逊（Hedda Morrison），1933 年开始了在北京的摄影师生涯，她于 1933 年至 1946 年在中国从事摄影工作，记录当时的建筑风景、传统手工艺、生活习俗等人文主题。作为摄影师，莫里逊除了有较好的技术和经验外，她也拥有较好的设备和器材，这些都让她的作品呈现较高的质量和艺术性。与其他西方摄影师不同，因为常驻北京，她对当地风土民情了解比较深，喜爱这个城市和当地居民，在北京的 13 年，她拍摄了超过 1 万张底片，这些底片和她自己印出裁剪的近 6 千多张照片在她身后都捐给了哈佛大学的燕京图书馆。莫里逊拍摄的大觉寺有十余张，不仅包括功德桥、碑亭、白塔、海岛观音、银杏树等大觉寺的特色景观，还有较为罕见的大觉寺钟琴和大雄宝殿法器的照片。莫里逊以她作为女性独特的视角，将静谧、神秘的大觉寺用光影记录下来，并留下来与我们分享。

赫达·莫里逊拍摄的大觉寺（一）　　赫达·莫里逊拍摄的大觉寺（二）

　　还有一位同样来自德国的旅人，是庚子时期的德国驻华大使阿尔方斯·冯·穆默（Alfons von Mumm），1900 年夏，前任公使克林德被击毙后，穆默乘赴华作战的德国兵船来华继任，在华仅一年时间。1902 年，他将在华期间拍摄的照片出版，即《穆默的摄影日记》，书中包含六百多幅记录中国地理、风俗和反映中国近代史的照片，该书现藏于德国柏林国家图书馆。《穆默的摄影日记》一书中的照片摄制于八国联军侵华期间，作者本人又系以外交途径参与庚子事变、促成《辛丑条约》签订的核心人物，书中所收载相当篇幅的作品，集中反映了此次中国近代史上重要的事件，如中外诸国之间的军事、外交活动。作者也极端关注各地的古迹名胜、风土人情，他拍摄大觉寺的照片不多，4 张主要集中在门口的区域，包括从山门向天王殿的主路以及两旁的碑亭和钟鼓楼、功德池两边，从照片中功德池中满铺的荷叶，结合旅者的时代背景，可以看出这是 1900 年夏天的大觉寺侧影。紧闭的天王殿大门，没有其他旅人的身影，树木繁盛，野草有半人之高，松寮隐僻，给人凡尘顿远的感觉。

穆默拍摄的大觉寺

除了三位德国旅人，笔者还曾看到瑞典学者喜仁龙（Osvald Siren）拍摄的一张大觉寺照片，喜仁龙在1921—1922年访问中国，通过对北京城墙、城门的实地考察，写成《北京的城墙与城门》一书。1921年他主要走访上海、西安、洛阳等地，1922年到达北京，在北京及周边旅行，大觉寺这张照片就可能拍于此时，照片中从憩云轩向白塔和龙王堂拍摄，光影中杂树参天，寺庙建筑有曲有深，有峻有悬。

喜仁龙拍摄的大觉寺

旅者镜头下的大觉寺，展现了寺庙清末民初的真实状态。大觉寺的建筑、山水、一草一木都触动着他们对美的感悟，从建筑师、摄影师、外交官和学者的角度阐释出的大觉寺的美，带着时代的烙印，给今天的我们不一样的启发。

四、从今日观众角度看大觉寺活化利用

大觉寺自辽建寺，至今已有近千年历史。作为著名旅游景区和全国重点文物保护单位，大觉寺一直面对着文物保护和文物活化利用这两个矛盾又统一的命题。守护这千年的文化遗产，不仅需要不断挖掘它的文化内涵，阐释文化价值，更要在文物建筑保护中实现合理的活化利用，不断提升公共文化服务功能，回应群众的真实需求，满足人民群众对美好精神文化生活的新期待。关于大觉寺的活化利用，笔者认为可以从以下三个方面着力：

一是要开展文物空间利用的再探索。大觉寺的文物建筑空间目前多用以原状陈列，有部分空间用于展览展示，还有许多空间可以探索合理活化利用的模式，实现保护和合理利用的最大效能。可利用更多的文物空间来开展展览、社会教育活动、文创售卖等，从满足

公众的需求开始着手，一个空间一个空间的打造，以共建共治共享的理念，鼓励多元投资，发动社会广泛参与空间的打造，用更多样化的服务来丰富观众的参观内容，提升参观质量。

二是博物馆化进程再推进。对大觉寺的发展定位需要明确，进一步加强保管、展览展示和研究功能。大觉寺出版的著作颇丰，若能将对历史建筑及文物藏品的研究成果进一步转化，将书中的内容转化成历史沿革展览并以数字化呈现，就能充分阐释大觉寺的历史价值和文化内涵，实现大觉寺与观众的交流与共享。

三是品牌打造再出新。大觉寺现有品牌，无论是茶文化品牌还是玉兰和银杏的文化品牌，都是特色鲜明的成熟品牌，而且在发展中具有一定的知名度。但是品牌要延续，就要探寻新的着力点，增强自身的可识别性，以独特、多元的文化符号进行品牌塑造。大觉寺在品牌提升战略中，要将其作为发展规划及顶层设计的重要内容，用与众不同的创新理念，使品牌更多地走进公众视线，从 IP 开发、内容创新、运营效率等多角度进行提升，以品牌发展促大觉寺的整体高质量发展。

以上三个"再"，是笔者的几点思考，要实现活化利用，需要规划先行及科研的积淀；需要走出去，活起来；需要打开思路，兼收并蓄，需要这一代大觉寺文博人的共同努力和奋斗。

参考文献

1. 周家楣、缪荃孙编：《光绪顺天府志》，北京古籍出版社，1987 年。

2. 完颜麟庆：《鸿雪因缘图记》，北京古籍出版社，1984 年。

3. 阿尔方斯·冯·穆默（Alfons von Mumm）：《穆默的摄影日记》，1902 年。

4. 赫达·莫里逊（Hedda Morrison）：《洋镜头里的老北京》，1986 年。

5. 海因里希·希尔德布兰德：《大觉寺——寺庙建筑的集大成者》，柏林建筑联盟发行出版，1897 年。

大觉禅寺的曹洞宗法脉

张
文
大[*]

摘　要：禅宗五叶之一的曹洞宗，在其诞生不久的五代时期就传到燕京（今北京）地区，但很微弱。金初，希辩到燕京传曹洞宗法，所在著名寺院有大万寿寺、仰山寺、和清水院（今大觉寺）。辽代创建的清水院与仰山寺一山之隔，地理位置决定了仰山寺、清水院有着亲密的法缘关系，共同传承了曹洞宗法脉五百年。

关键词：曹洞宗　希辩　大万寿寺　仰山寺　清水院　大觉禅寺

佛教禅宗有一花五叶的称谓，五叶指五个宗派，分别是临济宗、曹洞宗、法眼宗、沩仰宗和云门宗。法眼、沩仰、云门在唐末之后渐渐失传，唯临济、曹洞相传不衰。相传过程中临济强，曹洞弱，有"临天下，曹一角"之谚语。但曹洞宗有一段时间茁壮成长在北京地区，值得北京人自豪。曹洞宗在北京的成长又与阳台山大觉禅寺有密不可分的关系。

"阳台山者，蓟壤之名峰"，阳台山东西两侧各有一座著名寺院，西侧仰山寺，东侧清水院（明清大觉寺）。仰山寺四周有五座山峰似莲瓣，寺建在莲蓬顶上。古代去仰山寺，只有从大觉寺翻过阳台山最为近便，金章宗去仰山寺也是翻阳台山。古时从城里走到阳台山下要一天的时间，如果当天到仰山寺天就黑了，人的体力也吃不消。所以，当天傍晚住在阳台山清水院，第二天天明赶路去仰山寺是最佳选择。地理位置铸就了仰山寺和清水院的关系。

1999 年 6 月 5 日我第一次走进了门头沟区樱桃沟村北破败的仰山栖隐寺，看到不少的摩崖石刻和《重修仰山栖隐寺碑》。读了碑文，知道了仰山栖隐寺和大觉寺的这层亲缘关

---

*　张文大，北京开放大学退休教师。业余从事北京历史文化研究，现在是北京史地民俗学会学术委员、北京市文物保护协会会员、永定河文化研究会理事。

系。还看到《祖师辩公大和尚开山道行碑》盘龙碑首，在村委会见到《仰山重修青州辩祖塔略》。2008 年 5 月又见到新出土的元代《满禅师寿塔铭》和金代记载希辩住持仰山寺的"榜·西三家村"碑。对从青州希辩到仰山希辩的变化的历史有了初步认识。

青州希辩，江西洪州人，俗姓黄。出家为僧住持山东青州天宁寺，故称青州希辩。金代天会六年（1128 年）初，金兵攻下山东青州，强掠青州天宁寺长老希辩到了燕京，最初希辩被安置在宣武门外大街西侧的奉恩寺，与奉恩寺一街之隔的华严寺信众，听说从青州来了一位曹洞宗高僧，便请希辩到华严寺讲经说法，场面非常可观，用时髦话讲他是一炮而红。同年，希辩应仰山寺德真通辩之请，到了仰山寺。天会九年（1131 年）仰山寺住持普大师将仰山寺道院四至山林赠送给希辩，希辩住持仰山寺长达十年。天眷三年（1140 年），希辩奉诏回华严寺再任住持，华严寺再度红火起来，第二年金熙宗赐名大万寿寺。1146 年希辩退休隐居仰山寺，直到 1149 年示寂。

元代《析津志》记载青州希辩在城里讲法的大万寿寺（华严寺）："大万寿寺，寺有金世宗、章宗后御容，又有佛，见收常住寺内。有施宜生碑文，备载事实。"（《析津志辑佚》第 96 页）元人果啰洛纳延作万寿寺怀古诗："皇唐开宝构，历劫抵金时。绝妙青松障，清凉白玉池。长廊秋霖响，高阁夜钟迟。独有乘闲客，扶藜读旧碑。"依诗句，大万寿寺创于唐，寺中青松遮天，玉池明彻，古碑孑立，环境十分优美。元初，希辩四传的万松行秀任大万寿寺住持。明正统十一年（1446 年）大万寿寺重修后，改名永光寺。《析津日记》记永光寺："元大万寿寺也。曹洞下青州辩公居之。寺有大万寿寺开山传法历代宗师实迹碑记，文字磨泐。又明正统十一年一碑，本山住持本恩立石，昭化寺住持妙清碧潭篆额。碑称辩公居此，湛然、屏山居士为其上首外护。湛然即耶律文正王楚材；屏山，金李翰林纯甫也。"大万寿寺是金世宗赐名，古人常金元不分，故《析津日记》称元大万寿寺。清乾隆年间编纂的《日下旧闻考》臣等按语："永光寺内元大万寿寺实迹碑，虽字迹已剥，而碑尚完好屹立。明景泰间二碑半没于土，正统时碑不复存。"

永光寺在宣武门外庄胜广场西南，原有永光寺、永光寺西街等地名。今庄胜广场大厦东南旧房几乎拆尽，存户不多，门牌有永光寺东街某号。今天永光东街是金元时期的大万寿寺旧址。

《元一统志》记：大万寿寺在旧城。按古记考之，本中都大万寿寺，潭柘禅师古道场也。燕京之西有古刹，距城百里，泉石最幽处，曰潭柘。师讳从实，自湖南来，乃曹洞二代孙。辽太宗会同年间至世宗天禄初，有开龙禅师智常，弘潭柘之道，于燕创此寺。景宗保宁初，赐名悟空；圣宗统和十九年，改名万寿禅院；至太平年间，改名太平寺；道宗大康中，改名华严寺。

后有禅师希辩，宋之青州天宁寺长老也，耶律将军破青州，以师归燕，初置之中都奉恩寺，华严大众请师住持，服其戒行高古，以为潭柘再来。至金天会间退居太湖山卧云庵，既而隐于仰山栖隐寺，骠骑高居安以城北园并寺前沙井归之常住；天眷三年召师复住持；皇统初，更赐寺名为大万寿，师再隐仰山，门人德殷续灯于万寿。三年而退居于医巫闾。又有省端上人继之，一如师存之日。

希辩师，本江西洪州黄氏，族系甚大，且多文人，有闻于世者：始参云门、临济，得法于鹿门觉公，至沂州礼芙蓉和尚印证授记，后住青社天宁，城破乃北来，人称之为青州和尚。天德初示化于仰山，记乃金翰林学士中靖大夫知制诰施宜生所撰，其文略曰："潭柘老人二百年后，放大光明，芙蓉家风，却来北方，熏蒸宇宙，岂其大事？因缘殊胜，亦有数耶？教有废兴，道无废兴，人有通塞，性无通塞。师既来燕，潭柘寂然；师既往燕，曹溪沛然。人知寂然而不知潭柘未尝去也，人知沛然而不知青州未尝来也。若然，则无碑亦无害，有碑亦无碍。遂为之说。贞元元年十月记。"（《永乐大典》四六五〇天字引《元一统志》）

曹洞宗诞生不久的五代时期，就有曹洞宗二代孙从实禅师从湖南来到燕京，弘传曹洞宗法。先在今宣武门外的大万寿寺（即希辩到燕京传法的首站），后去了潭柘寺，故得潭柘禅师称号。从实禅师圆寂葬在潭柘寺附近。五代只有五十多年时间，北京地区很快归了辽。辽代曹洞宗在北京的发展十分艰难，大万寿寺地方最初是潭柘道场，后又有曹洞宗僧在此创立寺院，但之后却成了传承华严宗的寺院。金初希辩到燕京传法首站即华严寺，金熙宗皇统初年，因希辩在此传曹洞宗法而赐名大万寿寺。大万寿寺是燕京（今北京）曹洞宗著名寺院。

北京潭柘寺，历史悠久，民间有"先有潭柘寺，后有幽州城"的谚语。有文献记载金代皇统年间金熙宗曾改潭柘寺为大万寿寺。明代大学士谢迁撰《重修嘉福寺碑》曰：潭柘寺"皇统间，改为大万寿寺。"清乾隆年间修《潭柘山岫云寺志·梵刹原宗》曰：大金熙宗皇统年间敕赐寺额"大万寿寺"。现代介绍潭柘寺文章多沿袭"金皇统年间潭柘寺改名大万寿寺"的说法。

潭柘寺改名一事究竟是真是假？如果是真，金熙宗怎么同时赐给两个寺一个名字呢？如果是假又有何证据证明潭柘寺没有改称大万寿寺呢？《顺天府志》记皇统初年（1141 年）熙宗赐额。潭柘寺塔院存金大定二十八年（1188 年）"言公长老塔"，塔铭首行题"中都潭柘山龙泉禅寺言禅师塔铭"。此时距熙宗赐额仅 47 年，潭柘寺仍称龙泉禅寺，并没称大万寿寺。究其原因是金熙宗赐额宣武门外的大万寿寺，曾是潭柘从实禅师的道场，误以为潭柘禅师道场就是潭柘寺，从而认定潭柘寺改名大万寿寺。按常理，如果 1141 年熙宗赐额潭柘寺为大万寿寺，四十七年后的金大定二十八年不会复称龙泉禅寺。潭柘寺金代碑刻中没有称潭柘寺为大万寿寺的记载。明代谢迁大概把潭柘道场的大万寿寺和潭柘寺画等号了，之后修《潭柘山岫云寺志》沿袭了这一错误说法。

希辩从 1128—1140 年住仰山寺 13 年，退休回仰山又住了 4 年，最后圆寂在仰山。徒弟们为他在仰山栖隐寺西北方建塔。仰山寺希辩塔至清初倾圮，崇效寺法孙于雍正十年重修了辩祖塔，刻了《重修青州辩祖塔略》。现在希辩塔已无踪迹可寻，但塔略石刻仍存村委会院中。《重修青州辩祖塔略》记载了清雍正十年重修祖师塔的始末：

> 按祖自撰塔记曰：余名希辩□□□□□，洪州人，十二岁出家，十八受□□□□□，参鹿门觉和尚。政和五年冬□□□□□莉，后寻奉命礼芙蓉楷和尚，于沂州参侍经年。宣和间，青帅董待制请住天宁寺。本朝兵破青社，遂至燕京。初住奉恩，次住华严，乃今万寿寺也。晚年住仰山。天眷三年宣诏入城，复住大万寿寺。皇统六年九月退归仰山。九年十二月八日病中书此，以为塔记。
>
> 于十二日亥时沐浴书偈而逝，茶毗后收灵骨，以天德二年三月一日塔成于寺的西北隅。自天德至今六百有余祀，其塔倾圮殆尽，惟基址存焉。我崇效法兄德玉，纠同本宗在燕诸法属，各捐衣钵之资，重新之。塔成，慈云寺德震略记始末如此。今将重修祖塔法远孙名，列于后。时雍正十年岁在壬子季春。

希辩在仰山寺住过 17 年，从城内到仰山寺往返不计其数，一般情况下会经过并住在清水院，但是找不到文字证据。

民国时期，辅仁大学校长、历史学家陈垣撰书《清初僧诤记》，记载康熙年间曹洞宗和临济宗争论曹洞宗的传承问题，披露了希辩和大觉寺的关系。

康熙三十二年（1693年），八大处圣感寺（今六处香界寺）住持霁仑超永编纂了一套《五灯全书》，其中记录曹洞宗芙蓉楷至青州辩的顺序是：

芙蓉楷—丹霞淳—长芦了—天童珏—雪窦鉴—天童净—鹿门觉—青州辩。

此顺序中鹿门觉师从天童净。曹洞宗系的盘山拙庵智朴听说后，挺身而出，与超永书信往来，展开激烈辩论。

大觉寺西北有一座胜果寺，明正统十一年（1446年）《重修胜果禅寺碑记》称："旸台山古刹胜果禅寺者，乃曹洞宗风万寿青州之法派，仰山、大觉之岐分。"胜果寺是仰山寺、大觉寺的分支，都是希辩曹洞宗法脉。胜果禅寺有一通1446年"祖传派偈"碑记："曹洞正传青原思、石头迁、药山俨、云岩晟、洞山介、云居膺、同安丕、同安志、梁山观、太阳延、投子青、芙蓉楷、六（鹿）门觉、青州辩、大明宝、王山体、雪岩满、万松秀、雪庭裕……"这是曹洞宗自家记载，是准确无误的。鹿门觉师从芙蓉楷，而不会是《五灯全书》记的天童净。

从樱桃沟村委会保存的《重修青州辩祖塔略》碑文中所引《希辩自撰塔记》可以知道，希辩师从鹿门觉，曾经到沂州见过师祖芙蓉楷。如果鹿门觉师从天童净，曹洞宗就多出丹霞淳至天童净的五代；希辩不可能见过相隔六代的芙蓉楷。《五灯全书》所引文献有误，致使曹洞宗多出五代。

拙庵智朴在驳斥《五灯全书》曹洞宗多出五代时，质问超永，圣感寺离大觉寺并不远，为什么不去看看希辩塔铭呢？可见清康熙年间，大觉寺里还有一座希辩塔。之后，希辩塔和塔铭便销声匿迹了。如果没有盘山拙庵质问圣感超永这句话，我们至今还不知道大觉寺曾经有希辩塔。

从希辩圆寂的1149年到康熙两宗争论的1693年，已经过了544年，希辩塔还矗立在大觉寺。1693年之后，没有了希辩塔的踪迹。直到2011年11月28日，时间已经过去318年，这天，大觉寺管理处职工徐连文在憩云轩南坡清扫落叶时，发现一块汉白玉石面刻有清水院等字，立即报告了领导，经专家辨认，确认是金代希辩自撰塔记，题目是《大金国燕京宛平县阳台山清水院长老和尚塔记》，清水院希辩塔铭消失318年后重回人们的视野。

　　大金国燕京宛平县阳台山清水院长老和尚塔记

　　余法号希辩，俗姓黄。曾祖、先祖江南洪州人。元丰间，先祖守官安陆，未终任捐馆。余□□陆十一岁丁父忧服阕出家，十八受具。二十岁游方，先参云门临济，末后，参襄州鹿门□。政和万寿禅寺第一代和尚，讳自觉。政和五年冬，雪夜发明拂旦印证，曰：汝真吾宗再来人也！然汝不宜久住于此，宜往山东沂州，礼芙蓉和尚去，讳道楷。又经半载，潜装离鹿门到邓州丹霞，参谆誧二师。又过西洛，参少林。初法王雅宝、林深诸师，皆蒙印可。迤逦遍参，遂至沂州，礼芙蓉和尚，参侍经年，深获陶汰。亦有授记之言，并记菊颂二首。次往袭庆府泗水县龙门山庵居。宣和间，青帅董待制与三禅长老备礼仪，命专使请住天宁寺，前后三请不获，已应命，住经八载。本朝兵破青社，遂至燕京。初住奉恩，次住华严，乃今万寿寺是也。晚年住仰山。天眷三年，入城，复住大万寿寺。皇统六年九月，退归仰山。噫！余三十年叨忝传持宗旨，接待四来唯一真谛示学徒。佛祖未生前事，未尝以古人公案因缘惑乱，初机增长识情，知解。至于左敲右击，使伊皮肤脱落，独露真常。然后，痛下钳锤于生死路上，稳步无疑而已。后之学者深宜全身放尽时，中如一忽不来底人。忽然绝后重苏，始信不从人得。皇统九年十二月八日病中书此，以为塔记。

师于当年十二月十二日书偈垂诫，至亥时，怡然而逝。十五日茶毗，葬于仰山栖隐寺。正寂遂于茶毗灰烬中，收拾微小灵骨得数十粒，复获牙一枝。念先师住持仰山、万寿，虽大振宗门，而彼二处，立为十方。唯清水，度僧近二百数。若不建塔立石，切恐向后年深，失于依止。与众共议，遂建此塔，以为久远之传。

天德三年三月十五日，阳台山清水院山主小师比丘正寂建塔立石。

《大金国燕京宛平县阳台山清水院长老和尚塔记》重见天日，说明金代清水院（大觉寺）确有希辩塔，塔立于天德三年（1151年），因为清水院有希辩徒子徒孙二百余口，是曹洞宗法脉，便收希辩灵骨建塔营葬。《清水院长老和尚塔记》是希辩自撰，真实可靠。比仰山寺《重修青州辩祖塔略》篇幅完整，文字清晰，残缺字少，为研究金代曹洞宗在北京地区的传播提供了重要实物证据，也证实了希辩的师父是鹿门觉，鹿门觉的师父是芙蓉楷，而不是天童净。

《清水院希辩塔记》记载希辩腊月初八日书就塔记之后第四天即十二日去世，十五日茶毗（火化），葬仰山栖隐寺。希辩住持过的仰山、万寿两寺，立了十方碑碣纪念。清水院同是希辩住持的寺院，清水院二百余名希辩弟子不忘师恩，在清水院为希辩建塔立石，以传久远。清水院的曹洞宗始于希辩在清水院弘法度僧时。

青州希辩于皇统九年（1149年）腊月十二日示寂，仰山寺衣钵传给了大明宝。同年，完颜亮杀死金熙宗夺位，开始营建金中都城。主持营建的官员张浩崇信佛教，常到仰山寺坐在听众席听大明宝讲经，此事传到海陵王耳朵里，海陵王责骂杖刑了张浩和大明宝。大明宝因羞愧离开了仰山。王山体、雪岩满、万松秀先后为仰山寺住持。

万松行秀弟子众多，如雪庭福裕、林泉从伦、耶律楚材、李纯甫等百余人，曹洞宗在北方迅速壮大起来。仰山寺于万松徒孙行满禅师住持下于元成宗、武宗时期得到发展。2008年春，仰山寺出土了《行满禅师寿塔铭碑》和"榜·西三家村"碑残段。明代刘定之《仰山栖隐寺重修碑》云，仰山栖隐寺于东山口建有接官亭，寺东有回官亭，说明官员僧侣经过东山口进出仰山寺，大觉寺至仰山东岭的香道是仰山寺正路。此碑还记载，明代大觉寺西天宗派创始人之一的智光，重修仰山栖隐寺，是为了却师父印度班迪达具生吉祥萨哈拶室哩的遗愿，遂为重开仰山栖隐寺的第一代住持，更是密切仰山、大觉两寺的兄弟情谊。

明代宣德皇帝重修元代灵泉寺并更名大觉禅寺，供给西天宗派领袖智光退休养老，原寺内曹洞宗并没离开，而是与西天宗僧人和谐同居一寺。《重修胜果禅寺碑记》由僧录司左觉义兼大觉禅寺住持袭祖沙门了彝慧庵撰文，僧录司左觉义兼大觉禅寺住持传西天教沙门吾答耶室哩篆额。僧录司是国家佛教管理部门，觉义是管理佛教事务的官员。了彝慧庵、吾答耶室哩同在国家佛教管理部门为官，同是大觉禅寺的住持。了彝慧庵是袭祖沙门，即承袭曹洞宗法门的僧人，吾答耶室哩是传播由印度传来的西天宗派的僧人。由此可知大觉禅寺由禅宗曹洞宗和萨哈拶室哩、智光共同创立的西天宗派共同使用管理。了彝慧庵的名字出现在胜果禅寺"祖传派偈"碑里：曹洞正传青原思、石头迁、药山俨、云岩晟、洞山介、云居膺、同安丕、同安志、梁山观、太阳延、投子青、芙蓉楷、六（鹿）门觉、青州辩、大明宝、王山体、雪岩满、万松秀、雪庭裕、少林泰、少林遇、少林才、大觉彝。大觉彝即了彝慧庵。以上从青原思到大觉彝23位祖佛，各有传法之偈，都记录在碑上文字太多，只选了毗婆尸、释迦牟尼、迦叶、达摩、大鉴、大觉彝六位传法之偈，大觉彝虽列最后，但前五位的佛教地位一个高过一个，达到顶级。大觉彝与前五位齐肩已是无上荣光了。

大觉了彝师从少林才（淳拙文才），上溯少林遇（还原福遇）、少林泰（少室文泰）、雪庭裕（雪庭福裕）、万松秀（万松行秀）。万松行秀弟子雪庭福裕重整战火中焚毁的河南嵩山少林寺，并为少林寺制定了"嵩山祖庭大少林禅寺宗派之图"，记载了少林寺辈分六十字（俗称七十字辈不妥，应是六十字辈）：

> 福慧智子觉，了本圆可悟。
>
> 周洪普广宗，道庆同玄祖。
>
> 清净真如海，湛寂淳祯素。

德行永延恒，妙体常坚固。

心朗照幽深，性明鉴崇祚。

衷正善禧祥，谨悫愿济度。

雪庭为导师，引汝归玄路。

大觉了彝的"了"字是少林辈分的第6字。少林才、少林遇、少林泰都是继雪庭福裕之后的少林寺住持。可见大觉寺的曹洞宗风与河南少林寺雪庭福裕一脉相通。

到了明代万历年间，大觉寺出了一位曹洞名僧大觉方念，《续灯存稿》有记。方念，俗姓杨，字慈舟，号清凉。十岁出家，受具足戒后，参少室寺幻休常润座下，遂继其法绪。年二十八，入五台山掩关，后登普陀洛山，住越州（浙江）大善寺，应请说法。历主东塔、云居、圆通等名刹，后迁京师大觉寺。万历二十二年（1594 年）示寂于五台山，世寿不详。

此处方念迁往的京师大觉寺是不是今天阳台山的大觉寺？阳台山大觉寺是宣德年间宣宗皇帝为西天宗派创始人智光敕建的退休养老之地，是一所著名的皇家寺院，寺内碑石记载正统、成化、弘治、正德屡有扩建或修缮。方念在万历二十年，前来管理曹洞宗属的敕建大觉寺合情合理。有人会问，阳台山大觉寺离城太远，方念去的会不会是城内的大觉寺呢？城里有大觉寺吗？永乐《顺天府志》记，（辽代）开阳门郊关之外有义井院，"天德三年作新大邑，燕城之南，广斥三里，寺遂入开阳东坊。大定中赐额曰大觉。"金代大觉寺在中都城东南隅开阳东坊。元代称金中都城为旧城。明代嘉靖年间建外城，将开阳东坊包在外城之内。明永乐《顺天府志》谓大觉寺在旧城开阳东坊，似是转抄元人记录。金中都城内大觉寺可能毁于金末战火。元大都城、明清北京城内没有大觉寺。因此判定方念去的京师大觉寺就是阳台山大觉寺。说明万历年间西山大觉寺仍是曹洞宗法嗣。

从希辩1128 年到仰山，阳台山大觉寺开始承袭曹洞宗法，有文字记载到明万历年间（推测到明朝末年）没有中断，历时五百余年，一直传承曹洞法脉，是与大万寿寺、仰山栖隐寺同时的曹洞宗系寺院。

曹洞宗青州希辩禅师与大觉寺

宣立品 *

摘　要：大觉寺历辽金元明清五个朝代，其中辽和明清三朝法脉传承皆有迹可循，唯金元两代时宗派法脉模糊不清，未见典籍。大觉寺内《大金国燕京宛平县阳台山清水院长老和尚塔记》石刻的发现，无疑为大觉寺金代的法脉传承提供了重要的线索和珍贵的实物佐证。塔记的发现，不仅对大觉寺的历史研究，乃至对金代禅宗史研究都具有重要的学术意义。青州希辩是金代著名禅僧，是禅门曹洞在北方绵延发展中承上启下的重要人物，因史料不足，学界对其生平尚存有一些争议的问题。本文以塔记为切入点，对曹洞宗青州希辩禅师的生平行实予以考证，以期为大觉寺金代的高僧法脉梳理出一些基础性信息，从而进一步促进大觉寺历史的研究和发展，同时也希望为禅宗历史文化的研究做一些努力，作出一些基础性贡献。

关键词：大觉寺　曹洞宗　金代　青州希辩

北京西山大觉寺历史绵延千载，就宗派法脉的传承而言，其也是随着朝代的更迭而流转。辽代以觉苑为代表的密宗，明代以智光为代表的西天宗，清代以迦陵为代表的临济禅宗，都是清晰到有据可查的，但金元时期的大觉寺宗派并不清晰。2011 年，在大觉寺内偶然发现的一件金代石刻——《大金国燕京宛平县阳台山清水院长老和尚塔记》，即《金代青州希辩禅师塔记》，则为大觉寺在金代的法脉传承提供了重要的线索和珍贵的实物佐证，甚至可以推论大觉寺在元代时宗派传承的可能性。其碑文内容，详述了金代禅门曹洞宗著名僧人青州希辩的生平履历和影响，因此可以说，塔记的发现，对大觉寺的历史研究，乃至对金代禅宗史研究都具有重要的学术意义。

---

* 宣立品，北京大觉寺与团城管理处业务部主任、副研究馆员。

本文以塔记为切入点，对曹洞宗青州希辩禅师的生平予以考证，以期为大觉寺金代的高僧法脉梳理出一些基础性信息，从而进一步促进大觉寺历史的研究和发展，同时也希望为禅宗历史文化的研究做一些努力，作出一些基础性贡献。

一、《大金国燕京宛平县阳台山清水院长老和尚塔记》

《大金国燕京宛平县阳台山清水院长老和尚塔记》中清水院者，即今之大觉寺是也。青州希辩是金代著名禅僧，是禅门曹洞宗在北方绵延发展中承上启下的重要人物。其塔记中自叙生平，史籍多有记述，学界却从未见及第一手资料。此塔记石刻乃金代希辩禅师塔之遗存，是重要的文物发现，可以充分回应史籍所载。且禅门曹洞宗谱系繁杂，有些传承颇具争议，塔记中相关记载，可作为明确佐证给予确指。

《大金国燕京宛平县阳台山清水院长老和尚塔记》录文如下：

> 余法号希辩，俗姓黄，曾祖、先祖江南洪州人。元丰间，先祖守官安陆，未终任捐馆。余□□陆，十一岁丁父忧，服阕出家，十八受具，二十岁游方，先参云门、临济，末后参襄州鹿门□。政和万寿禅寺第一代和尚，讳自觉。政和五年冬雪夜，发明拂旦，印证曰："汝真吾宗再来人也。然汝不宜久住于此，宜往山东沂州，礼芙蓉和尚去，讳道楷。"又经半载潜装离鹿门，到邓州丹霞，参谆誧二师，又过西洛参少林。初法王雅宝林深诸师，皆蒙印可。迤逦遍参，遂至沂州，礼芙蓉和尚。参侍经年，深获陶汰，亦有授记之言，并记莂颂二首；次往袭庆府泗水县龙门山庵居。宣和间，青帅董待制与三禅长老，备礼仪，命专使请住天宁寺。前后三请不获已，应命住经八载。

> 本朝兵破青社，遂至燕京。初住奉恩，次住华严，乃今万寿寺是也，晚年住仰山。天眷三年，入城，复住大万寿寺。皇统六年九月退□仰山。噫！余三十年叨忝传持宗旨，接待四来，唯一真谛示学徒佛祖未生前事。未尝以古人公案因缘惑乱初机，增长识情知解。至于左敲右击，使伊皮肤脱落，独露真常。然后痛下钳锤，于生死路上稳步无疑而已。后之学者深宜全身放尽时，中如一息不来底人。忽然绝后重苏，始信不从人得。皇统九年十二月八日病中书此，以为塔记。

> 师于当年十二月十二日书偈垂诫，至亥时怡然而逝。十五日茶毗，葬于仰山栖隐寺。正寂遂于茶毗灰烬中收拾微小灵骨，得数十粒，复获牙一枝。念先师住持仰山万寿，虽大振宗门，而彼二处立为十方。唯清水度僧，近二百数。若不建塔立石，切恐

　　向后年深，失于依止。与众共议，遂建此塔，以为久远之传。

　　天德三年三月十五日阳台山清水院山主小师比丘正寂建塔立石。

《大金国燕京宛平县阳台山清水院长老和尚塔记》拓片

二、青州希辩禅师考述

　　青州希辩，秉承曹洞宗旨，对金朝乃至后世禅宗曹洞宗派的发展影响甚大，净柱《五灯会元续略》称："当是时，北方二百余年，燕秦齐晋之间，入是宗者，皆其后学。"[1]

　　曹洞禅是洞山良价禅师和曹山本寂禅师师徒俩人共同创立的禅门宗派，曹洞宗虽以师徒两人之山命名，但本寂只传四代即断。幸而良价另一嗣法弟子、"千人万人把不住"的云居道膺（835—902 年）使曹洞禅得以绵延相承。[2]希辩，便是继云居道膺一系传承而来，是为曹洞宗第十祖，洞山系祖师。金元之际北方曹洞名僧均出自青州和尚希辩一脉。

① 　净柱：《五灯会元续略》卷 1，《续藏经》第 138 册，853 页。
② 　黄夏年主编：《禅宗三百题》，台湾建安出版社，1996 年，第 88 页。

希辩禅师生平，佛教典籍记载颇丰。现仅就大觉寺发现之希辩禅师塔铭，比对现今学术界尚存疑的一些问题，进行考证，以期对学术传承有所助益。

（一）青州自叙《塔记》的真伪问题

青州希辩《塔记》之真伪，向有争论，如清人聂先《续指月录》力斥青州塔记之伪，清纪荫《宗统编年》也认此记为伪，而陈垣先生对此塔记也持怀疑态度。

李辉、冯国栋在《曹洞宗史上阙失的一环——以金朝石刻史料为中心的探讨》一文中，对青州自叙《塔记》的真伪问题，进行了系统而全面的探讨，并认为：《祖灯大统》中青州之资料来源于青州希辩自叙《塔记》，此记述与《元一统志》中金翰林学士施宜生所撰《塔记》关于青州辩之生平行履基本一致。且论述施宜生《塔记》真确不伪，则推论自叙《塔记》一事非伪。①

《佛祖道影》（一称《佛祖正宗道影》）载"希辩禅师"云："师洪州黄姓，年十一丁父忧……金皇统九年己巳示寂，塔分仰山栖隐、阳台清水院二处，寿六十九，当宋绍兴十九年。"② 这一记载极为重要，为希辩禅师塔分两处之事给予了确指。包世轩在《门头沟区伽蓝名僧记》"金代青州希辩倡法仰山栖隐寺"篇中称："希辩示寂于仰山。此碑立于仰山栖隐寺，久毁。笔者1984年文物调查中在寺址内寻访到一汉白玉石碑额，弃草莽中。题曰：'辩公大师遗行碑记'，篆字清润秀朗。想必是施宜生所撰的贞元元年（1153年）碑记了。"③ 关于希辩禅师居仰山栖隐寺和圆寂后寺内建塔之事记载颇多，但阳台山清水院建塔一事，则记载甚少，唯《佛祖道影》有载。即使是传承千载，记述颇丰的阳台山清水院寺院本身，也未见与之相关的任何著录，此事则成了悬案。而大觉寺希辩禅师塔记的发现，为九百余年前这宗悬案提供了第一手材料，据此推断希辩禅师塔分仰山栖隐寺和阳台山清水院两处确切无疑。且再一次明确了塔记内容为希辩禅师生前自叙，其与《祖灯大统》和《元一统志》等早期重要文献内容基本一致。由此，也更加充分地肯定了李辉、冯国栋二君于文中关于青州自叙《塔记》真伪问题的判断。这也是大觉寺《大金国燕京宛平县阳台山清水院长老和尚塔记》发现的重要意义所在。

（二）生平行实

1. 禅师之名

关于禅师之名，《续指月录》记为"普照一辩"，《宗鉴法林》（《卍续藏》116册）为"青州希辩"，《五灯全书》卷61、《续指月录》卷3、《宗统编年》卷24记载："希辩

---

① 李辉、冯国栋：《曹洞宗史上阙失的一环——以金朝石刻史料为中心的探讨》，《佛学研究》，2008年第1期。
② 守一空成：《佛祖道影》（又称《佛祖正宗道影》）下册，台湾财团法人佛陀教育基金会，2008年，第66页。
③ 包世轩：《门头沟区伽蓝名僧记》，《北京文物与考古（第四辑）》，1994年，第199页。

（1081—1149 年），宋代曹洞宗僧。又称一辨、一辩、一弁。"

《嘉兴藏》第 36 册《文穆念禅师语录》和第 37 册《寒松操禅师语录·源流宗旨颂》
为"青州希辩"。《元一统志》记载："后有禅师希辩，宋之青州天宁寺长老也。"

禅师之名"一辨、一辩、一弁"之说概为谐音而来。刘晓在《万松行秀与金末北方佛
教——以〈万松舍利塔铭〉为中心》的论文中也有论及："希辩的传记资料在《大藏经》
中也很多，但均把希辩称作一辩（如《续灯录》《续指月录》等），疑误。"[1] 而史料中普遍
存在争议之字则在于"辨"或"辩"。

明正统十一年（1446 年）春三月吉日立于北京胜果寺的《曹洞源流碑》记载："曹洞
正传青原思、石头迁……芙蓉楷、鹿门觉、青州辨……"。

而众多现存金代石刻，则与《嘉兴藏》一致：刻于金皇统六年（1146 年）的《大金
燕京宛平县金城山白瀑院正公法师灵塔记》，文末署名为"仰山栖隐寺退居嗣祖比丘希辩
题"，该塔石现存于北京市门头沟区雁翅镇淤白村白瀑寺。[2] 悟闲禅师之《大金故慧聚寺
严行大德闲公塔铭》，有其"谒青州希辩禅师"的记载。该石幢塔建于金贞元元年（1153
年），现立于北京房山长沟镇甘凤池村村西山岗的林地内。[3] 长清区灵岩寺立于金大定十
四年（1174 年）的《宝公禅师塔铭》载有"闻青州希辩禅师传洞下眼藏""辩一见而奇
之""辩一日室中问师父母未生前事""辩加'浡浡然，般若光中流出'之句沐师""辩以
法衣、三颂付之"等，宝公即希辩禅师嗣法弟子。[4] 以上三通金石，颇具说服力，更接近
于禅师之名的本来面貌。

大觉寺发现金天德三年（1151 年）建塔立石之《大金国燕京宛平县阳台山清水院长老
和尚塔记》，禅师自叙生平"余法号希辩"之记载，则使疑问豁然开朗，与上述金石碑刻
成为最好的印证。

明代胜果寺《曹洞源流碑》，就史料价值而言，虽于曹洞宗派传承极为重要，但其刻
立时间已晚于金代碑刻近 300 年，所以碑文中"希辩"之名当不及如上金代石刻更接近事
之原委。

如上所述，"希辩"禅师之法号，当可从此不再争议。（后文中再有文献引用处，皆统
一为"希辩"二字）

---

① 刘晓：《万松行秀与金末北方佛教——以〈万松舍利塔铭〉为中心》，《禅露》2006 年冬之卷。

② 《北京辽金史迹图志》（下），北京燕山出版社，2003 年，第 88 页。

③ 伊葆力、卢迎红、孟一楠：《从朱颜轩冕到云水高僧——〈大金故慧聚寺严行大德闲公塔铭〉考》，《北京文
博》，2004 年第 1 辑。

④ 翟炳：《宝公禅师塔铭》，《北京图书馆藏中国历代石刻拓本汇编》第 46 册，中州古籍出版社，1997 年，第
117 页。

2. 出生和圆寂时间

关于希辩的出生时间，史无所载，新近发现的塔铭上亦无所载；其圆寂时间，则记载颇多，且有争议。

《佛祖道影》记载："金皇统九年己巳示寂，塔分仰山栖隐、阳台清水院二处，寿六十九，当宋绍兴十九年。"[①]

《祖灯大统》载青州辩《塔记》自叙："皇统九年腊八亲书塔记，十二亥刻示寂。"[②]

《元一统志》记载："后有禅师希辩、宋之天宁长老也……天德初示化于仰山。"[③]

《大明宝塔铭》载："天德庚午岁，青州示寂仰山。"[④]

陈垣《释氏疑年录》卷 8 载："青州普照寺希辩，洪州黄氏……金皇统九年卒，年六十九（1081—1149 年）。《宗统编年》作宋淳熙十二年卒，《盘山志》二载圆照撰《行通塔记》，作皇统中卒，今据《佛祖道影》三。"[⑤]

以上史料，关于希辩禅师圆寂时间，有五种说法：一为皇统九年十二月十二亥刻示寂；二为天德初示化；三为天德庚午岁示寂；四为宋淳熙十二年卒；五为皇统中卒，众说纷纭。大觉寺发现的《大金国燕京宛平县阳台山清水院长老和尚塔记》，为以上说法提供了明确的判断："皇统九年十二月八日病中书此以为塔记。师于当年十二月十二日书偈垂诫，至亥时怡然而逝。十五日荼毗。葬于仰山栖隐寺。"

皇统九年十二月十二日示寂，这是个非常明确的时间，为何在有些史料中还出现了"天德初""天德庚午岁"呢？这里涉及金朝时一次重要的帝王更替和纪年改元事件。金熙宗皇统九年十二月丁巳日，海陵王完颜亮等人弑熙宗，海陵王即位。己未日大赦，改皇统九年，即 1149 年为天德元年。[⑥]则 1150 年为天德二年。希辩禅师示寂于皇统九年腊月，恰值改元皇统为天德之初，所以称"天德初"是合理的。"天德庚午岁"当为天德二年，此说法记载于希辩禅师嗣法弟子大明宝（宝公）圆寂之后的塔铭上。希辩禅师示寂于燕京（今北京）仰山栖隐寺之消息，传递至时任济南府（今山东）灵岩寺住持宝公处，尚需时日，其传递时间或有延误；且宝公塔建于金大定十四年（1174 年），相去希辩禅师圆寂已

① 守一空成：《佛祖道影》（又称《佛祖正宗道影》）下册，台湾财团法人佛陀教育基金会，2008 年，第 66 页。

② 净符：《祖灯大统》卷首《祖灯辨讹》卷 2，蓝吉富编《禅宗全书》第 19 册，台湾文殊出版社，1988 年，第 417 页。

③ 孛兰肸等编纂，赵万里校辑：《元一统志》卷 1，中华书局，1966 年，第 24 页。

④ 翟炳：《宝公禅师塔铭》，《北京图书馆藏中国历代石刻拓本汇编》第 46 册，中州古籍出版社，1997 年，第 117 页。

⑤ 陈垣：《释氏疑年录》卷 8，中华书局，1964 年，第 258 页。

⑥ 宇文懋昭：《大金国志》卷 13，齐鲁书社，2000 年，第 104 页。

二十五载，其间又经历帝王更替和纪年改元之事，时间记载略有出入也是可以理解的。

至于有些文献中记载希辩示寂时间为淳熙十二年（1185年）或皇统中，没有可依托之史料，实为谬载，不足为论。

希辩禅师寿69岁。其圆寂时间为金皇统九年即1149年，由此上推，其出生时间即为1081年，宋元丰四年（金大康七年）。

由此确论：希辩禅师出生于宋元丰四年（1081年），圆寂于金皇统九年（1149年），寿69岁。

3. 出家和受具戒时间

希辩11岁时父亲去世，当值北宋元祐六年（1091年）。依古制，子为父母服丧，为斩衰，披麻戴孝服丧时间当为三年。因没有确切的月份记载，所以推断希辩出家时间概为北宋元祐八年（1093年）或九年（1094年），时年约13—14岁。

希辩"十八受具"。18岁时，当值北宋元符元年（1098年），希辩受持比丘戒律仪轨，从此正式成为佛门弟子，并开始了其修行及弘法生涯。

4. 游方参学概况

修行得道，绝不是一朝一夕的事情，需要慧根、因缘具足，亦需要付出不懈的努力。由《塔记》可知：北宋元符三年（1100年），希辩二十岁游方。先参云门、临济，末后参襄州鹿门。

北宋政和年间（1111—1118年），希辩参礼襄州鹿门山鹿门寺（西晋时称"万寿禅寺"）第一代和尚鹿门自觉禅师（即净因自觉）。鹿门寺，历史上以禅宗道场著称，曹洞宗曹山系、洞山系法脉于此均有传承。北宋末年，曹洞宗第八世祖，洞山系祖师芙蓉道楷的弟子鹿门自觉、法灯续曹洞法脉，于北宋政和年间（1111—1118年）先后住持过鹿门寺，并把鹿门寺推至鼎盛时期。

关于鹿门觉的身份和师承，学界尚有分歧。李辉、冯国栋《曹洞宗史上阙失的一环——以金朝石刻史料为中心的探讨》明确希辩师承鹿门觉，鹿门觉上承芙蓉楷，而非上承天童净；刘晓《万松行秀与金末北方佛教——以〈万松舍利塔铭〉为中心》则称：希辩"得法于鹿门觉公（天童如净法嗣）"，坚持了鹿门觉公师承天童如净的说法。毛忠贤《中国曹洞宗通史》在《道楷北宗及万松行秀》篇中专门开辟一节"鹿门自觉辨"，对学界存疑的"传法于青州辩的鹿门觉之身份"进行讨论，认为鹿门觉就是净因自觉，其师承确为芙蓉楷，而非天童净。论据充分，在此不再赘述。《大金国燕京宛平县阳台山清水院长老和尚塔记》，文之凿凿，是这一论述的又一份重要第一手资料。

政和五年（1115年）冬雪夜，希辩明心见性，得鹿门印可，时年35岁。又过半年，约北宋政和五年或六年（1115 年或 1116 年），希辩潜装离鹿门到邓州丹霞参谆誧二师。又过西洛参少林初法王雅宝林深。皆蒙印可。

《塔记》中又载："迤逦遍参，遂至沂州，礼芙蓉和尚，参侍经年……"，"经年"，意为"经过一年或多年"。遍参诸方之后，约北宋政和六年或七年（1116 年或 1117 年），希辩来到沂州，礼芙蓉道楷，"参侍经年，深获陶汰，亦有授记之言，并记蒭颂二首"。

5. 住持寺庙概况

希辩禅师修行弘法，按地域分，可分为两个阶段，第一阶段是在青州（今山东），第二阶段是在燕京（今北京）。

得芙蓉道楷印可后，希辩选择的第一处修行庵居之所，是袭庆府泗水县龙门山（今之山东省泗水县龙门山）。其山人文历史悠久，风水极佳，早在汉代时就兴建有灵光寺弘法于世。此时约为政和末年。

希辩的第二处修行庵居之所为青州天宁寺。据塔记记载："宣和间青帅董待制与三禅长老。备礼仪命。专使请住天宁寺。前后三请不获。已应命住经八载。"即北宋徽宗宣和年间（1119 — 1125 年），希辩禅师受请住持青州天宁寺，举扬曹洞宗风，道法极盛，时人称他作"天宁长老""青州和尚"。只是，希辩禅师于天宁寺"住经八载"，文献只提及在宣和间受请住持，那么其住持天宁寺的起止时间确切为何时呢？

当金兵破青州，希辩禅师随至燕京，开始了他后半生最辉煌的弘法生涯。我们不难看出，金军兵破青州的时间，便是他离开天宁寺的时间。若能确定兵破青州的时间，也便能推论他住持天宁寺的起始时间。

赵万里辑《元一统志》载："后有禅师希辩，宋之青州天宁寺长老也，耶律将军破青州，以师归燕，初置之中都奉恩寺，华严大众请师住持，服其戒行高古，以为潭柘再来。至金天会间，退居太湖山卧云庵，既而隐于仰山栖隐寺，骠骑高居安以城北园并寺前沙井归之常住；天眷三年，召师复住持；皇统初，更赐寺名为大万寿，师再隐仰山，门人德殷续灯于万寿。三年而退居于医巫间。"

上述时间，史料中有详细记载，也有约略描述。其中关于何时兵破青州，青州希辩何时到达燕京，又于何时住持仰山栖隐寺，语焉不详。《曹洞宗史上阙失的一环——以金朝石刻史料为中心的探讨》一文，则给予了详尽的论述："考《金史·太宗本纪》'（天会）六年正月……宗弼破宋郑宗孟于青州。'可知金人破青州在天会六年（1128 年），其时希辩48 岁。耶律将军不详为何人，可能为耶律怀义或耶律涂山。""对于青州辩居仰山之时间，《祖灯大统》仅言其'晚居仰山'，而《元一统志》则记载其天会间初隐仰山，晚年再隐仰山。《元一统志》'栖隐寺'条载：'又按寺《记》：金天会戊申，青州禅师受德真通辩大师之请，住持此山．'《元一统志》此条依栖隐寺寺记而撰写，较为准确。天会戊申即天会六年，知青州辩初住仰山在天会六年，亦即其初至燕都之时。而其再隐仰山据前引《元一统志·大万寿寺》则在皇统初年。而刻于皇统六年（1146 年）的《大金燕京宛平县金城山白瀑院正公法师灵塔记》，文末署名为'仰山栖隐寺退居嗣祖比丘希辩题'，则知其皇统六年尚在仰山。"①

既然确定兵破青州是在金天会六年，那么此前"住经八载"的天宁寺，北宋徽宗宣和三年（1121 年），便是希辩禅师入寺之起始。

由以上记载和论述可知，金朝于天会六年兵破青州，希辩禅师应缘至燕京。初置中都奉恩寺，再受请华严寺，后退居太湖山卧云庵。天会六年，受德真通辩大师之请，住持仰山栖隐寺。如果兵破青州是在金天会六年无误，如果青州禅师受德真通辩大师之请住持仰山也确是在金天会六年，那么"破青州，师归燕，居奉恩、华严、卧云庵、仰山"之诸多大事，都发生在同一年，则希辩禅师在这一年真算是"颠沛流离"而又"丰盛饱满"了。青州希辩自天会六年至天眷三年（1140 年）间，约 12 年时间居仰山。天眷三年，希辩至华严寺（大万寿寺）住持。皇统三年（1143 年）退居医无闾（辽宁）。皇统六年（1146年）九月退居仰山。皇统九年（1149 年）十二月十二日示寂于仰山，最后在仰山栖隐寺的时间近 4 年。

笼统而计，希辩禅师在天会六年被裹挟至燕京，到皇统九年十二月十二日圆寂，共 21年时间，有近 16 年时光是在仰山栖隐寺度过的，这也是他一生中居住最久、缘分最深的一座寺院。由此也不难想象，他与一山之隔的阳台山清水院（今大觉寺）之间殊胜的弘法因缘了。

据笔者了解，希辩圆寂后塔分两处：一在仰山栖隐寺，另一处在阳台山清水院。建塔立石者，为阳台山清水院山主"小师比丘正寂"，师承青州希辩，其寺清水院亦有近二百数僧得希辩禅师曹洞之法。此乃为寺院佛门大事，"若不建塔立石，切恐向后年深失于依止。与众共议，遂建此塔，以为久远之传。"以今日眼光看来，正寂禅师当年"年深失于依止"之"恐"不无道理，若非现在发现此塔记碑石，九百年前的清水院度僧建塔一事，也许就会被永远尘封了。后人也只能带着一个《祖灯道影》"塔分仰山栖隐、阳台清水院二处"的记载，茫然猜测，而无从确论。

正是因为塔记的存在，我们可知，自辽道宗咸雍四年（1068 年）至金皇统、天德近百

---

① 大觉寺藏《阳台山清水院创造藏经记》石碑记载：辽咸雍四年（1068 年）时，"阳台山者，蓟壤之名峰；清水院者，幽都之胜概"。说明在辽道宗时阳台山清水院之名已盛。

年时间，清水院之名依然沿袭使用。在皇统、天德时期，清水院法脉传承为曹洞宗，且寺内建有希辩禅师牙塔。这一记载极为重要，可补大觉寺金代历史之不足。

三、结语

希辩禅师大阐曹洞宗风，足迹遍及北方各地，使沉寂许久的北方禅宗重新焕发出生机，而著名者如北京仰山栖隐寺、河南嵩山少林寺后世数百年的蓬勃发展，亦与青州希辩禅师的法脉传承因缘甚深。希辩禅师示寂后，金翰林学士中靖大夫知制诰施宜生亲自为他撰写碑文，碑文中说："师既来燕，潭柘寂然；师既往燕，曹溪沛然"，对希辩禅师在燕京弘禅给予了极高的评价。可以说，希辩禅师对曹洞宗传入燕京具有开创之功，堪称金元燕京乃至整个北方曹洞宗的鼻祖。

临济宗迦陵禅师一脉与大觉寺

宣立品

摘　要：北京西山大觉寺，在金代时承袭曹洞宗旨，曹洞宗重要法脉传承人青州希辩禅师在此传法。而大觉寺清代的法脉，主要来自禅门临济宗迦陵一脉，尤其是迦陵音、佛泉安和月天宽三代禅师作为大觉寺三代禅林方丈，在清康熙、雍正和乾隆这一"康乾盛世"时期，为大觉寺带来了中兴的繁盛和辉煌。此后临济禅宗在大觉寺一直延续，至少到清末。高僧法脉，是一座寺庙能够绵延千载、长盛不衰的重要根基所在。研究一座寺庙的历史和文化，首要研究的就应当是这座寺院的高僧法脉。本文对临济宗在大觉寺的发展进行梳理，使大觉寺在清代的法脉传承更加明朗清晰，从而促进大觉寺在清代的历史文化研究更加深入，同时也为北京地区清代临济宗发展演变的系统性研究提供一些参考性依据。

关键词：临济宗　大觉寺　迦陵音　佛泉安　月天宽

禅宗有五家七宗之说，南岳下的临济和青原下的曹洞最具特色，影响也最为深远。历史上素有"临天下，曹一角"之称，说明曹洞宗的势力，其盛不及临济，其衰也不像沩仰与法眼，两宋之后，发展仍绵延不绝。北京西山大觉寺，在金代时承袭曹洞宗旨，2011 年发现于寺内的《大金国燕京宛平县阳台山清水院长老和尚塔记》便是最好的明证，曹洞宗重要法脉传承人青州希辩禅师在此传法。而大觉寺清代的法脉，主要来自于禅门临济宗迦陵一脉，尤其是迦陵音、佛泉安和月天宽三代禅师作为大觉寺三代禅林方丈，在清康熙、雍正和乾隆这一"康乾盛世"时期，为大觉寺带来了中兴的繁盛和辉煌。此后临济禅宗在大觉寺至少一直延续到清末，如今寺内还保留有清末传临济正宗四十二世大觉堂上第九代佛果法公和尚的牌位。

高僧法脉，是一座寺庙能够绵延千载、长盛不衰的重要根基所在。研究一座寺庙的历史和文化，首要研究的就应当是这座寺院的高僧法脉。在《大觉禅寺》一书中，笔者曾撰写《佛教宗派与法脉传承》，其中重点阐述过近年发现的明清北京地区"临济宗派偈"和清代北京地区临济宗的法脉源流，对临济宗在北京地区的发展演变做过一些系统性梳理。今在此基础上，进一步对临济宗在大觉寺的发展进行梳理，使大觉寺在清代的法脉传承更加明朗清晰，从而促进大觉寺在清代的历史文化研究更加深入，同时也为北京地区清代临济宗发展演变的系统性研究提供一些参考性依据。

一、溯本寻源，大觉寺清代临济宗传承法脉之源

钦命管理僧录司事务正堂万善殿住持传临济正宗第三十七世了信禅师在《归复临济正宗碑记》开篇中写道："盖闻事有终始，水远必寻夫源；理寓循环，人穷则反其本"。可见溯本寻源是中国人旧有的法脉传统，如此方可达到知所从来，亦知所去，这些是文化的根本。因此，我们要说大觉寺清代的临济宗传承，必须要清楚其法脉的由来。

对大觉寺历史文化有些许了解的人，都会知道迦陵禅师，因为他曾是雍正皇帝钦封的"国师"，如此殊荣也是他享誉后世的原因所在。他的临济法脉是怎样承袭的呢？《新续高僧传》《理安寺志》等都有记载，其中《庐山归宗寺志》记载最详："辞一南游，其时济洞下尊宿法席相望，师皆参，叩机不契。至杭之理安谒梦庵老人入室，次庵云：'灵云见桃花，即不问因甚示沙道未彻？'师云：'老老大大向这里纳拜□。'庵云：'是实相问。'师展坐具云：'且礼□□覆却。'庵顾而哂之，命掌记室，每有垂问，横机不让，遂授衣拂，升西堂。未久，辞庵出山，道经六安州，爱雪峰山水之胜，颇有终志。康熙丁亥春，庵受京都柏林请，寓书招师入京修觐。"

迦陵在出家后曾游历名山古刹，参访高僧大德，最重要的经历便是拜谒杭州理安寺的梦庵老人。梦庵禅师，名超格，号梦庵，为临济正宗第三十三代嗣法传人，理安寺第十三次住持。迦陵拜谒之后，梦庵老人命其掌理记室，每有垂问，迦陵横机不让。于是梦庵禅师超越常格，把临济衣钵传与迦陵，并使其升至西堂。后没过多久，迦陵便辞别梦庵禅师继续出游。途经安徽六安州时，因为喜欢雪峰的山水胜景，颇有终止停留于此之志。然而命运恰恰在此时发生了重要的转折。康熙四十六年（1707年），梦庵禅师受诏至京师柏林寺主方丈，并书信召迦陵入京修觐，迦陵受恩师之召而来。正是这个决断，深深地影响了迦陵的余生命运。也正是在此时，迦陵结识了与柏林寺毗邻而居的皇四子雍亲王胤禛，亦即后来登基的雍正皇帝。

康熙四十六年（1707年），梦庵禅师入主京师柏林寺，迦陵也受召而来。梦庵禅师因年事已高，举荐迦陵领众修行，迦陵时年37岁。或许是年龄太轻、资历太浅，起初他并未得到僧众的认可。后因"分座临众，勘验接引，真切简要"，众人便钦服于迦陵参禅之修为。有记载说他"智逞无畏，说纵无碍，辩演无上菩提以祝无量"，使听者"每于捶拂之下，不独耸耳，且乃惊心"。柏林寺与雍亲王府相去不远，雍正在藩邸时和登位后，先后有著名禅师梦庵格、迦陵音、调梅鼎等主持寺务，调梅与迦陵为师兄弟，二人均为梦庵禅师的临济宗嗣法传人。正是从这座寺庙开始，迦陵开启了与雍正皇帝之间的法缘。因此不得不说，梦庵禅师之于迦陵的临济法脉传承，以及后来其个人的荣辱盛衰都有着重要的接引和影响。

倘若我们对梦庵禅师了解不多，此处还可提及一个有趣的视角，或许可以作为深入研究的切入点。著名的文学巨著《红楼梦》作者曹雪芹，其祖父曹寅众人皆知，而梦庵禅师便是同时代与曹寅相交甚密之人，两人在南北地域相隔之间，频繁地以诗词唱和，来表达知音间的惺惺相惜。梦庵有诗词稿集《同事摄诗集》一册，即由其弟子迦陵性音和调梅明鼎两位衣钵传人亲自校订，乾隆年间由其再传弟子刊刻。其中《步月》《贺新凉》《金缕曲》《梦扬州》《忆旧游》《望江南》等诗词，均能看到梦庵与曹寅友人间惺惺相惜的情谊。梦庵禅师后来的法脉迦陵音、佛泉安、月天宽，是否还会与曹寅的子嗣，尤其是其孙曹雪芹有过甚深的交往呢？毕竟在《红楼梦》中，我们是能够看到很多佛门视角以及佛理禅机的；同时在大觉寺不远的白家疃，也有"曹雪芹小道"的遗迹，据说那里也曾是曹雪芹的旧居之地。而这些是否与大觉寺的法脉传承相关，曹雪芹是否在大觉寺临济法脉中获取过禅理的滋养，值得考证。此是后话，在此先抛砖引玉，开个话头。

梦庵禅师虽未做过大觉寺的住持，但是他慧眼独具，间接地为大觉寺在清代的鼎盛培养了重要的法脉传承，因此不得不说，梦庵禅师对大觉寺而言也是有着重要贡献的。

二、横空出世，大觉寺清代临济开堂第一代祖师迦陵音禅师

明末清初的大觉寺是寂寥的，朝代的更迭也影响着寺庙的命运。作为明代皇家寺庙中尤为重要的一座寺庙，大觉寺也随着明王朝的覆灭而走向了落寞。直到清康熙五十九年（1720年）迦陵禅师入主大觉寺方丈，大觉寺的命运才重新又有了新的转机。

迦陵禅师，讳性音，号迦陵，别号吹馀，是清早期著名禅僧。他青年时便投高阳毗卢寺真一禅师受具戒，后来南游参禅宗临济尊宿杭州理安寺梦庵禅师，授衣拂法印，成为西天七十世南岳三十七世临济正宗第三十四世嗣法传人。迦陵一生的参学、演法活动范围很

广，其足迹遍及江南、塞北的一些著名禅寺，先后在京师柏林寺、大千佛寺、塞北法林寺、杭州理安寺、江西归宗寺和京西大觉寺等寺庙任方丈。迦陵和尚不仅对佛理参悟独具心得，达到了圆通之境，而且能阐发微妙。他一生著述甚丰，有《宗鉴法林》《是名正句》《杂毒海》《宗鉴语要》《宗鉴指要》等百余卷佛教内、外典籍传世。

康熙五十九年（1720 年），受雍亲王力荐，迦陵禅师被派往京西大觉寺任方丈，这一事件记载于寺内碑亭《康熙五十九年送迦陵禅师安大觉方丈碑记》石碑之上，碑文记载：

> 僧性音净持梵行，志续慧灯，闲时偶接机锋，不昧本来面目。是可主持法席而俾以宏阐宗风者也。西山大觉寺者，金源别院，表刹前明，山深境幽，泉石殊胜，岩中宴坐，当不减鹫岭雪峰。聿诹良月吉辰，倡率道俗，送方丈安禅，开堂演法。从此信响彻于诸方，善果结于四众。莫不勤行修习，广种福田。则住山领徒之侣，既可以报佛恩者报国恩，而祝厘资福之忱，亦藉以少展。至于园居相望，往复过从，入不二门，证无上道，此又余与性音所共勉勿谖者矣。
>
> 康熙五十九年岁次庚子秋九月和硕雍亲王撰并书。①

入主大觉寺方丈时，迦陵年 50 岁。大觉寺也随着迦陵禅师的到来而得到了清皇室的重视，雍亲王胤禛为其亲撰碑文以示恩宠是最有力的证明，大觉寺也因此得到了很好的修缮和保护。

然而，迦陵禅师在大觉寺逗留的时间并不长，康熙五十九年（1720 年）入主方丈，雍正元年（1723 年）在胤禛登基后即"飘然南游"，过上了"一瓢一笠""山栖水宿""居无定止"的隐居生活。因此，迦陵在大觉寺主理方丈的时间至多不过 3 年。这 3 年时光，迦陵禅师在大觉寺都做了哪些事情呢？

在大觉寺任方丈期间，迦陵依然是以编经演法为主。现大觉寺所存《是名正句》《杂毒海》《宗鉴语要》《宗鉴指要》等书板大都是于这段时间编纂而成。

《是名正句》板存大觉寺，国家图书馆藏有据此书板刷印的线装本一部，正文前保存了编撰者迦陵的序言，记述了该书收录内容与编纂缘起：

> 因驱古人而就今人，集宗鉴法林七十二卷，得公案二千七百二十三则，各有拈颂，列次其下，亦欲使学者知所趋向，去其习染，行之海内，然虑挟袱担囊之徒，或苦其繁重，复就旧本拈颂中集，其不落情见者亦非情见可凑泊者，汇为一帙，共得八卷，题曰"是名正句"，盖窃取诸岩头云。斯役也，岂余之得已而不欲已哉！知我罪

---

① （清）雍亲王胤禛撰：《送迦陵禅师安大觉方丈碑记》。该碑存于北京大觉寺内。

我，是在后之览是集者。①

国家图书馆藏《是名正句》序言落款"京西大觉山佛泉寺性音撰"之后，还钤有"性音之印""迦陵"二枚印章，这是目前我们已知古籍善本中留下的关于迦陵性音难得的印记，说明此部著作在雕版之后即已印刷，流传于世。

《杂毒海》板存大觉寺，卷首题下署"京都佛泉嗣祖沙门性音重编"，可知系性音入主大觉寺方丈后，在柏林寺版本的基础上重新编就的"北本"。寺藏经板记为："康熙辛丑夏五月大觉山佛泉寺沙门性音叙"，"京都佛泉嗣祖沙门性音重编"。康熙辛丑年即康熙六十年（1721 年），迦陵性音任京都佛泉寺方丈，大觉山佛泉寺即今之大觉寺。书名之"杂毒海"三字，系大慧禅师所述"参禅不得，多是杂毒入心"之句而来。

成书于乾隆二十四年（1759 年）的《理安寺志》卷 7"迦陵禅师辑《杂毒海》八卷"条，有迦陵为重编《杂毒海》一书所写的《自序》，表达了编刻经板是其临济禅法的落地之法，在文字间我们亦能够感受到他之于后学的良苦用心，录于此，以便阅者领略迦陵祖师的禅风道意。

《迦陵禅师自序》：

> 同是点画，所成之字，经有心眼者拈摄之，便能如画家点睛，令其人生气溢目，对之不觉咄咄叫绝。又如人各与镜面目，俾之了了。德山之棒，临济之喝，似犹逊此痛快。杂毒海所集往哲偈颂，皆是物也。此真道人本色文字。宗门中不得已而有文字，必若是而后可也。予尝谓衲僧家，不向本分吐露，而驰骋聪明，炫耀辞句，与文人墨士角工巧、夸多斗靡是何异！尼山所云，君子而去仁也，若使之从毒海游，吾知必爽然自失矣。是集从恕中、梅谷二和尚增订之后，较龙山所作，尤成大观。但南中之板，流通不广，北方学者，恒少见焉。因重为刊出，其间补入一二，亦援梅和尚之例，并如梅和尚之言，非敢阿好也。昔世尊自述，在因时求得半偈，乃遍书于林叶石壁间，以传示国人。余今补刻之役，非与前人争功，聊代书叶书壁之劳尔。康熙甲午夏六月。②

三、如履薄冰，大觉寺清第二代临济法脉佛泉安禅师

迦陵禅师在大觉寺住持方丈的时间，大约只有 3 年。除了编刻禅门经典外，他还做了

---

① （清）迦陵性音撰：《是名正句》序。古籍《是名正句》藏于北京图书馆，其木刻书板藏于北京大觉寺，序之书板已无存。

② （清）释实月撰：《理安寺志·卷之七著述》，江苏广陵古籍刻印社，1996 年，第 409—410 页。

一件非常重要的事情，那就是选定了衣钵传人——佛泉实安。

佛泉，法名实安，号佛泉。因性情笃实，潜心佛理，参悟甚深，得以成为迦陵禅师的嗣法弟子。雍正四年（1726 年）迦陵示寂后，经礼亲王传谕诏，由佛泉继任京西大觉寺方丈，并御前赐紫，成为传临济正宗第三十五世传人。雍正十年（1732 年），朝廷又重赐迦陵弟子佛泉紫衣三袭，以示眷渥。乾隆九年（1744 年）冬，佛泉示寂，其灵塔立于北京西山大觉寺之南塔院，其碑铭云："传临济正宗三十五世佛泉安和尚塔"。佛泉禅师有《佛泉安禅师语录》上下二卷、《佛泉安禅师后录》四卷流传于世，这些语录木刻书板至今仍存于大觉寺之内，是研究佛泉禅师生平的重要资料，目前未见有印本传世。

在《佛泉安禅师语录》"后录"中，我们可以了解到佛泉禅师的生平。

> 大觉佛泉公，我先法兄迦陵和尚之嗣也。当世宗皇帝在藩邸时，留心性宗，且帝以古佛再来，信根深重，其护持三宝为古今罕匹。若京兆之柏林、千佛、西山之大觉、古杭之南□咸发重帑修造，捐资供众，命师兄次第住持。佛法之隆，于斯为最，以故四方龙象望风而翕聚者恒万余；指我师兄乘三尺龙□，指开觉路，闻正法者，不可胜数，而我佛泉公，尤为入室之真子焉。

从这段序文可知：佛泉是迦陵禅师的嗣法传人，不仅承袭衣钵，还继位为大觉堂上第二代方丈。佛泉是迦陵禅师在极受雍亲王宠幸、一生中最得意之时所收的入室弟子，关于佛泉师从迦陵的情形，在《佛泉安禅师语录》正文前，有署名"古吴查行者元昭氏"撰写的序言，称：

> 今我佛泉大和尚具笃实之性，生秉冰霜之操守，未入归宗之门，已如临济之在。黄檗位下三年，行业纯一，暨受迦老人付嘱之后，潜心苦志，参则真参，悟则真悟，修则真修，真云居所谓行之之人，而余所谓行而后能言之人也。及乎老人辞世，佛公奉其灵龛，建塔于京畿西山大觉寺之傍。庐墓而兼主席，一瓢自爱，足不入城者十有余年。凡城中之学士大夫慕佛公之名而求一见者，山城迢递，邈不可得，盖其真实践履，能令人一望而生欢喜心。而出一言吐一气，亦使人当下知归。噫！不意际此佛法陵夷之日，而得我佛泉和尚之笃行，君子哉！

作为迦陵禅师的嗣法传人，佛泉对恩师有着特殊的感情。1723 年雍正登基，迦陵禅师却离京南行，作为迦陵的大弟子，佛泉不忘师恩，追随迦陵南行不离左右，历尽艰难。寺藏《佛泉安禅师语录》序文中这样写到：

> 厥后，世宗御极，我师兄退隐匡阜，四海英豪，亦皆星散，而佛公等数人甘心藜蓿，木食草衣，执侍靡倦。其为之真切，事师之诚挚，不啻婴儿之于慈母，有终身不肯离者。

雍正四年（1726年）迦陵在江西辞世，雍正闻讯后降旨褒赐迦陵为国师，命佛泉奉其灵骨回北京西山大觉寺建塔安葬。序文中也描述了这一情况：

> 痛我师兄，于丙午秋谢世。上闻之，不忍置荒烟寂寞之，以特命佛公等请灵龛建塔西山大觉寺之傍，而佛公即主席方丈。

也就是在这一年，迦陵的弟子佛泉禅师被任命为西山大觉寺住持。雍正在迦陵圆寂后，对大觉寺的眷顾有增无减。《佛泉禅师语录》中记载了佛泉禅师继席大觉寺方丈受清室封赐之事："师于雍正五年四月八日御前赐紫，又于十年壬子元旦三日重赐紫衣三袭，到山上堂，师捧衣示众云：'大庾岭头提不起，九重深处风□来。曹溪未肯轻传世，今日承恩大展开。'"雍正对迦陵的弟子佛泉可谓恩礼甚厚。

佛泉继大觉寺方丈后，举办法会，宣讲禅法，有许多朝廷重臣，包括皇上的弟弟和硕怡亲王允祥也经常亲临现场，因此在《语录》中除念及雍正皇帝恩宠之外，还不断多次提及怡亲王的恩典。"恭祝和硕怡亲王殿下永佑圣明，常光佛日"。

今大觉寺所藏迦陵和尚画像，即有"大觉堂上第二代继席法徒实安"题写的《老和尚像赞》一则，对于间接了解迦陵与雍正帝的关系，很能启人深思。像赞曰：

> 欲要赞，只恐污涂这老汉。欲要毁，又怕虚空笑破嘴。既难赞，又难毁，父子冤仇凭谁委？不是儿孙解奉重，大清国内谁睬你！咄，这样无智阿师，怎受人天敬礼。

这则像赞，充溢着佛泉对先师迦陵和尚的钳锤棒喝。谥号"妙智"，赞语却称"无智"，虽已贵为"国师"，却又在大清国内无人理睬。而"父子冤仇凭谁委"一句，更是事关机要，深意存焉。据推断，这句话的原意是：康熙和雍正父子之间的恩恩怨怨，又有谁能说得清原委呢？！

佛泉与其师相知甚深，对于迦陵自恃明敏善辩，参与世俗之务，颇多微词。在他的语录中有二首题为《国师勘三藏》的七言诗，论迦陵生平行事很有见地。他在诗前小序中说：

> 若以世谛论，国师错过三藏；若以真谛论，三藏错过国师。彼此错过且置，毕竟第三度在什么处？错！错！

在辩证的哲理中，隐含着深沉的无奈。而第一首诗，则以反语锐辞，抒写了对迦陵因聪敏而伤及自身的泣血之叹，也颇堪玩味：

舌尖带剑欲伤人，纵使英雄也丧身。

不是三藏暗捉败，几乎千古恨难伸！

佛家尤其是禅宗常常有"不可说，不可说"之语，为什么呢？因为言语道断，一说即错。而《心经》有云："无智亦无得，以无所得故，菩提萨埵。"所以，又有谁能说清佛泉笔下迦陵禅师的"无智"，是不是这个"无智亦无得"的大智慧、大般若呢？

四、皇恩浩荡，大觉寺清代第三代临济法脉月天宽禅师

月天宽禅师是清代乾隆初年大觉寺的第三代临济正宗传人，是继任佛泉安禅师之后的大觉寺方丈。

月天宽禅师，讳际宽，号月天。雍正九年（1731年）在出头山净和尚座下剃度，第二年到盘山授具足戒。至雍正十二年（1734年），月天前往北京西山大觉寺向住持僧佛泉参学一载，深明大法，佛泉禅师便将衣钵法印传授予他。乾隆三年（1738年），叔祖调梅鼎奉皇命住持万寿寺，月天随往辅助叔祖处理寺务。后因佛泉禅师往江西主持归宗寺事务，遵佛泉之命，月天代理大觉寺下院——兴善寺方丈事务三年。直至乾隆九年（1744年）春月天才回到大觉寺，遂留于山中。是年冬佛泉谢世，庄亲王命月天继承佛泉衣钵主持大觉寺方丈，后得到庄亲王的赞誉，称其"真心实行，住持得体"。乾隆十二年（1747年），蒙皇恩眷顾，大觉寺敕资重修，焕然一新。乾隆十六年（1751年），月天奉上命兼理僧录司印务，然而这并非其崇尚之事。月天任大觉寺方丈期间，一直以佛法为己任，力振禅门宗风。乾隆十七年（1752年）三月九日示微疾，就医于灵鹫庵。月天感觉病体沉重，急命归山告众，跏趺坐化。后蒙皇恩得帑金为其建塔安葬。月天禅师在大觉寺住持九载，一直谨守祖风，实心为道，真可谓无愧于龙天者也。月天有语录两卷，嗣法弟子了睿等共七人。

月天禅师在任大觉寺方丈的九年时间里，乾隆十二年（1747年）的皇家修缮工程，是大觉寺有清一代中一件大的历史事件。皇天垂青眷顾，乾隆皇帝在是年五月至黑龙潭祈雨时忽发游兴，来到临近的大觉寺巡幸。这次巡幸是乾隆登基后第一次来寺游览，为此他还作《初游大觉寺》诗一首。也正是这次巡幸，乾隆皇帝缅怀父亲雍正皇帝，感念雍正曾对迦陵和尚的恩遇和对大觉寺的眷顾，看到当时寺庙残破的景象，特发皇恩，敕谕重修大觉

寺。在《御制重修大觉寺碑文》中有这样的记载：

> 康熙庚子之岁，皇考以僧性音参学有得，俾往住持丈室，御制碑文以宠之。及圆
> 寂归宗，复命其徒建塔于此。慈恩眷顾，圣迹攸昭。而积岁滋久丹服剥落。爰加修
> 葺，工既告竣，勒石以纪岁月。俾尔后住山大众时念法王显现化导因缘，与国家累页
> 护持正教，振起宗风之至意云。①

寺庙重修之事，谓之稀世奇逢，此次修缮，既是蒙皇天眷顾，也是月天禅师以佛法为
己任、力振宗风之感召。在皇家的眷顾下，大觉寺维系并传承了在禅林中临济一派的主导
地位。

乾隆十五年（1750 年）南岳实瑄为月天宽禅师语录作序，序言中这样写道：

> 今庚午初夏，余诣山中，信宿丈室，展阅数年来提唱语要，能继迦伯之嘉声、佛
> 兄之法印，而吾月侄和尚可谓滴水兴波、狂澜砥柱，则大觉海中前波后浪，沃日滔
> 天，总发源于涧南一滴滹沱一派，诚千江普会、万派朝宗之妙唱者也！古德云：非父
> 不生其子，是非吾迦伯佛兄门庭光大、堂奥玄立，又安得如是后贤之振耀乎？正派流
> 通，端有赖矣。是为序。②

实瑄在序言中道出了为其作序的缘由，并对月天宽禅师语录给予了高度的评价。同
时，实瑄也在此阐明了迦陵、佛泉、月天师徒传承，临济正宗源远流长符合木本水源之
理，正所谓"源远而流自长、支清而宗得正也"③。

---

① 大觉寺藏乾隆十二年（1747 年）《御制重修大觉寺碑》，高宗弘历撰文，庄有恭正书。
② 大觉寺藏经板《月天宽禅师语录·序》，第 2 页。
③ 国家图书馆藏道光二十二年（1842 年）笑祖塔院碑碑阳《大清京都西直门外笑祖塔院反本寻源归复临济正
宗碑记》拓片。

从《夏日大觉寺杂诗》看乾隆十三年之国事家事之忧

张
杰
燕 *

摘　要：有清一代的大觉寺，康雍乾三代帝王都曾经到此巡幸驻跸，以乾隆帝到大觉寺的次数最多，自乾隆十二年起至乾隆三十三年期间，乾隆帝共到大觉寺巡幸驻跸 13 次，为大觉寺作诗数十首。本文从乾隆十三年（1748 年）六月，乾隆帝在大觉寺所作的一首御制诗《夏日大觉寺杂诗》出发，对乾隆十三年间发生的数件大事进行探究，了解一代帝王国事家事之忧。

关键词：大觉寺　乾隆帝　御制诗

大觉寺是一座历史悠久的千年古刹，史称"清水院"，据史料记载该寺在辽咸雍四年（1068 年）就已经颇具盛名，金代为金章宗的皇家别院"西山八大水院"之一，后改名"灵泉寺"。明代宣德三年（1428 年），宣德帝拨内帑重修后赐名"大觉禅寺"，在宣德帝以后大觉寺作为皇家寺院又多次修缮。至清代，在康熙和乾隆两朝也均有修建，时至今日大觉寺南路还保留有"四宜堂"和"憩云轩"两处清代皇家修建的庭院式建筑。乾隆十二年（1747 年）五月，乾隆帝在黑龙潭祈雨拈香后初游大觉寺，随后的二十几年中，乾隆帝多次到大觉寺巡幸驻跸。大觉寺不但有悠久的历史，也曾出现过不少高僧大德，且依山傍水而建，是意境悠远的园林古寺。"智者乐水，仁者乐山"，大觉寺正因这些有别于人工修葺的山石、泉水、碧竹、苍松和古柏深深吸引着乾隆帝。身处其中，周边山环水绕，满目绿意，不但能感受到"曲径通幽处，禅房花木深"的深邃，也能找到"时时闻鸟语，处处是泉声"的意境。

中国古代的高产诗人很多，但论诗人的政治地位最高和作诗数量最多应当属清高宗乾隆帝，曾经有人用浩如烟海来形容他写诗的数量，他一生曾撰《乐善堂集》《清高宗御制文集》《清高宗御制诗集》《钦定千叟宴诗》等诗、文集，仅收录在册的诗文就近四万余首。对于乾隆帝诗词的评价，《四库提要》中曾有描述："自古吟咏之富，未有过于我皇上者"。写诗这件事，对于乾隆帝来说是终其一生的嗜好，无论是在处理家事、国事、巡幸途中始终保持了随时作诗的习惯，他自己也曾说："平生结习最于诗"，"笑予结习未忘诗"。乾隆帝认为：

> 几务之暇，无他可娱，往往作为诗古文赋。文赋不数十篇，诗则托兴寄情，嘲吟夕讽。其间天时农事之宜，莅朝将事之典以及时巡所至，山川名胜，风土淳漓，莫不形诸咏歌，纪其梗概。①

根据这些，就可以看出乾隆帝题诗的特点，他通过写诗在朝政繁忙之余自娱自乐，随时记录当时的心情、风景、事件。这些诗词就是像日记一样，写景叙事，记录着他的喜怒哀乐。

图 1 大觉寺无量寿佛殿

热爱写诗的乾隆帝，每每巡幸大觉寺，总是诗兴大发，一生中留下数十首关于大觉寺的御制诗。如《初游大觉寺》《雨中游大觉寺》《首夏游大觉寺》《憩云轩》《四宜堂》《石桥》《领要亭》《银杏》《龙潭》等，在这些诗中，乾隆帝表达了在夕惕朝乾地为国操劳之余，游览大觉寺这座景色清幽的深山古寺时，舒畅愉快的心情。

乾隆十三年（1748 年）六月十四日这一天，乾隆帝在国事繁忙之际抽出时间，踏着

---

① 《御制初集诗·小序》，《钦定四库全书》。

山中明媚的春色，再一次来到大觉寺，之后他写下："忘怀得地堪消暑，乘兴入山畏不深。爱此窗多野趣，底须杖策更幽寻。翠峰自写王家画，飞瀑常调雷氏琴。我有闲愁排未得，祇凭净域一澄心"。①诗的内容起始描述在炎炎夏日入山消暑，乾隆帝感叹山中的美景，一派禅心野趣，但最后两句话锋却急转直下，抒发了自己近期苦闷的心情。究竟是因为什么能让一位帝王说出"我有闲愁排未得，祇凭净域一澄心"这样的话来？

通过翻阅史料，我们基本能够了解几件，足以让这位帝王郁闷忧愁的事件。

其一，岁末除夕，嫡子出痘薨逝。

> 十三年正月初一日，悼敏皇七子薨逝，是日，谕皇七子永琮，毓粹中宫，性成凤慧，甫及两周，岐嶷表异。圣母皇太后，因其出自正嫡，聪颖殊常，钟爱最笃。朕亦深望教养成立，可属承祧，今不意以出痘薨逝。②

在生育皇七子之前，乾隆帝与富察皇后一共孕育了三个子女，皇长女和曾经秘密立储的皇二子永琏先后夭折，乾隆帝和富察皇后悲痛不已，心力交瘁的富察皇后迟迟未能再次受孕，直到永琏去世七年后，才终于等到了她的第二个儿子。一般情况下清代的皇子刚出生时是没有名字的，几年以后才会起名，但是皇七子在出生不久就取名永琮。琮，美玉也。除了皇七子是富察氏皇后中宫嫡出外，还有一个特殊原因是，永琮出生日为乾隆十一年（1746年）四月初八，这一天是佛诞日，乾隆帝大喜过望，并为此赋诗一首。

《浴佛日复雨因题》③：

> 九龙喷水梵函传，疑似今思信有焉。
>
> 已看黍田沾沃若，更欣椒壁庆居然。
>
> 人情静验咸和豫，天意钦承倍惕乾。
>
> 额手但知丰是瑞，颙祈岁岁结为缘。

乾隆在写这首诗之时激动之情溢于言表，清代的皇帝多信奉佛教，自顺治帝起就对佛教极为痴迷。二世章嘉活佛曾是雍正帝的老师，雍正帝更是将自己原来的雍亲王府改为喇嘛寺，取号"圆明居士"；乾隆帝也是笃信佛教，号"长春居士"，并跟随三世章嘉活佛学习藏文、藏语和藏文佛经。这位出生在佛诞日的嫡出皇子更让乾隆认定为吉兆，他特意

---

① 《御制诗初集》二集卷5。

② 《钦定大清会典》卷90《礼部·祠祭清吏司·丧礼四》。

③ 《御制诗初集》初集卷31。

在这首诗中添加了两句注解："是日中宫有弄璋①之喜"和"浴佛日有结缘之俗"，以此希望年年都能在佛诞日再结喜缘。对于这个嫡出的幼子，乾隆帝是这样形容的："性成凤慧，甫及两周，岐嶷表异，出自正嫡，聪颖殊常，钟爱最笃"。虽然没有下诏立储，但是毫无疑问，他已经把继承大统的希望寄托在这个佛诞日出生的孩子身上。

图 2　《弘历岁朝行乐图》，绘制于乾隆元年（局部）

图 3　《弘历雪景行乐图》，故宫博物院藏　　图 4　《乾隆帝岁朝行乐图》，故宫博物院藏

　　在皇七子出生的乾隆十一年（1746 年）九月，乾隆帝命宫廷画师郎世宁、沈源、周昆以及丁观鹏共同创作了《乾隆帝岁朝行乐图》（图 4）。可以看到与作于乾隆元年（1736 年）的《弘历岁朝行乐图》（图 2）、乾隆三年（1738 年）的《弘历雪景行乐图》（图 3）的相同之处，在乾隆帝的一侧有两名皇子，其中一位皇子手中持戟，戟上悬挂磬，三张图的姿势

---

①　弄璋：出自《诗经·小雅·斯干》："乃生男子，载寝之床，载衣之裳，载弄之璋"。是古人生下男孩子把璋给男孩子玩，璋是一种纵向分成两半的玉器，盼望男孩子能有像玉一样的品德，因此称生男孩为"弄璋"。

几乎一致。中野美代子[1]和聂崇正[2]等学者认为，图中的持戟皇子根据特征分析是嫡皇子，按照该画创作的时间也能够确认图2与图3中"持戟皇子"正是乾隆帝的皇二子永琏，但在图4中这位与图2、图3姿势一样的皇子是否是为了纪念永琏而画，还是另有其意，有学者认为不能简单地把他当作乾隆对皇二子的怀念，而是他代表着一个合法、正统的嫡皇子形象，也就是永琏与永琮的结合，是画师借永琏形象创造出来，极具象征意义的形象，此举完全符合乾隆帝"弟续兄统"的立嗣思想。[3]然而天不遂人愿，不满两周岁的永琮因出痘薨逝。为此乾隆帝在伤心悲痛的同时也进行了反思，认为正是他有妄求以嫡子继承大统的思想，所以才造成了两次嫡子早夭的结果，这是他的过错。为了表达对已逝嫡子的舐犊之情，以全自己的一份爱子之心，从正月初二，皇七子遗体盛入"金棺"，赐谥号为"悼敏皇子"，到入土为安，历时将近九个月，用了大量的财物，即便将七皇子的丧事办理得如此隆重气派也难平乾隆帝再度痛失嫡子的悲伤。

> 复念朕即位以来，敬天勤民，心殷继述，未敢稍有得罪天地祖宗。而嫡嗣再殇，推求其故。得非本朝自世祖章皇帝以至朕躬，皆未有以元后正嫡，绍承大统者，岂心有所不愿。亦遭遇使然耳，似此竟成家法，乃朕立意私庆，必欲以嫡子承统，行先人所未曾行之事。邀先人所不能获之福，此乃朕过耶。[4]

其二，贤后崩逝。

皇七子永琮的过世，对于已经高龄不适合再次生育，并再次经历了丧子之痛的富察氏皇后的打击几乎是致命的。仅仅过了一个多月，乾隆帝按照原定计划进行东巡，富察皇后也一同随行巡幸山东，在乾隆十三年（1748年）三月十一日，身心俱疲的富察皇后在归途中不幸崩逝。

图5 《心写治平图》孝贤纯皇后像（局部）

① 中野美代子：《乾隆帝—その政治の圖像學》，东京文艺春秋，2007年，第92—101页。
② 聂崇正编：《故宫博物院藏·清代宫廷绘画》，商务印书馆，1996年，第152—153页。
③ 林硕：《〈乾隆帝岁朝行乐图〉中的元日气象》，《北京纪事》，2022年01期。
④ 《清实录·大清高宗纯皇帝实录》，"乾隆十二年十二月下"。

　　富察氏是雍正帝为弘历挑选的嫡福晋。弘历作为雍正帝最看重的儿子，为其选择的福晋说万里挑一也不为过，毕竟这位儿媳极有可能是未来的一国之母，最终能被雍正帝这样一位在历史上有着"勤于政事、心思缜密、追求完美"称誉的帝王选为儿媳，足以说明富察氏的优秀。富察氏出身名门望族，是满洲上三旗中的镶黄旗察哈尔总管李荣保之女，是标准的名门闺秀，不但端庄文静，知书达理，更是面容姣好。雍正五年（1727 年），弘历与富察氏完婚，乾隆即位后立她为中宫皇后，主管后宫事务。据史料记载，乾隆帝与富察皇后，婚后二十二载，感情弥深，她为乾隆帝生育过四位皇子皇女，并且两位皇子都曾经作为储君，足以说明乾隆帝对她的宠爱。她不但待雍正帝恭敬，待乾隆的生母崇庆皇太后也极为孝敬，婆媳关系一直融洽。同时对乾隆帝的其他妃嫔和庶子女也能一视同仁，侍奉乾隆帝更是事事尽心竭力，体贴入微。为时时提醒乾隆帝不忘先祖创业艰辛，她亲手缝制以鹿尾绒替代金丝的绣花卉火镰荷包送给乾隆。在清朝的史料中，更是对这位皇后有各种溢美之词，如"历观古之贤后，盖实无以加兹"，"后恭俭，平居以通草绒花为饰，不御珠翠。岁时以鹿羔氆毹制为荷包进上，仿先世关外遗制，示不忘本也"①。

　　乾隆帝在富察皇后过世后更是亲自定了谥号"孝贤"，这是能够给予富察皇后最高的评价。

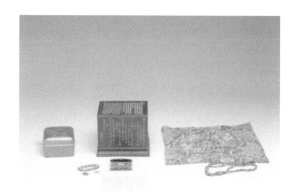

图 6　孝贤纯皇后绣花卉火镰荷包，台北故宫博物院藏

　　以册谥孝贤皇后，颁诏天下，诏曰：朕惟德协安贞，式著顺承之义，化成久道。方资俪照之辉，佐内治于椒庭，芳型遽邈。表徽音于瑶牒，茂典宜昭。②

　　失去如此完美的富察皇后，对乾隆帝的打击无疑是巨大的，并且根据《清实录》记载

---

① 《清史稿》卷 214《后妃·高宗孝贤纯皇后》。
② 《清实录·大清高宗纯皇帝实录》，"乾隆十三年五月下"。

的 "今至德州水程，忽遭变故"，足以说明富察皇后死去得非常突然，一时让乾隆帝难以接受，悲痛欲绝。遭受如此打击的乾隆帝悲伤不能自已，他同时要求在京文武百官遵守国丧期间，百日不可剃头，缟素二十七日，向他奏事也必须穿素服入朝等规定。因有官员私自剃头遭到革职留用、斩监候甚至是赐死的刑罚，有些官员则是因为没有在皇后崩逝的消息公布之后来京吊唁因而被惩治。

失去富察皇后是乾隆帝一生的痛楚，乾隆帝在她去世后的半个世纪里，经常写诗纪念这位早逝的发妻，也时常去她生前所住长春宫皇后画像前祭奠。

其三，"四夷宾服，万邦来朝" 下隐藏的巨大隐患，即自乾隆十二年开始，四川土司的叛乱。

清朝统治者本就是崛起于边疆地区的女真部落，曾经深受明朝对边疆少数民族的统治和压迫，也曾被明朝数次 "犁庭扫穴"，甚至清太祖努尔哈赤的先祖也被明军所杀。努尔哈赤起兵逐步统一了多个女真部落，建立了军政合一的八旗制度，通过萨尔浒等战争推翻了明朝，所以清朝皇帝的思维一直是 "边疆不靖，内地不安"。清朝皇帝吸取了明朝对待边疆少数民族政策的经验教训，认识到统治多民族国家要区别对待才能长治久安。所以，清初期对待边疆少数民族采取 "羁縻册封" 的方法，具体在做法上坚持了 "恩威并施" 和 "因俗而治"，充分利用宗教统治少数民族地区，对各个部落首领予以册封，实行土司制度，利用 "以番攻番" "以番制番" 平衡土司之间的关系与势力范围，最终使各地土司纳入朝廷的管理。但是土司制度也存在弊端，土司对待属民残暴，土司与相邻土司之间也会因土地或物资发生战争，经常有不服从中央政府的管理，或者发生反叛的情况。

乾隆十二年（1747年），四川大金川土司莎罗奔势力日益强盛，发动叛乱，"大金川土司莎罗奔，侵占革布什咱土司地方，彼此仇杀，又诱夺伊侄小金川土司泽旺印信，并把守甲最地方，言欲攻打革布什咱等"。[①]

由于莎罗奔的此次叛乱，清政府 "以番制番" 的势力均衡策略被打破。并且由于金川地理位置的重要，此次大金川叛乱已经严重威胁到了清政府对西藏、青海、甘肃等地的管制。乾隆帝派平定苗疆有功，在黔东南地区推行改土归流[②]政策卓有成效的名将张广泗赶赴金川总揽军务，同时命张广泗 "筹划粮饷迅速进兵，务令逆酋授首，铲绝根株，以期永靖边陲"[③]，乾隆帝让张广泗去金川平叛的真正目的，其实这里已经能看出端倪。

金川地区处在大渡河上游，今之四川阿坝藏族羌族自治州，自古以来金川地区就有

① 《清实录·大清高宗纯皇帝实录》，"乾隆十二年二月上"。
② 改土归流是雍正年间在西南一些少数民族地区废除土司制，实行流官制的政治改革。
③ 《清实录·大清高宗纯皇帝实录》，"乾隆十二年三月下"。

"千碉之国"的称谓，在距今两千多年前，这里便开始建造碉楼，《后汉书·西南夷传》就有"冉駹[1]夷者……众皆依山居止，累石为室，高者十余丈，为邛笼"的记载。至清乾隆时期，古碉数量多达 4000 余座。《清实录》中有这样的记载："西北垒石为房，其高大仅堪栖止者，曰住碉；其重重枪眼高至七、八层者，曰战碉，各土司类然"。清代诗人袁枚也曾经形容"金川碉楼与天接，鸟飞不上猿猴绝"。

起初张广泗带领的清军在金川外围地界取得了一些胜利，进入了金川腹地后，战事越来越难以取得进展。这场战争的难度相当巨大，首先金川地势险峻，气候恶劣异常，碉堡林立，易守难攻。张广泗曾报告说："查蛮境寸步皆山，高出云表，故盛夏犹有积雪，然地处西南，与北塞稍异……即金川贼境四面皆有雪山"[2]。当时的士兵除了在作战时需要越险攀高，而且身上还要背负鸟枪、腰刀、火绳和几天的口粮，这些东西基本上就要重达几十斤，在海拔高的情况下，官兵如此负重战斗容易发生高原反应，加之地形崎岖，更是增加了难度，这场战争持续一年多，还未结束。从最开始进军时的士气高涨，随着金川兵反抗越发激烈，攻碉的战事越来越艰难，清兵出现气势低迷，官员推诿埋怨，战事停滞，甚至是失利的状况。乾隆十三年二月至四月期间，乾隆帝多次接到金川久攻不下与将领之间不和的奏报，这使本处于丧子与丧妻之痛的乾隆，不得不因为大金川战役一事更加心烦意乱。

> 班第密奏大金川地，纵不过二三百里，横不过数十里，蛮口不满万人，现在军营，已集汉上官兵及新调陕甘云贵四省兵丁巳至五万，乃闻将弁怯懦，兵心涣散。[3]
>
> 张广泗奏报金川军营现在驻守情形内称："总兵马良柱不思努力克敌，怯懦无能，将五千余众一日撤回。以致军装、炮位多有遗失"。[4]

根据班第多次对金川形势的奏报，张广泗的表现逐渐也让乾隆帝感到失望，深感应该派遣一位在朝中颇有威望的重臣，地位足以震慑当地将领，并且有能力统领全军、鼓舞军中士气的亲信大臣前去督战。几经思虑之后，他决定派大学士讷亲为经略前往四川总揽军务。讷亲是清开国五大臣额亦都的曾孙，康熙初年辅政大臣遏必隆之孙，也是乾隆帝一手提拔的亲信。而此时的讷亲还在浙江查番，原定计划浙江查番事后，顺便去山东查看受灾赈济的事务。乾隆帝下旨命他即刻返京授予经略大臣印信后赶赴四川总揽军务，乾隆帝也

---

① 冉駹为四川古国。"邛笼"为羌语"碉楼"的音译。
② 《钦定平定金川方略》卷 4。
③ 《清实录·大清高宗纯皇帝实录》，"乾隆十三年三月下"。
④ 《钦定平定金川方略》卷 5。

坚信这位他一手提拔的亲信重臣能够胜此重任，以解他的西顾之忧。不过在几个月之后，乾隆帝无论如何也没有想到，他会将讷亲这位他异常器重的亲信重臣，因贻误军机之罪下令赐死，而赐死讷亲的刀竟然是讷亲爷爷当年的佩刀——遏必隆刀。①

通过前面的分析，基本上可以看出乾隆帝在这一年前六个月，确实是在家事与国事的忧愁中度过。在乾隆十三年（1748 年）十二月十一日的起居注中，记录着乾隆帝说过的一段话：

> 朕御极之初，尝意至十三年时，国家必有拂意之事，非计料所及者。自去年除夕，今年三月，叠遭变故。而金川用兵，遂有讷亲、张广泗两人之案，辗转乖谬，至不可解免，实为大不称心。②

一代帝王的所有忧愁也许不是我们所能理解的，但乾隆帝自少时起就接受纯正的儒家教育，并受教于福敏、朱轼等人，熟读儒家经典和史籍，信之极笃。纵观乾隆帝的一生，他始终恪守儒家的行为准则，从中寻找儒家思想的智慧与哲学、参悟帝王的治国之道。曾经有学者认为乾隆帝在孝贤皇后丧期刮起的官场风暴是他整肃吏治，严肃官场纪律的契机，是他的执政风格从宽容开明，转向专制武断的开始，以实现君主集权统治，这一推测也确实有一定的依据。根据《清实录》记载，乾隆十三年（1748 年）八月他曾说过"乾纲独断，乃本朝家法"。这样的乾隆帝无疑是专权的，与历史上的无数封建帝王一样，他也始终将国家的内部稳定与外部安定看得无比重要。所以他在《夏日大觉寺杂诗》中所提到的"我有闲愁排未得，祗凭净域一澄心"，并不只因丧妻之痛有感而发，这首诗里面所说的"闲愁"应该是有多方面的因素。也许正是大觉寺，这座有着悠久历史的古老寺院，散发着它独特的魅力，才让乾隆帝借此诗抒发自己的苦闷心情。

---

① 遏必隆刀为康熙初年辅政四大臣之一的遏必隆所有，遏必隆死后，刀入宫中。乾隆时期金川之战爆发，时任经略大臣的讷亲因贻误战机兵败，被定以"误国之罪"。乾隆皇帝派大学士傅恒取而代之，赐遏必隆刀将讷亲正法，以示军威。

② 《清代历朝起居注合集·清高宗》卷 7，"乾隆十三年十二月"。

清代大觉寺及周边空间内的旅游特征

田
硕
苗[*]

摘　要：清代大觉寺及周边空间内呈现出帝王巡游的皇家文化、士大夫游历里的文人
气象以及平民游乐显示的民间信仰交叠的独特文化景观。本文试图以阳台山附近旅游
的角度切入，来探讨其中蕴含的丰富文化内涵。
关键词：阳台山　大觉寺　妙峰山　旅游

西山，北京西部山地的总称，属太行山脉最北段，被誉为"神京右臂"，拱卫着北京
城。始建于辽代的大觉寺位于西山地区阳台山东麓，是中国北方一座著名的禅宗寺院。与
阳台山相邻的妙峰山，是西山分支仰山的主峰，这里分布有远近闻名的妙峰山庙会文化
区。经过历朝历代的发展和壮大，到清代，阳台山区域附近已经形成了以大觉寺、妙峰山
碧霞元君庙为代表的包括生态山水、宗教寺庙、园林古建、名人文化以及民间民俗在内的
文化集聚区。笔者以现代视角审视清代大觉寺周边的文化集聚现象发现，有清一代，阳台
山大觉寺周边空间内具有层次丰富的旅游特征。

一、帝王巡游与皇家文化

位于北京西北郊的大觉寺，泉水丰沛，林叶繁茂，自然风光旖旎。卧在深山的大觉禅
寺，远离世俗，清幽自然的寺庙成为寻找世外桃源的清朝皇帝的心灵栖息之所。尤其是清
代的雍正、乾隆两位帝王的巡游印记，为大觉寺留下深刻的皇家寺庙行宫文化的烙印。

---

*　田硕苗，北京大觉寺与团城管理处馆员。

1. 雍正与大觉寺

清世宗雍正皇帝自幼受佛教思想影响，对于佛教典籍、佛教文化非常关注，还自称"圆明居士""破尘居士"，而且在登基以后还自称"释主"。雍正亲近佛教，不仅是其在藩邸时面对险象环生的储位斗争时有意识的韬光养晦之策，也是他通过佛理以获得精神慰藉的手段。清康熙五十九年（1720年），藩邸时期的胤禛就已开始重修大觉寺。"朕于西山建大觉寺，为其静修之所。及朕嗣登宝位，凡体国经邦，一应庶务，自有古帝王治世大法。佛氏见性之学，与治道无涉。且以旧邸熟识僧人，仍令主席京师。"①"旧邸熟识僧人"即高僧性音，重修大觉寺后，胤禛就特遣性音入寺住持，还特别撰《送迦陵禅师安大觉寺方丈碑记》以记之。

关于雍正游幸大觉寺的记载，我们可以从《大觉寺》《再过大觉寺》《谒西山大觉寺》三首诗歌中寻找他心目中的大觉寺。

《大觉寺》：

> 翠微尘外境，峰峦画图成。寺向云边出，人从树梢行。香台喧鸟语，禅室绕泉鸣。日午松荫转，钟传说偈声。

《再过大觉寺》：

> 一径烟萝夕照深，山窗幽竹更添阴。老僧谭法挥松麈，异鸟衔花敛雪襟。（山中有白鹊）阁响钟声传密义，潭空云影鉴禅心。频来端爱风泉洁，却向无弦听好音。

《谒西山大觉寺》：

> 重开香积奉金仙，松径纡回警跸传。野鸟静吟僧院竹，梵钟遥度御炉烟。清幽水树红尘外，寂历云山太古前。自有庄严超色相，何须慧远论真禅。

从诗歌来看，远离京城的大觉寺，在雍正心中是"静""幽""禅"的代表，大觉寺给予他暂时的放松与安宁。在"城外"这样一方天地，有着"日午松荫转"的安闲，"山窗幽竹"的静谧，"野鸟静吟"的野趣及"潭空云影"远红尘的禅意。但雍正绝非一位普通的到访者，无论是开始的皇子身份还是之后的皇帝角色，大觉寺在雍正游览后，显著地增添了皇室色彩，重修大觉寺、撰刻立碑、御制诗记，这些是这座千年古寺在明末清初沉寂多年后，重新得到最高统治者重视的例证，这也在告知世人大觉寺的地位，并彰显雍正皇

---

① 《雍正朝起居注》第一册，"雍正四年十二月乙丑初八日"，第879页。

帝对于宗教的态度。

2. 乾隆与大觉寺

到了乾隆时期，大觉寺增添了更多的皇室色彩。乾隆皇帝于乾隆十二年（1747 年）来到大觉寺，乾隆皇帝看到曾经修复的大觉寺的现状，决定继承发扬皇考意志再修大觉寺，并撰写了《御制重修大觉寺碑文》，这通石碑也是大觉寺在清代历史上拥有的唯一一通御制重修寺庙碑。"风雅的乾隆还亲自御笔为寺内殿堂建筑题写了许多匾额、楹联，现存大雄宝殿'无去来处'、无量寿殿'动静等观'及憩云轩匾额均为乾隆帝御笔。"① 学识渊博的乾隆帝经常驻足寺内，每次巡幸都为大觉寺写下很多诗词。乾隆写诗注重诗以言志，贵在内容，乾隆皇帝的御制诗具有相当的纪实属性，通过对其御制诗的分析，可以在某种程度上窥见乾隆与大觉寺的关系。

笔者通过整理乾隆《御制诗集》，绘表如下：

序号	题目	出处
1	《诣黑龙潭谢雨》 《初游大觉寺》 《是日复得诗四首》	《御制诗初集》卷 41，第 11—12 页
2	《诣黑龙潭谢雨》 《大觉寺》 《夏日大觉寺杂诗》	《御制诗二集》卷 5，第 6 页
3	《城子山》 《胜果寺》 《大觉寺杂咏》	《御制诗二集》卷 10，第 1 页
4	《五月二十七日诣黑龙潭谢雨是日复遇雨因成》 《雨中游大觉寺五首》 《题大觉寺憩云轩》	《御制诗二集》卷 18，第 21 页
5	《诣黑龙潭作》 《城子山》 《大觉寺》	《御制诗二集》卷 33，第 20 页
6	《诣黑龙潭谢雨》 《游大觉寺三首》	《御制诗二集》卷 41，第 26 页
7	《诣黑龙潭谢雨》 《首夏游大觉寺》 《过城子山》	《御制诗二集》卷 48，第 7 页

---

① 参见孙荣芬、张蕴芬、宣立品著：《大觉禅寺》，北京出版社，2006 年，第 53 页。

续表

序号	题目	出处
8	《诣黑龙潭谢雨》 《游大觉寺八韵》 《大觉寺杂咏》	《御制诗二集》卷 63，第 19 页
9	《诣黑龙潭谢雨》 《游大觉寺》	《御制诗二集》卷 78，第 9 页
10	《诣黑龙潭谢雨因成》 《游大觉寺杂咏》	《御制诗三集》卷 31，第 1—2 页
11	《诣黑龙潭谢雨》 《游大觉寺杂咏叠旧作韵》 《大觉寺》 《龙潭》 《四宜堂》 《银杏》 《憩云轩》 《领妙亭》	《御制诗三集》卷 57，第 27—29 页
12	《诣黑龙潭谢雨》 《大觉寺憩云轩作》	《御制诗三集》卷 65，第 10 页
13	《诣黑龙潭谢雨》 《游大觉寺杂诗》七首	《御制诗三集》卷 74，第 26—27 页

可以看出，乾隆皇帝曾为大觉寺赋诗近 40 首。通过御制诗的记载可知，乾隆至少先后 13 次到访过大觉寺，并且他的游历路线多为黑龙潭至大觉寺。清代皇帝强调敬天法祖，对上天的敬畏体现在各种皇朝仪式中，若遇旱情，则会祈雨。黑龙潭位于阳台山附近的画眉山上，是明清两代皇帝的祈雨之地。黑龙潭祈雨，作为明清宫廷不容忽视的政治行为，乾隆皇帝亦非常重视。乾隆十二年，皇帝从黑龙潭祈雨后，因"况逢雨霁辰"[①]求雨得雨，同时雨后还遇见了这个皇考整修过的千年寺院，不禁生出某种积极的感情。从此以后，乾隆皇帝黑龙潭祈雨与巡幸大觉寺之间，两者事实上形成了某种必然的联结。从那时起，也开始了乾隆巡幸大觉寺之旅。十几次的皇帝亲临，近四十首御制诗的记载，让这座千年寺庙拥有了浓厚的皇室色彩，它再一次被赋予了皇帝行宫的意义，与皇权联结紧密的大觉寺在乾隆时期焕发了巨大的生机，大觉寺也迎来了历史上第三个兴盛时期。

① （清）弘历：《初游大觉寺》，《清高宗御制诗初集》卷 41，第 11 页。

二、士大夫巡游与文人气象

明朝时期，士大夫游历山水已经形成一种风尚，明末清初，随着国家局势不断动荡，战乱频仍，许多著名的景点因为战乱也受到了破坏。以大觉寺为例，明末文人刘侗记载："又'黑龙潭'北十五里，曰大觉寺，宣德三年建。寺故名灵泉佛寺，宣宗赐今名，数临幸焉，而今圮。"① 可见国家动荡时的大觉寺未能幸免凋敝的命运。这种境况直至清朝康熙皇帝后期开始逐渐改善，随着社会的稳固和发展，寺庙等建筑的不断重修与整顿，为旅游创造了较为良好的基础。由此京郊包括阳台山附近逐渐成为清代士大夫旅游的目的地。文人士大夫的游历相较于帝王巡游来说，脱掉了政治色彩的外衣，主要以寄情山水、陶冶情操为主，并以诗寄怀。

1. 完颜麟庆与《鸿雪因缘图记》

完颜麟庆（1791—1846年），字伯余，号见亭，满洲镶黄旗人。清嘉庆十四年（1809年）进士。历任内阁中书、兵部主事、湖北巡抚、江南河道总督等职。完颜麟庆一生周游大江南北，革职后又在京游览，寄情山水，遍览胜景，每有所得，即会随手记载。著成《鸿雪因缘图记》一书。"鸿雪"是成语雪泥鸿爪的省略，苏东坡曾吟"人生到处知何似，应似飞鸿踏雪泥"。往事随风走，因缘图记留。"因缘"，佛家语，指产生结果的直接原因及促成这种结果的条件。过去的记忆，各有缘分，总归还是要留下些痕迹。

"清帝喜巡游，且多镌图以记其盛。清代士大夫亦承此风，故有清一代，游记之作颇多，附刻有版画的本子不少，颇多上乘佳刊，且以道光间所梓最多。"② 而《鸿雪因缘图记》就是其中的代表佳作。这部成书于清代道光年间的"自传体木刻画集"，可以说是一部以游记形式写成的个人年谱，全书共二百四十题图文游记，每题均有配图，配图由当时有名的画家汪春泉等绘图相配，其中四十八篇绘记了北京，其余一百九十二篇描绘了京外的内容。在描述北京的篇章里，既有"五塔观乐""香界重游"，又有"卧佛遇雨""玉泉试茗"；既有"房山拜陵""丰台赋芍"，又有"汤山坐泉""大觉卧游"。可以说，《鸿雪因缘图记》不经意间绘制了约两百年前"老北京"东南西北各个方位的景观，堪称"清代旅游指南书"。这种新颖的游记创作形式，对士大夫记录山水景物的风向发生了很大的变化，以游记形式记述个人生平，随之复刻版画插图在清代士大夫群体中成为一种风气。此书文字清新流畅，描写山水景物尤为全书之精华。其中一篇即为《大觉卧游》。

---

① （明）刘侗：《帝都景物略·西城外·黑龙潭》，北京古籍出版社。
② 周心慧：《中国古版画通史》，学苑出版社，2000年，第301页。

完颜麟庆在《大觉卧游》一文中，以地理位置、历史沿革、建筑现状、景观风貌以及游览感受等几个部分较为系统完整地记述了他了解的大觉寺的前世今生。其中在文末部分，恰如其分地表达出士大夫在清幽的大觉寺得到的松弛与慰藉：

> 贻斋因事辞归，余乃拂竹床，设藤枕，卧听泉声，淙淙琤琤，愈喧愈寂，梦游华胥，倏然世外，少醒，觉蝉噪愈静，鸟鸣亦幽，辗转间又入黑甜乡。梦回啜香茗，思十余年来值伏秋汛，每闻水声，心怦怦动，安得如今日听水酣卧耶。寺名大觉，吾觉矣。

2. 奕绘与顾太清

奕绘是乾隆皇帝的曾孙，祖父是荣纯亲王永琪，父亲是荣纯郡王，官至内大臣、正白旗汉军都统。顾太清，健锐营满洲镶黄旗人，西林觉罗氏，是甘肃巡抚鄂昌的孙女。太清自幼与奕绘相识，且两人相互爱慕，后嫁给奕绘做侧室。在此后十几年的时间中，奕绘与顾太清琴瑟和鸣，感情深厚，两人都擅长诗词创作，顾太清更被誉为"清代第一女词人"。

自海淀西郊畅春园、圆明园、静宜园等御园建成以后，清代历朝皇帝多选在西郊御园处理朝政，作为王公大臣的奕绘贝勒为了应召方便，也在海淀区域的双桥寺等有寓所。奕绘与太清成亲之后，在闲暇之余多游历西郊山水古迹。太清的《三月晦同夫子由黑龙潭至大觉寺路经画眉山》一诗中完整描述了游览大觉寺附近一带的风光：

> 城西百里多名胜，知乐无过山水间。指点黑龙潭对面，一痕蛾绿画眉山。

"画眉山，是香山以北半天云岭北山脚下的一座小山，海拔 83 米。山西坡下为杨家庄，东北是古老的太舟坞村，此山因产画眉石而命名。"[①] 画眉山顶有龙王祠、祠下山腰有黑龙潭。"黑龙潭在画眉山，有龙神庙，祈祷雨泽，甚为灵验。有世宗御制碑，又今上（即乾隆）御制诗勒石。山上龙湫，围广十亩，水从石罅中出，下溢田间，潺潺有声。山北十里有温泉。"[②] 温泉即今海淀区文川镇太舟坞。据考证，此次游黑龙潭、大觉寺即在道光十六年丙申（1836 年）三月末。另外，奕绘在《游山六章章六句》其一《由黑龙潭至香界寺》[③] 中也描述了路线风光：

> 连蜷画眉山，遥通清水院。风流明昌帝，选胜供游宴。得知千载下，沧桑几

---

① 张宝章、易海云编著：《海淀古诗选析》，北京市海淀区地方志办公室出版，第 27 页。
② （清）吴长元：《宸垣识略》卷 14，北京古籍出版社，1981 年。
③ （清）顾太清撰，金启孮、金适校笺：《顾太清集校笺》上册，中华书局，第 160 页。

更变。

从黑龙潭到大觉寺，从画眉山通清水院，不仅是帝王巡幸的游览路径，也是文人游历城西的必选路线。对于爱好游历山水的奕绘与太清来说，能够与爱人一起吟诗作对是最难得的人间美好。太清《天游阁集》中的《东海渔歌》、奕绘《明善堂集》中的《南谷樵唱》中对所到之地唱和偕鸣，显示了两人颇高的文学艺术造诣及深厚的感情。

清代著名词人纳兰容若在扈从康熙帝巡幸西山时，也曾撰《浣溪沙·大觉寺》一词："燕垒空梁画壁寒，诸天花雨散幽关。篆香清梵有无间。蛱蝶乍从帘影度，樱桃半是鸟衔残。此时相对一忘言。"

寄情山水的士大夫，无论是在散文游记还是诗词歌赋中，都能抽离于物外，用一种文人心态来留下属于自己的足迹。在士大夫眼中，阳台山大觉寺不仅是一座值得一览的千年古迹，更是一处郊外清幽的修身之所。在这里，文人想要寻找的某种禅意脱俗以及人间静好显示的是自己内心的向往与追求。

三、平民游乐与民间信仰

谈及清代阳台山区域内旅游特征，还有一重要的话题，即它背后的妙峰山以及与妙峰山庙会相关的民间行为。有清一代，作为少数民族政权的清政府，为了巩固统治，也有意选择性扶植一些汉族民众的神灵，由此，妙峰山庙会以及民间进香游成为清代民俗旅游的集大成者。

1. 庙会及进香

清朝时期，北京城内有诸多碧霞元君庙，人们所说的"三山五顶"就是因供奉碧霞元君而影响较大的几个地方。即门头沟区的妙峰山，石景山区的天台山，平谷区的丫髻山，东直门外的"东顶"，左安门外弘仁桥的"大南顶"，永定门外的"小南顶"，西直门外长春桥附近的"西顶"，德胜门外土城东北的"北顶"，右安门外草桥北的"中顶"。而其中的"金顶"妙峰山庙会成为了民间庙会习俗鼎盛时期的代表。

妙峰山，因远离京城政治中心，且香火以"穷香"为特点，同时山势相对高远，也增加了庙会朝拜的神圣性，故而成为民间信众的首选之地。清朝自康熙时期开始，妙峰山碧霞元君的信仰日渐兴盛，妙峰山也因此逐渐成为重要的民间习俗展示地。《燕京岁时记》中曾记载："以各路之人计之，共约有数十万。以金钱计之，亦约有数十万。香火之盛，实可甲于天下矣。"中国国家博物馆藏清代《妙峰山进香图轴》就运用写实记事的手法，细腻展示了妙峰山春天朝山进香的盛况。在图中，传统水墨笔法描述了远处层层叠叠的妙峰山，突出了其高远的气势。中部的进香之路，绵绵不绝，我们看到从山脚沿涧沟村到妙峰山顶峰崎岖漫长的山路上那浩浩荡荡的虔诚香客队伍。而在画面的最下部分，则展示了这条漫长的香客朝拜之路上的细节，丰富多彩的庙会市场以及文化娱乐场面，无论是商贩、香会还是表演祈祷，这种原生态的民间娱乐活动恰恰成为妙峰山庙会活的灵魂，从而也在其中反映出清代普通百姓的精神风貌及旅游状态。

值得注意的是，在如此庞大规模的民俗活动中，以妙峰山为中心，在阳台山附近区域形成了独特的香道文化。妙峰山庙会的空间绝不仅仅局限在妙峰山金顶，它的空间价值及为后世留下的文化遗产内容，更是由香客所在的村落、数条通往金顶的香道、沿途的茶棚和金顶建筑群等不同空间与状态组成的。"过去，前往妙峰山进香的山道主要有五条，依次为南道（经三家店）、中道（经大觉寺）、北道（经聂各庄）、中北道（经北安河）、中南道（经建阳洞）。其中，中南道经清末便已废弃。"① 数条香道，从京城的各个区域进发。奕绘也曾在《金山口》一诗中描述："自京达妙峰，南中北三途，都人四月半，来往若游鱼。"由此看出，朝山香道的数量没有固定，而是随着人们约定俗成的朝拜习惯自然形成。不过，不管怎样增益缩减，几条重要的香道一直存在，其中就有一条从大觉寺开始的中道。首都博物馆藏清末《妙峰山进香图》描绘的正是在大觉寺门前大规模的朝山进香的场面。这是一幅手绘风俗年画，与国家博物馆所藏画轴画风有明显区别，且画面突出重点在"大觉寺"门前的进香人群。完颜麟庆曾经在《西山卧游》的开篇提到："大觉寺在妙峰山麓，去金山口二十里，远视惟一山，近则山山相倚，如笋张箨，最尊者曰妙峰顶，有天仙圣母庙，香火最盛，每春秋开庙之期，朝山者不绝于路，兹寺为必经地。"② 因此，每年四月中旬左右，对于超尘脱俗的深山寺庙来说，也真切地感受到来自山门外的影响，"朝拜碧霞元君的香客们经常绕道在大觉寺歇脚，和尚们最初对此很排斥，但由于实际的获益，态度也逐渐地改变。他们最后建了很多房舍租给香客们以为食宿之需。"③ 由此，以大觉寺等寺庙为代表的宗教文化也参与到这场民间信仰的狂欢之中。

2. 庙会及文化展演

无论是金顶朝拜还是香道进香，在庞大的庙会中，是一个个个体的活动构成了这一文化现象。从当今视角看，妙峰山庙会绝对算得上是一个绝佳旅游目的地。它不仅仅具有民

---

① 周巍峙主编，岳永逸本卷主编：《中国节日志·妙峰山庙会》，光明日报出版社，2014 年，第 10 页。

② （清）完颜麟庆著：《鸿雪因缘图记》，北京古籍出版社，1984 年。

③ （美）韩书瑞著，周福岩、吴效群译：《北京妙峰山的进香之旅：宗教组织与圣地》，《民俗研究》，2003 年第 1 期，第 75—107 页。

间信仰的文化属性，同时，由妙峰山旅游所带动的沿途茶棚、香会等，使其获得的一系列经济属性、消费属性，进而形成的社会及政治属性让这一自发的民间行为具有了巨大的文化意义。从微观上来说，具体的个人行为也是某种文化传承，比如包含其中的文化展演活动。

妙峰山的香会可分为"文会"和"武会"两种形式，文会包括为沿途香客提供服务的组织及茶棚等，而"武会"指的是在庙会活动中表演诸如舞狮子、走高跷等民间百戏、杂耍等。故宫博物院藏的《普庆升平图》与其他描写妙峰山的民间风俗画不同，这组图出自宫廷画师之手，"《普庆升平图》，横 11 米，绘制于光绪十七年（1891 年），该图共绘十五档香会，共 200 余人，最后一档是'娘娘驾'，即碧霞元君神舆队伍。"①在这十五档香会中，包含了普庆升平（乐队）、五音大鼓、杠箱、中幡、开路、双石、五虎棍少林棍、石锁、秧歌、杠子、旱船、天枰会、花钹、耍狮子、娘娘驾。武会突出的就是表演，同时也是妙峰山香会中最受欢迎、最受追捧的部分，通常成为香客进香路上的焦点，万众瞩目。妙峰山武会表演的这种独特形式，极大丰富了朝拜路上的文化活动。

《普庆升平图》虽为宫廷画师所画，但其实在清代相当长的一段时间内，皇室以及士大夫阶层对妙峰山庙会中的走会还是持保守态度。《燕京岁时记》中曾提到："过会者，乃京城游手……如遇城隍出巡及各庙会等，随地演唱，观者如堵，最易生事。如遇金吾之贤者，则出示禁之。"②虽然士大夫也会参与到妙峰山庙会中来，例如顾太清写有《妙峰山六截句》，里面其中一首就提到："画栋朱楹殿阁开，纷纷男女进香来。村民不解迎神曲，社鼓声传法驾回。"奕绘在《金山口中》提到："行险固自取，履易心坦如。而我立高峰，尽见险易区。"大多以一种旁观者的角度来审视这一文化现象。当然，除了士大夫，清代末期慈禧太后也经常观看妙峰山武会，凡是被皇室看过的武会一般以"皇室"自称。《清宫词》中有一首诗记载："彩旗八宝焕珠光，浴佛新开内道场。昨夜慈宁亲诏下，妙高峰里进头香。"表明慈禧太后曾经参与过妙峰山相关宗教活动。可见，妙峰山庙会中的以香会为代表的文化表演及展示已成为其最重要的元素与特点，而妙峰山庙会的参与人群从平民百姓到王公贵族均有，但其最主要的主体还是平民。它具有相当大的草根游乐和民间庙会游的特点。

总之，清代阳台山一代及附近区域，随着清朝政治经济文化的不断发展，呈现出多维度、多层次的旅游景象，以当今视角来审视，这里包含了政治意味浓厚的皇家巡游，同时

① 肖海明：《清代〈普庆升平图〉卷研究——与〈天津天后宫行会图〉比较之视角》，《故宫博物院院刊》，2021年第 8 期，第 32 页。

② （清）富察敦崇：《燕京岁时记》，北京古籍出版社，1981 年版，第 67 页。

这一地带也给予了寄情山水的清代士大夫一方净土。更难能可贵的是，这里还有一个名动京城的集民俗旅游之大成的庙会。在这一区域，我们有幸看到皇权与世俗的叠加，看到清幽与喧嚣的交错，看到入世与出尘的碰撞，清代阳台山一代的旅游文化以它别具特色、内容丰富的特点，必将成为北京民俗文化以及北京旅游文化的典型代表，且成为重要的研究主题，同时也将进一步助力探索更加丰富多彩的西山文化。

清代顺天府"十方院"小考

汪
舒
帆[*]

摘　要："报恩秉心放堂老会"从"京都顺天府甲□十方院那处"发起，从"十方院"
这一表述上看，这里应当是一个佛教寺院。在乾隆年间北京地区有多个不同的"十方
院"，其中属于顺天府范围的有五个，分别是位于禄米仓以南的十方院、泡子河以西
的慈云寺、圆恩寺旁的广慈庵、安定门外的十方院和西郊的门头村十方院，它们的建
立时间和名称沿用的情况都各不相同。

关键词：十方院　佛教寺院　慈善寺

天泰山慈善寺，现位于北京市石景山区天泰山上。[①] 在清代，天泰山属于京师"三山
五顶"[②] 之一。据《燕京岁时记》记载，"每岁三月十八日开庙，香火甚繁。"[③] 天泰山的东
边是香山和八大处，西北边是西山大觉寺和金顶妙峰山。慈善寺的建寺年代不详，如今山
门殿上"古刹慈善寺"的匾额似乎是明代样式，但尚无可靠史料印证其准确的建寺年代，
经推测其大约建于明末清初时。

北京地区的众多寺庙在北京民众的生活中具有重要意义。韩书瑞提到，北京的寺院依
赖捐助人和城市居民的经济支持，才得以植根于北京社会，[④] 而寺院圣会也在北京的生活

---

[*]　汪舒帆，北京大学历史学系硕士研究生。
[①]　清代人大多称天泰山为"天太山"，晚清富察敦崇的《燕京岁时记》中称"天台山"，民国时期的碑刻亦称之
　　为"天台山"，而天泰山为如今此山的官方名称，因此本文中提及此山时但凡非直接引用的部分都使用"天
　　泰山"。
[②]　三山为天泰山、妙峰山、丫髻山，五顶为东顶、西顶、南顶、北顶、中顶。另外，妙峰山还被称为"金顶"。
[③]　（清）潘荣陛、富察敦崇著：《帝京岁时纪胜 燕京岁时记》，北京古籍出版社，1981年，第60页。
[④]　（美）韩书瑞：《北京：公共空间和城市生活（1400—1900）》，中国人民大学出版社，2019年，第64页。

中发挥着重要的作用①。天泰山慈善寺虽然是一个以藏传佛教信仰为主的寺庙，但与此前学者较多研究的妙峰山类似的是，自清代以来它一直都与不同身份的进香者和捐助者产生着联系。慈善寺在清代至民国年间之所以能够一直存续并发挥作用，依赖于香会组织中的进香者和捐助人的帮助。

现今慈善寺中有十余通石碑，时间范围自清康熙年间至民国三十四年，碑刻拓片或整理文字暂未见于任何已出版的文献。这些现存碑刻中多数为香会碑，其余少数为重修功德碑。在京西慈善寺的众多现存碑刻中，有乾隆二十四年的香会碑《报恩秉心放堂老会碑》，此碑的碑阴文字已不清，碑阳的文字内容如下：

> 报恩秉心放堂老会
>
> （前缺）京都顺天府甲□十方院。那处年例起报恩秉心放堂圣会□，礼福地天太山燃灯尊佛座前进香久矣。有求□应，无愿不从。在会善信无不被德灵恩，有念□存永□□善举意勤刻□名石□上报皇恩如海、佛德如土。
>
> 善信门□清□□家□兴隆子嗣多增，岂不是善中得哉？
>
> 大清乾隆二十四年岁次己卯季春月十九日敬心虔立。

我们从碑文中能够看出，"报恩秉心放堂老会"从"京都顺天府甲□十方院那处"发起，从"十方院"这一表述上看，这里应当是一个佛教寺院。但"十方院"究竟在哪里？顺天府的部分信众为何会选择在这里起会？十方院和坐落在西山的慈善寺有何关系？

关于"十方院"具体位置的问题，刘小萌曾在《清代北京旗人社会》称在朝阳门内禄米仓②，但他并未在书中具体说明这样判断的原因。笔者参看《日下旧闻考》和清代北京城的历史地图，发现在乾隆年间北京地区有多个不同的"十方院"，其中属于顺天府范围的有五个，分别是位于禄米仓以南的十方院、泡子河以西的慈云寺、圆恩寺旁的广慈庵、安定门外的十方院和西郊的门头村十方院，它们的建立时间和名称沿用的情况都各不相同。

第一个"十方院"在北京内城朝阳门内南小街东侧，禄米仓以南、羊尾巴胡同以北。《燕都丛考》记载："（大羊宜宾胡同）其东曰小羊宜宾胡同，又北曰羊尾巴胡同，其东曰赵家楼……又北曰十方院。"③在《北京历史地图集 政区城市卷》的《清北京城（一）》图中，乾隆十五年时禄米仓南侧有处"十方院"。这张源自清乾隆十五年北京城地图是编者用现代图例方法重新绘制的，而编者唯一能参考的底图则是现藏于中国第一历史档案馆的乾隆

---

① （美）韩书瑞：《北京：公共空间和城市生活（1400—1900）》，第266页。

② 刘小萌：《清代北京旗人社会》，中国社会科学出版社，2016年，第307页。

③ 陈宗蕃编著：《燕都丛考》，北京古籍出版社，1991年，第222页。

十五年《京城全图》。① 图中显示禄米仓以南的地方确实标记为"十方院"。这一地图为内务府造办处所制，图内的标注代表了乾隆十五年对京城内各处地点的官方表达方式。这个地点在清嘉庆年间木斋丰刻本《首善全图》和日本文化二年（1805 年）《唐土名胜图会》中也标记为"十方院"，但在 1870 年墨色石印本《京师内城首善全图》中却标记为"十方宝口"，在光绪年间墨色石印本《京城内外全图》中标记为"十方园"。在民国年间，该地"十方院"的名称也一直被沿用，这里一般被写为"什方院"，是当时一些大学、中学教职工的聚居区，经常作为一个街区的地名出现在民国一些著名文人的日记之中。

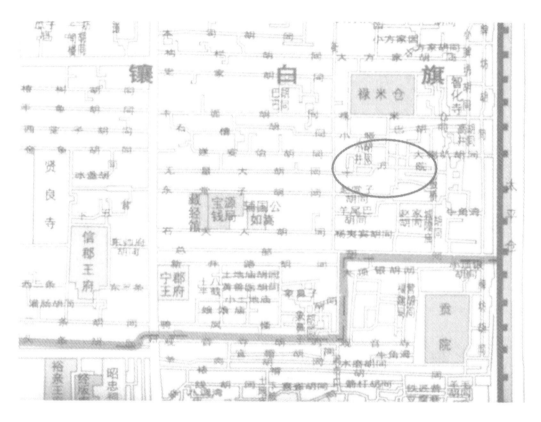

图 1　乾隆十五年北京城中十方院在禄米仓南侧

（资料来源：侯仁之主编《北京历史地图集 政区城市卷》，文津出版社，2013 年，第 78 页。）

---

① 下文使用的版本是日本东洋文库藏 1940 年复制版的《乾隆京城全图》。此地图在国立情报学研究所网站（http://dsr.nii.ac.jp/index.html.ja）的"东洋文库所藏数字电子档案"项目中可以进行全图预览和下载。《乾隆京城全图》原图（纵 14m × 横 13m）是民国 24 年（1935 年）在故宫内的内务府造办处舆图房中发现的，由 51 册大型折本构成，将北京全图从北向南分 17 排，每排画东路、中路、西路，东洋文库所藏版本是原图发现六年后出版的原版复印本，复印本共 17 册，将原图的六百五十分之一比例改为二千六百分之一的比例。

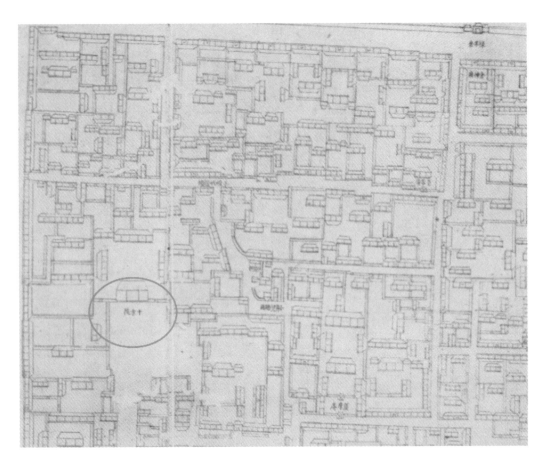

图 2　乾隆十五年《京城全图》中的十方院在禄米仓南侧

（资料来源：日本东洋文库藏 1940 年复制版《乾隆京城全图》）

第二个十方院，在北京内城东便门内以北、泡子河以西的地方。此十方院原名应为
"慈云寺"，《燕都丛考》记载："慈云寺在崇文门东城角泡子河西，寺明万历六年建，内有
明建寺碑记，字已损缺，顺治十年重修，俗称为十方院。"[①] 在清嘉庆年间木斋丰刻本《首
善全图》中，内城东南部一带确实能够见到两个"十方院"，分别在禄米仓以南和泡子河
以西。此地在乾隆《京城全图》中标记为"慈云寺"，在日本文化二年（1805 年）《唐土名
胜图会》中标记为"十方寺"，在 1870 年墨色石印本《京师内城首善全图》中标记为"十
方院"，而在光绪年间墨色石印本《京城内外全图》中没有类似标记。进入民国以后，该
地或被称为慈云寺，或被称为吕公堂，再没有出现与"十方院"这一说法有关的称呼。

---

① 　陈宗蕃编著：《燕都丛考》，北京古籍出版社，1991 年，第 208 页。

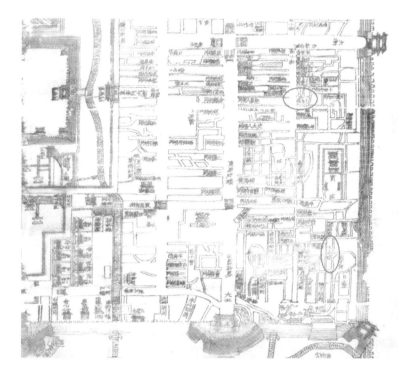

图 3　清嘉庆年间木斋丰刻本《首善全图》中的两个"十方院"

（资料来源：苏品红主编《北京古地图集》，测绘出版社，2010 年，第 129 页。）

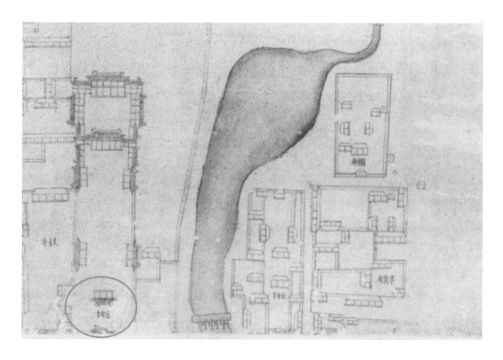

图 4　乾隆十五年《京城全图》中的泡子河西侧的慈云寺

（资料来源：日本东洋文库藏 1940 年复制版《乾隆京城全图》）

第三个十方院是南锣鼓巷以东之圆恩寺旁的广慈庵,《日下旧闻考》记载:"(圆恩寺)为元至元间建,有碑二,剥落不可读。寺西有广慈庵,庵内碑碣有'建立十方院,圆恩寺是比邻'之句,可以为证。"①但这里在北京地区的众多地图中都只能查到前圆恩寺、后圆恩寺胡同,暂时没有找到这里被称为"十方院"的证据,由此推测清代以后这个地方已经不再沿用"十方院"的名称了,这里大概率不是《报恩秉心放堂老会碑》中的十方院。

第四个十方院是安定门外的资福院。这一寺院建于康熙六十年(1721年),是康熙皇帝应哲布尊丹巴呼图克图蒙古汗、王、贝勒、贝子等人合奏而建,有《圣祖仁皇帝御制资福院碑记》:"乞于京师鼎建梵刹,申颂无疆,且以木石砖甓之余,于安定门外立十方院,为饭僧所,徒众自远至者得有栖止。朕以建寺烦费,诏谕止之,而允其立院之请。……夏十月,十方院建修功告竣,诸汗王等请院额,朕赐名曰'资福'。盖嘉诸蒙古平日服事之勤,而取释氏广资福缘之谛也。"②从碑文中能够看出,皇帝认为建寺烦费,但允许立十方院,说明在当时的语境下,十方院相比寺院来说是更小型、简便易建的存在。而在皇帝赐名之后,该地应当已经改称"资福院",不再称为"十方院"。

第五个十方院在西郊门头村,门头村在今北京市海淀区四季青地区的下辖村。《日下旧闻考》记载:"门头村有朝阳庵、十方院、三义庙、五圣庵、真武庙、铁关帝庙、曹家庙、地藏庵、新寺、香严寺。……十方院明碑一,都人彭应乾撰,崇祯己巳年立,略云:十方院施茶济渴之所,佛殿三楹,僧舍六间,年深毁坏,鸠工重修。本朝碑一,无撰人姓名,康熙六十年立。"③此十方院应当是明代寺庙,清康熙年间有碑,但未见有地图标注此地,参考《日下旧闻考》的表述方式,清中期时此地应当还在沿用十方院的名称。

那么,清代顺天府为何有这么多个"十方院"呢?这就要从"十方院"本身的词源说起。"十方"是佛教用语,即四方(东、西、南、北)、四维(东南、西南、东北、西北)、上、下的总称。而"十方院"则与"子孙院"相区别,后者由本寺所度之弟子依次传承,相当于世袭制,而前者不拘泥于本寺门徒,需要有人继任时会请十方之名德前来住持,也有说法称这类寺庙更换住持时受到官府的监督。④此种区分在宋代得以制度化,《禅林象器笺》对十方刹的解释是:"请诸方名宿住持,不拘甲乙,故为十方刹也。"⑤清代有佛寺由子孙院改为十方院的情况,如锦州大广济寺原为子孙院,清初时寺内僧人因有抗清之嫌而南

① (清)于敏中:《日下旧闻考》,北京古籍出版社,1985年,第863页。

② (清)于敏中:《日下旧闻考》,北京古籍出版社,1985年,第1790页。

③ (清)于敏中:《日下旧闻考》,北京古籍出版社,1985年,第1704页。

④ 黄颂一:《佛教二百题》,四川人民出版社,1997年,第425页。

⑤ 转引自(日)高雄义坚《宋代佛教史研究》,蓝吉富主编:"新编世界佛学名著译丛"第47册《宋代佛教史研究 中国佛教史论集》,中国书店,2010年,第67页。

下，之后便改为十方院。① 因此，只要是属于此类型的佛教寺院，都可以称作"十方院"。

从京西慈善寺的其他碑文中能够看到，光绪年间的《重整天太山慈善寺警戒后世碑》②记载慈善寺因前代废弛而推举更换有德行的住持，这说明慈善寺也属于广义十方院的范畴。由此可见，碑文中的"顺天府甲□十方院"和天泰山慈善寺都属于同一类型的佛教寺院，旗人会首那姓人士和会众们应当都是拥有共同信仰的佛教信徒，他们都在北京地区的同一个十方院进行过礼佛活动，从而聚集起来依托于十方院前往天泰山起会，在多年间持续前往天泰山进香，就形成了碑文中所说的"进香久矣"的"报恩秉心放堂老会"。在清代的慈善寺，进香者们因为各种原因聚集起来，组成一个个香会组织并立下石碑，以进香的规律性和连续性为荣，这也为慈善寺积累了长久的声望。

综上所述，在清代顺天府的这五个十方院中，"十方院"名称在清乾隆年间比较明确的是第一个、第二个和第五个，即朝阳门内南小街东侧、禄米仓以南、羊尾巴胡同以北的十方院，东便门内以北、泡子河以西的十方院和西郊门头村的十方院，另外两个十方院可能是使用者在表述时用"十方院"的概念对这类寺院进行的统称。但是关于报恩秉心放堂老会的发起地十方院在哪里的问题，笔者目前还未能找到准确的证明材料。如果要详细考察地点和起会原因，还需要挖掘新材料进行进一步证明。

---

① 中国人民政治协商会议辽宁省锦州市委员会文史资料委员会编：《锦州文史资料 第6辑》，1985年，第23页。

② 《重整天太山慈善寺警戒后世碑》，立于慈善寺碑林。

西山古刹普照寺

孙
熹 *

摘　要：普照寺坐落在海淀区阳台山东麓，大觉寺北 500 米处。始建于明天顺五年
（1461 年），寺院距今已有 500 多年的历史。寺院坐西朝东，现存功德池、山门、正
殿、南北配殿，是研究明清佛寺的重要实例。民国时期，普照寺曾被德国的一位传教
士——满神父租用，并将正殿抱厦改建为天主教神龛，室内的彩绘也是中西结合，多
了许多天主教符号的彩画，显得非常罕见特别。解放后，普照寺一直为北京林业大学
管理使用，未进行过大规模建设，基本保持原有形式。2011 年被公布为北京市第八批
市级文物保护单位。

关键词：普照寺　历史　文物建筑

在海淀区阳台山东麓，有一座闻名京城的寺院——大觉寺，但却少有人知道在大觉寺
北侧约 500 米处，还有一座古刹普照寺。这座寺院虽不及大觉寺声名远播，但也因其始建
年代较早，且建筑格局保护较为完整，又位居大觉寺近旁，依然有着较高的文物价值。普
照寺没有具体的门牌号，所有关于它地址的记载基本都是大觉寺北。出大觉寺山门往北有
一条宽约 4 米的小路，可以直通到普照寺大门前。普照寺和其他庙宇一样，有一条纵贯全
寺的中轴线，古刹的殿宇和附属设施沿着中轴线由东向西铺展开来。普照寺坐西朝东，四
合布局，分南北两院。其中南院为正院，由功德池、山门、正殿、南北配殿组成，建筑格
局完整，是研究明清佛寺的重要实例。北跨院为僧房，共有房屋 16 间，以回廊相接。其
东房五间建筑形式独特，后檐出有卷棚顶抱厦三间，苏式彩绘，作为寺中的戏台。民国时
期，普照寺曾被德国传教士租用，并将正殿抱厦改建为天主教神龛。抗日战争、解放战争

---

*　孙熹，北京大觉寺与团城管理处业务部馆员。

时期，这里是中共北平市委、平西情报站的重要活动场所。[①] 解放后，普照寺一直为北京林业大学管理使用，未进行过大规模建设，基本保持原有形式。1984 年被公布为海淀区重点文物保护单位，2011 年被公布为北京市第八批市级文物保护单位。

一、普照寺历史

据 1958 年文物普查档案记载，普照寺内原有明天顺五年（1461 年）《敕建普照寺记碑》、弘治六年（1493 年）《重修普照寺碑记碑》，以及成化十五年（1479 年）《大明诰封圆修慈济国师塔铭碑》、成化十六年（1480 年）《五台净戒禅师铭碑》、明正德四年（1509 年）《大明故内官监太监罗公塔铭碑》等。[②] 只可惜普照寺内这些碑刻全部毁于 1966 年开始的那场运动，在这次劫难中，庙宇内的所有碑刻无一幸免，全部被毁，因此对该寺历史难述其详。

幸好在国家图书馆的资料库中还可以找到《重修普照寺碑记》的拓本，为说明方便，录文如下：

［碑额篆书］

敕赐普照寺重修碑记

［碑文］

重修普照寺碑记

直文华殿、前中宪大夫、太仆寺少卿、安成李纶撰并书篆。

都城西八十余里旸台山之阳，有寺曰普照禅林，寔西天圆修慈济国师三曼答室哩所创建道场也。国师，交南人，永乐中，皈礼大通法王座下，从月纳讲经，通西天梵典，衍译番文。正统丁巳，尝被选入翰林院四夷馆，为西天教师，遭际列圣眷待，赐予隆洽，切常视其处，地势清奇，冈峦拱峙，风旋气聚，林谷幽深，遂乃罄己衣钵，复募众缘，鸠工庀材，创造殿堂、门庑，庄严法像，靡不毕具，既完且美，巍然可观，于时具请于朝，特赐今额。若非国师功行之大，诚慧孚信于人，孰能成就乎此？成化丁酉，国师示寂，建塔兹寺之后藏焉。弘治五年夏，今内官监太监罗公秀、陈公庭，因暇出游至此，见其殿宇倾欹，榱题朽腐，丹垩涣漫，瓦砾隳颓，忆惜前人创造之艰，后人觅目而不加念，深为感慨焉。乃各出累年恩赐金帛，图维厥新。其闻于

---

① 王珍明：《海淀文史·北部访古》，开明出版社，2005 年。

② 王珍明：《海淀文史·北部访古》，开明出版社，2005 年。

上，蒙赐白金若干，中宫、东宫赐予益厚，遂卜吉董工修理，不匝月而殿堂、廊庑、丈室、庖湢，以及垣墙、阶闼，焕然一新，视昔有加。经始于弘治壬子四月，落成于明年癸丑六月，仍命主僧麻而葛思帖啰等晨夕焚修，祝延圣寿，以图报称。寺既成，托予言，勒诸石，用传不朽云。惟佛氏之教，其来久矣。若夫达摩飞扬东土，不立文字，直指人心见性，而神光承之。我朝国初，板的达大师自西天来，亦以明心见性，指观达途。而大通法王亲爱心印，其后上首弟子役得传其秘密，皆能灯灯相续，领其教事，荷国宠眷，诚不偶也。兹寺之兴，始因慈济国师，剪其荆榛，创建于□。兹得中贵二公，重葺于颓仆之后，是其兴修各有时也，故不辞其请，遂述其颠末，以告后之善继承者。是为记。

　　大明弘治六年八月吉日，内官监太监罗秀、陈庭，麻而葛思帖啰立。

　　锦衣千户卢德镌。

国家图书馆藏《重修普照寺碑记》拓本

由上述碑文可知距离都城以西80余里阳台山的南面，有寺庙名曰普照禅林，是西天圆修慈济国师三曼答室哩所创建的道场。国师三曼答室哩，是交南人，永乐年间，皈依于大通法王智光座下，精通西天梵典，衍译番文。用尽自己的资财，又募集众缘，召集工匠，准备材料，才建成了巍然可观的普照寺，并向朝廷请求，特赐门额。成化十三年（1477年），国师示寂，在这座寺后建塔。弘治五年（1492年）夏，内官监太监罗秀、陈庭，因空闲出游到此，见这里殿宇倾斜，屋檐朽腐，油漆粉刷涣漫，瓦砾衰败。回想前人创造寺庙之艰难，后人觅目而不加念，深为感慨。于是各拿出常年受赐的金帛，谋划重新修缮寺庙，又将这里的情况向上详细呈报，蒙受恩赐白金若干，中宫、东宫赐予更加丰厚，于是就占问选择吉利的日期动工修理，不满一月，殿堂、廊庑、丈室、庖湢，以及垣墙、阶闼，全都焕然一新，看起来比昔日还要更好。重修始于弘治壬子（1492年）四月，落成于明年癸丑（1493年）六月，命主僧麻而葛思帖啰等早晚焚香修行，为皇帝祈福，以图报答。普照寺的兴建，始因慈济国师，剪除丛生灌木，又得中贵二公罗秀、陈庭，重新修葺于倒塌之后，此碑详细记录了普照寺重修经过，有助于我们了解普照寺的历史。

碑文中提到的慈济国师三曼答室哩（1414—1477年），为交南陈氏子。随父母居中国。年十四，礼智光，"剃染受具"，"习西天梵典"。已而得度，"愈加殷究番汉群诠"。又师事藏僧班丹托思巴，"受红色文殊菩萨大修习"。参迦隆、结先二大上师，"传授西天本续，莫不贯彻一乘之旨"。宣德十年，奉命"训诸僧徒普觉中圆佛会，俱各精严"。正统年间，"督启各色坛场，念诵真乘，保国佑民"。升觉义，为翰林试官翻译，"教才士习西天梵字"。天顺二年，"敕于内府番经〔厂〕管教中贵官百余员，习授西天各佛坛场好事，举皆成就"。三年，升右讲经。成化八年，封灌顶广善大国师。寻升显教禅师，"掌西天教"。十三年，加封圆修慈济国师，十一月，示寂。[①]

碑文中提到的大通法王便是明初著名高僧智光，智光精通佛学，广译佛经，促进了佛教文化的发展。智光一生政教成就卓著，颇受皇帝恩宠和信徒的尊奉，《明史》中有关于智光的记载，称其为"历事六朝，宠锡冠群僧"。正统初年著名的大学士杨荣为其撰《智光塔铭》，赞其"遭逢之盛，自有沙门以来未或过之者也"。可见智光在明初佛教史上的重要地位。宣德三年（1428年），宣德皇帝修大觉寺工毕，特命智光居之，以佚其老，并敕礼官度僧百余人为其徒。智光入大觉寺时已81岁高龄，大觉寺是智光生前所居的最后一所寺庙且寿终于此。宣德十年，智光示寂，在大觉寺寺北建起西竺寺，智光生前在这里"倩工累石为塔，以为异日栖神之所"，茶毗后回葬于此。于是大觉寺与西竺寺成为当时其

① 何孝荣：《印僧撒哈咱失里与元明时期印度密教在中国的传播》，《西南大学学报（社会科学版）》，2016年第2期。

系密僧在北京的聚居地。西天圆修慈济国师三曼答室哩作为智光弟子追随师僧，在旁建普照寺，想必也是想依偎着师僧吧。

二、普照寺布局

普照寺位于海淀区苏家坨镇徐各庄村西，大觉寺北约 500 米山坡下。始建于明天顺五年（1461 年），明弘治六年（1493 年）、清顺治十三年（1656 年）等年重修。寺院坐西朝东，四合布局，由南、北两个院落组成。南院为正院，由功德池、山门、正殿、南北配殿组成。山门拾级而上，面阔一间，山门歇山顶，石拱券门，门上镶嵌有石匾额，上刻有"普照禅林"四字。山门两侧各建有一便门，门间墙壁上镶嵌有"万古长春"四个大字。院内正殿三间，硬山调大脊，面积 90 平方米，明间后檐建有抱厦，后被德国传教士改为天主教神龛。正殿两侧建有耳房各两间，南北建有配殿各三间。院内有明代所植古银杏一株及汉白玉石香炉座等石刻。北跨院为僧房，共有房屋 16 间，以回廊相接。其东房五间建筑形式独特，后檐出有卷棚顶抱厦三间，苏式彩绘，作为寺中的戏台。

在功德池东原有寺院牌楼式大门，1970 年因修建从门头沟区三家店到昌平区沙河的铁路，将其拆除并建起高高的路基，影壁被隔于铁路之东。影壁宽约 5 米，高 3 米，青砖砌就。跟据原当地村民的回忆，在靠东一侧的墙面上，写着"紫气东来"四个一米多高的楷书大字。[①] 只是如今粉墙的粉皮已完全脱落，四个大字已经全部消失了。

在功德池东侧便是高高的铁路路基，池边植有几棵侧柏，仿佛形成一道柏树做的围墙，微风吹来，树影婆娑，非常可爱。整个功德池长约 10 米，宽约 3 米，池壁池底用水泥抹成，周边用花岗岩石条砌就。靠功德池的西侧壁临近地面处设有两个花岗岩雕成的龙头，紧靠功德池的东北角的池底上，设有一个泄水阀。想来昔日应是有两股清澈的泉水从龙嘴里汩汩流出注入功德池中的，只可惜如今泉水已经断流。

在功德池的西南面，距离五六米的地方，还有一个边长约 1.5 米带盖儿的小水池，这就是整个寺庙的分水枢纽。在以前，普照寺从该寺西南的胜果寺（今已不存）引来泉水，流经东大坨山南山坡埋设的管道引入这个分水枢纽，通过这个枢纽，可以把山上引来的泉水送入功德池内，也可以把用不完的水放到山沟里。

功德池的西侧，就是普照寺的山门，山门前趴着两座青石赑屃。山门是硬山调大脊砖挑檐汉白玉雕花拱形门楼，门楼采用阴阳瓦盖顶。门口高出地面 12 层台阶，檐下铭有

---

① 　张连华：《故土情深——北安河忆旧》，中国社会科学出版社，2018 年。

"普照禅林"四个楷书大字。正门两侧，另有两座旁门，旁门是两面坡砖挑檐起脊式普通门楼，门楼房顶结构与正门相同。三座门楼之间为红色禅墙，墙上镶嵌着"万古长春"四个约 1 米高的苍劲的楷书大字。

进入山门就是普照寺正院，正院为一进式三合院。院内有明代所植一株雌银杏古树，至今郁郁葱葱。夏日，给寺院撑起一把巨大的遮阳伞，秋来，树上果实累累，树下叶泛金黄。院内正殿三间，为硬山调大脊，阴阳瓦盖顶，面积约 90 平方米，檐下和室内梁栋都是油漆彩绘。因为普照寺由一位德国神父——满神父使用，明间后檐墙后扩建有神龛，神龛内供奉圣母玛利亚。

正殿南北两侧各建有耳房两间，耳房为阴阳瓦盖顶，门前梁栋也是油漆彩绘。南北配殿各三间也是筒瓦盖顶，前出廊厦油漆彩绘。南北配殿东侧都建有耳房两间，耳房为石板盖顶俯瓦压溜。正院房屋全部以花岗岩条石为基，花岗岩条石作台阶。院子地面除银杏树周围均用侧立的青砖砌墁，院子四周靠近房屋台阶处都设有花岗岩凿成的水槽，供排放雨水之用。

配殿是满神父的住房，北配殿东侧的两间耳房是满神父的诊室，室内陈列着许多西药的瓶瓶罐罐。南配殿及其耳房不知做何用途。北配殿的西山墙和正殿北耳房北山墙之间建有一座随墙门楼，通过这个随墙门楼就到了北跨院。南配殿西山墙和正殿的南耳房的南山墙之间也有一个随墙门楼，此随墙门楼比北面的随墙门楼简约，通过这个门楼就到了南跨院。南跨院只有三间东房。

北跨院是一座四方形四合院，院内有东西房各五间，南北房各三间。四面房屋都有廊厦，房屋与房屋之间有游廊连接。四面房屋都是石板盖顶俯瓦压溜，全部以花岗岩条石为基，花岗岩条石作台阶。院内地面青砖铺设甬路，房屋台阶前都设有花岗岩凿成的水槽，供排放雨水之用。此院中还有两株古柏，这两棵柏树特别之处在于树干不是笔直而生，而是分出几枝分枝来，并且恰好每树五枝。被人比喻成佛的两只手，南为右手，北为左手。如此神奇，真令人叹为观止。五间东房东侧中间三间连有抱厦，原为寺院的戏台。北跨院原为僧房，满神父占用后平时无人居住，只有当修女来普照寺时会住在这里。院子东北角有一角门，出此角门可通往前院，也可以出此门拾阶登上寺庙后山。后山上满植侧柏，一片苍郁。站在后山，西望，群山莽莽；东看，整座普照寺尽收眼底。

三、满神父与普照寺

前文中曾多次提到的德国传教士满神父是何许人也？他又为何会来到普照寺？他在普

照寺又发生了怎样的故事呢？根据原北安河村老人的回忆，让我们来认识这位神秘的满神父。

满神父的中文名字叫做满恩礼，是清朝皇族英敛之和复旦大学马相伯二人创建的北平辅仁大学的神父，过去北安河当地的村民们都亲切地称他满神父。满神父曾在山东滕州官桥天主教堂坐堂主持，1948 年冬因病来到北京西山普照寺修养，那时的他大约 50 岁，懂汉语，懂得西医外科，常给村里人看病。平时村民见到的满神父，是身着米黄色西装的神父；当他出现在他的诊室时，他又是身穿白大褂儿的医生。在附近村民的眼中，满神父是个黄头发、蓝眼睛、圆脸，留着络腮胡子，待人和蔼可亲的小老头。

满神父经常给附近的村民免费看病，送医送药、治病救人，附近的村民有点儿小伤小痛的常常来庙里请他治疗，他有求必应。凡是村民来庙里求他看病，他都非常认真地诊治，外伤仔细包扎，临走还免费送药让病人带回家。如果病人不便来庙里请他治疗，他也常常把药和纱布交给病人的家人带回去自己上药包扎。满神父对乡下小孩子们也非常友好。夏天，村子里的一些男孩子们几乎天天在普照寺门前的功德池里戏水，打打闹闹、吵吵嚷嚷，他也从不厌烦，打闹中有点儿磕磕碰碰的小伤，就去找满神父，他会真心实意地给孩子们上药包扎。[①]

每逢夏秋之际，满神父还会常常从他园子里摘来鲜葡萄、鸭梨分给来这里玩闹的小孩子们吃。有一次他拿来一种颜色红红的，长得像桃子似的蔬果给孩子们吃，孩子们却都不敢要，只因为这种颜色鲜红、有一种特殊气味的蔬果，附近大人和孩子们从未见过，后来才知道这种蔬果名叫"西红柿"。但当时整个北京市的市场上都没有这种蔬果销售，小孩子自然不敢吃。[②]

满神父住进普照寺以后不仅是为了养病，作为一名虔诚的天主教信徒，传教与主持宗教仪式也是他生活中重要的一部分，于是他对这里进行了整理和部分建筑的改造。由于普照寺的正殿面阔三间，面积仅为 90 平方米左右，对于要组织宗教仪式来说空间还是有些局促和狭小了。于是他就在正殿明间后檐墙处增加了抱厦，在抱厦内放置神龛，供奉圣母玛利亚。如此一来既留出放置神龛的位置，同时又扩大了室内的面积。只是从殿后的山坡上看，正殿的后抱厦就显得十分突兀，悬山顶的正殿突然多出了一个教堂式的抱厦。满神父不仅增建了正殿的后抱厦，也对正殿内梁架上的彩绘进行了改画，在原有的彩绘基础上重新绘制了许多带有西方天主教派元素的图案和符号，最终形成了如今中西结合风格的彩

---

① 　张连华：《故土情深——北安河忆旧》，中国社会科学出版社，2018 年。

② 　张连华：《故土情深——北安河忆旧》，中国社会科学出版社，2018 年。

绘，非常罕见特别。

如今的普照寺的功德池边现存赑屃两个，正院及北院各有香炉座一个，正院有棋盘石一个，正院南有残碑一通及《大明诰封圆修慈济国师塔铭碑》一个。普照寺后山坡上，尚存明成化九年（1473 年）《圆寂禅师碑》一通，螭首，碑高 2.6 米，宽 0.9 米，碑文已漫漶不清。

1984 年普照寺被公布为海淀区重点文物保护单位，2011 年被公布为北京市第八批市级文物保护单位。如今普照寺被北京林业大学管理使用，未进行过大规模建设，基本保持原有形式，不公开对外开放，偶尔接待一些小型会议。附近的大觉寺名声太大，引得众生涌来，人声鼎沸。而普照寺这里，妙就妙在一个"静"字上，这里的静谧与幽深，让人远离了喧嚣，有了"久在樊笼里，复得返自然"的喜悦。当你徜徉在这座古老的寺院内，林间鸟语，清风拂面，花香悠长，那一份恬淡闲适，难以言表。

二

文物考释与探索

从出土墓志看北京海淀区中的唐代村落

——杨雅墓志考释

鲁黄
晓超 *
帆

摘　要：此墓志是杜泽宁先生在《畿甸清河图录》一书中披露的。墓志记载墓主人葬地是在唐代幽州治下昌平县的"蜀村"，墓地方位是在"清河"之畔，这两个称呼在北京的地理、历史上都是首次出现的名称。即今天北京海淀区留存的"树村"大街之名称，至少有着 1200 余年的历史了。而现今流经北京市区北部的著名河流"清河"的称谓，也比早前的认知，距今 970 余年的辽南京城的"清河馆"之称谓，至少提前 230 余年的历史。即"清河"之称呼，距今至少已有 1200 年以上的历史。而志中出现的墓主人逝于唐幽州城内"通阛里"之称谓，又一次证实了幽州城内"坊"与"里"的称呼，其本质就是一回事。此志对于研究北京西山永定河流域地理、历史的变迁与发展，都是难得一见的珍贵史料。

关键词：唐幽州　通阛里　昌平县　蜀村　清河

北京西山永定河文化带，自古以来就是孕育北京地区文明发展的宝地。而海淀区作为现今北京城区西部最为著名的风景文化区，在历史上因山清水秀、土地肥沃，就是先民们开垦、劳作、居住的地方。特别是北京地区成为封建王朝的都城后，辽、金、元、明、清各个王朝的帝王将相、达官显贵、文人墨客等，更是把它作为休闲、野猎、养生的栖息之地，大力开发并修建了一大批行宫、园林、寺庙、馆舍等。但是，在辽以前的唐代呢？今天却鲜有人知。那时，海淀区因地处太行山余脉的西山脚下，此地桑河水及其支流水系纵横交错，使得这里林木茂盛、人烟稀少，仅仅在凸起不多的几块台地上，星星点点地散落

*　鲁晓帆，首都博物馆首席研究员、研究馆员；黄超，首都博物馆副研究馆员。

着几个自然村落。因年代的久远，现今在地面上唐人的痕迹已荡然无存，但是埋藏于地下的一些唐人墓志铭中，却可以窥见一些当年的历史原貌。

在杜泽宁先生《畿甸清河图录》一书中，披露了一方《唐杨雅墓志铭》[①]。据悉，此墓志是 1991 年在位于海淀区清河镇以西上地村信息路商业服务中心（树村）附近出土。墓志为青石质，呈正方形，高、广各为 47 厘米。首题为"唐故宣德郎守妫州怀戎县尉杨公（雅）墓志铭并序"，共计 20 行，每行字数不等，总计有 412 字。无书撰者名讳。盖佚。此志石现收藏于北京市文物研究所。为便于读者详细了解，现对照墓志铭（见墓志拓片），考释如下：

志云："公讳雅，字弘度，其先弘农华阴人也。泉秦末有伯硕，博涉群史，洞明天文，亦知汉祚将兴。先遣八子佐汉，高祖同时拜为八郎中。公即其裔也。"这里"其先弘农华阴人也"，就是说墓主人杨雅的籍贯为唐代弘农郡华阴县，即今天的陕西省华阴市人。而史上关于杨姓起源的说法不尽相同，各种史书上也是各有所记，但"伯侨"被公认为杨姓的始祖却是无疑的。也正是因为混乱的认知，此墓志中就省略了先秦有关杨姓来源

① 杜泽宁编著：《畿甸清河图录》，中国科学技术出版社，2019 年，第 59 页。

的表述，只是记载："泉秦末有伯硕，博涉群史，洞明天文，亦知汉祚将兴。先遣八子佐汉，高祖同时拜为八郎中。公即其裔也。"这里的"郎中"是官名。它始于战国时期，秦汉时沿置。其职责是掌管门户、车骑等事；内充侍卫，外从作战。而"伯硕"就是指杨姓在秦末的杨硕，传说他是杨姓始祖伯侨的第51世孙。其自身条件非常优越，一生都在潜心钻研天文历法。因此，他十分精通用观看天象变化的方法，来洞察人世间时局的变迁。在秦王嬴政统治时，曾经屡次三番下诏杨硕，但都被他婉言谢绝了。但在汉王刘邦与西楚霸王项羽开始争夺天下，且正处于两王焦灼之际，杨硕就观察到天象中"五星聚于东井"的奇异星象。按照古之历法：五星聚于房，则武王剪商；五星聚于箕，则齐恒称霸。而此时五星偏偏聚于东井（代表秦地），杨硕顿时明白天下必归汉王。于是他就令自己的8个儿子一同跟随刘邦讨伐项羽。当初不可一世的西楚霸王项羽与汉王刘邦在灭秦后决战于灞上（今陕西咸阳附近），其战况是相当惨烈，这里不加详说。刘邦为了最终判定项羽在这场战役中的生死，下了道死命令，只要是取得项羽首级就封侯位。最终王翳、杨喜、吕马童、吕胜和杨武，分别砍掉且得到了项羽的首级及四肢，获得刘邦的赏赐与封侯。而杨硕的第6子郎中骑杨喜，因割且得到项羽的一条大腿，从而获得了"赤泉侯"的封号。杨硕其余的7个儿子，也因各自战功被刘邦封为将军。杨硕本人也"父因子贵"，被封为西汉初期的太史官。司马迁《史记·樊郦滕灌列传》中载："项籍败垓下去也，婴以御史大夫受诏将车骑别追项籍至东城，破之。所将卒五人共斩项籍，皆赐爵列侯。"[1]而《汉书·高惠高后文功臣表第四》载："赤泉严侯杨喜，以郎中骑汉王二年（前205年）从起杜，属淮阴，后从灌婴共斩项籍，侯，千九百户。"[2]在唐代李吉甫《元和郡县图志·河南道五》中载：濠州定远县"东城县故城，在县东南五十里。项羽自阴陵至此，尚有二十八骑，南走至乌江亭。灌婴等追羽，杨喜斩羽于东城，即此地也。"[3]这就是志载杨姓在秦末的先人杨硕"博涉群史，洞明天文，亦知汉祚将兴。先遣八子佐汉，高祖同时拜为八郎中"的重要结果。而杨硕的第6子杨喜的第4代曾孙杨敞，也曾官至汉昭帝刘弗陵（汉武帝刘彻的少子）时期的丞相，并娶了时任太史公司马迁之女司马英为妻，这也成为杨姓后世炫耀的一个重要资本。而在这一时期，弘农的杨氏在朝廷中位在列卿，爵为通侯，乘朱轮者就多达10余人，这在史上被称之为"西汉十轮"，其杨姓先人仅在两汉时期的影响力就可见一斑。

墓志详记杨雅上三代："曾祖知仁，魏州别驾。祖璟简，王府友。身居辇毂，参佐王

① （西汉）司马迁撰：《史记》卷95《樊郦滕灌列传第三十五》，中华书局，1974年，第2671页。

② （东汉）班固撰《汉书》卷16《高惠高后文功臣表第四》，中华书局，1962年，第582页。

③ （唐）李吉甫撰，贺次君点校：《元和郡县图志》卷9《河南道五》，中华书局，1983年，第236页。

门，每好直言。丑类恶正，浸润成釁。遂出为妫州别驾。列考锐，幽州节度巡官兼监察御史、营州都督府别驾。庆流自远，芳香益着。"这里是说杨雅上三代都曾任"别驾"之职。在《新唐书》中载：河北道"营州柳城郡，上都督府。"[①] 又载：大都督府"都督一人，从二品；长史一人，从三品；司马二人，从四品下。"[②] 未见"别驾"。而这"别驾"一般是指中下都督府的副职，衔衔分别为正四品下、从四品下。但"大"或"上"都督府的副职一般都被称作"长史"，未见有"别驾"职属。经查阅有关史料，有唐一代的"长史"与"别驾"之职，一直是交替出现。"长史"始于秦代，其丞相和将军幕府皆设有此官，相当于秘书长或幕僚长，将军下的长史亦可领军作战。而边地的郡守亦设长史，是太守的佐官。在唐朝时，州刺史下亦设立长史官，名为刺史佐官，没有实职。但大都督府中的长史地位却颇高，它相当于上州的刺史，甚至会充任节度使。而"别驾"是"别驾从事史"的简称，始置于汉代，是州刺史的佐官。在隋朝初年废郡立州后，改"别驾"名为"长史"。唐初又改郡丞为"别驾"，高宗时又改"别驾"为"长史"，另以皇族人士为"别驾"。这以后两个官职就时废时置，且相互替代。东晋庾亮《答郭逊书》中载："别驾，旧典与刺史别乘，周流宣化于万里者，其任居刺史之半，安可任非其人。"[③] 可见"别驾"与"长史"其职责大致一样，都是都督府或州郡的副职，只是一定时期内叫法不一罢了。此志可能是为了前后对仗，且图省事，就通称上三代的官职为"别驾"了。

志云："不然者，岂有汉祖同封八省郎中？皇唐继授三别驾？今古英杰，衣官盛族，又何别驾？"这里是说杨雅的先人要是没有真本领与作为，怎么能有汉高祖刘邦同时任命杨硕八个儿子一同为汉军的"郎中"将领呢？又怎么能有大唐皇帝相继授予上三代的"别驾"之职呢？从古至今，杨姓才智双全之人，以及达官显贵、豪门大族比比皆是，又何止区区"别驾"这个级别的官员呢？

志云："公即营州别驾之中子也。自幼通辩，才识不羁。以门阴起家，署宣德郎、彭王府参军。再命涿州参军。三命妫州怀戎县尉。"这里说杨雅是营州别驾杨锐被称作"中子"的儿子。这"中子"即"支子"的别称。按照西周时期的宗法制度：嫡妻所生的次子以下的儿子，以及姬妾所生的儿子都被称作"支子"。《仪礼注疏·丧服第十一》载："何如而可以为人后？支子可也。"贾公彦注疏："支子则第二已下庶子也，不言庶子云支子者，若言庶子，妾子之称。言谓妾子得后人，适（嫡）妻第二已下子不得后人，是以便庶

---

① （北宋）欧阳修等撰：《新唐书》卷39《地理志三》，中华书局，1975年，第1010页。

② （北宋）欧阳修等撰《新唐书》卷49下《百官四下》，中华书局，1975年，第1305页。

③ （北宋）李昉等编纂：《太平御览》卷263，《职官部》卷61引庾亮《答郭逊书》，中华书局，1984年，第1230页。

言支。支者取支条之义，不限妾子而已。"① 可见，嫡长子继承制是西周宗法制度最基本的一项原则。而"门荫"，就是指中国封建社会传统的官员世袭制度。而志主杨雅也正是凭借"门荫"制度，一入仕就成为正八品下"彭王府参军"职事官和正七品下的"宣德郎"文散官。这"彭王府参军"职级并不高，但这个"彭王"是谁呢？经考有唐一代被授封"彭王"的共有5位王子，分别是：1. 唐高祖李渊第十二子李元则，唐太宗贞观十年（627年）徙封彭王。2. 唐高祖李渊孙，霍王李元轨之子的李绚，他被过继给李元则，嗣彭王。龙朔中（661—663年），封南昌王。3. 李绚之子李志暕，嗣彭王。开元中（713—741年），为宗正卿。4. 唐肃宗第五子李仅，至德二年（757年）十二月，进封彭王。5. 唐宪宗李纯的十八子李惕，大中六年（852年）为彭王。按照墓志中杨雅的生卒纪年（764—811年）来看，在对照五位彭王的起始封王年，他为之效力的"彭王"，应是唐肃宗李亨的第五子李仅。杨雅得到的"妫州别驾"职事官，为从四品下。而"再命涿州参军"的衔职，因涿州为上州，参军事之职，为从八品下。这"三命妫州怀戎县尉"衔职，其上县尉为从九品上。通过杨雅职务上的变化，可以看出随着杨雅年岁的增大，他的职事官阶是越做越低。虽然文散官正七品下的"宣德郎"得以保留，但其职事官的品阶，却从正八品下的王府参军，降到了从八品下的涿州参军事，再降到其一心守护的从九品上的怀戎县尉之职。

志云："公风神卓荦，识断多奇，负钟邓王佐也。才蕴苏张，济世之策，方欲跃鳞。沧海整翮，云衢未逞，雄图膏肓，是疾斯人也，命矣。"这里是谓杨雅曾跟随在王爷的身边，因此见到的大场面，以及处理的事情就比较多，他担负的是类似三国时期魏国大将钟会和邓艾一样的角色，辅佐着唐代"彭王"李仅。而他具有的文采可以比肩唐代的名士苏颋与张说。其济助世人的策略，随时都可以从他的头脑中跳跃出来。他的一生，其凌云壮志未能实现，美好的雄心也遭到病患的袭扰，且被病魔夺去了生命，这些都是命中注定的。这里"钟邓"是三国后期魏国的大将钟会与邓艾的合称。在三国后期魏国的军政大权尽归司马氏，而在司马懿死后，其次子司马昭自然成为魏国的实际掌管人。在公元263年司马昭派手下大将邓艾、钟会各领军马去讨伐蜀国，邓艾、钟会两支军马配合默契，很快就拿下了蜀汉地区，蜀汉政权的灭亡，充分显示出两人在军事上的才能。而志文中"苏张"是唐代的名士苏颋与张说的并称。唐代元稹《代曲江老人百韵》中就云："李杜诗篇敌，苏张笔力匀。"② 这苏颋（670—727年），是唐代著名文学家。唐玄宗时曾袭封许国公，进同紫黄门平章事。而张说（667—730年），是唐朝宰相及政治家、军事家、文学家，他

---

① （清）阮元校刻：《十三经注疏·仪礼注疏》卷19《丧服传》，中华书局缩印本，1975年，第157页。
② （清）彭定求等编校：《御定全唐诗》卷405，第001首，元稹《代曲江老人百韵》，扬州诗局刻本，清康熙四十五年（1706年）版。

也是西晋司空张华的后裔。曾先后3次为相，执掌文坛30年，成为唐开元前期的一代文宗。按照苏颋袭封许国公，张说被封为燕国公，且两人生活的年代大致相同，因此，两人在当时还被并称为"燕许大手笔"。此篇志文的撰者虽然未载名讳，但他对历代文人武将之事了如指掌。在志文中用了大量比喻手法来赞许墓主人，但这些溢美之词却明显带有阿谀奉承之嫌。

志云："夫享龄卅七，以元和六年正月四日殁于蓟城通阛里之私第。"即杨雅逝于唐宪宗李纯元和六年（811年），生于唐代宗李适广德二年（764年）。而志文中"蓟城"是唐代幽州城承继魏晋时期北京城的旧称。这"通阛里（坊）"是唐幽州城内一个里坊的名称。此志虽然未记县属，但按现有的考证唐幽州城内共有26个里坊，通阛里（坊）是位于唐幽州城内的西部幽都县治下12个里坊之一，这在北京现已出土的其他唐墓志中已得到证实。如：1981年在北京海淀区万寿路出土的《唐温令绥与夫人合祔墓志》云：温令绥"以咸通十五年（874年）二月廿二日，殁于幽都县通阛坊之私第也。"[1]此志的记载又一次证实了幽州城"坊"与"里"的说法是一回事，它们在史上是可以互通的，此志又见一例。而"通阛"里坊之得名，是来自于遍布坊里四周的市肆，"通阛"即谓环绕市肆的墙。东汉的张衡《西京赋》云："尔乃廓开九市，通阛带阓。"[2]而幽州"通阛里（坊）"据考证它的大致位置，疑似就是在今天的北京西城区（原宣武区）东西向的广安门内大街与南北向的长椿街—牛街交叉路口的西北角一带。

志云："夫人河内雍氏。祖宁，莫州刺史。父端，涿州长史。家之官爵，身之德行，皆为代所称，难可具载。有子曰硕，□□哀毁泣，谋葬事。有女二人，幼雅居次。"即杨雅夫人雍氏的籍贯是大唐怀州河内郡。雍氏的祖父雍宁为大唐莫州文安郡的刺史，父亲雍端是涿州的长史。有一子二女。

志云：杨雅"以其年二月廿五命葬于昌平县蜀村之原，陪先茔，礼也。恐陵谷迁改，故勒金石。"可知，今海淀区树村地区在唐代是属于幽州治下昌平县管辖。《新唐书》载：河北道"幽州范阳郡，大都督府。本涿郡，天宝元年更名。……县九：蓟……昌平。望。"[3]幽州治下有昌平县。而这个"蜀村"之得名，它应来自于蜀姓。而蜀姓是来源于古蜀国，系自子姓。据传黄帝曾孙帝喾支子封于蜀，侯爵，后为秦所灭，子孙遂以国名为氏。现今火爆于世的中国四川省广汉三星堆遗址，就是三千年前古蜀国文明的重要体现。按照南宋罗泌《路史》载：蜀山氏"蜀之为国，肇自人皇。其始蚕丛、柏濩、鱼凫，各数百岁，号

① 见鲁晓帆、范林林：《从墓志探温姓源流》，《收藏家》，2021年第2期，第71页。
② 《西京赋》，文渊阁《钦定四库全书》，第1329册，上海古籍出版社，2001年，第25页。
③ （北宋）欧阳修等撰：《新唐书》卷39《地理志三》，中华书局，1975年，第1019页。

蜀山氏。盖作于蜀。……昔黄帝为其子昌意取蜀山氏，而昌意之子干荒亦取蜀山氏继为后叶。及高辛氏，以其少子封蜀，则继之者也。秦文元年，蜀人来朝；八年，伐灭之，始降侯云。"①《世本·帝系篇》载："黄帝为其子昌意取蜀山氏。昌意之子干荒，亦取蜀山氏。"②唐《元和姓纂》载：蜀姓"蜀山氏之后。"③可见，唐时亦有蜀姓。清代陈廷炜的《姓氏考略》亦有收载蜀姓。而这个"蜀"字，它最早见之于甲骨文上。从它的字形上看，它是一个长着大眼睛、蜷缩着身体的虫子，据考证它就是"蠋"字即野蚕的象形字，后来"蠋"即野蚕开始被人们家养。鉴于蚕在人们日常生活中占有的重要地位，人们就以"蜀"作为其族徽，并名其国，而人又以其国为氏，蜀国也就诞生了蜀姓。今天的研究成果表明古蜀国的文明曾经中断且又崛起，直到战国后期蜀国地区被秦国所占领，蜀地也就自然而然地变成了秦地，大部分"蜀"姓人也因此改为"秦"姓。而延续"蜀"姓之人变得极为稀少，成为一个非常稀有的姓氏。至于说到蜀姓之人为何能在大唐幽州一带出现，且能一直流传到现今？这很可能是在秦人灭亡蜀国时，蜀人的一支氏族，冒死逃出了蜀地，并躲避到了遥远的（燕国）幽州地区，且在幽州城外荒芜之地建立起了自己"蜀姓"村落的缘故。在 2007 年的全国人口普查统计中，蜀姓之人在全国仅仅有 48 人，且分布在四川、北京一带。这也间接地证实了蜀姓之人，在历史上确曾在幽州（北京）地区建立"蜀村"的史实。《京北畿甸清河镇》一书的作者杜泽宁先生还曾提到：今上地一带的树村地区，还曾出土过一方《唐窦氏墓志铭》，其载：窦氏"乾符六年（879 年）九月五日，殁于蓟县北十里树村之原。"（但出土时间、地点、其他具体内容，以及现今收藏于何处，均不甚详？经了解原信息的提供者已仙逝，线索中断了。）据同一地出土的两方唐墓志记载可知：杨雅在唐元和六年（811 年）葬于"昌平县蜀村"，比窦氏乾符六年（879 年）"殁于蓟县北十里树村之原"，要早上近 70 年，很显然后者葬地"树村"之名，是因前者葬地"蜀村"之名而来。这就是说"树村"即"蜀村"距离蓟县与昌平县界的距离大致有 10 里，按现今的考证北京海淀镇所在地中关村广场是唐幽州幽都县保大乡的杜村④。察看今日的地图，这"杜村"与"蜀村"两者都是今海淀区的下辖地，它们基本上是处于同一条直线上的南北两端。如果用唐尺来计算，两村的实际距离还真是相距大约有 10 余里。按照唐幽州城郭下原仅有一县——蓟县，后被拆分成两县，即幽都县治理幽州城外的西部，蓟县治理城外的东部，这样两县在幽州城北部的郊野又与幽州治下的昌平县形成三县交汇处。这就是说

① 《路史》，文渊阁《钦定四库全书》，第 383 册，上海古籍出版社，2001 年，第 22 页。
② 宋衷注，张澍稡集补注：《世本》卷 4《帝系篇》，《丛书集成初编》，中华书局，1985 年，第 79 页。
③ （唐）林宝撰，岑仲勉校记：《元和姓纂》卷 10，中华书局，1994 年，第 1487 页。
④ 见鲁晓帆：《北京出土唐代崔载墓志考释》，《中国国家博物馆馆刊》，2013 年第 8 期，第 68 页。

窦志所云的"树（蜀）村"在"蓟县北十里"，也就是说"树（蜀）村"也在幽都县"北十里"。可见，在唐代幽州治下的昌平县，其当时的规模以及与唐幽州城的距离都不能和今天同日而语，比今天的昌平地界要大许多。而大约今北四环的东西一线以北，就应是幽州城郭下幽都、蓟县与昌平县界的所在地。因窦氏比杨雅下葬时间要晚上将近70年，这里很显然"树村"就是因"蜀村"之名的谐音而流传下来的。至于"蜀村"改叫"树村"的具体之因，这很可能是此村的蜀姓之人逐渐减少，而在历史上此地又恰好水流密布、杂草树木茂盛，因此，"蜀"字也就因其谐音"树"字，以讹传讹、久而久之地就被后人称为"树村"了，且一代代地流传了下来。但不管怎样，现今北京海淀区"树村"的历史，按《唐窦氏墓志》计算，距今至少已有1140年以上的历史，要按《唐杨雅墓志》来计算，此村距今至少已有1200年以上的历史了。而据现今附近的老乡们传说，"树村"中原有明代天启年间修建的大寺庙，在庙钟上他们还曾见到铸有"村始隋文帝"之铭文。如按此计算"树（蜀）村"距今的历史，那就足足有1400余年了。杨雅墓志的发现证实了位于今天海淀区圆明园后清河（肖家河）以北的上地地区，早在唐时就有先民以村落的形式在此生息、繁衍、劳作。而其周边丰富的水源，茂密的丛林，肥沃的土地，给予了今人以无限地遐想。今天树村地区因城市的发展，其地块早已不见往日的旧痕，高楼大厦比比皆是，楼群中的郊野森林公园已成为人们娱乐休闲的场所。

墓志词曰："群峰东兮清河北原，设祖奠兮勤哭泉门。共惜平生英杰姿，于□□地埋精魂。"这里说的是杨雅墓地所处的具体地理方位。这里"群峰"就是指历史上位于唐幽州城西北部，今北京市区西部的太行山脉北部的余脉——西山。而"东兮清河"无疑就是指今天流经北京城区西北部的西山以东的清河。即墓地是位于今西山群峰的东面，清河的北面。清河，在历史上其源头是由今天的西山风景区的香山、樱桃沟、玉泉山、鹫峰、阳台山（大觉寺）等众多的山泉水汇集而成，水质相当清冽，故而得其名。唐代之前这条河显然是幽州北部地区人们重要的生活、生产水源地。据悉辽宋时曾为争夺幽州的归属，两国军队曾在这里血战成河。而在元、明、清时期，它作为京城北部屯军驻防的主要运输水路，曾起到重要的军事作用。今天来看它从北安河闸起向东北流，经过肖家河、朱房村、清河、河北村、立水桥、沈家村、沙子营后，入流北京东北部的重要河流——温榆河，长度达28千米，流域面积达到150平方千米。现如今其上游的泉水因各种原因早已干涸断流，其水源主要是由来自清河污水处理厂排放的中水，以及两岸排污和蓄积的雨水，从而成为北京北部最为重要的排污河。近年，经政府大力综合治理，清河又重新恢复清澈的水面，成为北京城北一道亮丽的风景线。

而从前最早记录了北京"清河"这一地理名称的，是北宋官修的兵书《武经总要·前集·北蕃地理》，在书中曾记载了辽代南京城（幽州）到炭山的驿路，其载："炭山，本匈奴避暑之处，地多丰草，掘丈余即有坚冰。……唐史载契丹之地，西至冷陉是也。今胡中目为炭山，近更名叡山。自幽州西北路清河馆，即居庸关、雕巢馆、赤城口，始有居人。"① 而"炭山"具体是指今天的哪里？至今史学家们仍争论不休，但是为辽帝、后的狩猎、避暑之地却未有异议。可见在970年前，"清河"一词就已出现在古籍文献中。随着唐杨雅墓志的出土，"清河"一词出现的时间又被大大提前了。

综上所考，今北京海淀区"树村"地区的历史相当久远，从现有实物可考的历史来看，其村名的称谓起码可以上溯到9世纪初的大唐中叶，当时就有先民在此居住、劳作。而当时此村的名字是叫"蜀村"，后来因谐音被俗称为"树村"，经过1200余年的斗转星移，此名一直保留到了今天。而在大唐昌平县"蜀（树）村"往南不远处，流淌着被称作"清河"的水流，其名称也绝对不是从宋代使臣出使燕京时，所记载的"清河馆"才开始出现的名称。而此志的记载才是迄今为止所能见到的实物或书籍当中，出现"清河"之名最早的记录。可见，"清河"一词的出现，至少也有1200余年的历史了。这就比从前对它的认知，至少又提前了230余年。

现已考证，海淀区在有唐一代的村落，分布的情况是：今紫竹院一带是幽州幽都县保大乡的"樊村"所在地②；今中关村广场一带是保大乡的"杜村"所在地；今与大觉寺比邻的海淀区温泉镇白家疃一带，是唐幽州治下昌平县安集乡"怀居里（村）"所在地③；此志出土地上地信息开发区树村大街一带是大唐幽州治下的昌平县（疑似安集乡）"蜀（树）村"所在地，即今海淀区域内已见唐代4个村落。而大唐幽州城廓下幽都县、蓟县与治下昌平县的分界线，疑似就是在今海淀区北四环的东西一线以北，较为接近历史原貌。

①　《武经总要》，文渊阁《钦定四库全书》第726册，上海古籍出版社，2001年，第235页。

②　见鲁晓帆：《唐王公淑墓志考释》，《收藏家》，2020年第4期，第105页。

③　见鲁晓帆：《唐高霞寓玄堂铭考释》，《首都博物馆论丛》，第31期，北京燕山出版社，2017年，第1页。

辽代涿州民间佛教邑会的礼佛建塔活动

伊葆力[*]

摘　要：有辽一代，诸帝后佞佛，官民随之，而辽南京析津府涿郡之民尤甚，在民间先后出现了许多佛教民间邑会组织。当时的涿州及其附郭县范阳，佛寺众多，佛事活动频繁，佛教信徒日益增多，这种"结邑人以敬佛"的邑会组织不断涌现。邑会多由寺院僧人、州县官员或乡村头面人物组织成立，通称"千人邑"。这种邑社名号众多，仅涿州一地，便有弥陀邑、花（华）严邑、螺钹邑、供塔邑、灯邑等。邑会设有邑首、邑长、邑正、邑录等邑会头目，而参加邑会的信徒们，则称邑众或邑子。诸邑会以奉佛为主旨，捐资出力，修寺建塔。辽道宗至天祚帝时期，涿州的一些邑会，通过举办圆寂道场，获得感应佛舍利，事后邑众捐资建塔供奉。据本文记述，目前发现，仅涿州一地，即有辽中晚期由邑会建造的感应舍利塔四座。

关键词：辽南京涿郡　民间佛教邑会　佛教法事　圆寂道场　获感应舍利　捐资建塔

辽（907—1125 年）是契丹族在我国北方建立起来的一个古代少数民族政权，史称辽或契丹，它与五代同时开始，又和北宋几乎同时结束。辽以前，唐武宗及周世宗时期的两次灭佛活动，涿州由于地理位置和政治统属的关系，及契丹各代帝后皆崇奉和提倡佛教，佛教不仅没有受到较大冲击，反而使中原地区的僧侣大量避居此地，律宗、华严宗、密宗、禅宗、净土宗、法相宗等各宗，均有高僧大德在此弘传佛教，与辽南京（燕京）一同成为北方佛教的中心。

由于契丹最高统治者的大力提倡，辽代社会崇佛风气愈演愈烈，佛教信众日益增多，

* 伊葆力，哈尔滨人。先后任《阿城报》编辑部主任、阿城文物管理所所长、金上京历史博物馆馆长，哈尔滨市社会科学院地方史研究所特聘研究员、副所长。学术研究方向为：辽、金历史，金石文献，中国书画史。

民间佛事的举办日甚一日，当时燕京地区不仅伽蓝处处，浮屠、经幢林立，而且出现了许多佛教民间邑会社团，如流行的"千人邑"。当时的涿州，由于它特殊的地理位置，其佛寺之众多，佛事活动之频繁，均盛于辽南京所隶属之其他州县。现存房山云居寺的《涿州白带山云居寺东峰续镌成四大部经记碑》曾记载："燕都之有五郡，民最饶者，涿郡首焉。涿郡之有七寺，境最胜者，云居占焉。"

佛教邑会是辽代佛教僧俗信徒自发成立的一种民间组织，这种邑社多由寺院僧人或乡村头面人物组织成立，通称"千人邑"，其邑众有的往往不足千人，有的也许超过千人。至辽代中晚期，在大的邑会组织下，往往还设有分支邑社，这些小的邑社，多以村为组织范围进行佛事活动。邑社名目众多，多以佛教名词定名，如弥陀邑、弥勒邑、诞圣邑、太子邑、供塔邑、灯邑、花（华）严邑等。这些邑会设有邑首、邑长、邑正、邑录等邑会头目，而参加邑会的信徒们，则称邑众或邑子。邑会的加入者，大都是溺佛甚深者，这些信众都是自己出资出力，举办圆寂道场，甚至建寺建塔；有些家族祖孙承袭，父子相继，渐成一代风气。

涿州博物馆存有一通辽代《涿州范阳县展台里院碑》，碑文有关民间奉佛邑社的结构和活动内容的记述，真实反映了当时涿州佛教活动的现状。此碑辽代乾统三年（1103年）四月刊立。原立于涿州市东城坊镇展台一古寺院遗址。碑石魑首龟趺，碑额浮雕双龙戏珠纹饰，中间高浮雕佛祖坐像一尊。此碑大理石质，通高近三米。碑身高175厘米、宽85厘米。碑铭先经后记，汉文竖写，正书，首题："大方广佛华严经梵行品第十六"。经文后有记文两种，一为《涿州范阳县展台里院阴文碑记》，一为《涿州范阳县花严邑众名碑记》。两篇记文信息量很大，《涿州范阳县展台里院阴文碑记》（550字）记叙了范阳县展台里院（寺庙）的创建和规模等内容；《涿州范阳县花严邑众名碑记》记叙了当时的民间奉佛社团"花严邑"的法事活动及社团的组织机构设置情况。两篇记文内容各有侧重，又互有相属。

有记载说，辽代涿州及所隶范阳县，崇佛之风十分兴盛，伽蓝、梵宇栉比，佛塔、经幢林立。然而，在历史风雨的消磨中，当年这些数量繁多的佛教文化遗存，大部分已经磨灭、或佚失了。仅以当代涿州的区划范围而言，佛教建筑仅有六座辽代佛塔大体上保存了下来，而其中两座建于辽代圣宗、兴宗时期的智度寺塔和云居寺塔，分别供奉了佛骨舍利和法身舍利，由官助建造。而其他四座建于辽代后期道宗、天祚帝时期佛塔，均由本地的民间邑会信众发起，举办圆寂道场，获取"感应舍利"（亦称"应化舍利"）后，掩藏建塔，所以这类佛塔多称"释迦感应舍利塔"。目前已知的涿州辽代此类"释迦感应舍利塔"，共有四座，分别是：建于辽道宗大康六年（1080年）的清凉寺密檐式佛塔、建于辽道宗大安六年（1090 年）的永乐村东禅寺楼阁式佛塔、建于辽道宗寿昌年间（1095—1100 年）的永安寺密檐式佛塔、建于辽天祚帝天庆十年（1120 年）的永乐村东禅寺石塔。

一、清凉寺及佛塔。原名"井亭院感应舍利塔"，又称普寿寺塔，位于涿州城东的清凉寺。清凉寺是燕、赵间建立年代十分久远的古刹之一，其始建年代虽然无考，但据实地考察过该寺的著名古建专家梁思成、刘敦桢先生的记述："全寺平面配置，尚存六朝古制"，与南北朝佛寺形制规模相近，推测这座寺院的始建年代，不会晚于隋唐，或可上推至南北朝时期。

在一千多年的朝代更替、时事变易中，这座古刹曾数易其名：据相关石刻文献记载，清凉寺几经兴圮，多次增建、修缮。该寺在辽代称井亭院，金初改称清凉院，元代继之；明代称清凉寺，清初改称普寿寺，并冠以"敕赐"二字。清凉寺最为兴盛的时期，是在辽道宗朝：清宁三年（1057 年）二月，清凉寺刊立千佛经幢，每面刊刻佛像 62 尊，"八面各镂佛像，制殊古朴"。大康六年（1080 年），寺内建造感应舍利佛塔一座，高八丈，七级，造型玲珑，砌筑考究，雕刻精湛，是当时同类建筑中的精品。金代末年，作为马鞍山慧聚寺（即今戒台寺）的下院，改称清凉寺，马鞍山慧聚寺第五代门嗣通妙大师圆寂后，即葬在这里。明万历四十五年（1617 年）重修，并刊立《重修清凉寺碑》(此碑今佚)，1949 年后，作为废寺，日益荒圮，直至"文革"后期的 1974 年，该寺被人为拆掉，佛塔被炸毁，寺内文物星散。现在，遗址（今涿州市双塔办事处史家庄村东北约一千米处）已成为农田。

作为一座猝然消失的千年名刹，相对于同类被毁的寺庙、佛塔，清凉寺塔还是幸运的——因为在二十世纪三十年代，两位著名的建筑史学家梁思成和刘敦桢先生，曾先后来涿州普寿寺（清凉寺）考察，并撰写了比较详细的纪行、考证文字。另外，经过涿州市文物部门和有关专家的努力，不仅征集到晚清、民国时期的该寺的一些照片，部分散落于民间的寺内古代石刻、建筑构件也被发现并得到保护。重要的是，记述这座佛塔兴建始末的刻石《藏掩感应舍利记》（辽道宗大康六年刊，1080 年）拓本也被发现。拓本，高 76 厘米、宽 46 厘米；记文共 24 行，每行 48 至 56 字不等。额题："藏掩感应舍利记"；首题："城东井亭院圆寂道场藏掩感应舍利记"。沙门普瓛撰，比丘思迪正书。

图 1 涿州清凉寺塔，1937 年摄

此碑记文是考证清凉寺及佛塔重要的石刻文献，不仅确载该寺辽代以前称"井亭院"，而且记载了寺庙的方位（涿州城东）及所在村名的古称（井亭），这对于今天我们考证涿州的建城历史和地名演变史，都是十分有价值的资料。特别宝贵的是，记文详细记载了清凉寺佛塔建立的缘起和时间，也生动地记述了辽南京时期涿州民间佛教邑社圆寂道场活动的"实况"：

城东井亭院圆寂道场藏掩感应舍利记 沙门普瓖述 比丘思迪书

伏闻晞光未颖，萤烛争晖；佛日孤明，魔□险羽。故我如来远布八相，弥阴四生。接上秀于十重，俯下垂于六道。道成则褒扬于声教，谛信蒙资；寂灭则碎沥于遗形，稽首获益。致使佛记四分之骸。王兴八万之塔，控正像哭于□林。遣始末思于暮日。乃以呈祥月氏，腾瑞神州。智光触于三千，碎骨散于沙界。彰八彩于异域，应现吴宫；放五色于殊方，直流汉室。致有千花妙塔，百镜灵龛。镜涉梵□之中，影落霄汉之外。复知隋文皇帝者，降圣体于潜龙，呈异僧于舍利。既登成握之位，每构生辰之福。奇明每照于龙址，孰及称谈。祥光时弊于蟾宫，谁能尽诉。遂请金瓶之内，复止水晶琉璃宫；乃封檀泥之中，再熏牛头沈香水。异圣礼谒，名僧归崇。紫光烛于乾坤，白毫昭于天地。以此三十颗而赐三十郡，建高胜以遣修；五十三粒而付五十三州，兴灵塔而激进。又闻弘业寺塔者，五十三中之一焉，仁寿二年四月八日之所建也。青山六震，紫云四飞。舍利吐异色之光，名峰枰殊声之响。祥花得拂于天宫，瑞玉纹现于真像。雷电晦暝，怖魔军以无能；风雨纵横，去妭邪而不便。故以先援圣以同居。石泉地涌；预记贤而共隐，天降金刀。异润名花，不让补锦之地；殊野丛桂，未省旃檀之林。随林起碎身之塔，印度涌灵文之碑。名境交布于殊方，遗形彻覆于异国。抛四体于金河，现百灵于弘业。有缘感应，慕化殊常。可为一瞻一礼，消尘劫之灾殃；一念一称，长无涯之福德。所以行柔等于大康六年二月十五于城东井亭院，欲酬法乳之恩，遣致生天之路。依法建圆寂道场三昼夜，命尉州延庆寺花严善兴写卧如像一躯。广列香花灯烛，备修果木茶汤。螺钹献赞，激于天宫；音乐流声，震于地狱。幢幡异盖，不殊俱尸那边；皓树奇松，何乖娑罗林内。白衣献供，若云阗噎于灵空；缁侣歌音，颇海烹淳于宇宙。神鬼咸扬哀叹之念，乌鹊并举伤切之心。龙睛垂玉□之膏，马目落连珠之泪。至十八日，罢散圆终，法胤真寂。异境殊绝，非常特现。白气亘天，黑云弥地。降丝霖于四野之内，飞玉雪于三清之中。发行仪于数里之间，启焚烧于五台之上。皓烟吐六铢之香，朱焰交五彩之色。兼以暴风忽起，若走石吹砂。暧瞔暂分，拟拨云见日。故请崇教寺涅槃座主，消茶毗分经。使千千人尽含酸泪；放菩提心戒，致万万者咸发正觉，真心复至。二十日，欲收遗灰，拟申供养。乃见舍利尤多，计获二千余颗。有若圆珠者。或同胡豆牺。大小不等，诸色各殊。盖是悲愿廓落，应现无方。利物重降于遗形，随缘再赴于灰衬。又曾闻圣教传集，名僧异录。说诸佛遗形，并兴塔以供养；众贤碎骨，乃建高胜而虔诚。引补修者，得道甚多，激愚钝而长福；援供养者，获果不少，控慠慢以发心。由是行柔、云迥、为照等，周罄衣资，竭投净信。命请良匠，构办青冕。计克日时，选定年月。用丘山之移力，展巨惠之深怀。于四月四日辛时启土，乃当月二十八日庚时掩藏。是以碎玉堂，水晶宫，碧琉璃外透金质；白玉像，珊瑚床，绣罗衾内覆真常。弥地鬼神永镇封，满空龙天常守掌。计万口之清砖，崛三檐之净塔。花镜以饰顶之妙，球椑乃严尖之灵。致应浮云变五色之颜，舍利斗三光之艳。草易黄樽之叶，人更金缕之衣。盖是我佛感应，有处利物。无方值缘，斯呈非因。且隐幸稽首，兴供之者。尽种五智之因，瞻视称赞之流。当获三身之果。余识智浅微，学见凋疏，奈以请诚，略述云尔。

清凉寺后高台上，曾立有金代碑石一通，名曰"大金中都马鞍山慧聚寺第五代门嗣通妙大师塔碑"，金世宗大定五年（1165年）三月十五日立。此碑已佚，龟趺尚存，拓本藏台湾"中央研究院"历史语言研究所傅斯年图书馆。据刘敦桢先生1934所撰《河北省西部古建筑调查记·涿县普寿寺》一文所记："台上有金大定五年碑一通，下部龟趺，短劲突颚，异常奇特"之碑石。拓本高195厘米、宽90厘米。首题：大金中都马鞍山慧聚寺第五代门嗣通妙大师塔碑铭并序。记文由奉政大夫元翰林修撰同知制诰蔡珪撰文，通议大夫守吏部尚书广陵郡侯高衎书丹，通议大夫守吏部尚书广陵郡侯高衎篆额，门人提点鞍山、智度两寺宣微大德赐紫沙门行远立石，石经寺僧义藏刻石。碑文行书，铭刻行款：二十四行，行五十六字。

马鞍山慧聚寺，即今戒台寺，位于北京门头沟区永定镇马鞍山上。始建于隋代开皇年间（581—600 年），原名慧聚寺。该寺自辽、金至元代中期，一直被公认为是北方律宗的中心，因而成为中国佛教的最高授戒寺庙之一。该寺设有下院，已知辽金时期的有位于今北京房山长沟西甘池村的玄心寺、涿州清凉寺两处。此碑的撰文者蔡珪，书丹者高衎，均为有金一代著名文人、书法家。而立石者提点鞍山智度两寺宣微大德赐紫沙门行远，刻石者石经寺僧义藏，也都是辽金之际的名僧。行远在碑文署衔为："提点鞍山、智度两寺宣微大德赐紫沙门"，可知其在金初曾经主持过中都马鞍山慧聚寺、涿州智度寺两寺寺务。另据《析津志辑佚·城池街市》记："福圣寺，按古记考之，旧都城右街有精舍焉。额曰：福圣。泉甘地胜，甲于西北。金大定年间，金吾上将军李常出赀质屋，迎致通妙大师圆珙俾居师席。又延沙门行远者住持。无可居士蔡珪为记其事。后有张本清助金重修，县公法师及门人裕正协力复理，木庵老衲性英撰重修碑记。又云在养济院前，俗号潭水院是也。"可知其大定年间还曾经主持过燕京城内的福圣寺，而其先则系"通妙大师圆珙俾居师席"。

记文明确记载，当时的原井亭院，已经改称"清凉院"。以"清凉"冠寺名，可能是该寺院沿用较久的一个名字。清凉，本为佛教语，如陀佛的"西方极乐世界"，以及"心净国土净"的当下所在，往往都被称为"清凉世界""清凉国"。而所谓种种解脱心境"自凉他凉世界凉"，所谓的"佛陀自清凉"，即是此意。今据上海图书馆藏天一阁拓本对录碑文如下：

> 大金中都马鞍山慧聚寺第五代门嗣通妙大师塔碑铭并序
>
> 奉政大夫元翰林修撰同知制诰蔡珪撰文
>
> 通议大夫守吏部尚书广陵郡侯高衎书丹
>
> 通议大夫守吏部尚书广陵郡侯高衎篆额
>
> 昔普贤老人，在辽中叶居燕之马鞍山，得梁志公戒本于异人之手，宣扬宏持道著，远近缘法之广，度众万亿，是为兹山之第一祖。其意盖欲提挈群生，同入佛地。虽草木之微，霑我法雨，无不承恩力者。于是四方之人，皆以鞍山为真归依处，如禅之宗曹溪，教之祖天台，余莫及焉。普贤既没，辽主命以戒本付其上足，窥师俾嗣传之，至通妙大师四传矣。其师承渊源如此，则其人可知已。师讳圆珙，字德明，姓

苏氏，世家范阳之西冯里。幼有至性，不喜俗间居。每求出家，父母族党爱之，不即许。稍长，恳恳不已，竟依智度寺偡上人，执弟子礼。年二十，以明经受具足戒。既而一瓶一钵，去之云中，居方广大经讲肆者五年，研赜奥义，为众称服，业成而归，西州道人有易东之叹焉。天会中，敷夏讲于此山宝峰院，大参韩渷公晤偶至其所，闻师法音，叹未曾有。明日，邀师饭于安集寺，右僧录延洪祥师，时亦在焉。韩公欲师与祥商榷宗旨，师以晚进退让再四，不得已从之。挥麈终日，听者忘倦。二公喜曰："之子才辩冠三学矣。"韩公它日过祐国佛觉大禅师，誉师之能，因曰："融通禅教，不滞不拘，圭峰吾不得而见之，得见斯人足矣。"自尔名振京师。左僧录觉山方师闻之，引致座下，深承印可。学徒质问疑义者，每令就师，剖析之。声实日彰，应者千里。久之，复趋鞍山第三代传戒敏师，会中以师礼事之。敏知师法器，乃于化度精舍，集两街耆宿，俾师升堂演法，为经筵师，继居开泰、华严等寺。又往来咸平、会宁之间，作人天眼，施大利益。第四代传戒文悟铢师，以师名德，次当补处，每分半座待之。天德五年春，铢告老，命师嗣世，且召其兄香林柔禅师，使为证明。传授之际，作大佛事者六日。瑞光焕发，道俗惊异，以为冥契诸圣感应之祥。师所至之处，众从之者常数千指，虽舍宇牢落，初无所择，少焉废者复，坏者完，斋鱼弥鼓，用度需然。人方倾仰，则舍之而去矣。正隆初，师以既老且倦，徇少府监金吾李侯常之，请得福胜院居之。地因人兴，遂成名刹。已而以院事授其门人宣徽大德行远，燕处超然，退藏于密，尽舍所有，分施诸方，余波之广，逮及孤贫，悉无遗者。大定格行，凡经业得度者，许改受服号，故人宾客，同请命于有司，得通妙师名，且制紫方袍奉之。师笑曰："吾无心欲，此名以无心受之，于吾何有哉？"人益服其高焉。三年春正月，示疾，自谓时至。召行远等，喻以世缘，嘱之后事。二十八日既夕，澡身洁衣而逝世，寿六十二，僧夏四十二。专讲授者二十年，主戒法者十年。平生所居道场，无虑五十。所传法禀，受分为人师者盖百余人，而行远者为其上首。火化之日，送者悲慕，巷无居人。是年四月十三日树塔，葬于涿州之东清凉院，从遗命也。既葬，远等以谓山门诸祖，世有丰碑，以昭懿行，垂之无穷。乃砻石塔下，以文来告珪。珪既叙其事，以五字偈为之铭曰：

"稽首通妙师，具足菩萨行。义天星炳炳，学海波洋洋。能仁道能宏，是为真龙象。后身维摩诘，时现宰官身。谛观法王法，心生大欢喜。神交默相契，扬誉乃四驰。三乘有津梁，学者所依怙。度岁六十二，度人数无边。水月镜像中，无生亦无灭。金碧严塔庙，灰□四山头。于师涅槃后，一毫无损益。何况碑之石，刻此文字空。大众悉当知，于此有一事。众生去佛远，信心渐亦微。见师窣堵波，因敬生悟入。与师利物意，自谓无所别。欲观是碑者，当作如是观。"

门人提点鞍山智度两寺宣微大德赐紫沙门行远立石 石经寺僧义藏刻石。

二、永乐村东禅寺楼阁式佛塔。此塔俗称东禅寺塔、永乐塔，原在涿州城北永乐村东禅寺内。东禅寺，旧称永乐院，位于州城外东北永乐村。此寺始建于北魏，久已倾圮，今仅存遗址。康熙十六年《涿州志》谓："东禅寺，在州西北十里。"乾隆三十年《涿州志》载："在州西北十里东沙沟。"据现存辽大安六年（1090年）《永乐村靳信等邑众造舍利塔记碑》、辽天庆十年（1120年）四月《永乐村感应舍利石塔铭》记载，东禅寺是辽代涿州的著名寺院。

东禅寺内旧有楼阁式砖塔一座，二十世纪六十年代"文革"初期"破四旧"活动中被拆毁。据居住在寺庙附近的几位老年人回忆，此塔位于寺院南端正中，高约十六七米，八角三层，最下是一圆形台基，上为八角形须弥座，座上为斗拱平坐，上设勾栏，再上则为仰莲座以承塔身，塔身八隅砌八角柱，上设阑额普拍枋斗拱以承檐，塔身四正面作圆券门，四隅面作假直棂窗；塔须弥座南侧建石踏步一处，又在塔内中央建八角砖柱，设有梯级，可直达三层塔顶，以供登临。

此塔的消失，距今已近半个世纪。虽然，目前还没有发现相关的史籍记载和影视资料，但幸运的是，北京大学图书馆藏有一张原来镶嵌在塔内的石刻《永乐村靳信等邑众造舍利塔记》拓本，这篇石刻文献保存了有关此塔的兴建缘起、年代、形制等诸多信息：

> 永乐村靳信等邑众造舍利塔记
>
> 窃闻吾皇治化，位登九五，远则八方入贡，近则风调雨顺。八叶承条，千龄应运，德感贤臣，匡佐内外，极无不归，然及先宗释典，三教兴焉。今则我释迦佛舍利者，如来玄远，奥义穷无不尽。天地而堪倚堪托，万类而悉皆从顺。实燕京析津府涿州范阳县仁和乡永乐里螺钹邑众，先去大安三年二月十五，兴供养三昼夜。火灭已后，邑长靳信等收得舍利数颗。自来未成办，至第三年，有当村念佛邑等二十余人，广备信心，累世层供养诸佛。各抽有限之财，同证无为之果。遂乃特建宝塔一所，高十五余尺。去当院前堂南面约五步，一级三檐。是日，有当年首领王仙、乔寿、郦翔、董选、张仁思五人，特管两檐砖灰，同成灵记，共结良因。张安民书，于时大安六年庚午岁次甲子朔七月十五日记。

据上引记文，可知此塔建于辽道宗大安六年（1090年），起源于当地佛教邑会组织——螺钹邑，在大安三年（1087年）二月的一次法事活动：由邑众（佛教信徒）出资建塔来供奉获取的"感应舍利"（即释迦佛祖舍利的替代品）。另外，记文中对此塔坐落方位、形制的记载，也同当地几位老年人回忆相符。这些石刻文献和传说，对于我们今天考证研究这座已消失了的古代建筑，无疑具有宝贵的资料价值。

一些古建专家研究发现，在我国北方，这种建于辽代的楼阁式砖塔留存下来的不少，其中大多建于辽道宗时期。实际上，与涿州东禅寺舍利塔在形制、规模上极为相近的辽塔还有一座，就是原来坐落于河北易县西关外白塔院的千佛塔。可惜的是，该塔1945年5月毁于二战的炮火。1934年9月，时任中国营造学社文献部主任的刘敦桢先生，第一次到河北调查古建筑，在易县实地考察了这座古塔。事后，著名古建专家梁思成先生在看到此塔照片后，称千佛塔是辽代仿木构楼阁式砖塔中的"典型实例"。

图2　河北易县西关外白塔院的千佛塔照片，二十世纪三十年代摄

三、永安寺密檐式佛舍利塔。永安寺塔，因为位于涿州城东10公里刁窝乡塔照村北，俗称为"塔儿照塔"。此塔建在当地一座名为永安寺的佛寺内，永安寺是一座古刹，毁于1952年；该寺建于何时，不见载于史乘和金石文献，《光绪顺天府志》"金石志三·历代下"有"永安寺碑佚"的记载。据当地老人讲，永安寺坐北向南，有山门、前殿、门楼、后殿、东、西配殿等建筑。2008年此塔公布为河北省文物保护单位。

塔为八角密檐式砖塔，由塔座、塔身、密檐三部分组成。残高19.1米。塔座呈须弥式，高 3.5 米，围长 24.8 米。因年久风化及人为破坏，塔的砖雕纹饰已残破不全，失去了原右目。塔基座顶部有两层硕大的砖雕仰莲莲瓣以承托塔身。塔身首层高 3.6 米，正南面辟券门佛龛，高 2 米，宽 1 米，壁厚 72 厘米，龛壁正面原墨书"界纳须弥"四字，现已无存。其他各面间作砖雕隔扇券门及破棱盲窗，每窗上方嵌额石一块，上刻梵文"佛"字。上面原有四个悉昙梵文大字，代表了辽代密宗佛塔的又一种类型。第一层檐部置砖雕双抄五铺作斗拱，每面三攒挑出塔檐，且檐椽皆为木质。以上诸层为叠涩出檐。据残存木角梁判断，此塔应为七层密檐。因塔顶层破损严重，塔刹形制不详。各层的木制角梁上系有风铎，当为辽代密檐式塔的典型建筑。永安寺塔的整个造型，以上下两部分的繁密衬托中间简练的塔身，这种有简有繁的布局，使塔的整体显得舒展大方，气势刚健。这种平面呈八角形的仿木结构密檐式实心砖塔，是辽代创造出来并且推而广之的一种塔型，它是当时契丹族统治地区瓦木工匠们的重要贡献。永安寺塔与大安五年（1089 年）山西灵丘县所建觉山寺塔、北京天宁寺辽塔同属一种建筑形式。

图 3　涿州刁窝乡塔照村永安寺辽塔

关于此塔创建的具体年代，由于文献无征和至今未发现与之有关的石刻文字，所以一直未有确论。二十世纪三十年代，日本中央研究院东亚研究所派出的一批专家，来中国东北、华北进行考古调查，曾经来过河北省西部。这里需要指出的是，事情发生在"九一八"事变之后，这批人名义上是考古调查，实际上是文化侵略。他们的调查，以辽、金历史遗存为主项，古代建筑是重点。回去后，他们分别撰写了《考古调查报告》，日本军部还以这些人拍摄的中国古代寺庙、佛塔为题材，印制发行了明信片。而这批《考古调查报告》，只有一部分印行于 1942 年至 1944 年前后，当时太平洋战争爆发，日本失败在即，所以印刷质量很差；1945 年日本战败投降，这几种考古调查报告基本上没有在社会上流传，多数便束之高阁了。近年，有研究者在日本浏览过日本人这几种报告，发现我国华北地区当时仍存的古代建筑几乎全部再列，其中"永安寺佛舍利塔"条，记述文字中有"寿昌□年……"字样。据此，或可推测，永安寺塔建于辽道宗寿昌年间（1095—1100 年）。根据历史研究"孤证不立"的原则，我们这里且"姑妄听之"。好在此塔尚存，今天的诸多疑问只能期待于未来科学的考古发掘。

四、永乐村东禅寺石塔。建造于辽天祚帝天庆十年（1120 年），原在涿州城北永乐村东禅寺内，俗称永乐石塔，与前文所记建于大安六年（1090 年）的永乐村邑众造楼阁式舍利塔，曾并立于僧院前堂。

图 4　涿州东禅寺辽代舍利石塔，1917 年摄　　图 5　涿州东禅寺辽代舍利石塔局部

此塔为经幢式，大理石材质，八棱形，密檐十三层，宝珠顶。高 117.5 厘米，直径 79 厘米，每面宽 28 厘米。塔身纵向从塔身中剖开作二部分，中间正中挖空呈龛形，龛内置一石佛像。塔身正面上部浮雕一行龙，周饰云气纹；下部饰一门，行龙作口衔门楣状；门

左右两侧（第二、八面）下部各浮雕一护法神（力士）。云、龙和人物的浮雕，布局匀称，线条劲健，刻画细致，堪称辽代石刻艺术中的精品。塔身第二面上部至第八面均刻有铭文。其中第二、三、四面镌记文。五、六面镌《大悲心陀罗尼》经文，第七面上部刊当村捐助人题名。此塔大约在二十世纪中期被人为拆毁，但大部分构件保留了下来。塔身部分已被涿州市文物保管所征集收藏。民国年间编印的《涿县志》，刊载了此塔完整时的照片，并作了描绘："塔在本县永乐村，辽代物。叠矩重规，飞桷张檐，于庄严色相中寓婀娜风格，雕琢殊古。"

图 6　《大辽涿州范阳县永乐村感应舍利石塔记》拓本局部

石塔的记文楷书右起竖刻，首题："大辽涿州范阳县永乐村感应舍利石塔记"。记文，比较详细地记述了当时佛教邑会的活动：

大辽涿州范阳县永乐村感应舍利石塔记　莎题沙门志才撰　当郡吴志宣镌　舍利者，如来之身骨也。若真实证性，安有乎形骸，或方便化生，示留乎身骨，过去诸佛，例皆如是。我释迦牟尼，示见灭度，遗留舍利育王建塔，以福人天。真身力持令三宝住世者，乃舍利功德神用而已矣！夫尔后戒坛讲说，读诵焚香，礼供书写。曾获舍利，或降净地，或落瓶盘，或联笔锋，或流口内，或雕木像，依法阇维，亦获舍利，此感应所致，记传备载。至于今代，往往有之，或诸佛之诱化，或人心之出生，不可得知。知此殊胜，孰敢思议者，与永乐村嬴钑邑斯信等，宿怀善种，周奉佛乘，于大安三年二月望日，建圆寂道场三昼夜。以草为骨，纸为肉，彩为肤，造释迦涅槃卧像一躯，具仪荼毗，火灭后，获舍利十余粒。寻欲起塔，奈外缘未备。至大安六年，当村念佛邑众张辛等，于本村僧院建砖塔一座，三层，高五丈余，葬讫舍利。后辈螺钑邑众韩师严等，欲继前风，以垂后善。天庆九年二月十五日，亦兴圆寂道场七昼夜，依前造像。至二十一日，亦具仪荼毗，火及之处，以取净叕血，于烟焰中，见于□□举众皆睹。灰烬内又获舍利五十余粒。奇哉！众生之心，与佛心不隔；如来之体，与万物无殊。村众人郦祥、张善、石世永、董师言、张从让、郦文常等，买石请匠，亦于本村僧院建石塔一座，八角，十三层、高二丈余，妙绝今古。至天庆十年三月三十日，葬舍利，四月三日树立。噫！唐吏部韩愈，不信释老，常以毁除，表论佛骨。怒言曰："稌指东汉已远，君王由信佛而寿促。"彼韩公五十七而薨，岂是信于佛乎？且韩公唯宗乎儒邪？鄙释之盛邪？用心之僻邪？昧佛之说邪？余不之知也。孔子答商太宰曰："西方有圣者焉，不治而乱，不言而自信，不化而自行，荡荡乎人无能名焉。"韩公岂不知见斯言乎？后代儒士，闻韩公之言，不达韩公之意，其间亦有訾谤者，类乎鹦鹉习乎人言也。余虽为释子，三教存心。凡行其道，必须融会。近有啄门者，以文见托。遂塞彼请，乃直书数百字。时天庆十年四月三日刻石作记。

据记文，可知当时的燕京析津府（今北京）范阳县仁和乡永乐里（今永乐村），在道宗与天祚帝两朝的三十多年中，共出现过念佛、螺钑等三个佛教邑会组织，邑众们前赴后继，不时举办佛事活动，并两次舍财建砖塔、石塔各一座。辽代民间崇佛风气之烈，于兹可窥一斑。文中所叙当时举办的圆寂道场，即火化纸佛的形式，实涉迷信，又谓于灰烬中能得到佛舍利，更属虚妄之谈。但时风使然，姑妄听之也罢。不过，今天我们从记述中，可以了解到当时佛教活动的具体情形，而这些内容，在我们迄今发现的同类石刻文献中，较为罕见。因此，这篇塔记对于研究辽金时期涿州的佛教史和社会史，史料价值较高。

参考文献

1.《涿州志》，明万历修订版。

2.《涿州志》，清乾隆三十年版。

3.《房山县志》，清乾隆四十一年刻本。

4.（清）缪荃孙辑：《辽文存》，清光绪来青阁印本。

5.（清）张金吾编纂：《金文最》，中华书局，1990 年。

6. 陆增祥撰：《八琼室金石补正》，吴兴刘氏希古楼刊，1925 年。

7.《北京图书馆藏历代石刻拓本汇编》，中州古籍出版社影印，1990 年。

8.（清）王昶撰：《金石萃编》，江苏古籍出版社。

9.（清）于敏中等编纂：《日下旧闻考》，北京古籍出版社，1983 年。

10. 陈述辑校：《全辽文》，中华书局，1982 年。

11. 康术营等编：《涿州史迹图志》，北京燕山出版社，2011 年。

12. 杨卫东主编：《涿州贞石录》，北京燕山出版社，2005 年。

13. 杨卫东著：《古涿州佛教刻石》，河北教育出版社，2007 年。

14. 杨卫东、黄涿生等编：《涿州文物志》，北京燕山出版社，2005 年。

15. 杨卫东著：《燕南觅古集》，北京燕山出版社，2017 年。

16. 卢迎红等编：《北京辽金史迹图志》，北京燕山出版社，2004 年。

17. 齐心主编：《北京元代史迹图志》，北京燕山出版社，2009 年。

18. 杨亦武著：《房山历史文物研究》，奥林匹克出版社，1999 年。

19. 伊葆力著：《金代碑石丛稿》，中州古籍出版社，2004 年。

20. 伊葆力著：《辽金文物撷英》，（美国）逍遥出版社，2006 年。

21. 陈亚洲著：《房山墓志》（内部刊印），2006 年。

22. 伊葆力等编撰：《京畿古镇长沟》，北京燕山出版社，2006 年。

23. 张国庆：《契丹辽地寺院"官化"现象初探》，《赤峰学院学报（哲学社会科学版）》，2022 年第 1 期。

浅谈涿州与房山石经的历史渊源

张
葆
冬 *

摘　要：房山石经镌刻始于隋末，至今绵延千余年，是研究我国古代文化、艺术，特别是佛教历史和典籍的重要文物。房山石经所在地云居寺，毗邻河北涿州市。由于古代行政区划和地缘关系，历史上房山石经的缘起和刻制，与涿州有着密不可分的关系。本文参考历史文献，结合房山石经题记和现存石刻、拓本等资料，试从隋、唐、辽、金、元、明等朝代对涿州和房山石经历史渊源进行初步论述。

关键词：河北涿州　房山石经　历史渊源

房山石经，旧称范阳石经、云居寺石经。房山石经的镌刻始于隋末静琬大师，历经隋、唐、辽、金、元、明六个朝代，绵延千余年，共刻佛经 1122 部，3572 卷，14278 石，分藏于石经山 9 个藏经洞和云居寺地穴之中。其规模之大，历时之长，是世界文化史上罕见的壮举，也是研究我国古代文化、艺术，特别是佛教历史和典籍的重要文物。

房山石经的刻制，与涿州有着密不可分的历史渊源。房山石经山本名白带山、莎题山，唐时名涿鹿山，俗称小西天，位于北京市房山区大石窝镇水头村南。石经山下就是闻名中外的古刹云居寺，其东南二十余公里处即河北涿州市。涿州市历史上曾名涿邑、涿县、范阳县、涿州。两千年来，涿县、范阳县城一直是其上一级行政建制（涿郡、范阳郡、范阳国、涿州）的公署所在地。

隋唐辽金时期，石经山、云居寺隶属于涿县（范阳县），一直在"幽州范阳县"和"涿州范阳县"的辖域之内。涿州的佛教信徒，包括大量官员、僧侣、工商业者和普通民

*　张葆冬，字雪舟，别署九幢精舍。现为中国书法家协会会员、《金石研究》编委、保定市书法家协会副主席、保定幼专客座教授、涿州市书画院院长。快雪时晴金石雅集发起人、非物质文化遗产（金石博古画）传承人。编著有《金石宿约——全国金石题跋名家作品集》《集古传薪——中国金石全形拓作品撷粹》等。

众，均以不同形式参与了历时千余年的石经刊刻活动。据统计，现存的房山云居寺碑刻和经版题记内，竟有半数左右施石、施刻者属地为"涿州"或"范阳"。本文结合史料，试就涿州与房山刻经历史渊源浅述如下。

"释迦如来正法像法，凡千五百余岁，迄贞观二年，既浸末法七十五载……静琬为护正法……"这是石经山雷音洞外侧左壁一段题刻，据此题记可知静琬大师刻经缘于佛教之"末法"思想。辽统和二十三年（1005 年）释智光《重修云居寺碑记》载：按《范阳图经》，智泉寺僧静琬，见白带山有石室，遂发心，书十二部经，刊石为碑。这里引用的《范阳图经》，正是失传史籍《隋图经》的一部分，也是静琬刻经的较早记载。

早在北齐时代，山西太原风峪和河北武安鼓山等地就有了刻经活动。近年有学者著文，认为静琬刻经之始，是继承灵裕大师之志，发愿造经的。灵裕（518—605 年）是河北曲阳人，十五岁出家，后到邺城成为慧光大师第三代嗣法者，是北齐佛教的杰出人物。值得注意的是，这位高僧灵裕，与当时涿州的世家大族"范阳卢氏"也有很深的关系。以卢植为始祖的涿州卢氏家族，德才并重、诗礼传家，从汉末到隋唐人才辈出、声名远播，进入正史记载的卢姓族人就达上百位，其中不乏宰相、尚书、刺史等高官。据《大正藏》记载，北齐河清三年（564 年），灵裕四十七岁时，"范阳卢氏闻风远请，裕乘时弘济，不滞行理，便往赴焉"。据说听法者常在千人以上。实际上，这次请高僧灵裕来涿州开堂演法的"范阳卢氏"，正是当时深通儒、释两道，有"居士"之称的卢景裕。卢景裕，《北史》《魏书》均有传，称其字仲儒，范阳涿人。少聪敏，专为经学，曾注六经等书。北魏节闵帝初年，除国子博士。东魏孝静帝天平元年（534 年）还乡里，后因征赴邺都，寓托僧寺，讲听不已。景裕好佛，能通其大义。天竺僧道烯，每译诸经论，辄请为之作序。

灵裕亲身经历了北周武帝灭佛之难，痛感末法来临，开皇九年（589 年），在相州（今河南省安阳市）于宝山造石窟一所，名为金刚性力住持那罗延窟。灵裕在隋文帝时期是全国最著名的、地位最高的僧人。隋文帝多次下诏"敬问"灵裕，并诏请他入长安，欲任命他为最高佛教领袖"国师"。但灵裕坚不就职，上表辞请还山。当时处于涿州地区的静琬，自然受到灵裕影响，发愿在石经山肇始刻经事业。灵裕、范阳卢氏和静琬因佛教结下不解之缘。

1992 年 7 月，北京房山区韩村河村，曾出土一合隋仁寿元年（601 年）刊制的墓志。志主韩辅，字仲卿，曾官主簿，有政能。致仕后归乡，悟心易志，慕求大道，刻造佛教经藏。志文称其"舍己珍物，劝导乡亲，刻造《一切经》，并作经藏"。韩村河镇与今涿州市毗邻，北距白带山云居寺二十余公里。据上引可知，当时涿州一带的造经活动，可能早在隋文帝时就开始了。

　　唐代的云居寺石经山一直在涿州行政区域内。唐初，房山云居寺属于幽州范阳县。大历四年（769 年），析幽州之范阳、归义、固安、新昌四县划为涿州，置所在范阳县，范阳县与涿州成了同城而治的两级政权。参阅房山石经题记，不难发现，石经的刊刻，在很大程度上得到了涿州城市工商业者的参与。题记中有大量涿州佛教邑会组织，涉及各个行业。如：涿州范阳县米行社、涿州市肉行石经邑、涿州果子行、涿州市幞头行、涿州靴行邑、涿州杂货行、涿州磨行邑等，这些行业为房山石经刊刻提供了大量资金支持。唐代涿州的地方官员也参与了石经的刊刻。如唐大和二年（828 年）六月十一日，涿州刺史李载宁曾"奉为司空庆寿日敬造"石经。大和九年至开成三年（835—838 年），涿州刺史史再新五次捐刻石经。现存石经山第七洞外的金刚经碑，也是唐代范阳县令袁氏出资供养的。

图 1　《袁敬造金刚般若波罗蜜经碑》碑首题记

　　唐代中后期，涿州籍高僧、云居寺住持真性得到了幽州节度使的敬重。《唐云居寺故寺主律大德神道碑铭》载："大德讳真性，俗姓史氏，涿郡范阳人……四远向从，一方瞻敬；高行苦节，时为美谈。"幽州节度使刘济（或刘总），仰慕其高风亮节，派车马持信函，请他到幽州城内开坛讲法，被婉拒。大和九年（835 年），幽州卢龙节度使史元忠多次到云居寺聆听讲法，对律大德满怀敬意。史元忠说："昔三藏传经于天竺，六祖弘化于曹溪，方知涿鹿名区，时有异人间出。"他认为真性是三藏（义净）、六祖之后的又一位高僧。

　　唐末至五代，战乱四起，涿州白带山的刻经事业一度停止。辽会同三年（940 年），石敬瑭割让燕云十六州。白带山云居寺所在的幽州归属南京道。幽州又称为燕京、燕都，涿州是燕京区域内的首郡。

　　作为汉族辖区的涿州，与辽国政权关系紧密，辽太宗的靖安皇后就是涿州人萧延思的女儿，萧延思在辽太祖时期是契丹北面都部署、辽兴军节度使。应历间，辽人在云居寺曾做了一些建寺护经的活动，但终究未能恢复自五代以来中断的房山刻经事业。直到"澶渊之盟"以后，幽州地区社会稳定、经济繁荣，辽人在云居寺才恢复了刻经活动，并日益兴盛。刊刻于清宁二年（1056 年）涿州超化寺沙门法慈修建实录碑内有"特以兹院，施于莎郡"的文字，把涿州直接称作"莎郡"，可见涿州与莎题山联系之深远，此称呼在元泰定三年（1326 年）《元故吴公墓表》（现存河北省涞水县岭南台）中也得到了佐证。

因为涿州地处辽宋边境，地理位置独特，辽代官方多次对房山石经刊刻给予支持与资助。清宁四年（1058 年）《涿州白带山云居寺东峰续镌成四大部经记》记载："燕都之有五郡，民最饶者，涿郡首焉，涿郡之有七寺，境最胜者，云居占焉"。辽圣宗太平七年（1027 年），涿州刺史韩绍芳，从政之暇前往白带山游览，他见到了贮藏在石室中的石经，向云居寺内的僧人询问了石经刊刻的历史。当时由于年代久远，已没人能讲得清石经刊刻的历史了，韩绍芳便命寺僧打开石室清点经目，又从古代题记中得知刻经始末，乃奏请圣宗恢复刻经。于是圣宗赐普度坛利钱作为刻经费用，又委派瑜伽大师可玄提点镌修，勘讹刊谬，补缺续新，辽代大规模刻经就这样开始了。今天所见《大般若经》卷三十六、六十八、七十三、一百四十七、二百二十三、二百三十八、二百五十四、二百六十四、二百六十七、四百八十六诸卷之经末，均刻有"大辽太平七年岁次丁卯重修此经"的题记。可见刻经伊始，韩绍芳首先补刻了《大般若经》中上述残损的十卷经，接着又开始从二百二十一卷起续刻了最后八十卷。工部侍郎知涿州军州事吴克荷，在重熙年间有捐经题记 79 处，涉及经卷达三十多卷。兴宗继位以后，再度给予刻经事业大力支持，并以给事中知涿州军州事刘湘提点镌修。刘湘承袭韩绍芳续刻《大般若经》，重熙十年（1041 年）九月刻至第六百卷，连同韩绍芳所刻，计经碑二百四十条，最终完成了全部《大般若经》。嗣后便开始镌刻《大宝积经》一百二十卷，计经版三百六十块，至此完成了自唐以来佛教的四大部经——《般若》《华严》《涅槃》《宝积》的刊刻。

图2　《涿州白带山云居寺东峰续镌成四大部经记》拓本

兴宗所设刻经资金，至道宗时似已耗尽。释志才《涿州涿鹿山云居寺续秘藏石经塔记》云："相国杨遵勖、梁颖奏闻道宗皇帝，赐钱造经四十七帙。"史载杨遵勖是涿州范阳人，被收录于《辽史·能吏列传》。2010年6月，涿州市西沙沟出土了梁颖墓志铭一合，墓志中明确称梁颖也是涿州范阳人，并且杨遵勖和梁颖是儿女亲家。由此看来，两位涿州人为家乡石经山云居寺事业热心呼吁，也就合情合理了。

在辽代，涿州还有一个有趣的公案，那就是竟然有两座云居寺。一座是涿州范阳县白带山云居寺，另一座是涿州城内云居寺。涿州云居寺位于涿州城东北隅，现仅存云居寺塔。辽乾统十年（1110年），《大辽涿州云居寺供塔灯邑记》云：涿州云居寺，乃神州巨刹也，佛事严饰，僧徒骈罗，轮焉奂焉，郁为道场。乾隆三十年（1765年）修订《涿州志》记载，涿州城内云居寺内，有辽代《续镌石经记碑》和《秘藏石经塔记》碑刻两件。果真如此，那么云居寺至少在辽代曾刻制石经并建塔秘藏，这与白带山云居寺刻经如出一辙。日本塚本善隆考证，至少在辽代，两座云居寺之间不无关系，涿州云居寺建造应晚于白带山云居寺。两座云居寺有无隶属关系，有待进一步考证。

图 3　涿州云居寺塔照片

　　涿州在金代（1115—1234 年）隶属金中都路（今北京），元代（1279—1368 年）则隶属中书省大都（今北京）路总管府。在金、元两代二百年内，涿州一直是位于都城西南百里的京畿重镇。

　　贞元元年（1153 年），金朝的第四代帝完颜亮，将都城从上京（在今黑龙江哈尔滨市阿城区）迁往燕京（今北京），改辽南京为中都，改析津府为大兴府，涿州隶中都路，领范阳、固安、新城（今高碑店市）、定兴、奉先（今北京房山区）五县。与辽代契丹贵族狂热佞佛不同，金代统治者对佛教采取了既保护、利用，又适当控制的方法。金太宗、熙宗时期，帝室崇信佛教，营建寺塔遍于河北、山西等地。畿辅重地涿州在内的中都地区，佛事活动一直十分盛行，佛教建筑有增无减，在某种程度上并不逊于辽代。金末元初，诗人杨宏道曾有《中都》一诗，内有"龙盘虎踞古幽州，甲子推移仅两周。佛寺尚为天下最，皇居尝记梦中游"之句，可见金代包括涿州地区在内的中都佛事兴盛之状。

石经山云居寺南塔下，曾有金天眷三年《镌葬藏经总经题字号目录》石刻，记载山西奉圣州（今河北省涿鹿县）保宁寺沙门玄英和弟子史君庆等承接辽代的经帙，续刻石经二十七帙，并埋藏地下。由此可知，金代石经刊刻是辽代刻经事业的延续。

从金代刻经题记中可以看到，大量涿州官员和僧尼参与赞助刻经事业。如：彰信军节度使知涿州军州事涿州张玄徵、金紫崇禄大夫检校太傅行骠骑大将军知涿州军州事张企徵、中散大夫起居郎同知涿州军州事赐金鱼袋宁獬、昭信校尉行范阳县令萧投烈、信武将军知涿州军州事完颜斜鲁虎、涿州智度寺管内都纲讲经沙门师谓为、涿州显庆院尼法莹、涿州宝德寺尼行园、行微、慧相、善悟，涿州太子殿僧道运等，可见涿州官员和僧众，为金代房山刻经事业起到了推波助澜的作用。

元太祖十年（1215年），蒙古大军占领金中都，并改名为燕京，元太宗六年（1234年）灭金国。元太宗八年（1236年）设立涿州路。中统四年（1263年）复为涿州。涿州属中书省、大都路，治所在范阳县城，辖范阳、房山两县，石经山云居寺依然在涿州区划之内。由于连年战乱，云居寺变得荒凉沉寂，直到归源与行泽担任住持的时代，得到了朝廷的支持，云居寺才得以复兴。《大都房山县小西天石经山云居禅寺藏经记》详细记载了元仁宗笃信佛教，发起了"镂印经相、创建佛寺"事业。延祐二年（1315年）春，官员明里董阿在涿郡举办御建佛会，并到云居寺亲礼石经，后奏请朝廷，赐云居寺大量经、律、论等典籍。元代石经山僧人还与涿州地方寺院关系密切。涿州南马村里旧有《涿州创建龙泉寺碑》，记载了中统三年（1262年）莎题山（石经山）僧郭右主持龙泉法席后，与当地邑人创建道场、营造佛殿的经过。

明代石经山刻经活动处于尾声。明洪武元年（1368年），改元大都为北平府。洪武九年（1376年），撤销范阳县，涿州隶属北平府，下辖房山县。永乐元年（1403年），改北平为北京，北平府改顺天府。永乐十八年（1420年），以北京为京师，涿州隶属京师顺天府。明洪武十六年（1383年）云居寺按旧貌重修，正统九年（1444年），云居寺再度重修。万历至天启、崇祯年间，曾刊刻少量石经，如《四十华严》《四十二章经》等十余部，储于第六洞（宝藏洞），至此延续千年的石经山刻经事业正式结束。

明代官员、涿州人冯铨参与了房山石经的助刻。冯铨（1595—1672年）字振鹭，直隶涿州人，明万历进士，累迁文渊阁大学士兼户部尚书，加少保兼太子太保。天启三年（1623年），冯铨在《大方广佛华严经行愿品》中有五处助刻题记，分别署名石镫庵居士和鹿庵居士冯铨。在《大方广总持宝光明经》，冯铨有两处题记，这两处是其父月祯居士冯盛明刊刻，题记曰：是日已过，命亦随减，如少水鱼，斯有何乐？当勤精进，如救头然，但念无常，慎勿放逸。刻于都门之石镫庵中，为先考月祯居士早登安养，见佛受记。冯铨祖居涿州冯村，距石经山十多公里，父子同为佛教信徒，无疑受到房山石经文化的影响。这几则冯铨助刻石经题记，生动再现冯铨潜心礼佛的心态，不但为明末刻经研究提供重要线索，也为涿州和房山石经历史渊源画上了圆满的句号。

图 4   《大方广总持宝光明经卷第五冯铨造经题记》拓本局部

参考文献

1.《涿州志》，明万历修订版。

2.《涿州志》，清乾隆三十年版。

3.《涿县志》，民国二十五年版。

4.《房山县志》，清乾隆四十一年刻本。

5.《畿辅通志》（同治），上海古籍出版社。

6. 陆增祥撰：《八琼室金石补正》，吴兴刘氏希古楼刊，1925 年。

7. 中国佛教协会编：《房山云居寺石经》，文物出版社，1978 年。

8. 陈述辑校：《全辽文》，中华书局，1982 年。

9.（清）于敏中等编纂：《日下旧闻考》，北京古籍出版社，1983 年。

10. 中国佛教协会编：《房山石经之研究》，1987 年。

11. 溥儒辑：《白带山志》，中国书店，1989 年。

12.《北京图书馆藏历代石刻拓本汇编》，中州古籍出版社影印，1990 年。

13. 中国佛教协会等编：《房山石经》，华夏出版社，2000 年。

14. 刘桂郁编：《二十五史涿州人物传》，涿州市档案馆，2001 年。

15.（清）王昶撰：《金石萃编》，江苏古籍出版社。

16. 康术营等编：《涿州史迹图志》，北京燕山出版社，2011 年。

17. 杨卫东主编：《涿州贞石录》，北京燕山出版社，2005 年。

18. 杨卫东著：《古涿州佛教刻石》，河北教育出版社，2007 年。

19.（日）塚本善隆等著：《房山云居寺研究》，北京联合出版公司，2016 年。

20. 杨卫东著：《燕南觅古集》，北京燕山出版社，2017 年。

21. 卢迎红等编：《北京辽金史迹图志》，北京燕山出版社，2004 年。

22. 齐心主编：《北京元代史迹图志》，北京燕山出版社，2009 年。

23. 杨亦武著：《房山历史文物研究》，奥林匹克出版社，1999 年。

24. 伊葆力著：《金代碑石丛稿》，中州古籍版社，2004 年。

25. 伊葆力著：《辽金文物摭英》，（美国）逍遥出版社，2006 年。

26. 陈亚洲著：《房山墓志》（内部刊印），2006 年

27. 伊葆力等编撰：《京畿古镇长沟》，北京燕山出版社，2006 年

28. 吴梦麟、张永强编著：《房山石经题记整理与研究》，文物出版社，2021 年。

明杨荣撰《圆融妙慧净觉弘济辅国光范衍教灌顶广善西天佛子大国师塔铭》考释

何孝荣 *

摘　要：释智光（1348—1435 年）是明代最重要的印度密教僧人。他师从印度密僧萨诃咱释哩，历事洪武至正统各朝，在南京、北京等地传教授戒，为皇室举办密教法事，深得帝后崇信，明仁宗封其为大国师，明宣宗修北京大觉寺供其养老，明英宗正统时封其为西天佛子，至天顺时被追封为大通法王。智光传记资料，今存有正统时杨荣撰《圆融妙慧净觉弘济辅国光范衍教灌顶广善西天佛子大国师塔铭》和《灌顶广善西天佛子智光大国师事实》，对智光生平事迹记述最为详细。通过比读，我们发现二文实为母子关系，后者为母文，流传更广的前者则为子文，前者是对后者文字略加修改调整而刻石立碑者，其修改调整者应为智光弟子们，而所作修改调整并不通顺美善。

关键词：明代　智光　大觉寺　印度密教

释智光（1348—1435 年）是明代最重要的印度密教僧人。他师从印度密僧萨诃咱释哩，历事洪武至正统各朝，在南京、北京等地传教授戒，为皇室举办密教法事，深得帝后崇信，明仁宗封其为大国师，明宣宗修北京大觉寺供其养老，明英宗正统时封其为西天佛子，至天顺时追封为大通法王，对明代前期政治、民族、外交、宗教尤其是印度密教在北京等地的传播都有一定影响。

智光传记资料，今存有正统时杨荣撰《圆融妙慧净觉弘济辅国光范衍教灌顶广善西天

* 何孝荣，南开大学历史学院教授、博士生导师，南开大学故宫学与明清宫廷研究中心主任，中国明史学会副会长。研究明清史、中国佛教史、故宫学。

佛子大国师塔铭》（以下简称《智光塔铭》）和《灌顶广善西天佛子智光大国师事实》（以下简称《智光事实》），对智光生平事迹记述最为详细。通过比读，我们发现二文实为母子关系，《智光事实》为母文，流传更广的《智光塔铭》则为子文，《智光塔铭》是对《智光事实》文字略加修改调整而刻石立碑者，其修改调整者应为智光弟子，而所作修改调整并不通顺美善。

一

宣德十年（1435 年）六月，智光去世，"其徒状其遭遇之实，及出家游方之详"，请求工部尚书兼谨身殿大学士杨荣"为之铭"。杨荣根据智光弟子提供的素材，撰写了智光塔铭。智光弟子又请吏部主事夏昶书丹、吏部郎中程南云篆额，刻石成碑，名《圆融妙慧净觉弘济辅国光范衍教灌顶广善西天佛子大国师塔铭》（《智光塔铭》），于十二月十六日智光冥诞日立于北京西山西竺寺智光灵骨塔下。《智光塔铭》因立于寺中塔下，场合公开，易为人见。二十世纪八十年代，其拓本又被收入《北京图书馆藏中国历代石刻拓本汇编》第五十一册①，得到较多流传，因此多为人知和利用。

杨荣又有《灌顶广善西天佛子智光大国师事实》（《智光事实》）一文，收录于明朝后期焦竑所编《国朝献征录》②。从常理推测，《国朝献征录》收录的《智光事实》应出于杨荣文集。杨荣文集，《明史·艺文志》列名有《两京类稿》三十卷、《玉堂遗稿》十二卷③，今皆不见流传；《四库全书》则收录了杨荣《文敏集》二十五卷，而《明史·艺文志》不载其名。杨荣《文敏集》收录了他撰写的大量墓志铭、墓表等文，却并未收录《智光事实》一文，不知何故。此前《国朝献征录》也不易见，故《智光事实》知而征引者少。

天顺年间，明英宗追封智光为大通法王，吏部尚书李贤应请撰《大通法王碑铭》。《北京图书馆藏中国历代石刻拓本汇编》称其碑立于大觉寺西北山④，应当也是当年智光塔院西竺寺智光灵塔下。《大通法王碑铭》对智光生平事迹叙述较为简单，大体不出《智光塔铭》《智光事实》。

① （明）杨荣：《圆融妙慧净觉弘济辅国光范衍教灌顶广善西天佛子大国师塔铭》，见《北京图书馆藏中国历代石刻拓本汇编》第五十一册，中州古籍出版社，1989 年，第 77—78 页。
② （明）杨荣：《灌顶广善西天佛子智光大国师事实》，（明）焦竑《国朝献征录》卷 118《释道》，明万历刻本，第 87—91 页。
③ （清）张廷玉等：《明史》卷 99《艺文四·集类三》，中华书局，1997 年，第 2464 页。
④ （明）李贤：《大通法王碑铭》，见《北京图书馆藏中国历代石刻拓本汇编》第五十二册，中州古籍出版社，1989 年，第 31 页。

明朝后期，释明河撰《补续高僧传》、民国喻谦撰《新续高僧传四集》，皆立有智光传[①]，也是据《智光塔铭》或《智光事实》改写。

可见，杨荣撰《智光塔铭》《智光事实》是智光最早的完整传记文献，二者文句基本相同，只是极个别字句有修改和调整。那么，二文的关系如何？比较起来又孰优孰劣？

二

历经五百余年风霜雨雪，西竺寺《智光塔铭》碑已经残缺磨泐，多处文字缺失不清。《北京图书馆藏中国历代石刻拓本汇编》第五十一册因《智光塔铭》拓本面积过大，收录时截分为上、下两部分，分别收在第 77、78 页。我们将两页拓片重新接合为一页如下图。

---

① （明）释明河：《补续高僧传》卷 1《明西天国师传》，上海古籍出版社，1991 年，第 612 页；（民国）喻谦：《新续高僧传四集》卷 2《明金陵钟山西天寺沙门释智光传》，上海古籍出版社，1991 年，第 791 页。

通过对读《智光塔铭》《智光事实》，我们发现二文文字基本相同。因此，我们对照《智光事实》，并辅以《明实录》等其他史料，对《智光塔铭》拓本文字缺失不清者加以校补，成完整全篇。校补文字置于"【　】"内，凡据《智光事实》校补者不再出注。

《西天佛子大国师塔铭》

【圆融】①妙慧净觉弘济辅国光范衍教灌顶广善西天佛子大国师塔铭

【光禄】②大夫、少傅、工部尚书兼谨身殿大学士、建安杨荣撰。

承仕郎、吏部考功清吏司主事、东吴夏昶书。

奉政大夫、吏部稽勋清吏司郎中兼【翰林侍书、广平】【程南云篆额】③。

　　旸台山之大觉寺，实皇帝奉皇太后慈旨，出内帑所创者，功德利济，无间显幽。特命大国师居之，以佚其老，并敕礼官度僧百余人为其徒，恩德至厚，无以加矣。大国师乃出累朝所赐金帛及众所施者，倩工累石为塔于寺侧，【期以】栖神于他日。大国师既归寂，其徒状其遭遇之实，及出家游方之详，求予为之铭。

　　大国师名智光，字无隐，姓王氏，山东武定州庆云人也。父讳全，母董氏。生元至正戊子十二月十六日。自幼聪慧，阅书辄不忘。【年十】五，至心向善，辞父母出家，为北京吉祥法云寺僧，礼西天迦湿弥罗国板的达萨诃咱释哩国师，传天竺声明记论，遂授心印玄旨。

　　洪武己酉，以佛道高深弘广，未易窥测，遂游五台诸山，屡得瞻礼文殊圣相。【人咸】骇异，以为缘契不浅。岁甲寅，奉【太祖高】皇帝命，于钟山译其师板的达《四众弟子菩萨戒》，词简理明，众所推服。丙辰秋，奉命访补陀，造天目。明年，寓宁国之水西。泛彭蠡，谒东林于匡庐。江南名胜，踪迹殆遍。参诸尊宿，语契谿然。甲子春，与其徒惠【便等】奉使西域，至尼巴辣梵天竺国，宣传圣化，众皆感慕。已而谒麻曷菩提上师，传金刚鬘坛场四十二会，礼地涌宝塔。其国起敬，以为非常人，

---

① "【圆融】"据本塔铭后文校补。

② "【光禄】"据《明宣宗实录》卷1（"中央研究院"史语所校印本，1962年）校补。按，"光禄大夫"为散官文阶之号，为杨荣加赠之官。杨荣作为《明宣宗实录》总裁官之一，《明宣宗实录》各卷首均标注其职官"光禄大夫柱国少傅工部尚书兼谨身殿大学士臣杨荣"。

③ "【翰林侍书广平】【程南云篆额】"，"【程南云篆额】"据《北京图书馆藏中国历代石刻拓本汇编》第五十一册第78页收（明）杨荣：《圆融妙慧净觉弘济辅国光范衍教灌顶广善西天佛子大国师塔铭》说明校补；"【翰林侍书广平】"据（明）杨溥《敕赐法华寺记》（《北京图书馆藏中国历代石刻拓本汇编》第五十一册，中州古籍出版社，1989年，第83页）校补。按，（明）杨溥《敕赐法华寺记》亦为夏昶书丹，"奉政大夫吏部稽勋清吏司郎中兼翰林侍书广平程南云篆额"。

遂并西番乌思藏诸国相随入贡。比还，再往，复率其众来朝。

【太宗文】皇帝嘉念其往返劳勤，复与论三藏之说，领会深奥，大悦之。乙酉，擢僧录司右阐教。明年，俾迎大宝法王葛哩麻。及还，敷对多所毗赞，赐图书、舆服、法供之具，诏居西天寺。升右善世。丁酉，召至北京，与【论诸经称】旨，恩遇甚至，俾居崇国寺，赐国师冠、金织袈裟、禅衣诸物。

【仁宗昭】皇帝嗣位，宠锡封号，赐诰曰：朕惟佛氏之教，以大智慧而成【无】上之道，以大方便而开普度之门，上以翊卫于邦家，下以利安于品类。自昔有国家者，莫不崇奖褒异，以隆其教。尔智光安心寂静，持戒精严，方【便慈悲】，弘深利益，克光扬于佛道，式敬事于朝廷，宜有褒荣，以旌善行。今特封尔为【圆融】妙慧净觉弘济辅国光范衍教灌顶广善大国师。尔尚益加精进，永丕阐【于】宗风；【懋】乃忠诚，式辉光于宠命。钦哉！赐金印、冠【服，复】赐孔雀销金伞盖、幡幢，及银镀金携炉、盆罐、供器、法乐、几【案】、坐床、舆马，诸物悉备，仍广能仁寺居之。

迨事【宣宗章】皇帝，宠眷益隆。

【今上皇】帝即位之初，加封西天佛子。诰词曰：朕惟佛之道，清净慈悲，化度万有，功德高广，利济无穷。自昔有国家者，莫不崇奖褒异，以隆其教。今圆融妙慧净觉弘济辅国光范衍教灌顶广善大国师智光，凤究三乘，【精严】戒行，事我【祖宗，始终】一诚。肆朕嗣承大统，令修荐扬之典，上资【皇考】宣宗章皇帝在天之福，【益笃精虔】，宜有崇奖。兹特颁诰印，加封为圆融【妙慧净】觉弘济辅国光范衍教灌顶广善西天佛子大国师。于乎！丕扬宗范，式昭佛道之兴隆；普【济有】情，用赞皇图于永久。钦哉！赐玉印、宝【冠】、金织【袈裟】、禅衣、时服、棕舆、鞍马、定器之类。前后遭遇【列圣】眷待之【隆】如此。而其性行纯实简静，非众所及。朝廷【凡命】修建大斋，惟诚惟恪。每入对【天颜】，惟以【利济】万有为说。【仁宗】所赐仪仗，出入屏不敢用。【上知】之，遣中贵人问故，对以平生但持经戒，非有【汗】马之劳，【宠】锡所赐，谨受藏之足矣，用之岂不益过耶？【上尝】御便【殿】召问，对复如前，深叹异之，故制词极其褒重。

宣德十年六月十三日，示寂，享年八十有八，僧腊七十三。未寂之先十数日，以经【诠、衣钵】及身后事悉付其徒，而戒之，各勉精进。及期，其徒请留偈示众，答【曰】："大乘法门，无法可说。"众复恳请，扬言云："空空大觉中，永【绝】去来踪。实体全无相，含虚寂照同。"既俨然而化，三日入龛，又三日掩【龛】，举体柔和，容貌如生。讣闻，【上悼】叹之，遣官赐祭，文曰："尔梵学精专，毗尼严洁，深造妙解，了彻三【乘】。历事【五朝】，惟诚惟敬，为民祈福，为国祝厘。计其初终，多效劳绩，臻于高【寿，倏】然示化。闻讣兴叹，重失老成，灵爽不亡，服斯谕祭。敕有司具葬仪，增广其塔，并创寺宇，赐名西竺。"举龛之旦，朝贵僧俗送者填溢道路。至茶毗，至善大慈法王说偈，举法炬【甫至】薪下，其龛顶智火迸出，烟焰五色，光明昭灼。既毕，遗骨皆金色，得设利盈掬，莹洁如珠。

既葬，其徒有进其遗像者。【上亲制】赞词，书之曰："托生东齐，习法西竺，立志坚刚，秉戒专笃。行熟毗尼，悟彻般若。澄明自然，恬澹潇洒。事我【祖宗，越】历四朝。使车万里，有绩有劳。【摅沥】精虔，敷陈秘妙。玉音褒扬，日星垂曜。寿康圆寂，智炳几先。云消旷海，月皎中天。"

师于经藏之蕴，旁达深探，所译显密经义及所传《心经》《八支了义真实名经》《仁王护国经》《大【白伞盖】经》并行于世。人【言】其功不在【鸠摩】罗什之下。其中外弟子数千人，各随其器宇引掖之。上首则有僧录司右讲经月纳耶实哩，禅师吾巴帖耶实哩，左讲经帖纳实哩，左觉义吾答耶实哩、捞耶实哩，衣钵侍【者、左觉】义纳耶实哩，及高僧衮然为领袖者数十人。及以番字授诸生、擢为美官者，亦十数人。寿龄既高，智益精敏，有求而问之者，【即】恳恳开说，不厌不怠。非养之有素，讵能然耶？

特摭其大概叙次，而铭之曰：

"【佛法本】来自西天，慈悲清净功德全，大善愿力广且渊。法门种种开方便，三千世界复大千，万有利济超无边。乾坤以来至道传，亘古无后今无前，灯灯有续相绵延。国师出世了真诠，精严戒行息万缘，游方遍历【名山川】。一朝奉使西翩翩，皇明圣化式昭宣，诸城国土皆周还。往复一再参玄玄，三昧契合何充然，归来驻锡侍御筵。敬事【列圣惟】倦倦，纯明简静志【操】坚，荣华过眼澹不迁。大【斋】普度心益虔，但愿苍生离垢缠，翻译经说纷连篇。廓而授之弟子贤，寿高慧普多福田，宗风大振周八埏。【五朝恩遇】孰与【肩】！荣封厚贵何骈阗。光扬名教由后先。阴翊皇度亿万年。"

【宣德】十年十二月十六日，嗣法弟子、禅师吾巴帖耶实哩、左讲经帖纳实哩、左觉义吾答耶实哩、捞耶实哩、纳耶实哩等立石。

三

为了更直观地比较《智光塔铭》和《智光事实》，我们把《智光事实》也全文征引如下：

（明）杨荣：《灌顶广善西天佛子智光大国师事实》

大国师名智光，字无隐，姓王氏，山东武定州庆云人也。父讳全，母董氏，生元至正戊子十二月十六日。自幼聪慧，阅书辄不忘。年十五，至心向善，辞父母出家，为北京吉祥法云寺僧，礼西天迦湿弥罗国板的达萨诃咱释哩国师，传天竺声明记论，遂受心印玄旨。

洪武己酉，以佛道高深弘广，未易窥测，遂游五台诸山，屡得瞻礼文殊圣相，人咸骇异，以为缘契不浅。岁甲寅，奉太祖高皇帝命，于钟山译其师板的达《四众弟子菩萨戒》，词简理明，众所推服。丙辰秋，奉命访补陀，造天目。明年，寓宁国之水西，泛彭蠡，谒东林于匡庐。江南名胜，踪迹殆遍。参诸尊宿，语契豁然。甲子春，与其徒惠便等奉使西域，过独木绳桥，至尼巴辣天竺国，宣传圣化，众皆感慕。已而谒麻菩提上师，传金刚鬘坛场四十二会，礼地涌宝塔。其国起敬，以为非常人，遂并西番乌思藏诸国相随入贡。比还，再往，复率其众来朝。

太宗文皇帝嘉念其往返劳勤，复与论三藏之说，领会深奥，大悦之。乙酉，擢僧录司右阐教。明年，俾迎大宝法王葛哩麻。及还，敷对多所毗赞，赐图书、舆服、法供之具，诏居西天寺。升右善世。丁酉，召至北京，与论诸经称旨，恩遇甚至，俾居崇国寺，赐国师冠、金织袈裟、禅衣诸物。

仁宗昭皇帝嗣位，宠锡封号，赐诰曰：朕惟佛氏之教，以大智慧而成无上之道，以大方便而开普度之门，上以翊卫于邦家，下以利安于品类。自昔有国家者，莫不崇奖褒异，以隆其教。尔智光安心寂静，持戒精严，方便慈悲，弘深利益，克光扬于佛道，式敬事于朝廷，宜有褒荣，以旌善行。今特封尔为圆融妙慧净觉弘济辅国光范衍教灌顶广善大国师。尔尚益加精进，永丕阐于宗风；懋乃忠诚，式辉光于宠命。钦哉！赐金印、冠服，复赐孔雀销金伞盖、幡幢，及银镀金携炉、盆罐、供器、法乐、几案、坐床、舆马诸物悉备。仍广能仁寺居之。

宣德戊申，宣宗章皇帝奉圣母太皇太后慈旨，出内帑所创北京旸台山大觉寺，功德利济，无间显幽，特命大国师居之，以佚其老。并敕礼官度僧百余人为其徒，恩德至厚，无以加矣。大国师乃出累朝所赐金帛及众所施者，倩工累石为塔于寺侧，期以栖神于他日。

今上皇帝即位之初，加封西天佛子，诰词曰：朕惟佛之道，清净慈悲，化度万有，功德高广，利济无穷。自昔有国家者，莫不崇奖褒异，以隆其教。今圆融妙慧净觉弘济辅国光范衍教灌顶广善大国师智光，夙究三乘，精严戒行，事我祖宗，始终一诚。肆朕嗣承大统，命修荐扬之典，上资皇考宣宗章皇帝在天之福，益笃精虔，宜有崇奖。兹特颁诰印，加封为圆融妙慧净觉弘济辅国光范衍教灌顶广善西天佛子大国师。于乎！丕扬宗范，式昭佛道之兴隆；普济有情，用赞皇图于永久。钦哉！赐玉印、宝冠、金织袈裟、禅衣、时服、棕舆、鞍马、定器之类。前后遭遇列圣眷待之隆如此。而其性行纯实简静，非众所及。朝廷凡命修建大斋，惟诚惟恪。每入对天颜，惟以利济万有为说。仁宗所赐仪仗，出入屏不敢用。上知之，遣中贵人问故，对以平生但持经戒，非有汗马之劳，宠锡所赐，谨受藏之足矣。用之岂不益过耶？上尝御便殿召问，对复如前，深叹异之。故制词极其褒重。

师于经藏之蕴，旁达深探，所译显密经义及所传《心经》《八支了义真实名经》《仁王护国经》《大白伞盖经》并行于世。人言其功不在鸠摩罗什之下。其中外弟子数千人，各随其器宇引披之。上首则有僧录司右讲经月纳耶实哩，禅师吾巴帖耶实哩，左讲经帖纳实哩，左觉义吾答耶实哩、捞耶实哩、衣钵侍者、左觉义纳耶实哩、左觉义禅牒实哩、右觉义三曼答实哩，及高僧衮然为领袖者数十人。及以番字授诸生、擢为美官者，亦十数人。寿龄既高，智益精敏，有求而问之者，即恳恳开说，不厌不怠，非养之有素，讵能然耶？

宣德十年六月十三日示寂，享年八十有八，僧腊七十三。未寂之先十数日，以经诠、衣钵及身后事悉付其徒，而戒之，各勉精进。及期，其徒请留偈示众，答曰："大乘法门，无法可说。"众复恳请，扬言云："空空大觉中，永绝去来踪。实体全无相，含虚寂照同。"既俨然而化，三日入龛，又三日掩龛，举体柔和，容貌如生。讣闻，上悼叹之，遣官赐祭，文曰："尔梵学精专，毗尼严洁，深造妙解，了彻三乘。历事五朝，惟诚惟敬，为民祈福，为国祝厘。计其初终，多效劳绩，臻于高寿，倏然示化。闻讣兴叹，重失老成，灵爽不亡，服斯谕祭。敕有司具葬仪，增广其塔，并创寺宇，赐名西竺。"举龛之旦，朝贵僧俗送者填溢道路。至茶毗，至善大慈法王说偈，举法炬甫至薪下，其龛顶智火迸出，烟焰五色，光明昭灼。既毕，遗骨皆金色，得设利盈掬，莹洁如珠。

既葬，其徒有进其遗像者。上亲制赞词，书之曰："托生东齐，习法西竺，立志坚刚，秉戒专笃。行熟毗尼，悟彻般若。澄明自然，恬澹潇洒。事我祖宗，越历四朝。使车万里，有绩有劳。撼沥精虔，敷陈秘妙。玉音褒扬，日星垂曜。寿康圆寂，智炳几先。云消旷海，月皎中天。"

特摭其大概序次，而铭之曰：

"佛法本来自西天，慈悲清净功德全，大善愿力广且渊。法门种种开方便，三千世界复太千，万有利济超无边。乾坤以来至道传，亘古无后今无前，灯灯有续相绵延。国师出世了真诠，精严戒行息万缘，游方遍历名山川。一朝奉使西翩翩，皇明圣化式昭宣，诸城国土皆周还。往复一再参玄玄，三昧契合何充然，归来驻锡侍御筵。敬事列圣惟惓惓，纯明简静志操坚，荣华过眼澹不迁。大斋普度心益虔，但愿苍生离垢缠，翻译经说纷连篇。廓而授之弟子贤，寿高慧普多福田，宗风大振周八埏。五朝恩遇孰与肩！荣封厚贵何骈阗。光扬名教由后先，阴翊皇度亿万年。"

四

对读《智光塔铭》《智光事实》，我们发现二文文句基本相同，但也存在一些细微差异。其差异除了标题以外，还有以下几处：

1.《智光塔铭》作为塔铭体文，文前列有撰者杨荣、书丹者夏昶、篆额者程南云的官职、乡里、姓名及分工，文后列有刻碑立石的时间和弟子名，《智光事实》则没有这些内容。

2. 个别文字修改：

（1）《智光塔铭》"甲子春，与其徒惠便等奉使西域，至尼巴辣梵天竺国"句，《智光事实》作"甲子春，与其徒惠便等奉使西域，过独木绳桥，至尼巴辣梵天竺国"，即《智光事实》多"过独木绳桥"句。

（2）《智光塔铭》"迨事宣宗章皇帝，宠眷益隆"句，《智光事实》无。

（3）《智光塔铭》"衣钵侍者、左觉义纳耶实哩，及高僧哀然为领袖者数十人"句，《智光事实》作"衣钵侍者、左觉义纳耶实哩、左觉义禅牒实哩、右觉义三曼答实哩，及高僧哀然为领袖者数十人"，即《智光事实》多"左觉义禅牒实哩，右觉义三曼答实哩"二位。

3. 段落顺序差异：

（1）《智光塔铭》开头一段"旸台山之大觉寺，实皇帝奉皇太后慈旨……其徒状其遭遇之实，及出家游方之详，求予为之铭"云云，《智光事实》置于文中部叙述宣德朝智光事迹处，文字略有不同；《智光塔铭》中部叙述宣德朝智光事迹仅以"迨事宣宗章皇帝，宠眷益隆"句一笔带过。

（2）《智光塔铭》将"师于经藏之蕴，旁达深探……非养之有素，讵能然耶"段，即介绍智光翻译佛经、传法弟子及说法风格等佛学成就的内容，置于其示寂、祭葬记述之后，《智光事实》则将此段置于其示寂之前。

通过以上的比较，我们认为：

第一，《智光塔铭》碑文除了文题和碑前撰写者、书丹者、篆额者以及碑末立碑时间、立碑人为《智光事实》所无外，其他文字在《智光事实》文中均存在，《智光事实》还多出"过独木绳桥"，"左觉义禅牒实哩，右觉义三曼答实哩"等句。因此，我们认为，《智光事实》是《智光塔铭》的母文，《智光塔铭》是在对《智光事实》删减修改基础上形成的子文，而增补了塔铭各要素（文题和撰写者、书丹者、篆额者以及碑末立碑时间、立碑人等）。

我们原来以为，《智光塔铭》是《智光事实》的母文，也就是说杨荣撰写了《智光塔铭》，然后编集刊刻自己文集时，对《智光塔铭》作修改（一般是删减而不会是增补）并收入集中。这也是这类文字的惯常做法。但《智光塔铭》与《智光事实》的关系恰好相反，《智光塔铭》是子文，《智光事实》则是母文。至于删减修改者，肯定不是杨荣本人，因为如果是他删减修改或直接提供了《智光塔铭》，那么他没有理由在《智光事实》中不作对应地修改，或者说《智光事实》不应增补出《智光塔铭》不存在的内容。那么，对《智光事实》加以删减修改者，只能是负责刻碑立石的智光弟子们了。至于他们何以删减了"过独木绳桥"，"左觉义禅牒实哩，右觉义三曼答实哩"等句，或许是保持史实正确，或许是涉及弟子人事，我们不得而知。

第二，《智光塔铭》碑文对《智光事实》部分段落的调整，如《智光塔铭》开头一段是将《智光事实》文中叙述宣德朝智光事迹内容调整而来的，而其文中部叙述宣德朝智光事迹仅以"迨事宣宗章皇帝，宠眷益隆"句一笔带过，与其前文叙述洪武、永乐、洪熙，以及后文叙述正统年间智光事迹相比，显得简单、突兀，也不成比例。其原因，或许是智光弟子们为了强调大觉寺这座智光养老寺院的需要。再如，《智光塔铭》将介绍智光翻译佛经、传法弟子及说法风格等佛学成就的内容置于其示寂、祭葬记述之后，《智光事实》原文则将此段置于其示寂之前。显然，《智光事实》原文更为通顺。因此，我们说，《智光塔铭》对《智光事实》的调整并不通顺美善。

综上所述，明人杨荣撰《圆融妙慧净觉弘济辅国光范衍教灌顶广善西天佛子大国师塔铭》（《智光塔铭》）和《灌顶广善西天佛子智光大国师事实》（《智光事实》）二文实为母子关系，《灌顶广善西天佛子智光大国师事实》为母文，流传更广的《圆融妙慧净觉弘济辅国光范衍教灌顶广善西天佛子大国师塔铭》则为子文，《圆融妙慧净觉弘济辅国光范衍教灌顶广善西天佛子大国师塔铭》是对《灌顶广善西天佛子智光大国师事实》文字略加修改调整而刻石立碑者，其修改调整者应为智光弟子，而所作修改调整并不通顺美善。

北京西山大觉寺藏宣德铜钟考论
——兼论北京地区明早期官式佛寺铜钟

罗
飞[*]

摘　要：北京西山大觉寺钟楼内现存有明宣德五年（1430 年）铜钟一口，通高 2.17
米，底口直径 1.3 米，是宣德年间明代皇室重修大觉寺的重要物证，也是寺内现存与
高僧智光最为密切的文物，亦是北京地区现存明代宦官捐资铸钟实物中年代最早与体
量最大的实例。本文通过对该铜钟形制、铭文、铸钟参与者的全面分析，从而揭示出
其不仅为明代早期宫廷佛教艺术中"汉藏融合"范式的典范之作，也是目前已知的和
永乐大钟铸造年代、整体器形、铭文书体、铸造工艺、悬挂结构最为接近的一口铜
钟，特别是铭文中有关铭文书写者的明确记载，对深入研究永乐大钟及明代早期北京
地区官式佛寺铜钟有着重要的启发意义。
关键词：大觉寺宣德铜钟　永乐大钟　智光　明代宦官　中书舍人

　　北京西山大觉寺山门之内，过功德池，北侧钟楼内悬挂有明宣德五年（1430 年）铜钟
一口，通高 2.17 米，底口直径 1.3 米，钟唇厚约 8 厘米，是宣德年间明代皇室重修大觉寺
的重要物证，也是寺内现存的与高僧智光最为密切的文物（图 1）。对于此钟的著录最早见
于十九世纪末普鲁士建筑师（德国）海因里希·希尔德布兰德所著《大觉寺——寺庙建筑
的集大成者》一书[①]，其中绘制了铜钟与钟楼的测绘图，并收录了钟铭结尾处《大觉寺铸
钟记》的部分内容。1983 年 9 月，北京林学院使用大觉寺时期，对大觉寺钟楼铜钟进行了

*　　罗飞，大钟寺古钟博物馆副研究馆员。
①　该书于 2016 年收录于《大觉寺》一书的附录中，见姬脉利、张蕴芬、宣立品、王松著：《大觉寺》，社会科
　　学文献出版社，2016 年，第 371 页。

资产登记①。2006 年，大钟寺古钟博物馆出版的《北京古钟》（上）一书中对该钟的全部汉
字铭文进行了辑录②。同年，大觉寺管理处出版的《大觉禅寺》一书中，收录了钟铭《大觉
寺铸钟记》③的全文。2010 年，《藏传佛教艺术发展史》一书中，在收录了《大觉寺铸钟记》
的全文的同时，并结合智光法脉对其中所涉及的部分人物作出了分析④。近年笔者有幸观摩
此钟，围绕该钟及相关问题作一初步考证。

图 1　大觉寺宣德五年铜钟

一、大觉寺宣德铜钟概况

1. 器形与纹饰

　　大觉寺宣德五年铜钟，钟钮为蒲牢造型，半球形钟顶，钟体外壁微斜直呈圆筒状，钟
裙部位加厚，略高于钟体平面，上沿作与钟底口平行的弧线，相连闭合。通过铁制的上、
下“U”形环加横穿的结构使之悬挂于钟楼顶部的横梁上，上“U”形环两端作如意头状。
钟肩饰莲瓣一周 24 瓣，每朵莲瓣内铸有一个梵文种子字。钟腰部铸有两道粗弦纹，将钟
体分为上下两部分。钟体上下两部分各分四栏，各栏之间，留有矩形区域间隔，上下分栏

① 目前此钟钟裙外壁东北侧尚存有“一九八三年九月北京林学院干训部已登”的贴签。

② 大钟寺古钟博物馆编：《北京古钟》（上），北京燕山出版社，2006 年，第 142 页。

③ 孙荣芬、张蕴芬、宣立品著：《大觉禅寺》，北京出版社，2006 年，第 42 页。

④ 谢继胜主编：《藏传佛教艺术发展史》，上海书画出版社，2010 年，第 539 页。此外，姬脉利、张蕴芬、宣立
　品、王松著：《大觉寺》，社会科学文献出版社，2016 年，该书再次收录了《大觉寺铸钟记》的全文。

底部，距钟腰部粗弦纹与钟裙上沿处，分别留有一与钟栏之间矩形区域宽度大致相当的带状区域，环绕钟体一周，这一分隔方式为北京地区明清梵钟所仅见。

钟体下部各钟栏之间四个矩形区域内铸有四大天王立像，呈浅浮雕状，手执法器，脚下与身后环绕有祥云纹，与明早期官刻佛经扉画中的四大天王形象十分相似，天王各自代表的方位与实际方位一致，可见铜钟的悬挂位置当与最初的悬挂位置相符。南方增长天王对应的钟体上部矩形区域内铸有龙牌，正中铸有祝颂语为："皇图永固，帝道遐昌，佛日增辉，法轮常转"。龙牌面南，与寺庙建筑群的中轴线相对①。钟裙上沿八个下凹处的间隙铸有翻腾于海水中的象、龙、鹿、马、蟾等各式海兽纹，与永宣时期景德镇御器厂所产瓷器上的海兽纹十分相似，其中位于南侧的为海象纹②。海水纹分布在钟体下半部末道弦纹与钟裙上沿之间的区域内，环绕钟体一周，其所占钟体外壁幅面比例虽十分有限，但水纹线条细密流畅，浪涛的起落营造出汹涌澎湃的气势，烘托出铜钟的豪壮与庄严，与南宋马远所绘《水图卷》中《层波叠浪图》的笔意与意境十分相似，颇富古意（表1）。钟裙部素面无纹饰。在与钟顶蒲牢头部相对的两个钟耳正中，各铸有一个正圆形的钟月。两个撞钟点与钟顶部蒲牢的位置对应关系和悬挂结构均与觉生寺藏永乐大钟一致，撞钟点直径所占钟裙宽度的比例关系③亦与永乐大钟十分接近，整体造型挺拔规整，敦厚稳重，装饰构图合理，简练肃穆，体现了宣德初年北京地区官式铜钟对永乐大钟铸造传统的继承与探索。

表1　大觉寺铜钟纹饰对比

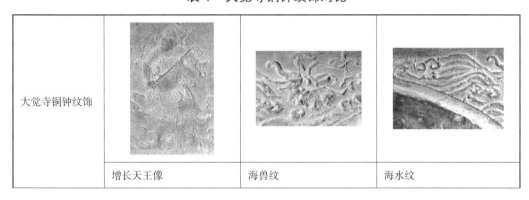

| 大觉寺铜钟纹饰 | 增长天王像 | 海兽纹 | 海水纹 |

---

① 北京智化寺钟楼铜钟的龙牌亦与寺庙的中轴线对应。见张昕、陈捷《智化寺曼荼罗的内容设置与布局重组》，载《中国建筑学会建筑史学分会年会暨学术研讨会2019论文集》（上），北京工业大学出版社，2019年，第370页。

② 永乐后海外贡象的含义发生了变化，更强调其祥瑞倾向，贡象亦变为君王圣德、四海宾服、天下太平之象征，故其政治和社会意义变得非同一般，亦如麒麟。见高宗帅：《海上瑞兽：永宣瓷器上的海兽题材》，《中国美术研究》，2020年第1期。

③ 定量分析撞钟点直径与钟裙宽度的比值可以看出：大觉寺铜钟比值为0.80，与永乐大钟的0.78比值十分接近。

其他器物上的纹饰	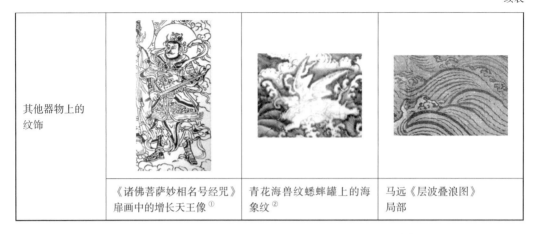		
	《诸佛菩萨妙相名号经咒》扆画中的增长天王像①	青花海兽纹蟋蟀罐上的海象纹②	马远《层波叠浪图》局部

此外，经 Thermo Scientific Niton XL3t 950 便携式 X 射线荧光光谱仪对铜种进行的无损检测可知，该钟的成分约为：铜 73.4%、锡 13.9%、铅 7.9%，还含有少量的铁和锌，属于铅锡青铜。

2. 钟铭

铜钟钟体外壁自钟肩部与各栏内以及各弦纹之间铸有汉、梵两种文字铭文，内壁铸有一组捐资人姓名。从铭文的分布来看，汉字铭文主要分布在钟体上下各分栏中心的矩形与带状区域内，梵文铭文主要分布在钟肩部莲瓣、钟体上下各分栏四周的梯形区域，以及各弦纹之间，铭文的排列设计，不仅保证了经文内容排列的连贯性，并兼顾了特定梵字铭文所蕴含的方位性，繁而不乱，将两种文字各自的表达意涵有机融合在一起，表现出明早期宫廷佛教中汉藏融合的时代特征。汉字铭文书体，一笔不苟，结字谨严，点画巧妙，转折分明，提按清楚，运笔便捷利落而沉实；线条轻重，粗细富有变化，其收笔、落笔、撇捺、转折、勾挑都表现得淋漓尽致，既有法度，又不刻意做作，工整秀丽，当属于明代台阁体书体（图 2）。

钟体汉字铭文从内容上看，可分为经咒与捐资人题名两类，前者占据了铭文字数的主体。铭文中汉字经咒有：《佛说三十五佛名经》《般若波罗蜜多心经》《如意宝轮王陀罗尼》《天女吉祥神咒》《佛说六门陀罗尼》《宝阁楼真言》《七佛偈》《敲钟偈》等。《佛说三十五佛名经》是其中篇幅最长的一部经文，自龙牌左侧起始，在钟体上栏的四个矩形区域内沿顺时针方向环绕钟体上半部分布一周，旋转至钟体下半部，在与上栏起始位置对应的正下

① 郑堆、熊文彬主编：《诸佛菩萨妙相名号经咒》，中国藏学出版社，2011 年，第 126 页。
② 此件青花海兽纹蟋蟀罐与 1993 年出土于景德镇珠山御窑厂遗址。见故宫博物院、景德镇市陶瓷考古研究所编：《明代宣德御窑瓷器——景德镇御窑遗址出土与故宫博物院藏传世瓷器对比》，故宫出版社，2015 年，294 页。

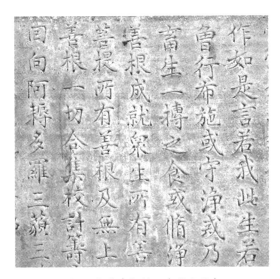

图 2　大觉寺铜钟汉字铭文局部

方起始，继续沿顺时针方向环绕钟体下半部排列三个矩形区域，东北侧一个矩形区域内并未顺延排列经文结尾部分，而是插入了四句佛号与出自《华严经》《法华经》《金刚经》的偈语，随后又在钟体下栏与钟裙上沿的带状区域内，自南方增长天王两脚之间的位置起始，顺时针环绕钟体排列了《叩钟偈》与《七佛偈》等偈语后，而将《佛说三十五佛名经》经文的结尾部分排列在了东方持国天王正下方的位置。位于钟体上、下部带状区域内的《宝阁楼真言》《般若波罗蜜多心经》《大觉寺铸钟记》三者的起始位置则分别与居于其上的梵文、汉文经文的起始位置向对应（图 3）。可见钟体铭文的排列有着严格周密的设计与布局，注重各段经文的起始位置之间的统一与相互呼应，并关照到其与方位的对应关系。

图 3　汉字经文起始位置示意图

《三十五佛名经》的版本与 1929 年罗振玉影印出版的《明成祖写经》中收录的此经的版本基本一致[①]，而与国家图书馆藏《诸佛菩萨妙相名号经咒》中收录的此经相比，结尾处省略了近 120 字的偈语[②]。翟兴龙先生研究表明，明代三十五佛信仰文本基本延续西夏三十五佛信仰文本中汉文本的面貌，目前所见明代《三十五佛名经》的结构大致为：礼敬佛法僧→发愿→皈依十方佛法僧→叹佛→三十五佛→阿弥陀佛→忏悔文→《普贤行愿赞》→回向偈。但整体结构上看，明代《三十五佛名经》的直接来源却不是西夏的《三十五佛名经》，而是不动金刚整理的《施食仪》[③]。

钟肩部莲瓣内梵字包括了三字总持咒、五方佛四佛母种子字、八大菩萨种子字等。钟体梵文从龙牌右侧起始逆时针围绕钟体旋转，主要有《消灾吉祥陀罗尼》《佛顶尊胜陀罗尼》《观音灵感真言》《五十字母真言》等。四天王像上方的梵文则分别为各天王心咒。其中梵文经咒中的唵（om）字存在新旧写法并用的书写形式，这一现象亦见于永乐大钟梵文铭文与杭州飞来峰造像群中梵文摩崖真言或偈颂中[④]。

二、铭文中反映出的铸钟参与者

《佛说三十五佛名经》结尾之后，在钟体下部东侧的带状区域内铸造有《大觉寺铸钟记》，记录了由高僧智光证明的铜钟捐资人、铸钟记撰写者、汉梵两种铭文的书写者，以及提调铸造僧（图 4），完整记录了该钟的铸造参与者群体。

图 4　《大觉寺铸钟记》结尾处

① "罗本"《明成祖写经》后由罗福颐捐献故宫博物院，应原为宫中藏本，其民国珂罗版影印本近年由文物出版社再版。(明) 朱棣书：《明成祖写经》第一册，文物出版社，2015 年，第 10 页。

② 郑堆、熊文彬主编：《诸佛菩萨妙相名号经咒》，中国藏学出版社，2011 年，第 278 页。

③ 翟兴龙：《西夏三十五佛文本源流考》，《西夏学》，2020 年第 1 期。

④ 叶少勇：《飞来峰石刻梵文陀罗尼的兰札字体》，载《江南藏传佛教艺术：杭州飞来峰石刻造像研究》，中国藏学出版社，2014 年，第 179 页。

1. 捐资人

捐资人中位列首位的是"舍财施主"太监 1 名，其后为"助缘太监"12 名，铜钟内壁西南侧，亦铸造有"助缘施主"27 名，共计 40 人。对捐资行为冠以的称谓，不仅体现了等级地位的差异，还提示我们在当时"舍财"与"助缘"可能存在着捐赠数额的显著不同，前者可能数额较多。捐资人中位列前三位的是舍财施主太监王钵提斡而麻、助缘太监林噌巴斡资啰、田哑弥答室哩，其后另有一位陈孤赊辣室哩，可看出智光所传的"西天教"派对明代宫廷产生了深刻而广泛的影响，取梵语法名的风尚已在宦官之间已悄然兴起①。捐资人中金英及 7 位阮姓宦官均为安南人，金英在《明史》中有传，历永乐至正统四朝皇帝，深得宣德皇帝荣宠。宣德七年（1432 年），宣宗赐给金英和范弘免死诏，诏书中极尽褒美之辞，为大觉寺铜钟捐资时，正是金英政治地位如日中天之际，由此可以判断位列捐资人首位的"舍财施主"王姓宦官则必然较金英更加显赫或与之相当，从大觉寺铜钟的铸造时间上看，宣德初年宦官王振地位尚未如此之高，而与金英同时代且同样深得皇帝宠遇的大太监王瑾，据《西天佛子大国师班丹扎释寿像记》中记载，其中提到王瑾的梵语法名却为"扎释端竹"，此处王姓太监究竟是谁，则值得后续详考。宦官群体占铜钟捐资人中的主导地位，能确定为宦官身份者 17 人，是目前所见北京地区宦官捐资铸钟最早的一例。钟体内壁所铸捐资人姓名的起始位置与钟体外壁《三十五佛名经》的起始位置大致内外相对，捐资人铭文字自"大觉寺铸钟记"一列起，明显小于钟体外壁汉字经文的单字，体现了铭文之间的层次与内在逻辑关系。

2. 铸钟记撰写者

钟体外壁的 13 位捐资人之后是纪年款与书撰人："宣德五年岁次庚戌秋七月吉日僧录司右讲经月纳耶室哩志"。据杨荣撰《圆融妙慧净觉弘济辅国光范衍教灌顶广善西天佛子大国师塔铭》记载："（智光）其中外弟子数千人，各随其器宇引披之。上首则有僧录司右讲经月纳耶实哩、禅师吾巴帖耶实哩、左讲经帖纳实哩、左讲经吾答耶实哩、捞耶实哩、衣钵侍者左觉义纳耶实哩、左觉义禅牒实哩、右觉义三曼答室哩及高僧褒然为领袖者数十人。"②又据《圆修慈济国师塔铭》记载"（三曼答室哩）而天资聪睿，从上首月纳讲经习西天梵典"，以及《敕赐秀峰寺碑》中："深（智深）交南名僧，姓吴氏，自幼出家，刻苦参学，以宣德戊申来至北京，偶遇大国师吾公亲、僧录司讲经月公律、帖公定、觉义乌公

---

① 拥有梵语法名是标明其师承、彰显其师从西天僧之身份的一个办法。见沈卫荣、安海燕：《明代汉译藏传密教文献和西域僧团——兼谈汉藏佛教史研究的语文学方法》，《清华大学学报（哲学社会科学版）》，2011 年第 2 期。

② （明）焦竑：《国朝献征录》卷 118，上海书店出版社影印本，1987 年。

显、捡公腾、纳公理、禅公忍、三公普，有同乡之谊……"[①]。综合以上记载可知，月纳耶实哩在智光众多弟子中地位颇高，擅长梵文，为安南籍来华僧人，安南籍僧人来华可上溯至洪武时期[②]，由其来为大觉寺铜钟撰写铸钟记可以看出智光对此钟重视程度之高。

3. 铭文书写者

钟铭的书写者"书华字扩苍季良、书梵字人荥阳邢恭"，从传世的古代梵钟实物并结合文献来看，唐代已有皇帝及高级官员亲自为重要寺观铸钟题写钟铭的先例，如现存于陕西西安碑林的唐景云钟（711年）铭文即为唐睿宗御笔所书。宋元时期，名人为梵钟题写钟铭或有明确书者落款的现象则十分少见，绝大多数梵钟铭文不落书写者姓名款识，或为匠人摹写[③]。这种现象可能是由于宋代以后钟体铭文以凸起于钟体表面的阳文居多，而铸造阳文钟铭须事先在钟的外范上摹写与镌刻，再进行浇铸，铸造出的铭文和最初的铭文墨书底本相比笔墨韵味尽失，效果相去甚远，不符合古人对书法艺术的审美，因而钟铭逐渐改由匠人为之，故梵钟铭文落书写者的现象十分罕见。明代梵钟的铸造在铭文方面则沿袭了宋元以来的传统。

大觉寺宣德铜钟的铭文书写者落款是目前已知北京地区明代官式梵钟铭文中对铭文书写者唯一的明确记载。其中书写梵文铭文的邢恭见于《明史·选举志》："宣德二年丁未止邢恭一人，以其在翰林院习四夷译书久，他人俱不得与也"[④]。现存北京孔庙的宣德二年（1427年）丁未科进士题名碑中，邢恭位列第二甲之中。又据清人张调元《京澳纂闻》中的"邢编修"条目记载："邢编修恭，字克敬，《州志》所称邢孝子者也。按：《明史·选举志》明初选翰林常数十八。宣德二年丁未，止邢恭一人以在翰林院译四夷书久，他人俱不得与也。盖编修未乡举时，先为译字生，至会试中式犹供事翰林院也。明制诸杂流有译字生。编修孝行蒙旌。详《州志》，《明史·孝义传》亦载之。"[⑤]可知邢恭为译字生出身，在翰林院习四夷文字从事译书工作多年，宣德二年（1427年）被选为庶吉士，宣德八年（1433年）授中书舍人。首都博物馆收藏有一件名为"沈度、沈粲等人楷书《孝

① 北京图书馆金石组编：《北京图书馆藏中国历代石刻拓本汇编》第51册，中州古籍出版社，1989年，第108页。

② 杜常顺：《明代宫廷与佛教关系研究》，中国社会科学出版社，2013年，第116页。

③ 现存江西龙虎山天师府的上清宫元代至正十一年（1351年）铜钟的书写者为当时著名道士书画家方从义所书写，是目前所见宋元时期有明确书者署款的实例之一。

④ （清）张廷玉等撰：《明史》卷70《选举二》，中华书局，1974年，第1700页。

⑤ 古都郑州文化丛书编委会编：《张调元文集》，中州古籍出版社，2004年，第410页。

经》册"①的书法作品，此册由黄养正书序，沈度、沈粲、蒋晖、倪琼等18位在朝善书者抄写《孝经》全文，每人书写一章。末尾有邢恭书写的楷书跋文，其书法工整端庄、婉丽温和，具有一定的书法造诣，属典型的明代台阁体书法风格。在跋文最后钤有"荥阳"白文印，"邢恭克敬"朱文印，"中书舍人之章"白文印②。尽管在大觉寺铜钟铸造的宣德五年（1430年），邢恭尚未被授中书舍人，由一位在翰林院供职多年，深谙梵汉两种文字书法的庶吉士为大觉寺铜钟书写梵文铭文，亦与大觉寺铜钟的制作规格相当。此外，据《西天佛子大国师塔铭》中记载："其（智光）中外弟子数千人，各随其器宇……及以番字授诸生，擢为美官者亦十数人"③，以及《圆修慈济国师塔铭》记载："以丁巳钦升僧录觉义，（三曼答实哩，智光之徒）为翰林试官翻译及教才士习西天梵字，既□擢高官，仍督各坛场。"④由此可知邢恭的梵文知识来源，可能是来自智光及其门徒的传授。书华字扩苍季良尚未见于史籍或其他材料的记载⑤，但通过对邢恭身份考述与分析，并根据《存征录》中："姜濬，字子澄，工书。仁庙在东宫召写金字经，洪熙中授中书舍人，历稽勋主事出守云南广南府。"⑥，及《琅玡漫钞》中："（明英宗）复命中书舍人写金字经置东西房。"⑦的记载可知，明宫廷书写工整秀丽的金字经几乎均由中书舍人抄写，且在宣德朝之前已形成制度。再结合大觉寺铜钟的制作规格，可以判断季良必然是和邢恭身份相当，也可能是供职于翰林院能书善写的基层人员或中书舍人。

4. 提调铸造僧

位列《钟记》最后的是"提调铸造僧孤纳甘毗啰、卜塔发得啰"。北京地区明代钟铭

---

①　对此件作品的介绍，见倪葭：《潇洒梅花过客稀——首都博物馆所藏胡宗蕴书画》，《中国书画》，2017年8期。另见于叶渡：《明代书法散论》，载《首都博物馆馆刊》（第17辑），北京燕山出版社，2003年，第156页。

②　首都博物馆编：《北京文物精品》，北京出版社，2008年，第317页。

③　杨荣：《圆融妙慧净觉弘济辅国光范衍教灌顶广善西天佛子大国师塔铭》，见北京图书馆金石组编：《北京图书馆藏中国历代石刻拓本汇编》第51册，中州古籍出版社，1989年，第78页。此外，据《敕赐崇恩寺西天大刺麻桑渴巴辣实行碑》记载："（桑渴巴辣）教授内臣千余员，学习梵语真实名经诸品、梵音赞叹以及内外坛场"（见北京图书馆金石组编：《北京图书馆藏中国历代石刻拓本汇编》第52册，中州古籍出版社，1989年，第10页。），与《圆修慈济国师塔铭》记载："天顺庚寅年，敕于内府番经厂，（三曼答实哩）管教中贵官百有余员，习授西天各佛坛场好事，举皆成就。"（见北京图书馆金石组编：《北京图书馆藏中国历代石刻拓本汇编》第52册，中州古籍出版社，1989年，第142页。）可知智光之徒桑渴巴辣与三都于经厂教授宦官梵语。

④　北京图书馆金石组编：《北京图书馆藏中国历代石刻拓本汇编》第52册，中州古籍出版社，1989年，第142页。

⑤　北京孔庙的进士题名碑与《天一阁藏明代科举录选刊·登科录》（宁波出版社，2016年）中，均未检索到季良。

⑥　转引自《御定佩文斋书画谱》卷40《书家传二十·明二》，文渊阁四库本。

⑦　转引自（清）于敏中等编纂：《日下旧闻考》卷100，北京古籍出版社，1983年，第1660页。

中与之相关的题名，目前仅见明代正德十年（1515年）最胜寺铜钟铭文中还同时出现了"监造僧宗定"与"监造铸钟陈林、钱兴"。最胜寺钟铭中"监造僧"与"监造铸钟"，二者可能各有侧重，从身份来看，作为僧人的前者可能只侧重对钟上经文与纹饰校对和设计，而作为功德主家族成员的后者则更侧对具体铸造各环节的管理，即充当了督工的角色。由此类比，大觉寺铜钟铭文中的"提调铸造僧"则可能是全面了负责铜钟形制、铭文、纹饰的指导与设计，并对具体铸造实施统筹管理。从前文所述铜钟铭文所表现出的周密严谨的宗教逻辑来看，在铸造的工匠外，必然存在深谙佛教经典与寺院布局思想的僧人来对铜钟的铭文进行设计与制作指导。尽管钟铭中未载铸钟工匠的信息，但根据宣德三年（1428年）《御制大觉寺碑》中："木石一切之费，悉自内帑，不烦外朝，工匠杂用之人，计日给佣，不以役下"的记载可以认定，铸造该钟的匠人当是来自明宫廷铸钟厂的高水平铸钟工匠团队。铭文中《三十五佛名经》经文排列上表现出的起始与结尾部分注重与方位对应，及铭文断开后又衔接的设计方式，均与永乐大钟铭文的排列分布方式一脉相承[①]。因此，从大觉寺铜钟的制作时间与规格来看，钟铭出现的两位"提调铸造僧"很可能参与了永乐大钟的铭文设计，其铸造匠人亦有可能参与过铸造永乐大钟或其他几口永乐朝大钟的宏大工程。

三、大觉寺铜钟与北京地区明早期官式佛寺铜钟

佛教于两汉之际传入中国，经过历代不断发展，最终形成了具有中国本土文化特色的中国佛教，进而对中国古钟文化的发展起到了巨大的推动作用。佛寺钟为现存古钟类文物的大宗，在寺院中佛钟不仅是有实用功能的报时器，警示集众作用的响声器，更是佛教活动中不可缺少的法器，寺院生活的一切几乎全由"钟"来引导，因此早有民谚云："有寺必有钟"，反映出寺院与钟之间密不可分的关系。然而，事实上明清两代北京地区绝大多数寺庙，并不布局有悬挂大型佛钟的钟楼或钟亭，并且受财力与物力的限制，很多寺庙的僧人经过多漫长的募化过程，才能为寺庙铸造一口体量非常有限的佛钟。因此，目前北京地区所见明代早期以来制作精良的大型寺庙铜钟不仅要有财力雄厚的功德主的倾力支持，更重要的是得到官方的允许才可开炉铸造。

目前北京地区现存明代早期（永乐至天顺年间）官式佛寺铜钟计有7口，分别是：宣德五年大觉寺铜钟（1430年）、宣德九年潭柘寺铜钟（1434年）、正统九年智化寺铜钟

（1444 年）、明正统十二年法海寺铜钟（1447 年）、明景泰宝光寺铜钟（1450—1456 年）、
明景泰戒台寺铜钟（1450—1456 年）、明天顺五年法华寺铜钟（1461 年）。其中有 4 口来
自北京西山永定河文化带沿线的敕建或敕赐寺庙，这些铜钟的安置与明早期在明代皇室的
支持下广建梵宇，同时诸多宫廷高级宦官竞相捐资的历史背景有着直接关系。大觉寺铜钟
以其诸多明确的铸造背景信息，为我们以其为出发点进一步探讨北京地区明代早期官式铜
佛钟提供了可靠的依据。

　　1. 从大觉寺宣德铜钟看与觉生寺藏永乐大钟相关问题

　　大觉寺宣德铜钟铭文中对汉、梵两种铭文书写者的明确记载，有助于对北京地区明代
早期官式铜佛钟的铭文书者做出客观的认识与反思，特别是对觉生寺藏永乐大钟铭文书者
的再思考。

　　永乐大钟铭文以其端庄工整、雍容雅致的书风，晚明以来备受文人墨客称道，目前
学界一致认为其铭文书写者是明初翰林学士书法家沈度，此说最早见于明末蒋一葵所撰
的《长安客话》一书①，此后晚明与清代凡涉及永乐大钟铭文书者均沿用此说，直至晚近学
者所撰论文中亦认为永乐大钟铭文为沈度所书确凿无疑，可见此说影响之深广。然而稍加
思索，笔者则提出这样的疑问：根据书画作品的鉴定常识可知，即便是有明确款识的书画
作品尚且不能根据落款对其作者进行对号入座，那么永乐大钟这种没有属款和其具体铸造年
代的器物，直接将其铭文书者定为沈度是否科学客观呢？回溯永乐大钟铭文书者"沈度
说"的最早出现时间不难发现：这一说法集中出现在万历年间，即永乐大钟由皇城内的汉
经厂被移置西郊万寿寺之后，去永乐大钟大致铸成的永乐末年已相隔了 150 年的时间，并
不属于"当代人记当代事"，且均出自当时文人游记与即兴创作的诗句之中，严谨性与可
信性都值得怀疑。此外，"沈度说"与永乐大钟的铸造实际也存在着矛盾：目前学界对永
乐大钟的铸成时间虽然存在着不同认识，但对大钟起始铸造时间认识较为一致②，即铸造工
程大致兴工于永乐十六年（1418 年），这一时间上限是由钟铭中最长的一部《诸佛世尊如
来菩萨尊者神僧名经》于永乐十五年才由永乐皇帝御制序文的时间来确定的，按这个时间
逻辑推测，那么留给沈度书写永乐大钟二十三万余字铭文的时间仅有一年多的时间，由一
个年逾花甲的老者凭一己之力，恐难以短时间内完成。再从永乐大钟铭文本身来看，钟体
铭文整体书法风格并不一致，位于钟裙显著位置的年款与经文书写得较为舒展工整，而位

---

① （明）蒋一葵：《长安客话》，北京古籍出版社，1994 年，第 47 页。
② 　全锦云：《永乐大钟与明清帝王》，载《永乐大钟梵字铭文考》，北京大学出版社，2006，第 217 页。高凯军、
　　夏明明著：《发现永乐大钟》，中华书局，2006 年，第 6 页。于贫著：《大钟寺》，北京燕山出版社，2006 年，
　　第 110 页。

于钟体顶部与钟体上部一些铭文则在间架结构上明显有失严谨。钟铭经过了摹写、刻模、浇铸、修整等过程，必然与原作底本有一定的差异，其所反映的书法风格与沈度传世作品也存有一定的差距，因此笔者认为，对于永乐大钟铭文书者的认定则应当持有科学谨慎的态度。

大觉寺宣德五年铜钟在铸造时间、制作工艺、铭文书法、设计思想上都与永乐大钟极为接近，根据文献通过对其铭文书者的分析，并结合永乐大钟铸造时间与铭文书体实际，笔者认为：永乐大钟铭文中汉字的书写者，很有可能出自当时明宫廷中书舍人以及匠人的"众手杂书"，梵文的书写者则有可能来自西番馆等机构。

2. 从大觉寺铜钟看北京地区明早期官式佛寺铜钟的发展

首先从数量变化上看，自宣德至天顺年间，北京地区现存官式铜佛钟数量在景泰天顺年间递增较为明显，这可能和宣德正统朝尚去永乐十九年（1421 年）明成祖迁都北京不久，宫廷内高级宦官与达官显贵在北京地区营建寺院尚处于开始阶段，而寺观用钟由于造价昂贵需要募集资金与特定匠师团队铸造等因素制约，其制作往往略晚于寺庙落成时间，因此明早期北京地区现存官式佛寺铜钟数量的变化，符合这一时期北京地区寺庙营建与铜钟铸造的规律。

其次从形制上看，自大觉寺宣德铜钟始，北京地区明代早期官式铜佛钟在器形纹饰、铭文字体、铸造工艺均取法与延续了永乐朝北京官式铜钟的范式，因此这些铜佛钟当也出自明宫廷内府管理的铸钟厂作坊。在分栏方式、龙牌使用、铭文排列、纹饰组合等方面表现出的诸多差异，可看出铸造匠人不断根据铜钟铭文的内容、字数以及功德主的需求等因素进行着探索与创新。

再次从捐资人的构成来看，明成祖迁都北京以后，一股捐资建寺的风潮在明宫廷宦官中迅速兴起，特别是靖难之役中立有军功的高级宦官，凭借其特殊的身份，营建寺庙时甚至可以动用服务于明代内府的工匠，从属于寺庙营建范畴之下的寺庙铜钟的铸造也均出自内府良工巧匠的制作，加之寺钟具有可作为传世的载体与有特定涵义宗教法器的双重功能，因此捐资铸钟陡然成为明早期广大佛教信众为寺庙捐资的新风尚。自大觉寺铜钟开始，北京地区明代早期官式铜佛钟在捐资人构成上呈现出以宦官捐资为主体，官员、士绅、信众、僧人群体随之广泛参与的新的寺钟捐资铸造模式，正统十二年（1447 年）的北京西山法海寺铜钟铭文中捐资人群体被概括为："助缘信官、长老、僧众、十方檀越"，在王振、李童、王瑾等诸多高级宦官的主导下，捐资人竟达 1154 人之多。柯律格在《中国艺术》中所论："17 世纪初，上层社会掀起的佛教信仰高潮反映在重新修饰大量的寺庙，重修寺钟和鎏金铜像，但是已经不会再有更多的新壁画了。"[1] 可见，早在 15 世纪上半叶北京地区官式佛寺铜的捐资活动中这一趋势已初现端倪，从而日后逐渐成为全国性的时代热潮。

四、结语

大觉寺宣德五年铜钟为北京地区现存明代宦官捐资铸钟实物中年代最早与体量最大的实例，其铭文书体与内容，形制与纹饰，是明代早期宫廷佛教艺术中"汉藏融合"范式的典范之作，与明代早期宫廷宗教艺术与政治理念相关联。同时，也是目前已知的和永乐大钟铸造年代、整体器形、铭文书体、铸造工艺、悬挂结构最为接近的一口钟，特别是铭文中有关书写者的明确记载，对进一步考察永乐大钟及相关问题，从而得出更加科学客观的结论有着重要的启发意义。出乎意料的是，在笔者撰写本文实地观摩铜钟过程中，于铜钟内壁发现了民国三十三年（1944 年）"华北交通株式会社"某队员在钟内的粉笔涂鸦[2]（图5），华北交通株式会社是日伪在华北交通统治机构的最高机关，1939 年 4 月组建，1945年 8 月日本宣布无条件投降后解散，其政治企图在于统制华北交通，为日本军事侵略、经济掠夺服务[3]，这一涂鸦不仅反映出当时北京地区在日军暴行下社会失序，文物古迹遭到破坏，更警醒今天的我们要奋勇进取，富国强民，永远铭记那段不该忘记的历史，从这个意义上看，大觉寺宣德铜钟则也承载了超越其本身功能的历史意义。总之，大觉寺铜钟是明早期北京地区寺庙官式梵钟的代表作与明代青铜艺术珍品，是西山永定河文化带上的重要文化遗产，亦是北京大觉寺与团城管理处一张重要历史文化"金名片"，围绕其历史内涵与文化价值，后续在博物馆展览与文创产品开发等方面都有着一定的拓展空间。今恭逢北京西山大觉寺对外开放三十周年之际，是为之记。

---

① （英）柯律格著，刘颖译：《中国艺术》，上海人民出版社，2013 年，第 129 页。

② 涂鸦全文为："华北交通株式会社第三总队第一大队第三中队第一小队第三班队员何彬，到此一游，民国三十三年九月十三日"。

③ 王士花：《伪华北交通股份有限公司及其交通统制》，《历史研究》，1996 年第 3 期。

图 5 钟内的粉笔涂鸦题记

　　附记：本文撰写过程中得到大钟寺古钟博物馆何沛馆长、故宫博物院图书馆马晟楠副研究馆员、中国科学院大学张明悟副教授、孔庙和国子监博物馆李晓頔副研究馆员的支持与帮助，钟铭中梵文经咒承蒙中央美术学院人文学院陈捷教授释读，铜钟成分由中国科学院自然科学史研究所周文丽研究员现场测定，深表谢意。

北京大觉寺契约文书与寺院、僧人财产浅谈

秦 进 才 *

摘　要：作者运用《北京西山大觉寺藏清代契约文书整理及研究》公布的新资料，并收集契约、碑刻、方志等文献资料，在既有成果基础上，考察了寺院与僧人财产的四个问题。寺院土地田产的来源，有朝廷赏赐、善人施舍、僧尼奉献、寺院赠与、购买田产、交换土地等途径，但并非所有寺院土地田产的来源均是如此。寺院公有与僧人私产，既有联系，又有区别。从契约文书与所有权的角度看，主要区别在于立契者为何人，即财产的占有、使用与处分权掌握在何人之手，收益归何人所有。僧人私有财产的来源，主要有祖遗、自置、自有、募化等途径。僧人对于私有财产的处分方式，主要有临终施舍的遗嘱、遗赠抚养的契约、品搭均分的析产、自主处分的权利等。

关键词：大觉寺契约文书　寺院　僧人　财产　浅谈

　　姬脉利、张蕴芬编著的《北京西山大觉寺藏清代契约文书整理及研究》，由北京燕山出版社 2014 年出版，公布大觉寺珍藏的上起康熙七年（1668 年），下至民国十七年（1928 年）的契约文书一百一十三件，把珍藏化身千百，嘉惠世人，功德无量。大觉寺藏契约文书，其中有买卖契约、租赁契约、典当契约、施舍契约，以及合同、分单、告示等，种类不少。涉及寺院庙产、僧人财产、土地来源、出租土地等诸多方面，涉及宗教史、寺院经济、经济史、地方史等众多领域。契约文书，本来具有法律证据等作用，现在又有宗教、历史、社会经济等诸多学科的研究价值，并颇具北京地区寺院的特点，是研究北京清代民国时期寺院经济、社会经济、大觉寺历史等问题的珍贵资料，具有较高的史料价值。笔者曾经根据

＊　秦进才，河北师范大学历史文化学院教授、博士生导师。

部分资料，撰写过有关文章，其中涉及寺院土地的来源与僧尼个人财产等问题[①]，有些学者的论著中也涉及大觉寺寺田来源等问题[②]，取得了可喜的成果。笔者在既有成果的基础上，运用《北京西山大觉寺藏清代契约文书整理及研究》的新资料，再收集些契约文书、碑刻、方志等资料，做些归纳、梳理，再对寺院与僧人财产谈点管窥蠡测之见，以请教于大家。

一、寺院土地田产的来源

中国古代是农业社会，土地是最基本的生产资料。"四海之内，六合之间，曰奚贵？曰贵土。土，食之本也。"[③]"土田，衣食之源"[④]。土地是衣食的根本、源泉。"夫土地者，天下之本也。"[⑤]土地是天下的根本，诸侯三宝之一[⑥]。"土地，本也；耕获，末也。无地而责之耕，犹徒手而使战也。"[⑦]土地，不仅是天下根本，而且是农民的命根子，没有土地的农民犹如赤膊上阵，有力无处使，并且也是寺院经济兴衰的重要因素。汉文帝以来，土地私有，既使土地成为自耕农赖以生存生活的基本保障，也使土地成为地主剥削佃农的物质基础，成为可以买卖而能生息、增殖、带来剩余产品的特殊商品，成为社会财富的标志。"意民之情，其所欲者田宅也"[⑧]，占有土地，并扩大土地的占有量，不仅是农民奋斗的目标，也是寺院赖以生存与发展的基础资源，"夫丛林既立，不可无香火之资；人众斯集，须赖有衣食之助"[⑨]。香火、衣食是寺院存在的基础。"庵以僧兴，僧以食聚，斋田之设，庵之兴替系焉。"[⑩]寺院兴衰与土地田产的增减相连，经营庙田是寺院的经常性活动，是寺院经济实力的具体体现。从大觉寺契约文书和敕谕碑、庙产碑等资料来看，寺院土地的来源，主要有如下几种途径。

---

① 秦进才：《大觉寺所藏清代契约文书史料价值浅谈》，《中国农史》，2006 年第 2 期。

② 学术论文，如张蕴芬《明清时期大觉寺寺田之来源》，《阳台集：大觉寺历史文化研究》，北京燕山出版社，2012 年，第 120—126 页；《北京西山大觉寺藏清代契约文书整理及研究》下编《大觉寺寺田的来源、分布及经营》，北京燕山出版社，2014 年，第 266—279 页。学位论文，如冯惠《北京西山大觉寺藏清代契约文书研究》，河北师范大学硕士学位论文，2019 年。

③ （北宋）李昉等撰：《太平御览》三七《地部二·土》引《申子》，中华书局，1960 年，第 177 页。

④ （北宋）曾巩撰，王瑞来校证：《隆平集校证》卷 7《韩亿》，中华书局，2012 年，第 231 页。

⑤ （东汉）荀悦撰：《汉纪》卷 8 "文皇帝纪下荀悦论"，《两汉纪》上册，中华书局，2017 年，第 114 页。

⑥ （清）焦循撰：《孟子正义》卷 29《尽心下》载："诸侯之宝三：土地，人民，政事。"中华书局，1987 年，第 1001 页。

⑦ （宋）李觏撰：《李觏集》卷 19《平土书》，中华书局，2011 年，第 191 页。

⑧ 蒋礼鸿撰：《商君书锥指》卷 4《徕民》，中华书局，1986 年，第 88 页。

⑨ 杨卫东著：《古涿州佛教刻石·西域寺下寺院马房村兴隆寺地庙碑记》，河北教育出版社，2007 年，第 266—267 页。

⑩ （清）刘继增《忍草庵志》卷 3《建置·斋田》，《中国佛寺志丛刊》第 47 册，广陵书社，2006 年，第 99 页。

（一）朝廷的赏赐

明代宛平县，"版图仅五十里，而二氏之居，已五百七十余所。"[①]"而西山一带形势稍胜者，非赐墓、敕寺，则赐第、赐地。"[②]大觉寺正是处于宛平县西山的寺院之一，既属于皇家敕建寺院，又得到了为数可观的赐地。大觉寺将皇帝敕令与赏赐的土地镌刻在石碑上，不仅炫耀皇帝、皇太后赏赐的土地，而且展示其与皇权密切的关系，更是借助于皇权宣示土地所有权，以防止他人的盗窃、侵犯。明弘治十七年（1504 年）十一月初九日所立《孝宗敕谕碑》载："本寺宣德十年原赏常乐庄地二十七顷九十九亩八厘，清河庄地八顷，汤山庄地二顷九十四亩一分四厘，冷泉庄地二十亩，并昌平县佃户五十七户，家人一十六名。"[③]四处赏赐田地，合计三十九顷一十三亩二分二厘，这是直接赏赐的土地。还有由皇太后赏赐价银而购买的土地，"成化十五等年，蒙宪宗纯皇帝奉圣慈仁寿太皇太后，赐价银买到顺天府宛平县□……八十五段，计地一十四顷九十八亩五分，该征□草二百八十一束。买到顺天府昌平县□□里民人邓友□……八十五段，计地三十九顷四十七亩五分，该征□草三百三束三分。买到金吾后卫指挥宋英亲弟宋□原买到□……三十亩，该征□草一百一十束。买到内（宫）〔官〕监太监刘□兄刘玉白地共五顷二十五亩，该征（此行以下漫漶不清）买到内府酒醋面局太监伍薰、侄男伍祥白地共五顷九十八亩，该征□草□……束。"[④]据上述不完整资料统计，合计六十五顷九十九亩（实际数量当超过此数），这是间接赏赐的土地。两者共计一百零五顷一十二亩二分二厘。不仅直接赏赐的土地，"俱免粮草"[⑤]，而且间接赏赐的土地，"该纳粮草养马□银免征一半"[⑥]，均有优惠。直接赏赐的田产属

---

① （明）沈榜编著：《宛署杂记》卷 19《僧道》，北京出版社，2018 年，第 236、237 页。

② 《宛署杂记》卷 4《山川》，第 32 页。

③ 孙荣芬、张蕴芬、宣立品著：《大觉禅寺》十《碑刻匾额及其他文物·孝宗敕谕碑》碑阳，北京出版社，2006 年，第 150 页。此四处田产，又见《孝宗敕谕碑》碑阴正德四年大觉寺庙产碑。

④ 《大觉禅寺》十《碑刻匾额及其他文物·孝宗敕谕碑》碑阴正德四年大觉寺庙产碑（第 150 页）。碑阳亦载："成化十五等年买得顺天府宛平县民地八十五段，共一十四顷九十八亩五分，昌平县民地八十五段，共三十九顷四十七亩五分，俱以资本寺之用。"（第 150 页）据此可知，碑阴所列大觉寺庙产中，不见于《孝宗敕谕碑》者，均是弘治十七年以后购买的。可见直接赏赐和间接赏赐的土地，无论是语言表述，还是赋税征收，都有所区别。再则，《明史》卷 74《职官三》载："宦官。十二监。司礼监，内官监，御用监，司设监，御马监，神宫监，尚膳监，尚宝监，印绶监，直殿监，尚衣监，都知监。"（中华书局，1974 年，第 1818—1819 页）。可知，宦官十二监中并无内宫监，引文中的"内宫监"当是"内官监"之误。

⑤ 《大觉禅寺》十《碑刻匾额及其他文物·孝宗敕谕碑》碑阴正德四年大觉寺庙产碑，第 150 页。

⑥ 《大觉禅寺》十《碑刻匾额及其他文物·孝宗敕谕碑》碑阳（第 150 页）。碑阴又载："钦降本寺敕谕□□，内开买过两县民人地土该征草束免科一半。钦此。"（第 150 页）上述碑阳、碑阴所言，文字有雷同之处，精神有相通之点，两者可以互相证明其可靠性。（明）葛寅亮撰《金陵梵刹志》卷 2《钦录集》洪武二十七年甲戌载：寺院"钦赐田地税粮全免，常住田地虽有税粮，仍免杂派，僧人不许充当差役。"（《续修四库全书》，第 718 册，第 467 页）两者优待寺庙、僧人的精神相同，而表述文字相异，优待程度亦有区别。

于官田，间接赏赐的土地属于民田①，均属于大觉寺的公有财产。由此造成大觉寺雄厚的经济基础。

朝廷给寺院的土地赏赐，源远流长，南朝以来直至明清，屡见不鲜，具体到寺院，只有那些大寺院才有获得朝廷土地赏赐的可能，而那些小寺院与朝廷土地赏赐无关。

（二）善人的施舍

善人施舍土地给寺院，既是善人积德求福、福泽子孙的好事善举，又是寺院土地的重要来源，施舍土地的形式多种多样。

有代价的施舍。嘉庆九年（1804 年）五月，"张永连，今有祖遗杂果园壹段，土木相连。此地坐落在常住大影壁下坎。东至徐各庄，西至大影壁，南至道，北至道，四至分明，计地叁拾贰亩。因年老无子，不能耕种，今同中人说合，情愿施与大觉寺耕种摘收。"但张永连做善事施舍果园，不提价钱，但并不等于大觉寺不给钱，只是给钱的名义不同。大觉寺"常住因伊年老，与伊养老银贰拾伍两整。其银笔下交清，并无欠少。"②不叫地价，而称养老银。双方做得既慈善又仁义。

无条件的施舍。如光绪二十七年（1901 年）二月，宋门宋氏，"因为本身园地壹段，坐落在朱家坟，计地叁亩，上下两段，计开四至：东至闵姓，西至吴姓，南至小道，北至吴姓，四至分明。因年齿有迈，不能刨种。今同至亲人，自心情愿，将此地施舍与三教院庙内住持僧人常慧名下，作为香火之地，耕种锄刨，修养树〔株〕，土木相连，取土作井，立占坟茔。从立字之后，永远为业，不与宋氏相干。"③这里土地面积、四至、地权出让等写得很清楚，但并没有说土地价钱，是不讲条件的施舍。

与卖地并存的施舍。傅德亮"慨然有布施之愿，因事不便，随将自置石门村地三顷零九亩一分六厘，下庄村地八顷七十三亩八分四厘，北正里零甲共大粮地拾一顷八十三亩，藉此诣寺，佛前祝告，备供斋僧。情甘同弟德亮，将此地半施半卖与西域寺内，言明地价纹银壹仟三百五十两正，其银笔下交清，并不欠少。又有慈母点食之地，三顷二十六亩五分三厘，情愿舍与寺内，供佛斋僧，永远为业。"④傅德亮、傅善亮兄弟以这种半施半卖与

---

① 《明史》卷 77《食货志一》载："明土田之制，凡二等：曰官田，曰民田。初，官田皆宋、元时入官地。厥后有还官田，没官田，断入官田，学田，皇庄，牧马草场，城壖苜蓿地，牲地，园陵坟地，公占隙地，诸王、公主、勋戚、大臣、内监、寺观赐乞庄田，百官职田，边臣养廉田，军、民、商屯田，通谓之官田。其余为民田。"（第 1881 页）据此来看，朝廷赏赐田产，属于"寺观赐乞庄田"，是为官田。
② 《北京西山大觉寺藏清代契约文书整理及研究》上编《张永连立施舍果园契》，第 84—85 页。
③ 《北京西山大觉寺藏清代契约文书整理及研究》上编《宋门宋氏立施舍园地契》，第 172—173 页。
④ 杨亦武著：《房山碑刻通志》卷 3《大石窝镇·功德碑刻·傅宅地亩碑记》，学苑出版社，2020 年，第 223 页。

完全施舍的相结合的方式，为西域寺增加了十六顷九十二亩五分三厘土地田产。

善人施舍土地的人员众多、身份不同、途径不一，数量多少相差悬殊，是寺院特有的土地田产的来源方式。

（三）僧尼的奉献

寺院的土地，有些是来自于僧尼的奉献，其中也可以划分为不同的类型。

僧人带园地入寺养老。僧人因为年老体弱为养老，携带自己的土地、果园进入寺院。如乾隆十八年（1753 年）五月，"普兴，因为年老失目，无有徒子法孙奉侍，今同两廊本家人等仝送常住，住净养老，所有果园三块亦随常住，永远供众。"①僧人普兴的果园等私有土地，通过在大觉寺的住净养老，转化成大觉寺的公有田产。又如嘉庆七年七月，僧人信悟"因老迈年残，四肢不能动转，耳目眩暗，难已自爨。又加度日贫乏，艰难太甚，寔出无奈。"只得叩祈"大觉寺和尚施恩，情愿带自己园地投入常住，望讫〔祈〕和尚慈悲怜悯收留，栖身养命得安也。"带着自己的杨树凹果园一段、妄八坑果园一段、河东果园一段、八亩地一段、四亩地一段等，共计土地果园八段和一座破庙，进入大觉寺养老②。上述两例，与农村中"养老腾宅"的习俗比较接近，即由选定的人家负责对孤寡老人进行赡养，老人去世，房子即归这户人家所有；又类似于现代社会的"遗赠抚养协议"，即受抚养人与抚养人之间订立关于抚养人承担受抚养人的生养死葬的义务，受抚养人将自己所有的财产遗赠给抚养人的协议。这里遗赠与抚养的双方均有权利又负有义务。带园地入寺的僧人有获得养老的权利，也有交出财产的义务。大觉寺有获得僧人财产的权利，也有照顾僧人生活的义务，在履行养老义务的同时，寺院也获得了土地田产的增加。

僧人的施舍。僧人将属于自己的土地财产，施舍给寺院。如嘉庆二年（1797 年）九月，"立舍状僧人智选、徒方、有遥等，自幼来入空门，沾来佛恩，无可报答。因有续置到白家山屯地半分，共地数三十余亩，又随窑院一所，情愿舍入兴唐寺佛祖莲下为香火地。自舍之后，并无异言，著常住永远管业，或租或代，著常住收藏，只许吃租，不许当卖。恐后无凭，刻石舍状，现存红契，永远为照。"③僧人智选、徒方、有遥师徒将自己购置的三十余亩土地等，施舍给山西赵城县（今为洪洞县）兴唐寺为香火地，并提出了对于施舍土地的具体要求。又如道光二十八年（1848 年），"南牛侍净土庵正清，目道光十一年进庵以来，日积月累，屡置田地三十九亩，今将所置己产情愿出舍与本庵永作佛前香灯之

---

① 《北京西山大觉寺藏清代契约文书整理及研究》上编《僧普兴施舍供养契》，第 46—47 页。

② 《北京西山大觉寺藏清代契约文书整理及研究》上编《僧信悟立施舍供养契》，第 76—77 页。

③ 释力空著：《霍山志》卷 6《杂识志·金石·施舍香火地功德碑》，山西人民出版社，1986 年，第 176 页。

地，盛事之举，实为不爽。"① 这些僧人施舍给寺院的土地财产，都是辛勤劳作、日积月累而来。

尼姑的施舍。如乾隆四十五年（1780年），"兹有比丘净如等，为人清俭，用度随缘。积有舌齿余资若干，置地舍奉西域金田，接待往来，供佛斋僧，永作香火，乃为身后之供养也。""计开：施银叁佰玖拾肆两肆钱，置水地壹段计陆拾捌亩，坐落涿州迤西北杜村村西，东至吴姓，南至高姓，西至弘恩寺地，北至水沟，四至分明。"② 说明了资金的来源，并注明了土地的四至。

僧人带园地入寺养老和僧尼施舍土地给寺院，是性质不同的两件事情，它们的相同点在于奉献土地果园者都是佛教徒，他们的施舍行为都增加了寺院的土地田产数量，在这一点上，都可以视为寺院土地来源的一个方面。

（四）寺院的赠与

寺院的土地田产，有些是其他寺院赠与的。如嘉庆二十五年（1820年）二月，戒台寺方丈临、监院怡，"常住旧有香火庙一处，坐落昌平州西门外延庆寺，随庙香火地壹顷有余，原系戒台祖遗旧产。因道途遥远不能照应，情愿与大觉寺方丈慧彻焚修办理，永远为业。"③ 这属于寺院系统内部寺庙、土地等财产的转移，对于整个寺院系统来说，数量没有增加，但对于接受赠与寺庙、土地的大觉寺来说也就扩大了拥有的寺庙、土地等财产数量，故也可以作为土地田产的一个来源。

（五）购买的田产

寺院有些土地田产，是用金钱买来的，除上述明宪宗奉圣慈仁寿太皇太后赏赐价银让大觉寺购买土地外，大觉寺也自己筹措资金，采用不同的方式向不同的卖主购买土地。

出资购买。从卖主的身份看，既有农民，也有僧人。

雍正八年十二月初十日（1731年1月17日），"祖洪因手乏无钱使用，将自置地壹段，东西畛，东至沟，西至郝姓，南至郝姓，北至赵姓，四至分明，计地叁拾亩。此地产坐落在北安河村北。今同中说合情愿卖与大觉寺常住永远为香火地，言明清钱肆佰伍拾吊整。"④ 这是大觉寺出钱来购买寺院附近的农民土地。

乾隆三十八年（1773年）十月，僧人觉明，"因为无钱使用，今将本身香火地两段，

---

① 张正明、科大卫、王勇红主编：《明清山西碑刻资料选（续一）》—《农林·施舍地亩碑记》，山西古籍出版社，2007年，第7页。

② 《房山碑刻通志》卷3《大石窝镇·功德碑刻·施财置地斋僧功德文引碑》，第221页。

③ 《北京西山大觉寺藏清代契约文书整理及研究》上编《戒台寺方丈、监院立施舍赠予字据》，第92—93页。

④ 《北京西山大觉寺藏清代契约文书整理及研究》上编《祖洪立卖地契》，第32—33页。

头段六亩，四至买主；二段拾亩，东、北、西三至买主，南至大沟，四至分明，共计地二段十六亩，坐落北安河北黄阴洼。同中说合卖给大觉寺耕种，永远为业。言明价钱清钱六十五吊整。"①这是寺院出资购买僧人私有的土地。从土地位置看，与大觉寺联系比较密切，本身是香火地，有一段四至买主，有一段东、北、西三至买主，买主就是大觉寺，这样的土地很容易与大觉寺的土地融合为一体。

由上述两例可见，寺院与世俗买卖土地，除了世俗人说"自置地壹段"与僧人言"本身香火地两段"，有所区别外，其他的，不论是契约文书的格式，还是土地价格，都没有根本的区别。

出钱典买。如乾隆六十年（1795年）二月，"孙廷佐因乏手无钱使用，将周家坟地一段，烦中说合，情愿典与大觉寺常住以为耕种供众。言明清钱贰拾吊整，其钱笔下交足，并无欠少。其地土木相连。"②这是大觉寺出钱典买来的土地。

先租后买。如僧人通达，有老爷庙东杂果园一块，乾隆三十九年，租于大觉寺常住八年，四十三年，又接租八年，两次使过常住租钱十六吊。乾隆四十七年十二月初三日（1783年1月5日），"情愿卖与常住，作永远香火。"③出租土地变成了买卖土地，僧人私有土地转化为大觉寺的公有土地田产。

无论是出资购买，或是出钱典买，还是先租后买等，都是以钱为基础去进行土地的买卖，在这里寺院与世俗社会的土地买卖没有根本性的区别，由此构成了寺院土地来源的一个方面。

（六）交换的土地

两个土地所有者相互交换土地，又称对换土地等，调整了土地布局，达到了自己所需要的目标，也可以视为寺院土地来源的一个方面。

园地与园地相互交换。如道光十三年（1833年）八月，"汪菊圃有自典园地一块，原置价钱肆佰伍拾吊整，坐落在北安河瓦窑厂，计地叁拾亩，因欲立茔，凭中说合，换与大觉寺为业。慧和尚情愿将庙中施产园地一块，坐落在北安河老公园，计地拾肆亩，换与汪菊圃立茔地安葬。之后言明永远绝不回赎，后人亦不得翻悔。"④汪菊圃为立坟茔地，用位处北安河瓦窑厂自典园地三十亩与大觉寺坐落在北安河老公园的十四亩施产园地进行交

①　《北京西山大觉寺藏清代契约文书整理及研究》上编《僧觉明卖地契》，第52—53页。
②　《北京西山大觉寺藏清代契约文书整理及研究》上编《孙廷佐立典地契》，第70—71页。
③　《北京西山大觉寺藏清代契约文书整理及研究》上编《僧通达立卖果园契》，第58—59页。
④　《北京西山大觉寺藏清代契约文书整理及研究》上编《僧慧彻、汪菊圃立换地契》，第112—113页。

换，老公园当是太监的墓地所在①，又称老公坟等，地理位置、环境、风水会比北安河瓦窑厂更好些，也安静些，更适合作坟茔地。所以汪菊圃心甘情愿地会以瓦窑厂的三十亩园地与大觉寺老公园十四亩园地交换，大觉寺因此增加了十六亩土地。

又如光绪八年（1882年）三月初一，"邓文亮，今有自置民地壹段，计地拾捌亩。此地坐落在后厂村东，南至沟，北至道，东至邓姓，西至王姓，四至分明。今托中人说合，情愿换与大觉寺永远为业。仝中原〔愿〕换大觉寺香火地壹段，计地拾伍亩半。此地坐落在后厂村北，南至道，北至沟，东至大道，西至香火地，四至分明。自换已后，盖房、打井、安营，由其邓姓自便，不与常住相干。邓姓长地贰亩半，当年与常住照数认租。此系两家情愿，并无悔〔反〕悔。"②大觉寺通过与邓家交换土地，用十五亩半换得了邓家十八亩地，所多出的二亩半，照数认租。

从上述两例来看，土地交换的主动者是对方，可见对方看中了大觉寺的土地位置等。但在土地交换过程中，大觉寺有时也增加了土地的数量，故也可以视为寺院公有土地的来源途径之一。

综上所述，朝廷的赏赐、善人的施舍、僧尼的奉献、寺院的赠与、购买的土地、交换的土地等方式，是大觉寺增加土地田产来源的主要途径，再加上原来寺院祖遗旧产的土地，构成了寺院土地来源的体系。这也是清代北京地区寺院土地来源的主要途径③，既带有中国古代寺院土地来源的共同性，也体现了寺院土地来源的多样性。因为寺院土地财产来源的多样性，也就造成了寺院土地所有权的不确定性，有人认为，寺观"其物业皆由布施而来"④，或谓由十方捐助而来，为清末寺院国有政策的推行，提供了理由，形成了清末民初部分寺院改为学校、土地转为学校所有的结局，以及诸多的纠纷等⑤。但也应当看到，即使在都城南京，"大寺、次大寺田地洲场皆出钦赐，中小寺则有常住，有施舍，总名公

---

① 园，有多重含义。如（唐）李贤注《后汉书》卷1上《光武帝纪上》"赤眉焚西京宫室，发掘园陵"，曰："园，谓茔域。陵，谓山坟。"（中华书局，1965年，第28页）园，指茔域，即坟墓。李善注《文选》卷23颜延之《拜陵庙作诗》"哀敬隆祖庙，崇树加园茔"，曰："如淳《汉书注》曰：茔，墓田也。"（中华书局，1977年，第332页）园茔，亦指坟墓。据此看，上引《僧慧彻、汪菊圃立换地契》中的"老公园"，当与太监墓地有关。

② 《北京西山大觉寺藏清代契约文书整理及研究》上编《邓文亮立换地契》，第160—161页。

③ 参见刘小萌：《清代北京旗人舍地现象研究——根据碑刻进行的考察》，《清史研究》，2003年第1期。

④ 苑书义等主编：《张之洞全集》卷271《劝学篇二·设学》，河北人民出版社，1998年，第9739页。

⑤ 参见李贵连：《清末民初寺庙财产权研究稿》，载《近代中国法制与法学》北京大学出版社，2002年，第149—177页；许效正：《试论清末民初（1895—1916）的佛教寺产所有权问题》，《世界宗教研究》，2012年第1期。

产。"① 在《金陵梵刹志》记载的一百六十所寺院中，大寺、次大寺仅有八所，也就是只有百分之五的寺院能够享受皇帝赏赐田地的荣光。像大觉寺这样与皇家有关系的寺院，属于敕修的皇家寺院，其土地来源，既有一般性，更有特殊性，绝大多数寺院没有皇帝赐田、皇太后赐土地价银的幸运，也不是所有寺院都会有善人的施舍、僧尼的奉献、寺院的赠与等好事，募集资金购买土地等是增加寺院土地田产的正常途径。张之洞曾言："今天下寺观何只数万，都会百余区，大县数十，小县十余，皆有田产"②。所言并不准确，有些寺院没有土地只能租赁其他寺院③或民间的土地④耕种，以此谋生存，进而求发展。

二、寺院公有与僧人私有财产的联系与区别

从佛教教义来看，僧尼不应该也不允许蓄积私有财产。如"《智论》云：'出家菩萨，守护戒故不畜〔蓄〕财物，以戒之功德胜于布施。'"⑤又如言："僧有五种物不可卖不可分：一地，二房舍，三须用物，四果树，五华果。"⑥而实际上从南北朝以来，随着佛教的发展，形成了兴盛的寺院经济，唐五代以来僧尼私有财产越来越多，原因何在？

何兹全梳理了佛教经论中对于寺院财产和僧尼私有财产的规定，揭示了僧尼由不许蓄私财到允许蓄私财的演变过程，解释了僧尼私财中的轻物和重物、三宝财物——佛物、法物和僧物、盗用互用三宝财物有罪、僧尼饭食的供给、赡待道俗法、施主对所施财物的权

---

① 《金陵梵刹志·凡例》，《续修四库全书》，第 718 册，第 408 页。

② 《张之洞全集》卷 271《劝学篇二·设学》，第 9739 页。

③ 北京西山大觉寺藏乾隆五十一年《大觉寺收地租账》载：冷泉村，"老卩〔爷〕庙种地七十八亩，租（艮）〔银〕四十一千三百七十文。"韩家川，"老爷庙种地十四亩秋租（艮）〔银〕六千。十月初六日收（艮）〔银〕三吊，十月二十日收（艮）〔银〕三吊。完。"乾隆五十九年《收地租账》载：土井，"老爷庙种地八十八亩，押租钱四十六吊八百文。九月三十日收银三十七千，十月初六日收银九千八百。完。"乾隆六十年《收地租账簿》载：冷泉村，"老爷庙种地七十八亩，秋租钱卅五吊。八月二十日收钱卅五吊。"由上述可知，老爷庙租种大觉寺的土地，并按时交租。

④ 河北省社会科学院信息中心藏《重修龙泉寺碑记》载：文上人重修龙泉寺，"披剃来从者五七人，□授释家书，仍租邻寺民家地数十亩耕种。获收粟麦，可给用，遂买牛力耕，有马代步，仍得滋息之利。"（转引自冯金忠《重修龙泉寺碑记所见明代寺院经济》，《文物春秋》2017 年第 2 期）据此可知，租种土地亦是僧人维持生活，积累资金修建寺院的一种途径。

⑤ （唐）道宣撰：《四分律删繁补阙行事钞》卷中一《篇聚名报篇》（《大正新修大藏经》，新文丰出版有限公司，1973 年，第 40 册，第 49 页下）；又见卷中二《随戒释相篇》（《大正新修大藏经》，第 40 册，第 71 页中）。两者引文相同。

⑥ 《四分律删繁补阙行事钞》卷下四《诸杂要行篇》，《大正新修大藏经》，第 40 册，第 146 页上。

力和亡僧财产的处理等一系列问题，从理论上说明了寺院财产和僧尼私有财产问题①。

张弓等学者运用敦煌文书、经史集等史料，从唐五代社会变迁中，从寺院经济的变化中，从寺院经济综合方面来考察，从僧尼私有财产个案来分析，梳理僧侣地主和僧尼私财的继承方式的变化，认为随着均田制的衰落，土地兼并的发展，国家的财政税收政策，由户丁为本的税人而转为据地出税的两税法，带来了寺院土地买卖的兴盛，寺院土地数量的增长，政府只得令寺院僧尼据地出税。寺院经济逐步脱离了佛教的清规戒律，在土地兼并的潮流面前，佛教禁令无可奈何，朝廷律令无能为力，寺院经济的宗教色彩日趋淡薄，僧尼的私有财产趋同于世俗②。同是寺院，既有属于同活共财的公产寺院，如北京西山大觉寺③，也有属于僧人的私产寺院，如北京南小街法兴寺④ 等，不同类型的寺院，僧人与寺院的关系不同。不仅敦煌文书中有僧人私有财产的资料，而且大觉寺藏契约文书中也有一些僧人私有财产的相关资料。

不仅寺院可分为公有、私有等不同类型，而且公有寺院中亦存在着寺院公有财产与僧人私有财产，两者同时并存，既有联系，又有区别，十分复杂。笔者试从所有权⑤的角度，去看公有寺院中的寺院公有财产与僧人私有财产，因为所有权是最为重要的物权与财产权，拥有所有权是土地房屋交易发生的前提，支出资金获得所有权是土地房屋买卖的结果。因此，从所有权的角度去观察，可区别公有寺院中寺院公有与僧人私有的财产问题。针对契约文书，笔者梳理为以下三种类型。

---

① 何兹全：《佛教经律关于寺院财产的规定》，《中国史研究》，1982 年第 1 期；《佛教经律关于僧尼私有财产的规定》，《北京师范大学学报（社会科学版）》，1982 年第 6 期。

② 张弓：《唐五代的僧侣地主及僧尼私财的传承方式》，《魏晋南北朝隋唐史资料》第 11 辑《唐长孺先生百年诞辰纪念专辑》，武汉大学出版社，1991 年，第 197—205 页；李德龙：《敦煌遗书所反映的寺院僧尼财产世俗化》，《山西大学学报（哲学社会科学版）》，1995 年第 2 期；郝春文：《唐后期五代宋初敦煌僧尼遗产的处理与丧事的操办》，《敦煌研究》1998 年第 3 期；明成满：《唐五代敦煌僧尼私有财产研究》，《学理论》，2012 年第 18 期等。

③ 如大觉寺财产，从僧人们看来有属于同活共财的财产，因为是朝廷出资建造、重修，无疑可以说是公产。

④ 有些寺庙是僧人募化建造的，他们自称是私产。如北京南小街法兴寺，《北京西山大觉寺藏清代契约文书整理及研究》的上编《曹德祥立卖家庙契》载：明崇祯八年二月，"卖于长老修养，方便传贤，私产自为"（第 234—235 页）；上编《庙产执照》载："特派调查员查得，南小街法兴寺住持觉禅庙内殿堂房屋共叁拾壹间，庙外财产地段△顷△亩△分△厘，确系私产。"（第 202—203 页）僧人自认为法兴寺为私产，并被民国政府确认为私产。

⑤ 《中华人民共和国民法典：大字版》第二编《物权》第二分编《所有权》第二百四十条载："【所有权的定义】所有权人对自己的不动产或者动产，依法享有占有、使用、收益和处分的权利。"（中国法制出版社，2020 年，第 56 页）所有权，是清末法律改革中出现的新概念，但给我们提供了认识寺院公有与僧人私有财产的角度和标准。

（一）住持立契者属于寺院公有财产

寺院住持或取得寺院住持、常住、监院等人授权而签订的契约文书，所涉及的是寺院公有财产。

嘉庆八年十一月二十九日（1804年1月11日），"立供养茔地文约人碧天，因北廊下三教院住持法长，初创开山，未得没后安葬之地。今有大觉寺常住、监院同众诸山言明，情愿供养茔地一段。……四至分明。情愿供养。（凭）〔任〕凭建塔修葺，永远传代埋葬。"① 此契中所言的供养，在佛教中指礼佛，或施舍僧人、斋僧之义。供养茔地，即施舍茔地事，已经过大觉寺常住、监院同诸山协商，由碧天以"立供养茔地文约人"的身份，代表大觉寺签订契约文书，施舍给三教院茔地，当属于大觉寺的公有土地。类似的是，咸丰八年（1858年）正月，"立供养字文约人慧缘同致敬修、永修，因西山三教院东边有空庄窠一块，今同中人说合，情愿供养三教院住持尊一修殿盖房使用。供养（知）〔之〕后不与三官庙、关帝庙相干。……恐口无凭，立供养字存照。"② 这是施舍给三教院空庄窠（即田产），立契者慧缘等，不仅没有寺院常住、监院等人的授权，而且声明"不与三官庙、关帝庙相干"，可知这是僧人的施舍行为，空庄窠（即田产）也属于僧人的私有财产。上述两件契约文书的共同之处都是供养茔地或庄窠，即施舍土地田产给三教院。区别在于立契者的身份不同，僧碧天是寺院的代表，僧慧缘是僧人的代表，契约文书涉及的是不同的财产所有权，前者是寺院的公有财产，后者是僧人的私有财产。两种不同所有权的土地、庄窠，通过施舍的途径，变成了三教院的公有财产。

咸丰十年（1860年）三月，"立典字人，系大兴县民住持僧同寿"，"将祖遗倒座房壹间"，"情愿指房借钱。""住持僧同寿将祖遗房壹间，情愿典盛性〔姓〕名下为业。"③ 咸丰某年三月，"立典字人，系大兴县民住持僧同寿"，"将祖遗厢房壹间，今情愿典于张名下为业，言明壹年为满，典价全钱八吊正。"④ 标明"住持僧同寿"身份，又说明典出的是"祖遗倒座房""祖遗厢房"，而没有说明是"自置"等，可知是属于大觉寺的公有财产。

上述两件由大觉寺住持或代表碧天出面订立的契约文书，所涉及的土地房产都属于大觉寺公有财产。

（二）僧人立契者属于僧人私有财产

僧人立典约当契者，典当的是僧人私有财产。康熙四十五年（1706年）七月，"立典

---

① 《北京西山大觉寺藏清代契约文书整理及研究》上编《僧碧天立施舍供养茔地契》，第82—83页。
② 《北京西山大觉寺藏清代契约文书整理及研究》上编《僧慧缘立供养契》，第126—127页。
③ 《北京西山大觉寺藏清代契约文书整理及研究》上编《住持僧同寿立典房契》，第128—129页。
④ 《北京西山大觉寺藏清代契约文书整理及研究》上编《僧同寿立典房契》，第130—131页。缺年代。

约僧人海山同徒寂举",将自置祖业甜樱桃、香椿、杂果树等三段,"出典于韩、性德二人名下摘收为业"①,僧人性德是典买者之一。风水轮流转,典买者又转变为立典契者。雍正十年（1732年）八月,"立典契文约僧人海潮、性德","将祖业香火地拾亩……出典与铺头村杨名下耕种为业"②。乾隆十一年十月,"立当文约人圆通","将阜头村北香火地一段拾亩清源〔情愿〕当与阜头村羊〔杨〕名下耕种为业"③。由上述三例可知,僧人是立典约当契者,典当的应都是僧人的私有财产。

僧人是立卖契者,卖出的田宅,是僧人私有财产。如康熙七年三月,"立复卖园地僧人佛果",情愿将自置杂果园地一段八亩,"卖与马文辅永远为业"④。康熙四十五年（1706年）七月,"立卖约僧人海山同徒寂举","将自置祖业,在西竺寺苇地一段,出卖与北廊下三教院明业名下为业。"⑤僧人佛果、海山、寂举等是卖主,僧人明业是买主。无论出卖的土地,还是买入的田产,无疑都属于僧人的私有财产。

上述这些僧人所立契约文书,所典当、出卖的土地田产,均当属于僧人私有财产。因为,只有土地的主人才拥有其所有权,才享有占有、使用、收益和处分的权利,在土地买卖、典当活动中才有立契的权利。一般情况下,其他人无权处分僧人个人的私有财产。

（三）常住与法名等是区分公有与私有的标志

有些契约中涉及寺院的田宅等,多说是常住、寺名等,是寺院公有财产,而僧人土地则多写僧人法名、法号等。

康熙四十五年（1706年）七月,海山同徒弟寂举,出卖自置祖业苇地,"西至大觉寺杨树坎,东至赵姓,南至大觉寺山根,北至南山"⑥,这里的"西至大觉寺杨树坎","南至大觉寺山根",表明那里是大觉寺公有财产。

道光十三年（1833年）六月,陈德,"将本身祖遗园地一块,东至马姓,西至常住,南至南廊下、陈姓,北至常住。"⑦僧人通性,卖出的"黄家洼地一段,计地四亩,四至俱至常住。"⑧上述"常住",均指寺院的公有土地。

嘉庆七年（1802年）七月,僧人信悟,将"八亩地一段,东至李姓,南至李姓,西至

① 《北京西山大觉寺藏清代契约文书整理及研究》上编《僧人海山立典祖业契》,第20—21页。
② 《北京西山大觉寺藏清代契约文书整理及研究》上编《僧海潮、性德立典地契》,第36—37页。
③ 《北京西山大觉寺藏清代契约文书整理及研究》上编《僧圆通立典当契》,第42—43页。
④ 《北京西山大觉寺藏清代契约文书整理及研究》上编《僧人佛果立复卖园地契》,第14—15页。
⑤ 《北京西山大觉寺藏清代契约文书整理及研究》上编《僧海山立卖祖业地契》,第22—23页。
⑥ 《北京西山大觉寺藏清代契约文书整理及研究》上编《僧人海山立出卖祖业地契》,第22—23页。
⑦ 《北京西山大觉寺藏清代契约文书整理及研究》上编《陈德立卖杂果园地契》,第110—111页。
⑧ 《北京西山大觉寺藏清代契约文书整理及研究》上编《僧通性立卖地契》,第50—51页。

东屋，北至道，此八亩地典与妙洪，典价钱拾五吊。"将"家门口白果园一段，南至觉明，西至山，北至道"①。"典与妙洪""南至觉明"，表明将八亩地典与僧人妙洪，家门口白果园南面是僧人觉明的土地。

从所有权的占有、使用、收益和处分四个方面着眼，从上述三个方面分析，可以区别寺院公有财产与僧人私有财产的归属问题。

（四）僧人私有财产的体现

寺院公有与僧人私有财产，除可以从上述三方面区分之外，还在有些在契约文书中体现出僧人私有财产的数量来。如前述嘉庆七年（1802 年）七月，僧人信悟带着自己的八段土地果园和一座破庙进入大觉寺养老。又如僧人义起，"今将自己祖遗一顷八十亩，情愿出卖于大觉寺，永远为业。同中说合，言明价银贰佰四拾两正。此地坐落在唐家岭村西北六段：南北地一段；道西，南北地一段；东西道南，东西地一段；道北，南北地一段；道南，东西地又一段；又顶徐坟地一段。"②义起一次卖给大觉寺坐落在唐家岭村西北的六段地一百八十亩，可见有些僧人拥有财产之多。上述契约文书所载的当是信悟、义起财产的大部分。

僧人的私有财产种类多种多样。有土地、果园，如上述普兴、信悟、觉明、通达、义起和下述的信然、佛果、海山、明依、性德、圆通等人的典地契、卖地契、施舍供养契等均可为证。有破庙，如上述信悟施舍供养契等。有庙基，如"僧人觉心，因大觉行宫墙外右边有庙基一所，年深日久，殿宇圣象全无，只存倒坏破房六间，木料损坏，许多年来并无人住，恐其驾临有碍于事，今仝南北廊下本家说合，卖与常住，作钱叁拾吊。"③有"财物家什"，分别指家庭钱财和家庭用具、器物、家具等，僧性德、寂志分单字据可证。除了破庙等宗教设施外，其他与世俗财产没有根本区别。

由于寺院有公有、私有等不同，僧人对于寺院财产的支配权并不相同。那些能够做主把寺院房屋、田产施舍给大觉寺的僧人，多是属于私有寺院的僧人才有这样的支配权力。公有寺院的住持、常住、监院等人才可以做主立契，而一般僧人不会有如此大的支配权力。僧人的私有财产与寺院寺有财产，既有联系，更有区别，可以从多角度区分开来。从上述契约文书中的"情愿施与大觉寺耕种摘收"，"情愿带自己园地投入常住"，"情愿卖与大觉寺常住永远为香火地"，"卖给大觉寺耕种，永远为业"，"情愿卖与常住，作永远香火"，"情愿典与大觉寺常住以为耕种供众"等，通过施舍、卖与、典与给大觉寺、大觉寺

---

① 《北京西山大觉寺藏清代契约文书整理及研究》上编《僧信悟立施舍供养契》，第 76—77 页。
② 《北京西山大觉寺藏清代契约文书整理及研究》上编《义起立卖地契》，第 242—243 页。
③ 《北京西山大觉寺藏清代契约文书整理及研究》上编《僧觉心卖庙基契》，第 62—63 页。

常住等不同途径，不仅使不同类别的私有土地等变成了寺院的公有土地，成为寺院公有土地的来源，而且也是寺院公有土地与僧人私有土地既有联系亦有区别的标志，僧人的私有土地、房屋等可以捐赠、出卖给寺院从而转化为公有财产，而公有寺院的财产是不能随便转化为僧人私有财产的。

三、僧人私有财产的来源

不仅僧人的私有财产种类多种多样，而且其来源也是不拘一格。

（一）祖遗的财产

有些僧人的财产是从师父那里继承的祖遗财产，如上述所列举的僧人义起"祖遗一顷八十亩"土地，下面所列举的僧人性德、寂志的分单，均可以作为僧人祖遗财产的证据。

僧人信然卖地契也可证明，信然，"今将祖遗地壹段，东至小道，西至大道，南至御路，北至墙根，四至分明。共地八亩，此地坐落在徐各庄娘娘庙前新开路。今同中说合，情愿卖与大觉寺常住永远为业，言明卖价钱壹佰壹拾吊整。"①

僧人用"祖遗"表明财产来源，世俗人也可以用。嘉庆四年（1799年）二月，李永泰，"今将本身祖遗荒坡地一段"，"情愿卖与李成福名下，永远为业。"②嘉庆九年五月，"张永连，今有祖遗杂果园壹段"，"情愿施与大觉寺耕种摘收。"③同治五年（1866年）七月，赵应仕，"将自己祖遗园地壹段"，"卖与三教院住（特）〔持〕僧人宽亮名下。"④

不仅大觉寺契约文书中使用祖遗，而且其他契约文书中亦有，如长芦盐务档案契约文书中的高崇熙等"将阖族祖遗近海灶地壹处，地名杨港子，坐落高沙岭西北漫口港西地界相连，共计地贰拾壹顷玖拾亩整。卖与三乐堂永远为业。"⑤郑孔昭有"祖遗经分在册官滩壹付，坐落东沽道口迤南，滩名新滩。"⑥杨守巨等将"祖遗杨家港一处，坐落六峰迤西。南至东西道，北至老巡房地基，东至六峰大沟，西至勾巢港。""卖与高美斯名下捕鱼打草永远为业。"⑦这里有"合族祖遗""祖遗经分""祖遗"等不同，说明了祖遗有不同的类型。甘肃岷县大崇教寺契约文书有刘高家代"今将自己祖遗出社里地一段，下籽一斗五升，每

① 《北京西山大觉寺藏清代契约文书整理及研究》上编《僧信然立卖地契》，第122—123页。
② 《北京西山大觉寺藏清代契约文书整理及研究》上编《李永泰立卖荒坡地契》，第74—75页。
③ 《北京西山大觉寺藏清代契约文书整理及研究》上编《张永连立施舍果园契》，第84—85页。
④ 《北京西山大觉寺藏清代契约文书整理及研究》上编《赵应仕立卖园地契》，第140—141页。
⑤ 《高崇熙等杜绝买灶地契》，宣统元年六月十六日，长芦盐务档案680-2-2445。
⑥ 《郑孔昭杜卖滩契》，嘉庆十三年十二月二十六日，长芦盐务档案680-2-2445。
⑦ 《杨守巨等杜卖地契》，乾隆五十九年十一月十一日，长芦盐务档案680-2-2445。

年承粮一斗五升。""情愿归于本庄后八见名下为业耕种。"①张三呵婆"今将自己祖遗河子上屯地壹段，下籽弍斗，每年承纳仓粮弍斗。""情愿永远归于本堡李吉祥代名下为业耕种"②。祖遗是相同的，土地面积说法是不一样的。

由上述可知，祖遗，即祖先遗留的财产，是私有财产的来源之一。僧人可以用，世俗人也可以用。僧人的"祖遗"，是继承了前辈僧人的遗产；世俗人的"祖遗"，是继承了祖辈的遗产，两者有法缘与血缘的区别，其他方面则没有根本性的不同。

（二）自置的财产

有的土地是属于僧人自己置办而来。康熙七年（1668年）三月，僧人佛果，"有自置杂果园地一段八亩，坐落在大觉寺山门外。"③由此契可知，僧人佛果有自置的杂果园。康熙四十五年七月，僧人海山同徒寂举，"今将自置祖业，在西竺寺苇地一段，出卖与北廊下三教院明业名下为业。"④据此可知，海山师徒出卖了自置祖业，由此僧人明业得以自置苇地一段，均属于僧人自置产业。同年同月，海山师徒，又"将自置祖业甜樱桃、香椿、杂果树株，坐落在乍而峪，共三沟三段，出典于韩、性德二人名下摘收为业。"⑤海山师徒出典了自置祖业，僧人性德典买为自置果园。僧人出卖、出典自置产业与僧人买入、典入自置产业同时进行。

道光二十年（1840年）四月，僧人湛一，"将自治（置）西直门洞庙转于月宽师焚修住持，永远为业。转价清钱叁佰叁拾吊整，当日交足，并无欠少。"⑥转香火并非是施舍，此契写明了转价钱数。其实，自置不仅标明了田宅的来源，而且也会有具体的价钱，只是上手契散佚了，无法知道而已，如果找到上手契，自置的价钱，是会说明白的。如同治十一年十二月初六日（1873年1月4日），"立字转香火人盛恺，因回祖廷，一身不能焚修二处，情愿将自置德胜门内十刹海鸦儿胡同海潮观音庵一座，供养理旺在内焚修为业。理旺不（恳）〔肯〕空手接庙，全众言明供养盛恺盘费钱壹佰八拾吊整，两家并无反悔。"⑦两僧人都很客气，盛恺说"供养理旺在内焚修为业"，即施舍给理旺。"理旺不肯空手接庙"，一定要拿钱。我们不知盛恺自置海潮观音庵时，花了多少钱，但可知理旺支付了"盘费

① 张润平整理，辛轺校订：《大崇教寺所存明清时期文书》14，《中国藏学》2012年S1，第303页。

② 张润平整理，辛轺校订：《大崇教寺所存明清时期文书》21，《中国藏学》2012年S1，第304页。

③ 《北京西山大觉寺藏清代契约文书整理及研究》上编《僧人佛果立卖园地契》，第14—15页。

④ 《北京西山大觉寺藏清代契约文书整理及研究》上编《僧人海山立卖祖业地契》，第22—23页。

⑤ 《北京西山大觉寺藏清代契约文书整理及研究》上编《僧人海山立典祖业契》，第20—21页。

⑥ 《北京西山大觉寺藏清代契约文书整理及研究》上编《僧湛一立转香火契》，第118—119页。

⑦ 虞和平主编：《奕譞档》卷28《奕譞档存各种杂件（十）·盛恺转让观音庵香火予理旺接办契约》，《近代史所藏清代名人稿抄本》第一辑，大象出版社，2011年，第86册第379页。

钱壹佰八拾吊整"，即"自置"的价钱。九年后，光绪七年十二月初十日（1882 年 1 月 29 日），"立字转香火人理旺，因回祖廷，一身不能焚修二处，愿将自置德胜门内十刹海鸦儿胡同海潮观音庵一座，供养定福在内焚修为业。定福不（恳）〔肯〕空手接庙，全众言明供养理旺盘费钱贰佰吊整，两家并无反悔。"① 定福给理旺"盘费钱贰佰吊整"，即"自置"的价钱，据上手契可知理旺赚了二十吊钱。写明海潮观音庵的状况，有"大殿三间，住房二间，山门、群墙一（盖）〔概〕无有。"② 以上是海潮观音庵在僧人之间转香火，僧人表现得很客气。又过了十三年，光绪二十年三月，"立卖字僧人定福，今因手乏无钱，将自置海潮庵空地壹块，并无砖瓦木植，坐落在鸦儿胡同十刹海北河沿，自己无力，不能兴修，情愿卖与刘名下使用。言明卖价银壹佰捌拾两（正）〔整〕，其银笔下交足无欠。"③ 应当是发生了意外灾害，海潮观音庵房屋已经不复存在，变成了一块海潮庵空地。僧人定福卖给世俗人刘绍堂的价钱是一百八十两银子，即刘绍堂"自置"的成本。从银钱比价来看，僧人定福也没有赔钱。这里已经没有了僧人与僧人之间"供养"的客气，直截了当地"言明卖价银"。十年后，光绪三十年七月，"立卖地基文约人刘绍堂，今因自置空地一块，坐落在十刹海北河沿鸦儿胡同中间。东至民房，西至龙华寺，北至官道，南至官道，东西宽肆丈五尺，南北长拾肆丈。今凭中说合，情愿卖与兴隆木厂使用，言明价银 旭 兑足银贰佰柒拾两（正）〔整〕，其银笔下交足无欠。"④ 据上手契，可知刘绍堂赚了九十两银子，价银"贰佰柒拾两"，即马文藏"自置"的价钱。过了一个月，光绪三十年八月，"立字据人兴隆木厂商人马文藏，今将自置地基一段，坐落在十刹海北河沿鸦儿胡同中间，东至民房，西至龙华寺庙，北至官道，南至官道，东西宽肆丈五尺，南北长拾肆丈，情愿进呈醇亲王府应用。"⑤ 马文藏将自置的地基，"情愿进呈醇亲王府"。以上五张契约文书都有"自置"二字，买卖的是同一座海潮观音庵，或是空地、地基，孤立地看其中一件，我们不知道自置的价钱，与上手契联系起来看，既可知四人的自置价钱，又可知三十余年来北京房地价的变化，还可知一座海潮观音庵经过僧人、世俗人五次倒手后，变成了醇亲王府的地基，结束

---

① 《奕譞档》卷 28《奕譞档存各种杂件（十）·理旺转让观音庵香火予定福接办契约》，《近代史所藏清代名人稿抄本》第一辑，第 86 册第 378 页。

② 《奕譞档》卷 28《奕譞档存各种杂件（十）·理旺转让观音庵香火予定福接办契约》，《近代史所藏清代名人稿抄本》第一辑，第 86 册第 378 页。

③ 《奕譞档》卷 28《奕譞档存各种杂件（十）·僧人定福卖地予刘姓契约》，《近代史所藏清代名人稿抄本》第一辑，第 86 册第 372 页。

④ 《奕譞档》卷 28《奕譞档存各种杂件（十）·刘绍堂出卖地基予兴隆木厂契约》，《近代史所藏清代名人稿抄本》第一辑，第 86 册第 371 页。"旭"，当读"九八"，即"九八兑足银"之义。

⑤ 《奕譞档》卷 28《奕譞档存各种杂件（十）·兴隆木厂商人马文藏进呈地基予醇亲王府契约》，《近代史所藏清代名人稿抄本》第一辑，第 86 册第 377 页。

了交易。

僧人用"自置"来表明土地房产的来源，世俗人也在用。如道光八年十二月初六日（1829 年 1 月 10 日），宋门张氏，"今将自置荒山坡一段"，"情愿出典于本村住人赵应惠名下刨种，修养树株。"① 道光十二年十二月廿七日（1833 年 2 月 16 日），胡有才，"今有本身自置地壹段"，"情愿卖与大觉寺常住永远为香火。"② 咸丰二年（1852 年）三月，花良阿有"自置房一所，共计三十三间，坐落在旧鼓楼大街路东口袋胡同，装修门窗户壁，上下土木相连。"③ 这里的自置，即自己购置的产业。

不仅大觉寺藏契约文书中有"自置"，其他契约文书中亦有。长芦契约文书中载，嘉庆二十二年（1817 年）十一月，李卜七，"将自置杨家河西小官滩一副"，卖与敬儒李名下为业④。道光二十六年（1847 年）闰五月，邵贻庭将"自置刘家坨地一段，烦中说和卖与邵家河公沟为堆盐坨地。"⑤ 咸丰三年（1853 年）正月，邵继功等人，"今将自置在册官滩壹副"，卖与张魁名下为业⑥。天津契约文书中载，同治四年（1865 年）十一月，张清远，"将自置田地壹段"，"情愿卖与尚志堂李名下永远管业。"⑦ 光绪十一年（1885 年）三月，王佩兰等，"将自置之地计官弓二亩"，"卖与陆某名下永远为业。"⑧ 光绪二十八年二月，德善堂李，"将自置园地壹段"，"情愿卖与自修堂马名下永远为业。"⑨ 上述的自置，有官滩、坨地、田地、园地等，均由自己购买。

由上述可知，自置者，即自己购买、置办土地房屋等财产。自置田产、房屋等财产者，不仅僧人自置财产者人数可观，而且世俗人自置财产者也习以为常。不仅大觉寺契约文书中有记载，而且在其他契约文书中也不少见，在上手契完整的条件下，我们既可以知道何人自置财产，还可以清楚自置的价钱如何，经营的盈亏多少。

（三）自有的财产

有的属于僧人自己的财产。乾隆三十八年（1773 年）十月，觉明，"将本身香（伙）〔火〕地两段，头段六亩，四至买主；二段十亩，东、北、西三至买主，南至大沟，四至

① 《北京西山大觉寺藏清代契约文书整理及研究》上编《宋门张氏立典卖荒山坡契》，第 102—103 页。
② 《北京西山大觉寺藏清代契约文书整理及研究》上编《胡有才立卖地契》，第 1028—109 页。
③ 《北京西山大觉寺藏清代契约文书整理及研究》上编《花良阿立房契》，第 120—121 页。
④ 天津市汉沽区档案局编印：《契约资料汇编·滩契篇·卖滩契》，2009 年印行，第 11 页。
⑤ 《邵贻庭卖地契》，道光二十六年又五月十七日，长芦盐务档 680-26-941。
⑥ 《契约资料汇编·滩契篇·卖滩契》，第 24 页。
⑦ 刘海岩主编：《清代以来天津土地契证档案选编》一《绝卖契·同治四年十一月四日》，天津古籍出版社，2006 年，第 11 页。
⑧ 《清代以来天津土地契证档案选编》一《绝卖契·光绪十一年三月十五日》，第 17 页。
⑨ 《清代以来天津土地契证档案选编》一《绝卖契·光绪二十八年二月八日》，第 28 页。

分明，共计地二段十六亩，坐落北安河家北黄阴洼。同中说合卖给大觉寺耕种，永远为业。"① 此契说"本身香火地"。乾隆四十八年正月，信悟、信真，"将自己荒山坡一段，坐落在常住主山后二道沟、三道沟，情愿卖与常住为业。"② 此契言"自己荒山坡"。乾隆五十二年六月，明依同徒行义，"将自己杂果园地二块二段，坐落乍而峪河滩南北。今同说合人情愿典与普照寺心亮名下摘收耕种，言明典价清钱壹百吊整。其钱笔下交完，并不欠少。"③ 这里讲"自己杂果园地"。嘉庆七年七月，僧人信悟，"情愿带自己园地投入常住"④，此契称"自己园地"。上述四例，僧人所立契约文书，说土地、果园等，来源于本身、自己，与前面的"祖遗""自置"有区别。

在契约文书中如上记述者，并非只有大觉寺契约文书，其他契约文书中也有。如长芦契约文书中记载，顺治十三年（1656 年）八月，邵承教，"因钱粮无措，将自己官滩一付"，"情愿卖与崔名下为业"⑤。民国三十二年（1943 年）四月，冯长福，"将自有在册官滩一副"，"卖与义升堂名下永远为业。"⑥ 又如天津契约文书中载，光绪三十三年十二月五日（1908 年 1 月 8 日），夏起顺，"将本身地壹段"，"情愿卖与张某名下永远为业。"⑦ 民国九年（1920 年）一月，朱瑞凤等，"将自己白地二亩"等，"情愿卖与张某名下永远为业。"⑧ 民国十年十二月，守业堂陈，"将自有地相连肆段"，"情愿卖与刘某名下永远为业。"⑨ 上述例证涉及"自己""自有""本身"等语言。

诸如上述的"本身""自己""自有"等词语，与土地、果园、荒山坡、滩副等相联系，说明土地、房产的来源不是"祖遗"，也不是"自置"，如果属于前两者，为何还说"本身""自己""自有"呢？ 再则，亦有可能是既有"祖遗"财产，又有"自置"财产，两者融合在一起了，不好分辨，只好说"本身""自己""自有"等，以反映其现实状况。无论如何，作为僧人，其自己财产不属于寺院公有，而是僧人私有，作为世俗人用"自己""自有"等语言，亦表明土地房产属于自己所有。"本身""自己""自有"等语言，表明立契者拥有其土地房产的所有权，本身就是自己的。因此，笔者称之为"自有的财产"。

---

① 《北京西山大觉寺藏清代契约文书整理及研究》上编《僧觉明立卖地契》，第 52—53 页。

② 《北京西山大觉寺藏清代契约文书整理及研究》上编《僧信悟、信真立卖地契》，第 60—61 页。

③ 《北京西山大觉寺藏清代契约文书整理及研究》上编《僧明依立典杂果园契》，第 64—65 页。

④ 《北京西山大觉寺藏清代契约文书整理及研究》上编《僧信悟立施舍供养契》，第 76—77 页。

⑤ 《契约资料汇编·滩契篇·卖滩契》，第 1 页。

⑥ 《契约资料汇编·滩契篇·卖滩契》，第 86 页。

⑦ 《清代以来天津土地契证档案选编》一《绝卖契·光绪三十三年十二月五日》，第 38 页。

⑧ 《清代以来天津土地契证档案选编》一《绝卖契·民国九年一月十一日》，第 70 页。

⑨ 《清代以来天津土地契证档案选编》一《绝卖契·民国十年十二月二十四日》，第 73 页。

（四）募化的财产

僧人有托钵化缘的传统，亦是僧人谋食谋生的途径之一。

有些僧人为寺院募化谋取财物，如广胜上寺为赵城名胜古迹，但"至僧道珍，不守戒律，任意典当寺产，于是数千年之丛林古刹，遂隳败于庸僧之手，不复有常住旧规矣。先兄衡玉，倦游家居，伤佛地之破败，乃约同邑人士，公邀僧人普照为住持。嗣后再不许西安寺僧人把持斯寺之权。普照任事后，以寺产微薄，不足供常住经费，发愿出外募化。"① 这是广胜上寺住持普照为寺院出外募化。

有些僧人为自己募化，而成为私有财产。如法兴寺，"此地愿〔原〕系曹姓之产，有说合情愿卖于僧人，修理平地，开山盖庙，作为自己私产。庙宇不于他人相干，永远为业。"开山妙峰和尚"募化三年，将法兴寺修养成就，殿堂房屋其备成就之功。"形成"共计寺内殿堂、房屋、大小一切房子壹百柒十五间"② 的规模，这是属于僧人自己募化的寺院，不属于官有、公有，而是属于僧人自己私有的财产。

综上所述，说明土地房产等财产来源，是契约文书的规范要求，也是给买主一个准确的交代，以使买者买得放心，用得踏实。祖遗财产、自置财产、自有财产、募化财产，是归纳僧人私有财产的四个主要来源。僧人所立的契约文书中，体现出僧人私有财产的来源，既有共性，又有特殊性。"祖遗""自置""自有"等词语，既见于僧人所立契约文书，也出现在世俗人所立的契约文书中，体现着僧人财产来源与世俗财产来源的共同性。至于"募化"则体现出僧人私有财产来源的特殊性，因为同样的募化行为，僧人求人施舍财物称为化缘，认为，"彼僧尼亦百姓之一种，彼募化亦谋食之一道。"③ 募化大成者则镌碑立传，为人所传诵，而世俗人则被称为"要饭的""叫花子"等，为人所不齿。随着新资料的发现，将来会梳理出更多的僧人私有财产的线索和类型。

四、僧人私有财产的处置

人赤条条、一丝不挂地来到这个世界，而告别人间社会时总会留下多少不等的财产。世俗人的私有财产归子孙儿女继承，形成了系列的约定俗成的习惯和明文规定的法律，有

① 《三晋石刻大全·临汾市洪洞县卷（下）》上编《现存石刻·恢复广胜上寺田产碑记》，第 645 页。

② 《北京西山大觉寺藏清代契约文书整理及研究》上编《抄记 法兴寺开创第一庙》（第 150—151 页）；上编《曹德祥立卖家庙契》记载，"曹姓之产"，即曹德祥家庙，价银八十五两，"卖于长老修养方便传贤，私产自为。"时间在明崇祯八年二月十二日（第 234—235 页）两份资料可以互证。

③ 孙致中等校点：《纪晓岚文集》第二册《阅微草堂笔记》卷 7《如是我闻（一）》，河北教育出版社，1995 年，第 133 页。

章可循，有法可依。而僧人没有儿女子孙，僧人私有财产如何处置，与世俗的个人财产传留给子孙后代稍有不同。

（一）临终施舍的遗嘱

有的僧人，辛劳一生，直至病情危急，才对于自己的私有财产做出临终遗嘱似的施舍安排。

如"房山县南白岱村龙凤寺住持僧建本，历年辛勤于田亩，苦守欣然，表其法门之光风，欲修无漏之因，速证无为之果。然而惟人一世，不免老朽病患之疾微。时于二十一年十二月间，病危至急，请云居监院来此面白：余少有蓄积米麦之资粮，小米五十、秋麦二十，共七十石，言同徒侄戒普义供西域常住供佛，接待往来十方僧众矣。于此外，有欠地文约虚契七章，共钱一千三百余吊，共许常住之资。此之米麦地钱，具系本身之事，不在本寺香火之内。惟恐远年，无拘之证，勒石刻铭，永远功德，金玉之鉴尔。"①文中的"二十一年十二月间"，即嘉庆二十一年十二月间（1817年1、2月间），龙凤寺住持僧建本，病情危急，召来云居寺监院，说明情愿与徒侄戒普，将七十石米麦施舍给西域寺常住供佛，将契约文书七张，价值一千三百余吊钱，施舍给西域寺常住作为资金。这些米麦、地契，均为僧建本私有，不在龙凤寺香火之内。这是僧建本临终前的施舍遗嘱，为自己的私有财产，做了最后的安排，并镌刻在石碑上，树立龙凤寺内，现在迁移到云居寺中。

（二）遗赠抚养的契约

有的僧人对于自己财产的处置，立下契约文书，做出相关安排。

如上述乾隆十八年（1753年）五月普兴的住净养老，嘉庆七年（1802年）七月，僧人信悟决定带着自己的土地果园八段和一座破庙，投入大觉寺养老，都可以称为施舍供养字据，或遗赠抚养的契约，明确订立契约双方的责任和义务。

信悟在立施舍供养字据以后，又立续字说明，"信悟，虽〔随〕带香火果园四至分〔明〕，破庙一所。三教寺对门果园一段，典于三教寺典价式拾叁吊肆百，共点出果园伍段，共合典价七十六吊九百，前后事已分明。信悟有剃度徒子在外多年，倘若回归，园归永全，赎园典价永全自备，归于常住，所有常住收存园地，照字交还。"②两张僧信悟立施舍供养契与字据，前者记载信悟施舍土地果园八段与破庙请求大觉寺供养，后者有记述信悟对于自己财产遗嘱性意见，如果徒子永全回来，由他自己筹钱赎回典出的园地，归他继承。

---

① 杨亦武著：《房山碑刻通志》卷5《张坊镇·南白岱·功德碑记》，学苑出版社，2020年，第108—109页。
② 《北京西山大觉寺藏清代契约文书整理及研究》上编《僧信悟立施舍供养字据》，第78—79页。

（三）品搭均分的析产

有些僧人，收养徒子徒孙，并与徒子徒孙一起处理一些事情。有的僧人去世后，如有多个徒子亦要分家析产。乾隆八年十一月二十三日（1744 年 1 月 7 日），性德、寂志师兄弟，"二人不目〔睦〕，岂宜一旦分折，人心不合，勉强同居，恐生嫌隙。是以兄弟和同商议，情愿请寺内和尚、两廊下乡亲各将分受祖业炸儿峪上分一块园子地、财物家什等项品搭均分，拈阄为定，开列于后明白。性德照管，至公无私，各宜安分，照单管业，倘有二家眷属争竞者，执此赴官深究。恐后无凭，性德〔寂志〕各纸一张，永远徒子法孙执照。"[①] 上述即分单，又称阄书、分关、分书、分家单、分家书、析产书等，是契约文书中有关家产继承的文书。性德、寂志师兄弟不和睦，只好分家，在寺内和尚、同两廊下乡亲们的调和、见证下，将祖业财产等品搭均分，拈阄而定。分单中的"品搭均分，拈阄为定"[②] 八个字，言简意明地体现了中国古代分家析产的精神与程序。品搭，指按照土地、房产、家具、什物等品类等级进行组合、搭配。均分，指平均分割家产。具体到这份分单，就是"各将分受祖业炸儿峪上分一块园子地、财物家什等项品搭均分"。"拈阄为定"，又作"凭阄拈定"[③]"祷神拈阄"[④] 等。阄，指拈阄用的纸片或纸团等。拈阄，指在几张纸片上写字，作成纸团，由有关的人各取其一，以决定权利或义务应该归属于谁。拈阄，与探策、探筹等有相通之处，使用这类方法，在于"使得美者，不知所以德；使得恶者，不知

---

① 《北京西山大觉寺藏清代契约文书整理及研究》上编《僧性德、寂志分单字据》，第 38—39 页。

② "品搭均分，拈阄为定"，亦有不同的表述，如《徽州千年契约文书·宋元明编》卷 10《崇祯十七年胡氏立阄书》载："眼同品搭均分，焚香拈阄为定。"（花山文艺出版社，1993 年，第 501 页）王旭主编《中国会计博物馆藏品集萃·契约卷·明清时期·道光六年（1826）华立纲等公议分拨书》载："配搭均分，析阄为定。"（立信会计出版社，2016 年，第 22 页）胡开全主编《成都龙泉驿百年契约文书》嘉庆二十一年袁万理等分关载："尽行配搭均分，跪神拈阄。"光绪二十五年王兴达与子分关载："交搭均分，凭神拈定。"（巴蜀书社，2012 年，第 350、365 页）陈建华、王鹤鸣主编《中国家谱资料选编·经济卷》十一《财产分割·长沙李氏遗嘱分关》载："将家赀田产品搭，均匀四股，拈阄受分，各管各业。"（上海古籍出版社，2013 年，第 12 册第 657 页）诸如此类的语言很多，即使不写得如此简洁明确，也可以看到带有这种精神。这种精神，不是体现在一时一地，而是贯穿在元明以来，中国的东西南北各地。

③ 章有义编著：《明清及近代农业史论集》附录《徽州地主分家书选辑》一六《乾隆三十五年歙县（或休宁）洪姓阄书》载："缘命尔等央叔汝梁、舅运中将尔父所遗田地山塘房屋等件，眼全清查，除公存外，余业肥瘦均搭，取智、仁、圣、义、忠、孝六字，作分书六本。各人凭阄拈定，各照阄分执管，并无偏厚偏薄，异日不得嫌疑争论。"（中国农业出版社，1997 年，第 324 页）"肥瘦均搭""凭阄拈定"，反映了中国古代分家析产的基本精神和方法。

④ 马松源编：《冯梦龙全集·折梅笺》卷 5《关约类》分关载："立分关兄弟某某等。窃慕往哲遗风，当宜一旦分析。弟人心不古，世事如棋，即欲勉强同居，尤恐反生嫌隙。是以兄弟和同商议，邀请尊长亲戚等，各将受分祖父，及自己续置基地、屋宇、田园、树木、财物、器用等项，品搭匀分，祷神拈阄为定。诸凡开载明白，俱系至公无私。各宜安分，照关管业。如有争长竞短，执此赴官明究。今恐无凭，立关书一样几纸，永为子孙存照。"（中国戏剧出版社，2000 年，第 12 册第 251 页）此分关有"祷神拈阄"之言。

所以怨，此所以塞愿望也。"①以谋求家产分配的公平、公正、均衡，消除嫌疑争论。"品搭均分，拈阄为定"，作为分家单中的常用语，是元明以来分家析产基本精神和程序的体现，在这里僧人析分财产与世俗家庭无异，只是性德、寂志的身份是僧人，调解见证者增加了寺内和尚、同两廊下等人。并声明"各纸一张，永远徒子法孙执照。"在这张分单上有三行红色字，曰："仍照分单管业。"曰："又知圆通住庵之南，如亲将残吞占，许即赴司报明，以凭查究。此批。"②这三行红色字，是性德去世后，遗产继承发生纠纷，其徒子圆通持此分单去僧录司反映问题，由僧录司长官在分单上所做的批示，态度明确，"仍照分单管业"，分单仍然有效力。"许即赴司报明"，司，当指僧录司，清代佛教的管理机构。报明，即上告僧录司。

与此分家单相关者，是乾隆十一年（1746年）六月二十二日僧录司印堂的告示。"钦命僧录司印堂为严禁侵占以杜争端事。照得本庵僧人性德与僧人寂志，前凭乡亲僧俗人等分居，各管各业，一居街之南，一居街之北，田地产业品搭阄分，已有分单可证。今性德已故，其徒圆通理应照单管业，接续焚修。业经本印堂将分单二纸当堂批示，并令寂志出具永不侵占多事甘结在案。但恐阳奉阴违，沿袭不改，合行出示严禁，为此示。仰分单内有名中证及巡查人等知悉，倘有恃强凌弱骚扰侵占、越分取分争斗多事者，许被害之僧投鸣，中证即同秉公据实禀报巡查，掌书查实即将违禁之僧锁拿赴印，以凭严惩究治，决不宽贷也。"③这张僧录司告示，是抄本，并非原件，原件当张贴在事发地点，以便人们了解。从这件告示可以看出，僧人性德在乾隆八年与寂志立下分单三年后去世，僧人寂志趁机挑起财产争夺纠纷，性德徒子圆通上告僧录司，获得了僧录司的支持，获得了继承其师父性德财产的权力——"其徒圆通理应照单管业，接续焚修。"并令寂志立下甘结——"永不侵占多事"。上述分单和告示，僧人财产同世俗一样，析分继承，立下分单，邀请亲戚朋友参与分家，并作中证人，僧录司也维护分单的合理性、合法性，决不允许他人随便侵占。

（四）自主处分的权利

如果说上述分家单，体现了僧人去世后徒子徒孙分家析产的情况，那么下面的契约文书，则体现出僧人分家之后，其私有财产的处分权，归自己掌握、经营，并不受寺院的限制。

乾隆十一年六月二十二日，僧录司告示明确僧人圆通财产继承权后，同年十月初十

① 许富宏撰：《慎子集校集注·威德》，中华书局，2013年，第18页。
② 《北京西山大觉寺藏清代契约文书整理及研究》上编《僧性德、寂志分单字据》（第38页）。三行红色字体很模糊，原书没有释文，笔者所释也是仅供参考，将继续关注此文的释读。
③ 《北京西山大觉寺藏清代契约文书整理及研究》上编《僧录司印堂告示》，第40—41页。

日，"圆通，因为无钱使用，今将阜头村北香火地一段拾亩，清源〔情愿〕当与阜头村羊〔杨〕名下耕种为业。三年一〔以〕外，钱道〔到〕地归本主。言明清〔清〕钱拾伍吊整。"①同日，又因同样的原因，"今将阜头村北香火地一段捌亩，清源〔情愿〕当与阜头村杨名下耕种为业。言明三年一〔以〕外，钱道〔到〕地归本主。清钱捌吊整。"②典当出十八亩地，取得当价二十三吊。

乾隆十一年十二月，圆通拿出高钱贰吊作为雍正十年八月十五日其师父性德等人典当黄家凹地拾亩的部分赎金，然后四年许赎③。同月，圆通又拿出高钱肆吊作为乾隆四年正月十三日其师父性德等人典当黄家洼地柒亩的部分赎金，然后四年许赎④。圆通用典当阜头村土地十八亩的钱，来交其师父性德等在黄家凹（黄家洼）典当的十七亩地的赎金，运用了拆西墙补东墙的办法，以求保住自己所继承的土地。

根据上述契约文书，可以看到性德、圆通师徒的典当与赎回，就涉及三十五亩土地。再则，无论是性德等，还是圆通，其经营活动都取决于自己的意志，具有自主处分的权利。

综上所述，僧人的临终施舍遗嘱，遗赠抚养的契约，品搭均分的析产，自主处分的权利，僧人私有财产处置的多样性，既有僧人谋划实施的遗嘱与订立契约，也有死后由徒子法孙的分家析产继承，有时也要征得法族、诸山等人的同意，与世俗人分家，亲戚朋友、乡长里老等参与作证，并无根本不同。僧人的私有财产由其徒子法孙继承后，由继承人掌握、经营，具有自主处分的权利，并不受寺院的限制，既可以在僧人与寺院之间流动，也可以由自己决定带个人财产投奔某个寺院，成为寺院的香火地等，还可以在社会上进行买卖典当等。

历史是画上句号的过去，史学是永无止境的求索。《北京西山大觉寺藏清代契约文书整理及研究》的出版，提供了一些新资料，从多方面记述了寺院土地房产的情况，尤其是僧人私有财产的情况，十分独特而珍贵，虽然发表了一些研究论文，出版了研究的著作，取得了可喜的成果，但依然还有研究发挥的余地。在既有研究成果的基础上，笔者通读《北京西山大觉寺藏清代契约文书整理及研究》，收集相关契约、碑刻、方志等文献资料，考察了寺院土地田产的来源、寺院公有与僧人私产的联系与区别、僧人私有财产的来源、

---

① 《北京西山大觉寺藏清代契约文书整理及研究》上编《僧圆通立典当契（甲）》，第42—43页。

② 《北京西山大觉寺藏清代契约文书整理及研究》上编《僧圆通立典当契（乙）》，第44—45页。

③ 《北京西山大觉寺藏清代契约文书整理及研究》上编《僧海潮、性德立典地契》（第34—35页），据典地契上面的批注。

④ 《北京西山大觉寺藏清代契约文书整理及研究》上编《僧海潮、性德立典地契》（第36—37页），据典地契上面的批注。

僧人私有财产的处分等四个问题。可知明清时代的寺院与僧人在财产方面，与世俗社会的同大于异。在契约文书方面，契约格式、遣词造句、保证条款等，基本相同，许多契约文书语言都能在北京、天津、河北、安徽、甘肃等契约文书中找到，为理解大觉寺契约文书提供了佐证、完善了资料，为研究大觉寺契约文书拓展了史料基础，由此可知，深化、细化研究大觉寺契约文书仍然大有可为。

大觉寺清代契约文书中的俗字和别字补

薄
文
泽 *

摘　要：大觉寺契约文书存在相当数量的俗字和错别字，反映了清代以降汉字使用的特点。姬脉利、张蕴芬对此进行了识读和整理，本文根据已刊布文书对姬、张的《俗写字、同音字借用与正字对照表》进行了补充。

关键词：大觉寺　契约　俗字　别字

北京市文物局于二十世纪九十年代初整理发现的大觉寺契约文书，记录了从康熙年间到民国初年大觉寺的经济活动，反映了大觉寺从作为皇家寺庙而香火兴旺到失去佑护而日渐败落的过程。这批文书因参与书写者众多，原文书用字有相当多的俗字、别字、讹字，这也反映了当时汉字使用的一些特点。姬脉利、张蕴芬编著的《北京西山大觉寺藏清代契约文书整理与研究》（北京燕山出版社，2014）在书后附有《俗写字、同音字借用与正字对照表》，极大地方便了读者。笔者在阅读该书时发现文书中俗写字、同音字等错别字的使用比该《对照表》为多。因此不揣冒昧，在原《对照表》基础上对所录文书中的俗写、同音等错别字做一补充整理，以就教于方家。

一、姬、张整理的《俗写字、同音字借用与正字对照表》

原表收集了 34 个俗写字、同音字。

---

* 薄文泽，北京大学外国语学院教授。

俗写字、同音字借用与正字对照表

俗写字、同音字	正字	俗写字、同音字	正字
有	由	清	情
傅、付	父	源	愿
艮	银	作	做
文	纹	做	作
正	整	俩	两
争争（左右结构）	争	随	虽
兢	竞	涌	甬
返、佷、翻	反	须	许
相	厢	察	查
作、座	坐	歉	欠
凹	洼	费	废
已	以	竹	住
以	己	敢	感
倒	到	伦	论
昔	息	壹	一

二、契约文书中其他俗写字、同音字例证

本文作者在阅读过程中发现，该书所录文书还有一些俗字，包括同音字和形近的错别字。这些字大部分整理者在录文时已经识出，只是没有收入《对照表》，少部分录文没有指明。兹整理如下：

下文横线前面的字是原文书用字，横线后的字是该用的正字。如果该字原文书用字是繁体保持繁体字形，例句中相关文字标黑。原书已经注明是俗写字同音字的在举例时以字后（）标出，原书没标出的在例句后写明"某，当为某"。例句后编号是原书文书编号。

固——故

固（故）立〇〇文，永远存照。（QW——〇三七）

庄——莊

西至〇**庄**头，北至道。（QW——〇三七）"庄"，当为"莊"。

"庄"作为"莊"的俗字，由来已久。《康熙字典·艸部》："莊，俗作庄，非。"

如——入

如（入）官工（公）用。（QW——〇三九）

工——公

如有反悔，罚银拾两，如官**工**（公）用。（QW——〇三九）

"入官公用"为文书格式用语，多作"入官公用"，少数作"如官工用""如官公用"。

后——後

恐**后**无凭，立此存照。（QW——〇三九）后，当为後。

诤——争

自立契之后并无弟男子侄**诤**斗。（QW——〇四四）

成——承

都在卖主一面**成**管。（QW——〇四四）成，当为承。

一——以

三年**一**（以）外，钱道（到）地归本主。（QW——〇五一）

以——一

批合同**以**（一）样二张。（QW——〇八四）

孔——恐

孔（恐）后无平（凭）。（QW——〇五一，又见 QW——〇五二）

平——凭

孔（恐）后无**平**（凭）。（QW——〇五一，又见 QW——〇五二）

元——原

秋后元（原）价许赎。（QW——〇六一）

竹韦（上下结构）——菶

在西竺寺〇地一段。（QW——〇四一）原文书〇为"竹字头＋韦"（上下结构），当为"菶"。

代——带

每年随代（带）钱粮钱壹百文交与里长。（QW——〇六五）

每年随代（带）小租钱壹吊文，秋后交纳。（QW——〇九六）

随代（带）新旧契纸七张，存此一处，以为后人照用。（QW——一〇七）

"随带"是个文书常用语，偶作"随代"。

乡——相

土木乡连。（QW——〇七六）

治——置

因本庙无人照管，将自治（置）西直门洞庙转于月宽师焚修住持，永远为业。（QW——〇八六）

费——废

作费（QW——〇一六）、（QW——〇一七）、（QW——〇二二）

费纸一张。（QW——〇八〇）费，当为废。

灰、回——悔

凡灰（悔）者罚一钱半，入官公用。（QW——〇五一）

此系两家情愿，并无返回（悔）。（QW——〇八六）

宝——保

今同中宝（保）人情愿卖与厢红旗蒙古达林佐领下现任兵部笔帖式舒翼名下，永远为业。（QW——〇八七）

到——道

西至官**到**（道）。（QW——〇五八）

《对照表》还有"倒——到"

足——族

倘若亲**足**（族）人等争竞者，有契住（主）一面承管。（QW——〇九六）

筏——伐

立**筏**（伐）御路树株人。（QW——〇七〇）

証——證

立此契存**証**。（QW——〇六〇）証，当为證。

冗——荒

今将本身祖遗**冗**坡一段。（QW——〇六五）此字录文径录作"荒。

之到——知道

如有盗者之**到**失物，急速付信。（QW——一〇八）之到，当为知道。

常竹——常住

因为大觉寺**常竹**廿一年正月间庙内失盗，**常竹**进京到县禀明付信太爷。（QW——一〇八）常竹，当为常住。

敢——感

居家大小**敢**恩不尽。（QW——一〇八）敢，当为感。

阝娄（左右结构）——鄰隣

左**阝娄**孙光祖。（QW——〇三九）。阝娄，当为隣或鄰

顕——显（顯）

立典地契人刘荣**顕**。（QW——〇四五）此字录文径作"显"。

"顕"是"顯"的俗字。《康熙字典·页部》"顯，俗作顕，非。"可见清代以"顕"代"顯"已比较常见。

结语

本文在原《对照表》基础上，整理出 29 例失收的俗写字、同音字用例，其中 19 例录文已经指出正字而《对照表》失收，10 例《对照表》录文没有指出正字（但是有好几例都标黑了表示这是一个错别字）。原书中还有些俗写字用例，如"情"下加"心"底，同"情"，原书录文已经径用正字，无碍阅读，就没有必要特别注出。如今增补《对照表》如下，望使用契约文书的专家指正。

《俗写字、同音字借用与正字对照表》（增补）

俗写字、同音字	正字	俗写字、同音字	正字	俗写字、同音字	正字
固	故	平	凭	足	族
庄	荘	元	原	筏	伐
如	入	代	带	証	證
工	公	乡	相	亢	荒
后	後	治	置	之到	知道
静	争	阝娄	鄭隣	常竹	常住
成	承	费	废	敢	感
一	以	灰、回	悔	顕	显（顯）
以	一	宝	保	⺾韋（上下结构）	葦
孔	恐	到	道		

参考文献

1. 姬脉利、张蕴芬编著：《北京西山大觉寺藏清代契约文书整理及研究》，北京燕山出版社，2014 年。

2.《康熙字典》，中华书局，1958 年。

清乾隆时期驻跸西山驾诣大觉寺史料略考

勾超[*]

摘　要：坐落于北京西山的大觉寺始建于辽代咸雍四年（1068 年），时称清水院，金代时大觉寺为金章宗西山八大水院之一，后改名灵泉寺，明宣宗宣德三年（1428 年）重修，并改名大觉寺。清乾隆十二年（1747 年）五月，乾隆皇帝赴黑龙潭龙王庙谢雨之后，第一次前往大觉寺驻跸。乾隆皇帝初次驾诣大觉寺便有诗作《初游大觉寺》，乾隆皇帝发现这座寺庙已显破旧之势，遂下旨出内帑大规模修缮大觉寺。大觉寺重修完毕之日，可谓礼节隆重，群贤毕至，焕然一新。乾隆皇帝多次巡幸驻跸重修后的大觉寺，并有众多诗作留存，在大觉寺内后山园林假山石上刻有多首驾诣大觉寺时的诗作。诗作中有以大觉寺的具体景物作为诗作的名字，诗句则或是精致形容，或是记事说明。乾隆皇帝其母——崇庆皇太后也常出行驻跸于大觉寺，《大清会典》中乾隆时期皇太后驻跸西山的档案史料有详细记录：驾诣黑龙潭大觉寺行礼，以营总护军参领各三人，副署护军参领十有四人，护军校护军七百名沿途清跸。

关键词：清宫帝后　档案史料　驻跸　大觉寺

大觉寺位于北京西北郊海淀区阳台山麓，1958 年出版的杨士珩著《北京西山风景区》一书中《一色杏花红十里——大觉寺》对大觉寺历史沿革的介绍，文字如下：

西山北麓上的旸台山，是一支美丽而又雄伟的山，从温泉向西望，山势就像一头睡梦中蓦然惊醒的吼狮，头南尾北地昂首张望着，因此有人叫它狮子山。有时它又好像一把带有扶手的靠背椅子，迤逦不断从三面环围着，东边的山麓，缓缓地敞向一片平原。当穿过温泉西边的周家巷朝前瞭望的时候，在这把碧绿的背椅当中，隐约缀有

---

* 勾超，北京史地民俗学会副秘书长。

几点红晕，像是坐着一个穿戴美艳装饰的姑娘，仰着羞红了的脸颊，在抚弄自己的辫子。待渐渐走近山麓的时候，那些隐隐约约的红晕，一块块地散开来了，形成一个极有规则的轮廓，越来越清楚。最后穿过一片密密无际的杏林、爬进山麓的时候，原来在丛林当中隐现的红晕，却是一垛绯红色宫墙。大觉寺就在这红杏林中的宫墙里。

大觉寺最吸引人的是寺外的春色。从寺门外边的平原一直爬到山麓，由山麓直到山顶，都是成片密密层层的杏树和桃树，延绵十余里，每年清明前后，花苞盛开，这一片醉人春色，把旸台山点缀得简直像粉红色的花海一样。一条五里多长的夹道，蜿蜿蜒蜒地走在杏树和桃树中间，这就是大觉寺的独特景致——一色杏花红十里。[①]

大觉寺是辽代时建筑的古寺，经过了明代的扩建。翻开明人刘侗的《帝京景物略》，它记载着："黑龙潭北十五里，曰大觉寺，宣德三年建寺，故名灵泉，宣宗易以今名……金章宗西山八院，寺其清水院也"。原来大觉寺是金代完颜璟（1168—1208 年）的西山八院（八处别墅）之一的"清水院"；它在十二世纪末叶就具有相当规模，但最早在什么时候建造的、怎么建的，却没有记载。"宣德三年建寺"这句话，不过是指扩建旧有的灵泉寺而言。为什么说这个寺建于辽代，又说有八百八十九年历史呢？前人在寺中留下了一块唯一的"辽碑"，使我们能正确地了解大觉寺的历史。

这块"辽碑"，在第三层殿堂（无量佛殿）的东边，北玉兰院的后边。护有木栅罩亭，这块高不盈丈的古拙的石牌，上部隐约地可以看到古老的雕花，顶上刻有"阳台山清水院创造藏经记"几个大字。这块碑，是辽代志延和尚于辽耶律洪基咸雍四年（1068年）立的，可惜碑的下部已折断，有的字迹已较模糊。从金石类书籍的记载知道，碑记的全文是："阳台山者，蓟壤之名峰，清水院者，幽都之胜概，山之名传诸前古，院之兴止于近代，将构胜缘，旋逢信士今优婆塞南阳邓公从贵，善根生得，净行日严，咸雍四年三月，舍钱三十万，葺诸僧舍，又五十万，募同志印大藏经凡五百七十九帙，创内外藏而龛措之，藏事既周，求为之记，聊叙胜因，俾信来裔，咸雍四年岁次戊申三月癸酉朔四日丙子记。"因此我们可以断定：第一，大觉寺建于辽咸雍四年；第二，清水院是辽代的旧名，金代是沿用的辽名。

明代以后，这个寺有过四次大规模的修建，明宣德三年（1428 年）修建后，还把"灵泉寺"改为"大觉寺"，今天这里的建筑，大部分都是明、清时代遗留下来的。

大觉寺依山建寺，在布局上是采取"层层而上，面面对称"的艺术手法。整个寺院大体分为三层：最下一层是辅助性的门户建筑，走进山门，正当中一个长方形的大鱼池（叫

---

① 杨士珩著：《北京西山风景区》，北京出版社，1958 年，第 52 页。

"功德池"），左右两边衬有钟鼓楼；第二层是殿堂，有无量佛殿和正殿，是全寺的中心建筑。正殿里有一口铜磬，铸有"明宣德四年二月吉日造"几个大字，殿堂的东西两边，有两个对称的配院，一个叫"四宜堂"，一个叫"北玉兰院"，所遗古迹不多，名贵花卉却不少。最后一层多是缀景建筑，也是整个寺院最高的一部分，布局的精巧，可从依山建成的迂回山道及层层叠石中，使人感到不是一望到底，而是景色无穷。这一层的中心景色是龙潭，周围点缀了一些亭塔建筑。龙潭的泉水，清澈见底，水源从一条石龙口里吐出来，注入一个三丈多长、两丈多宽的水池里，像一块经过雕琢的长方形的透明水晶。

这股清冽的流泉，从龙潭两旁溢出，分成两道流过整个寺院，最后顺着寺门流到山下。整个寺院中，差不多都是流泉所经之处，潺潺之声，不绝于耳。如果站在龙潭周围观看，这两道向下流注的清泉，摇摇摆摆地环围着寺院，就像民间神话传说中的"二龙戏珠"似的，成为大觉寺的一个极具特色的风景。

大觉寺除了杏林、龙潭之外，还有一些古老珍奇的花木。其中最主要的就是银杏和玉兰。四宜堂院中的两株玉兰，就有三百多年的历史了，枝干茂密，花苞硕满，每年春天，枝头新绿，花蕊怒放，满院清香，前往观赏的人很多。在第二层殿堂后边，还有一株直径达 2.5 公尺的巨大的银杏，相传是辽代时候种植的，看起来苍劲挺拔，确乎有八九百岁了。[①]

清朝大臣、书法家索绰络·英和在《恩福堂笔记》书中也对大觉寺有介绍：

> 西山大觉寺，金之清水院，故名灵泉，明宣宗易以今名，正统间，复修葺之。寺建于山腰，远望烟树葱茏，但露浮图数级。及庙，始见山门，碧瓦丹垣，缭以方沼，有泉出自山巅，盘旋回绕，到处皆通，淙淙潨潨，不舍昼夜，与檐马塔铃相酬答，闻之发人深省。寺中花木不多，惟翠竹千竿，高盈四丈，一碧干霄。七尺牡丹一树，花时绚烂甲都下。西山南北梵宇不少，各标名胜，而余独以此寺为最焉。[②]

通过英和的文字，可以解读西山大觉寺的历史沿革，大觉禅寺始建于辽代咸雍四年（1068 年），时称清水院，金代时大觉寺为金章宗西山八大水院之一，后改名灵泉寺，明宣宗宣德三年（1428 年）重修，并改名大觉寺。

大觉寺以清泉、古树、玉兰，环境优雅而闻名。寺内共有古树 160 株，有 1000 年的银杏、300 年的玉兰及古娑罗树、松柏等。大觉寺的玉兰花与法源寺的丁香花、崇效寺的

---

① 杨士珩著：《北京西山风景区》，北京出版社，1958 年，第 54 页。

② （清）英和：《恩福堂笔记》，北京古籍出版社，1991 年，第 67 页。

牡丹花一起被称为北京三大寺庙花卉。

清代的统治者为了政治目的，对中原的道、释两教采取了支持与保护的态度，对藏传佛教更是十分重视。清入关后的顺治、康熙、雍正、乾隆四位皇帝都对佛教非常崇信，均有各自的崇佛史迹留存于世。

北京西北郊山岭众多，泉水丰沛，草木茂盛，集北方繁茂山林与江南水乡景致于一体。自辽、金时期起，就作为皇家休憩的优选之地，修建了诸多园林与梵宇。元、明两朝皇帝也效仿前朝皇帝在西山风景优美之地修建行宫、苑囿。

清代帝王对西山亦情有独钟，在北京西北郊陆续修建了"三山五园"：玉泉山静明园、香山静宜园、万寿山清漪园（颐和园）、畅春园、圆明园。"三山五园"作为清代帝王"避喧听政"的重要地点，是清代重要的政治中心之一。

除在"三山五园"听政之外，经常也驻跸于西山众多的寺庙梵宇、历史古迹之中。"驻跸"是指皇帝后妃外出，途中暂停小住或帝王出行时，开路清道，禁止通行。后泛指跟帝王行止有关的事情。在《周书·宣帝纪》中记载："一昨驻跸金墉，备尝游览。"《大清会典》中就有诸多清代帝王驻跸西山的档案史料。

清代帝王驻跸京城西北郊的众多梵宇之中，大觉寺有其特殊的地位。据清代《日下旧闻考》所载，大觉寺"寺内弥勒殿额曰'圆证妙果'，正殿额曰'无去来处'，无量寿佛殿额曰'动静等观'，大悲坛额曰'最上法门'，皆皇上御书。寺旁精舍内恭悬世宗御书额曰'四宜堂'，皇上御书额曰'寄情霞表'，联曰：'清泉绕砌琴三叠，翠筱含风管六鸣。'又联曰：'暗窦明亭相掩映，天花涧水自婆娑。'憩云轩，轩名额，并轩内额曰涧响琴清，联曰：'风定松篁流远韵，雨晴岩壑展新图。'又联曰：'泉声秋雨细，山色古屏高。'皆皇上御书。"[①]

《日下旧闻考》全名《钦定日下旧闻考》，为奉敕编写而成，成书于清乾隆五十三年（1788 年）。因属奉敕编写，所以其文字严谨程度极高，若无年代特指，其书中的"皇上"即是指清代的乾隆皇帝。

乾隆十二年（1747 年），乾隆皇帝已三十七岁。清代皇帝强调敬天法祖，对于上天有一种敬畏之心。具体体现在祭天奉神的各种仪式之中，每当天旱水少、久久无雨之时，即举行祈雨活动。位于西北郊的黑龙潭龙王庙，是清代重要的祈雨之地，几乎每年皇帝都会亲自或选官到黑龙潭龙王庙祈雨。若上天应皇帝所祈之求普降甘霖，皇帝便会亲临黑龙潭龙王庙谢雨。上天对乾隆皇帝十分眷顾，乾隆朝祈雨仪式都能顺利得到上天的回应，

---

① （清）于敏中等：《日下旧闻考》，北京古籍出版社，1983 年。

其结果是风调雨顺。乾隆皇帝曾作诗："灵湫神所宅，澄波深且滢，利民功久著，泽物诚斯灵。"

乾隆十二年（1747 年）五月的一个早晨，乾隆皇帝赴西北郊黑龙潭龙王庙谢雨，体现清帝对百姓黎民应尽之责。谢雨仪式后竟然又下起了雨，正所谓春雨贵如油，这场雨预示着今年会有一个好的收成。乾隆皇帝见到此景心情愉悦，已号称长春居士多年的乾隆皇帝知道离黑龙潭龙王庙不远处有座寺院，名曰大觉寺。因此下一道谕旨，御驾前往大觉寺驻跸。

乾隆皇帝赴黑龙潭龙王庙谢雨后，第一次走进大觉寺。乾隆皇帝对于这座庙宇甚是喜爱，第一首关于大觉寺的诗作，就是作于乾隆十二年（1747 年）的这次驾诣。

《初游大觉寺》：

> 灵渊谢神贶，古寺问佛津。
>
> 趁此山路便，况逢雨霁辰。
>
> 清爽拂人面，微风袭草芬。
>
> 禾黍连远村，勃然生意新。
>
> 旸台最高峰，未到意已欣。
>
> 迤逦入林庐，便与步法门。
>
> 石桥似虎溪，菡萏摇涟沦。
>
> 一一莲花上，疑有天女伦。
>
> 月相巍殿中，调御信独尊。
>
> 云湫泄山半，下注如垂绅。
>
> 循流登其巅，乃至水之源。
>
> 不溢亦不涸，彻底石粼粼。
>
> 时复见泳游，故知非凡鳞。
>
> 稍憩白板室，洒然诚绝尘。
>
> 鸟语似谈梵，树影全标真。
>
> 拟参大觉旨，翻歉语句频。[①]

这首乾隆皇帝初次驾诣大觉寺的诗作前四句表明了来到大觉寺的缘由和当时的环境，因为要到黑龙潭谢雨，在一个雨后的清晨，趁山路之便来到大觉寺。

---

① 姬脉利、张蕴芬、宣立品、王松著：《大觉寺》，社会科学文献出版社，2016 年，第 111 页。

纵观这首诗，可以说是一篇完整的大觉寺游记，寺庙清静优美的环境激发了乾隆皇帝的诗意，从这首诗的长度也可看出乾隆皇帝初次驾诣大觉寺时美好的心情。

乾隆皇帝驾诣大觉寺之余，发现这座寺庙已显出破旧之势，便发心重修这座西山梵宇。大觉寺重修完毕之日，可谓礼节隆重，群贤毕至。在寺内《送迦陵禅师安大觉方丈碑记》碑之阴，又增刻《御制重修大觉寺碑文》，乾隆皇帝撰文，由兵部侍郎庄有恭奉敕书写。碑额篆书："香界长新"。碑文如下：

> 御制重修大觉寺碑文
>
> 朕惟圣王御世，弘济群生，其与慈氏能仁普利人天，功德不可思议，迹虽殊而心源则一。佛经所云过去诸佛往往示现转轮，以世法义安天下，复以宗旨接引诸方延续慧命者，盖祇期万善之同归而已。我皇考福慧两足，镜智圆明，自潜邸时，深究宗乘，证悟无上了义。御极抚辰，海内清和咸理，乃于几暇选序古德语录，开示津梁。仰惟大慈悲父广种善根，凡梵宇琳宫曾施功德，皆不啻如来身坐道场，而历劫四众，并应庄严拥护瞻礼发心者也。朕因诣龙潭，近望西峰蓝若。大觉寺者，金清水院故址，明以灵泉寺更名，运谢禅安，蔚为古刹，康熙庚子之岁皇考以僧性音参学有得，俾往住持丈室，御制碑文以宠之，及圆寂归宗，复命其徒建塔于此慈恩眷顾，圣迹攸昭，而积岁滋久，丹艧剥落，爰加修葺。工既告竣，勒石以纪岁月，俾尔后住山大众时念法王显现化导因缘，与国家累叶护持正教，振起宗风之至意云。
>
> 乾隆十二年岁在丁卯冬十一月兵部侍郎臣庄有恭奉敕敬书。[1]

此碑也是大觉寺清代历史上的唯一一通御制重修寺庙碑，乾隆皇帝在碑文中赞誉其父皇佛学修养之精湛，从而间接地表明了自己对禅宗的肯定的态度。

乾隆皇帝笃信佛教，在御院以及行宫内建有许多佛堂、寺庙。崇佛的乾隆还把他的墓地——裕陵设计为佛国世界，充分表明崇佛的态度。

而这段重修大觉寺的历史有乾隆皇帝自己的诗作为证：

> 兰若西山西，皇考曾鼎新。
>
> 去岁偶一来，栋宇惜颓陈。
>
> 稍事梵宗檀，未费地官缗。
>
> 落成乃不日，于焉礼法身。
>
> 香土本圆成，照园增奂轮。

---

[1] 姬脉利、张蕴芬、宣立品、王松著：《大觉寺》，社会科学文献出版社，2016 年，第 105 页。

阇黎尔勿喜，我非求果因。

抚州有赵碑，试为参主宾。①

乾隆十二年（1747 年）重修大觉寺，依照传统，庙宇殿堂修葺完成后，皇帝多会题写一些字御赐匾额以示恩宠。乾隆皇帝对自己的文采和书法造诣颇有信心，自然不会放过这个机会。乾隆御赐大觉寺"无去来处""动静等观""憩云轩"等处匾额。

初夏的时节，西山大觉寺气候宜人、凉爽寂静、景致绝佳，自古以来便是消夏避暑的胜地。乾隆皇帝驾临大觉寺的时节大多是在初夏，乾隆十三年（1748 年）夏，乾隆皇帝第二次来到了大觉寺并再次作诗数首。当时的大觉寺与乾隆十二年已大有不同，由于乾隆皇帝出内帑大规模修缮了大觉寺，此时的大觉寺已是焕然一新。相比于久居中原的汉人，自东北入关的满人不耐酷暑，而西山大觉寺一带凉爽的环境深得乾隆皇帝欢心，因而有诗作《夏日大觉寺杂诗》：

其一

九夏原来自有秋，岩斋萧爽足延留。

山僧岂解陈蕃榻，别业浑成王粲楼。

竹里烹茶白雾写，松间却伞绿云浮。

拈须试看前题句，回首俄惊岁月流。

其二

忘怀得地堪消暑，乘兴入山畏不深。

爱此篷窗多野趣，底须杖策更幽寻。

翠峰自写王家画，飞瀑常调雷氏琴。

我有闲愁排未得，祇凭净域一澄心。

其三

幡影钟声出树遥，披襟偶尔坐僧寮。

虚无梵贝空中唱，缥缈天花座上飘。

禽鸟杂歌传户外，箖箊爽籁下云标。

远公莲社今犹在，送客香风过石桥。②

乾隆十三年，对乾隆皇帝来说过得并不顺利，最大的打击莫过于孝贤皇后在初春时

---

① （清）爱新觉罗·弘历：《乾隆御制诗文全集》，中国人民大学出版社，2013 年。

② （清）爱新觉罗·弘历：《乾隆御制诗文全集》，中国人民大学出版社，2013 年。

不幸薨逝，自己的结发妻子过世让乾隆皇帝异常悲伤。此后，悲伤和思念在皇帝心中延续了数十年，因此在诗中写道："我有闲愁排未得，祇凭净域一澄心"，就是其心情的真实写照。

重修大觉寺后，乾隆皇帝多次巡幸驻跸大觉寺，在大觉寺内后山园林假山石上刻有多首驾诣大觉寺时所作的诗作。

时光荏苒，转眼间数年过去，乾隆二十八年（1763 年），乾隆皇帝在黑龙潭龙王庙谢雨后，再次来到大觉寺，乾隆皇帝在这里看到了熟悉的景物古迹，感慨很多。通过他的诗作就可以看到他在这里感慨时光的飞逝，如《游大觉寺杂咏》：

其一

灵潭致谢为兴犁，趁爽轻舆路转西。

已觉旸台迎秀色，更须盘度几重蹊。

其二

回苏禾黍蔚新秋，望麦欣增饼饵香。

宣命羽林禁踩躏，以艰得故惜逾常。

其三

苼止花宫驻福田，禅枝忍草总依然。

了知调御无来去，瞥眼流光却五年。①

这一年，乾隆皇帝 52 岁，管理版图偌大的大清国，执政已近三十年。他因每日处理政务的操劳、忙碌，已有了身心疲惫的感觉，因此在诗作里写出"苼止花宫驻福田，禅枝忍草总依然。了知调御无来去，瞥眼流光却五年。"调御是对佛的一种尊称，《金刚经》中讲到"如来者，无所从来亦无所去"，是说佛、如来，是一种本质上的状态，没有来处，也没有去处，从来就在那里，如如不动。大自然、景物、佛都是自在不动的，但时光却过得如此之快，一眨眼，上次来到这里，已是五年前了。通过诗句可以窥见乾隆皇帝深感随着年龄的增长，时间过得越来越快，转瞬即逝。

吴十洲教授《乾隆十二时辰》一书撷选了乾隆三十年正月初八（1765 年 1 月 28 日）清宫档案中乾隆皇帝一天的作息记录，呈现了一位大清皇帝丰富的日常生活。

乾隆三十年正月初八：寅正（4 时）养心殿请驾，皇帝起床更衣，坤宁宫朝祭；卯初（5 时）慈宁宫给太后请安；卯正（6 时）同豫轩进早膳，饭后在乾清宫西暖阁看圣训；辰

---

① （清）爱新觉罗·弘历：《乾隆御制诗文全集》，中国人民大学出版社，2013 年。

初（7时）更衣，建福宫稍坐，重华宫茶宴；辰正（8时）至巳初（9时）重华宫与大臣对诗联句；巳正（10时）至午正（12时）养心殿批阅奏折；未初（13时）至未正（14时）养心殿前殿召见臣工，养心殿进晚膳；申初（15时）小憩，阅内阁所进各部院及督抚、提督本章；申正（16时）召见傅恒；酉初（17时）至酉正（18时），养心殿三希堂独自玩赏文物；戌初（19时）小憩；戌正（20时）养心殿后殿东稍间就寝。[①]

以上就是乾隆皇帝一天的作息记录，此时正值大清四海承平，如若遇战事等重大情况，皇帝就要通宵达旦处理政事兵务，难得休息。

乾隆三十一年（1766年），乾隆皇帝再次来到大觉寺，在这里度过一段惬意舒适的时光，他有诗作《游大觉寺杂咏叠旧作韵》：

其一

祈雨居然渥一犁，谢沾之便路遵西。

精蓝自合绝人迹，何事亦成桃李蹊。

其二

黍禾夹路蔚青秧，场圃风吹打麦香。

半月忧劳一朝慰，更无须悟幻和常。

其三

白足僧人衣水田，都官诗语莫须然。

无言小坐片时去，消得清吟和昔年。[②]

显然，乾隆皇帝这段时间并不轻松，为了一件或多件事情半月得不到休息，这次来到大觉寺，总算心情能放松一下，舒缓一下压力。然而休息时间十分有限，还不能多待一会儿，因为有很多事情还要等他去做，稍作停留，安静地写完诗作，便要离去。诗句"无言小坐片时去，消得清吟和昔年"，就充分说明了这一点。

乾隆三十三年（1768年），乾隆皇帝又一次来到大觉寺。这是他最后一次驾诣这里。这一次，他同样作诗数首。与前几次不同，这次的诗作全都以大觉寺的具体景物作为诗作的名字，诗句则或是形容景物，或是记事说明，就好像乾隆皇帝从他的角度为后人写下有关大觉寺的"讲解词"，又像是要把这些景物深深印在脑海里，以做告别之意。

《石桥》：

---

① 吴十洲著：《乾隆十二时辰》，中华书局，2021年，第40页。

② （清）爱新觉罗·弘历：《乾隆御制诗文全集》，中国人民大学出版社，2013年。

言至招堤境，遂过功德池。

石桥亘其中，缓步虹梁跻。

一水无分别，莲开两色奇。

右白而左红，是谁与分移。

《四宜堂》：

佛殿边旁精舍存，肃瞻圣藻勒楣轩。

四宜春夏秋冬景，了识色空生灭源。

《领要亭》：

笠亭栖嶕峣，如鸟奋翼然。

层峰屏峙后，流泉布瀑前。

山水之趣此领要，付与山僧阅小年。

《憩云轩》：

云岂解劳逸，而用憩息为。

我适来山轩，见彼写楹时。

我憩云亦憩，此意谁能知。

回首语苾刍，莫拟说禅诗。

《龙潭》：

山半涌天池，淙泉吐龙口。

其源远莫知，郁葱叠冈薮。

不溢复不涸，自是灵明守。

像设坐岩楼，致礼孚盈缶。

利物神信能，格诚吾何有。

《银杏》：

古柯不计数人围，叶茂孙枝绿荫肥。

世外沧桑阅如幻，开山大定记依稀。①

乾隆皇帝其母——崇庆皇太后也常出行驻跸于大觉寺。《大清会典》中乾隆时期皇太后驻跸西山的档案史料文字如下：

乾隆四年恭逢皇太后驻跸畅春园。

圆明园改设门汛共七十六处，以营总护军参领各二人，副护军参领署护军参领十有五人，护军校护军七百六十名守卫。

畅春园增设门汛十九处，日以营总一人，署副护军参领四人，护军校护军一百九十名守卫夜传更筹八。

八年定每遇驾驻静宜园设门汛五十一处，日以营总二人，护军参领一人，署副护军参领十有三人，护军校护军五百十名守卫夜传更筹十。

车驾往还均以营总护军参领各三人，副署护军参领二十人，护军校护军五百二十名于经由之路左右清跸恭遇。

驾诣黑龙潭大觉寺行礼，以营总护军参领各三人，副署护军参领十有四人，护军校护军七百名沿途清跸。②

乾隆皇帝侍母极孝，对其母崇敬备至。其母为清世宗孝圣宪皇后钮祜禄氏（1693年1月1日—1777年3月2日），满洲镶黄旗人，一等承恩公、四品典仪官凌柱之女。十三岁时入侍雍亲王府邸，为雍亲王胤禛藩邸格格。康熙五十年（1711年）生弘历。弘历十岁时，随父雍正初侍康熙皇帝，宴于圆明园牡丹台，康熙见皇孙弘历聪颖过人，十分喜爱，便接至皇宫去读书，亲自抚养，并称弘历"是福过于予"；连声称钮祜禄氏是有福之人。为此，钮祜禄氏更得雍正的恩宠。

雍正元年（1723年）她被封为熹妃，雍正八年封其为熹贵妃。雍正十三年（1735年）八月二十三日，雍正帝崩逝，弘历即位。熹贵妃钮祜禄氏母以子为贵，被乾隆帝尊为圣母皇太后。雍正十三年十月乾隆帝恭上皇太后尊号为崇庆皇太后。

乾隆皇帝视其为国母，有言必遵。在位期间四次南巡，四次东巡，三次巡幸五台，二次诣盛京，一次巡幸中州，以及谒东陵，猎木兰，皆奉陪太后同行，平日在其左右不离，遇万寿节必率王大臣行礼庆贺，六十、七十、八十庆典，一次比一次隆重。特别是崇庆皇太后八十大寿，年已六十的乾隆皇帝还彩衣蹈舞，承欢膝下。使崇庆皇太后享尽了人间的

---

① 姬脉利、张蕴芬、宣立品、王松著：《大觉寺》，社会科学文献出版社，2016年，第114页。
② 《钦定大清会典则例·乾隆朝》卷180，商务印书馆，2013年。

"福、禄、寿"，善至于终身。

乾隆四十二年（1777 年）正月初八日，乾隆皇帝奉崇庆皇太后到圆明园。皇太后驻跸圆明园期间，乾隆几乎都住在长春仙馆，因为这里距皇帝处理政务的正大光明殿和皇帝的寝宫九洲清宴都很近，便于皇帝给皇太后问安侍膳。

正月二十三日子刻，崇庆皇太后"痰忽上涌"，遂于丑刻病逝，终年八十六岁。举国致哀，三月十六日尊谥号定为"孝圣慈宣康惠敦和敬天光圣宪皇后"。乾隆四十二年（1777 年）四月二十五日，皇太后梓宫葬入泰东陵地宫。经嘉庆、道光两朝加谥，最后谥号为"孝圣慈宣康惠敦和诚徽仁穆敬天光圣宪皇后"[①]。

崇庆皇太后一生享尽了荣华富贵，她寿数之高，在清代皇太后中居于首位，在中国历代皇太后中也是极为罕见的。

---

① 《清史稿》卷 214《后妃·孝圣宪皇后》。

三

遗产保护与利用

阳台集——
大觉寺与西山历史文化研究

大觉寺及周边红色史迹调研

何
沛 *

摘　要：红色文化是西山永定河文化带的重要组成部分，资源非常丰富，史料价值、研究价值较高，开发利用的潜力很大。为系统发掘和整理西山红色文化的历史文化价值和精神文化内涵，北京西山大觉寺管理处开展"大觉寺及周边红色史迹调研"课题。以地处西山永定河文化带中心位置的大觉寺及周边区域红色史迹为坐标，对分布在今海淀和门头沟两区内红色资源的总体概况、保护利用、文化传播和长远发展等问题开展调研，进而解读北京西山红色文化的精神内涵和现实意义。

关键词：大觉寺及周边　红色史迹　内涵阐释　保护利用

引言

　　红色文化是西山永定河文化带的重要组成部分，资源非常丰富，史料价值、研究价值较高，开发利用的潜力很大。这一区域内的革命故事、革命运动和革命旧址是难得的文化资源，铭记着中华儿女英勇奋斗的光辉历程，是历史赐予我们的宝贵遗产。为系统发掘和整理西山红色文化的历史文化价值和精神文化内涵，北京西山大觉寺管理处申报了"大觉寺及周边红色史迹调研"课题。以地处西山永定河文化带中心位置的大觉寺及周边区域红色史迹为坐标，对分布在今海淀和门头沟两区内红色资源的总体概况、保护利用、文化传播和长远发展等问题开展调研，进而解读北京西山红色文化的精神内涵和现实意义。地处西山永定河文化带中心位置的大觉寺，隶属北京市文物局。充分利用区域内红色资源，在推动党史、新中国史学习和开展革命传统教育中发挥博物馆宣传教育职能，是我们义不容辞的责任，同时也为今后北京市文物局统筹开发西山红色资源，做好前期资料收集和整理

---

*　何沛，大钟寺古钟博物馆馆长。北京西山大觉寺管理处原主任，"大觉寺及周边红色史迹调研"课题负责人。

工作。

目前对西山红色文化的研究基本是对曾在西山发生的具体革命历史事实的挖掘，内容散见于《海淀革命史资料选编》《京西革命斗争史》《门头沟文史》《门头沟革命史》等地区革命史料中，这些资料均属于地区革命史的资料汇集，缺少对红色文化现象和特征的系统梳理和归纳。系统发掘和整理这些精神遗产的政治价值和文化价值，是当前西山永定河文化带红色文化研究的首要内容。调研采取文献资料、实地踏查、口述访问相结合的研究方法，在此基础上全方位、多角度分析考证，使研究内容丰富翔实，立论坚实可信。在调研的前期准备阶段，课题小组成员依照调研大纲，首先进行资料搜集工作，之后将搜集到的资料进行汇总归类整理，召开专题工作会议，讨论学习并交换意见，选定大觉寺及周边10余处红色遗址或纪念地，开展实地走访调研工作。

一、大觉寺及周边红色史迹概况

红色文化是西山永定河文化带的重要组成部分，资源丰富，价值极高，开发利用潜力大。地处其中的大觉寺及周边一带在近代涌现出大量革命人物和事迹，留下大量红色史迹。对这些红色史迹开展调研，有助于这一地区红色文化精神内涵的深入挖掘、解读和宣传，有助于这一地区革命文物的进一步保护、开发和利用。

【大觉寺、莲花寺】

大觉寺始建于辽代，是一座坐落于北京西山的千年古刹。抗战时期，北平西山一带曾是游击区，大觉寺则是中共地下党及其领导的革命队伍的联络接头地点，也曾是国民抗日军司令部的所在地。抗战胜利后，中共中央决定成立中共北平市委，驻地就在大觉寺及南侧的莲花寺，主要任务是接收北平日军缴械，迅速接管北平。市委组建完成后，准备与日军谈判，谈判地点在莲花寺内。因日蒋秘密勾结，日军投降态度并不明朗。随后，国民党相关接收人员及军警宪兵被空运到北平，并迅速占领北平。此时形势变得对中共极为不利，北平市委不得不转移到其他地方。

【秘密交通线——林迈可小道】

抗日战争时期，北平经平西到晋察冀解放区的秘密交通线有多条，其中，"林迈可小道"是一条非常重要的线路，位于现在的海淀区管家岭、车耳营、凤凰岭至门头沟一线。当时有许多的爱国热血青年和国际友人都是在我党的地下交通站帮助下，通过这条线路翻山越岭，奔赴晋察冀革命根据地。这些国际友人中，就包括后来成为我党无线电事业奠基人之一的林迈可。他利用自己外国人的特殊身份，在北平市内为八路军购买紧缺药品和无线电零件，还曾亲手组装了一部电台，并邀请燕京大学的美国籍教授郝乐、维康廉一起，以旅游为名，把电台送到了大觉寺，再通过这条秘密交通线送往平西抗日根据地。

【贝家花园】

贝家花园始建于 1923 年，坐落在阳台山东麓，紧邻大觉寺，花园整体布局以欧洲古罗马城堡式结合中式建筑修建而成，其中有石碉楼、北大房和南大房 3 组建筑。这里是北平在日伪统治时期一条运送重要物资的抗日秘密交通线的枢纽所在。贝家花园的主人是法国医生让·热罗姆·奥古斯坦·贝熙业，当年已经年近七旬的他，骑着驮满药品的自行车骑行 40 公里，把八路军急需的药品从城里送到位于西山的贝家花园，再从这里转送到抗日根据地。当时附近的村民都来这里找贝熙业看病，对那些贫困的村民，他不仅免费诊治，还经常无偿提供药品。2014 年，习近平主席访问法国期间，在纪念中法建交 50 周年的讲话中将这段路程称为"自行车驼峰航线"。

【北京市第四十七中学】

北京市第四十七中学坐落在风景秀丽的鹫峰脚下，其前身是北京中法大学附属温泉中学，由民国著名教育家李煜瀛（字石曾）先生于 1923 年创办。1931 年，日寇发动了"九·一八"事变，校内各班级迅速组织同学糊小旗，写标语，到附近农村宣传抗日，向农民演讲；"一二·九"运动中，温泉中学的学生和北平的爱国学生一起请愿示威，学生们高唱《毕业歌》，迎着反动军警的大刀、水龙、皮鞭勇敢前进；解放前夕的温泉中学，已经成为北平地下党领导的爱国民主运动的据点，具有 400 名师生的温泉中学当时就有地下党员 10 人，占全校总人数的 2.5%（北平地下党有 3000 余人，占北平 200 万市民的 0.15%）可见革命力量的强大。温泉中学的学子们以他们高度的爱国热情，为民族命运奔走呼号、英勇战斗。

【北安河烈士纪念堂】

纪念堂坐落在海淀区苏家坨镇北安河村村东，距离大觉寺 3 公里。1984 年，北安河乡人民政府为纪念在解放战争时期北安河地区牺牲的先烈而建造纪念堂，设立纪念碑，以纪念他们的不朽功绩。纪念堂内，陈列着北安河地区为革命牺牲的 12 位先烈的照片和英雄事迹，以无声的肃穆祭奠着往昔战争岁月的惨烈，缅怀着这些英烈们的英勇和无畏。

【黑山扈战斗纪念园】

黑山扈战斗纪念园位于海淀区百望山森林公园内，这里记录了 1937 年国民抗日军在北平西北黑山扈击退侵华日军，并用步枪等轻武器击落了敌人一架战斗机的英勇抗战故事。黑山扈战斗是日本侵略者占领北平后，由中国共产党领导的抗日武装第一次同日军作战，并且取得胜利，首战告捷，不仅打击了敌人猖狂的侵略气焰，更增强了抗战军民的信心。黑山扈战斗后，国民抗日军迅速发展壮大，为创建平西革命根据地和祖国解放事业建立了不朽功绩。2015年，正值抗日战争胜利70周年之际，百望山森林公园修建了这座纪念园，纪念园由纪念碑、纪念浮雕墙及雕塑三部分组成，再现了当年激烈的战斗场面。

【平西情报联络站纪念馆】

平西情报联络站于1941年初正式成立，设在妙峰山脚下的涧沟村，负责在根据地与北平城之间传递情报、输送抗战物资、护送来往人员，同时培养了一批优秀的地下尖兵，如站长梁波，在七王坟与北平秘密情报人员接头后返回时遇敌，突围时英勇牺牲；电视剧《潜伏》主人公的原型王文和王凤岐夫妇，为掩护身份从"假夫妻"变成"真爱人"。在解放战争中清风店战役前夕，平西情报联络站及时向解放军通报了敌情，使解放军得以成功歼灭了国民党第三军；当国民党军阴谋大举进攻张家口时，平西站又一次及时地报告了敌情，使我军避免了遭受损失，为晋察冀根据地的建设、抗战胜利和北平解放作出了重大贡献。2009年4月13日，平西情报交通联络站纪念馆在原涧沟村关帝庙旧址上改建而成，并正式对外开放，成为北京第一个公开展出的以情报战线为主题的展览馆。

【京西山区中共第一党支部纪念馆】

京西山区中共第一党支部纪念馆位于门头沟区雁翅镇田庄村，是2011年门头沟区为纪念中国共产党诞生90周年，以京西山区第一位中共党员崔显芳的革命事迹为主线，集中展示了京西山区中共组织创建和成长的光辉历程。崔显芳1924年从上海回到家乡，以办学为掩护，宣传马列主义，开展革命活动。蒋介石发动"四·一二"反革命政变后，他以坚定的信念，顽强的斗志，在群众中传播革命火种。1932年9月，在中共北平市委特派员马建民等人的帮助下，崔显芳等优秀党员，在田庄高小建立了京西山区中共第一党支部——田庄高小党支部，随之孕育出京西山区第一批中共党员，催生出中共京西山区第一个县委、第一支红色武装，京郊第一块革命根据地，第一个抗日民主政府，使革命星火在京西点燃。

【冀热察挺进军司令部旧址】

冀热察挺进军司令部旧址陈列馆落成于1997年7月7日，是我国第一个农民发起举办的村级革命题材陈列馆，2020年被评为全国爱国主义教育示范基地，9月1日经党中央、国务院批准列入第三批国家级抗战纪念设施、遗址。该馆位于门头沟区斋堂镇马栏村的一所两进四合院内。1939年10月，萧克将军领导的八路军冀热察挺进军进驻马栏村，将这里作为当时平西抗日斗争的军事指挥中心，指挥王家河滩歼灭战、青白口拒敌战、沿河城歼灭战等多次战役，粉碎日寇数次大扫荡。马栏村也因为挺进军而名声大振，成为北京西部敌后抗日战场最坚强的战斗堡垒。

【王家山惨案遗址】

王家山村在门头沟区斋堂镇西北山坳之中。1937 年抗日战争爆发，王家山民众无分老幼，守土抗战。1942 年 12 月 12 日，黎明时分，驻斋堂日军头目赖野及汉奸带领日伪军突袭王家山村抗日民众，村中青壮年退进深山，老弱妇孺陷入包围。日伪军进村后，在四周架起机枪，放火烧村，致使 42 名老弱妇孺葬身火海，制造了骇人听闻的"王家山惨案"。1997 年北京市人民政府公布王家山惨案发生地为"国耻纪念地"，并立汉白玉纪念碑予以祭奠。

以上的 10 处红色史迹在这片具有光荣革命传统的热土上留下了深深的烙印，尽管今天战争的硝烟已经散去，但中华民族浴血奋战的历史令人难以忘记，伟大的革命精神也必将浩然长存。

二、大觉寺及周边红色史迹反映出的革命精神

近现代，作为平西抗日根据地的大觉寺及周边一带，涌现出了大量革命人物和事迹，体现了强烈的爱国主义精神、崇高的民族气节、不朽的英雄气概和无私的国际主义精神。其中爱国主义精神是中华民族精神的核心，民族气节和英雄气概是中国人民与生俱来的品质与性格。在这些革命精神的鼓舞下，仁人志士前赴后继，以民族独立和复兴为己任，自强不息、奋力抗争。国际主义精神则是全人类最崇高的品质之一，激励着国际友人为中国人民的民族独立和解放事业贡献力量。

（一）天下兴亡、匹夫有责的爱国情怀

在这一地区，无论是与日寇直接作战的根据地部队，还是在隐蔽战线收集传递情报的联络站，都因对祖国的热爱而积极投身于伟大的抗战事业。

卢沟桥事变后，为阻挡日本侵略者南下的脚步，保卫华北、保卫祖国，我党毅然决定成立冀热察挺进军，挺进平西地区。平西一带山地居多，粮食产量极低，不利部队驻守。即便环境条件恶劣，挺进军依然寸土必争，与日本侵略者顽强斗争，至今在妙峰山一带仍可看到挺进军"坚持持久战""坚持抗战到底"的摩崖石刻。1941 年建立的平西情报联络站，坐落在今门头沟区涧沟村，东接平津敌占区，条件异常艰险，联络站交通员们毅然在此地工作多年，直到解放战争胜利，其间有大量交通员壮烈牺牲，成为无名英雄。根据研究，在抗战期间，有大量爱国学生、知识分子、国际友人通过平西抗日根据地进入晋察冀，辗转抵达延安，为抗日和其后的解放战争作出了贡献，以大觉寺及周边红色史迹为代表的平西地区已成为爱国主义精神和行动的"门户"。

今天，冀热察挺进军司令部旧址为全国爱国主义教育基地，平西情报联络站为北京市爱国主义教育基地。其中冀热察挺进军司令部旧址已于 2020 年 9 月 1 日经党中央、国务院批准列入第三批国家级抗战纪念设施、遗址。

这些革命事迹和文物，使人们深切认识到在革命年代为国奋斗的仁人志士们从未将"爱国"停留在口号上，而是把自己的理想同祖国的前途、把自己的人生同民族的命运紧密联系在一起，挺身而出、为国为民、鞠躬尽瘁、死而后已，体现了实实在在的爱国主义精神。

（二）视死如归、宁死不屈的民族气节

抗战爆发后，在中国共产党领导的抗日民族统一战线的旗帜下，平西地区的广大人民群众，无分老幼都表现出了为民族尊严和独立威武不屈、视死如归的崇高气节。无论是在冀热察挺进军司令部旧址所在的马栏村，还是在斋堂镇王家山村，村民面对日本侵略军的威胁，宁死不屈，慷慨就义。中华儿女威武不屈的志气和视死如归的节操在他们身上得到了鲜明体现。这种难能可贵的民族气节正是抗日战争全面胜利背后的强大精神力量。

（三）不畏强暴、血战到底的英雄气概

在平西地区，无论是对敌作战的战斗英模，还是传递情报的联络员，都以大无畏的英雄气概鼓舞着人们勇往直前，直到胜利。

1940 年，冀热察挺进军十团团长白乙化，为解决根据地缺粮问题，带领部队，智劫粮库，消灭日本宪兵，虎口夺粮。坐落在门头沟区涧沟的平西情报联络站同样也涌现出了大量革命英雄。解放战争时期，站长梁波不畏风险亲自到七王坟与联络员接头，后遇国民党反动派进攻，高度近视的他在转移中不幸牺牲，用行动践行了自己的誓言——"联络员不能被俘虏，只能牺牲！"此外，平西情报联络站还涌现出了大量无名英雄，为抗日战争和解放战争事业奉献了自己的美好年华乃至生命。今天，我们在西山一带还可以看到记载了472 位抗战烈士姓名的抗战英雄纪念碑，还可以看到记载了十数位革命英雄在解放战争时期英勇献身、壮烈牺牲革命事迹的北安河烈士纪念堂。回顾学习这段革命的英雄史，切实让人感受到中国革命的胜利是人民英雄的胜利，中华民族的独立和尊严，是无数人民英雄的鲜血换来的。

（四）一方有难、八方支援的国际主义精神

国际主义精神是各国无产阶级乃至所有具有正义感的人民在反对剥削、争取解放斗争中，在政治、经济、道义等方面互相支持、互相援助，坚持国际团结的伟大思想和崇高政治原则。

大觉寺一带虽地处偏远，但依然有部分国际友人因居住于此地或利用这一带地理位置

优势，以多种形式支援了中国共产党领导的抗日救亡事业，其中法国医生贝熙业和英国教授林迈可是这些国际友人的代表。抗日战争期间，贝熙业先生为平西一带受伤的八路军战士治病疗伤，他还利用自己法国医院院长的身份和北安河贝家花园的便利，将大量急需药品从北平城送往平西和晋察冀抗日根据地，这条线路被誉为自行车"驼峰航线"。林迈可先生为根据地购买、组装急需的电台设备，后携夫人一起奔赴根据地，投身革命，为根据地培养了大量通信人才。在这里，国际友人为中国人民的抗日事业贡献出自己的力量。

爱国主义精神、民族气节、英雄气概和国际主义精神不但是可贵的革命精神，在本质上更体现了革命者坚定纯洁的革命信仰。在这种信仰的支撑下，无论是手拿钢枪的革命战士，还是为我党运送情报的革命群众，又或是为人民军队输送设备、技术和药品的国际友人，他们都坚信自己所从事的是正义的事业，坚信本民族或所帮助的民族能够或理应得到独立、解放和繁荣，愿意为此贡献自己的一生，并在必要时刻牺牲自己的生命。在这种信仰的支撑下，大觉寺及周边地区在抗日战争和解放战争时期涌现出了一批英勇奋斗、敢于牺牲的革命英雄，发生了一系列跌宕起伏、可歌可泣的革命故事，这些人和事共同构筑了平西一带伟大的革命精神。红色史迹，就是反映这些革命精神的重要革命遗产，需要所有中华儿女珍惜和爱护，更需要文博工作者大力保护、研究和宣传。

三、大觉寺及周边红色史迹保护、管理的成绩和问题

党的十八大以来，在以习近平同志为核心的党中央坚强领导下，各地区各部门扎实推进文物工作，文物事业取得显著进步。大觉寺及周边红色史迹也在各级政府和行业主管部门的领导和推动下，在史迹保护、管理方面取得了突出成绩，同时也存在一些问题。

（一）保护管理取得的成绩

1.大觉寺及周边红色史迹基本都进行了一定程度的保护性修缮，成立了管理机构，配备了管理队伍。经踏查，保护性修缮主要分为现状整修和重点修复两个方面。在门头沟区田庄村，崔显芳烈士故居已得到全面修复保护，故居及周边设有革命文物展览。在门头沟区马栏村，冀热察挺进军司令部及其他部门旧址在新中国成立后曾为村民住宅，经协调已完成腾退并开辟成纪念展馆，其他挺进军办公旧址也有部分已腾退完毕。这些腾退的红色史迹基本都经过了现状整修。莲花寺曾作为抗战胜利后中共北平市委驻地，现为部队占用，为区级文物保护单位。在海淀区文物行政部门支持下，其古建、院落等不可移动文物都已经过专业整修；贝家花园是法国医官贝熙业大夫在西山的别墅旧址，产权归属航天系统，在海淀区委区政府推动下，已进行整修并对外开放。

2. 经当地政府或相关部门策划，已根据史迹价值、特征、保存状况、环境条件对部分大觉寺及周边红色史迹进行了初步利用。经踏查，大觉寺及周边红色史迹中一部分红色史迹已在原址基础上或附近修建了展览馆、纪念碑等设施，宣传、弘扬红色历史。门头沟区田庄村在文化中心旁建有京西山区中共第一党支部纪念馆展馆，通过图片、实物集中展示以焦显芳烈士为代表的京西第一党支部开展革命斗争的光辉历史。门头沟区马栏村已在全村范围内建设恢复展示冀热察挺进军在该村时的风貌，其中挺进军司令部旧址已开辟为陈列馆。门头沟区涧沟村已建成平西情报联络站展览馆。北京市第四十七中学前身为中法大学附属温泉中学，该校现已专门建成一座展览馆，设计制作"对流——北京西山中法文化交流史迹展"，以贝熙业、铎尔孟、圣-琼·佩斯、中法大学及附属温泉中学为核心内容，对近代中法文化交流史进行了专业展示。

（二）保护管理需解决的问题

1. 红色史迹保护相对滞后，基础设施建设落后问题。经踏查，部分红色史迹基础设施建设需进一步加强，如王家山惨案遗址虽有部分重要区域得到保护修缮，并修建了纪念碑，但王家山村近年整体搬迁，包括惨案遗址在内的民居处于自然损耗状态，缺少整体保护。其中惨案遗址附近虽有说明标识，但尚未重点保护，应及时根据革命旧址保护准则给予保护；通往王家山惨案遗址的山间公路为村级公路，路面有待修整，需加增路侧护栏。部分红色史迹虽然已经在进行整体性保护，但在保护细节方面尚显不足，如门头沟区马栏村正在整体打造成为冀热察挺进军展示宣传地，也有相对应的展览展示形式，但在路面标识等细节方面有待改进，部分英文标识需进一步规范。部分红色史迹展示场所需修缮加固，如作为近代中法人文交流的重要史迹和展示场所，四十七中"对流——北京西山中法文化交流史迹展"展览部分展厅顶棚在 7—8 月汛期漏雨，展厅内展板、地面均有雨水浸泡痕迹，需投资进行进一步修缮加固。部分红色史迹需增添或改进安全技防设施；在贝家花园中，有部分建筑基础保护细节不到位，如北大房西侧房间天花板中心位置留有裸露的电线，既影响观瞻，也是消防安全隐患。

2. 部分红色史迹宣传说明不到位，展览展示细节需进一步提升问题。经踏查，部分红色史迹未设置相应的文字说明，如在作为抗战胜利后中共北平市委临时驻地的莲花寺中未发现相关说明；作为体现国际主义精神的范例——林迈可小道，也未配置相关说明，该史迹虽然以道路为主，但本质上是串联多个红色史迹的一条主线，也是串联多个风景区和民俗村的线路，对这条线路的开发，有利于串联红色史迹，也有利于文旅融合。部分红色史迹虽配有相关展览展示，但在展线中存在展品保护不到位的情况，在展室中展出的马栏村军人退伍证、介绍信、萧克将军题词等重要纸质革命文物，未标明是否为复制品，若为原件，应有恒温恒湿展示环境，以有利于纸质文物的保护保管。部分红色史迹对原状进行了恢复，但存在恢复不到位的问题，如贝家花园，已对北大房、南大房内的家具陈设、内部格局等进行了尝试性恢复，而这些恢复相对简单，尚不能清晰反映当时风貌。建议根据老照片、贝熙业先生日记等资料对部分房间内部陈设进行重点恢复。

3. 红色史迹保护与使用之间矛盾突出的问题。经踏查，部分红色史迹存在使用单位与所有权单位分离的问题，如冀热察挺进军在门头沟区马栏村部分办公旧址依然为当地村民占用，如今已有村民计划重建房屋改善居住条件，革命史迹可能面临拆毁消失的风险。又如作为中法人文交流基地、海淀区爱国主义教育基地、海淀区科普示范基地的贝家花园，现使用单位为北京市西农投资有限公司，为海淀区国资委监管企业，而其产权单位则为航天科工集团第二研究院。管理使用和产权单位的分离，不利于史迹保护和利用。

针对以上问题，建议各级政府及文物保护行政部门从以下几方面开展红色史迹或革命文物保护工作：第一，设立红色史迹或革命文物保护专项资金，在坚持文物保护原则基础上，对红色史迹中的不可移动文物本体进一步修缮加固；同时根据相关法规，制定红色史迹保护利用规划，划定文物保护范围，提出保护利用要求，编制修缮计划，提升红色史迹或革命文物保护水平和力度。第二，对部分红色史迹或革命文物，应当明确保护管理责任人，根据产权情况进行分类管理。根据相关规定，其产权属国家所有的，由使用权人负责日常保护管理，制定具体的保护管理措施，并公告施行，革命旧址产权属集体或个人所有的，由产权所有人负责日常保护管理，县级文物行政部门应与产权所有人签订保护协议。产权归个人所有且个人无力保护或不愿尽到保护义务的，地方政府应积极协调，本着应保尽保的原则，将可腾退、愿腾退的红色史迹或革命文物开辟成展览展示区域，必要时应给予政策、资金、技术支持，保证红色史迹文物能得到妥善保护，并保持原有风貌。第三，对部分红色史迹及周边地带进行环境整治，以保证文物安全，展示文物环境原状。环境整治应突出庄严肃穆氛围，注重文物安全的保护、历史景观的保持、文化价值的凸显，同时兼顾合理利用。在此基础上，清理红色史迹及其周边地区各种不合理的杂物和影响红色史迹精神价值的景观。红色史迹周边交通、餐饮、购物等配套设施应把握适度原则，以满足最基本功能需求为宜，不能喧宾夺主，影响红色史迹整体氛围和景观。

在对红色史迹妥善保护、有效管理的基础上，应根据中央及地方关于革命文物保护的精神与政策，以及史迹的价值、特征、保存状况、环境条件，对红色史迹进行合理利用和大力宣传，弘扬革命精神，传承红色基因。

四、大觉寺及周边红色资源利用与宣传

开发利用红色文化遗址，特别要注重其独特的宣传教育功能。遗址遗迹因挖掘红色文化内涵、传承红色基因而受到重视。珍贵的历史遗址，在弘扬中华民族精神，传播优秀传统文化方面，有着不可替代的作用。众多的红色遗址遗迹，是对青少年进行爱国主义和革命传统教育的生动教材，是社会主义精神文明建设的重要内容。

（一）宣传利用方式

1. 作为博物馆、纪念馆、爱国主义教育基地、中外文化交流基地和红色旅游景区对外开放

大觉寺、莲花寺曾是中共北平市委临时驻地。目前大觉寺是全国重点文物保护单位、博物馆、AAA 级旅游景区，1992 年对公众开放。莲花寺目前为部队所属。贝家花园是北京市文物保护单位，也是北京保存较好的私家花园之一，目前作为北京中法人文交流基地，对公众开放。平西抗日根据地交通线分布于海淀和门头沟的山区之间，涉及阳台山、鹫峰、凤凰岭、妙峰山等自然山脉和景区，沿途分布有大觉寺、七王坟、秀峰寺、金山寺、龙泉寺等古迹，如今已成为著名的红色旅游线路。黑山扈战役遗址位于百望山国家森林公园内，目前修建为黑山扈战斗纪念园，作为爱国主义教育基地对公众开放。北安河烈士纪念堂是北安河乡人民政府于 1984 年在北安河村东所建，以缅怀在这一地区英勇牺牲的革命烈士。作为爱国主义教育基地，是当地进行爱国主义、集体主义和革命传统教育的重要场所。北京市第四十七中学是中法大学附属中学旧址，为北京市海淀区区级文物保护单位。附近有凤凰岭自然风景区、鹫峰国家森林公园。冀热察挺进军司令部旧址是北京市文物保护单位，目前作为陈列馆、全国爱国主义教育基地、北京市红色旅游景区对公众开放。成为许多学校和单位举行爱国主义教育活动的场所。平西情报联络站目前作为纪念馆对公众开放，是北京市第一个公开展出的以情报战线为主题的展览馆。妙峰山平西情报站这条红色旅游线路已成为集宗教朝圣、民俗采风、登山健身、休闲度假于一体的旅游胜地。门头沟区 2011 年在田庄村兴建了京西山区中共第一党支部纪念馆、崔显芳烈士故居和田庄高小党支部旧址。2017 年启动了京西山区中共第一党支部纪念馆改造工程。改造后的新馆成为集史料展示、思想教育、红色旅游等多功能于一体的党史教育、爱国主义教育和反腐倡廉教育示范基地。王家山惨案遗址目前以遗址形态存在，1997 年被定为"国耻纪念地"，立纪念碑以示纪念。附近有全国重点文物保护单位灵岳寺和爨底下古民居村落等文化资源。

2. 以这一地区红色文化为素材拍摄多部影视剧、纪录片

以平西交通联络线为背景拍摄的相关影视剧作《潜伏》《地下尖兵》，以大西山历史文化为背景、以大觉寺及周边红色文化为素材的大型人文纪录片《大西山》，为纪念中法文化交流、以贝家花园及西山周边人文为创作背景的纪录片《贝家花园往事》，以国际友人林迈可为主角而拍摄的系列纪录片《电波凌云》（原名《红色记忆——永不消失的电波》）和《大西山秘史——生命的运输线 林迈可小道》，以门头沟区域内红色文化历史为题材拍摄的纪录片《红色基石》，是目前已经开展的宣传工作，这些文艺作品很好地诠释了这一区域内的红色文化内涵。

3. 配有专门展厅、数字影院、讲解员宣传红色文化内容

冀热察挺进军司令部旧址陈列馆设有专题展室，平西情报联络站纪念馆除专题展览以外，还配有数字电影院，播放地下工作相关纪录宣传片。"对流——北京西山中法文化交流史迹展"，2014 年作为中法建交 50 周年系列活动之一，在北京市第四十七中学展馆举办，通过图文、视频、实物、互动电子书等形式展出，获得各界人士好评。为迎接建党100 周年，北京西山大觉寺管理处拟定于 2021 年在大觉寺举办"大觉寺及周边红色史迹展"，此次调研也是展览先期准备工作之一。

4. 部分纪念馆景区近年开发并推出可亲身体验、参与的大型文化活动

"贝家花园 1940"是贝家花园管理使用单位北京西农文化开发公司开发的大型沉浸式谍战主题情景剧旅游产品，自 2019 年推出，吸引许多年轻人来此参观，深入了解贝家花园里发生的红色故事，同时也成为许多单位上党课、团课的选择地。"林迈可 8 公里"是2015 年海淀区委、政协及相关部门为纪念中国人民抗日战争和世界反法西斯战争胜利 70周年推出的红色经典线路，整条线路兼具原始自然美感与人文历史内涵。"'蕴西山'校本教育课程"是北京市第四十七中学通过挖掘自身资源、利用地理环境优势主题而开发的校本教育课程，其中的红色文化宣传是其中的重点内容，受到师生好评。"山河壮美 遗珍荟萃——首都文博志愿者培训拓展系列活动"是大觉寺管理处联合西山永定河文化带区域 12家博物馆等文化单位联合举办的大型系列文化活动。其中许多活动涉及红色文化宣传。关于大觉寺及周边红色文化挖掘和宣传，在一些出版物和影视宣传片、文化讲座中均有涉及。作为具有光荣革命传统和深厚红色底蕴的革命老区，门头沟区在积极打造"红色门头沟"党建品牌，"红色马栏"沉浸式爱国主义教育基地把村庄当作舞台，让参观的党员群众当作演员，参与到整个剧情之中，这是"红色马栏"沉浸式爱国主义教育基地的独创之处。

（二）宣传利用存在的问题

1.红色文化资源开发利用缺乏联动机制

大觉寺及周边红色文化资源丰富，价值很高，但仅依赖这点并不能形成综合优势。只有在一定地域和时间内，多种类型、多家单位协调布局和组合，建立健全管理体制才能形成一定规模和效应的资源整体优势，获得较高的开发效益。

2.红色文化品牌打造及宣传力度不够

大觉寺及周边红色文化资源品牌极少，宣传力度不够且渠道有限，致使一些经典项目不为人知，红色文化出版物更是极度匮乏。

五、大觉寺及周边红色文化资源建设与发展

党的十九大报告指出："中国共产党从成立之日起，既是中国先进文化的积极引领者和践行者，又是中华优秀传统文化的忠实传承者和弘扬者。"红色文化资源的建设与发展在今天更为重要。针对目前现实情况和存在的问题提出如下建议：

（一）成立西山红色文化联盟

大觉寺及周边地区红色文化资源极为丰富。包括抗日战争、解放战争以及新中国成立时期留下来的革命旧址、战争遗址、烈士纪念碑、纪念馆等。充分挖掘这一地区红色文化内涵，扩大西山红色文化资源的联合与协作，不仅有利于提升区域红色文化软实力，加强红色文化意识形态凝聚力，而且有利于将西山红色文化资源与旅游业融合发展，促进西山永定河文化带建设和发展。

（二）制定红色文化开发利用规划

通过对区域内红色文化资源的开发计划和发展目标制定系统的规划，正确处理保护与利用、远期与近期、整体与局部、技术与艺术的关系，达到社会、经济与环境协调发展的目的。

（三）精心设计系列红色文化旅游线路

红色旅游，顾名思义指的就是追寻革命先烈的足迹，带着学习和受教育的目的，联系历史、社会和现实进行的一种旅游形式。积极开发红色资源，通过参加旅游及活动，加强对党员、团员和青少年的革命传统教育，此外对于带动周边地区建设和发展也大有裨益。

（四）筹办纪念活动和相关展览，加大宣传力度、扩大宣传渠道

为更好地弘扬红色文化精神，传承红色基因，必须将思想政治教育延伸到学校、企业、社区。充分利用好现有的红色文化资源，引领年轻人聆听和感受发生在北京西山的红

色故事，培育社会主义核心价值观。通过电台、电视台、报刊、新媒体宣传介绍，加强与文化旅游企业及行业协会交流，举办多种活动，通过多种渠道扩大对外宣传。

（五）积极开发红色旅游文创产品，编辑出版红色文化图书

旅游文创产品，是指游客在旅游途中被吸引并购买和消费的特色物品，如工艺美术品、纪念品、日用品、食品饮料、收藏品等。在众多不同类型的旅游产业当中，红色旅游以其独特的形式特点，在当代旅游市场中占据着举足轻重的地位。通过红色旅游回顾历史，使得红色旅游产业的发展前景更加广阔。因此，结合旅游景区性质和当地特色，开发设计多品种、多规格的独具匠心、风格各异的特色产品应当成为重要工作内容。

结论

习近平总书记在党的十九大报告中强调："中国特色社会主义文化，源自于中华民族五千多年文明历史所孕育的中华优秀传统文化……根植于中国特色社会主义伟大实践。"西山红色文化来自于中国近现代史上西山地区近百年的革命斗争历程和实践，通过对分布在海淀、门头沟区域内红色史迹、革命事件、英雄人物的历史文献资料查询，与相关单位、人员座谈讨论以及田野踏查走访等调研方法，经过梳理分析和讨论研究，我们认为大觉寺及周边的红色资源非常丰富，不仅史料价值、研究价值较高，而且开发利用潜力极大。大觉寺及周边红色文化遗址遗迹资源，是西山永定河文化带的重要组成部分，保护好红色遗址遗迹不仅是建设西山永定河文化带的必然要求，更是保护北京这一文化古都以及历史文化名城风貌的总体要求。文旅融合背景下，大觉寺及周边丰富的红色文化遗址资源，具有广阔的发展前景。我们必须认真做好红色历史遗迹的保护工作，充分挖掘和利用北京西山革命历史和文化资源，广泛开展爱国主义和革命传统教育，大力弘扬和培育伟大的民族精神，不断增强民族凝聚力，将红色文化精神永远传承下去。

参考文献

1. 中共北京市海淀区委党史研究室编：《海淀革命史资料选编》，中共党史出版社，1995 年。

2. 中国人民政治协商会议北京市委员会文献资料研究委员会编：《北平地下党斗争史料》，北京出版社，1988 年。

3. 中共北京市委党史研究室编：《北京抗日群英谱》，光明日报出版社，1991 年。

4. 北京市档案馆编：《解放战争时期北平学生运动》，光明日报出版社，1991 年。

5. 北京市政协文史资料委员会编：《北京文史资料精选·海淀卷》，北京出版社，2006 年。

6. 许睢宁、张文大、端木美著：《历史上的中法大学》，华文出版社，2015 年。

7. 石建山编著：《斋堂文化丛书·军事文化》，中国博雅出版社，2011 年。

8. 中共门头沟区委党委办公室编：《门头沟革命史》，北京出版社，1994 年。

9. 政协北京门头沟学习与文史委员会编：《门头沟文史》，中国博雅出版社，2010 年。

10. 彭积冬：《抗战时期中共地下组织在海淀地区的活动》，《北京党史》，1997 年第 6 期。

11. 蔡景惠：《中共北平市委在大觉寺》，《北京党史》，1999 年第 2 期。

12. 海淀区党史地方志办公室：《海淀史志》，2015 年增刊。

"两道一线"援华抗战国际友人研究简述

李 马

强 坤*

摘　要：从"两道一线"这一概念的提出出发，通过梳理、总结迄今为止各方为此所做的积极探索和有效实践，并基于"两道一线"援华抗战国际友人研究意义的探讨，旨在为从学术层面深入做好这项研究提供一个可行的路向。

关键词："两道一线"援华抗战国际友人　概念提出　积极探索　研究路向

以白求恩、林迈可、贝熙业三位国际友人为中心人物形成的"两道一线"，即"白求恩大道"①、"林迈可小道"②、贝熙业自行车"驼峰航线"③，串联发生在晋察冀、陕甘宁等重要抗日根据地的援华抗战活动，是全民族抗战爆发后一大批国际友人奔赴中国战场，开

---

* 李强，北京市海淀区党史地方志办公室主任；马坤，北京市海淀区党史地方志办公室党史研究室干部。

① 1939 年，日军向晋察冀抗日根据地北岳区进行冬季"大扫荡"，加拿大医生、共产党员白求恩（Henry Norman Bethune）在抢救八路军伤员时被细菌感染，不幸于 11 月 12 日在河北唐县病逝。80 多年来，全国乃至世界各界人士在冀西一带追寻白求恩的足迹，并以他战斗、工作、生活时间最长，往返次数最多的今顺平县神北村为中心，北起涞源县黄土岭，南至唐县白求恩纪念馆，全长 79 公里，这条路线被称为"白求恩大道"。目前，从唐县白求恩纪念馆到保涞路刘家营村为已修路段，刘家营村到荣乌高速黄土岭口为拟修路段（刘家营村到龙潭湖风景区现仅为乡村道路），共计 31.5 公里。

② 1941 年 12 月太平洋战争爆发后，燕京大学英国教师林迈可（Mechael Lindsay）和妻子李效黎一路经中共地下党员或支持抗战人员的带路、帮助，于 1942 年 1 月抵达平西抗日根据地。1942 年春，在共产党游击队的护送下，再抵晋察冀根据地，后辗转到达陕甘宁根据地。这条由北平经平西到晋察冀抗日根据地的线路是一条重要秘密交通线，其中，以林迈可的名字命名的"林迈可小道"全长约 8 公里，位于今海淀区管家岭、车耳营、凤凰岭至门头沟一带，主要包括大觉寺、贝家花园、沐容亭、沐春亭、金山寺、中法友谊亭、圣 - 琼·佩斯纪念亭及故居、七王坟等。

③ 1937 年 7 月 7 日卢沟桥事变后，法国医生贝熙业（Jean Jérome Augustin Bussiere）立即挺身而出，代表外国驻京医官致函中国红十字会，表示愿意支持中国人民的反法西斯战争。北平沦陷后，特别是太平洋战争爆发后，贝熙业从东城区的住处大甜水井胡同 16 号到西直门，再到海淀，经过颐和园、百望山、温泉村，一路须过多个关卡，包括日军在显龙山北侧修筑的"肖乃城"，最后到达贝家花园，骑行路程 40 余公里运送药品。这就是贝熙业开辟的自行车"驼峰航线"。

展医疗援助、提供经济技术支持、宣传中国抗战的缩影。本文从"两道一线"这一概念的提出出发，通过梳理、总结迄今为止各方为此所做的积极探索和有效实践，并基于"两道一线"援华抗战国际友人研究意义的探讨，旨在为从学术层面深入做好这项研究提供一个可行的路径。

2014 年，国家主席习近平在巴黎出席中法建交 50 周年纪念大会时提到，贝熙业医生冒着生命危险开辟一条自行车"驼峰航线"，把宝贵的药品运往中国抗日根据地。这是习近平首次以自行车"驼峰航线"高度评价贝熙业在援华抗战中的典型事迹和杰出贡献。2015 年，习近平在纪念中国人民抗日战争暨世界反法西斯战争胜利 70 周年招待会上的讲话中，同时提及白求恩、贝熙业、林迈可三位国际友人，称赞他们的事迹"至今仍在中国人民中间广为传颂"。同年，习近平在英国议会讲话中指出，已故英国议会上院议员林迈可勋爵积极参加中国人民抗日战争，在极为艰苦的环境下，帮助中国改进无线电通讯设备，他还冒着生命危险，为中国军队运送药品、通讯器材等奇缺物资。2017 年，习近平总书记在以普通党员身份参加所在党支部的专题组织生活时，号召全体党员以白求恩等人为楷模，学习他们在普通的岗位上仍有一颗金子般发光的心。2020 年在纪念中国人民抗日战争暨世界反法西斯战争胜利 75 周年座谈会上的讲话中，习近平再次提及白求恩、贝熙业、林迈可三位国际友人，并强调"中国人民抗日战争胜利是中国人民同反法西斯同盟国以及各国人民并肩战斗的伟大胜利。中国人民永远不会忘记，世界上爱好和平与正义的国家和人民、国际组织等各种反法西斯力量对中国人民抗日战争给予的宝贵援助和支持。"

为深入贯彻落实习近平总书记相关讲话精神，2015 年，在中国人民抗日战争暨世界反法西斯战争胜利 70 周年之际，海淀区以探寻重温历史、感受文化、创新体验的特色文化建设路径为理念，在区委、区政府以及相关部门的大力支持和倡导下，由区政协、区委宣传部牵头，将林迈可在地下交通站帮助下躲避北平日军搜捕的历史故事作为素材，实地考察他从燕京大学奔赴平西抗日根据地的具体路线，并将其命名为"林迈可小道"。① 同年，由顺平县人民政府、唐县人民政府、保定抗战历史研究会共同举办白求恩精神研讨会，拟定修建一条"白求恩大道"，与保阜高速、京昆高速、332 省道等多条道路相连，在大大缩短涞源、顺平、唐县空间距离的基础上，积极发展国际友人援华抗战红色旅游业。2016 年，海淀区政协、区教委、区史志办、区侨联、中国人民大学华侨华人研究中心联合举办

---

① 该考察结束后，北京市海淀区党史地方志办公室（以下简称海淀区史志办）主任李强查阅大量资料，会同中国人民大学华侨华人研究中心主任殷强教授等人多次重走"林迈可小道"，并对林迈可与白求恩、贝熙业的关系进行了研究。详见李强：《林迈可——一个外国人在海淀的抗战故事》，北京市政协文史和学习委员会编：《北京文史资料》（第 81 辑），北京出版社，2016 年，第 26—34 页。

"一切为了祖国——纪念杰出的华人反法西斯女战士李效黎诞辰100周年"座谈会，林迈可、李效黎之子詹姆斯·林赛（James Francis Lindsay，中文名林建偌）、中国医学基金会副主席殷子烈、吕正操之子吕彤羽、中共北平地下党员肖田之子肖行军以及多位革命先烈后代出席会议。会后，海淀区史志办邀请与会人员重走"林迈可小道"，参观贝家花园。这是林迈可后人首次踏上父辈走过的艰辛道路。

2021年是中国共产党成立100周年。在全党开展党史学习教育，是党中央立足党的百年历史新起点、统筹中华民族伟大复兴战略全局和世界百年未有之大变局、为动员全党全国满怀信心投身全面建设社会主义现代化国家而作出的重大决策。为此，海淀区史志办联合中共保定市委党史研究室、白求恩精神研究会、八路军研究会、保定抗战历史研究会、白求恩学校学子遇难遗址纪念广场管理处、北京贝家花园管理处、白求恩医务士官学校、白求恩国际和平医院、北京联合大学等单位，以白求恩、林迈可、贝熙业三位国际友人援华抗战活动存在的诸多交集①为切入点，围绕探访"白求恩大道"、"林迈可小道"、贝熙业自行车"驼峰航线"，共同举办庆祝中国共产党成立100周年暨重走"两道一线"系列活动②。至此，以三位国际友人为中心人物的"两道一线"的提法正式见诸报端，同时，"'两道一线'援华抗战国际友人"也开始以一个整体性的概念逐渐进入研究视野。

2022年是全民族抗战爆发85周年。卢沟桥事变后，中国军民奋起抵抗，全民族抗战爆发，并开辟了世界反法西斯战争的东方主战场。在中华民族生死存亡的历史关头，中国共产党积极倡导、有力推动抗日民族统一战线和反法西斯国际统一战线，同日本侵略者进行了最英勇、最坚决的斗争，成为全民族抗战的中流砥柱。在中国共产党的感召下，很多国际友人与中国人民并肩作战，以不怕牺牲、勇于战斗的无畏品德，把青春和智慧献给了抗击日本法西斯的正义斗争。他们既受到中国共产党的尊重、爱护和重用，又在党的支持与帮助下在各自最能发挥专长和才华的工作岗位上，为中国革命作出了卓越的贡献。

随着中共党史、抗日战争史、中外关系史研究的持续深入，各地不断围绕援华抗战国际友人的主要事迹和活动地点，挖掘遗址遗迹、建设纪念设施、开发红色旅游项目，对于

---

① 1938年，白求恩和林迈可搭乘同一艘轮船"亚洲女皇号"来到中国，他们在旅途中结为好友，并相约到根据地再次见面。贝熙业以贝家花园为秘密据点，为晋察冀抗日根据地运送的药品一部分到达白求恩手中。太平洋战争爆发后，林迈可通过贝家花园离开北京，按照与白求恩的约定到达晋察冀抗日根据地。

② 主要包括庆祝中国共产党成立100周年暨重走"两道一线"系列活动启动仪式（2021年3月25日）、海淀区人大常委会机关第三党支部：重走"两道一线"感受家国情怀（2021年4月1日）、重走"两道一线"祭奠抗战英烈（2021年4月3日）、重走"两道一线"主题研讨会（2021年4月14日）、出品原创情景剧《西山红色交通线》（2021年11月9日）等。该系列活动跨京冀两地贯穿2021年全年开展，是贯彻落实庆祝中国共产党成立100周年有关安排和各级党委要求开展党史学习教育的具体举措。

弘扬以热爱中国共产党、热爱伟大祖国为核心的民族精神，开展爱国主义和革命传统教育，深入阐发人类命运共同体理念，搭建中外和平友好交流桥梁，具有十分重要的历史意义和现实意义。"两道一线"的提出正是为了纪念和缅怀白求恩、林迈可、贝熙业与中国人民在共同抗击日本法西斯侵略者过程中的感人事迹和崇高品格，其所承载的国际主义和人道主义精神是宝贵的精神财富，跨越时空历久弥新。

当前，在京津冀协同发展大背景下，开展"两道一线"援华抗战国际友人研究，有利于深入挖掘史料、丰富史实，将"两道一线"所勾联交汇的国际友人援华抗战图景描绘得更加生动细腻，为中共党史、抗日战争史、中外关系史研究积累有益的成果；有利于持续促进北京抗日战争主题片区建设发展和河北省红色旅游抗战主题精品线路推介，广泛开展群众性宣传教育和纪念活动，大力弘扬伟大的抗战精神。

值得注意的是，研究中应该善于用历史映照现实、远观未来、指导实践。[1] 在实现中华民族伟大复兴的征程中，国际友人仍然能够发挥出独特优势，他们可以用西方民众能够理解、乐于接受的话语体系，讲述中国共产党的故事、中国人民的故事和中国的故事。这是增强中国对外话语创造力、感召力和公信力的有效路径。[2]

---

① 肖伟光：《用历史映照现实远观未来》，《人民日报》2021 年 10 月 13 日，第 9 版。
② 张俊国：《国际友人对中国抗战的历史性贡献》，《北京日报》2018 年 7 月 9 日，第 15 版。

深挖文物内涵 举办红色展览 传承红色基因
——以大觉寺及周边红色史迹展为例

王松 *

摘　要：为迎接党的百年华诞，贯彻落实习近平总书记关于革命文物工作的重要指示，北京西山大觉寺管理处于2021年举办了红色展览，对大觉寺及周边红色史迹进行了解读、展示，重温了党和人民在该地区英勇奋斗的光辉历史。本文对该展览策展过程、展览特点、宣教工作、社会反馈等各个环节进行了总结回顾，认为对于博物馆而言，应该深刻认识到举办红色展览的责任和义务、使命和担当，要有用展览为革命史作证、舍我其谁的态度；应该积极推动业务人员长期对与本馆相关的红色文化进行研究，经积累后积极推出红色展览。

关键词：红色展览　红色史迹　红色文化研究　策展实践

革命文物是文物资源、红色资源的重要组成部分，是中国革命的重要历史见证和物质载体。党的十八大以来，习近平总书记多次考察革命旧址、纪念馆，对革命文物工作作出重要指示。2021年3月，习总书记指出，革命文物承载党和人民英勇奋斗的光荣历史，记载着中国革命的伟大历程和感人事迹，是党和国家的宝贵财富，是弘扬革命传统和革命文化、加强社会主义精神文明建设、激发爱国热情、振奋民族精神的生动教材。6月25日，习总书记在主持十九届中央政治局第三十一次集体学习时讲话要求，要用心用情用力保护好、管理好、运用好红色资源。习总书记的重要讲话，为革命文物工作指明了方向、提供了遵循。

　　如何深入贯彻落实习总书记的重要指示，系统做好革命文物工作，是摆在文博行业面

---

*　王松，北京四合院博物馆副馆长，北京大觉寺与团城管理处业务部原副研究馆员。

前的重大课题。在这一重大课题当中，如何办好红色展览，让革命文物说话、红色历史鲜活、革命精神弘扬，切实发挥好革命文物在党史学习教育、革命传统教育、爱国主义教育等方面的作用，则是摆在文博行业面前的当务之急，更是文博行业的使命和担当。

为庆祝中国共产党成立 100 周年，贯彻落实习总书记关于革命文物工作的重要指示，北京西山大觉寺管理处于 2021 年举办"追忆百年 红色记忆——大觉寺及周边红色史迹展"，对大觉寺及周边红色史迹进行了解读、展示，重温了党和人民在该地区英勇奋斗的光辉历史。该展览策展过程、宣教工作、社会反馈等各个环节符合习总书记的讲话要求，取得了良好的展览效果。在此对该展览进行总结回顾，略作分析，以供参考。

一、对大觉寺及周边红色资源进行专项调查，为红色展览打下良好基础

习总书记要求，"要深入开展红色资源专项调查，加强科学保护，开展系统研究，准确把握党的历史发展的主题主线、主流本质，旗帜鲜明反对和抵制历史虚无主义。"即强调要对红色资源进行专门的、有针对性的调查研究，弄清楚红色资源的主线、本质。

党的十八大以来，在北京市文物局党组领导下，大觉寺管理处认真组织管理处职工对大觉寺及莲花寺一带的革命文物和历史进行了初步调查研究。2019 年，北京市文物局党组提出要求，要求大觉寺管理处对大觉寺一带红色资源进行系统调查、研究。为此，大觉寺管理处专门召开研讨会，将研究范围确定为三个方向：第一，大觉寺周边地区，即海淀区、门头沟区的红色史迹；第二，西山永定河文化带中的红色史迹；第三，有一定历史关联的红色史迹。经筛选，确定了十一处红色史迹：大觉寺及莲花寺、林迈可小道、贝家花园、北京市第四十七中学、北安河烈士纪念堂、黑山扈战斗纪念园、平西情报联络站纪念馆、京西山区中共第一党支部纪念馆、冀热察挺进军司令部旧址、王家山惨案遗址。随后制定踏查计划，进行调研并形成报告。

通过调研，课题组对这些红色史迹有了进一步了解，对北京西山一带革命历史也有了更深入的认识，为举办红色展览打下良好基础。

二、举办红色展览，宣传红色文化

习总书记要求，"要打造精品展陈，坚持政治性、思想性、艺术性相统一，用史实说话，增强表现力、传播力、影响力，生动传播红色文化。"即要在调查研究基础上，推出对应的红色展览，展览要旗帜鲜明，以有效的方式，大力弘扬红色文化。

在制定工作计划时，大觉寺管理处将推出红色展览作为 2021 年上半年工作重点，随后开始了精细推敲、严格把关、政治第一的策展活动。整个策展过程，有如下几个特点：

第一，对如何在大觉寺内举办红色展览有清醒的认识与定位。

在策展前，大觉寺管理处对在大觉寺内举办红色展览有清醒的认识。即大觉寺是一座以中国古代文物为主的全国重点文物保护单位，大觉寺及周边革命史则在北京地区革命史和中国近现代革命史中扮演了重要角色。而观众对大觉寺的认知主题依然以古建、山林环境、辽金元明清历史为主，对大觉寺及周边一带红色历史了解相对较少。

多年来，大觉寺管理处已开始对中共北平市委在大觉寺和莲花寺、国民抗日军在西山一带的历史进行了初步研究，2020 年，又对这一区域的红色史迹进行了调研，有了相当程度的了解。作为北京西山地区一处重要的、有相当影响力的博物馆，在党的百年华诞之际，举办红色展览，宣传红色文化、弘扬革命精神，是大觉寺管理处的责任与义务，更是其使命与担当。

第二，做到了从课题研究成果到展览策展的有效转变。

虽然此前对大觉寺及周边一带的红色史迹进行了调研，形成了调研报告，但调研报告不同于策展方案、展览大纲，将此前的调研成果转变为与策展相适应的文字、图片、方案，则需要重新搜集梳理，以符合策展需要。

对此，大觉寺管理处对红色史迹相关资料进行了重新整理，进一步深入发掘这些红色史迹中的革命事迹，研究围绕英雄人物、革命先贤，以进行生动展示。同时，将习近平总书记关于革命文物工作的最新指示融入展览当中，作为展览重要的、提纲挈领的部分对公众宣传展示；将北京市委市政府于 2021 年 3 月公布的北京第一批不可移动革命文物名录内容融入展览当中，对观众宣传。

第三，邀请党史专家对展览大纲进行严格评审。

大觉寺管理处极为重视红色展览策展基础——展览大纲的编制，在大纲写作之初便高标准、严要求，提出大纲应尊重历史，以全面、客观、辩证、公正的标准严格要求，以为党史教育工作服务、弘扬红色文化为目标，打造精品展览大纲，为接下来的展陈设计、讲解宣传工作打好基础。

在大纲初稿完成后，大纲先后经历数次内部把关讨论，打磨完善。随后，管理处专门邀请中共中央党校、西山永定河博物馆专家对展览大纲进行了仔细评审，逐字逐句修改把关。其中，来自中共中央党校的专家具有多年党史研究经验，并专门在学校开设近代史课程；来自西山永定河博物馆的专家对京西革命史具有极为深厚的研究，是门头沟区中国共产党革命史权威专家，是京西山区中共第一党支部纪念馆、冀热察挺进军司令部旧址陈列馆等重要红色博物馆的主要策展人。经过专家们的严格把关，大觉寺红色展览大纲满足了管理处对大纲提出的各项要求。

第四，邀请优质策展团队、顶尖策展专家对展览布展、表现形式进行设计、把关。

近年来，北京地区及全国其他地方纷纷推出具有自身特色的红色展览，红色展览在全国各地遍地开花。在这种情况下，怎样守正创新，办好红色展览成为大觉寺管理处面临的一个挑战。

面对挑战，大觉寺管理处及展览设计制作团队专门邀请了中国共产党历史展览馆展览设计总监，为大觉寺红色展览出谋划策、设计把关，并对全国各地尤其是北京地区重要红色展览进行实地或线上考察，进行研讨。

经研讨，决定展览要突出大觉寺地处京西山区的特点，彰显大觉寺及周边红色史迹在北京大西山一带的重要性，要突破传统展览以展厅墙壁为主要展示空间的传统展陈形式，在展厅设置象征红色丰碑、国之柱石的多根立柱，在立柱四周安装展板，在四面墙壁安装红色反光玻璃，依靠反光玻璃的互相反射，形成丰碑群、柱石阵，让观众在步入展厅的一刻就沉浸在庄严、肃穆中，在围绕"丰碑""柱石"参观的过程中，感受党艰苦卓绝的奋斗，感受美好今天的来之不易，接受党史和革命传统教育，培养爱国主义情操。

三、让红色革命文物活起来，生动传播红色文化

展览设计、施工完成，只是办成展览的第一步，这一步让展览具备了实质的形体，具备了参观的基础。怎样宣传展览，让更多人知道展览信息，前来参观；怎样接待观众，为观众提供优质的展览讲解服务，则是让展览中的图片和文字生动起来，让展览展示的革命历史所反映的精神活跃起来，让红色革命文物活起来，生动传播红色文化的又一重要命题。对此，大觉寺管理处加强了对外宣传，同时对讲解提出严格要求，为讲好红色故事，宣传弘扬红色文化打下基础。

大觉寺红色展览于 2021 年 6 月 25 日试运行，于 7 月 1 日正式对公众开放。为加强对公众宣传，大觉寺管理处于 6 月 30 日在微信公众号、官方微博、官方网站等媒体发布了开展通告，通告内容包括展厅内实景视频、展览内容宣传视频、展厅图片和详细的文字介绍，同时标注了参观咨询电话，欢迎社会各界咨询参观。自展览开放之日起，已有大量观众参观了该展览，有相当数量单位、团体致电咨询并预约参观及讲解服务。大觉寺管理处党支部也积极发挥作用，主动邀请文博系统内多家单位党支部参观该展览，并共同举办党建活动。7 月 20 日，北京西山大觉寺管理处党支部与北京大钟寺古钟博物馆党支部联合举

办了党建工作交流活动，在活动中古钟博物馆党支部党员干部参观了大觉寺红色展览，并召开党建工作交流会，就如何以党建促业务进行了深入探讨。大觉寺红色展览，成为一座沟通过去与今天、大觉寺与社会各界的优质桥梁。

为使展览更加生动，让红色资源所反映的革命历史活起来，让观众对展览有更深的了解，通过有限的展厅表达无限的革命精神，大觉寺管理处精心组织编写了展览讲解词，对讲解员进行了严格培训。讲解词共有两个版本，版本一紧抓展览主线，简明扼要，方便讲解员迅速了解展览内容，掌握讲解重点，学习到含金量最高的内容。版本二在版本一的基础上，大量增加历史背景、历史细节、革命人物及事迹，让讲解员在准备讲解的过程中深刻了解红色历史，为更加生动、精彩的讲解提供素材。此外，大觉寺管理处还组织搜集了与展览相关的背景资料 10 万余字，供讲解员参考阅读。

在讲解培训过程中，大觉寺管理处安排讲解员天天练、互相练、多总结、多阅读。天天练就是讲解员要把红色展览讲解工作当作一项重要工作，每天到展厅练习讲解；互相练就是讲解员之间要互为讲解员和观众，一人讲解，其他讲解员听讲；多总结就是每天讲解训练完后，讲解员之间要互相指出对方讲解中出现的问题，互相督促、加以改正；多阅读就是讲解员要多读背景资料，多学与展览相关的知识，提高自身修养，做一名知识积累丰富、问不倒的讲解员。总之，大觉寺管理处要求红色展览讲解一定要做到标准、严格、严肃、生动，对展览中所体现的内容，要真学真懂真信，要把红色史迹反映的强大精神力量内化于心、外化于行，成为红色史迹的精彩讲述者、红色精神的生动诠释者、红色文化的忠实传播者。

四、观众对展览给予高度评价

在大觉寺红色展览正式开放后，有包括革命军人后代在内的来自不同各业、不同地区的观众参观了该展览，给予了高度评价。

放置于展厅中的观众留言册，很快便被写满。观众们的留言发自肺腑，饱含着对党百年历史、人民英雄感人事迹的尊敬和纪念之情。一位杜姓观众留言："大觉寺及周边红色史迹展内容丰富，资料翔实，是党史学习教育、爱国主义教育的好教材、好地方。"一位签名为 WZHCX 的观众在看完展览后留言："祖国不会忘记！我们不会忘记！向革命英雄致敬！"还有一位小朋友观众在留言册上画了两个笑脸，写道"我爱祖国！"一位来自武汉的市民王先生留言："西山地区，不仅山清水秀、人杰地灵，更是一片英雄辈出的土地！令人感佩之至！"还有一位观众留言："今年正值建党 100 周年！看到坐落在西山脚下的大觉寺中，讲述着百年历程的峥嵘岁月，让我一名中国共产党员是如此自豪而骄傲！"也有观众写下了"保护革命文物"，表达对革命文物工作的肯定。

同时，部分革命军人后代也参观了该展览，对展览表示肯定。八路军冀热察挺进军十团军人后代王先生，在展板前长久驻足，看完展览后与大觉寺管理处策展职工热情交谈，对展览表示了肯定，为展览内容提供了更多历史信息和线索，他在留言册上留言："中国共产党走进百年，革命先烈打下的红色江山，作为华北抗日联军十团的后代，我们要传承好红色基因，为我们的祖国奋斗。"

五、结语

举办红色展览，弘扬红色精神，是文博行业应有的使命和担当。对于以革命文物为主的革命纪念类展馆而言，因其馆藏和功能，举办红色展览并非难事。对于其他类型博物馆，则不那么容易，但也并非不能做到。对于所有博物馆而言，首先应该深刻认识到举办红色展览的责任和义务、使命和担当，要有用展览为革命史作证，舍我其谁的态度。其次，应该积极推动业务人员长期对与本馆相关的红色文化进行研究，这种研究可以以地域性研究为主，也可以行业研究为主，总有一方面可与红色文化产生交集。第三，在经过长期积累后，应注意把握好时间节点，如党和国家重大节庆期间、重要方针政策产生之际，积极推出红色展览。

浅谈平西抗日根据地的历史贡献

刘 小 琴[*]

摘　要：平西抗日根据地处在特殊的战略位置（敌人的远后方，祖国的最前线），进行了特别艰巨的斗争，30万平西人民，在抗日战争中，为创建和巩固平西革命根据地，不屈不挠，浴血奋战，在人力、物力和财力上为革命作出了巨大的贡献和牺牲。平西抗日根据地对抗日战争的人民革命事业有什么战略贡献或历史意义呢？笔者认为，除了一般消灭敌人、壮大自己、锻炼部队、培养干部、收复失地、创造经验等，还牵制了敌伪庞大的兵力，因而对整个抗日战场特别是华北敌后各个抗日根据地，起到直接或间接地配合支援的作用。平西抗日根据地的斗争，振奋、维系着华北沦陷区以及伪满、伪蒙敌伪统治下的人心。最后，希望平西抗日根据地革命斗争精神，成为实现门头沟区文化兴区战略的强大精神动力。

关键词：平西抗日根据地　贡献和牺牲　精神动力

平西抗日根据地是中国共产党领导下的华北地区最早建立的敌后抗日根据地之一，是冀热察抗日根据地的指挥中心，是晋察冀边区领导下的从小平西发展为大平西——冀察区，平西抗战是冀热察地区乃至华北抗战的重要组成部分，本文从它的创建过程、中共中央重要战略决策的落实与执行、为冀热察抗日根据地的基地建设作出了重要的贡献等方面的史实浅谈其在抗日战争中的历史贡献。

"平西"的地理概念，抗战时期"平西"是指北平以西，北岳恒山东北，包括宛平、昌平、房山、良乡、涿县、涞水、蔚县、涿鹿、怀来、宣化、怀安、阳原等十二个区县大部分或者全部地区。抗日战争爆发后，中国共产党在此建立了以斋堂川为中心的平西抗日

---

* 刘小琴，永定河文化博物馆副馆长。

根据地，领导平西人民坚持抗日。平西抗日根据地的成立有着重要的历史贡献。它的建立是党中央开展地区抗日游击战的战略决策的体现。不仅直接打击了日军，而且是解放区联系北平的纽带，为根据地输送了大批人力和战略物资，为中华民族解放事业作出了重大贡献。

一、平西抗日根据地创建过程

平西抗日根据地的创建是与中共中央、八路军总部的挺进敌后战略联系在一起的，而八路军挺进敌后战略则源于毛泽东同志恢宏深邃的抗日战争指导思想。1937 年"七七"事变后，日军发动全面进攻的第九天（1937 年 7 月 16 日），毛泽东和朱德致电彭德怀和任弼时，提出派主力师活动于热察冀间。1937 年 8 月 4 日，在对国防问题的意见中又指示周恩来、朱德、叶剑英等，派红军一部向热察冀边区活动。毛泽东发表上述指令时八路军尚未组建，但是他已将目光投向北平西部一带广大多山地区，一个恢宏的抗日战争指导思想已经在毛主席心中孕育形成。

1937 年 8 月洛川会议上，就已确定了在冀热察创建根据地开展游击战争的方针。毛泽东在洛川会议上指出，红军开出一部于冀东以雾灵山为根据地开展游击战争。后来又电示中共中央北方局和八路军总部，指出"雾灵山为中心之区域，有广大发展前途，且是独立作战之区域"。根据毛泽东的指示，八路军总部朱德派吴伟、赖富、夏青田、钟奇、高岗、马云、赖邦、张连金、王德林等 12 名老红军，中共中央北方局书记刘少奇同志派苏梅、陈群、陈仲三等人来到平西青白口。1937 年 11 月 7 日，晋察冀军区在五台山正式成立。[①]

1938 年 3 月，由晋察冀军区第一军分区第一支队第三大队为主组成的邓华支队挺进平（北平）西斋堂川，创建北平第一个抗日根据地——平西抗日根据地，司令部设在西斋堂村中的聂家大院。在党的领导下，党员和群众骨干编成工作组分赴各个村庄发动群众，建立武装，一场轰轰烈烈的抗日救国运动在平西展开。逐步开辟房山、涿县、涞水、昌平、宛平等地，并建立 3 个联合县政府。至此，平西抗日根据地初具规模。1938 年 5 月，奉党中央、八路军总部命令，宋时轮支队由晋西北挺进平西，与邓华支队会合，组成八路军第四纵队，进一步巩固发展了平西抗日根据地。6 月第四纵队向冀东地区挺进。

1938 年 10 月，第四纵队由冀东回师返回平西，恢复平西抗日根据地，建立区、村党组织和抗日政权组织，扩大地方武装，扩编主力部队。1939 年初，遵照中共中央决定，成

---

① 《毛泽东军事文集》第二卷，军事科学出版社、中央文献出版社，1993 年，第 153 页。

立中共冀热察区委员会、冀热察军政委员会，在平西建立了以四纵为基础的八路军冀热察挺进军，萧克任司令员和军政委员会书记。是年 4 月，挺进军又成立平西军分区，专门领导平西地区的抗日武装斗争。

平西抗日根据地的发展壮大、有力地阻击了日伪军、日军对平西抗日根据地进行的疯狂的大扫荡，1939 年至 1943 年，根据地军民同敌人展开艰苦斗争，粉碎敌人多次扫荡。日军实施"总力战"和"囚笼政策"，推行"治安强化运动"。在占领区强化保甲制度。对抗日根据地，实行封锁，反复进行军事"扫荡"，实行烧光，杀光、抢光的"三光"政策，妄图摧毁抗日根据地。我军虽然粉碎了日伪军的"扫荡"，但由于主力部队调往外线作战，敌强我弱，平西抗日根据地在人力、物力、财力上受到很大损失，平西根据地不断缩小，由 300 多个村庄，压缩到 20 多个村庄。再加上 1941 年和 1942 年的干旱，根据地陷入极端困难时期，严重缺粮、缺药、缺衣服、缺食盐。为巩固抗日根据地，平西地委召开了"平峪会议"，提出，在军事上，开展反"蚕食"、反"扫荡"、反"清乡"斗争，在根据地贯彻中央减租减息政策，开展大生产运动。经过平西党政军民艰苦卓绝的斗争，平西抗日根据地度过了最残酷、最艰难的时期，并坚持和巩固了平西抗日根据地。[①]

经过平西党政军民艰苦卓绝的斗争，度过了艰难时期，1943 年春，平西抗日根据地的斗争形势开始好转。并开辟了怀来、涿鹿及蔚县、宣化、阳原地区农村和桑干河两岸。1944 年，八路军和游击队转入反攻，不断攻克日伪据点，根据地不断扩大，1945 年 4 月以后，八路军主力部队和地方武装，开始向日伪军发动大规模的进攻，解放了斋堂川。1945 年 8 月 15 日，日本宣布无条件投降，抗日战争胜利结束。

二、平西抗日根据地的创建是中共中央重要战略决策的落实与执行

1937 年 7 月 7 日，日本帝国主义挑起"卢沟桥"事变，全国抗日战争爆发。在这民族存亡之际，中国共产党倡导的以国共两党为基础的抗日民族统一战线正式形成。为实现合作抗日，根据两党达成的协议，1937 年 8 月中国工农红军主力改编为国民革命军第八路军。改编后的八路军遵照中国共产党制定的抗日战争的全民族抗战路线和持久战略总方针，随即开赴华北前线（河北、山东、山西、察哈尔、绥远）。在敌后广大地区，同各地共产党组织一起，发动武装斗争，开展灵活自主的游击战争，开启了华北敌后战场，建立抗日根据地。抗日民族统一战线的形成，具有重大的历史意义。正如毛泽东当时所指出

---

①　涞水县历史文化研究会、涞水县地方志办公室编：《平西抗战史录》，北京燕山出版社，2009 年。

的："这在中国革命史上开辟了一个新纪元，这将给予中国革命以广大的深刻的影响，将对于打倒日本帝国主义发生决定的作用"。1937 年以前，雾灵山、冀东地区已经沦陷。以平西作为依托经平北到冀东，可以把战火烧到伪满洲国，平西根据地的存在和发展举足轻重。毛泽东以全局的战略目光指出在敌后雾灵山地区建立冀热察抗日根据地。开辟平西根据地，是为了进一步开辟和巩固平北、冀东根据地的战略地位。平西根据地也是受此影响创建的，是中国共产党创建领导的抗日根据地的一部分。[①]

毛泽东的伟大战略着眼全局，在他心中酝酿着几种战略。第一，凡是被日军占领而又能够派人去的地方，八路军都要去。毛泽东运筹帷幄，分别从东西两个方向虎视北平城的多山地带，在八路军出征前已纳入他的战略视野之内。第二，战略行动。面向敌后区，发动从日军手中夺取失地，将北平周边地区作为战略要地。日军要"强制治安"巩固占领，毛泽东却偏要派主力去打击日寇。第三，战略地区首选山区。依据平西的山区多这一大特点，决定了日军重型装备不能发挥作用，这里是游击战的广阔战场。总之，平西抗日根据地的创建为实现挺进冀热察战略任务的完成奠定了基础。为确立中国共产党在全国抗战的中坚地位起了重要作用。平西抗日根据地是按照中共中央的战略部署而创建的，是贯彻落实中央战略决策的结果。它的成功创建、持续巩固和发展，充分证明了党中央的抗战策略的准确性，对确立中国共产党在全国抗战的中流砥柱的地位起到了很好的作用。

三、平西抗日根据地成为插在华北敌后的一把尖刀

平西是晋察冀边区在北面强有力的屏障。创建平西根据地，牵制了敌伪庞大的兵力，因而对整个抗日战场特别是华北敌后各个抗日根据地，起到直接或间接地配合支援的作用。我们的战斗和胜利，经常威胁和震撼着日寇的指挥中心甚至其神经中枢；北平、天津、张家口、承德、山海关的敌伪军，就不时慑于我们军事活动和政治攻势而寝食不安；当我军逼近北平近郊和打进伪满洲国时，尤其如此。

1937 年平津失陷后，日本侵略者实行了残暴的殖民统治，培植伪政权，镇压中国人民，疯狂进行经济掠夺，北平、天津、张家口则成为侵华日军在华北的大本营。在中国共产党领导下，平西抗日根据地是随时刺向华北侵华日军的一把钢刀，时刻威慑着侵华日军在华北的殖民统治。平西八路军、地方人民武装和人民群众先后多次粉碎了侵华日军对

---

① 罗立斌著：《八年烽火战卢沟》，广西人民出版社，1989 年；李桂清：《平西抗日根据地的四个贡献》，《北京党史》，2014 年第 5 期。

根据地大规模的"军事扫荡"和"军事封锁",保卫了平西抗日根据地,保卫了人民的生命和财产安全,有效牵制和沉重打击了华北侵华日军主力,消灭了华北侵华日军的有生力量。

1940年初,萧克在《挺进军的三位一体任务》中阐述了建立平西抗日根据地的战略意义,指出平西位于华北敌人统治中心——北平、天津、张家口的肘腋之下,直接威胁敌人占领的交通要道和大城市。

在反"扫荡"中,地方党、政、群众团体的领导人,带领群众和部队一起打击敌人,发起全民战争。抗日民主政府还创办了各级中、小学校和夜校,并普遍开展了扫盲识字运动,广泛进行抗日政策的宣传教育,提高了人民群众的抗日救国热情和文化水平。萧克还以挺进军司令员名义颁发了一些政策性的布告。这些布告和报纸、传单,不仅在根据地、游击区广泛张贴,有时还散发到华北日伪统治中心的北平。对团结敌占区城市上层进步人士,打击、警告日伪反动势力起到了良好的作用。在财政经济政策方面,区党委也做了不少工作。①

平西人口约30万,面积约4万平方千米。按当时平西根据地的人口和生产情况,随着党领导抗日武装的不断发展,平西抗日根据地进一步扩大。平西地区党组织的发展如火如荼,在1938年,宛平县185个行政村,有15个党支部,发展中共党员500余人。到1940年,建立了91个党支部。昌宛县已有党员1624名,占当时人口3.75%(包括部分游击区)。巩固的平西根据地,是挺进军的大本营。不断发挥后勤基地的作用,为冀热察边区整体发展作出了积极贡献。1939年3月,平西抗日根据地撤销宛平县,设立昌宛联合县,将其根据地范围扩大至永定河以北、阳台山地区,其中大觉寺、北安河地区为昌宛联合县五区。为打破敌人对根据地的封锁,扫清平西根据地外围的敌伪武装,八路军和游击队多次袭击西部郊区的日伪军据点。10月,日军集结大量部队从温泉、阳坊出发,奔袭平西抗日根据地。挺进军10团团长白乙化率领部队转入外线作战,与日伪军激战于妙峰山地区,歼敌50余人,粉碎了敌人对根据地的进攻。1940年4月13日,挺进军10团一部攻破西北部地区的阳坊镇据点,俘虏伪军10余人。1941年4月19日,昌宛县游击队袭击驻守西山大觉寺的伪军,俘虏39人,在对他们进行爱国抗日的教育后,发放路费让其回家,对瓦解日伪统治起到积极作用。

平西抗日根据地证明了抗日游击战和建立敌后抗日根据地路线的正确。党中央选择以斋堂川为中心作为平西抗日根据地,因这里地理位置十分重要。整个平西约4万平方

---

① 涞水县历史文化研究会、涞水县地方志办公室编:《平西抗战史录》,北京燕山出版社,2009年。

千米的地域中，除斋堂川和板城的道路较大外，其余都是小沟小道，斋堂川的优势明显。98.5％的区域山高林茂沟深，是开展游击战理想之地。平西抗日根据地，直接威胁着侵华日军驻华北的指挥中心北平、天津以及伪蒙察南自治政府首府张家口，并吸引日伪军庞大的兵力。通过军事胜利带来的政治攻势和地下斗争，振奋和维系着北平沦陷区日伪统治下的人心。（抗战时期日军依仗军事实力占领中国大部分领土，包括汪精卫在内的二百多万国民党部队投降，人心不安。）平西经过了一年多的工作，创造了有战斗力的正规军，为地方武装斗争、政权工作和民众运动，打下了基础，它已经具备了根据地的条件，成为坚持华北抗战的战略支点之一。①

没有巩固的平西，就没有巩固的平北、冀东和冀西。平西根据地的建立和发展，直接威胁日本帝国主义侵华的政治、军事、文化中心北平，威胁日军控制的平汉、平绥两条铁路，同时，也是八路军向冀东、热河、察哈尔、辽宁挺近的前沿阵地。平西抗日根据地是晋察冀边区的东北屏障，对于坚持华北的长期抗战，打败日本侵略者，具有重要的战略地位。②

四、平西抗日根据地的斗争，振奋、维系着华北沦陷区以及伪满、伪蒙敌伪统治下的人心

由于国民党政府推行的片面抗战路线，卢沟桥事变爆发后仅20余天，北平、天津就相继沦陷，北平城乡人民跌入恐怖和彷徨之中。

在中国共产党的领导和全国人民抗日救亡运动的推动下，平西一带就有十几支抗日武装，较为著名的有安家庄的李文斌部、宫长海领导的游击队、中共地下党掌握的魏国臣领导的游击队等，这些游击队广泛活跃在城郊内外的门头沟、石景山、百花山、圆明园一带，他们出其不意地频繁出击，智取监狱，打得敌人惶惶不可终日。

其中主要的一支是由中共改造的民众抗日武装——国民抗日军（也称平西抗日游击队）。这是一支以北平出来的共产党员、青年学生为骨干组成的力量较强的队伍。这支游击队诞生于全国激荡的抗日浪潮中，仅仅一个多月，即从二三十人发展到了3000多人。其中有北平城里的大中学生，有各种职业的市民与近郊农民，有成群结队的冀东保安队反正过来的士兵，有撤退中失散的29军零星部队，有从国民党监狱刚解放出来的"犯人"，

---

① 涞水县历史文化研究会、涞水县地方志办公室编：《平西抗战史录》，北京燕山出版社，2009年。

② 罗立斌著：《八年烽火战卢沟》，广西人民出版社，1989年；李桂清：《平西抗日根据地的四个贡献》，《北京党史》，2014年第5期。

也有被迫流亡关内的东北义勇军和难民，成份比较复杂。主要领导人有赵同、郑子风、高鹏、汪之力、包旭堂等。1937 年 8 月 20 日深夜，国民抗日军攻占了北平德胜门外的第二监狱，放出一批被囚的共产党员和政治犯以及其他"犯人"。随后，他们又进行了黑山扈战斗，消灭了 60 多个日本侵略军，还用步枪打掉一架敌机，轰动了北平全城，并在昌宛山区建立游击根据地。抗日游击队在北平近郊作战的消息不久中外皆知，在巴黎出版的中文《救国时报》曾两次报导国民抗日军的战况，并发表评论指出："日寇虽已强占北平及北方各地，并集中大军南向侵略，但实无法巩固其后方。只要我军能进行反攻，在北方游击队与北方民众响应之下，必能消灭日寇而收复平津及一切失地。"

1938 年 1 月，晋察冀军区聂荣臻司令员在全军大会上宣布，经八路军总部批准，将国民抗日军编为晋察冀军区第 5 支队，负责建设和坚持平西抗日根据地。在阜平整训了 3 个月后返回平西，立即展开武装斗争和政权建设。为配合第 4 纵队挺进冀东的行动，先后袭击了阳坊和石景山，解放了地处北平、居庸关两处要冲之间的昌平县城。5 支队分别袭击南口、阳坊、温泉、门头沟，炸毁石景山发电厂，使北平连日陷入一片黑暗。日军大为惊慌，急忙在平郊增设据点，加强防御设施。1938 年 2 月晋察冀军区独立师政委邓华奉命率领所属 3 团挺进平西，开辟抗日根据地。4 月上旬 3 团在上下清水扩编为晋察冀第 6 支队，为拯救人民群众，迅速开辟根据地。在镇压土匪、恶霸及收编旧的地方武装的同时，连克矾山堡、桃花堡、金水口、门头沟等日伪据点，歼敌 30 余人，缴获一批武器弹药，为八路军发动群众，建立政权，创建根据地扫除了障碍。在开创根据地的斗争中，由于八路军严格执行三大纪律、八项注意，处处保护群众利益，使群众很快认清了八路军与国民党军及土匪部队有着本质区别，广大人民群众抗日热情日益高涨，对八路军热烈拥护，青壮年踊跃参军。

平西的《挺进报》、冀东的《救国报》和各种形式的宣传品，都在敌占区产生过巨大的影响。妙峰山下的"平西情报联络站"，在北平、天津的进步人士中是颇有名气的。根据地斗争的情况，很快就传到城里；一批批的青年学生，通过那里进入根据地；一包包的书报资料，也通过那里转到斋堂、阜平和延安去，电影《到青山那边去》，反映了这种情况。20 世纪 40 年代初期，李运昌领导的"东北工作委员会"和"东北情报联络站"，下设分站、配电台，它们在长春、哈尔滨等地的情报组织，都配合了抗日联军的斗争。蛰居北平城里的大画家齐白石，在 1944 年登陶然亭眺望西山时，就填过半阕《西江月》，对共产党八路军寄予殷切的期望："城郭未非鹤语，菰蒲无际烟浮，西山犹在不须愁，自有太平时候。"①

---

① 罗立斌著：《八年烽火战卢沟》，广西人民出版社，1989 年。

平西抗日根据地的开辟、巩固和发展，作为晋察冀边区的北部屏障，给沦陷区人民带去了希望，极大证明了党中央坚持抗日持久战、山地游击战的正确。它是党开辟敌后战场、坚持全民抗战方针的成功案例，也进一步证明了中国共产党是中国抗战的核心力量，为十四年抗战作出了重要的贡献。

五、平西抗日根据地为冀热察抗日根据地的建设作出了重要的贡献

平西是冀东游击战争的直接支援者。平西的巩固，是直接配合冀东的斗争的。平西与冀东在地域上联系方便，可以得到精神上的鼓励，得到军事上、政治上的直接援助。平西的部队到冀东，冀东的部队也来到平西整训，这个事实，是很容易说明平西与冀东的关系的。平西抗日根据地是八路军向热河、察哈尔前进的阵地，也是冀中十分区的战略后方；是晋察冀抗日根据地的前沿，是冀中部队军事休整、干部培训、武器制造、军工生产、伤病员治疗的重要后方基地；是我党开辟冀东抗日根据地和平北抗日根据地的前沿阵地。只有建立巩固的平西抗日根据地，我党我军才可以此为立脚点，进军开发冀东抗日根据地和平北抗日根据地，扩大华北抗日根据地。平西抗日根据地建立以后，成为中共中央、晋察冀抗日根据地对华北侵华日军实施敌后进攻战略意图的坚强阵地，为开辟平北、冀东抗日根据地，提供了重要的军事、干部、物资支持，对巩固平北抗日根据地和冀东抗日根据地，发挥了很好的后方作用。为进一步开辟和巩固平北、冀东根据地，收复北平，解放华北乃至整个中国起了重大作用。

平西抗日根据地作为冀热察边区的中心，在中共冀热察区委和八路军冀热察挺进军军政委员会，以及中共平西地委、冀西第四行政督察专员公署和挺进军平西军分区的直接领导下，在 1939 年至 1942 年初这段时间的战斗中，取得了一些成绩。但是，各联合县的中共党组织、区村抗日政权以及地方武装队伍的建设和发展受到了一些影响。虽然，巩固平西根据地的工作并没有按照预定的目标实现，但是，创建冀热察边区游击战争和根据地的任务却基本实现了。同时，抗日军民粉碎了日伪军不断扩大规模的围攻"扫荡"和"蚕食"（包括 1939 年、1940 年、1941 年的春季、秋季，日伪军的三路、五路、十路围攻，敌人先后出动 3 千、5 千、1 万、7 万人进行大"扫荡"），八路军冀热察挺进军在斗争中不断发展壮大（由 5000 多人发展到 12000 多人、八路军主力部队由 6 个大队发展到 7 个团，平西人民积极踊跃参军，完成了 3 次大规模扩军任务），冀热察边区在华北敌后建成平西、平北和冀东三块抗日游击根据地。平西的党、政、军、民（特别是宛平县斋

堂川——今门头沟区的中共党组织和人民群众），为冀热察抗日根据地建设作出了重要的贡献。

平西军民先后粉碎了敌寇对平西抗日根据地的数十次的残酷围攻、"扫荡"，使平西成为巩固的抗日根据地，成为冀东、平北和平南十分区依托的后方和军政培训基地，实现了萧克将军提出的巩固平西抗日根据地、坚持冀东游击战、开辟平北新的抗日根据地"三位一体"的战略任务。

在中国共产党的领导下，30万平西人民为抗战胜利立下了不朽的功勋。在平西的门头沟斋堂川这块核心区域，大约有7万人口，以各种形式参加抗日的有6000多人。门头沟区民政史志记载，宛平县抗战期间有3946人参军，有1476人参加抗日工作。据不完全统计，其中抗日英烈928人，伤残人员850人，日寇杀害无辜平民难以计数。曾在华北日伪统治中心的平西抗日根据地战斗过的指战员中，涌现出了萧克、宋时轮、邓华等65位共和国开国将军，他们为我国革命和建设作出了不朽的贡献。在不断同日伪的顽强斗争中，锻炼和培养了一大批优秀的党员和干部、战士，如白乙化、包森、陈群、刘诚光等同志。数以千计的抗日英雄血洒疆场、马革裹尸，成千上万的烈士不怕牺牲、前赴后继，为全国劳苦大众的解放献出了宝贵的生命。另外平西籍的包括魏国元、周德礼、史梦兰、杜存训、谭漪、赵清学、林春之等上千名平西儿女，为抗日战争作出了贡献。新中国成立后，全国各地都有平西儿女的身影继续为祖国建设服务。门头沟区籍走出去的地师级干部约有230位，在国家及地方的重要部门工作。

六、对平西抗日根据地的思考

平西抗日根据地的历史作用、战斗历程已载入史册，其精神内涵博大精深。中国抗日战争的胜利已经过去78年了。平西抗日根据地在血与火的战争中孕育、产生的以爱国主义为核心的伟大抗战精神，仍然具有非同寻常的时代意义。

永定河文化博物馆的"平西抗日斗争史展"，以及区内的1328处平西红色文化资源点所传承的红色基因，构筑的精神家园，作为中华民族精神的重要组成部分，是无数先烈、革命前辈留给平西儿女的一笔宝贵的精神财富。不仅需要我们传承下去，永远铭记，更需要我们赋予其新时代内涵，使其不断发扬光大。这对于我区弘扬时代主旋律、深化爱国主义教育、繁荣文化事业、发展红色旅游，必将起到积极的作用。

平西抗日根据地红色遗址将成为北京重要的抗战历史遗迹，平西抗日根据地成为中国人民抗日战争历史长卷中的重要篇章。笔者希望，平西抗日根据地革命斗争精神成为实现门头沟区文化兴区战略的强大精神动力，也希望在这种精神的感召下，作为北京市生态涵养发展区的门头沟的明天必将更加美好。由于笔者站位有限，难免有这样那样的错误，本文属引玉之砖。望平西抗战史的方家不吝赐教、批评指正。

华北地区抗战的前哨阵地

——以大觉寺及周边为中心的苏家坨地区革命事迹研究

田　周

颖　勇 *

摘　要：本文欲通过对苏家坨地区大觉寺及周边革命事迹的梳理，厘清青年学生、当地民众、革命志士在中共党组织的领导下在该地区艰苦斗争、抵抗侵略的过程。以中华民族解放先锋队（以下简称"民先队"）、国民抗日军、地下秘密交通线、平郊游击队、武工队等相关革命事迹为切入点，试图分析苏家坨地区在抗日战争时期的特殊地位和形成原因，探讨中国共产党顽强生命力的源泉和本质。

关键词：苏家坨　大觉寺　民先队　平西情报交通联络点　国民抗日军　北京市委　抗日前哨　革命的曲折

引言

今海淀山后苏家坨地区位于北京西北郊，这一地区在抗日战争时期是前山区（妙峰山前）或平郊区的一部分，隶属昌宛县。中国共产党领导的抗日力量在平西开辟抗日根据地后，这一带位于平西抗日根据地的边缘地带，是平西抗日根据地的前哨阵地，也是华北地区抗战的前哨阵地。

---

*　田颖，海淀区史志办区志编研室主任；周勇，海淀区史志办区志编研室副主任。

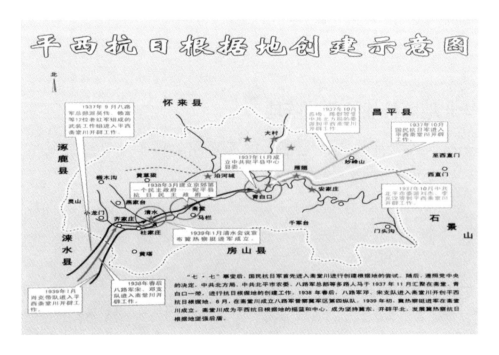

图 1　平西抗日根据地创建示意图

（引自《平西时报》2017 年 6 月 28 日《八路军战果辉煌 根据地英雄辈出》一文）

抗战时期，该地区曾发生很多可歌可泣的革命事迹：抗日战争初期，民先队在此举办夏令营，开展军事训练、时事救亡讨论，宣传党的抗日统一战线政策；国民抗日军在此区域频繁活动，更是一度把大觉寺作为司令部；抗日战争中期和后期，通过此地的秘密交通线源源不断为大后方输送革命干部、提供情报和物资；中共领导的游击队、武工队也经常在周围活动，打击日寇的嚣张气焰。

一、民先队的夏令营军事训练

1935 年，"一二·九"运动爆发。为扩大运动的影响，中共北平市委组织领导北平学联成立平津学生南下扩大宣传团。1936 年 2 月 1 日，在南下扩大宣传团的基础上，正式成立民先队。这个中共领导的先进青年群众性组织以抗日民主为奋斗目标，受到全国青年的积极拥护，很快发展成拥有 2 万余人的全国性组织。

民先队从诞生之日起就强调全民族武装起来抗击日本侵略者。民先队总队部设有武装部，把组织队员开展军事训练演习作为中心工作来进行。最早的游击战术训练是秘密进行的：1936 年 4 月 28 日，民先队西郊区队的清华、燕京两个大队的 80 余名队员，在西山举行军事训练和游击战演习。5 月 17 日，北平城内的民先队第一、二、三区队的 200 多名队

图 2　民先队代表赴医院慰问抗战伤员，图左执旗者为民先队总队长、清华大学学生李昌

员在西郊举行军事演习，讨论"对联合战线应有的认识"并演出文艺节目。后来，这种军事演习次数越来越多，规模越来越大。1936 年暑假，北平民先队总队部和北平学联联合举办两次野营：第一次夏令野营是 7 月 8 日—15 日在西山大觉寺、樱桃沟一带举行的，各校民先队员和爱国学生 160 多人参加。野营期间，除军事演习、政治讲座外，还进行时事救亡讨论活动。第二次夏令野营是 7 月 22 日至 29 日在西山卧佛寺、周家花园和老虎洞一带举行的，参加者 230 余人。夏令营的组织完全是军事化的，由总队部主持，党组织派老红军袁也烈和朱明担任军事教官，帮助同学们学习军事知识、掌握军事技术。

1937 年 6 月 28 日至 7 月 7 日，鉴于平津形势日益紧张，北平市学联和民先队总队部为准备抗日武装力量，每周组织民先队员和进步学生在西郊农村进行军事学习和训练。北京大学等 5 所院校联合举办西山大觉寺等地的军事夏令营，"请有军事知识和作战经验的人讲授游击战术"[1]。这些活动被认为是民先队"暑期中在北平方面最成功的工作"[2]。

民先队的活动引起统治当局的注意，北平市公安局奉冀察政务委员会多次密令侦察民先队的活动情况并呈文上报。从北京市档案馆所藏的档案密件中可窥探一二：北平市政府第 354 号密令的附件——1936 年 7 月 22 日上报的《民族解放先锋队最近活动情形》中载："民族解放先锋队……最近在西山举行之两次露营，不是基督教、童子军举行之露营，而是以清华、师大、燕大、大同等校学生名义之露营，均是由彼等主持。而宣传工作亦分口头宣传与文字宣传两种。口头宣传如对个人谈话、公开演说或组织巡行剧团，文字宣传如贴壁报、出版刊物、写标语等。而组织工作彼等积极注意数量上之发展与质量上之改革，

① 孙陶林：《回忆一二·九运动》，载孙思白主编《北京大学一二·九运动回忆录》，北京大学出版社，1988 年，第 77 页。

② 参见《老虎洞的生涯——暑期夏令营》一文，载国家图书馆善本部所藏《我们的队伍》，民先队总队部编印，1937 年 3 月，第 19 页。

注意向农工群众发展。在暑期内预定要新发展到一千人云。"1936 年 7 月 30 日《北平市公安局呈北平市政府文》、1937 年 6 月 25 日《冀察绥靖公署参总字第 42 号训令》中均有相关记载。[①] 这从一个侧面反映了民先队当时的活动情况以及与工农结合的革命倾向。

夏令营活动使参加者受到军事训练和集体生活的锻炼，扩大了民先队、学联等党的外围组织在青年中的影响力，为党和人民军队、各革命根据地培养造就了大批知识分子干部。同时，夏令营活动还注意面向工农群众开展工作，通过张贴海报、标语，进行演讲，巡回演出革命剧目等各类宣传手段团结民众、宣传抗日救亡思想，并产生了一定效果。客观上在活动举办地及周边促进了革命的萌芽。

二、国民抗日军抗击日寇侵略

1937 年 7 月 7 日卢沟桥事变，日寇占据平津，铁蹄踏过之处一片恐怖。面对外来侵略，广大人民群众在中共党组织的领导之下武装起来，对日寇、伪军展开坚决斗争。在众多抗日武装中，国民抗日军是成立最早、规模最大、战斗力最强的一支队伍。他们以打击日军、光复国土为宗旨，举起了平郊人民抗日的第一面大旗。因队伍中有很多青年学生，又被百姓称为学生军。

1937 年初，流亡北平的东北抗日义勇军成员赵同（赵侗）、高鹏、纪亭榭等人秘密筹建抗日武装。卢沟桥事变后，他们在中共中央北方局所属东北工作特别委员会（简称"东特"）的支持下，于 7 月 22 日在昌平县白羊城村关帝庙发动武装起义，宣布成立抗日军。一个月后，队伍发展到 70 多人。

1937 年 8 月 22 日晚，国民抗日军袭击位于德胜门外的北平河北第二监狱[②]。营救出一大批被关押的共产党员和群众，"缴获了监狱看守的 3 挺机枪和 40 多支步枪"[③]。其后，被解救的数百人大多参加了这支抗日队伍。这一消息极大地鼓舞了北平同胞的抗日热情，城里的爱国学生、知识分子和乡下的贫苦农民纷纷投奔而来，当地流散的国民党二十九军和冀东保安队的士兵也先后归附，一些小股武装也被收编。

由于成员身份复杂，1937 年 9 月 5 日，抗日军在三星庄村（今属苏家坨地区）召开全体军人大会，进行整编，并正式命名为"国民抗日军"。推举赵同为司令员、高鹏为政

---

① 转引自杨兴民、张莉莉、杨从瑀《中华民族解放先锋队活动的一组史料》，载《北京档案》，1987 年 5 月期，第 28—29 页。

② 北京市档案馆编：《绝对真相——日本侵华期间档案史料选》，新华出版社，2005 年，第 230 页。

③ 张如三：《战斗在北平西郊》，载《北京党史研究》，1992 年第 6 期，第 47 页。

治部长、中共党员汪之力为军政委员会秘书长，全军编为 3 个总队，每个总队下辖 3 个大队，共 800 多人。一总队驻门头沟、长辛店等地，二总队驻温泉，三总队驻清河一带。整军后向士兵发放红蓝两色袖标，红色表示战斗，蓝色代表祖国河山，以示用战斗打败侵略者，恢复祖国大好河山。从此"红蓝箍"在北平闻名遐迩。中共党组织派党员和积极分子参加国民抗日军，逐步将这支军队改造成为共产党领导的抗日武装。

1937 年 9 月 8 日，国民抗日军在黑山扈与日军作战，毙伤日军多人，创造了民众抗日武装用轻武器击落日军飞机的战绩。消息迅速见诸报端。当时，在法国巴黎出版的抗日报纸《救国时报》连续以大量篇幅报道国民抗日军胜利的消息，称赞道，"日寇已强占北平及北方各地，并集中大军南向侵略，但实无法巩固其后方。只要我军能进行反攻，在北方游击队与北方民众响应之下，必能消灭日寇"，并称赞国民抗日军"义声所播，民气大振"。

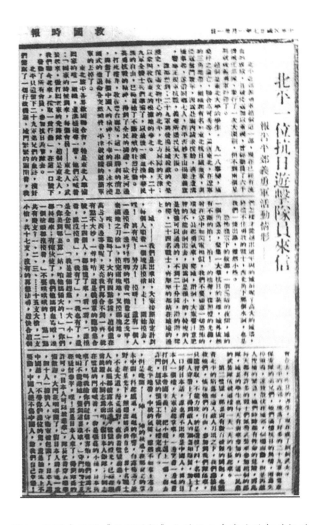

图 3　法国出版的《救国时报》上对黑山扈战斗的相关报道

此后，国民抗日军的司令部设在大觉寺，在圆明园、永丰、苏家坨、温泉、北安河、妙峰山以及门头沟的斋堂一带活动。他们开展群众工作，启发群众觉悟，宣传党的主张，发展抗日武装。"政治部一面在南口、阳坊、北安河、温泉、门头沟一带发动群众赶制3000 套棉衣，一面在各地筹组抗日救国会，组织宣传队，出版《火花报》，并广泛开展歌咏及演出活动。"①部队很快壮大到近 3000 人。

1937 年 10 月下旬，国民抗日军经昌平县进入宛平县青白口、斋堂一带。当年 12 月，开进阜平进行整训，被编为八路军晋察冀军区第五支队。1938 年春五支队开回平西，在北归途中伏击并全歼紫荆关开往涞源的一支日军给养护送队，再度击落敌人一架飞机，并生俘两名日军士兵。1938 年 5 月，攻克昌平；7 月，又袭击卢沟桥、宛平、石景山、香山等地敌人，炸毁石景山发电厂两台锅炉，致使北平城连日停电。

1938 年夏，五支队司令员赵同（赵侗）带 10 余人叛逃，后由高鹏代理司令。8 月，部队与一分区的新三团第三营合编为晋察冀军区一军分区第三团，纪亭榭任团长，袁升平任政委，王建中任政治处主任。成为当地八路军主力部队之一。9 月，敌围攻晋察冀边区，第三团奉命调回军区。

国民抗日军在平郊人民的支援下，在极端困难的条件下，坚持游击战，主动出击，不断打击敌人并取得重大胜利，虽然只有短短一年的战斗历史，却极大地鼓舞了北平乃至整个华北人民抗日救亡的斗争精神。

三、地下秘密交通线的隐蔽工作

沦陷后的北平一片白色恐怖，平郊地区也难逃厄运。日寇在西苑设置兵营。1937 年 10 月占领温泉，所设的据点冑乃城（又被当地百姓称为三角城）建有城墙和炮楼。1938 年，日寇相继在温泉、北安河、阳坊地区建立据点，一度将军事驻地推进到西山脚下。侵略者还在各村建立伪政权，实行强化治安。1940 年后，更是频繁向西山地区进行"扫荡"。

在这样险恶的外部环境下，中国共产党领导广大人民始终进行不屈的斗争。党中央作出"要以创造根据地发动群众为主"②的指示方针。1938 年 3 月，平西抗日根据地建立。为便于中共地下党组织在大城市开展工作，陆续在北平、天津、保定等大城市及周边建立情

① 汪之力：《北平西山抗日游击队》，载中共北京市海淀区委党史研究室编《海淀革命史资料选编》，中共党史出版社，1995 年，第 130 页。

② 《关于独立自主地游击战原则的指示》（1937 年 9 月 21 日），载中央档案馆编《中共中央文件选集》第十一册，中共中央党校出版社，1991 年，第 339 页。

报联络站，开辟地下秘密交通线。

1941 年初，中共中央北方分局社会部派王友（钟子云）建立平西情报联络站，设立数条交通线。其中有一条就是从北平西直门—海淀—北安河—温泉—七王坟—妙峰山。1943 年 7 月，刘景平接替王友负责平西情报站工作。1944 年 5 月，梁克（张建南）接任站长。

平西情报联络站设立武装交通人员，分成若干小组，几乎每天都要下山接收情报和物资或者接送人员。这条地下交通线上设有若干个秘密联络点，如七王坟、大工村、北安河、莲花寺、草场村、徐各庄、周家巷、南安河、苏家坨村、西埠头、前沙涧、后沙涧、温泉、簸箕水、屯佃村、皇后店村、小牛坊、常乐村、辛立屯、东埠头、太舟坞、亮甲店、永丰屯、西北旺、青龙桥、福缘门、海淀、燕京大学等地。这些村庄和学校都有秘密交通员、地下党员或者国际友人与平西站的武装交通人员联系。双方按事先规定的时间、地点接头联系。

整个抗战时期，尤其是 1941 年 12 月太平洋战争爆发前后，这条秘密交通线发挥了重要作用。通过这条秘密交通线，情报资料，粮食、衣服、药品、电台等物资源源不断输入根据地，先后有大批党的干部、革命青年、国际友人往返于平津、平西根据地之间。

1939 年夏，萧田、赵明（分局社会部）和燕大教师，国际友人林迈可、普伍德等四人就是通过这条交通线进入解放区的。1941 年 8 月，王友到北平检查工作，也是从平西站越过妙峰山，到七王坟住一夜，然后在温泉乘公共汽车到燕京大学国际友人林迈可家，林迈可用摩托车带王友经西直门进入北平[①]。1941 年 12 月 8 日，太平洋战争爆发后，林迈可夫妇、班威廉夫妇开着司徒雷登的汽车逃离燕京大学，为躲避日本人的逮捕，也是绕过青龙桥、经黑龙潭，通过这条交通线到达平西抗日根据地的。[②]

法国使馆医生贝熙业在七王坟附近修有一座别墅，那里的管家王月川被发展为秘密交通员，西山修道院工人王锡祜也是秘密交通员。西山修道院和贝家花园成为秘密交通站。贝熙业本人也曾为抗日根据地运送药品物资，并被习近平主席誉为“驼峰航线”[③]。

因苏家坨一带敌我犬牙交错，情况复杂，为了安全起见，武装交通人员下山工作一般不在山下村里过夜。每天傍晚下山到北安河、温泉等地区秘密联络点接头，黎明前回到山上，往返一次有一百三四十华里。如与敌人遭遇就要展开战斗，一些秘密交通员为了党的

---

① 钟子云：《平西情报交通联络站建立前后》，载中共北京市海淀区委党史研究室编《海淀革命史资料选编》，中共党史出版社，1995 年，第 158 页。

② 参见（英）林迈可：《抗战中的红色根据地》，解放军文艺出版社，2005 年。

③ 2014 年，国家主席习近平于中法建交 50 周年之际访问法国，在访问期间两次提到贝熙业“冒着生命危险开辟一条自行车‘驼峰航线’，把宝贵的药品运往中国抗日根据地”。

事业不惜牺牲，用献血和生命保卫了革命事业。[①]

四、平郊游击队、武工队的不屈斗争

1937 年 9 月 25 日，毛泽东致电周恩来、刘少奇、杨尚昆等，要求整个华北地区以游击战为唯一方向，"一切工作例如民运、统一战线等等，应环绕于游击战争"[②]。平郊地区的群众在中共党组织的领导下，相继建立平郊游击队、武工队，与当地百姓密切配合，与敌人展开不屈不挠的斗争。

1940 年组建的晋察冀游击支队，依托妙峰山，经常活动于北安河、七王坟、草厂一带。1941 年 3 月间，建立平郊游击队，队长姚金贵（赵昆），指导员王忠，副队长安久富（魏巍，晋察冀游击支队指导员）。这支队伍后来逐渐吸收北安河一带的农民，发展到 30 余人，经常驻台头、七王坟、肖寨寺、管家岭、大工等村，宿营在山岗上和密林里。他们在各村中共地下党员和积极分子的秘密配合下掩护地方干部，开拓游击区，宣传、组织发动群众；宣传抗日救国、宣传党的主张，扩大抗日力量；打击并争取敌伪政权，组织"两面"政权；成立村抗日救国会、武委会、武装游击队小组；夺取敌人枪支，装备自己；惩治汉奸，为民除害；掩护群众召开"飞行集会"；攻打自卫团，绕过敌人的封锁线，炸掉沙河火车站，在北安河、温泉、沙河一带炸敌人的岗楼，截断电线，拆毁铁路。

1942 年 6 月 22 日发生大工惨案。平郊游击队从七王坟到大工村，因指导员王忠患病，当晚游击队在此住下。游击队内部的不坚定分子傅玉芳、王文亚等早有反叛之心，此时便乘机密谋叛变。他们趁游击队熟睡之机，用镐把、木棍等将王忠、魏巍等五人打死，带队携枪投降驻温泉的日本侵略军。

1944 年年初中共昌宛县委决定，在平郊地区建立武工队，队长张一山，副队长齐文清，队委书记崔乐春，有 30 余人，"活动地区主要是靠近敌占区的边沿地带和被敌人侵占的一些村镇。北至羊坊，南至香山大岭，东至清河、沙河，西至妙峰山，中间有 200 来个村镇。"[③] 以妙峰山为依托，化整为零，深入敌后，宣传组织群众，大力宣传抗日救国主张、抗日民族统一战线政策，打击日伪势力，除奸反特，征收公粮。

---

① 刘景平：《我所知道的平西情报交通联络站》，载中共北京市海淀区委党史研究室编《海淀革命史资料选编》，中共党史出版社，1995 年，第 165—175 页。
② 《关于整个华北工作应以游击战争为唯一方向的指示》（1937 年 9 月 25 日），载中央档案馆编《中共中央文件选集》第十一册，中共中央党校出版社，1991 年，第 353 页。
③ 王树瑞：《回忆平郊武工队》，载《北京党史》，1989 年 3 月期，第 40 页。

当年9月发生西埠头事件。武工队奉命在七王坟、西埠头村侦察敌情，夜晚在西埠头村遭到日军包围。武工队在突围过程中，6人牺牲，7人被俘，3人突围。西埠头事件后武工队很快进行重建，队长曹建章，副队长王成，政委崔乐春。继续在敌伪特务中开展有针对性的打击、团结、利用工作，搜集敌人情报，收缴公粮。打击土匪、保护百姓利益。以涧沟为基地，白天休息，晚上到平郊活动，连夜回来。打击敌人的保甲制度。配合根据地的反扫荡斗争开展活动，以各种形式扰乱敌人：炸桥梁、割电线、袭击敌人岗楼、伪警备队、伪警察所。① 日本投降前夕，经中共昌宛县委批准，武工队撤销，正式建立平郊六、七、八区。

这些抗日武装力量在当地群众的支援与掩护下，前赴后继，英勇杀敌，为抗日战争的胜利，为中华民族抵御外敌作出了不朽的功绩。

五、结语

从以上的革命事迹不难看出，抗日战争时期，苏家坨地区既是华北地区公开对敌斗争的前哨阵地，也是开展敌后工作和城市工作极为重要的战略要地。为何该地区会有如此重要的战略地位，有以下原因：

1. 得天独厚的自然环境。海淀山后苏家坨地区位于北平的西北部，东部是广阔的平原，西部有太行余脉，北部近燕山西部。蜿蜒崎岖的高山、复杂险要的地形为开展游击战提供了天然保障，西北环山的半封闭地形进可攻退可守。该地区是晋察冀地区东北部的天然屏障，能成为华北地区抗日的前哨阵地，最基础的原因就是这种天然的地理优势。

2. 至关重要的交通位置。该地区地处华北平原和蒙古高原交往联系的重要通道。自明清以来就是京津冀地区朝拜妙峰山的几条香道所在。抗战时期，该地区处于关键的交通位置：向西可通过妙峰山两条路通往门头沟和河北的中共根据地；向东可乘马车等交通工具过温泉、颐和园、海淀等地进入北平城区；向北可由平绥铁路通往张家口。

---

① 参见杜志忠：《忆平郊武工队》一文，载中共北京市海淀区委党史研究室编《海淀革命史资料选编》，中共党史出版社，1995年，第232—253页。

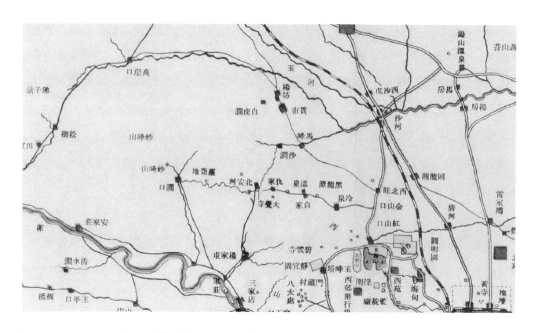

图4　1940年山后地区概貌（节选自民国二十九年再版《北京四郊游览图》，载伪北京特别市公署绘《北京景观》）

3.深厚扎实的群众基础。该地区的村镇百姓在香会期间能见识和接触到不少外地的民众、商贾和士人，甚至还有不少外国人。这种长期的文化交流和熏陶造就当地民众的开阔眼界和包容心态。加上早期中共党组织开展革命宣传和活动，启发了群众的革命自觉，奠定了深厚的群众基础，才能形成抗战时期当地百姓支持配合甚至参与革命的良好氛围。

4.坚持不懈的敌后工作。中国共产党作为抗战的中流砥柱，始终坚持在该地区开展工作，克服外部的艰难险阻，百折不挠，发展党员和积极分子，建立秘密交通，发展、壮大抗日武装。正是这些不怕流血、不畏牺牲的仁人志士通过不懈的努力，才能历经曲折和低潮，最终迎来曙光。

今年正值全民族抗战爆发85周年，我们挖掘回顾山后苏家坨地区这段难忘的历史，对于更深刻地体会中国共产党坚忍不拔的革命精神，对于更好地弘扬秉持民族大义、浴血奋战的伟大抗战精神，对于更好地传承中华民族威武不屈的精神，具有重要意义。

参考文献

1.中共北京市海淀区委党史研究室编：《海淀革命史资料选编》，中共党史出版社，1995年。

2.北京市海淀区党史地方志办公室著：《中国共产党北京市海淀区历史（1922—2012）》，中共党史出版社，2021年。

3.史全生主编：《中国近代史通鉴：南京国民政府时期》，红旗出版社，1998年。

4. 清华大学中共党史教研组《一二九运动史》编写组编：《一二九运动史》，北京出版社，1980 年。

5. 《北京百科全书》总编辑委员会编：《北京百科全书·海淀卷》，奥林匹克出版社，2001 年。

6. 北京联合大学三山五园研究院、北京市海淀区文化发展促进中心著：《旧园与故人——民国时期三山五园地区掌故》，中国建材工业出版社，2019 年。

7. 谢荫明主编：《北平抗战实录丛书》之《一腔无声血——从〈四世同堂〉看沦陷时期的北平》，北京联合出版公司，2015 年。

8. 孙晶岩著：《北平抗战实录丛书》之《北平硝烟》，北京出版集团公司、北京十月文艺出版社，2015 年。

9. 周进、常颖、冯雪利、乔克等著：《北平抗战实录丛书》之《地火燃九城——抗战时期中共北平地下斗争》，北京联合出版公司，2015 年。

10. 中共北京市委党史研究室编：《北京地区抗日运动史料汇编》第 6 辑，北京燕山出版社，2001 年。

11. 共青团北京市委青运研究室编：《北京青运史资料》，1985 年。

12. 张琦慧：《中华民族解放先锋队华北地区发展探微》，硕士电子期刊，2013 年第 S2 期。

13. 徐庆全：《六十年后李昌首次详谈"一二·九"和民先队》，载《炎黄春秋》，1995 年第 12 期。

说明：文中地图截自相关历史地图，仅作学术使用，不代表任何政治立场。

三山五园——书写在山水间的北京发展史

侯
兆
年*

摘　要：“三山五园”地区被定为全国文物保护示范区。为做好文物保护示范，首先要了解“三山五园”地区的文物概况。文章全面解读了“三山五园”地区文物建筑的数量、范围、历史沿革及现状。将“三山五园”地区的历史分为宋辽时期、金元时期、明朝时期、清朝时期、民国时期以及抗战时期六部分分别给予介绍。重点介绍了清朝时期“三山五园”的形成过程，以及现存文物保护现状。为“三山五园”地区的历史文化和文物保护提供参考依据。

关键词：三山五园　历史沿革　文物印证

历史记录人类社会发展的轨迹，保护历史遗存的目的是印证文字记载的真伪，使其成为历史科学的佐证。中国传统历史学的研究方法是以文字论证文字，所以史书汗牛充栋，传统考据学也是用各种版本文字互证，真伪难辨。近代以来中国历史学家引进西方文物保护理论，把中国以文字记载的历史发展成为文字与历史实物相互印证的历史，使历史成为有依据的信史。

研究北京“三山五园”的历史，就是论证北京古都的历史。北京有三千年建城史、八百年建都史，文字记载丰富，但所留历史实物较少。近千年战事频发，加之中国建筑多为土木结构，历史朝代更替，多数建筑物在改朝换代中拆旧建新，至今在北京旧城区保留的多为清代中晚期建筑，辽金元明及清朝前期完整的建筑遗存已十分稀少，记载文字的实物较为单薄。

“三山五园”地处北京郊区，地广人稀，保留着大量的历史遗存。“三山五园”由于是

---

* 侯兆年，北京市考古研究院研究员。

皇家寺庙园林，建筑更替频繁，现存早期的寺庙多为遗址，但仍能作为与文字印证的历史文物信息。要保护好这些真实的历史遗存，对古都北京的政治、经济、文化和社会研究提供可靠的依据和研究成果，使北京的历史成为有可靠依据的信史。

一、宋辽时期

唐朝后期的五代时期，契丹崛起于北方的湟河（今西拉木伦河），首领耶律阿保机于916年，称帝建国。938年进居燕云十六州，将唐朝的幽州（今北京）升为幽州府，立为契丹国的南京，为辽朝的陪都，947年定国号为辽，辽开泰元年（1012年），改幽州府为析津府，辽南京也称燕京。辽代由于距今久远，现存辽代建筑物北京老城仅存西便门外的天宁寺塔。在西山地区保留的辽代建筑，是位于香山东侧四王府东北普陀山南坡的普安塔。该塔建于辽代，塔高九米，为七层八角密檐式实心砖塔，成为西山地区唯一的辽代遗物。

图 1　普安塔

二、金元时期

1153年到1214年，金都城在迁都汴梁之前，北京为金中都时代，金代存在北京的历史文物仅有卢沟桥。金代皇帝酷爱郊野游乐，据史书记载，金朝皇帝在中都和郊区香山玉泉山一带，建立园林和行宫，由于金中都在北京的建城仅几十年时间，史书记载在西山建立一些皇帝游乐的行宫和别业，但至今遗址留存很少。

　　1271 年到 1368 年，北京为元朝的首都元大都。元朝统治者主要的精力放在元大都的建设上，对近郊的皇家园林投入较少，但元大都时期在西山地区留下了非常重要的历史遗迹——一处著名的水利工程。1291 年，元代杰出的工程师郭守敬为把通州的运粮船直接驶入大都内，需要利用金中都和通州相连的运河，但必须寻找新的水源。郭守敬修筑一道与北京西山山角大致平行的水渠，将昌平和西山一带的十几处泉水汇集起来注入瓮山泊，汇集于高粱河，下流入积水潭，有了这新的水源将金代的运河与高粱河连接起来，通过十八个水闸的提水，将通州的运粮船直接驶入大都什刹海。在紫竹院西高粱河上游有元代广源闸遗址。元代同时又修了一条金水河，从玉泉山通向太液池（今北海），这两条河道通贯海淀镇到西山地区，河道至今还能找到零星遗址，为元代的建设活动留下了历史依据。

　　迄今为止元朝的建筑和遗址保留较少，在颐和园耶律楚材祠建筑基址下，发现耶律铸夫妇墓，耶律铸是耶律楚材之子，元朝大臣耶律铸墓是元朝在这一区域内宝贵的历史遗址。

图 2　耶律铸墓

　　地处香山植物园内的十方普觉寺，元代称昭孝寺，寺内供奉一尊元代铸造的铜卧佛，俗称卧佛寺。许多地处"三山五园"范围内的寺庙文字记载创建于元代，但现在的寺庙已无处可寻元代遗迹。

图 3　卧佛寺大门

三、明朝时期

明代迁都北京不久，明朝帝王便计划在北京兴建游乐休闲场地和御园别业。北京真正的迷人之处还是在海淀镇和西山之间的西北郊，那里既有雄伟的山色，也有注入湖泊的丰沛水源，在传统中国人心目中，自然山水是不可或缺的元素。因此，西北郊就成为帝王建设御园的最佳选择处。北京西北郊最重要的水源就是今天的玉泉山和昆明湖，它们分别位于平原的两座小山脚下，周围地势开阔，土地肥沃，布满了沼泽、湖泊和稻田。明代时期海淀地区已经开始有达官显贵的私家园林，文字记载有明代武清侯李伟的清华园和明太仆米万钟的勺园。清朝的畅春园就是在明朝清华园基础上修建的，但迄今仅有文字记载，没有实物遗址出土。

北京大学校内西墙边，存有明朝书画家米万钟所建的勺园内的篓斗桥遗迹，作为文物保留下来。位于海淀区青龙桥街道娘娘府村北的景泰陵，是明朝第七代皇帝明代宗朱祁钰的陵寝，是北京地区明十三陵陵区之外唯一的明代帝陵。朱祁钰是明英宗的弟弟，"土木之变"后明英宗被俘，为稳定军心，将朱祁钰立为皇帝，后被废弃，死后陵墓降为亲王墓，没有葬于十三陵，后又恢复景泰年号，谥为代宗，重新按皇陵修建。现陵区仅存有御碑亭和祾恩门，御碑亭平面呈方形，重檐歇山顶黄琉璃瓦，亭内耸立高大石碑一通。

明朝时期的西山地区，除了有达官显贵的私家园林之外，还有众多的皇家及民间的寺庙。位于青龙桥镇的建于明万历年间的慈恩寺和董四娘娘庙（也称天仙庙）仍然保留完好。明朝的宦官在西山地区的活动留下了丰富的遗迹，如建在海淀区四季青万安山路的晏公祠，为明朝太监晏宏所建的儒家寺庙；位于四季青镇小屯村的西禅寺为明太监秦安的祠堂，秦安因擒拿刘瑾立功被封，明正德八年（1513 年）在小屯村购地建祠，后称西禅寺。现在西禅寺正殿的木构架，经考察因木构脊檩留有明代晚期彩画，可初步认为是明代木构。

四、清朝时期

"三山五园"正式形成始于清代，1644 年清朝统治者入主北京城，除定期的修缮和增建宫殿之外，北京城已无需大规模新建，因此清朝的统治者集中全部精力建设园林。自清朝初年到乾隆中期，在北京西北郊海淀镇到西山一带，建造了大批的行宫御园、私家园林和赐园，形成了庞大的皇家园林集群，其中规模最大的有五座，即畅春园、圆明园、香山静宜园、玉泉山静明园、万寿山清漪园，号称"三山五园"。它们汇集了中国风景园林的各种类型，包括人工山水园林、自然山水园林以及山地园林，代表着中国古典皇家园林艺术的精华。

畅春园建于清康熙二十三年（1684 年），位置在西郊海淀镇原明代武清侯李伟的清华园旧址上，是康熙皇帝在京城的御园，如今该园已全部废毁，主要遗址部分辟为海淀畅春新园体育休闲广场，畅春园仅存建筑为在北京大学西门外两个坐西朝东的庙门，为畅春园两所佛教寺庙恩慕寺和恩佑寺山门。

圆明园遗址位于北京大学以北，圆明园原为雍正皇帝为皇子时的赐园，雍正三年经过扩建，开凿福海，建造宫廷区，形成正式的离宫御园，乾隆年间再次扩建，共计建成圆明园四十景，乾隆十年（1745 年）又开始在圆明园的东侧建造长春园，乾隆三十七年（1772 年）又在长春园的南面组建绮春园，形成了圆明园、长春园、绮春园三园，共称"圆明三园"。

据文字记载在圆明园长春园的北部和绮春园东部还有春熙院和熙春园，但迄今为止未发掘遗址。圆明园 1860 年被英法联军焚毁，现存古建筑基础和园林遗址，辟为圆明园国家考古遗址公园。

保存较完整的有香山静宜园。香山静宜园位于西山的东端，是一座山地园林，自乾隆十年（1745 年）开始在原康熙年间香山行宫的基础上改扩建，共建成香山二十八处景区，景区建筑大部分于 1860 年被英法联军烧毁，现在遗址基础上经过考证后逐步修复。

在香山公园的北边有一个重要的寺庙碧云寺，碧云寺创建于元代，称碧云庵，明代正德年间扩建为寺，清代乾隆年间，对碧云寺重新修建，乾隆十三年（1748 年）建造金刚宝座塔、行宫和罗汉堂。金刚宝座塔曾为孙中山先生逝世后暂时停灵之地，民国年间北伐成功后，将孙中山灵柩南迁葬于南京中山陵，此地即成为孙中山先生的衣冠冢，碧云寺建立了孙中山先生纪念堂。玉泉山静明园位于颐和园以西，在香山和万寿山之间，由于泉水不断，称为玉泉山，清朝顺治年间曾在此处建行宫澄心园，后改名为静明园，乾隆十五年（1750年）大规模扩建，有景点十六处，现保存完好。颐和园的前身清漪园，建于清乾隆年间，是"三山五园"中最后建成的一座行宫御园，此地元明以来即为风景名胜之地，明代建有功德寺、园静寺等寺庙。清乾隆年间在明代园静寺旧址上，建大报恩延寿寺，改瓮山为万寿山，改西湖为昆明湖。清漪园1860年被英法联军焚毁，慈禧太后为庆贺六十寿辰，在清漪园的基础上建颐和园。

图 4　颐和园昆明湖

"三山五园"地区还有众多文物建筑记录了北京历史发展的进程。在香山的周边地区有保存完好的清朝乾隆年间的团城演武厅和为清军健锐营练习攻击的碉楼。健锐营演武厅位于海淀区四季青镇香山南路红旗村，俗称小团城。其建筑格局为椭圆形的城池。健锐营演武厅，始建于清乾隆年间，曾经为征服四川大小金川少数民族叛乱起过重要的作用。团城建有高大的城墙，在高大的城墙之上，南北对峙着城楼，城墙外有护城河，其上修筑汉白玉石桥。团城有城门两座，城墙用城砖砌筑，城内有乾隆御制碑。团城南侧建有演武厅，演武厅为黄琉璃瓦歇山顶，厅前砌有宽大的月台，乾隆皇帝曾经在此检阅八旗军队。乾隆十一年西南少数民族形成反对清朝的势力，乾隆派重兵进剿，但叛乱者在各险要路口设置石雕楼抵御清军，碉楼易守难攻，清军久攻不下。为对付碉楼，清廷选择在香山山麓建团城演兵场，在团城周围修建了与金川地区相似的碉楼进行模拟练兵。碉楼完全用石块砌筑，高约十米，俗称梯子楼，上面有箭孔箭垛，操练时清军模拟进攻，并以碉楼为重点组建了云梯兵，称健锐云梯营。乾隆十四年清兵大获全胜，并在团城南建立了实胜寺，今仅存碑亭，碑亭内有乾隆亲笔所书碑文，碑文记述了平定大小金川的经过。据历史记载，香山地区的碉楼共有 67 座，目前仅存少数完整的石雕楼，为研究记录这段历史提供了宝贵的实物资料。

图 5　健锐营碉楼

在团城演武厅西侧的西山脚下还有两个重要的建筑，就是旭华之阁和松堂，旭华之阁和松堂位于海淀区香山街道香山南路南河滩村，旭华之阁其地原为中峰庵遗址。乾隆皇帝自五台山回京以后，下诏在西山风景区仿照山西五台山殊像寺建筑和布局寺院，取名宝相寺，旭华之阁就是宝相寺的主体，旭华之阁建筑为无梁殿结构，其檐下刻有石刻匾额，上书"旭华之阁"，为乾隆皇帝亲笔题字。殿内立有两块石碑，左边刻文殊菩萨的画像及乾隆的御笔题诗，右边立宝相寺碑。殿内正中供奉文殊菩萨雕像。在旭华之阁的东侧不远有松堂，松堂原是焚香寺旁边的小敞厅，焚香寺建于乾隆十四年，是乾隆皇帝来团城阅兵时休息用膳的地方。乾隆曾在此为征伐大小金川回归将士设宴庆功。这个小敞厅名叫来远斋。来远斋坐西朝东，结构全是汉白玉石建造，殿内有一石屏风，上面镌刻着乾隆手书内容，是赞美健锐云梯营的诗和序，为后人研究乾隆平定大小金川提供了可贵的资料。石敞厅玲珑剔透，周围有近百株白皮松，遮天蔽日，松堂之名由此而来。

在香山买卖街边现在还保留有健锐营武庙，为清式面阔三间硬山筒瓦坐北朝南建筑；有坐落在香山脚下，始建于清乾隆年间的香山八旗高等小学，是为香山健锐营子弟教授满语及骑射技艺的清朝官学，现保存完好；有位于香山脚下北京植物园内正白旗 39 号院的八旗营房，遗留一排十二间清代制式营房，现辟为曹雪芹纪念馆；有坐落在海淀区香山路中国林业科学院东侧，建于明正德三年（1508 年）的遗光寺，清康熙年间和光绪年间重修，原寺规模较大，有山门、钟鼓楼和五进殿座，现已残毁，仅存山门殿和石碑残段，山门殿面阔三间，面朝东南，明间为雕花石拱券门，次间为石雕窗棂。

五、民国时期

在香山脚下有民国年间为解救河南水灾孤儿创建的香山慈幼院遗址，有众多的近代名人的墓园，较著名的有位于香山买卖街旁创建香山慈幼院的熊希龄墓园，位于北京植物园内的孙传芳墓园和梁启超家族墓园，有位于香山玉皇顶的语言学家刘半农和民族音乐家刘天华两兄弟墓，位于香山北侧的著名京剧表演艺术家马连良、梅兰芳和言少朋等众多名人的墓园，在香山和玉泉山之间的田野里有吴佩孚墓园。

六、抗战时期

在北京植物园的樱桃沟有中国共产党领导的抗日民先队夏令营革命石刻。香山的双清别墅和周边民国建设的慈幼院建筑，是中共中央进入北京之前的办公地点，记录着新中国成立前夕党的领袖的革命活动历程。在圆明园和北京大学校园内，分布着纪念"三·一八"学生爱国运动的革命烈士墓，在畅春园和圆明园旁有著名高校北京大学和清华大学，两所大学校园保留有中国传统古建筑、近代仿古建筑和近代西洋形式建筑。颐和园西侧有散落分布的抗战时期的日本帝国主义侵华时建的混凝土碉堡，是日本侵略中国的实物证据。以上这些历史遗迹，均被定为不同级别的文物保护单位。

"三山五园"地区众多的文物，是北京历史发展的实物记录，是书写在山水间的人类活动史，为文字记录提供了实物依据，使北京古都的文字记录成为信史。西山大觉寺紧邻"三山五园"文物保护示范区，是"三山五园"周边重要的文物保护区，更是"三山五园"历史文化不可分割的一部分。

参考文献

1.《（光绪）顺天府志》。

2.（清）于敏中：《日下旧闻考》。

3. 北京市古代建筑研究所编：《北京古迹概览》。

北京历史文化名城保护视角下大觉寺的保护和活化利用 *

刘
少
华 **

摘　要：近年来，北京的历史文化名城保护不断取得新进展、形成新特色，构建了全面完善的保护体系、整体保护理念深入实施、更加注重非物质文化遗产的保护、更加注重活化利用。大觉寺在北京历史文化名城保护体系中占有重要地位，它是西山永定河文化带的北段核心，是西山永定河文化带寺庙文化的代表，大觉寺的保护利用能够为相似文物单位的保护利用提供借鉴经验。在新的历史文化名城保护理念指导下，针对大觉寺的保护利用，我们提出以下思考。首先，树立整体保护理念，构建完整的大觉寺保护体系，明确保护对象；其次，利用新理念、新科技、新手段，加强文物、古树、环境、非遗的全面保护，特别是要研究探索阳台山大觉寺传说、大觉寺"禅茶"制茶技艺、大觉寺雕版技艺的源流和内涵，积极申报各级非物质文化遗产项目；再次，拓展大觉寺学术研究领域，加强人才队伍建设，搭建学术研究平台，不断提高科研水平；最后，合理规划展陈体系和内容，提高讲解水平，吸引各方力量参与大觉寺文创产品开发和各项非遗研学项目，推动文物的活化利用。

关键词：北京　历史文化名城保护　大觉寺　活化利用

一、北京历史文化名城保护的理念和成就

近年来，随着党和国家对文物保护工作的重视，北京的历史文化名城保护工作也步上新台阶，在保护理念、范围、方式等多方面都取得可喜的成就，有力地推动了北京全国文

---

* 本文为北京联合大学校级科研项目"明至民国三山五园地区社会变迁研究（批准号 SK1402–02104）"阶段性成果。
** 刘少华，北京联合大学北京学研究所助理研究员。

化中心建设。

（一）构建了全面完善的保护体系

随着对历史文化名城保护认识的深入和京津冀协同发展的进行，北京历史文化名城保护的范围和对象逐渐扩大，形成了完整的保护体系。《北京城市总体规划（2016年—2035年）》中提出"构建全覆盖、更完善的历史文化名城保护体系"，对保护体系和内容进行了扩充，构建了四个层次（老城、中心城区、市域和京津冀四个空间层次）、两大重点区域（老城和"三山五园"）、三条文化带（大运河文化带、长城文化带、西山永定河文化带）、九个方面（世界遗产和文物、历史建筑和工业遗产、历史文化街区和特色地区、名镇名村和传统村落、风景名胜区、历史河湖水系和水文化遗产、山水格局和城址遗存、古树名木、非物质文化遗产）的历史文化名城保护体系。在新版《北京历史文化名城保护条例》（2021年）中对保护体系也进行了详细的解释，明确了保护范围、保护对象和保护名录制度。其中，北京历史文化名城的范围涵盖本市全部行政区域，主要包括老城、"三山五园"地区以及大运河文化带、长城文化带、西山永定河文化带等。保护对象包括：（一）世界遗产；（二）文物；（三）历史建筑和革命史迹；（四）历史文化街区、特色地区和地下文物埋藏区；（五）历史文化名镇、名村和传统村落；（六）历史河湖水系和水文化遗产；（七）山水格局和城址遗存；（八）传统胡同、历史街巷和传统地名；（九）风景名胜、历史名园和古树名木；（十）非物质文化遗产；（十一）法律、法规规定的其他保护对象。

（二）整体保护理念深入实施

历史文化名城保护理念从单纯的文物本体保护转变为对文物本体、环境、风格、非物质遗产等方面的全面整体保护，"以连线、成片方式对保护对象实施整体保护，对保护对象周边传统风貌、空间环境的建筑高度和建筑形态、景观视廊、生态景观以及其他相关要素实施管控"。[①] 这在老城和"三山五园"地区的保护中体现得最为显著。在北京老城保护方面，不仅加强了对重点文物建筑的保护，而且强调中轴线、北京凸字形城廓、明清皇城、历史水系、老城原有棋盘式道路网骨架和胡同格局、传统四合院、老城平缓开阔的空间形态、景观视廊和街道对景、传统建筑色彩和形态特征、古树名木和大树、地名、老字号等多方面的保护，将老城作为一个整体生态系统进行规划和保护。在"三山五园"的保护方面，在强调园林和遗址保护的同时，突出保护西山山脉的生态环境、保护联系"三山五园"和老城的河道水系、恢复山水田园历史风貌，从而构建"三山五园"地区历史文脉与生态环境交融的整体空间格局。

---

① 北京市人民代表大会公告：《北京历史文化名城保护条例》，2021年1月。

（三）更加重视非物质文化遗产的保护

非物质文化遗产是中华优秀传统文化的重要组成部分，是中华文明绵延传承的生动见证，是联结民族情感、维系国家统一的重要基础。[①]北京非物质文化遗产十分丰富，自2006年以来，北京市级非物质文化遗产代表性项目已经公布了五批，共有288项，种类涉及民间文学、传统音乐、传统舞蹈、传统美术、传统手工技艺、民俗等多方面，充分体现了北京古都文化特色，蕴含着浓浓的北京味儿，是北京文化不可分割的重要组成部分。《北京历史文化名城保护条例》明确将非物质文化遗产列入保护内容，一大批的戏曲、音乐、传说、技艺、饮食等传统文化被发掘和整理出来，很多老字号技艺得到保护和弘扬，非遗传承人得到认可，传播积极性得到提高，非物质文化遗产日益融入百姓生活，成为日常生活的一部分。北京还加强了传统地名的保护，公布了第一批《首都功能核心区传统地名保护名录》，总共583处，并且逐步建立地名文化遗产定期评估机制。

（四）更加注重活化利用

在加强历史文化名城保护的同时，活化利用也日益受到重视，鼓励和支持历史建筑、历史文化街区、名镇、名村和传统村落等北京历史文化名城保护对象进行合理利用和有序开放。特别是在老城保护过程中，在政策、制度方面不断创新，针对平房的不同产权性质，利用申请式退租、房屋置换等多种方式腾退文物建筑，下大力气进行环境整治，拆除违法建筑，使文物建筑重现历史风貌。如自2016年起，西城区启动了新中国成立以来规模最大的直管公房类文物腾退工作，共计启动52处，总投入45.27亿元。截至2021年4月，已完成52处2042户中的1876户腾退，总体腾退比例达92%，其中完全腾退项目32个，使得一批长期以来不合理使用的文物建筑解放出来。[②]同时强化历史建筑的对外开放和公共服务的使用功能，结合历史建筑自身特点和周边环境的功能定位，充分利用历史建筑开展图书馆、博物馆、美术馆、实体书店、文化展示场所等文化服务活动。西城区在2019年出台了《北京市西城区关于促进文物建筑合理利用和开放管理的若干意见》，并发布文物建筑活化利用招标项目，吸引社会各方力量参与文物建筑的利用，首批6个项目已经签约，第二批10个文物建筑活化利用项目也已经发布。西城区的做法为文物建筑活化利用树立了榜样，开辟了新的道路。

综上所述，北京的历史文化名城保护工作稳步推进，在此基础上，2021年又修订《北京历史文化名城保护条例》，编制了《北京市"十四五"时期历史文化名城保护发展规

[①] 中共中央办公厅、国务院办公厅印发：《关于进一步加强非物质文化遗产保护工作的意见》，2021年8月。

[②] https://baijiahao.baidu.com/s?id=1696998220330682831&wfr=spider&for=pc。

划》，进一步完善了保护体制和机制，为将来的历史文化名城保护提供了制度保障，指明了工作方向。

二、大觉寺在北京历史文化名城保护中的地位和价值

（一）大觉寺是西山永定河文化带的北段核心

长城、大运河、西山永定河三个文化带是北京历史文化名城保护的重要内容。西山永定河文化带在北京三个文化带中面积最大，文化资源最为丰富，该文化带北以南口附近的关沟为界，穿过房山拒马河谷，沿永定河向东南而去，西至市界，东临北京小平原，涉及昌平、海淀、门头沟、石景山、房山、大兴等6区。大觉寺位于西山永定河文化带的北段，是全国重点文物保护单位，其历史悠久，始建于辽代，原为"八大水院"之一的清水院，明代宣德三年（1428年）年重修，并改名大觉寺，清代康雍乾时期，多次修缮。由于得到皇室的支持，大觉寺的规模、田产都十分可观，从现存的土地契约文书可知清代大觉寺的寺产遍布周围地区，数量庞大。此外，大觉寺也是西山永定河文化带北段保存最为完好的文物建筑，大觉寺现存建筑保留了清代以来的主要规模，还保留了一些具有重要文献、艺术价值的碑刻、雕塑等。无论从历史价值还是保存现状来看，大觉寺都是西山永定河文化带北段最重要的文物点，处于该地区的核心位置，对西山永定河文化带北段建设起到重要的引领作用。做好大觉寺的保护利用，能够有效地带动周边文物的保护利用，进而推动西山永定河文化带的建设工作。

（二）大觉寺是西山永定河文化带寺庙文化的代表

西山永定河文化带文化资源丰富，文化类型多样，如以大觉寺为代表的寺庙文化，以清代"三山五园"为代表的皇家文化，以妙峰山为代表的传统民俗文化，以金陵等为代表的陵墓文化，以周口店北京人遗址为代表的古人类文化等。其中，寺庙文化是西山永定河文化带的鲜明特征。明清以来，由于西山地区优越的自然环境和统治者对佛教的支持，西山地区修建了大量的寺庙，明代就有"西山三百七十寺"之说，现在西山地区仍保留有大量的寺庙、佛塔、碑刻以及遗址，成为西山地区最多的文物类型。

大觉寺在西山诸寺庙中规制完整、特色鲜明、保存完好、内涵丰富，是西山寺庙文化的典型代表。大觉寺始建于辽，历史悠久，元明清三朝相继修缮，历代皇室通过加大修建规模、优待寺庙高僧、颁赐佛经佛像、赐予寺庙田产等方式支持大觉寺，是皇室崇佛的重要例证。大觉寺建筑布局严谨规整，中轴线由山门、钟鼓楼、天王殿、大雄宝殿、无量寿佛殿、大悲坛依次排列，两侧则建有多个跨院，既体现了汉地佛教寺院的典型布置，又体

现了辽代契丹族崇拜太阳、以东为尊的朝日风俗。同时大觉寺有优美的山地园林景观，流水、山石、亭阁等，组成了山环水绕、林木葱郁的天然图画，是前寺后园的寺庙建筑代表。大觉寺还保存了精美的佛教塑像，三世佛、二十诸天、十地菩萨、西方三圣、海岛观音等造像，雕刻手法细腻，栩栩如生，是明代雕塑艺术的精品。此外，寺中还存有大量的佛经、佛经雕版、契约文书等。因此，大觉寺基本上呈现了一个寺庙所包含的所有文化资源，能够完整全面地展示北京寺庙的文化面貌，是西山永定河文化带寺庙文化的典型代表。

（三）大觉寺的保护利用能够为相关文物单位的保护利用提供借鉴

北京寺庙众多，但是由于涉及面多、个体情况复杂等因素，寺庙文化遗产的保护利用存在着很多问题。大觉寺的文物保护利用工作一直走在前列，在文物修缮、学术研究、展览展示、活动开展等方面取得了丰硕的成果。对寺内主要殿宇和雕塑进行持续性修缮和养护；举办"大觉寺历史文化展""历史名人与大觉寺""乾隆皇帝与大觉寺""端午民俗文化展""馆藏契约文书展""大觉寺——镜头里的记忆与变迁"等多项展览，展示了大觉寺悠久的历史和文化；举办丰富多彩的文化活动，如玉兰花节、银杏节、中秋文化节、清明文化节等，丰富了游览内容，吸引了大批游客。从1997年，大觉寺创办了"明慧茶院"，集茶叶炒制、茶艺表演等活动为一体，成为享誉京城的著名茶文化品牌，吸引了大量游客专门到此品尝，为大觉寺增添了人气。大觉寺亦重视学术研究工作，出版了《大觉禅寺》《雍正皇帝与迦陵禅师：从迦陵禅师和大觉寺看雍正皇帝与佛教》《大觉寺》《阳台集：大觉寺历史文化研究》《大觉寺诸天造像》《北京西山大觉寺藏清代契约文书整理及研究》等论著，提升了大觉寺的学术影响力。

尽管如此，大觉寺的文物保护利用还存在着很多的不足。随着《关于加强文物保护利用改革的若干意见》（2018年10月）、《北京城市总体规划（2016—2035）》、《北京市推进全国文化中心建设中长期规划（2019年—2035年）》、《北京历史文化名城保护条例》（2021年）、《关于鼓励和支持社会力量参与文物建筑保护利用的意见》（2022年）等一系列政策举措的出台，在文物保护利用的新理念下，探索如何进一步提高文物保护特别是活化利用和文化传承等方面的水平，是摆在大觉寺管理部门面前的一个重要问题。有效解决这些问题，不仅关系着大觉寺文物保护利用的可持续发展，也能够为西山永定河文化带建设以及其他相关文物单位的发展，提供借鉴和经验。

三、历史文化名城保护视角下大觉寺的保护与利用

《北京历史文化名城保护条例》（2021 年）的实施为北京的历史文化名城保护工作提供了基本遵循，也为各单位开展文物保护利用工作指明了方向。根据《北京历史文化名城保护条例》的理念，结合大觉寺实际现状，提出以下几点思考。

（一）开展文化资源的全面调查，构建大觉寺的保护体系

《北京历史文化名城保护条例》（2021 年）扩大了保护对象，将山水格局、城址遗存、古树名木、非物质文化遗产等列入了保护对象。因此，应开展有关大觉寺文化资源的全面调查，特别是与大觉寺相关的附近遗址遗迹（如寺庙遗址、佛塔遗址、碑刻等），古树名木和大树、非物质文化遗产（如大觉寺传说），进而构建大觉寺完整的保护体系。我们认为，大觉寺的保护体系可分为以下四大类。

1. 文物建筑

文物建筑是大觉寺体量最大、价值最高的保护对象，包括：寺庙格局（三路建筑、前寺后园）、寺庙殿宇（山门、钟鼓楼、碑亭、天王殿、大雄宝殿、无量寿佛殿、大悲坛、憩云轩、四宜堂、方丈院、香积厨等）、碑刻（《阳台山清水院创造经藏记》《御制大觉寺碑》《送迦陵阐释安大觉方丈碑记》《御制重修大觉寺碑》《正统十年敕谕碑》《明孝宗敕谕碑》《乾隆御制诗碑》）、佛塔（白塔、周云端和尚灵塔）及其他遗迹（塔院遗址、普照寺遗址、莲花寺遗址、西竺寺遗址）。

2. 馆藏文物

馆藏文物指寺内收藏的可移动文物，数量多，等级高，价值大，包括：佛教造像（三世佛、二十诸天、十地菩萨、西方三圣、海岛观音等）、匾额楹联（"妙莲世界""象教宏宣""法镜常圆""妙悟三乘""真如正觉""无去来处""动静等观"等）、经板（共 519 块，有《是名正句》《宗鉴法林》《宗鉴语要》《宗鉴指要》《杂毒海》等）、契约文书（百件左右，有买卖契、租佃契、典当契、借贷契、诉讼文书、账簿等）及其他文物（生活用具、祭祀用具等）。

3. 山水园林

山水园林是大觉寺的重要组成部分，包括：寺后园林格局、假山、泉水与池（石槽、碧韵清池、龙潭、功德池、北路水池）、建筑（领要亭、龙王堂、畅云轩）、古树（七叶树、银杏、楸树、松、柏、玉兰等）。

4. 非物质文化遗产

大觉寺亦有非物质文化遗产，包括：大觉寺和阳台山的传说、制茶技艺、佛经雕版、

文书、佛事活动。

以上大觉寺保护体系较为完整地囊括了大觉寺的文化资源，其中很多内容，特别是非物质文化遗产，还需要进一步调查、研究、打造，不断丰富其内容。

（二）充分利用新科技新手段，加强大觉寺的整体保护

大觉寺位于阳台山之东，选址优越，寺内亦建有园林，寺庙殿宇、白塔等建筑与周围的山体、树木、泉水等自然环境融为一体，形成了一个独特的文化景观。加强大觉寺的整体保护不仅要保护文物本体，还要保护包括自然山水环境在内的历史风貌，以及与之有密切联系的非物质文化遗产。

1. 借用文化景观类型遗产概念，强化整体保护理念

"文化景观"概念是由德国地理学家 O. 施吕特尔提出的。美国地理学家 C .O . 索尔继承和发展了这一理论，并将文化景观定义为"附加在自然景观上的人类活动形态"。[1]1992年，"文化景观遗产"被确定为世界文化遗产的新类型。文化景观的概念，注重自然和文化两种因素之间的平衡，是自然与人类创造力的共同结晶，反映了区域独特的文化内涵，特别是基于社会、文化、宗教方面的要求，受环境影响并与环境共同构成的独特景观。[2]大觉寺在某种程度上具备了文化景观的特征，借助文化景观的概念来分析大觉寺的价值和保护方法，有利于加强对大觉寺的自然和文物的整体保护。保护的关注点要从原来的单一寺庙建筑转变到自然环境以及自然环境与人造建筑之间的关系上，从而保证人与环境的共荣共存，可持续发展。

2. 重视日常检测和养护，开展文物的研究性保护

文物监测工作能够认识文物蜕变过程，及时发现文物隐患，对于文物的预防性保护起到关键作用，因此所有的文物都是被监测的对象。但是该工作持续时间长、见效慢，特别是需要运用科学仪器进行监测的重点对象要认真考虑。大觉寺的重点监测对象和检测问题主要有：碑刻、栏杆、假山等风化问题，佛教造像的位置移动、开裂、表皮剥落等，各个殿宇亭台的下沉、木结构开裂等。监测方式大体分为两种，一是人员监测，二是利用科学仪器监测。人员监测是最基本的监测方式，通过定期或不定期的巡查，观察文物的变化，进行记录，文物的巡查工作本身就是监测。人员巡查监测主要监测变化较大的明显的变化，如文物是否遭到破坏、偷盗等，也可利用简单工具进行测量建筑缝隙、脱落面积的大小变化。科学仪器主要用于文物变化进展缓慢的监测，如裂隙使用裂隙传感器，沉降采

---

① 单霁翔：《从"文化景观"到"文化景观遗产"（上）》，《东南文化》，2010 年第 2 期。
② 单霁翔：《从"文化景观"到"文化景观遗产"（下）》，《东南文化》，2010 年第 3 期。

用沉降测试压力计，对有潜在安全隐患的地方进行重点监测，如佛造像的倾斜、殿宇开裂下沉、石刻文物的风化监测等。监测工作要持续进行，增加巡查监测次数，各种记录信息要全面、规范、精确。重视监测结果的应用，特别是在修缮保养工程中，以监测结果为基础，制定合理科学的修缮保养方案。

此外，应改变文物保护中重修缮轻养护的观念，注重文物本体的日常养护工作，目的是清除文物安全隐患，将险情排除在萌芽状态。如及时修补破损的瓦面、墙壁，清除影响文物安全的屋顶、墙壁、月台等上面的小树、杂草、苔藓等，及时疏通排水系统和进行环境整洁等。

3. 科学保护古树名木，处理好古树与建筑之间的关系

古树名木和大树是大觉寺的重要组成部分，是活着的文物，必须认真保护。首先，掌握好基础信息。对大觉寺及周围古树名木和大树进行普查登记，记录其地点、树种、树龄、胸围、树高、冠幅、生长态势等基本信息，主动对符合条件的大树申请古树名木的定级，设置保护标志，划定保护范围，建立古树名木档案。其次，加强日常巡视检查。在进行文物巡查的同时，同时对寺内树木进行巡查，做好巡查记录，主要记录古树的生长环境、长势情况等，做到动态监测和管理。再次，重视日常养护。定期对树木进行松土、施肥、浇水、防治病虫害。对容易遭受风、雨、雪等恶劣天气影响的树木做好修剪枝条、支护、避雷等措施。最后，处理好古树与古建筑之间的关系。针对生长在古建筑旁边的树木，要加强巡视，注意观察根部与古建筑之间的关系，密切关注树木对古建墙体的影响。平时注意修剪枝条，防止大风、大雨时，枝条对古建筑造成破坏。古建筑上生长的小树苗要及时处理，防止其长大，对古建筑造成损害。

4. 加强环境整治，逐步恢复历史风貌

自然环境和历史风貌是大觉寺景观赖以存在的重要因素，必须加以保护。首先，加强大觉寺周围自然环境山体、树木的保护，严格遵守大觉寺保护范围和建控地带的相关规定，防止出现修建建筑物、砍伐树木等破坏自然风貌的行为。其次，对影响环境风貌的不利因素进行整治，如清理山体、河道旁边的生产生活垃圾、违章搭建物。建设与大觉寺相协调的景观风貌，如改变现有停车场为生态停车场，合理规范商品售卖场所，保障环境卫生的整洁有序。最后，在有条件的情况下逐步恢复大觉寺周围的历史风貌，例如恢复大觉寺的古御道等。

5. 挖掘非物质文化遗产资源，申报各级非物质文化遗产项目

与大觉寺相关的非物质文化遗产特色鲜明，应充分挖掘保护和利用。首先，搜集调查与阳台山大觉寺有关的民间传说（已有苗地、潘永卫《阳台山的传说》，北京燕山出版社，

2016 年），利用现代科技手段，重视图像、影像、声音的记录，走访老人，以获得大量口述资料，不断丰富传说内容，使其更全面、更完整。其次，打造大觉寺"禅茶"制作技艺非物质文化遗产项目，聘请专家对其文化源流、制茶技艺、品茶方式等一系列技艺进行指导、总结，提炼凝聚大觉寺制茶工艺特点和文化内涵，积极申报各级非物质文化遗产项目。再次，打造大觉寺雕版印刷非物质文化遗产项目，充分利用馆藏佛经雕版资源，对其样式、特点等进行研究、总结，形成一整套雕版、印刷、装帧等佛经制作流程体系，积极申报各级非物质文化遗产项目。最后，积极培养阳台山大觉寺传说、大觉寺"禅茶"制作工艺、大觉寺佛经雕版技艺三大非物质文化遗产项目技艺传承人，提高思想道德素质和技艺水平，促进非物质文化遗产的传承发展。

（三）加强大觉寺学术研究，深入挖掘大觉寺文化内涵

大觉寺历史悠久，文化内涵深厚，应加强学术研究，充分研究阐释大觉寺的文化内涵。

1. 拓宽大觉寺学术研究领域

当前大觉寺的研究在历史沿革、建筑布局、佛教文化、馆藏文物等方面已经取得了丰硕的成果，但是还存在着一些需要加强的地方。首先，深化大觉寺文化内涵和价值的研究，从整体上研究大觉寺的文化内涵，探讨大觉寺在北京寺庙、西山永定河文化带乃至中国传统文化体系中的地位和价值。其次，加强大觉寺文物保护利用的研究，充分理解国家、北京市文物保护利用的相关政策要求，立足于大觉寺实际，探索大觉寺文物保护利用的新模式、新方法。最后，重视大觉寺非物质文化遗产的研究，重视阳台山大觉寺传说的调查，开展"禅茶"技艺和文化、雕版技艺和文化的研究。

2. 加强科研人才队伍建设

强化科研人才队伍建设，提高科研水平。首先，增加单位内科研人员编制，贯彻落实党中央及北京市委、市政府关于深化职称制度改革的精神，按照《北京市深化文物博物专业人员职称制度改革实施办法》的相关要求，落实好科研人员的岗位聘任和职称待遇，提高科研积极性。其次，完善队伍构成，招聘或引进有关历史、艺术、文物保护、遗产管理、工程管理等专业的高素质人才，充实科研力量。再次，加强业务培训，完善科研人员定期专业培训机制，鼓励业务人员参与国内、国际相关培训、学术会议等活动，提升自身素质水平。最后，建立健全奖励机制，鼓励科研成果的产出和转化。

3. 开展合作研究

开展合作研究能够有效提高研究水平，扩大学术影响。首先，创建西山永定河文化带学术研究联盟，联合文化带各文博管理单位、科研院所、高校、学术团体等，采取自由开

放的合作方式，围绕西山永定河文化带开展学术合作和交流。其次，独立或与其他单位合作创办学术刊物或辑刊，发表学术论文，收集相关行业动态。最后，定期举办有关西山永定河文化带的学术会议，开展学术活动。

（四）积极吸引各方力量，推动大觉寺文物资源的活化利用

文物的活化利用是当前文物工作的重要内容，应积极吸引各方力量，深入挖掘大觉寺的特色文物资源，推动活化利用，展示传承大觉寺的优秀传统文化。

1. 提高大觉寺展览、讲解水平

展陈展览是展示大觉寺文化的直观方式，应努力提高大觉寺的展陈质量和水平。首先，系统规划大觉寺的展览体系和内容，各展厅突出特色，使主题鲜明，丰富展陈内容。其次，改进展陈设施，探索古建筑内开办展览的新模式，创新采用多种展陈手段和方式。最后，利用互联网技术，开展大觉寺的云展览、云课堂、云直播平台，推出一些个性化、高品质服务，提高线上线下相融合的博物馆传播能力。

同时，提高博物馆讲解服务，讲好大觉寺故事。首先，加强讲解员队伍建设，定期进行专业培训，提高业务能力和综合素质，逐步向研究型讲解员转化，在职称评聘方面落实相关优惠政策，提高讲解员的工作积极性。其次，充分利用手机客户端、小程序、蓝牙等技术设备，全方位提供讲解服务。最后，不断完善讲解内容和语言风格，提供适应不同年龄、不同知识水平、不同需求的讲解服务。

2. 拓宽文创产品开发转化的途径

大觉寺丰富的文物是进行文创产品开发的优厚资源，应加强文创产品开发的力度，让文物活起来。首先，充分利用多种渠道，以大觉寺文物、文化为创作资源，开展文化创意产品设计方案征集、比赛等活动，推动产品设计成果的转化和应用。其次，加强馆藏文物版权和知识产权的保护，通过知识产权授权、提供场地、学术指导、融资合作等多种方式，加强与相关企业的合作，面向市场，发展文创开发、文艺作品创作等文化创意产业，打造标杆项目、标志性成果。最后，利用大觉寺的场馆资源建设博物馆文创空间，吸引高等院校学生、社会人员等各方力量参与文创设计，聘请业内专家进行指导。

3. 开发特色非遗体验研学项目

在打造大觉寺非遗项目的基础上，开展研学活动。首先，开发大觉寺雕版印刷技艺体验项目，利用馆藏的佛经雕版资源，开设集书版雕刻、印刷、装帧等古籍印刷的技艺体验活动，使研学者了解学习古代书籍的印刷装帧技术。其次，开发大觉寺"禅茶"制作技艺的体验项目，将馆内的"明慧茶院"进行升级，改造成集"禅茶"文化学习、制茶技艺传承、品茶方法培训等为一体的茶文化空间，通过各种新媒体方式传播大觉寺"禅茶"文

化，扩大知名度和影响力。最后，开发"诚信契约精神"项目，利用馆藏的契约文书，开发新的契约，让研学者签订，以此培养诚信契约精神。可以利用雕版印刷方式，模仿古代带有官印的官方契约文书，契约内容进行多方面的设置，如戒烟戒酒、学习任务、家务劳动等，研学者可带回家进行签订。

综上所述，在党和国家对文物工作高度重视的新时代，大觉寺的文物保护和文化传承工作也迎来了最好的时机，我们一定要利用新理念、新科技，不断推动大觉寺文物保护和活化利用，为北京西山永定河文化带建设和全国文化中心建设贡献力量。

一盏清茶酬知音——中国茶文化体验与分享

姬　宣
脉　立
利　品*

摘　要：“茶”是中国文化的金名片，与瓷器、丝绸比肩，在世界文化舞台上占有着重要的一席之地，是能够将中国文化带入国际舞台的使者。也正是这一盏清茶，将大觉寺这座千年古刹的禅茶文化从北京西山，不远万里，带到了俄罗斯莫斯科，带到了美国芝加哥。在国内的西藏林芝、福建厦门、广西柳州、重庆等地区，大觉寺的禅茶文化亦有广泛传播和展示。本文以 2015 年 8 月大觉寺管理处赴美国芝加哥奥兰德帕克市公共图书馆外展活动为线索，进行系统性梳理，阐述大觉寺这座以古建筑为主体的博物馆，选择将茶文化作为其文化传播载体的实践意义，以及传播过程中的收获与心得。此举既是对大觉寺对外开放三十周年中部分工作的一点总结，也希望能够以此为大觉寺今后的文化发展提供一些借鉴意义。

关键词：茶文化　大觉寺　文化传播

“茶”是中国文化的金名片，与瓷器、丝绸比肩，在世界文化舞台上占有着重要的一席之地，是能够将中国文化带入国际舞台的使者。也正是这一盏清茶，将大觉寺这座千年古刹的禅茶文化从北京西山，不远万里，带到了俄罗斯莫斯科，带到了美国芝加哥。在国内的西藏林芝、福建厦门、广西柳州、重庆等地区，大觉寺的禅茶文化亦有广泛传播和展示。

大觉寺这座以古建筑为主体的博物馆，为什么要选择将茶文化作为其文化传播的载体呢？在文化传播的探索实践中，又经历了怎样的情境，有哪些收获和值得分享的心得呢？本文以 2015 年 8 月大觉寺管理处赴美国芝加哥奥兰德帕克市公共图书馆外展活动为线索，

*　姬脉利，北京西山大觉寺管理处原主任；宣立品，北京大觉寺与团城管理处业务部主任，副研究馆员。

进行系统性梳理，此举既是对大觉寺对外开放三十周年中部分工作的一点总结，也希望能够以此为大觉寺今后的文化发展提供一些借鉴意义。

一、为什么要选择茶文化作为大觉寺文化传播的载体？

选择一个文化点作为迈向国际舞台的突破口，对于一个古寺庙性质的博物馆而言，并不是那么容易的事情，为此，我们曾有过深入的探索和思考。

自古以来，中国茶随着丝绸之路传到欧洲，逐渐风靡世界，与丝绸、瓷器等，被认为是和平、友谊、合作的纽带。西山大觉寺，作为北京地区保存下来为数不多的一座千年古刹，是首都历史文化遗产中不可分割的重要组成部分，也是北京着力打造的三个文化带之一的西山永定河文化带上的一颗璀璨的明珠。大觉寺辽金时期"清水院"之名，流淌了千年的泉水，曾为金章宗"西山八院"之一的地位，"禅茶一味"的禅意，都是其重要的文脉所在。基于此我们迸发出了打造大觉寺特色茶文化的灵感：以展览的形式传播历史和文化；以茶为载体，由禅茶和文士茶表演，展示中国传统文化的禅意；配以古筝、古琴等民族古乐烘托品茶的意境；辅之以中国茶道、花道、书法等参与式的体验与分享，使观者零距离体验中国文化。"一盏清茶酬知音——中国茶文化展览及体验与分享"作为活动之名，随之诞生。如此，一项丰富多彩且底蕴丰厚的文化大餐跃然呈现，基于茶文化之于世界的知名度，以及互动体验和艺术审美，使它可以完全无碍于国别的差异、人种的差异和信仰的差异，从而为世界人民所接受。这是大觉寺走上世界舞台展示自身文化的一个切入点，实践也最终证明了这个视角的精准。

二、茶文化传播实践中的探索和收获

（一）前期实践积淀

所有的成就都不是一蹴而就的。在 2015 年赴美外展之前，大觉寺管理处经历了为期数年的实践探索。

1997 年明慧茶院在大觉寺创建，国学大师季羡林出席开幕式并剪彩，时至今日以茶为媒的文化活动不计其数。2007 年，我们结合自身文化特点，在古寺内举办了"禅茶与寺庙"专题展览，得到了社会各界的广泛认可，同时还获得了北京市文物局颁发的"科技创新成果奖"。自 2014 年起，我们积极响应上级关于"博物馆走出去"的号召，以中国茶文化为载体，弘扬和传播中国优秀的传统文化。2014 年 4 月我们出访俄罗斯莫斯科，在莫斯科中国文化中心举办中国茶文化展览，在普希金博物馆举办茶艺表演；8月探访茶马古道，到西藏林芝举办茶文化展览和交流活动。2015年5月到福建厦门篔筜书院办展，开展活动。这些实践性体验，为我们积累了大量的知识和活动经验，是我们能够做好美国专场活动的基础。

（二）美国芝加哥奥兰德帕克市公共图书馆展览和活动

2015年8月10日上午，受美国芝加哥奥兰德帕克市政府及公共图书馆之邀，由北京市文物局、北京西山大觉寺管理处主办，美国二十一世纪学会、奥兰德帕克市政府、市公共图书馆承办的"中国茶文化展"系列活动，顺利开幕。奥兰德帕克市市长，伊利诺伊州参议员、众议员，图书馆董事会主席、馆长，中国驻芝加哥总领事馆总领事，美国二十一世纪学会总裁等近百人出席了开幕式，拉开了活动的序幕。这是一次令人印象非常深刻的外展活动，我们以此为例予以说明，在茶文化传播实践中的探索和收获。

1. 展览及多项活动得到广泛认可

中国茶文化展览、茶文化讲座、禅茶和文士茶表演、古筝演奏、书法讲座、中国传统插花和功夫茶互动体验，活动内容丰富而饱满。每天都是满满一整天的工作时间，从早晨7∶00出发，到晚场20∶30结束。

局限于承办方公共图书馆的展览环境，我们只能选择易拉宝式的简易展览方式。即便如此，还是吸引了很多观众认真阅读，标注笔记。以前的展览模式，局限于生硬的展板或物品展示，经过不断探索，发现"参与"和"互动"，更容易吸引观众。而在此次活动中，我们便选用了大量的互动参与式项目，达到了相当好的效果。美国观众反响十分热烈，其喜爱程度完全超出我们的预期。

活动中有个临时的变动：主办方负责书法表演的工作人员未获签证，只能由负责茶艺讲座、茶艺现场教学兼摄影师的工作人员王松，临时负荷上阵。主承办双方发现书法展示倍受追捧，便临机应变，发挥王松知识丰富、讲授能力强、英文口语功底好的优势，临时又增加了书法讲座，获得了极好的效果。活动中，一位美国家长带着她领养的中国孩子，前来参加中国茶文化活动。她请我们用中国的毛笔用篆书写了"合家欢"，并标注了孩子领养的日期。短暂的接触，我们无法知道，他们母子之间具体的故事，但大爱无疆，此情此景，深深地感动了我们。

8月11日下午14∶00至晚间，中国茶文化活动特设了老年人专场。开展了禅茶、文士茶表演，古筝演奏，茶文化、书法、插花讲座等活动，内容丰富多彩，结束时已是21∶00。这场活动使我们感受到，人文关怀，不是停留在口头上的宣扬，而是实实在在的行动。其中一位老人说："这是我看过的最好的展览，我喜欢这里的一切。"

8 月 12 日，图书馆设计了儿童专场。看到一些画面感触很深：身为城市经理，掌管城市财政大权、公务繁忙的他，作为父亲，也要陪伴孩子参加他们的一些重要活动；一个母亲带了三个孩子前来参加活动，其中两个大点的孩子都是来自中国的领养儿童，且身有残疾。当我们这些来自中国的家乡人跟他们亲近的时候，他们那种喜悦溢于言表；来自三个家庭的三个小女孩儿，也都是来自中国的领养儿童，她们的美国父母给予了她们不带性别歧视的爱，从她们阳光般的笑容里就能感受到，她们发自内心的快乐；参加活动年龄最小的孩子才只有几个月大，母亲便带她来到图书馆接受文化的熏陶。

图书馆馆长玛莉，任市图书馆馆长之前，有二十年时间一直是儿童图书馆馆长。休息的间隙，她还跟我们分享了她喜欢的那些来自中国的故事。玛莉对中国文化的喜爱，和对这次活动的用心，随处可见。茶文化活动的公益性，中国茶道、古筝、书法的文化气息，与图书馆的环境相得益彰，玛莉对此深表赞叹。

2. 面对很多意想不到的情境，既面临着应变能力的挑战，也收获了很多意外的感动

中国外办对项目的审批考察，格外慎重。中国驻芝加哥使领馆领事带队出席活动并讲话，同时还邀请北京代表团前往使领馆座谈。美国官方不仅多位官员出席开幕式，而且为了出席活动还将政府周一的工作例会调到图书馆进行。奥兰德帕克市市长邀请北京代表团到市政府参观，市政府内既张贴着茶文化活动的宣传海报，同时还发放活动宣传页，进行宣传。

奥兰德帕克市公共图书馆给予的配合，严谨、细致、用心，让人感动。他们得知中国在重要的活动中喜欢红色，忌讳黑色，工作人员在开幕式当天穿上了大红色的衣服；儿童专场的宣传页选用了中国的代表元素大熊猫图案；图书馆内各个角落提前张贴了宣传海报和摆放了宣传页；将活动的宣传海报推广张贴到了当地的餐馆；图书馆网站上提前公布了活动内容，而且给拟参加活动的观众提供了相关书目，建议观众对中国文化提前有所了解；为配合儿童专场活动，图书馆还专门组织了与中国文化相关的文化活动，如手工裁剪中国宫灯；选购中国元素物品如纸伞、折扇布置会场；专门设计制作了有中英文词汇的书签等。

活动过程中有的观众怀抱着襁褓中的婴儿，前来感受中国文化的熏陶。有的市民排队等候用篆书书写中文名字或吉祥语，宁可耽误或错过图书馆提供的免费午餐。领养中国儿童的家长带着孩子来学习中国文化，以言传身教的方式告诉孩子们——他们的根在中国。有的观众场场必到，还认真记笔记，活动结束后还专门发来信件总结和表达对于此次活动的心得。有的市民在参加完活动后发来电子邮件，情真意切地表达了对于活动的喜爱和认可，并深入分析中国文化在美国的推广存在的问题以及改善、提升的建议。

这里必须要提到一个细节。预备参加茶艺表演活动的 3 名茶艺师,其中 2 名被拒签,1 名负责书法环节的主办方工作人员也因曾经有军事研究生学历的经历而未能获得签证,导致后期工作压力很大。在此情况下,承办方美国二十一世纪学会给予了鼎力支持,主承办双方协同努力,采取了多种应急处置措施,首先是挑选其他 2 名茶艺师补签,结果依然被拒。随后将第一次被拒的 2 名茶艺师补齐材料再次报签,再次被拒。无奈之下,从美国寻找华裔女孩 4 人作为志愿者参与活动,提前给她们观看茶艺表演的录像资料,并安排获得签证的茶艺师提前 1 天赴美,对 4 人集训教学。她们年龄最大的刚刚考上大学,最小的才 12 岁,另两个即将就读高三。因在美国成长,她们的英文,甚至优于中文,对于美国文化也更为熟悉。但几个女孩子,给了我们惊喜,仅用 1 天时间,就学会并能够出色地完成两场不同的表演,而且发挥她们的语言优势,承担起了活动现场迎宾、讲解、翻译等工作,将中美之间的文化交流在语言的环节上的劣势转化为优势。休息时她们嘻嘻哈哈,天真烂漫;工作时她们认认真真,一丝不苟,着实让我们惊喜且钦佩。活动和工作中,她们对于中国文化也有了亲近之后的喜悦和体会。看来我们传播中国文化,受益的群体不仅仅是外国人,甚至还有可能包括我们久别故乡的同胞,以及他们"只把他乡作故乡"的孩子们。

3. 通过合作将展览的社会效益最大化

因签证时间全程不能超过 5 天,我们须按时回国,承办方努力将最初确定的时间坚持到最后,其克服困难、勇于坚持的精神值得嘉许。下面是来自美国二十一世纪学会发来的 8 月 13 日的活动介绍。文字偏多,却不忍心删减,全文分享如下:

"茶文化展如火如荼地展示进入第四天,以其博大精深的文化魅力吸引着各年龄段的各界人士的到来。在会场我们注意到一位白发苍苍的老者风雨无阻每场展示必到,并且根据每天的内容认真的记笔记。在他的记录本上有对文士茶、禅茶的介绍,有对古筝高山流水会知音的理解,在书法及中文讲解环节,老人家更是在笔记本上认真地画出了中文从象形文字到楷书、到草书演变的三种字体,这让学会的工作人员对老者充满了感动及敬意。在与老者的交谈中,我们得知,老人家名叫彼得,由于他弟弟在中国学习工作,使其对中国文化充满了兴趣,而这次中国茶文化展览使他更近距离地接触到中国文化。深入浅出的讲解,多方位的展示及互动使这场展览妙趣横生,加深了他对中国文化的理解,所以他决定每场必到,不放过任何一个学习的机会。在此期间,他表示对茶展走入社区使他这类平时很难接触到中国传统文化的人群受益匪浅。

在晚场的展示期间,学会工作人员发现了一个熟悉的身影,原 Lombard 市的市长,现任奥罗拉市经济发展委员会的大卫先生,携全家一行 6 人出现在会场。大卫先生为参与这场展览活动，下班后驱车 40 分钟到来，让人感动。对中国文化的崇敬让他对这场别开生面的展示充满了兴趣。其间他与家人观看了禅茶表演，聆听了书法讲解，古筝表演，并饶有兴趣地参与了插花体验。在观赏了大觉寺《经过千年遇见茶》及《美丽北京》的宣传片后，他对中国之美、大觉寺之美、茶之美大为震撼。大卫先生曾于几年前到中国访问，他认为中国文化以其深厚的底蕴可以征服全世界的观众，而这场别开生面的送文化进社区、送文化进入美国主流社会是此次茶文化展的亮点，这种方式值得推荐，并表示希望茶文化展览可以持之以恒地举办下去，希望明年可以到他管辖的伊利诺伊州第二大城市奥罗拉市展出，吸引更多受众，成为中美文化交流的纽带和桥梁。

忽如一夜夏风至，千树万树茶花开。茶文化展就是这样润物细无声地将中国文化以茶为载体，走进了美国，在美国民众心中流传，如茶之甘冽的回味，意义深远。"

4. 在活动中获得的一些经验和收获

工作成绩是显著的，在具体实践中，我们也收获了很多的经验和教训，比如：要在实践中多多积累经验，要打有准备之仗，包括活动的申报、评审、各种报批手续、签证，展览、茶艺等具体活动项目，都要掌握；要有克服困难的勇气，面对各种流程上的不顺利要敢于迎难而上；烦恼即菩提，困难是坎坷，也可能是助力，关键在于思想的转化，拒签之后的改变便是最好的启发；关于不同的体制、国情，要给予充分的了解和理解，理解才是硬道理；要学会合作共赢，不论是中美双方政府，主承办方单位，美国民众，抑或是每一名工作人员，要充分认识到大家好才是真的好；文化没有国界，要珍惜每一次交流的机会，做好文化与和平的使者，播种和平与希望；天道酬勤，无私者亦无畏，这些精神使茶文化活动最终圆满完成；对于未来，我们要继续开阔视野，拓展思维，提升格局，使我们有更坚定的信心和更充足的勇气面对未来的挑战；千里之行始于足下，我们要勇于担当，让更伟大的中国梦得以实现。

在活动结束后，我们参与活动的业务人员颇受启发，思如泉涌，又创意出很多既有趣、又有意义的新项目，相信在未来的活动中，会为文化交流开创更新的局面。

三、茶文化传播方式探索的现实意义

中国茶文化交流活动进入美国主流社会，潜移默化地推进了中美双方的和平与友谊，其意义之高远，是我们没有想到的。在美华人在参加完活动后，给承办方发来邮件，长篇阔论，把中美文化交流存在的问题，此次活动实现的新的突破，以及其深远的意义，进行了细致的剖析。他在邮件中说：

"平时在美国的中国人，总是高呼口号，要把中国的文化打入美国主流，要把中国的艺术带进美国社会。花许多的钱，消耗大量的人力物力。大动干戈地唱几首中国的大歌，跳点中国的舞蹈，热热闹闹，办上几次大型联欢会，就认为进到美国社会了。台下观众都是中国人，事实上只是中国人自己娱乐娱乐而已。寥寥无几的几位美国观众也是逢场作戏而已。本人原有一次带上两位芝加哥的老文艺歌唱家去观看一场从中国来的高端极品的晚会，舞台上的文艺节目，搞得热火朝天，但是美国观众却毫无表情，因为他们不知道舞台上在干什么唱什么跳什么，最后提前退场。唯独这次的茶艺表演，还有芝加哥地区秋韵组合表演的茉莉花，让美国观众赞口不停，依依不舍。美国观众也深深地爱上了中国的文化。虽然这只是一次茶文化的表演，但是潜移默化的一点一点地让西方人近距离地接触到中国文化、中国茶道，使他们慢慢地热爱东方文化，靠近东方文化，而不是强迫他们接受中国文化。

希望将来有更多的这种实实在在的活动，来宣传中国。更符合'实事求是'的原则，架好中西文化的桥梁，让西方人自己走上这座中西交融的桥梁，和中国文化融合在一起。这才是中国文化使者真正应该做的实事，这是一条交流和发扬中国文化的长久之路。"

实践证明，我们的探索是积极而有益的。习近平总书记曾多次对中国茶文化给予过充分的肯定和殷切的期望，在外交场合，也多次与外国领导人一同"茶叙"，共话友好未来。比如 2016 年 9 月 3 日，在 G20 杭州峰会召开前夕，习近平总书记与美国总统奥巴马会晤时，在西湖国宾馆的凉亭喝茶并在湖边漫步——类似的故事都已成为中国民间的佳话美谈。习总书记在比利时布鲁日欧洲学院演讲时指出，正如中国人喜欢茶而比利时人喜爱啤酒一样，茶的含蓄内敛和酒的热烈奔放代表了品味生命、解读世界的两种不同方式。但是茶和酒并不是不可兼容的，既可以酒逢知己千杯少，也可以品茶品味品人生。中国茶所承载的已不仅仅是中国的文化，它俨然成了中国与世界文化交流的使者，成为促进世界和平稳定发展的使者。

在大觉寺关停北京市文物局干部培训中心、探索大觉寺未来发展方向的时候，我们曾提出"茶博物馆"和"大觉书院"两个想法，其中茶博物馆这一想法曾受到质疑和否定。而正是在质疑和否定声中，大觉寺借由"茶"这个媒介，在国际舞台、在世人面前亮相。历史的经验告诉我们，每天数以千计的客流量不会将大觉寺的历史定格，而历朝历代文人墨客的造访，以及诗词歌赋的吟咏、文学作品的创作、意义深远的文化活动，则会使大觉寺之名在历史的长河中不朽。所以，在他人的不解与质疑声中能否保有自信和坚持，决定了我们能否见证花开和累累硕果。

茶以载道。因一盏茶，我们由北京西山大觉寺出发，从西藏林芝，走到了福建厦门；

又从俄罗斯的莫斯科，走到了美国的芝加哥。我们不知道，这一条清茶酬知音的路，还会走多久、多远，但我们始终相信，茶道的探索和传承之路，文化的交流和发展之路，没有尽头。

不积跬步，无以至千里。"大觉寺"文化品牌的持续打造，有赖于我们当下的每一个步履。纵挫折连连，纵行迹迟缓，但我们的心要坚定而果敢，要自信而光明。我们可以选择当一天和尚撞一天钟的循规蹈矩的工作方式，也可以选择乘风破浪披荆斩棘且胸怀天下的文化抱负。我们总有一天会告别工作的舞台，我们甚至总有一天会告别人生的舞台，但是那些我们走过的路、做过的事、写下的文字，却有可能因为一些意义而传承不朽。

茶行山水 传承非遗

——大觉寺阳台山明慧茶院弘扬中国传统文实践

慕容子归*

摘 要：1997 年，明慧茶院成立于北京市海淀区阳台山麓的大觉寺内，这一别致的文创品牌，为传播中国的传统文化耕耘二十余载。通过每年一届的古琴会、玉兰花节，以及跨国连线云端中秋音乐会、茶文化海外行走等有影响力的文化活动，将中国人的传统生活方式，哲学观、宇宙观、世界观、人生观潜移默化地传递给受众，赢得了国内外政要、专家学者、媒体人和普通民众的赞赏，为塑造文化品牌，推动中国传统文化的传承和发展，提供了参考。

关键词：明慧茶院 茶文化 文创 传统文化 传承 发展

在季羡林教授《缘分与命运》的文章里，明慧茶院创办人与大觉寺相遇的故事，犹如《桃花源记》里的探寻，清新脱俗，自然通透。在他笔下，位于崇山峻岭和茂林流泉之中，曾经有些破败却花香四溢的古寺，因为遇到了谙熟传统文化精妙的人，拥有了一方供尘世中人休憩品茗之地，便焕发出了勃勃生机，成为人人渴望的净土和桃源，成为北京西山一处独特的风景。

正如季先生所述，在大觉寺里可以兴办的事业有不少，为何创办人对茶情有独钟？因为茶是中国文化重要的组成部分，纵观全世界的饮茶文化，各有千秋，但中国作为茶文化的发源地，以其悠久的茶文明和茶礼仪，糅合佛、儒、道诸派思想，融天地人一体，倡天下茶人是一家；茶也是中国传统文化艺术的载体，茶通六艺，以茶会友，以茶载道。茶艺

---

* 慕容子归，大觉寺明慧茶院茶文化传播机构负责人。

也是认识中国传统文化和美学的绝佳方式。

这种分享和包容、中正与平和的茶文化，深深地浸润着每一位明慧茶院从业者的身心，经过近 25 年的经营，明慧茶院在推广中国传统文化的路上，点滴积累、潜心研究、默默奉献、不断创新，在国内外，收获了赞誉和好评。

禅茶一味中相遇一切热爱传统文化之人

大觉寺又曾名清水院，以寺旁清冽的名泉著称。古寺深邃悠远静谧，有松柏参天，有玉兰供赏，有古刹巍峨，有残碑忆旧，更有名泉环绕，终年流水潺潺。

这里有茶之王者、水之极品。掩映在南玉兰院花香鸟语之中的明慧茶院，正是鸿儒座谈、雅士优游、品茗闲致的静谧场所。由明志轩、明思轩、和慧阁、敬慧阁、清慧阁、达慧阁六间独立茶室组成的"品茶院"，曲折错落，构局精巧，在古筝伴奏下轻品佳茗，别有情致。加之大觉寺四季皆宜的佳境、深邃的历史、攸远的文化，来到这里的文人墨客、普通游人，品一盏佳茗，清净之意直抵丹田，领会着空旷与禅意。

"茶禅一味"，由来已久。在大觉寺，人们上不上香是随意的，拜不拜佛是随意的，一切都随意，因为没有戒律铭刻于头顶，没有警句响彻于耳畔，一切竟颇有道家"无为而治"的意味。寺庙内不仅没有烟雾缭绕，反而茶香四溢，花香满庭，充满芬芳的气息。

这里"以茶入菜"，为了给宾客山间行走时补给能量，明慧茶院的"绍兴饭馆"里的各类清雅小食也别具一格。草帘木桌上的"龙井虾仁""茶香鱼片"、绍兴花雕女儿红配以江南名菜"清汤越鸡""宋嫂鱼羹"，在典雅中让宾客不忍下箸，回味无穷。三五好友在明德轩、畅云轩这些曾经居住过无数名人的小院中，望月、赏花、品茗、闲谈，大有"梧桐夜雨""闲敲棋子"的诗境。茶院力求在一花一草、一坛一炉、一壶一杯、一书一曲等每一个细节设计中，折射出中国传统审美和生活方式。

在这里，不时会看到中外古琴大家抚琴听曲、武术爱好者凝神闭气、文学社青年笔会谈心、摄影家登高望远、瑜伽爱好者席地冥想……闲以养性，正以修身，明慧茶院也一时间成为商界领袖和学界名流谈天论道、淡泊明志之地。

坚持不懈举办公益古琴雅集

中国文士七件宝，琴棋书画诗酒茶。明慧茶院以茶为媒，长期致力于传播中华优秀传统文化，传承宁静致远、定能生慧的东方生活美学。从 2005 年至 2022 年，已连续十七年举办古琴会、昆曲雅集、汉服交流等活动。

自 2001 年起，中国民间艺术"百戏之祖"的昆曲和中国文人音乐的代表古琴艺术依次被列入联合国教科文组织"人类口头和非物质遗产代表作名录"，这两种艺术都异曲同工，共同展现了中国"中和之美"的审美原则，以"韵"展现中国传统文化的极致追求。

2004 年，为了唤起人们热爱和保护自己民族的非物质文化遗产，明慧茶院首次在寺院里举办首届古琴会，古琴大师前来助兴。如此近距离感受蕴含民族精神的高雅艺术，令听众耳目一新。之后，中国古琴界泰斗、传承人、爱好者，在每年中秋月圆之时，都纷纷赶到阳台山明慧茶院，欣赏一场场别致的古琴音乐会。每一年，古琴会的内容都因地、因时、应景，有所创新。

例如，2005 年，国家级非物质文化遗产项目古琴艺术代表性传承人龚一先生在茶院抚琴之时，为了普及古琴知识，茶院也相应在大觉寺举办了展览；2010 年，奥运会开幕式抚琴人、古琴家陈雷激，琴歌演唱家乔珊，以及当代斫琴与演奏兼善的古琴艺术家王鹏也不远万里，齐聚憩云轩，丰富了雅集内容，古刹内的布谷啼鸣、风起树动，仿佛应和着抚琴人的节奏和情绪。

2011 年，除了有传统曲目《平沙落雁》《广陵散》等，古琴会还推出了吉他、梵呗等乐手和古琴的团队合奏，将影视歌曲《越人歌》《葬花吟》等演绎成琴曲，便于听众了解传承与创新。

2012 年，为了迎合中外听众需求，明慧茶院和大觉寺联袂主办第九届古琴会，中秋节当日，以"邀月华章"为主题，首次将古琴会在下沉花园举办，为文人雅士献上一场融合中华民族儒道佛精粹的文化盛宴，将古往今来中华儿女保家卫国的情怀以琴声娓娓道来，吸引了观众近千人。

2013 年，古琴艺术申遗成功十周年，茶院从 6 月起（儿童节、遗产日、端午节），开展一系列雅集，首次推出京城少年儿童古琴会，为琴童提供专场演出平台。当《高山流水》《梅花三弄》《蒹葭》《潇湘水云》等高难度古曲从不到 10 岁的孩子们手中缓缓流出之时，听众感动不已，也从来自中央戏曲学院和中央音乐学院的青年主持人的解说中，了解到中国古代"礼乐"知识，看到了民族文化在新生代中传承的希望。

2016 年，是我国伟大戏剧家汤显祖逝世 400 周年的日子，昆曲《牡丹亭》和古琴琴音完美"邂逅"在第 12 届古琴会上。一场以"琴赏牡丹"为主题的演绎，精彩呈现了昆曲《牡丹亭》。茶院又一次创新，将一种"演唱、讲述、演奏"三合一的国艺演说形式引荐给观众。

十余年来，明慧茶院的古琴会，从相对简约到兼容并蓄，演奏者从琴界泰斗、斫琴师到琴童，听众从偶然参与到携家带口积极参与，从侧面说明了古琴演奏等中华传统艺术已在民众间生根发芽，也反映了我国人民对传统文化的需求与日俱增。如今，古琴会已经成为明慧茶院"中国传统文化系列活动"的经典项目之一。每年慕名前来的听众越来越多，很多听众甚至穿着汉服和艺术家们一起互动学习，这其中也包括一些外国听众。

除了古琴会，茶院还积极支持并参与各项海内外体育赛事、展会交流等活动，传播推广中国茶文化。例如，曾经赞助中国网球公开赛，派茶艺师远赴俄罗斯、美国、法国等演出交流访问。每逢清明、端午、重阳、春节、中秋等传统佳节和二十四节气，也都举办各类传统文化体验活动。

茶院能为中国传统文化的保护和传承、创新与发展作出微薄的贡献，感到荣幸，且深知任重道远。

跨国连线中法文化艺术有识之士

2020年9月29日，正值中秋佳节之际，一场别开生面的"云端"中秋民间茶话会在法国布昂菲尔城堡举行。此次中秋雅集由国际儒学联合会、法国展望与创新基金会主办，北京明慧茶院茶文化传播机构、艺泽中欧文化交流协会承办。中法文化艺术界人士，通过中国传统文士茶雅集，两国友人吟诗、抚琴、品茗、赏月，通过网络连线互动，增进文化理解与共鸣。

参加中秋云雅集的宾客有：国际儒学联合会会长刘延东、法国展望与创新基金会主席拉法兰、欧盟驻华大使郁白、法兰西艺术院终身秘书长罗朗·佩蒂吉拉尔、法国建筑大师岚明、法兰西学院通讯院士迪迪埃·贝恩海姆、文学泰斗叶嘉莹、清华大学党委书记陈旭、北京大学校长郝平、北京大学燕京学堂院长袁明教授、古琴艺术代表性传承人杨青、法国著名钢琴家雨果、著名诗人吉狄马加等。

这次明慧茶院与艺泽中欧文化交流会共同承办的云雅集，是明慧荣院第十六届古琴会，也是在疫情时代，以"小而美"的方式，赋予中法文化交流创新和传承更为深远的意义。

这次云端对话的发生，并非偶然。

中国人自古就有"以茶会友，品茶论道"的传统。以茶为媒的文化对话，是中华文化最为自然质朴的表达方式。茶，作为中华文化符号，承载了中华民族天人合一、和谐共生的世界观，可以作为推动中外文化对话的重要媒介。

早在2020年疫情初期，当明慧茶院了解到海外华人备受误解和欺凌之时，就开始酝酿联合海外公益组织——艺泽中欧交流文化协会，通过茶艺来表达中国人的世界观。

艺泽中欧文化交流协会是在巴黎市政府正式注册的协会，由留法学子创立的公益组织。它以搭建中欧文化桥梁为使命，致力于推动优秀中华传统文化在海外的传播，促进东西方生活美学的交流与互鉴。在北京明慧茶院茶文化传播机构的支持和指导下，艺泽成员全力打造茶文化传播品牌"行走的茶席"，以线下茶会雅集、线上视频交流，二者联动的创新文化传播方式，带着中国文人雅士的传统饮茶方式，行走欧洲大陆，对话多元文化，展现华夏民族美美与共、和谐共生的文化特质。

"行走的茶席"自开展以来，从法国的巴黎中心区，到周边艺术小镇、古堡庄园，到卢森堡国家戏剧院创始人的官邸，每一站，切换不同的欧洲地理和人文背景，向艺术家、文学家、政府要员、普通民众等展示中国文士茶茶艺，讲述和传递中国人的生活方式和精神世界，与欧洲的有识之士，通过文化感知，共情共鉴，赢得当地民众的热情参与，以及海内外多家媒体的报道与关注。

古人常将"茶"字解读为人在草木中。中国茶道所讲求的清、静、和、美，与中国的传统文化完美契合，蕴含丰富的东方哲学。明慧茶院将不忘初心，以茶为载体，将优秀的中国传统文化传播到世界上更远的地方。

关于京西煤业文化产生与发展问题的研究

杨
帅 *

摘　要：京西采煤业已有千年的历史了，在人们的生产、生活实践中衍生出了极具地方特色的煤业文化，涉及宗教传说、生产生活、民俗民生、红色革命等方面。新中国成立前传统的京西煤业文化主要包括祭祀窑神、煤业诗歌、煤业忌语、煤业地名及煤业碑刻等。到了近代，先进的技术引入京西矿区，近代煤矿的出现，使这里成为北京工人阶级较集中的地区。其中门头沟矿区是最早传播马克思主义的地区之一。党领导广大矿工同帝国主义、封建主义和官僚资本主义进行了坚决的斗争，形成了艰苦卓绝、可歌可泣的红色文化。解放后，矿工们用诗歌赞颂新社会，投入新生活，劳模精神激励着矿工们艰苦创业，为社会主义事业不断作出新贡献。改革开放后，京西煤业解放思想，转变观念，建立现代企业制度，引领企业不断发展。通过对京西煤业文化产生与发展问题的研究可以让我们更系统的了解煤业文化在京西地区的发展脉络。京西煤业文化未来的发展，可打造京西煤业文化品牌，加强生态旅游文化建设；宣传优秀的京西煤业历史文化，开展丰富多彩的活动，将京西的煤业文化不断传承下去。

关键词：京西煤业文化　产生与发展　传承

北京市煤炭资源储量大，京西地区尤为丰富。京西矿区，包括了门头沟区和房山区的北部地区，这里山水相依，文化同源。京西煤业为北京的城市建设发展作出了不可磨灭的贡献。伴随着煤产生的煤业文化是京西历史也是北京历史上的一抹浓重的历史记忆。2020年京西所有的煤矿全部关闭，继承和发扬京西煤业的优秀文化，对我们今后社会与环境的发展具有重要的意义。

---

* 　杨帅，永定河文化博物馆科员、助理馆员。

一、新中国成立前，京西煤业文化的产生和发展

京西的采煤业，始于门头沟龙泉务窑。通过考古发掘，这里在辽代就出现了以煤为燃料烧造瓷器的先例。到了明清，煤窑开采数量增多，煤业的生产、税收、管理制度越来越完善。随着生产规模的扩大，不同阶层加入煤业经营，明末清初出现了早期资本主义萌芽。到了近代，京西出现一批近代煤矿，这里成为北京地区工人阶级较集中的地区。在中国共产党的领导下，工人们展开了可歌可泣的革命斗争，让红色的基因在京西这片热土上扎根、发芽、生长。

（一）传统煤业文化

1. 祭祀窑神

采煤在古代是一种苦力活，旧时的采煤业设施极其简陋。窑工在低矮的巷道中蜷伏，镐刨、肩拉煤炭，"四块石头加一块肉"，"吃的阳间饭，干的阴间活"。同时，还要受窑主的残酷剥削，只能祈求神灵得到精神上的慰藉。窑主为了多出煤、出好煤，获取更多的利润，同样也希望得到神的庇佑。在窑工和窑主的双重精神需求下，窑神的形象就产生出来了。

我国煤业供奉窑神的习俗早已有之，京西地区何时崇拜窑神暂无法考证。据传从明代开始，就有供奉窑神的习俗。在历朝历代的演变中，窑神形象与相关的内容越来越具体。窑神的神祇各有不同。在国内的煤矿区，常见的神祇有长于炼丹之术的老子、《封神演义》中的火神罗宣、炼石补天的女娲等等。京西自明代起就有了供奉窑神的庙宇，俗称窑神庙。这里的窑神庙有圈门窑神庙、木城涧的玉皇庙、永定乡王村的月严寺等。其中最大并最有影响的是圈门窑神庙。圈门是门头沟之源，也是京西煤业文化展现的聚集地。圈门窑神庙坐北朝南，创建年代无考，清嘉庆、光绪年间曾两度重修。它是京西规模最大、最有代表性，也是保存最完整的窑神庙。圈门窑神庙供奉的窑神不是什么神仙出身，而是一个本地土生土长的魏姓矿工。传说这名魏矿工身强力壮、乐于助人，多次在井下危险时刻救助矿工。并且他对煤窑的活样样精通，会根据岩石、山脉、河流的走向，确定煤层的位置。他去世后，矿工和窑主都非常怀念他，尊称他为"魏老爷"，并把他供奉为窑神，也称为"窑王爷"。木城涧玉皇庙、永定乡王村月严寺的窑神，也是以矿工为原型。[1] 这体现出人们求神仙也是求自己的一种务实心态，使京西矿区的窑神充满了世俗人性化的色彩。[2]

---

[1] 袁树森：《老北京的煤业》，学苑出版社，2005 年。

[2] 袁树森：《老北京的煤业》，学苑出版社，2005 年。

窑神是矿区人民心目的英雄，是无所不能的神仙。在圈门的窑神庙南侧有一坐东朝西高大壮观的大戏楼，每年祭祀窑神时都要在大戏楼唱三天戏，是祭祀窑神的重要场所。由于人们祭祀窑神的习俗由来已久，所以有"日常祭拜""开窑祭祀""复工祭祀""节日祭祀"和"窑神生日祭祀"等多种形式。其中最重要的、场面最热闹的是"窑神生日祭祀"。京西门头沟矿区"窑神生日祭祀"是在腊月十七，这天是窑神的生日。全国煤业历史悠久的地区都祭祀窑神，但日期都是农历腊月十八。①而门头沟却比各地早一天，原因是门头沟旧时属于宛平，京畿直辖，本地的窑神爷受特殊恩宠，提前一天享受人间的烟火供奉。同时每年的这一天也是矿工们的狂欢节。从这天开始，煤窑停工，给矿工们放假，直到春节后的初五才上工。"窑神祭祀"也是过去矿区人民社会生活的重要组成部分。②

2. 煤业诗词、歌谣

京西煤业的诗词、歌谣，除少数诗词出于文人士大夫之手，大多是底层劳动人民的创作，流传于京西及京城之中。这些煤业色彩浓重的文学作品，语言朴实，通俗易懂，好记易传，乡土气息浓郁，反映了京西煤业特别是矿工的生产、生活，是京西煤业历史的真实写照，也是京西煤业文化的重要组成部分。

北京地区用煤最早的文字记载是以诗歌形式出现的。金代赵秉文的诗《夜卧暖炕》写道："近山富黑垩，百金不难谋，地炉规玲珑，火穴通深幽。"地炉是指用于烧火炕的炉子，一般用砖砌成，与火炕连通。该诗把用煤炭烧火炕取暖，屋内非常的暖和情景表达得淋漓尽致。用煤烧地炉子暖炕驱寒，在元代的诗词中记述更多。元代张仲举在《送熊梦祥寓居斋堂》一诗中，对斋堂地区用煤炭取暖的情况作了记述："云晴辄寻羽客去，谷熟方来山鸟喧，土床炕暖石窑炭，黍酒香注田家盆。"到了明代，京城用煤更加普遍。正如顾炎武所说："京城百万之家，皆以石炭为薪。"进入清代，煤球成了民间百姓的主要燃料。煤球是用煤末和黄土和匀后制成的。煤球不如煤块燃烧时间长，但因为便宜，一般贫寒之家都烧煤球。清代有一位"学秋氏"作了一首《煤球诗》，写道："摇将煤城作煤球，小户人家热炕头。妇女三冬勤力作，攒花通枣夜无休。"这种活虽然劳累，但有了煤球，"小户人家热炕头"，对于百姓来说这是一种享受。当然，有个别煤铺的老板为了多赚钱，把煤末里掺入大量的黄土，以致煤球的热量减少，达不到取暖的效果。在《都门汇纂》中收录的一首《煤球诗》，对弄虚作假的煤老板进行了无情的揭露："新兴煤铺卖煤球，炉上全无火焰头。可恨卖煤人作伪，炉灰黄土一齐收。"

---

① 北京市门头沟区政协文史委员会：《门头沟文史》第 14 辑，2005 年 12 月。
② 同上。

京西煤炭的开采，促进了京城的不断发展，满足了人们生活的需求。但采煤行业艰苦的劳动环境，也引起很多人对矿工的同情。清代高骧云专门写了一首《挖煤窑》，形容挖煤工人的辛苦劳动："石炭发地宝，济彼柴薪穷。京华冠盖地，络绎输春东。我曾叹窑窟，譬木穿蠹虫。计庹动千百，屈曲通幽风。曳筐臀下黑，灼灯头上红。专利属垄断，苦哉采煤佣。"窑工们则是以歌谣的形式，诉说自己艰苦的劳动。清代的一首《何时爬出鬼门关》唱道："四壁漆黑难吐气，血汗滴洒在胸前。左爬右爬煤上滚，满嘴泥浆血不干。背筐拉斗千斤重，一步一步向阴间。地牢宽来路又长，何日爬出鬼门关。"①

到了近代，深受帝国主义、封建主义和官僚资本主义三座大山压迫的京西矿工，用歌谣来表达对旧社会的愤懑。"矿工头上三座山，脚踩苦海天有边。把头鬼子是阎王，矿工不值半文钱。"②矿工的生活处于极度贫困之中。在那个年代，最悲惨的是童工。据资料记载，门头沟矿的童工在日本统治时期最多时占20%。这些小的八九岁，大点的十五六岁的童工，工资仅拿成人的一半，但担负着与成人一样繁重的劳动。工人们无奈地唱道："小铁板窄又长，上边爬着个穷儿郎，饿着肚子把煤推，不知小命在何方？"

3. 煤窑的禁忌

禁忌是习俗的一个部分。过去的煤业生产是个高危的行业。出于当时的条件和人们对自然界认知的局限，在京西煤业千百年来的生产和生活中，形成了许多的禁忌，这些禁忌里有好的一面也难免有些封建落后的思想，所以在当下社会要具体问题具体分析。煤业禁忌主要有生产禁忌和生活禁忌两大类。

如煤业生产中的禁忌，在煤窑生产过程中，木材的使用禁忌是用桑木。桑字与丧字同音，忌讳用桑木做井下的支架等。不准伤害老鼠，老鼠的嗅觉灵敏，遇到塌方、冒顶、透水有先兆，会仓皇逃窜。此外有老鼠的地方说明有空气，井下工人见到老鼠常说"窑神爷"，不能伤害。然后不允许妇女进窑矿，原因一是背煤或拉煤的大都光着身子；二是旧时认为妇女身子不干净，进了窑矿会冲撞了窑神爷，破了财气。还有的是窑工不能把私人恩怨带到井下。井下生产环境差，安全风险大，发生事故要及时相互帮助，不能因为私人恩怨而报复。生活禁忌上，窑工上工前忌讳夫妻吵架。吵架会使丈夫情绪不好，下井时，精神不集中容易出事。上班前禁止说不吉利的话，如死、丧、伤等。如果说了，要马上啐吐沫，或抽自己两个嘴巴。

---

① 袁树森：《老北京的煤业》，学苑出版社，2005年。
② 北京师范大学历史系三年级、研究班：《门头沟煤矿史稿》，人民出版社，1958年。

4. 煤窑的地名

京西采煤业的历史悠久，很多村落或街道的名字带有明显和浓重的煤业色彩。它们的产生或形成与煤业有着不可分割的关系。京西地区有近 20 个村或街道与煤业有关。如煤窑涧，位于门头沟区清水镇燕家台村南，这里从明代开始进行煤炭的开采。大槽，是门头沟区斋堂镇的一个小村，因当地煤层较厚而得名。匣石窑，位于门头沟区龙泉镇啦啦湖村北 1 公里处。此地煤炭蕴藏丰富，煤窑很多，其中以匣石窑最为著名。由窑工携家属在此聚集成村后，以匣石窑为村名。黑土港，位于门头沟区斋堂镇马栏沟口。因出产煤炭，附近地面上煤尘遍布，呈黑色，故称黑土港。解放后，北京矿务局在这建起了黑土港煤矿。二斜井，是门头沟区城子街道办事处所辖居民区，因位于原城子煤矿第二斜井附近，故取名二斜井。房山区的红煤厂、瞧煤涧、煤岭村、红煤槽等村落也是因为地处采煤区域而形成。①

5. 煤业碑刻

在元代的大庆寿寺现如今的北京城区西单附近，曾有关于北京地区最早记载煤的一处碑刻，名为《皇太子赐大庆寿寺田碑》，碑文中提到了"石煤以薪，水轮以磨"。而在京西地区的煤业碑刻，一般集中于明清至民国这一时期，是研究地区煤业发展的重要史料。其内容丰富多样，有修路修桥、禁止采煤、征收煤税、修建寺庙、人物功德等有关方面。

比如在门头沟区戒台寺内，存有明成化皇帝于 1479 年所立敕谕碑和清康熙皇帝于 1685 年所立御制碑，均为保护戒台寺风景禁止采煤做出规定。此二碑规制宏大，雕刻精美，书法俊逸。其中明成化敕谕碑是我国现存最早的记有禁止采煤的碑刻。此二碑与门头沟区净明寺已佚失的明代天顺二年皇帝谕禁采煤碑，都是当时最高行政当局所立的有关煤炭的碑刻。在门头沟圈门窑神庙，曾有清光绪七年（1881 年）所立的《重修豁免煤税碑》，碑文记有"宝藏本兴于山，货财弗弃于地，日用饮食，咸利赖之。宛邑所属西山一带产煤之区，附近京师，为亿万户炊爨所取给"。此文不但说明了煤炭产地的位置、煤炭的作用和重要性，而且将产自山中的煤炭视同宝藏，可谓十分贴切。在门头沟西山大路旁的峰口庵关城，现存有清道光十四年（1834 年）立的《峰口庵碑》，碑文中记有"愿窑神赐乌金而兴宝藏，赖财神量德以增福"。此碑文也将山区蕴藏的煤炭称为宝藏。② 在门头沟的三家店白衣观音庵内存有清同治十一年（1872 年）所立《重修西山大路碑》和房山区大安山村《创修桥道碑记》都记述了由于运煤需要而对道路桥梁进行修建维护的情况。

① 袁树森：《老北京的煤业》，学苑出版社，2005 年。
② 北京市门头沟区政协文史资料委员会：《京西煤业》，香港银河出版社，2005 年。

京西的煤业碑刻众多，在此不一一举例，这些碑刻上的内容，或是主要记述或是从侧面记述了煤业在这些历史时期的发展，是研究京西采煤业的重要史料，具有很高的研究价值。

（二）革命文化

京西矿区有着光荣的革命斗争传统。在明代万历年间，窑工们为反对苛捐杂税，曾经到京城游行，迫使朝廷撤销了管理煤业的煤监。新闻工作者邓拓认为这是北京地区最早的群众游行活动。20 世纪初，门头沟地区出现一批中外合办及民办的近代煤矿，成为北京近代工业的发源地，工人聚集此地，产生了工人阶级。工人阶级是最团结，也是最有反抗精神的阶级。三家店、杨家坨地区的煤业工人曾举行自发的集会和罢工，反抗剥削和压迫。李大钊等革命先驱创建了代表中国工人阶级利益的中国共产党。1920 年夏，北京大学学生、马克思学说研究会成员王复生，受李大钊的派遣，到门头沟矿区进行工人阶层的社会调查，使门头沟矿区成为最早传播马克思主义的地区之一。王复生深入到井下、锅伙（矿工宿舍），了解煤矿生产和工人的生活情况，宣传马克思主义，在京西矿区播下革命的火种。[①]

1927 年初，中共北京地委在门头沟建立特别直属党支部。地下党利用各种形式，启发工人觉悟，号召工人斗争。1932 年 5 月，李大钊的长子李葆华，受中共北平市委派遣，到门头沟矿区任党支部书记。李葆华等地下工作者结合矿山的实际，创办了《小工报》《窑黑报》《矿工小报》等报纸，每一期突出一个主题，不定期的出刊，图文并茂，通俗易懂，很受工人们欢迎。党组织还经常印发各种传单，鼓舞工人斗志，引导工人运动。党组织领导矿工开展了争取洗热水澡、争取增加抚恤金等一系列斗争。这些斗争大都取得了胜利，掀起了京西矿区第一次工人运动的高潮。[②]

抗战时期，平西矿区在根据地领导、支持下，党组织很快得到恢复和发展，广大矿工积极投身于抗日斗争。党在一线工人比较集中的房山南窑矿区开展工作，建立了党的组织，2000 多名煤业工人加入了工会组织。他们唱着"黑猛军"的战歌："工农兵学商，一齐来救亡，拿起我们的刀和枪，走出工厂、田野、课堂，到前线去吧！走向民族解放的战场"。鼓舞斗志，打击敌人。门头沟矿地下党负责人傅进山经常利用打连班的机会，先后动员 30 多名矿工参加了八路军。大台矿地下党把抗日的传单放在运煤的火车上，随风飘散在铁道的两旁，引得路人争相传看。矿区人民在黑暗中看到了光明和前途。矿区地下党

---

① 北京市门头沟区档案史志局：《中共北京门头沟区历史大事记（1920—2000）》，北京出版社，2006 年。

② 北京师范大学历史系三年级、研究班：《门头沟煤矿史稿》，人民出版社，1958 年。

配合八路军、游击队，积极开展武装斗争，威震敌胆。人称小白龙的挺进军 10 团团长白乙化，率队奇袭圈门粮库，夺取大量粮食，消灭大量敌人。在地下党的配合下，八路军和游击队曾三次打进大台煤矿，三战三捷，受到晋察冀军区的表彰。[①]这些辉煌的战绩，扣人心弦的故事，至今仍在矿区传颂。在艰苦卓绝的抗战中，平西矿区一些优秀的共产党员壮烈牺牲。中国人民英勇不屈、一往无前的革命精神在这些矿工英雄身上得到充分的体现。

解放战争时期，门头沟矿区地下党组织迅速发展壮大，党员由十几人发展到 90 多人，建立三个总支、15 个支部。党发动门头沟煤矿、中兴煤矿大罢工，形成战后北平第一次大规模工人运动。[②]1947 年，门头沟矿区还发生了一场震惊华北的反对英国人麦边接收矿权的斗争。门头沟煤矿工人在河北省参议院、北平参议院的支持下，掀起了一场声势浩大的爱国护矿运动。北平的《世界日报》《益世报》等各大报纸纷纷报道了这一消息。这场爱国护矿运动最终取得胜利。

1948 年 12 月 15 日，在解放战争的隆隆炮声中，门头沟矿区迎来解放。远在西柏坡的毛泽东同志给平津前线指挥部发来电报，要求保护门头沟等重工业区。门头沟矿区成立军管会，贯彻毛泽东的指示，保护矿井安全，关心矿工生活，调动矿工及管理人员的积极性，使矿山很快恢复了生产，为保证平津地区社会的稳定，支援大军南下，作出了积极的贡献。

二、新中国成立之后，京西煤业文化的发展

（一）解放初期，京西煤业文化的发展

新中国建立后，京西矿区建立了社会主义企业的民主管理制度，矿工成为矿山的主人，过上了幸福生活，走上了社会主义的康庄大道。广大矿工从心底感谢共产党，拥抱新社会。在那激情澎湃的年代，他们用诗歌表达自己的心情，用歌谣投入火热的生产和生活。"工人阶级是先锋，生产战线多立功，后方大生产，前方大进攻，打到台湾后，活捉蒋介石，永做主人翁。"在大生产的高潮中，工人们有使不完的劲，"忽听鸣汽笛，忙把窑衣披，转弯抹角到活地，抢起铁锤把钎打，叮铛叮铛三尺余。炮眼凿的巧又妙，哗啦轰下一大堆，抓起铁锹把煤铲，还要抢着筐儿背。罐在轨上行如梭，呼噜呼噜加劲推。煤洞开的远又远，满身汗滴尽着灰。唇黑齿白微微笑，心中快活眉也飞。开天辟地大生产，为解

---

① 北京市门头沟区档案史志局：《中共北京门头沟区历史大事记（1920—2000）》，北京出版社，2006 年。

② 中共北京市委党史研究室：《解放战争时期中共北平地下党斗争史料》（内部资料），1993 年。

放台湾多出煤。"矿工们翻身做主人，深感新旧社会两重天。他们高兴地唱道："扔了草帘换了毡，买了枕头扔了砖，身上穿了整裆裤，从小长到这么大，做梦也没想到有今天。"

煤矿工人翻了身，成了新社会的主人。为提高工人素质，党组织提出了向"文化堡垒"进军的口号，矿区掀起学习文化的高潮。广大矿工以比学赶帮超的精神，积极投入到文化学习之中："不过文化关，坐立都不安。苦战三昼夜，看谁能当先。摘掉文盲帽，文化把身翻。"矿工们锲而不舍地学习，从井下到井上，从家里到街上到处成为学习的课堂。"书本不离身，见字就问人。有空就来念，到处都写遍。不怕眼熬红，不怕嘴'磨烂'。勤学又苦练，八月全扫完。"①

在那火热的年代，北京许多著名作家艺术家到京西矿区慰问演出，包括像田汉、梅兰芳、严文井、马可等艺术大家。当作家和艺术家们冒着刺骨的冷风，踏着冰雪到达矿区时，受到工人们的热烈欢迎。门头沟煤矿的大门上写着"新劲头超额完成新任务；新思想掀起生产新高潮"。艺术家们在现场为工人们演出。梅兰芳先生还曾到门头沟煤矿井下，为电机车通车剪彩。在艺术家们的熏陶下，京西矿务局各单位的文体活动搞得丰富多彩。1959 年，有职工业余京剧团 21 个，参演职工 1217 人。在"文革"时期，各矿的业余京剧团还排练演出了《智取威虎山》《红灯记》等样板戏。他们精彩的演出，使百里矿区沉浸在欢乐的海洋中。文艺源于生活，高于生活。京西矿工在火热的生产实践中，创作出很多优秀作品。木城涧矿工陈建功创作的小说《丹凤眼》在《北京文艺》上发表。大台矿职工李宝祥、陈奔等人编写的反映矿工生活的剧本《黑色的旋律》被拍摄成电影。② 与此同时，很多单位建立了美术组，涌现出一大批书画爱好者。他们用精美的艺术作品宣传身边的劳动模范和先进事迹。

在社会主义建设和改革开放的伟大实践中，京西煤业职工发挥积极性、创造性，涌现出一批劳动模范和先进工作者。从 1950 年至 2020 年，京西煤业员工中，共有 600 余人获得市级、国家级的劳动模范称号。这些先进人物中有："一条半腿战煤海"坚持在井下工作的邹纪秀；有"十年全勤无事故"的李九德；有矿山知识分子的楷模张燕骏。他们是先进生产力的代表，是北京煤炭企业的骄傲。他们用汗水、用奉献，谱写了一部艰苦奋斗的绚丽诗篇；用开拓、用创新，奏出了一曲改革发展的时代凯歌。他们是京西矿区永恒的精神财富，更是激励我们创新超越、勇往直前的动力源泉。③

---

① 北京师范大学历史系三年级、研究班：《门头沟煤矿史稿》，人民出版社，1958 年。

② 中国煤炭志北京卷编辑委员会：《中国煤炭志·北京卷》，煤炭工业出版社，1999 年。

③ 京煤集团党委：《红色印记 百年初心》(内部资料)，2021 年。

（二）改革开放后，京煤现代企业文化的发展

1978 年后，在党的十一届三中全会精神指导下，京煤企业不断解放思想，转变观念，大力发展社会主义市场经济，把企业发展不断推向新阶段。2001 年 3 月，根据市委市政府的指示，北京矿务局、北京市煤炭总公司组建为北京京煤集团有限责任公司，简称京煤集团。北京煤业步入社会主义现代企业管理的新阶段。

北京煤业党组织高度重视企业文化工作，以健康向上的文化，引领职工成长进步，促进企业物质文明和精神文明的全面发展。多年以来，北京煤业形成了"吃苦耐劳，乐于奉献、燃烧自己、照亮别人"的企业精神。大安山煤矿提出了"宁要苦干，不要苦熬"的奋斗精神。杨坨煤矿提出了"苦干求生存，创新求发展"的口号。2004 年，京煤集团党委在总结提炼北京煤业精神的基础上，整合形成了理念识别系统、行为识别系统、视觉识别系统的京煤集团文化体系。同时，开展创建学习型团队等活动，形成了一个团结、学习、向上的氛围，为北京煤业和谐稳定发展提供积极的指导作用。北京煤业进行多种形式的教育培训工作，促进职工队伍素质的不断提高；开展文化体育活动，使职工的生活更加丰富多彩，激情洋溢。京煤集团在优秀企业文化的引领下，坚持以煤炭产业为主，多业并举，企业规模不断扩大，跨进市属国有企业百亿集团行列，形成企业发展的新格局。[1]

2012 年后，在党的十八大精神指导下，京西地区以"绿水青山就是金山银山"理论为指导，加快推进废旧矿山环境的治理，实行"绿色、安全、转移、转型"的战略方针，按照首都功能新定位的要求，疏解非首都功能，至 2020 年关闭了所有煤矿。

三、京西煤业文化未来的展望

京西的千年采煤业已经结束。京西地区如何转型发展、如何利用京西煤业的遗产、如何继承和发扬京西优秀的煤业文化，本文对京西煤业的未来展望有以下两点建议。

（一）打造京西煤业文化品牌，加强生态旅游文化建设

京西矿区属于北京市定位的生态涵养区。这里的旅游资源优势明显，可以在这里打造京西煤业文化品牌，加强生态旅游文化建设。京西文化旅游的开发，一是应从总体上进行规划，避免重复建设，千篇一律而没有特色。二是开发利用京西的文化资源投资较大，应促进文化资源投资的多元化，形成完善的文化建设和文化资源开发的投融资体制。三是开发利用京西的煤业文化，要与京西地区已形成一定规模的农家小院结合起来，使煤业文化

---

① 北京煤炭工业志编辑委员会：《北京煤炭工业志（1991—2014）》，煤炭工业出版社，2017 年。

融进农家小院，振兴农村，促进地区经济的发展。

除此之外，在京西地区还有许多的煤炭工业遗址，可以把遗址与旅游项目结合，参观与宣传教育结合。比如，2021年初，北京市"十四五"规划中明确提出：支持门头沟区建设京西"一线四矿"文旅康养休闲区项目，项目周边涵盖了门头沟区的龙泉镇、妙峰山镇、王平镇和大台地区。"一线"指的是门大线铁路，线路从门头沟站到木城涧站，全长33.4公里。"四矿"指的是"门大线"沿线的王平村矿区、大台矿区、木城涧矿区、千军台矿区。线路围绕自然生态、工业文明、传统文化、红色教育、乡村振兴等主题进行设计，打造通勤与市郊旅游兼具的铁路观光线路，这将是北京市首次出现的新型旅游体验，想必到时候建成会吸引更多的人来到这里参观游览。房山区史家营乡的百瑞谷景区之前是采矿区，生态环境破坏严重，经过多年的生态修复，如今已是绿意盎然，风景如画。相信不久的将来，我们会看到更多旅游景区的典型范例，让京西煤业文化游成为品牌。

（二）宣传优秀的京西煤业历史文化，开展丰富多彩的活动

京西煤业文化涵盖形式多种多样，可以利用多种方式宣传京西煤业的历史文化。让人们，特别是青少年了解京西煤业历史文化的内容、特点，利用书籍、互联网、讲座等形式，对京西煤业文化进行广泛的宣传。还可以把京西的历史文化编为乡土教材，进学校、进社区、进课堂，使广大京西人认知、传承京西煤业的历史文化。新中国成立后，在社会主义革命和建设中，京西地区涌现出许多劳动模范。学习劳模精神，形成崇尚劳动最光荣、劳动最伟大、劳动最美丽的社会氛围，广泛宣传劳模精神，对于我们今天的社会仍有现实意义。

还有一些民俗活动，我们也可以取其精华，去其糟粕，继续传承发扬下去。比如门头沟区庄户、千军台一带从明代采煤业开始兴盛之时，在当地出现的幡会活动。每年的正月十五元宵节，两村的村民都会以走会的方式，举行以请神、祭神、送神为主要内容的幡会活动。幡会所打的16面幡旗，有16尊神像，其中就有窑神的形象。这种通过走会祭祀神像来表达人们祈求国泰民安的愿望的民俗活动，至今仍在延续。还有像圈门窑神庙祭祀窑神的活动，在解放前已中断。自2020年起，每年的腊月十七，门头沟龙泉镇都要在窑神庙前举行祭祀窑神活动，以此传承这项民俗活动。希望今后有关煤业文化的民俗活动，能够得到政府的支持，加大宣传，依据时代的发展不断地丰富其内容和形式，吸引更多的人来参与其中，寓教于乐。

京西煤业文化是中国煤业文化的典型代表，也是北京煤业文化的最主要部分，是极具特色的非物质文化遗产。人们因煤的使用不断更新技术、探索思想进步。这些历史文化让我们了解了当时人们的社会生产生活，反映了社会发展的历史意义。其中产生的优秀文

化，值得我们去传承与发扬，在新时代产生新的价值。京西煤业文化涵盖内容广泛，还有许多与煤业文化相关的内容可以研究。本文作为引玉之砖，希望今后有更多的人能够注意到京西煤业文化这枚遗珠，研究其更深刻的内涵与更新的价值。

文旅融合、创新发展的探索与实践

——以首都文博志愿者培训拓展项目为例

张蕴芬[*]

摘　要：随着社会经济的快速发展，民众物质生活水平显著提高，人们追求更高层次精神生活的同时，一定程度上激发了旅游市场和文化市场的发展，文旅融合已成趋势。博物馆作为文旅融合的重要载体，社会教育职能越发重要。本文以首都文博志愿者培训拓展项目为例，通过对文旅融合背景下博物馆社教工作进行分析和解读，阐述其对博物馆社会教育职能的发挥以及促进全民素养提升的作用。

关键词：文旅融合　博物馆　文博志愿者培训拓展

引言

随着社会经济发展，旅游大众化和全域旅游时代的到来，人民群众对旅游的需求日益增长，对旅游品质的需求不断提高，文化旅游日受青睐。越来越多的人走出家门，体验不同地方丰富多样的特色文化，追寻悠久历史所留下的厚重痕迹。文化是旅游的灵魂，旅游是文化的载体，文化和旅游融合迸发出无限的魅力。2018 年 3 月国家旅游局和文化部合并为文化和旅游部之后，文旅融合这个词语受到了人们加倍的关注。随着机构改革的完成，"诗与远方"的结合，引发了人们无限的遐想。

博物馆拥有独一无二的文物资源，承担着文物保护、历史文化研究以及文化传播的社会功能，是为社会及其发展服务的非营利性机构。根据《博物馆条例》，博物馆的核心价值体现在教育、研究、观赏三个方面，文旅合并视野下博物馆的教育工作有了更加深刻的

---

*　张蕴芬，北京大觉寺与团城管理处业务部研究馆员。

含义。加强对文化遗产的保护和传承，是弘扬中华优秀传统文化、增强民族自信的重要方式。习近平总书记提出，"让收藏在禁宫里的文物、陈列在广阔大地上的遗产、书写在古籍里的文字都活起来"，"让文物说话、把历史智慧告诉人们，激发我们的民族自豪感和自信心，坚定全体人民振兴中华、实现中国梦的信心和决心"。总书记的指示，为我们在保护好文物的同时更好地发挥文物的作用，提供了重要的指导。

如何让文化遗产保护利用成果更好地满足"人民日益增长的美好生活需要"，探索文化遗产的活化路径，"让文化遗产活起来"，是更好地发挥文化遗产的社会及文化价值的重要环节。文旅融合，为新时代文化遗产的活化提供了可行性路径。本文以"山河壮美 遗珍荟萃——西山永定河文化带之瑰宝"暨 2019 首都文博志愿者培训拓展项目为例详细解读文旅融合背景下博物馆社教工作的具体实践。

一、活动主题：山河壮美 遗珍荟萃——西山永定河文化带之瑰宝

首都文博志愿者培训拓展活动主题为：山河壮美 遗珍荟萃——西山永定河文化带之瑰宝。北京市十三五规划纲要中，明确提出三个文化带的重要目标，其中西山永定河文化带区域是向世界展示多元文化的窗口。这条文化带蕴含了非常丰富的文化历史资源，如以万寿山、香山、玉泉山及颐和园、静宜园、静明园、畅春园和圆明园组成的"三山五园"为代表的皇家文化；以大觉寺、卧佛寺、潭柘寺等为代表的寺庙文化；以琉璃河西周燕都遗址、周口店龙骨山猿人遗址为代表的考古文化；以妙峰山为代表的传统民俗文化；此外还有陵墓文化、教育文化、红色文化、名人文化、山水生态文化。区域内的非遗项目更是丰富多彩。可以说，西山永定河文化带就像一本巨著，里面有读不完的北京历史、政治、文化、军事。通过初步统计，西山永定河文化带覆盖了从史前至当代漫长的历史时期，文化遗产和风景名胜区众多，文物保护单位级别高，包括世界文化遗产、国家级、市级等各级文物保护单位 400 余处。所以，这里也被称为北京的文明之源、历史之根、文化之魂。按照地域划分，西山永定河文化带以西山南口附近的关沟为界，南抵房山拒马河谷，西至市界，东临北京小平原。包括昌平、海淀、石景山、丰台、门头沟、房山、大兴和延庆 8 个行政区的全部或部分，几乎占据了北京市总面积的 17%。

首都文博志愿者培训和拓展活动自 2018 年开展以来，已经延续了 2 届。2019 年的首都文博志愿者培训拓展活动主题更加鲜明，北京西山大觉寺管理处依据北京城市总规中三个文化带建设以及西山永定河文化带区域得天独厚的地理位置、丰厚的历史文化底蕴，经过反复研讨并征询相关专家意见，将活动主题选定为：山河壮美 遗珍荟萃——西山永定河

文化带之瑰宝。通过该公益文化系列活动的举办，旨在大力弘扬传承优秀传统文化，不断提升文博志愿者综合文化素质及服务理念，更好地发展志愿服务事业。

二、组织架构

《北京市推进全国文化中心建设中长期规划（2019年—2035年）》指出，北京要打造布局合理、展陈丰富、特色鲜明的博物馆之城。据不完全统计，西山永定河文化带区域内有近70家博物馆，数量达到我市备案且正常运营博物馆数量的三分之一，种类丰富而且极具代表性。其中海淀区27座、石景山区4座、丰台区9座、延庆区7座、大兴区5座、房山区6座、门头沟区2座、昌平区8座。为充分发挥文物资源优势，加强文化遗产保护与利用，让文物活起来，北京西山大觉寺管理处邀请西山永定河文化带沿线12家博物馆及文化单位共同举办2019首都文博志愿者培训拓展活动项目。本着尊重合作、创新发展，各具特色、共同提高的理念，结合各馆工作性质和任务在协商共建，共享发展的基础上，对本市文博志愿者进行相关业务知识和专业技能培训。"山河壮美 遗珍荟萃——西山永定河文化带之瑰宝暨2019首都文博志愿者培训拓展专项活动"是由北京市文物局指导，大觉寺管理处策划并牵手西山永定河沿线12家博物馆、文物保护单位，包括：北京市团城演武厅管理处、曹雪芹纪念馆、中国蜜蜂博物馆、十三陵特区办事处、永定河文化博物馆、圆明园管理处、中国园林博物馆、颐和园管理处、西周燕都遗址博物馆、法海寺、中国第四纪冰川遗迹陈列馆联合举办的大型系列公益文化活动，该项目对于首都文博志愿服务事业的稳步发展，具有积极的推动作用。

三、培训对象：首都文博志愿者

志愿服务是现代社会文明进步的重要标志，对和谐社会的构建起到积极推动作用。博物馆作为公益性文化教育机构，既要服务社会，也离不开社会的支持与帮助。近几年"志愿者"这一社会群体得到了社会的普遍关注，其中的文博志愿者独具特色。文博志愿者既包括以博物馆等文博单位为依托，以场馆讲解为主要服务内容的博物馆志愿者，也包括活动于民间、以呼吁和亲身实践文化遗产保护为主要服务内容的文保志愿者。博物馆中引进志愿者机制，在大众与博物馆之间架起沟通的桥梁，能够更好地促进博物馆的社会化服务。目前首都文博志愿服务事业发展与建设方兴未艾，但也伴随诸多问题和困境出现。为改变此现状，一些文博单位进行了探索和尝试，为不断提高文博志愿者专业水平，组织了丰富多彩的"名师讲座"和"文博讲堂"，定期组织志愿者们学习参观，座谈讨论，拓展交流，不断提高其综合文化素质，构建完善的文博志愿服务保障共建机制，取得了一定成效。

文博志愿者平台建立于 2010 年，同年成立博物馆志愿服务总队，由北京文博交流馆负责志愿者平台的具体工作，通过与志愿北京网站的合作，推动文博志愿者工作的顺利开展。博物馆志愿服务总队具有招募、注册、表彰志愿者等功能。博物馆志愿服务总队下包含 44 家博物馆 2 级团队，承接 50 多个志愿服务项目，有 2160 余名正式成员，主要负责志愿服务团队注册、项目审批、招募志愿者、记录服务时长、组织交流活动等工作。

《志愿者服务条例》于 2017 年 6 月 7 日国务院第 175 次常务会议通过并予公布，自 2017 年 12 月 1 日起施行。《条例》的颁布和实施，目的是为了保障志愿者、志愿服务组织、志愿服务对象的合法权益，鼓励和规范志愿服务，发展志愿服务事业，培育和践行社会主义核心价值观，促进社会文明进步。首都文博志愿者培训拓展活动项目正是我们结合行业特点，认真组织学习《条例》，把学习《条例》与学习领会党的十九大精神，学习中央和市委关于精神文明建设，特别是志愿服务事业发展的部署要求结合起来，不断提升依法做好志愿服务工作的具体举措。1000 名注册首都文博志愿者由志愿北京官网统一招募。本次活动报名有线上报名和线下报名两种方式：博物馆志愿者登陆"志愿北京"网站，注册成为实名志愿者后，或已经是实名志愿者，在主页"搜索"栏中选择"志愿团体"，搜"北京博物馆志愿服务总队"，进入"北京博物馆志愿服务总队"后，在发起的培训项目中进行报名，报名成功并按时参加培训的志愿者将按照培训实际时间给予网上培训记时登记。部分博物馆和文化文保单位采取自行组织本馆志愿者报名参加活动，如团城、圆明园等单位自己组织本单位 100 名志愿者招募。西周燕都遗址博物馆、法海寺等单位因场地限制，只招募 60 名志愿者，其中委托平台招募 20 名注册文博志愿者。园林博物馆自招募 50 名志愿者，委托平台招募 50 名注册志愿者。

四、活动模式与内容

由北京西山大觉寺管理处牵手永定河西山文化带沿线 12 家博物馆和风景名胜区单位，联合举办的"山河壮美 遗珍荟萃——西山永定河文化带之瑰宝暨 2019 首都文博志愿者培训拓展活动"，是以西山永定河文化带著名风景名胜景区及博物馆为载体，荟萃区域内传统文学、技艺、美术、体育游艺、民俗等非遗项目，以非遗活态传承与文化创新结合的方式，对北京地区文博志愿者进行相关文化知识和非遗项目技能培训，将西山永定河文化带的文化遗产元素融入培训拓展活动中，通过参观游览博物馆、聆听专家文化讲座，结合非遗项目互动、实践交流等活动，使志愿者们更好地理解物质文化遗产与非物质文化遗产的整体性，立足保护与传承，创新和发展的角度，提升对中国传统文化的认知和了解。"互动"已成为当今诸多博物馆陈列、社教活动提倡的内容，"参与"与"体验"成为人们参观博物馆的新需求，具有参与性、体验性的互动内容成为博物馆实现与观众交流必不可少的手段。文化遗产作为中华优秀传统文化的重要组成部分，为我们提供了丰富多彩的精神食粮。旅游则为文化遗产与人民群众的直接接触及互动提供了重要方式，成为传播文化遗产及文化价值的重要路径。在文旅融合的过程中实现文化遗产的活化，需要我们认真的思考和行动。该活动一大特点就是在非遗互动体验中，结合非遗专家讲座，设计了各具特色的"互动"内容，通过丰富多彩的互动项目体验，使志愿者感受到中国传统文化的博大精深。活动地点既有十三陵、颐和园等著名世界文化遗产地，又有西周燕都遗址博物馆、法海寺、团城演武厅等中国传统文化场馆，还有中国蜜蜂博物馆、中国第四纪冰川遗迹陈列馆等自然科学展馆；培训内容丰富多彩、动静结合。既有《犯强汉者 虽远必诛——汉代弩兵制度与弩机技术复原试验研究》《十三陵历史文化》《平西红色文化》《西山永定河文化带建设》等契合活动主题和场馆特色的专题文化讲座，又有"京西太平鼓""宫灯""团扇""面塑""插花"等深受大家欢迎的非遗项目的体验式教学；培训对象既有文博志愿者、文化爱好者还有北京数十所小学的小学生志愿者，跨越多个年龄层次，覆盖面非常广泛。活动起止时间为 2019 年 6 月至 8 月，共开展了 10 期，每期培训 100 人，为近千名首都文博志愿者提供了一次全面系统的培训，不仅传播了传统文化知识，提升了文博志愿者综合文化素质及服务理念，为更好地开展志愿服务事业打下坚实基础，同时还以文博工作者的实际行动为祖国 70 周年生日献上了一份厚礼。

山河壮美 遗珍荟萃——西山永定河文化带之瑰宝
暨 2019 首都文博志愿者培训拓展内容列表

活动单位	讲座内容 10：00—12：00	非遗体验 13：00—15：00	活动日期	活动地点	志愿者 招募方式
北京市团城演武厅管理处	《汉代弩兵制度与弩机技术复原研究》 主讲：游战洪	脸 谱	6 月 15 日 （星期六）	大觉寺养正殿	自招募学生志愿者 100 人
北京植物园：曹雪芹纪念馆、中国蜜蜂博物馆	《曹雪芹在西山的传说与红楼梦的撰写》 主讲：樊智斌 《蜜蜂文化》 主讲：姚 军	曹氏风筝 蜂蜡制品	6 月 23 日 （星期日）	北京植物园曹雪芹纪念馆、中国蜜蜂博物馆	志愿北京平台招募 100 人

续表

活动单位	讲座内容 10：00—12：00	非遗体验 13：00—15：00	活动日期	活动地点	志愿者 招募方式
北京市昌平区十三陵特区办事处	《十三陵历史文化》 主讲：刘少华	鲁班暗隼造型	6月29日 （星期六）	十三陵	志愿北京平台招募100人
北京市海淀区圆明园管理处	《圆明园西洋楼文化和建造手法》 主讲：侯兆年	团 扇	7月4日 （星期四）	圆明园	自招募志愿者100人
永定河文化博物馆	《平西红色文化》 主讲：王树忠	京西太平鼓	7月12日 （星期五）	永定河文化博物馆	志愿北京平台招募100人
中国园林博物馆	《中国园林花文化》 主讲：梁勤璋	中国传统插花	7月21日 （星期日）	中国园林博物馆	志愿北京平台招募50人 自招志愿者50人
北京颐和园管理处	《颐和园造园艺术》 主讲：赵晓燕	古建彩绘	7月28日 （星期日）	颐和园畅观堂	自招募学生志愿者40人 志愿北京平台20人
西周燕都遗址博物馆	《琉璃河遗址发现与挖掘》 主讲：卢嘉兵	灯 彩	8月5日 （星期一）	西周燕都遗址博物馆	自招学生志愿者40人 志愿北京平台20人
北京市法海寺文物保管所、中国第四纪冰川遗迹陈列馆	《法海寺历史文化》 主讲：陶君	范制葫芦	8月10日 （星期六）	法海寺、第四纪冰川遗迹陈列馆	自招募学生志愿者40人志愿北京平台20人
北京西山大觉寺管理处	《西山永定河文化带——北京人的精神家园》 主讲：张景秋	面 塑	8月18日 （星期日）	大觉寺养正殿	志愿北京平台招募100人

五、成绩的取得与问题的反思

"山河壮美 遗珍荟萃——西山永定河文化带之瑰宝暨2019首都文博志愿者培训拓展活动"，取得了骄人的成绩。这次培训拓展活动是本市规模较大，参与培训人数较多、参与活动单位较多、活动周期较长的大型公益活动。活动内容丰富，培训方式多样，不仅有博物馆工作人员的专业讲解，而且有各领域专家专题文化讲座，每个场馆还配有互动体验项目，大部分是深受志愿者喜爱的非遗文化内容，在北京文博志愿者群体内得到好评。2019年12月12日，"山河壮美 遗珍荟萃—— 西山永定河文化带之瑰宝暨2019首都文博志愿者培训拓展活动"总结会在北京西山大觉寺管理处召开。北京市文物局博物馆处、北京西山大觉寺管理处、北京市团城演武厅管理处、曹雪芹纪念馆、中国蜜蜂博物馆、北京市昌平区十三陵特区办事处、永定河文化博物馆、北京市海淀区圆明园管理处、中国园林博物馆、北京颐和园管理处、北京市西周燕都遗址博物馆、北京市法海寺文保所等单位相关负责人出席。会议由北京西山大觉寺管理处主任何沛主持。本次活动由北京西山大觉寺管理处联合西山永定河文化带沿线 12 家博物馆等文化单位共同举办。活动起止时间为 2019 年 6 月至 8 月，共开展了 10 期，为近千名首都文博志愿者提供了一次全面系统的培训，不仅传播了传统文化知识，提升了文博志愿者综合文化素质及服务理念，为更好地开展志愿服务事业打下坚实基础，同时还以文博工作者的实际行动为祖国 70 周年生日献上了一份厚礼。

北京西山大觉寺管理处主任何沛向与会人员做了《2019 首都文博志愿者培训拓展活动工作报告》，重点介绍了主要工作和取得的成绩，2019 年的首都文博志愿者培训拓展活动主题鲜明，定位于首都三个文化带中的西山永定河文化带建设，志愿者们通过参观场馆展览、聆听专题讲座、体验非遗项目等方式，更好地理解了物质文化遗产与非物质文化遗产的整体性，培养提升了对中国传统文化的认知，得以更好地传承中华传统文化。在总结工作经验中，何沛强调北京市文物局的支持重视、各举办活动单位的通力合作以及严谨的组织工作是本次活动取得圆满成功的关键。为表彰在活动中积极参与并给予大力支持的文博单位和个人，推动该项活动更深入的发展，北京市文物局特向西山永定河文化带沿线 12 家博物馆等文化单位颁发奖状，以资鼓励。北京市文物局博物馆处调研员景旭在做总结中充分肯定了 2019 年首都文博志愿者培训拓展活动所取得的成绩，强调要以这次活动为契机，提炼经验，完善机制，切实提高本市志愿服务工作水平。来自西山永定河文化带参与举办活动的 10 余家博物馆相关负责人分别在会上发言。大家表示，今后还要齐心协力共同做好这项有意义的工作。作为活动主办方，北京西山大觉寺管理处主任何沛表示：未来，北京西山大觉寺管理处将以弘扬中华优秀传统文化为己任，立足于西山永定河文化带丰富的历史文化资源，着力打造首都文博志愿者培训拓展等精品文化活动项目，促进文博事业发展再上新台阶。

（一）北京市文物局的支持与指导

志愿服务是文明社会不可缺少的部分，志愿者组织的发展，既是国家与社会文明成长的一项重要指标，也是世界文明发展的潮流。北京市文物局非常重视志愿者工作，经常组织各类培训工作会议，邀请专家学者进行相关政策学习及业务指导。有专人负责北京地区博物馆志愿者工作，成立志愿服务总队，指导各博物馆单位建立志愿服务队，开展志愿服务工作。

"山河壮美 遗珍荟萃——西山永定河文化带之瑰宝暨 2019 首都文博志愿者培训拓展活动",不仅得到首都文博志愿者的热爱,积极参与其中,而且还受到了业内专家的广泛好评和肯定。北京博物馆学会理事长、北京市文物局原副局长刘超英认为,志愿者是博物馆及文化遗产保护工作的强有力支撑,培训工作有利于提升志愿者对北京历史文化的认知水平,开阔志愿者视野,为志愿服务优质化夯实基础。该项目主题及方案贴近北京文博志愿者工作实际,有较强的实操性。北京博物馆学会志愿者专业委员会主任、首都博物馆副馆长杨丹丹表示,该项目方案中就博物馆资源的开发和利用,充分体现了博物馆人的策划理念与当下社会发展紧密结合。志愿者更是博物馆需要不断培育的社会参与博物馆文化传播的主力军。项目非常有创意,建议作为持续支持项目常年开展。

（二）受邀联合举办活动单位的配合与帮助

各参加活动单位在工作、学习任务紧的情况下,认真进行活动准备工作,保证活动能够顺利开展。各主办单位领导主抓在本馆举办的志愿者培训拓展活动,与主管业务领导和业务骨干组成工作小组,负责本馆具体工作。在场馆参观中派出最好的讲解员为前来参加培训的文博志愿者提供讲解服务,她们以得体的着装和仪容、出色的现场表现力成为现场一道亮丽的风景,声情并茂、趣味横生的讲解,端庄大方的态势语言,充分体现出北京博物馆人的风范。2019 年活动模式增加了活动场馆展陈制作环节,要求各活动举办单位编写 2000 字左右的本馆宣传介绍并提供展板图片 20 余幅,统一制作标准展板 10 块,作为活动背景在活动举办前陈列到位,各单位在短时间内克服困难,齐心协力,按时提供相关宣传内容。职工们在整个活动中都能互相帮助,团结协作,相互支持,表现出了良好的凝聚力及集体荣誉感。

（三）项目单位的活动策划、组织实施及宣传工作

自 2019 年 4 月起,由北京西山大觉寺管理处主办,团城演武厅管理处等西山永定河文化带沿线 10 余家博物馆文化单位联合举办的"山河壮美 遗珍荟萃——2019 首都文博志愿者培训拓展活动",得到了北京市文博爱好者的积极响应,招募公告刚刚发布,志愿者们就踊跃报名。2019 年 5 月 2 日志愿北京官网报名通道正式启动,几天时间各期名额就已报满。还有许多志愿者纷纷打电话要求增加名额。6 月至 8 月间,共进行 10 期培训。每期计划培训 100 名文博志愿者。活动期间共有 880 名志愿者在志愿北京平台报名成功。实际参加培训人员 750 余人。作为活动主办方设计了志愿者调查问卷,收到有效问卷 600 余份,统计数据显示:参与志愿者培训活动的女性居多,本科以上学历占比较大。其中以移动互联网方式获取资讯;以增强社会实践能力、参与公益爱心活动为主旨;以增长知识、

拓宽视野、提高综合能力为目标；以传统文化、非遗历史和博物馆知识为学习诉求的青少年占比最大。志愿者调查问卷中还设有对 2019 年首都文博志愿者培训拓展活动以及西山永定河文化带文化活动项目如何更好开展的意见和建议，志愿者们情真意切的评价也是我们今后努力做好该项工作的动力。代表性建议摘录如下：

1. 活动组织很有序，收获很大！

2. 希望一如既往，开展持续培训活动，让志愿者不断增长知识，扩充视野。

3. 本届文博志愿者培训活动非常精彩，希望进一步扩大规模，增加活动频次。

4. 人数较多，有很多低龄儿童，建议区分年龄段，或单独组织，保证效果。

5. 希望今后多多举办相关文博类的活动。专家的讲解非常专业，内容很丰富。

本次活动以"山河壮美 遗珍荟萃——西山永定河文化带之瑰宝"为核心展开，通过 10 场线下场馆活动，让志愿者在学习到相关知识技能之外，更好地提升整体素质。广告宣传上各有侧重，针对各媒体平台特点及差异，在线上覆盖宣传，以线下各场馆活动为主，线上工作全面铺开，共同发力。在各场馆活动充分满足民众参与感的情况下，利用线上媒体庞大的人群关注度，占据线上流量密集的媒体平台，做到覆盖面广，针对性强，使更多民众了解首都文博志愿者培训拓展活动。本次 2019 首都文博志愿者培训拓展活动报道实际发布总媒体数量共计 492 家媒体。具体情况如下：H5 宣传制作两个，门户网站发布共 367 家，自媒体网站发布 121 家，媒体记者采访报道共四次（不含各单位自请媒体的报道）。网站包括官方党政主流媒体：如光明网、中国网、中国青年网等。流量聚集的大型门户网站：如新浪网、腾讯网、网易网等，以及北京地区的媒体网站：如北京之窗、北京信息网等。H5 作为当下新型传播方式之一，能够通过文字、图片、音乐、动态元素等丰富的展现形式将相关信息内容直观的呈现给受众，有效增加受众的阅读兴趣。此次活动整体前后期都以 H5 的形式展现共制作两个，分别对前期活动预热以及后期回顾的做宣传报道。

作为活动主办方，北京西山大觉寺管理处尽全力多方联合博物馆等文化单位，通过资源互联互通，助力文化领域合作持续发展，为开展工作奠定坚实的基础。由管理处主任何沛带队的项目小组从项目的策划到立项，方案的制定与实施、培训对象的招募，还有主持召开的筹备会、推进会、保障会、总结会，把握原则和方向、确定主题和重点，指导项目活动相关单位和人员开展具体工作。大到项目策划、方案制定，小到宣传文稿和文件通知的审核，都要深入调研，层层把关，尽职尽责，认真对待。

尽管首都文博志愿者培训拓展工作取得了一定的成绩，但是从总体来看还存在许多不足之处。例如：服务质量有待提高，在志愿者招募过程中没有考虑年龄层面的影响，导致部分志愿者反映活动现场有低幼儿童在文化讲座时间不能够坚持，影响其他志愿者聆听专家讲座。部分志愿者通过报名审核后，由于个人原因没能参加培训，造成名额浪费。作为活动主办方应加强与活动举办单位、承办单位沟通了解，对活动整体及细节进行精准把控。在今后的工作中需要重点关注与探讨。

结语

文化遗产作为中华优秀传统文化的重要组成部分，不仅是重要的旅游资源，也是内涵丰富的精神食粮。旅游则为文化遗产与人民群众的直接接触及互动提供了重要方式。发展文化旅游，走以文化为内涵的发展之路，从浅层的观光到深度的文化体验，从简单地看风景到充分感受历史的厚重，人们更高的精神需求在旅游中得到了满足，文化旅游也生机无限。通过"山河壮美 遗珍荟萃——西山永定河文化带之瑰宝暨 2019 首都文博志愿者培训拓展大型系列公益活动"的成功举办，我们深深认识到，文旅融合背景下博物馆从业人员更要认真履行社会教育职能，有条不紊地组织和开展相关教育工作。在推进文旅融合的过程中实现文化遗产的活化，让文化遗产活起来。2022 年 8 月 24 日，国际博物馆协会正式公布了博物馆的新定义："博物馆是为社会服务的非营利性常设机构，它研究、收藏、保护、阐释和展示物质与非物质遗产。向公众开放，具有可及性和包容性，博物馆促进多样性和可持续性。博物馆以符合道德且专业的方式进行运营和交流，并在社区的参与下，为教育、欣赏、深思和知识共享提供多种体验。"新时期赋予博物馆教育工作更深刻的内涵，从文旅融合发展的角度进行脚踏实地的思考，才能构筑美好的诗篇和迷人的远方。

四
园林生态与环境

从山水格局解读西山永定河文化带的当代文化价值

张
景
秋 *

摘　要：北京市西山永定河文化带是北京历史文化名城保护体系中"三个文化带"的
有机组成部分，是北京人的精神家园。本文立足西山永定河文化带的自然地理特点，
以"四岭三川"的山水格局为主线，关联解读西山永定河文化带"山水人和，家国情
怀"的当代文化价值。

关键词：西山永定河文化带　四岭三川　生态文化　历史文化　当代价值

引言

北京地区的长城、大运河、西山永定河三个文化带坐落在我国北部、东部人文地理大
框架的北端，历史上与北京城关系密切，不可分割，环抱京城，控扼要冲，同步发展，承
担着重要的文化功能。

从三个文化带建设的视角，长城文化带、大运河文化带，是依托长城与大运河这两个
世界遗产，突出北京段的独特地位与历史文化优势建设的文化带，它们既属于北京，又不
仅仅属于北京，是北京与沿线区域的连结线。而西山永定河文化带却与之有所不同，它是
以京西太行山脉和横亘其中、东南流经平原地区的永定河这"一山一水"为基本骨架的宽
带状文化区。这里生态良好，历史悠久，底蕴深厚，与北京城关系密切，历史上随着北京
老城地位的提升、变化而演变，在生态本底上的文化积淀日趋厚重，进而构成一个山水相
拥、阴阳交融、人文荟萃、特色鲜明的文化生态地域综合体。

尽管西山属太行山脉、永定河流域横跨 5 省市，但将西山与永定河定格在一个地理单

* 　张景秋，女，教授，北京联合大学应用文理学院副院长、北京学研究基地副主任。

元，经过漫长的历史累积，形成有机融合的文化景观带，却只存在于北京。因此，从某种意义上来说，西山永定河文化带是属于北京人自己的文化带。西山永定河文化带是北京的文明之源、历史之根、文化之魂、生态之基。当我们回望历史，面向未来时不禁要思考西山永定河文化带对于当代的意义和价值所在。

一、西山永定河文化带的定位与"三好"要求

北京市西山永定河文化带是北京历史文化名城保护体系中"三个文化带"的有机组成部分。根据北京城市总体规划，西山永定河文化带是依托"三山五园"地区、八大处地区、永定河沿岸、大房山地区等历史文化资源密集地区，其规划要求集中在"加强琉璃河等大遗址保护，修复永定河生态功能，恢复重要文化景观，整理商道、香道、铁路等历史古道，形成文化线路。"[①]

《北京市西山永定河文化带保护发展规划（2018年—2035年）》提出，"西山永定河文化带保护发展应遵循'三好'原则。"[②]

保护好西山永定河文化带的山水生态和文化遗产。重点保护好西山永定河的生态环境和文化遗产，保护好北京西山自然资源、地质遗迹、永定河流域水体和河道，保护好西山永定河文化带上的各类历史文化遗产，成片连线整体保护。

传承好西山永定河文化带的精神文脉。传承好中国传统哲学中人与自然和谐共生的理念及"山水人和，家国情怀"的文化精神，系统梳理、深入挖掘和诠释西山永定河文化带的文化内涵、文化脉络与文化符号，让生态文明成为一种自觉意识，让文化遗产保护传承久远。

利用好西山永定河文化带的生态文化资源。树立绿水青山就是金山银山的发展理念，营造人与自然、人与人和谐相处的良好氛围，讲好西山永定河的系列故事，打造文化创意产品，唤醒并传播城市山水乡愁记忆，将生态和文化资源优势转化为文化带发展优势，优化布局结构，促进文化带创新、协调、绿色、开放、共享发展，实现西山永定河文化带"自然人文相得益彰、生态文明引领示范、精神文化获得感强、强区富民成效显著"的发展目标。

---

① 中国共产党北京市委员会主编：《北京城市总体规划（2016年—2035年）》，中国建筑工业出版社，2019年。
② 北京市推进全国文化中心建设领导小组：《北京市西山永定河文化带保护发展规划（2018年—2035年）》，2019年4月发布。

二、西山永定河文化带的自然地理要点

从大的地理单元看，北京位于华北平原旱地农业经济文化区、蒙古高原牧业经济文化区、东北松辽平原狩猎采集经济文化区这三大地理单元和经济文化区的交汇之处，华北平原与黄土高原的过渡地带。在古代，华北平原多湖泊湿地，而太行山东麓山前地带地势较高，便于通行，久而久之形成一条南来北往的大道，古代大道的北端在蓟城（北京城的前身）。蓟城往西北经南口至张家口，再至蒙古高原，往北经古北口至蒙古高原或经承德至东北平原，往东经喜峰口及山海关至东北平原。北京独特的自然地理区位特征使其有着独特的交通地理区位和政治地理区位优势，自古以来就处于燕山南北与太行山东西文化交汇交融的前沿地带，并逐步成长为多民族文化交融的北半个中国以至整个中国的都城。

北京西山是北京西部山地的总称，属太行山脉最北段，其地理范围北起昌平区南口关沟，南抵房山区拒马河谷，西至市界，东临北京小平原。总体呈北东—南西走向，长约90千米，宽约60千米，面积约3000平方千米，约占全市面积的17%。明代以来，北京西山被誉为"太行之首"，宛如腾蛟起蟒，在西方拱卫着北京城，因而被誉为"神京右臂"。

根据《北京西山地质志》[①]，西山是中生代燕山运动隆起后，又经新生代喜马拉雅运动上升的山地和丘陵。西山堪称"中国地质学的摇篮"，这里发源有很多地层、地质现象、地质构造运动遗迹，诸如马兰黄土、军庄灰岩、青白口系、下马岭组、窑坡组含煤地层、龙门组砾岩、髫髻山火山岩、芹峪运动等，这些源于北京西山的地质名词，现如今已成为闻名中外的经典地质名词和热点研究对象。西山拥有众多著名山峰，还分布有丰富的冰川遗迹和地下溶洞，河湖水系和动植物资源非常丰富。

永定河是海河六大支流之一，全长759千米，流经内蒙古、山西、河北、北京、天津5个省市区的43个县市，流域面积4.7万平方千米。永定河北京段全长170千米，流域面积3105平方千米，占全市面积的18.9%，其中山区面积2453平方千米，占79%，平原面积652平方千米，占21%。永定河水孕育了北京城、北京人和北京文化，是北京的母亲河。发源于山西桑干河、内蒙古洋河和北京妫水河的三大支流在官厅附近汇合，以下河段始称永定河。永定河最早的名称是㶟水，晋代下游曾称清泉河，隋唐时期称桑乾河，辽金以后直至清初上游仍称桑乾河，中下游称卢沟河，因河水含沙量高、河道迁徙无常，俗称

---

① 北京永定河文化研究会：《北京西山地质志》，团结出版社，2016年。1920年中华民国农商部地质调查所出版的中英文版"地质专报甲种第一号"《北京西山地质志》是我国第一份地质调查成果。

浑河、无定河。清康熙三十七年（1698 年），清政府在卢沟桥以下至当时的狼城河河口两岸筑堤后，为求河道永久安定，造福民众，康熙赐名永定河。

从自然地理位置和条件可以看出，西山是北京城的生态屏障，永定河是北京城的母亲河，"一山一水"形成的大地理格局，塑造出文化带山水相依的生态境地，构成西山永定河文化带文化价值的重要基底。

三、山水格局视角下的文化价值关联解读

俗话说：一方水土养一方人，而不同的地域文化源自其所依赖的自然地理环境，西山永定河文化带多元融合的文化底色离不开其所在地方的自然基础。

（一）"四岭三川"的山水格局

分解西山永定河文化带的地理单元，呈现出"四岭三川"的自然山水格局。

"四岭"是指北京西山从西北向东南，从深山到浅山依次排列的四道山岭；"三川"是指文化带内由永定河、大石河、拒马河共同组成的北京西部山区的三条河流及其河谷地带。

四岭：北京西山的地势由西北向东南逐级下降，形成四列挺拔绵延、大致平行的山脉，由西北至东南依次为：东灵山—黄草梁—笔架山，白草畔—百花山—清水尖—妙峰山，九龙山—香峪大梁，大洼尖—猫耳山。地貌类型主要包括中山、低山、丘陵和山间谷地。

三川：除了前文介绍的永定河之外，大石河发源于房山区霞云岭乡堂上村西北，流经霞云岭、长操、东班各庄等乡，至漫水河村东出山，折南经琉璃河村后出北京市界，其芦村以下河段称琉璃河，北京市境内河长为 121 千米，流域面积 1251 平方千米，其中山区 845.5 平方千米，平原 405.5 平方千米。拒马河古称涞水，发源于河北省涞源县西北太行山东麓，在北京市房山区十渡乡大沙地附近入北京市境，流经十渡、六渡，于张坊出山，进入平原后分为南、北拒马河，北京市境内干流长 61 千米。

"四岭三川"的自然山水格局，支撑起了西山永定河文化带与北京城发展的天然联系，奠定了文化带人与自然和谐共生的文化本底。从新旧石器开始，"四岭三川"孕育了北京人和北京文化，成就了首都北京的山水气质和人文情怀。

（二）以山水格局涵养当代人的自然生态观

西山永定河文化带因其独特的自然地理条件，塑造出不同特色的文化景观单元。沿着四岭三川，可以看到大自然给予文化带的山水滋养，以及在此本底上发育并保存下来的文

化遗产。

首先，从四岭来看，第一列山岭"东灵山—黄草梁—笔架山"主体位于门头沟区和昌平区，是北京海拔最高的山体屏障，东灵山主峰海拔 2303 米，是北京市的最高峰，被誉为京西的"珠穆朗玛"。第二列山岭"白草畔—百花山—清水尖—妙峰山"，位于北京西山中部，穿越房山区、门头沟区、海淀区，集中分布着 1 个自然保护区、3 个森林公园、8 个风景名胜区，1 个全国重点文保单位和 7 个市级文保单位，是文化带历史文化和生态文化资源级别高、组合好、景观特色丰富的单元，这里的 1 个全国重点文物保护单位就是始建于辽金时代的大觉寺。第三列山岭"九龙山—香峪大梁"，九龙山在门头沟，它属太行山山脉，海拔 898 米，山岭两侧各有四条山脊蜿蜒而去，犹如八条巨龙相背而卧，而第九条"龙"则顺山岭而下，直伸到永定河边。九龙山下储藏着丰富的煤层。香峪大梁：又名小西山，以永定河河道和军庄沟（军温路）与西山主体部分相隔离，其主体位于海淀区和石景山区，是西山向北京平原延伸部分，因为这里也是距离北京市区最近的山地，故而自辽金开始成为历朝历代皇家园林和寺庙修建的集中地，形成以"三山五园"、八大处为重点的文化遗产聚集区，历史文化资源丰富。第四列山岭"大洼尖—猫耳山"，以地质景观特色闻名，从 108 国道南侧房山区的西南—东北方向山脊线上分布着大洼尖、上寺岭、茶楼顶等若干座千米以上高山，东南侧分布有石花洞、上方山、金陵遗址等自然景观和文化遗产。

其次，从三川来看，永定河是北京第一川，永定河上游桑干河、洋河、妫水河汇入官厅水库，水库以下称之为永定河。官厅至三家店为永定河山峡地段，蜿蜒于高山峡谷之中，沿途接纳了湅河、清水河、清水涧等支流，出三家店后流入平原地区。[①] 北京小平原即是由永定河冲积而成，城市的形成和发展与永定河的关系十分密切，永定河可称得上是北京城的母亲河。从山峡至平原，形成丰富多变的河川文化廊道。清水河是永定河官厅山峡最大支流，为北京市境内第二大河。上游有两支，北支发源于灵山，南支发源于百花山，两支于塔河口汇合，始称清水河，其流向自西而东，河道全长 28 公里。清水河沿岸抚育了诸多的传统聚落，典型的包括斋堂镇灵水村、爨底下村、黄岭西村、马栏村、西胡林村，以及东胡林人遗址。

大石河下游琉璃河镇以北之地古称圣聚，是西周初召公所封燕国都城所在，孕育了古老的人类文明，流域附近有周口店北京人遗址，下游琉璃河流经全国重点文保单位琉璃河西周燕都遗址、琉璃河大桥和市级文保单位窦店土城及岫云观。考古工作者在董家林、黄

---

① 霍亚贞主编：《北京自然地理》，北京师范学院出版社，1989 年。

土坡一带不仅发现了西周古城遗址，还发现了燕国贵族墓葬区，出土一批带有燕侯铭文的青铜器，揭示出北京地区早期历史文化的辉煌。大石河发源地房山霞云岭堂上村，为"没有共产党就没有新中国"歌曲创作地，是北京市级爱国主义教育基地。

拒马河主要流经野三坡风景名胜区、十渡风景名胜区及拒马河市级水生野生动物自然保护区，在出山峡后流经市级文保单位照塔、蔡庄土城遗址。此外，拒马河还流经华北地区重要的新石器时代至商周时代的文化遗址——镇江营遗址。

综上，四岭三川串联着西山的世界文化遗产、文物保护单位、传统村落、考古遗址等历史文化资源，连接着世界地质公园、自然保护区、风景名胜区、国家森林公园等生态文化资源，文化与生态相融共生，孕育出首都北京活色生香的城市生活，承载着首都北京的山水城市意象。与此同时，从城市生态涵养的角度，西山永定河文化带的"四岭三川"格局正是北京西部生态涵养区需要完成的重点保护任务，不断强化当代人的自然生态观，践行"绿水青山就是金山银山"理念，以"四岭三川"山水格局与沿岸的历史文化遗址遗迹、传统村落及水库湖泊、森林、湿地等自然景观单元，共生共筑其山水林田湖草生命共同体，形成生态文明示范，支撑西山永定河文化带的高质量发展。

（三）以山水格局滋养人与自然和谐共生的精神文脉

自辽金开始，北京上升为中国北方的陪都或都城，西山和京南地区成为皇家活动的重要地区，至清代"三山五园"、南苑建成，与紫禁城一起承担着皇帝治国理政的功能，成为京师陪都地区紫禁城之外的重要政治活动中心，在西山永定河文化带内形成了两条特色鲜明的精神文脉，一是以永定河为主体，整合沿线的世界地质公园、风景名胜区、森林公园、水库资源、湿地公园等生态资源，将京西古道、传统村落、古街名镇等历史文化资源有机融合，打造沿河城、爨底下、三家店、模式口、卢沟桥、宛平城、北京大兴国际机场等重要节点，形成一条山、水、人相互交融的生态文化脉络，展示"山水人和"的文化精神。二是以浅山区为主体，以颐和园、周口店世界文化遗产保护为引领，着力推进八大处、西周燕都遗址、潭柘寺、戒台寺、金陵、十字寺、云居寺等重要历史文化遗产保护利用和文化价值提升，加强与妙峰山、小西山、上方山等生态资源的有机结合，形成一条底蕴深厚的历史文化脉络，展现"家国情怀"的文化精神。

沿永定河形成的山水人和生态脉和沿西山山麓形成的家国情怀文化脉，记载着从旧石器时代到新中国成立以来的文化与生态形成演化的历史脉络，是中华优秀传统文化创造性转化、创新性发展的基础和经络，体现了人与自然、人与人和谐共生的中国智慧，以及西山永定河文化带"山水人和、家国情怀"的文化精神。

历史文化资源是西山永定河文化带独特的文化载体，以周口店北京人遗址和颐和园等为代表的高级别文化遗产，在北京乃至世界产生了极大的影响。既有周口店北京人、山顶洞人等旧石器时代遗址，东胡林人、镇江营等新石器时代遗址，又有琉璃河西周燕都遗址、金中都遗址；既有"三山五园"、八大处、团河行宫等皇家园林、苑囿及寺庙建筑，又有北京最早的水利工程曹魏时期的戾陵堰、车箱渠，以及金中都水关遗址、金元时期金口河等水文化遗产；既有香山双清别墅、卢沟桥宛平城等红色文化纪念地，又有传统村落、京西古道、妙峰山庙会、京西民俗等物质和非物质文化遗产；既有以首钢、二七机车厂为代表的工业遗产，又有中关村海淀园、大兴新媒体基地等现代文化科技融合的创新高地，承载着西山永定河丰富多彩、多元交融的文化，呈现出古都文化、红色文化、京味文化和创新文化交相辉映的特征。

西山永定河文化带以琉璃河西周燕都遗址、金中都遗址、清代皇家园林"三山五园"、明清皇家苑囿南海子、京南永定河治理工程等文化遗产为代表，体现了首善之区以"和"为本，人与自然和谐共生，多民族文化交汇融合，兼容并蓄的中华文明。在西山东缘浅山带或沿永定河及其支流河谷集中分布的，与自然山水布局关系密切的村落、寺庙与古道，其选址反映了中国古代朴素的自然唯物主义辩证观，真实记录了北京乃至中国北方传统村落的空间形态、建筑风貌、交通流向以及京味十足的非物质文化遗产、民风民俗，映射着京冀地区传统农业社会时期的历史印记，与北京地区人口、经济、社会及文化活动有着高度的相关性和一致性，并与周边区域形成同根同源的天然联系，是中华民族优秀物质和非物质文化遗产的重要组成部分。

在农业种植方面，永定河下游的洪积冲积平原，60%以上为沙壤土，土壤透气性好，光热资源丰富，无霜期长，为发展特色农业提供了条件。历史上，永定河流域北京平原段依托独特的地理气候条件成为西瓜、梨、桑葚等瓜果生产基地，其果品因品质优良成为历代皇家贡品。如今，不仅保留了成片的古梨树群、古桑树群、原始次生林，还保存了金把黄鸭梨、砀山酥梨、玫瑰香葡萄、白蜡皮桑葚等一批栽培历史悠久、品质优良的传统名牌品种以及传统种植技术，这些传统农耕方式在适应自然条件、提高生态服务功能方面具有的独特优势，形成的农业文化遗产，体现了中国古代"天人合一"的思想。

四、结语

因自然山水、历史发展而与北京老城经脉相通的西山永定河文化带，是北京城起源与发展的自然山水支撑，是北京历史文化层累集聚区，成就了颐和园、周口店北京人遗址两大世界文化遗产和房山、延庆两大世界地质公园，孕育了"山水人和，家国情怀"的文化精神，是中国"人与自然和谐共生"的人地关系哲学思想的集中表现地，是北京人修身净心的精神家园。西山永定河文化带自然山水灵秀天成，历史文化荟萃凝聚，是展示北京人文精神的重要载体，是坚守首都生态屏障，尽显绿水青山的典范。

辽金以降"西山八院"的由来和发展

吴
文
涛*

摘　要："西山八院"传说是辽金时期创建的帝王行宫园林系列，是西山名胜古迹的代表性遗存，从古至今享有盛誉。但其具体的名称所指、位置及景观形态等，却并不能一一确认。本文对"西山八院"及所谓"八大水院"概念的由来、内容及相关争议等加以梳理，试图从历史发展的宏观背景和文化脉络中找寻它们出现的事实依据及发展演变的踪迹，从而阐述西山与北京皇家园林集群产生的内在联系和文化根源。

关键词：西山八院　辽金以降　皇家园林　文化融合

被称为"神京右臂"和"神皋奥区"的北京西山，是太行山的北端余脉，蜿蜒起伏，层峦叠嶂，如绿色屏障拱卫京城。山中林木苍翠，溪流淙淙，水清木华，风景奇秀，历史上就是寺庙和园林兴盛之地。其中尤以香山、玉泉山一带山水为佳，自辽金始为历代帝王所青睐，成为皇家行宫之首选。不同于城内的宫廷苑囿，这里是真山真水的天然园林。这种以自然山水景观为基础建造的皇家园林演变、发展至清代，达到了以"三山五园"为代表的中国皇家园林建设的顶峰，实现了自然景致与人文景观前所未有的完美结合。

除清代以来以"三山五园"为代表的皇家园林著称于世外，在北京西山还有一组名垂青史、耳熟却不能详的园林群落——"西山八院"或"八大水院"。关于其具体名称及位置，由于原始文献的匮乏，至今尚无定论。学界较为认可的说法是：大觉寺清水院、玉泉山泉水院、金山寺金水院、法云寺香水院、黄普寺圣水院、香山寺潭水院（以上均在今海淀区）、双泉寺双水院（今石景山区）、栖隐寺灵水院（今门头沟区）。

---

*　吴文涛，北京古都学会副会长、北京史研究会副会长、北京市社会科学院历史所原副所长，"北京历史文化研究基地"特聘专家。

一、有关"西山八院"概念的由来及演变

"西山八院"之提法的由来，史书可考的都追溯到金章宗时期。金章宗完颜璟（1168—1208年），小字麻达葛，金世宗完颜雍之孙，完颜允恭之子，金朝第六位皇帝。其在位二十年，金朝经济发达，人口增长，府库充实，天下富庶。金章宗对汉文化极为推崇，大兴郡学，提倡儒术，并鼓励女真族和汉族通婚，促进了民族融合。他本人喜好诗词、书法、绘画和园林文化，对金朝文化的发展和金中都政治文化中心的巩固起到了积极作用。《金史》对他的评价是："承世宗治平日久，宇内小康，乃正礼乐，修刑法，定官制，典章文物粲然成一代治规。又数问群臣汉宣综核名实、唐代考课之法，盖欲跨辽、宋而比迹于汉、唐，亦可谓有志于治者矣！"①

《西山图》（出自《古今图书集成》卷42）

由于"治平日久，宇内小康"，以及金章宗自己对汉文化的推崇，他在风景绮丽的西山区域大兴土木，兴建行宫，作为自己游幸驻跸之所。"西山八院"被看作这一过程中的系列产物，也是顺理成章的。

值得注意的是，在金代文献中并没有出现"西山八院"或"八大水院"的名称或提法，这一概念集中出现在明清以后的方志和文人记载中，几乎和"燕京八景"出现的情况同时并类似，都是后世追溯到金章宗时期的。而且在这些文献记载中，提的都是"西山八院"或者"西山六院"（详见下文），并没有"水"字。转变为"八大水院"这一提法，那

---

① 《金史》卷12《章宗纪四》，中华书局，1975年，第285页。

得归功于二十世纪八、九十年代海淀区文管所的老所长焦雄先生[①]。他提炼出这几处寺院独特的泉水景观，并由已经文献考证的"清水院""香水院""潭水院"中的"水"字，推断出其他几院也应有水的特色，由此西山"八大水院"这一提法开始出现在报刊媒体上。

所称"八院"，并非实指八处。主要是"八"这个数字在中国古代具有十分特殊的寓意，比如《尚书·洪范》列出了治理国家必要的"八政"；尧舜时分派地方的诸侯有"八伯"；天子有八种印玺称为"八宝"；易经中的"八卦"代表平面上八个方位之象；佛教中讲"寰被八方"的教义和"八万劫""八十万劫"等因果报应；道教人物有"八仙"；中医诊病有"八脉"之说；等等。这里的"八"象征着四面八方、包罗万象的穷尽感，进而也代表了丰富多彩、集聚汇总的典型性。自唐宋以来，"八"这个数字就广泛存在于各种表示多、全和代表性价值的事物或现象中，如"唐宋八大家"、"燕京八景"、清军"八旗"、"八大胡同"、"京八件"等。

二、"西山八院"的具体所指及其位置

正因"八"字非实指，"八院"中除清水院、香水院、潭水院较为确定外，其余几院的名称和位置历来多有争议。像门头沟区的潭柘寺、西山樱桃沟水源头的金章宗看花台、海淀区温泉村的温汤院、温泉东的黑龙潭、凤凰岭的龙泉寺、上方寺，以及石景山区的隆恩寺等，均兴盛于辽金时期，又都有金章宗多次游幸的记载，也都以泉水著称，归入"西山八院"系列似乎也不为错。但一般以下列说法为主：

（一）清水院

位于金中都西北郊阳台山麓，即今大觉寺。始建于辽咸雍四年（1068年），初名清水院，是一座佛教寺庙。以清泉甘洌绝妙为辽代皇帝所青睐，常常来此驻跸礼佛。房屋都依契丹"朝日"习俗坐西朝东，于西山诸院中颇有特点。到金章宗时，进一步扩建为园林，正式成为供皇帝行"秋山"习俗的皇家行宫，而被列为"西山八院"之一。

现寺中保存有一幢珍贵的辽代碑刻《阳台山清水院创造藏经记》，其中有"阳台山者，蓟壤之名峰；清水院者，幽都之胜概"。可见，清水院在辽代就有了盛名，金代是加以继承和发扬。

后曾改名"灵泉寺"，明宣德三年（1428年）又改称大觉寺。明末《帝京景物略》

---

① 焦雄：《北京西郊宅园记》第14页《金朝章宗西山八大水院》，北京燕山出版社，1996年；另有岳升阳老师亲历口述，可为见证。

记："（黑龙潭北）又十五里曰大觉寺，宣德三年建。寺故名灵泉佛寺，宣宗赐今名，数临幸焉，而今圮。金章宗西山八院，寺其清水院也。清水者，今绕圮阁出，一道流泉是（矣）。"①

清代乾隆十二年（1747年）重修大觉寺，为此还立了一块御制碑，碑文中有："大觉寺者，金清水院故址"。可见，金章宗"西山八院"和清水院的历史的确是有迹可考的。

清水院周边风景秀美，古树参天，郁郁葱葱。有"银杏王"之称的辽代银杏树和被称为北京"玉兰之最"的古玉兰。还有闻名京城的"抱塔松""古柏鼠李"等各种珍奇古木。被赋予盛名的"清水"是由寺庙后院的龙头泉眼中流出，汇聚一潭后又分成左右两条溪流从高到低地流过整个寺院，注入山门内的龙池。清澈的泉水随地势山形蜿蜒跌宕，流经之处或流瀑淙淙，或浅溪低吟。听泉观树，沐浴清芬，此乃自古清水院景观之妙绝。

该寺院今日仍盛景不衰，幽泉曲流，四季不断。春天玉兰飘香，秋日银杏金黄，引京城无数人向往。庄重典雅的庭院建筑皆明清重修所遗，古色古香，用作茶馆客堂有着特别的历史余韵和文化底蕴。1957年被列为北京市第一批重点文物保护单位。

（二）香水院

位于妙高峰山麓。此院历史悠久，唐代已建名刹法云寺。据明代文人袁中道的《珂雪斋集》记载："法云寺在西山后，去沙河四十里。远视之惟一山，逼近则山山相倚如笋箨，皴云驳霞，极其生动。其根为千年雨溜洗去，石骨棱棱。每山穷处，即有小峰如笔格。法云寺枕最高处，乃妙高峰也。近寺有双泉，鸣于左右。过石梁，屡级而上，至寺门。内有方池，石桥间之水泠然沉碧，依稀如清溪水色，此双泉交汇处也。其上有银杏二株，大十数围。至三层殿后，乃得泉源。西泉出石罅间，经茶堂两庑绕溜而下；东泉出后山，经蔬圃入香积（厨）而下，汇于前之方塘，是名'香水'也。山石虽倩，更得此水活之，其秀媚殊甚。有楼，可卧看诸山。右有偃盖松，可伏数亩。故老云：金章宗游览之所，凡有八院，此其香水院也。"②

明末刘侗等的《帝京景物略》也有类似记载，并明确指出，当时寺院虽已荒颓，但"草际断碑，'香水院'三字存焉"③。可见，当年金章宗据此辟香水院，并曾立碑记事。

清朝孙承泽的《天府广记》也说到了有碑为证："金章宗西山八院为游宴之所，其香水院在京（金）山口，石碑尚存"④。清末，因附近有醇亲王陵寝，俗称"七王坟"。今仍名

---

① （明）刘侗、于奕正：《帝京景物略》卷5《西城外》，北京古籍出版社，1983年，第223页。

② （明）袁中道：《珂雪斋集》卷16《法云寺》，上海古籍出版社，1989年，第685页。

③ （明）刘侗、于奕正：《帝京景物略》卷5《西城外》，北京古籍出版社，1983年，第225页。

④ （清）孙承泽：《天府广记》卷37《名迹》，北京古籍出版社，1984年。

为法云寺，但庙宇已毁，仅剩方池形状尚在。

（三）潭水院

寺院遗址位于香山南坡，同样是面东而立，院中有清泉及古银杏。原名香山寺，始建于辽代，金世宗大定年间大规模扩建，到金章宗时辟为"潭水院"。明正统年间，宦官范弘又扩建。清代将其纳入静宜园。民国熊希龄在此建双清别墅，今属香山公园。

香山寺潭水院，是金世宗留下的香山行宫，也是金章宗最喜欢游幸的地方。金世宗在辽代"香山寺"的基础上，将山下的安集寺与山上的香山寺合并，加以翻修扩建。寺前新建三门，中建佛殿，"后为丈室云堂，禅寮客舍，旁则廊庑厨库之属，靡不毕兴，千楹林立，万瓦鳞次"。寺之上端又建大阁，"复道相属"，旁有翠华殿，"下瞰众山，田畴绮错。轩之西叠石为峰，交植松竹，有亭临泉上。钟楼、经藏、轩窗、亭户，各随地之宜"[①]。前寺后宫布局方正，建筑错落有致，规模宏大。大定二十六年（1186 年）三月建成后，金世宗亲往视察游幸，赐名大永安寺（又名甘露寺），并赏良田二千亩，栗七千株，钱二万贯作为寺中永久产业，供其常住之费[②]。由于金世宗经常前来驻跸，遂有"香山行宫"之名，可以说，这是香山地区最早的皇家敕建寺庙和行宫园林。

金章宗在金世宗"香山行宫"的规模上又进行扩建，增添了"会景楼"等新景观。每逢岁时必往"巡幸"，仅《金史·章宗纪》中就有 7 次他游猎香山行宫的记录。金章宗对这里的林泉格外欣赏，相传有一天他夜宿香山行宫，梦到山下有两股清泉喷涌而来，天亮后命人在所梦之处挖掘，果然有两股泉水涌流而出，遂取名"梦感泉"，旁刻"双井"二字立石为碑。附近也分别因章宗的行迹而留有"祭星台、护驾松"等景观。自此，香山寺名冠香山诸寺之首。后世把金章宗"潭水院"的盛名也归到了这里。

（四）圣水院

位于海淀区聂各庄乡车耳营村西边的凤凰岭，又称黄普院。原称黄普寺，始建于金代，也是依山错落，面东而建。明弘治年间，在该寺北山上建有明照洞瑞云庵，庵前耸立一座独立的大岩石，顶端建有七层密檐式砖塔，被誉为京城一绝的"石上塔"奇景。塔崖前有一处很大的寺院遗址，系明英宗年间所建的"妙觉禅寺"，该寺所残留的《敕赐妙觉禅寺碑》上有"金章宗创建之古刹黄普寺"字样，证明这里是金代的黄普院。古时院中有清泉，长年不竭，名为"圣水泉"。如今，除了山门和"石上塔"外，仍遗有金代银杏。

---

① 赵万里辑本：《元一统志》卷 1，中华书局，1986 年。
② 《金史》卷 6《世宗上》，中华书局，1975 年。

（五）双水院

位于石景山双泉村北五里坨天台山。三面环山，后山有泉水涌出，汇聚寺中石池，又经寺院再入河谷，成双溪，故名双泉。据《顺天府志》和《日下旧闻考》等记载，该寺为金章宗明昌五年（1194年）御旨建造，为皇帝夏季避暑之用，始建初便有帝王游幸的行宫园林性质。史家据此以其为"西山八院"之一双水院。经元至明，曾于明宣德年间、成化年间、嘉靖年间三次重修，成化修后改名香盘寺。清光绪九年（1883年），宦官刘诚印又曾重修。如今遗留有双泉桥遗迹，清朝修缮时改名为万善桥。

（六）灵水院

位于门头沟樱桃沟村北仰山巅。据《续文献通考》记载，仰山栖隐寺始建于金大定二十年（1180年），"赐田设舍，度僧万人"。山有五峰八亭，中顶如莲花心。金章宗明昌五年（1194年）八月曾亲临此地。元时寺院香火仍很兴盛，元人赵孟頫《仰山栖隐寺碑》道："参差珠阁"。明代蒋一葵的《长安客话》记载"金章宗尝游焉，有诗曰：'金色界中兜率景，碧莲花里梵王宫。鹤惊清露三更月，虎啸疏林万壑风。'今石刻尚存。"此言石刻应为明天顺三年（1459年）所立的翰林院学士刘定之撰写的《重修仰山栖隐寺碑记》，其中提到了"有章宗所题诗在焉"。寺院中有龙王亭，"亭下水一泓，清而甘冽，南流入于方井"[①]，此泉被誉为"灵泉"，为京西名泉之一。至清初渐已破败。现仍称栖隐寺，为西山重要古刹之一。

（七）泉水院

位于海淀玉泉山麓。这里的泉水以清澈甘冽、涌如趵突而出名，被誉为"天下第一泉"。《金史》等诸多史书记载，金代开始在此建设行宫，海陵王、金章宗等都曾多次游幸。"山旧有芙蓉殿，金章宗行宫也。昭化寺，元世祖建也。"[②]其盛景历代延续，至清代发展成为"三山五园"之一的静明园。现仍保留有金时的遗迹。

（八）金水院

一直有两种说法。其一，以阳台山麓的金山寺即金水院。寺坐西朝东，为辽金建筑，院中有两株金代古银杏，且院中金水泉也是西山名泉之一。其二，以金水院指颐和园。金主完颜亮迁中都时在金山（今万寿山）一带建行宫，宫前河流称金水河。金章宗也多次前往金山行宫游幸驻跸。

综上所述，"西山八院"的具体实指由于缺乏文献及实物佐证，还有很多不确定性，

① 以上俱转引自（清）于敏中等《日下旧闻考》卷104《郊坰·西十四》，北京古籍出版社，1983年，第1735页。

② （明）刘侗、于奕正：《帝京景物略》卷7《西山下》，北京古籍出版社，1983年，第296页。

有的甚至只是推测。从各类文献记载和推断看，具有类似景观和同等地位的金代寺院行宫也远不止这八处。尽管如此，明清以来的文献中这些"水院"的扎堆出现还是能说明一点，那就是金章宗时期它们已构成了一个系列——西山一带初具集群规模的皇家园林系列。

三、"西山八院"的景观特征及文化意义

综观以上文献描述的几处"水院"，发现它们具有很明显的共同特征：

（一）皆依山而建，以水为主题

它们多建于半山腰或山麓下，依山面东而立。体现了辽金政权"朝日""尚东"——面向朝阳的文化意识。而所谓"清水""香水""潭水""泉水""圣水""灵水""金水""双水"等名称，则突出了它们各自的水景特色，反映了他们对水的重视和水景在寺院园林中的地位。

（二）以寺为依托，开创"寺庙兼有园林"的造园艺术

西山自古以来就因好山好水成为善男信女、文人墨客登临朝拜之所。各种神庙道观、寺院庵堂遍布，香火延绵；历代游人、香客如织如缕，赞美诗篇不绝于书。金朝人李晏写有关于香山寺的碑文，诗曰："西山苍苍，上干云霄，重冈叠翠，来朝皇阙"[1]。《清一统志》记载了西山诸多名迹，称这里为"磵掩壑重，松柏荟蔚，琳宫梵宇，隐现诸天。实览胜之奥区，修真之秘府"[2]。可见，西山峰壑幽深，藏风聚气，美如仙境，因而自古"梵宇琳宫"交错相叠，成为人们求佛问道、脱俗修炼的好地方。这些寺庙往往选择山水条件特别好的地方修建。

自辽金始，寺庙林立、宗教兴盛的西山又有了新的角色。辽金政权都是北方游牧民族所建，他们对自然的尊崇和对神灵的膜拜远胜于中原汉族。辽代帝王都崇奉佛教，到处兴建寺庙，燕京更是"僧居佛寺，冠于北方"[3]。尤其是辽代中后期圣宗、兴宗和道宗时期，崇佛之风盛行全国。金代自海陵王迁都以后，金中都的佛教文化得到进一步发展。到金世宗、金章宗时期，金中都佛教达到繁荣阶段，寺院碑塔大量兴修，各宗派的活动也日渐活跃。除了崇信佛教外，世宗、章宗亦"颇好道术"，金代中期许多佛道寺观都得到恢复与兴建。在处理部族纠纷、统一朝廷思想、开展外交活动以及传承民族传统习俗等方面，依

---

① 《大明一统志》卷1《京师》，三秦出版社，1990年。

② 《大清一统志》卷4《顺天府》，上海古籍出版社，2008年。

③ 《契丹国志》卷22《南京》，上海古籍出版社，1985年。

托宗教场所来进行无疑是一种较为妥当而有效的选择。所以，辽、金两朝的皇帝们喜欢把自己的行宫安排在寺院宫观里，既便于敬神礼佛，又便于开展各种政治活动。既然有帝王行宫的功能，那寺院在园林景观的开发上也必然不同于一般。比如前文所述的金世宗香山行宫——"潭水院"的发展，就是典型。

（三）辽金捺钵文化演变发展的结果

辽定燕京（今北京）为其五京之一的南京，燕京从原来的军事藩镇上升为辽朝陪都。辽统治者不仅在此奠定了都城格局，还赋予城外的山水资源以新的功能。辽朝由契丹族建立，他们的生产生活方式是以游牧和渔猎为主，"有事则以攻战为务，闲暇则以畋渔为生，无日不营，无在不卫"[1]。其统治管理也是随季节变化、逐水草畋猎的"捺钵"制度，即车马为家四季转徙、随气候和水草条件安营扎寨的社会模式。春捺钵，主要是钓鱼捕鹅；夏捺钵，用于避暑纳凉；秋捺钵，则进山捕猎，射杀野鹿和虎豹；冬捺钵，则往南方"与北、南大臣会议国事，时出校猎讲武，兼受南宋及诸国礼贡"[2]。这是极富北方游牧渔猎部族生活习俗特点的制度，与以封闭规整的宫殿坛庙为主体的中原汉政权都城制度截然不同。如何融合两种文化的差异、实现汉地统治而又满足契丹本民族传统制度的需要？辽朝除了设立五京制外，还在南京城外因地制宜地设置了许多类似于捺钵的猎苑行宫。如：今通州东南部的延芳淀、今北海附近的"瑶屿"（后来的大宁宫），跨今大兴、丰台的长春宫（即金建春宫、元下马飞放泊、明清南苑）等。其中影响至今的，就是对香山、玉泉山和阳台山等西山诸寺院的大规模扩建与经营。辽代在西山的经营虽以庙宇寺院为主，但其中许多已具有接待皇帝驾临的御用园林性质，如香山寺、清水院等。辽帝借此保留捺钵习俗、进行宗教活动、处理部族及外交事务等，这也为金朝所继承。

同属游猎部落的女真族所建金朝沿袭了辽的"五京"制和"捺钵"制，实行"春水秋山，冬夏捺钵"。金之"捺钵"与辽多有不同，金朝帝王在行宫居留的时间短，活动规模和形式也简单得多，但其政治上的重要性却非同小可。如金章宗在位20年，有16年行春水、9年狩秋山的明确记载，这不仅是其保持游牧民族传统的需要，也是帝王政治生活中的一件大事。相比于辽捺钵对传统习俗有更多的保留，金捺钵在政治上有更加复杂和创新的功能，如通过渔猎活动练兵习武，借机考察官吏、体察民情、展示"君道"等。金比辽更深入地接近中原汉文化，他们以燕京为中都，将政治中心转入了中原，但仍需通过塞外避暑、秋狩等形式展现帝王巡边耀武的作用。随着女真族日渐汉化、金朝与南宋边界的南

---

[1]《辽史》卷31《营卫志上》，中华书局，1974年。
[2]《辽史》卷32《营卫志下》，中华书局，1974年。

移，皇帝更多地只在金中都周围实行"春水秋山"，从而推动了北京西山一带园林文化的大发展。

早在海陵王迁建中都的第一年贞元元年（1153年），就建造了"金山（今万寿山）行宫"，但存在时间很短。海陵王之后的金世宗则相中了辽代"香山寺"所在的宝地，将山下的安集寺与山上的香山寺合并，加以翻修扩建。建成后，金世宗、金章宗都是多次前往游幸，遂有"香山行宫"之名，可以说，这是香山地区最早的皇家敕建寺庙和行宫园林。继世宗而立的金章宗完颜璟（1168—1208年）更是一个游山玩水的达人。其在位20年，正是金朝经济发达、人口增长、府库充实、社会安定的时代。他本人对汉文化极为推崇，兴学校，尊儒士，并鼓励女真族和汉族通婚，促进了民族融合。他还喜好诗词、书法、绘画和园林文化，对金朝文化的发展和金中都政治文化中心的巩固起到了积极作用。继位之初他即在玉泉山上打造了自己的"芙蓉殿"；继而又将西山山麓其他一些风景胜地开辟为行宫别墅。后世史书把"西山八院"归功于他的名下，也是与他的所作所为及思想秉性相符。换句话说，金章宗时期出现"西山八院"这样的集群式行宫园林系列，是符合历史发展客观规律的，后世如此总结归纳也是有史实依据的。

综上所述，"西山八院"的历史文化意义体现在以下两点：一是它们都建于西山诸峰之间的山麓上，而且皆以"泉水"著称，可以说是西山山水结合的自然优势在园林中的首次集中展示。明人计成在《园冶》中云："借者，园虽别内外，得景则无拘远近"[①]。借景西山可谓西山历代园林建筑的共同特点。勺园创建人米万钟曾强调西山园林的较高境界为："更喜高楼明月夜，悠然把酒对西山。"由"西山八院"依泉水林壑就地建寺辟宫，到三山五园的浑然天成，无不强调对西山借景，将西山美景引入园林。因此，西山绝景为园林建设奠定基础，园林建设在借景西山的同时，将中国古代妙法自然的园林理念推向顶峰，使西山成为中国古典山水园林的文化大观园。

二是园林与宗教、政治相结合，使得北京地区的皇家园林具有独特、大气、深厚的文化底蕴。"西山八院"多与名刹古寺相结合，以宗教活动为背景，但宗教意味已趋淡化，帝王避暑、游猎、外交、理政等功能渐为主要。园林建设也更加精致，取天然之意趣，依山水之形胜；亭台楼阁形态多样，庭院布局错落有致；各处行宫独具特色又彼此关联，反映了金代山水园林的空前水平。这是北京园林史上的一次造园高潮，也是北京皇家园林兴起的奠基之作。此后，元明清各朝纷纷效仿，不断在西山营建山水园林组群。这种以敕建寺庙为依托、取真山真水建景观的皇家园林，从西山向着更靠近城区的山前开阔地和水网

① （明）计成：《园冶》卷1《兴造论》，重庆出版社，2009年。

密集处发展，以香山寺、碧云寺、卧佛寺、功德寺、好山园、西湖景等为代表的一系列离宫别苑相继出现。清朝在此基础上，大规模整合西山一带的山水资源，集山水园林发展之大成，最终构建起包括香山静宜园、玉泉山静明园、万寿山清漪园（后改颐和园）及圆明园、畅春园在内的"三山五园"皇家园林群落。

辽、金两朝是北京由北方政治文化中心迈向全国政治文化中心的关键时期，西山一带的寺观园林向皇家园林的转变、勃兴，反映的是游牧渔猎文化与中原汉文化的碰撞与融合。正是这种融合构成了北京皇家园林独特的艺术魅力。

京西水塔寺史事考[*]

李
扬^{**}

摘　要：明清以来京西大量寺庙兴起，很多寺庙因选址与造景逐渐形成"园林寺庙"的特征，水塔寺即是京西著名的园林寺庙。清代水塔寺为旗人贵族的宅邸，很多学者与官员到此游览并写下大量诗文。清代旗人文学的代表人物英和曾卜居水塔寺，其门人麟庆、斌良、姚元之等都有记载。水塔寺作为宅邸自晚清到民国屡经流转，揭示了西山地区寺庙与贵族别墅的发展过程。以水塔寺为个案，发掘文学材料，可以推进旗人贵族文化与京西社会的研究。

关键词：京西　水塔寺　旗人文化

一、园林与寺庙

园林寺庙是指那些选址在具有优美风景的自然环境中，又在寺庙内进行过造景，除宗教功能外还可供游览与观赏的寺庙。西山地区"因山筑寺，不拘成规"，且"因势利导，运用水源"，成为京西独具特色的文化景观。^① 自明代开始，西山地区即寺庙林立。明人沈榜在《宛署杂记》中慨叹京师佛道之盛："盖今天下二氏之居，莫盛于两都，莫极盛于北都；而宛平西山，实尤其极盛者也"；"宛平一县，版图仅五十里，而二氏之居，已五百七十余所。"^② 所以我们看到明代王廷相在诗中说："西山三百七十寺，正德年中内臣作。华缘海会走都人，碧构珠林照城郭。"明人郑善夫则称："西山五百寺，多傍北邙岑。土木春

────────────────

* 本文为北京语言大学文学院院级课题"明清北京西山寺庙文化景观研究"的阶段性成果，项目编号22YJ050004。

** 李扬，男，历史学博士，北京语言大学文学院副教授，硕士生导师。主要研究方向为社会史、城市史。

① 孟兆祯：《京西园林寺庙浅谈》，《城市规划》，1982 年第 6 期。
② （明）沈榜：《宛署杂记》，北京古籍出版社，1980 年，第 237 页。

岩尽，楼台海雾深"。[①] 这里的"碧构""珠林"与"楼台"，也提示了西山的寺庙经过精心设计，因地造景，别具一格，具备了园林寺庙的特征。

到清代，从康熙年间开始，除皇家园林之外，大量贵族私家园林在京西一带纷纷建立。如康熙二十六年（1687年），大学士佟国维在畅春园东侧建成佟氏园，大学士明珠在御园西侧建成自怡园。乾隆年间，更是在扩建圆明园之外于京西碧云寺、卧佛寺、大觉寺等皇家寺院修建了行宫院。皇家的支持，使得京西一带的寺庙园林建设达到了新的高度。我们看到，明清以来与香山相连的小西山一带也出现大批寺庙园林。八大处之外，小西山东支有宝藏寺、天光寺、普安塔、分水龙王庙等；东支之北麓并折向西北，自画眉山、黑龙潭起有温泉、白家滩、城子山水塔园；西去则为阳台山之大觉寺，管家岭杏花林一带的莲花寺、普照寺、鹫峰寺、金山寺、龙泉寺及鹫峰山庄等。很多寺庙可以追溯到辽金时期甚至更早，说明西山胜景早已吸引了皇室及上层权贵的注意。

水塔寺就是其中非常有名的寺庙园林。水塔寺在京西白家疃村西的城子山，离大觉寺不远。《日下旧闻考》记载："白家滩有开元寺，城子山有东岳庙……城子山在白家滩西八里许。"[②] 明代沈榜的《宛署杂记》也提到了开元寺："在白家滩，旧传唐开元年建。本朝弘治六年太监罗秀重修。中宪大夫李纶记。"[③] 此时未提到水塔寺，可见水塔寺此时似未修建。城子山的东岳庙庙内供奉碧霞元君，至少在清初已建有庙宇。这里环境清幽，很适合寺庙宫观的选址。清人麟庆在《鸿雪因缘图记》中说"西过白家滩，望城子山顶紫宸宫，绀殿凌虚如垂天半。"[④] 而据民间传闻，早在辽代紫宸宫就修建了辽王行宫，元代又有皇家公主在此修行。城子山西侧的石洞可能也有人工开凿的痕迹，民间传说与宋代呼延庆的父亲呼守用有关，[⑤] 可见其历史底蕴的厚重。

二、水塔寺与清代民国之贵族别墅

到清代，水塔园成为很多旗人贵族及官员经常游览之处，且有官员在此营建宅邸。据清代史料记载，因水塔寺在大觉寺附近，很多人因大觉寺而游览水塔寺。如清人姚元之（1773—1852年）称："大觉寺在圆明园西，金之清水院也。今犹擅泉竹之胜。斌笠耕太仆

---

① （清）于敏中等纂：《日下旧闻考》，北京古籍出版社，2001年，第1675页。

② （清）于敏中等纂：《日下旧闻考》，北京古籍出版社，2001年，第1764页。

③ （明）沈榜：《宛署杂记》，北京古籍出版社，1980年，第227页。

④ （清）麟庆：《鸿雪因缘图记》第3册，浙江人民美术出版社，2019年，第865页。

⑤ 焦雄：《北京西郊宅园记》，北京燕山出版社，1997年，第20页。

尝游憩焉。次日晨起，欲穷附近山水，因至。山有二栈，其山甚高。山顶有玉皇庙，惟一老内监卢姓，养静其中。每日下山，樵汲自给。山有洞，洞口石明净，若有人常摩挲者。"不久他又去了城子山："又至城子山，山上皆砖砌若城。山顶有真武殿一间，其门内尘封，乃返。……城子山之麓，地名水塔寺，有园一区，本傅东山部郎园也。同年英竹泉少寇瑞得之。园固有池，竹泉芟刘古柳而广大之。后归于胥叟相国师，师乃修葺名之。"①

这里提到的游憩在大觉寺的斌笠耕即斌良（1771—1847 年），字吉甫，号梅舫，姓瓜尔佳氏，满洲正红旗人。由荫生历官刑部侍郎、驻藏大臣等，嘉庆十年补太仆寺主事。斌良曾长期居住在海淀镇附近，其《抱冲斋诗集》中有大量描写清代西郊景物的诗篇。道光年间他曾租住在海淀镇西北挂甲屯的大树庵。②斌良对海淀和西山情有独钟，因此流连于大觉寺与水塔寺一带。斌良《晚至大觉寺》一诗称："岚气蒸如雨，烟光向夕昏，未寻水塔寺，已历石窝村。礓砾铿轮铁，来牟捲浪痕，莫愁香界远，鞭马到松门。"③斌良去大觉寺，途中经过了水塔寺和石窝村。姚元之文中还提到了水塔园的几位主人，分别是傅东山部郎、英竹泉及胥叟相国。英竹泉即英瑞，英和弟子。水塔园原属英瑞所有。英瑞（1845—?），字凤冈，氏兆佳，隶正白旗。举人，由刑部员外郎历官至大理院正卿。有《未味斋诗集》五卷存世。④

姚元之提到的"胥叟相国"指的就是英和（1771—1840 年）。英和是满洲正白旗人，姓氏为索绰络氏，字树琴，号煦斋，幼名石桐，别号粤溪生，晚年自称"胥叟"。英和出生于广州，其父德宝当时任广东巡抚，八岁随父进京。因和珅欲将自己的女儿许配给英和，遭到英和父亲的拒绝，英和受到嘉庆帝的重用，历任吏部、户部、礼部、理藩院等部院侍郎，工部及户部尚书及军机大臣。道光八年（1828 年）因坐监修宝华峪孝穆皇后陵寝地宫浸水一案，被革职并籍没家产，后发往黑龙江充当苦差，三年后赦还。⑤英和由于丰富的从政经历与文学修养，留下了大量的诗文，晚年又编有文集，可谓清代旗人贵族中书香门第的代表。英和在水塔园写了大量诗文，多为其晚年的作品，对我们了解嘉道年间西山一带的寺院景观与文人活动提供了珍贵史料。据相关诗文记载，英瑞将水塔园赠予英和。英和在《访英竹泉于水塔寺园居不值》一诗中称："半掩柴扉一扣开，扶筇拾级又徘徊。息机直欲依云卧，访旧翻成看竹来。尘梦消除清嶂里，老怀任托碧泉隈。何当石上

①　（清）姚元之撰，曹光甫校点：《竹叶亭杂记》，上海古籍出版社，2012 年，第 47 页。

②　张宝章：《海淀镇》，北京出版社，2018 年，第 175 页。

③　（清）斌良：《抱冲斋诗集》卷 20，收入《清代诗文集汇编》第 544 册，上海古籍出版社，2010 年，第 652 页。

④　（清）恩华纂辑，关纪新整理：《八旗艺文编目》，辽宁民族出版社，2006 年，第 122 页。

⑤　（清）英和：《恩福堂笔记·诗钞·年谱》，北京古籍出版社，1991 年，出版说明。

逢君话，饱看名山日几回。"①可见英和对水塔园的园居环境非常满意，颇有艳羡之意。不久，英瑞即以此斋相赠。英和在《丙申中夏移居水塔寺山墅十二首》中记载了他山居的经过。第一首称："夙有林泉癖，其如未遇缘。名区驰念久，良友得心先（此园为及门英竹泉所赠，屡辞始就）。欲俾幽栖稳，因留家具全。移居何迅速，不费买山钱。"②英和在这里专门提到英瑞的慷慨，似乎是为了避嫌。英和自订的年谱对此亦有记载。道光十六年（1836年）丙申，"六月，及门英侍郎瑞，以刁公岩园居赠。是夏入山，题所居曰'观颐山墅'。"③英和在这里又提到一个"刁公岩园"，可见英瑞居水塔寺时将其命名为"刁公岩园"，英和则改为"观颐山墅"。英和还有《观颐山墅十二咏》，开篇一首称"半亩山之阳，楸林覆石屋。眺远默无言，真成媚幽独。"体现了他闲适恬淡的心境。

清人麟庆在其《鸿雪因缘图记》中有"半天御风"条，称"余之宿卧佛寺也，问半天云、水源头、樱桃沟、五华寺、红黑门、退翁亭、水塔园、看花台、烟霞窟诸名胜……水塔寺去岭西二十里，有园一区，近年英中堂寓焉。"到了城子山，"沿溪西南师行，清池曲径，中辟一园，颜曰'观颐山墅'。英煦斋师题，今还竹泉侍郎矣。回忆在南河时，师曾手书水塔园诗相寄，为之怆然。"④水塔园与水塔寺同为一地，说明这里有水塔寺，也是园林，正是较为典型的寺庙园林。麟庆（1791—1846年）与英和是同时代的人，同样曾多地为官，也热爱文学。他称英和为师，可见受英和影响之深。他提到英和所提的"观颐山墅"，称这一宅邸在英和居住之后又归还给了英瑞。《道咸以来朝野杂记》称："英煦斋协揆（和）第，其初在东城史家胡同，盖德文庄公（为英公尊人）旧第也。英以道光八年宝华峪地宫泛水获咎，戍黑龙江，产亦入官。赦回后，无栖止处，始买得李公桥园居。其后人居之数十年，至光绪末年，售与贝子载振。"⑤英和本来居住在史家胡同，后因罢官抄家开始重新购买宅第。因此，水塔园很可能是英和自黑龙江返京后的一个临时性居所。但英和对水塔园非常欣赏，还专门赠予麟庆关于水塔园的诗，也称得上文坛佳话了。由此可见水塔园在当时的影响力。

晚清著名学者史梦兰（1813—1899年）在其诗集中也提到了水塔寺及英和别墅。史梦兰出生于直隶乐亭县，道光二十年举人，学问精深，号称"京东第一人"。曾国藩担任直隶总督时曾邀其主持莲池书院，复辞归。史梦兰在《尔尔书屋诗草》卷六有《水塔寺英旭

① 《上海图书馆未刊古籍稿本》第49册，复旦大学出版社，2008年，第153—154页。
② 《上海图书馆未刊古籍稿本》第49册，复旦大学出版社，2008年，第57页。
③ （清）英和：《恩福堂笔记·诗钞·年谱》，北京古籍出版社，1991年，第412页。
④ （清）麟庆：《鸿雪因缘图记》第3册，浙江人民美术出版社，2019年，第864—865页。
⑤ （清）崇彝：《道咸以来朝野杂记》，北京古籍出版社，1982年，第47页。

斋相国别墅》一首："败榭荒台隐暮烟，繁华自昔拟平泉。我来松下科头坐，间看山僧劚豆田。"诗题后称"地为步军统领联顺所得，联顺以贿败，被籍入官，今为山僧管领矣。"[①] 史梦兰写这首诗时已是同治光绪年间，因此让人感到萧条与荒凉，但仍不乏山野之趣。而且这一宅园又几易其主，从步军统领联顺那里交到了寺僧手中。可见，水塔园这一家产不断在上层权贵之间流转。史梦兰对水塔寺印象颇深，还专门写了一首《水塔寺》："驱车出郭门，缁尘迎面扑。引领见西山，顿觉豁心目。金碧焕楼台，清华足水木。兰若远相望，烟岚围簇簇。言寻相国园，水塔名久熟。取径御园西，冈峦争起伏。"[②] 一提到相国园，大家都知道是水塔寺，这里兰若遍布，景色清幽，成为学者士人游憩的好去处。

民国时期何圣生之《檐醉杂记》亦有记水塔寺的条目，文称："城子山之麓，地名水塔寺，有园一区，初为傅东山部郎别墅。英竹泉少司寇、英煦斋相国迭为主人，旋归成哲亲王，名曰西园。今侗厚斋将军为王后人，避嚣常居其中。余于辛酉秋既游大觉寺，归途遂谒是园，坐槛馆，啜茗听泉，林壑虚闲，襟情幽适，盖不仅浮屠三宿之恋矣。"[③] 这段话里又提到了几个人物，除了清代姚元之提到的傅东山、英瑞、英和之外，还有成哲亲王。成哲亲王即永瑆。这里提到的成哲亲王应当是永瑆的后裔，载治贝勒。侗厚斋将军即溥侗（1877—1952 年），爱新觉罗氏，字厚斋，号西园，别署红豆馆主。其父载治为成亲王永瑆之曾孙，过继给道光长子隐志郡王为嗣，世袭镇国将军、辅国公，兼理民政部总理大臣。自幼钻研琴棋书画，收藏金石、碑帖，酷爱昆曲、京剧等，在戏曲方面也造诣精深，世人尊称"侗五爷"。[④] 溥侗作为贵胄子弟，典型体现出旗人在艺术与文化方面的追求，西山与水塔寺正好提供了一个合适的环境。

依据学者的调查，民国时期，西山大量的别墅成为西山景观重要的组成部分。如田树蕃《西山名胜记》记载，至 1935 年前，仅西山八大处就有二十七座别墅。"自民国以来，因交通便利，都人来此营别墅者，截至著者属草日止已有二十七处，分东西两山坡。"如益寿医院院长虞诚之益寿园别墅、国民政府第五军军长王金钰之王家花园、学者与书画家叶恭绰之幻住园、曾担任北洋政府外交总长及国民政府外交部长的王正廷的王氏别墅等。[⑤] 几乎均为军政与学界名流。因此，水塔园为溥侗别墅，在当时应当是正常现象。

① 《史梦兰集》第 1 册，天津古籍出版社，2015 年，第 143 页。

② 《史梦兰集》第 1 册，天津古籍出版社，2015 年，第 152 页。

③ 杨寿枬：《云在山房丛书三种》，山西古籍出版社，1996 年，第 53 页。

④ 《中国近现代书法家辞典》，浙江人民出版社，2009 年，第 749 页。

⑤ 田树蕃：《西山名胜记》，中华印书局，1935 年，第 44—51 页。

三、余论：京西寺庙与旗人贵族文化

刘小萌在《清代北京旗人社会》中，介绍了清代北京旗人社会形成的诸多问题和面相。该书从社会史的层面讨论了旗人之间的房产交易、土地交易及旗人对祭田与茔地的处理以及旗人与民间寺庙、香会的关系，有力推进了旗人社会的研究。[①]但水塔寺的个案揭示的似乎是清代上层贵族与文人士大夫对寺庙与西山景观的留恋，当然也是其家族产业扩张的表现。值得注意的是，很多颇有文学才华的旗人选择卜居西山，留下大量诗文，为我们了解清代旗人社会生活及心态与精神史提供了重要史料。其实，这正是我们研究旗人贵族文化的极好切入点。我们看到北京西山地区上层旗人的品位与追求，他们将个人情感付诸诗文，体现出对传统儒家文化的高度认同。他们选择寺庙作为游憩与陶冶性情的场所，这本身也体现了他们的精神追求与文化品位。

另外，在以往的中国文学史叙事中，"旗人文学"似乎被淡忘了。近年来，有学者提出探索旗人文学作品背后中国多元族群分划重组的历史过程与心理过程，尤其发掘那些被主流文学叙事忽略的"文学群体"。[②]这一研究取向值得肯定，这些文学作品同样也是历史研究重要的史料。基于此，在北京西山的社会历史研究中，应当提倡"文史不分"的古训，充分发掘文学材料，推进旗人文化尤其是旗人贵族文化的研究，从而更全面勾勒出清代京西社会的整体面貌。

---

① 刘小萌：《清代北京旗人社会》，中国社会科学出版社，2008 年。
② 刘大先：《八旗心象：旗人文学、情感与社会（1840—1949）》，社会科学文献出版社，2021 年。

寄情山水与农桑情怀——皇家御园中的耕织文化

张 敏[*]

摘　要：在北京西山文化带中，"三山五园"历史文化景区集中展示了特色鲜明的皇家文化。皇家园林中常见一方美地，或营造稻田湖景，或打造原野村落，在体现田园意境的同时折射出重农务桑的治国理念。本文拟以颐和园和圆明园等御园中农桑景区的设置为切入点，分析清代康乾时期耕织图的颁行与耕织思想的传播，了解寄情山水与农桑情怀相结合是皇家园林对于治世思想与治国方略的物化表达。

关键词：西山文化带　皇家园林　寄情山水　农桑情怀

在北京西山文化带中，"三山五园"历史文化景区集中展示了特色鲜明的皇家文化。皇家园林中常见一方美地，或营造稻田湖景，或打造原野村落，在体现田园意境的同时折射出重农务桑的治国理念。本文拟以颐和园和圆明园等御园中农桑景区的设置为切入点，分析清代康乾时期《耕织图》的颁行与耕织思想的传播，了解寄情山水与农桑情怀相结合，是皇家园林对于治世思想与治国方略的物化表达。这是皇家园林与私家园林的一个明显区别。

一、皇家御苑中的田园景观

我们熟知的北京皇家园囿中的田园景观要首推圆明园四十景中的农事景观和颐和园耕织图景区。

圆明园的田园景观集中在九洲清晏景区以北，主要有杏花春馆、武陵春色、澹泊宁静、映水兰香、水木明瑟、多稼如云、鱼跃鸢飞、紫碧山房、北远山村等，占有百亩田

---

* 张敏，北京古代建筑博物馆研究馆员。

地，共同组成一片"宫廷式田园风光"。这里蕴含十几处宫苑与景观，既相对独立，又整体和谐，营造出一派田园气象。作为皇家御园，在营造环境的同时，更成为皇帝体验农耕之苦之乐的场所和作为对皇子实施农业教育的实践课堂。

颐和园前身为清漪园。"耕织图"是颐和园内一处重要的景区，始建于清乾隆十五年（1750年），是一处具有江南水乡耕织情调的园林景观，它是中国古代农桑思想的园林式体现。乾隆皇帝利用清漪园玉带桥以西的密布水系打造成片稻田，同时考虑蚕织生产的特性可以与此结合，遂命内务府将原位于地安门附近的专门负责宫廷所用丝绸布匹织染的生产机构——织染局迁移到玉带桥西北，与稻田毗邻，并下令将隶属于圆明园的13家蚕户也迁到织染局内，并在此遍植桑树，将男耕与女织的生活意象变为现实图景，既有诗情画意的艺术韵味，又有宣教农桑的治理深意。

二、清代康乾时期《耕织图》的颁行与耕织思想的传播

（一）康乾时期《耕织图》的颁行

耕织图是指以图像形式反映农业生产过程的绘画。清代自康熙帝开始倡导后，雍正、乾隆、嘉庆、光绪几朝都有《耕织图》问世。

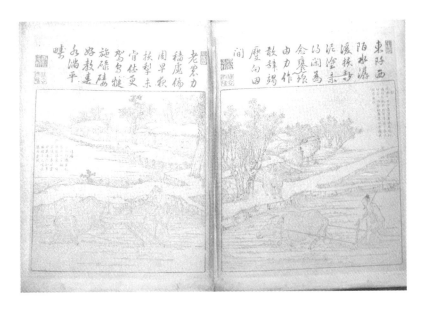

图1　《御制耕织图》（清朝）

《康熙御制耕织图》绘于康熙三十五年（1696年），并于康熙五十一年（1712年）正式颁行（图1）。早在康熙二十八年（1689年）康熙皇帝第二次南巡时，有江南人进献一

部《耕织图》，这部《耕织图》是南宋绍兴年间（1131—1162 年）以诗画并茂的形式介绍耕织技术的著作，作者是楼璹。康熙帝得到这部《耕织图》后如获至宝，他认为以此为教材，不仅可以传播农桑知识和技术，还能教育各级官吏重农爱农，通俗易懂的绘画形式更适合普及，使妇孺皆知，自然比歌咏农桑的宫廷雅乐和坛庙祭祀典制更能融入社会生活，起到更好的宣传教育作用。于是，回京后康熙即命宫廷画师焦秉贞在楼本《耕织图》基础上重绘。"焦秉贞，济宁人。钦天监五官正。工人物，其位置自远而近，由大及小，不爽毫毛，盖西洋法也。"①经焦秉贞重绘的耕织图共 46 幅，分耕图和织图两部分，各 23 幅。其耕图分别为：浸种、耕、耙耨、耖、碌碡、布秧、初秧、淤荫、拔秧、插秧、一耘、二耘、三耘、灌溉、收刈、登场、持穗、春碓、箩、簸扬、砻、入仓、祭神。织图分别为：浴蚕、二眠、三眠、大起、捉绩、分箔、采桑、上簇、炙箔、下簇、择茧、窖茧、练丝、蚕蛾、祀谢、纬、织、络丝、经、染色、攀花、剪帛、成衣。时人赞誉："田家景物，曲尽其致；蚕室机杼，精妙无穷。"②这些图画形象生动地描绘了稻作和蚕桑的生产过程，是一部普及农桑知识、劝农重农的教科书。

雍正《耕织图》仿效康熙《耕织图》，其最大特点是将图中农夫、蚕妇的人物形象画成当时还是雍亲王的胤禛和福晋、侧福晋，既身体力行传承和宣扬农桑文化，同时又以自身入画的艺术表现表达了对田园生活的热爱，也暗喻其超然物外，远离政治纷争的隐逸气质。

乾隆皇帝不仅绘制颁行《耕织图》，而且将《耕织图》中的美景用实际山水来复原，将衣食之本的民生大计用艺术手法将其镌刻在清漪园美丽的湖光山色中。

康乾时期《耕织图》的颁行起到了普及农业生产知识，推广精耕细作技术，提高蚕织生产水平，促进社会生产力发展的巨大作用。

（二）康熙时期耕织思想的广泛传播

男耕女织作为中国古代农业社会最基本的生产活动，历来为统治者所看重，并通过各种形式加以宣传和引导。正如 1933 年《故宫周刊》所载雍正《耕织图》的刊注中说："中国古代常于守令之门，绘耕织图以劝民，使为吏者知其本。宋高宗即位下劝农之诏，其时有于潜令楼璹绘耕织始末四十余条，各题以诗，被召入都，赏赐有加。农图自浸种起至登廪止；织图自浴种起至剪帛止，分条题诗始于此。……明清因之，康熙帝曾印行二图，作为画册，并附以序，颁于群臣。雍正帝袭旧章命院工绘拟五十二幅……并绘印'雍亲王

---

① （清）张庚：《国朝画征录·焦秉贞传》卷上。
② 《康熙御制耕织图·严虞惇呈进书》。

宝''破尘居士'……厥后每帝仍以拟绘，朝夕披览，借无忘古帝王重农桑之本意也。"

随着瓷艺绘画水平的提高，特别是康熙五十一年《御制耕织图》镂版刊行之后，耕织图在瓷绘中极为盛行。"康熙彩画手精妙，官窑人物以《耕织图》为最佳。"[1]官窑即指景德镇御窑，御窑瓷作为国之器物，代表着国家政治的宣示与象征。御窑瓷以《耕织图》中的图案作为纹饰内容，是以官方名义向举国上下倡导和宣传"以农为本"的思想。如果说《康熙御制耕织图》的颁布是官方政令以教材的形式引导，则耕织图瓷品的烧制即是这一政令以国器的形式宣扬。

图 2　青花耕织图碗

现藏于故宫博物院的清康熙耕织图碗（图2），外壁通景青花绘《耙耨图》，碗心圆形开光内绘《牧童骑牛图》，里口沿饰锦纹，底青花双圈内书"大清康熙年制"六字楷书款。《耙耨图》源自《康熙御制耕织图》中的一幅，画面描绘了农夫冒雨耕作的情景，生活气息浓厚，反映了当时的社会生活状况。画面空白处保留了南宋楼璹所题《耙耨》五言诗一首："雨笠冒宿雾，风蓑拥春寒。破块得甘霈，啮塍浸微澜。泥深四蹄重，日暮两股酸。谓彼牛后人，著鞭无作难。"诗与画相配合，描写了农夫为抢农时而冒雨耙田的劳动场景，道出了农业劳作的艰辛。

同样藏于故宫博物院的清康熙五彩耕织图棒槌瓶，瓶颈绘通景人物山水，瓶身绘耕织图中"春碓""分箔"两幅场景。《春碓图》绘农夫碓米劳作的情景，有人在舍内用踏碓和杵臼春米，有人在运粮，画中可见舍外的农田、树木、行人，画面空白处保留着原图上南

① （清）陈浏：《匋雅》，金城出版社，2011年，第16页。

宋楼璹所题《春碓》五言诗一首："娟娟月过墙，籁籁风吹叶。田家当此时，村舂响相答。
行闻炊玉香，会见流匙滑。更须水转轮，地碓劳蹴踏。"《分箔图》画面是两位蚕妇正在抬
放装满蚕的蚕箔，另一蚕妇正在烧炭火为蚕室增温，旁边绘有蚕架、蚕箔，亦有妇女儿
童，形态生动，既写实地勾勒出劳动场面，又充满着艺术表现的张力。《分箔图》画面留
白处有诗："三眠三起余，饱叶蚕局促，众多旋分箔，早晚碏满屋。郊原过新雨，桑柘添
浓绿。竹间快活吟，惭愧麦饱熟。"正如《饮流斋说瓷》谓："耕织图为康熙官窑精品，兼
有御制诗，楷亦精美，声价殆侔于鸡缸也。"[①] 其价值之高，一方面体现了精进的瓷艺技术，
而从更广阔的层面看，更是因为此器作为国家重农政策的器物象征，于无价的艺术瑰宝之
上更兼具政治教化的崇高职能。

图 3　青花渔家乐图棒槌瓶

　　在康熙一朝，除绘《耕织图》内容的御窑瓷品外，还有大量反映渔樵耕读的中国传统
农业社会生产与生活方式的纹饰图案被装饰于瓷器上。举故宫博物院藏品之二例。清康熙
青花渔家乐图棒槌瓶（图 3），器身通景青花绘《渔家乐图》，在远山近水之间，几只渔舟
停泊于岸边，渔民夫妇忙着收网打鱼，芦苇丛随风摇摆，水面碧波荡漾，近处数人围聚岸
边，烹鱼煮虾，把酒言欢。浓厚的生活气息，劳动者的欢愉感受跃然而出，观之不禁使人
心向往之。

---

① （民国）许之衡：《饮流斋说瓷》，"说花绘"第五。

图 4　五彩渔家乐图棒槌瓶

　　另一件清康熙五彩渔家乐图棒槌瓶（图 4），画面中水面浩荡，树木青翠，太阳以金彩点缀高悬，近处渔船两只，船上渔人各司劳作，神态各异，有憨娃弄网，身后妇人将身探出舱外似在叮咛，生活信息丰富。稍远处一渔夫立于船上，手撑船篙，船头立一鱼鹰，似回头观望主人，一派热闹和谐的渔家生活画面。

　　《康熙御制耕织图》作为官方话语的鲜明号召，既明确表达了中央政府对于农业生产的高度重视与大力扶持，又因为图文并茂的形式而受众广泛，充满生活气息和悯农恤农的真情实感，使这一国家政令饱含了对辛勤的赞美，对劳作的讴歌，也因此成为当时整个社会欣欣向荣的写照。

三、寄情山水与农桑情怀的结合是修齐治平思想的物化表达

（一）倡导国本的政治理念在皇家御苑中能得到最突出的集中展现

　　康熙在《御制耕织图序》中写道："朕早夜勤毖，研求治理，念生民之本，以衣食为天。尝读豳风、无逸诸篇，其言稼穑蚕桑，纤悉具备，昔人以此被之管弦，列于典诰，有天下国家者，洵不可不留连三复于其际也。……于丰泽园之侧，治田数畦，环以溪水，阡陌井然在目，桔槔之声盈耳，岁收嘉禾数十种。陇畔树桑，傍列蚕舍，浴茧缫丝，恍然如茆檐蒜屋，因构知稼轩秋云亭以临观之。古人有言，衣帛当思织女之寒，食粟当念农夫之苦。朕惓惓于此，至深且切也……用以示子孙臣庶，俾知粒食维艰，授衣匪易……欲令寰

宇之内，皆敦崇本业，勤以谋之，俭以积之，衣食丰饶"。[1] 在这篇序文中，康熙细数了自古以来被之管弦、列于典诰的重农传统，并强调了自身对于南北方农时差异、土壤特性、种植选择以及病虫害治理等农业技术问题都了然于心。《康熙御制耕织图》通过形象描述耕织生产场景来进行教育，用以指导国家最根本的农耕经济和与之相适应的生活方式，巩固立国之本，繁荣之基。

康熙育稻种的事迹为后世广为传颂。康熙曾有自述："丰泽园内有水田数区，布玉田谷种，岁至九月始刈获登场。一日循行阡陌，时方六月下旬，谷穗方颖。忽见一科高出众稻之上，实已坚好。因收藏其种，待来年验其成熟之早否。明岁六月时，此种果先熟。从此生生不已，岁取千百。四十余年以来，内膳所进，皆此米也。其米色微红而粒长，气香而味腴。以其生自苑田，故名御稻米。"[2] 以天子之尊，对偶然发现的一株稻谷独具慧眼，并予以悉心培育，竟成就新的优良稻种，这在历代帝王中是绝无仅有的，其参与农业生产之深、之细，由此可见一斑。苑田育种，生生不已，这是传统自给自足生产方式的高度浓缩。皇家生活是普天下生活的引领，男耕女织是从天子到庶民的理想生活，在康熙晚年，他很希望其亲手培育的御稻得到推广，"朕每饭时，尝愿与天下群黎共此嘉谷也。"[3] 虽然新品种因种种原因未能大范围推广，但就康熙皇帝深入农业科学活动的精神而言，这些活动确实是对其重农政策的自觉践行。

乾隆皇帝对于农桑为国本的深刻认识和重视是与乃祖乃父一脉相承的。他深知创立皇后亲蚕礼之于政治统治的重大意义，在国民面前树立"天子亲耕、皇后亲蚕"的光辉形象，可以完美诠释家国天下的政治情怀，同时展现"千古一帝"的政治抱负。清代历史上最为隆重的一次皇后先蚕坛亲祭先蚕神、行躬桑礼，发生在乾隆九年。这一年的农历三月初三，由皇后富察氏按照先蚕仪程在西苑先蚕坛内进行了开国第一次亲桑享先蚕的典礼，仪式隆重，礼成圆满。根据这次祭礼，宫廷画师郎世宁绘制了《孝贤皇后亲蚕图》，为后世留下了真实记录。

（二）耕织思想借助体恤民意的温暖表达及高雅的艺术审美追求而得以传播，皇家御苑中的一犁春雨，被赋予了更美好和更诗意的内涵

康熙时期，在太液池畔丰泽园之侧，特置田垄桑树，作为农桑生产的实验与体验场所。这样一处皇家御苑，依然沿袭着园外耕种、园内读书处理政务的建筑格局和生活方式，与中国古代"诗书传家、农耕为本"的田园生活高度契合，也是对耕读思想的社会道

---

① （清）鄂尔泰、张廷玉等编纂：《国朝宫史（下）》，北京古籍出版社，1987 年，第 523 页。

② 《康熙几暇格物编》。

③ 《康熙几暇格物编》。

德标准引领。《御制耕织图》形象地描绘出耕织图景和渔樵耕读的田园生活画面，在重农政策中透出美好的生活气息，增加了这一政令的感召力量。

在传统农业社会中，渔夫捕鱼、樵夫砍柴、农夫耕田、书生读书，是普通百姓的四种主要职业，是民间的基本生活方式。"万卷藏书宜子弟，一蓑春雨自农桑"，渔樵耕读象征着安居乐业、家足年丰的田园生活，这是重农传统所提倡的理想社会状态。丰泽园皇家御园种植稻田桑树，既是康熙帝个人农桑情怀的释放，更是统治者对于农为国脉所系的清醒认识和物化表达。

圆明园原为皇子赐园，其中的杏花春馆是一处充满田野风情的农事景观，景观初名"菜圃"，雍正五年（1726 年）御题牌匾"杏花春馆"，但仍然沿用菜圃旧称，直到乾隆初年才被改称为"杏花春馆"。雍正在《圆明园记》中写道："园之中或辟田庐，或营蔬圃，平原腼腼，嘉颖穰穰，偶一眺览，则遐思区夏，普祝有秋。至若凭栏观稼，临陌占云，望好雨之知时，冀良苗之应候，则农夫勤瘁，稼事艰难，其景象又恍然在苑囿间也。"[1]在体会农桑之乐的同时，更多地体会稼穑不易，充满着对丰收的渴望和对辛劳的歌颂。

除御园亲耕与开圃植蔬外，北京先农坛作为皇帝祭祀先农并且举行亲耕耤田典礼的皇家坛庙建筑，一次次上演着皇帝的亲耕盛典。以乾隆皇帝为例，在位六十年间来先农坛亲耕达二十八次，且在晚年将历年亲耕时所作禾词与叙事诗汇集成册，名《劭农纪典》。其中乾隆五十年（1785 年），这一年乾隆皇帝已经七十五岁高龄，在北京先农坛的耕耤礼上，乾隆皇帝作了一首禾词："老人牵犊笠和蓑，终亩明传礼不磨。缘遴伛偻任助力，问年吾却长于他。"耕耤礼上年近耄耋的乾隆皇帝与披蓑戴笠的耆老农夫，构成一幅感人的画面，更有攀话家常，询问天年长幼的画外音传来，记录了一个温暖的历史瞬间，读来感受到的是真实的劳作，而不是祭祀典礼的庄严凝重。耕耤礼具象描摹农业社会耕作图景的特点充分显露，从而使这一礼仪制度所传递的信息更近民意。皇家御苑的田园氛围与皇家坛庙的肃穆庄严虽然在感官体验上大相径庭，但作为肩负古老农业帝国前进的统治者，使命与责任需要他们在不同的环境里奏响相同的旋律。

园林艺术以追求艺术美感为宗旨，通过田园美景的营造表达思想情感和对自然的感受与思考。从这一角度看，皇家园林由于占尽自然优势而得天独厚，更因为肩负政治使命而有旷远之意。寄情山水是人之所享，农桑情怀是为政者所必要与必需，二者的完美结合在皇家御苑中得到了充分呈现。时至今日，曾经的皇家御苑留给我们的是一份珍贵的历史文化遗产，这其中蕴含着中国人的修身品格与治世理想。

---

[1]　白帆点校：《御制圆明园四十景诗：外三种》，北京出版社，2017 年，第 6 页。

灵湫由来神所凭

——海淀黑龙潭龙王庙

王　黄
晓　茜
静　茜*

摘　要：文章记录了海淀黑龙潭龙王庙的建筑与石刻现状，并从画眉山与画眉石、黑龙潭与运河源、明代龙王庙的修葺及敕封龙神情况、清代龙王庙的修葺及敕封龙神情况、龙王庙旁的寺庙和行宫、黑龙潭龙王庙与明清帝王祈雨活动等六部分，考证了海淀黑龙潭龙王庙周边的山形、水势、龙王庙历史沿革与石刻、建筑情况，通过辑录龙王庙现存石刻和相关诗文，梳理历史文献，较全面地整理了明清帝王尤其是清代帝王亲诣黑龙潭祈雨活动情况，指出帝王亲诣龙神庙祈雨是清朝帝王的创举，始自康熙帝黑龙潭祈雨活动，乾隆帝则将帝王亲诣龙神庙祈雨加以制度化，使得祷龙神祈雨成为清代大雩礼的重要环节，而黑龙潭龙王庙则是明清北京城最重要的祈雨场所。特别值得指出的是乾隆帝是亲诣黑龙潭祈雨次数最多的清代帝王，亲诣黑龙潭祈雨也成为乾隆帝津津乐道的德政之一。

关键词：黑龙潭　龙王庙　运河源　帝王祈雨　大雩礼

海淀黑龙潭龙王庙是北京西郊的一处名胜。

从颐和园过青龙桥，沿紧邻京密引水渠的黑龙潭路西行，越百望山，经冷泉村、太舟坞，远远地看到一座小山上有红墙黄瓦的庙宇，即黑龙潭龙王庙。

黑龙潭龙王庙坐落在北京市卫生健康委员会党校内的小山之巅，坐西朝东，依山构建五层平台，平台间有石阶相通，石阶约百级，从山门外向上一直通向山顶平台，山顶建有龙王庙大殿。

---

*　王晓静，北京石刻艺术博物馆研究员；黄茜茜，孔庙和国子监博物馆副研究员。

从东面山麓沿石阶而上，第一层平台上建有山门及围墙。山门为黄琉璃瓦歇山顶，红色围墙上覆黄瓦。山门石额题"敕建黑龙王庙"，阳文，正书，未署年款。山门内为平台，平台左侧即南侧立碑两通，一为《重修黑龙潭寺碑》，螭首方座，江朝宗撰文，民国三十一年立石，记1942年祈雨及重修龙王庙事；一为2006年10月北京市卫生局党校所立《黑龙潭简介》碑，碑载1992年市政府批准对龙王庙进行全面维修，并提到康熙、乾隆行宫也修葺一新。

平台右侧即北侧有一扇小门，门内即黑龙潭，潭周围有圆形回廊。2016年笔者调查时，潭内尚有水，2021年4月笔者再次前往，潭已干涸，露出水泥砌筑的潭底。

第二层平台上，左右即南北两侧各有一座黄琉璃瓦歇山顶碑亭。

北侧碑亭内立《乾隆三年上谕碑》，螭首方座。碑阳刻乾隆三年上谕，满汉文合璧；碑阴及两侧刻乾隆御笔诗。碑身上涂朱，并有墨迹，碑座上刻多处20世纪初洋文题刻。碑通高281厘米。

南侧碑亭立《乾隆御制诗碑》，螭首方座。碑阳、阴及两侧均刻乾隆御制诗。碑身上涂朱，并有墨迹。碑通高285厘米。

第三层平台上有四柱三间黄琉璃瓦牌坊一座。2016年时笔者仅见四件石座，2021年4月再次前往时，牌坊已经复建完工。

第四层平台上南北两侧各有一座黄琉璃瓦歇山顶碑亭。

北侧碑亭内立康熙二十年《御制黑龙潭重建龙王庙碑》，螭首方座，碑阴无字。碑身上涂朱，并有墨迹，座上刻画有多处20世纪初年洋文题刻。碑通高323厘米。

南侧碑亭内立《御制黑龙潭碑》，螭首方座。碑阳为雍正三年御制碑文，碑阴刻乾隆帝当太上皇时所作的祈雨诗。碑身上涂朱，并有墨迹，座上刻画有多处20世纪初年洋文题刻。碑通高337厘米。

第四层平台西侧，为环第五层平台四周所建的一道围墙，红围墙上覆黄瓦，东面开门，门为黄琉璃瓦歇山顶。进门沿石阶向上为第五层平台，平台位于山顶。平台上建大殿三间，坐西朝东，大殿为黄琉璃瓦歇山顶，一殿一卷式。

大殿北侧现立石碑两座，工作人员介绍说两碑原来仆地，原立碑地点不详，近年安放此处。

前碑为《御制画眉山龙王庙碑》，碑阴刻题名，明成化二十二年（1486年）立。碑方首方座，座下又放置一方座。碑首高175厘米，宽67厘米，厚14厘米，连两方座通高329厘米。

后碑为《御制黑龙潭灵感应碑》，明万历十四年（1586年）立。碑方首方座，通高

279 厘米。

龙王庙大殿南侧现开有一小门，走出门外，可以看到龙王庙所在小山现为一座孤山，东西走向的温泉路在南侧山麓经过，路南有山岭向南一直绵延至寿安山。查看卫星地图，小山原应与南侧的山岭相连，推测可能是修温泉路时，相连的山体被从中凿开。

新中国成立后，黑龙潭被辟为疗养院。1984 年 5 月被确定为北京市重点文物保护单位。据《海淀文物》，1991 年北京市文物局、卫生局筹款重修，使殿堂为之一新。2017 年，黑龙潭龙王庙作为北京西山文化带项目，被北京市文物局列为该年的修缮计划，维修项目包括：黑龙潭龙王庙牌楼修复；黑龙潭行宫院倒座房重建，黑龙潭行宫院两处倒座房仅存地基，计划按照现存房屋样式重建；破旧院墙，褪色墙壁，失效排水系统等修复。

过去，遇到干旱年景，附近的水源都枯竭了，黑龙潭泉水却终年不断流，龙潭的水位也不会下降；雨水丰沛的年份，龙潭中的水也不会涨起。每年的四月，龙王庙还举行盛大的庙会，附近各村的高跷会、小车会、五虎棍、幡会等各类民间花会纷纷登场，成为四乡百姓欢聚的场所。如今水源断绝，2021 年 4 月笔者前往时，黑龙潭已干涸见底。

一、画眉山与画眉石

黑龙潭所在的山称作画眉山，始见于明成化二十二年《御制画眉山龙王庙碑》。明末宋彦《山行杂记》亦有画眉山的记载：“金山口度岭至冷泉村，道傍皆水田，行二里许曰泰州务，其后画眉山，上有龙王祠，龙湫围广十亩，水从石罅出，从东垣下溢田间，潺潺有声”。①

《山行杂记》称附近山岭为半天云岭：“乌龙潭度高岭即卧佛寺，岭名半天云，圆如髻，度一岭，一髻复起，如是者十三，始登其岭。四面皆童山，虽无草木，而石最可观。”②

《明实录》、《清会典》、《清史稿》、康熙《御制黑龙潭重建龙王庙碑》等又称黑龙潭所在的山为金山，金山即北京西山。

提起画眉山，往往又与《红楼梦》联系起来。《红楼梦》中宝黛初见时，宝玉在得知黛玉的名字后说：“《古今人物通考》上说，西方有石名黛，可代画眉之墨。”

翻阅史籍，画眉山并无产黛石的记载，而画眉石作为宛平县斋堂的土产，最早见于

---

① （清）于敏中等编纂：《日下旧闻考》，北京古籍出版社，2001 年，第 1759 页。

② 《日下旧闻考》，第 1762 页。

《元一统志》："画眉石：有洞，在宛平县西北二百里斋堂村。"①

元明时期的多部史志亦有记载。

《析津志·物产》："金、银、铜、铁、锡、画眉石，同出斋堂。"②

《大明一统志》卷 1"土产"："画眉石，宛平县西北斋堂村出。"③

《宛署杂记》："画眉石，西斋堂村多有之，离城二百五十里。石黑色似石，而性不坚，磨之如墨，拾之染指。金章宗时，妃后尝取之画眉，故名。"④

《帝京景物略》："西堂村而北，曰画眉山。产石，黑色，浮质而腻理，入金宫为眉石，亦曰黛石也。"⑤《帝京景物略》的这段记载显然是抄录《宛署杂记》，并误将斋堂的画眉石与画眉山联系起来。

可见元时画眉石即为宛平县斋堂的著名土产，《宛署杂记》将画眉石与金章宗后妃联系起来，《帝京景物略》则将斋堂的画眉石误作画眉山所产。曹雪芹在西山黄叶村居住著述多年，应当熟悉西山一带风物，附近的白家疃还有所谓"曹雪芹小道"，曹氏很可能到过画眉山，或者读过《帝京景物略》《宛署杂记》等书中关于画眉石的传说。画眉山及画眉石为曹雪芹创作"西山黛石"传说提供了灵感，但"西山黛石"为小说家言，不能当作史料看待。

二、黑龙潭与运河源

黑龙潭位于画眉山东北麓，在龙王庙第一层平台北侧。进入山门内，北侧有一小门，门内即黑龙潭，潭面呈圆形，周围建有圆形回廊。

成化《御制画眉山龙王庙碑》载："都城之西一舍许，有山曰画眉山龙泉寺。山之下有泉从石罅间出，源源不竭，潴而为潭，泓如也。"

《清朝文献通考》："东北为龙潭，水从山峡流出，绕潭回廊三十三间。"⑥

黑龙潭之水来自山间的泉水，成化碑提到过龙泉寺，可知此泉名为龙泉。龙泉今已踪迹全无。

据《鸿雪因缘图记》"龙潭感圣"一文插图，可以看到龙泉在龙潭西南侧，文曰"其

---

① 《元一统志》，中华书局，1966 年，第 18 页。

② 《析津志辑佚》，北京古籍出版社，2001 年，第 225 页。

③ 《大明一统志》，天顺五年御制序刊本，第 19 页。

④ 《宛署杂记》，北京古籍出版社，1980 年，第 31 页。

⑤ 《帝京景物略》，北京古籍出版社，1980 年，第 224 页。

⑥ 《清朝文献通考》，商务印书馆，民国二十五年，第 5776 页。

发源处，两岩夹峙，萝薜葳蕤，天然石渠，有翠藤缠绕，枯树横卧渠口，若门楣然。"[1]

龙泉之名最早见于《元一统志》："自至元三十年（1293 年）浚通惠河成，上自昌平白浮村之神山泉下流，有王家山泉、昌平西虎眼泉、孟村一亩泉、西来马眼泉、侯家庄石河泉、灌石村南泉、榆河温汤龙泉、冷水泉、玉泉诸水毕合。"[2]。

文中"榆河温汤龙泉"，《日下旧闻考》转引过该文，整理者断句为"榆河温汤、龙泉"，笔者认为应为"榆河、温汤、龙泉"。

榆河即南沙河，《大明一统志》："榆河，源自昌平县南月儿湾，一名温渝河，下流为沙河，经顺义会白河。"[3] 又据《顺天府志》（抄自《永乐大典》）："沙涧泉出县常乐社，即榆河之上流也。"[4]

温汤当是指今海淀温泉镇之温泉，《帝京景物略》载："山北十里，平畴良苗，温泉出焉。"[5]

据明代史志，西山一带的龙泉有二：

一在山南的金山寺。《大明一统志》载："龙泉，自金山西山下涌出，汇而为池，甃石为暗渠引水伏流约 5 里许，南经功德寺前入西湖。"[6] 此为金山寺旁的龙泉，在山前。

一即画眉山之龙泉。《明史》载："惟玉泉、龙泉及月儿、柳沙等泉，皆出西北，循山麓而行，可导入西湖。请浚西湖之源，闭分水清龙闸，引诸泉水从高梁河，分其半由金水河出，余则从都城外壕流转，会于正阳门东。""帝从其议。方发军夫九万修浚，会以灾异，诏罢诸役。所司以漕事大，乃命四万人浚城壕，而西山、玉泉及抵张家湾河道，则以渐及焉。"[7] 文中的玉泉、龙泉及月儿、柳沙等均为大运河上源的泉源，因此，此处龙泉就是画眉山龙泉。此龙泉是元代大运河上源的著名泉源之一，明代龙泉水从青龙闸入西湖，至高梁河，依旧为大运河提供水源。

黑龙潭又称"龙湫"或龙潭。

《御制画眉山龙王庙碑》称黑龙潭为"龙湫"，《钦定大清会典》等称之为"龙潭"。

关于黑龙潭的面积及深度，《帝京景物略》云"干四丈，水二尺"，《日下旧闻考》引述《山行杂记》称"龙湫围广十亩"，《鸿雪因缘图记》曰"广十亩，深三尺许。"

① 《鸿雪因缘图记》第六册"龙潭感圣"，北京出版社，2018 年。
② 《元一统志》，第 15 页。
③ 《大明一统志》，第 15 页。
④ 《顺天府志》，北京大学出版社，1983 年，第 298 页。
⑤ 《帝京景物略》，第 224 页。
⑥ 《大明一统志》，第 18 页。
⑦ 《明史》，中华书局，1974 年，第 2111 页。

据笔者目测，黑龙潭大体呈圆形，直径约十余米，接近《帝京景物略》"干四丈"的说法。从绕潭回廊三十三间的记载推测，黑龙潭面积不到十亩。龙潭今已见底，目测潭底并不深，但超过三尺。

黑龙潭久负盛名，应与其诸多神迹和传说有关。

《御制画眉山龙王庙碑》："相传以为有龙居焉，号曰龙湫，又庙祠于傍，亦曰龙王庙。居民每因不雨，辄往祈之，屡屡响应。"

《御制黑龙潭灵感应碑》："世传有神物居之，成化中尝一祷辄应。"

《帝京景物略》："土人传黑龙潜中，曰黑龙潭也"。[①]

《日下旧闻考》："天启中有龙见北花房之小河，长尺许，色黄碧，有爪无鳞，其地近宋缯直房，缯护以红锦，盛金盒中奏进，奉旨送赴黑龙潭。"[②]

《御制黑龙潭碑》："京师之西有黑龙潭焉，地灵所钟，实能兴致云雨。"

《鸿雪因缘图记》："忽有鱼在潭中，负荇带，游客及从者皆见。余下至潭边，拜请近观。鱼直立水中，昂头波上，洋洋来到即住，长八寸，头有双角，左稍巨，鳞乌金色。客及从者，咸肃然叩拜，僧贺福缘。"[③]

黑龙潭种种灵异的传说，载诸史志，又经附近民众口耳相传，愈发增加其神秘色彩，使得黑龙潭成为京西一带远近驰名的祈雨圣地和民俗活动场所。明末时人于銮《黑龙潭》诗云"岁岁为勤民祭赛"，可见，明代时就已经有祭祀龙神的赛会活动了。

三、明代龙王庙的修葺和敕封龙神情况

黑龙潭龙王庙在明成化十九年（1483年）前已经存在，何时创建，史籍无明确记载。《御制画眉山龙王庙碑》记载了成化二十二年（1486年）修葺龙王庙并立碑事。

明万历十三年（1585年）祈雨灵应，朝廷又重修了龙王庙，庙落成于万历十四年三月，并立有二碑：一为《御制龙王庙碑》，记修庙事，碑今已不存，《日下旧闻考》载有碑文；一为《御制黑龙潭祷雨灵应碑》，现仍立于龙王庙大殿北侧。

明万历二十六年（1598年），因祷雨灵应，黑龙潭龙神被万历帝敕封护国济民神应龙王，并立碑，《明实录》《帝京景物略》《钦定续文献通考》等书均有记载，碑今已不存。

《明神宗实录》载："（万历二十六年四月二十一日）乙亥，命加封金山黑龙潭龙王庙

---

① 《帝京景物略》，第222页。
② 《日下旧闻考》，第622页。
③ 《鸿雪因缘图记》第六册"龙潭感圣"。

号为护国济民神应龙王庙，潭名为神应龙潭，立碑刻文表扬纪述。先是，上谒祭天寿山回
銮，道经金山，见一庙宇，傍有泉名黑龙潭，山形秀异，泉水清奇，驻跸幸焉。是后或遇
祈雨，遣祷辄应。时上忧旱甚，每夜分，宫中秉诚露祷，复遣正一嗣教大真人张国祥赴潭
祈祷，旋获雨泽，四郊沾足，故有是命。赐张国祥玉带银币以旌祈雨之功。"①

　　黑龙潭龙神被封为王爵至晚在万历二十六年，之前的敕封情况，石刻及相关文献没有
记载。从唐龙（1477—1546 年）《黑龙潭》诗"盛世勤农事，年年祀典陪"，推知黑龙潭龙
神可能在正德嘉靖间已被列入祀典。

　　《帝京景物略》载："黑龙潭，入金山口，北八里。……小山累累，小岗层层，依岗而
亦碧殿，亦丹垣者，龙王庙也。"②可知，崇祯八年（1635 年）该书成书时，龙王庙建筑为
碧殿丹垣，即为绿琉璃瓦大殿，红色围垣。

　　综上所述，至万历二十六年敕封龙王并立碑时，这里共有明代御制碑四通。

　　又据《帝京景物略》："嗣是旱祷辄应，辄复纪勒。今数丰碑，各碧瓦小亭，覆潭庙
周隅"，从万历二十六年至崇祯八年，龙王庙还应立有数通御制碑，并建有绿琉璃瓦碑亭。
于銮《黑龙潭》诗"岁岁为勤民祭赛，碑亭林立诏书多"③，也可证明代御制碑林立，并建
有碑亭。

　　今黑龙潭龙王庙现存石碑七通，其中六通御制碑，明代两通，在龙王庙大殿北侧，无
碑亭；清代四通，均有碑亭。

　　笔者调查时，工作人员说近年修龙王庙时，两明碑已倒地，原立碑地点不详，故放置
在大殿北侧。据《日下旧闻考》卷 106："殿后明宪宗御制碑一，成化二十二年立。神宗御
制碑一，万历十四年立。"④可知乾隆时这两通碑立在大殿后。现碑亭中的四通碑年款均为
清代，那么明代碑亭及亭内的明碑在哪里呢？

　　经笔者仔细观察，今碑亭中的四通清代御制碑尺寸相近，形制均为螭首方座，雕刻风
格接近，具有浓郁的明晚期特点，部分地方残留改刻痕迹，《帝京景物略》记载的明代丰
碑可能在清代被抹去碑文重新利用。若如此，那么明代的御制碑至少有六通，其中两碑尚
存，还有一碑有碑文留存，其余三碑已无从考证。明代的"碧瓦小亭"，据《乾隆三年上
谕碑》，应在雍正三年（1725 年）时改为黄琉璃瓦。

---

① 《明神宗实录》，上海书店出版社，1982 年，第 5973、5974 页。
② 《帝京景物略》，第 222、223 页。
③ 《帝京景物略》，第 223 页。
④ 《日下旧闻考》，第 1759 页。

四、清代龙王庙的修葺及敕封龙神情况

清代帝王至黑龙潭驻跸祈雨，始于康熙帝。康熙帝曾数次亲诣黑龙潭祈雨，并于康熙二十年（1681 年）重修了龙王庙。康熙《御制黑龙潭重建龙王庙碑》载："神有功德于民则祀之，能捍大患御大灾则祀之，非此族也，不载祀典。"那么，黑龙潭龙神应在康熙二十年时被载入清代祀典，是清代北京地区入祀典最早的龙神庙。

康熙时重修龙王庙，未记其建筑情况，《乾隆三年上谕碑》载："昔年皇祖式廓庙貌，建立丰碑，皇考又复易以黄瓦，用昭敬礼。"既曰雍正时"易以黄瓦"，可见康熙时龙王庙建筑并非黄瓦，应是沿袭了明代的绿瓦丹垣。

雍正《御制黑龙潭碑》记载了重修庙宇事："乃命官庀材，经始于二年之三月，告成于三年之五月，殿庑门寝焕然一新。讫工之日，有司磨治丰碑以记请。"

《清朝文献通考》详细记述了这次重修情况："雍正二年，世宗宪皇帝亲诣致祷，澍雨立应，重修工竣，御制碑文，亲洒宸翰勒石庙庭。其庙正殿东向，崇台朱阑，左设燎炉，前为庙门，缭以朱垣。御碑亭在门之外，又前为牌坊，东北为龙潭，水从山峡流出，绕潭回廊三十三间。其南小潭一，外为大门。自殿至门磴道五层，御碑亭、正殿、庙门、牌坊，均覆以黄琉璃，余皆筒瓦，门楹丹腹，梁栋五采，神厨治牲所在庙外之右。春秋致祭。"[1]

《钦定大清会典》记载了龙王庙的建筑情况，较《清朝文献通考》稍详细一些："黑龙潭龙神庙在京西北三十里金山之西，正殿三间，东向，崇台朱阑，殿左燎炉一，前为庙门，缭以朱垣，门外御碑亭二，又前为牌坊，左右碑亭各一。东北为龙潭，水从山峡流出。绕潭回廊三十三间，潭南小潭二，其外为大门。自殿至大门，凡五层，磴道百级，御碑亭、正殿、庙门、牌坊均覆以黄琉璃，余均筒瓦，门楹丹腹，梁栋五采。神厨治牲所皆在庙外之右。"[2]

自雍正重修后，黑龙潭龙神庙自殿至大门，凡五层，磴道百级，正殿三间，御碑亭、正殿、庙门、牌坊均覆以黄琉璃，绕潭回廊三十三间。近年，龙王庙修葺一新，其建筑布局与雍正时期基本一致。

李卫《畿辅通志》载康熙御书"喜雨"匾额，《日下旧闻考》载龙王庙大殿前悬挂乾隆御书"恩敷广润"匾额，今均已不存。

---

① 《清朝文献通考》，第 5776 页。
② 《景印文渊阁四库全书》第 619 册之《钦定大清会典》，台湾商务印书馆，2008 年，第 662 页。

龙王庙大殿现为一殿一卷歇山顶，《鸿雪因缘图记》"龙潭感圣"插图中所绘龙王庙大殿只有三间正殿，没有殿前的卷棚顶抱厦，不清楚是绘者有误，抑或是后来改建，待考。

康熙及雍正年间龙神的封号与爵位阙载，从康熙时载入祀典、雍正"易以黄瓦"的情形来看，明代帝王对黑龙潭的敕封可能得到了清代帝王的认可，那么黑龙潭龙神在清代被封王爵的时间或可以追溯至康熙年间，乾隆三年的敕封"昭灵沛泽龙王之神"，可能只是追加了封号。

自康熙二十年黑龙潭龙神被载入祀典，至乾隆三年（1738 年），官方祭祀黑龙潭龙神的情况不详。乾隆三年上谕明确记载"每年春秋遣官祭祀"，自此以后，直至清朝灭亡，对黑龙潭龙神的春秋祭祀才停止。

清代北京地区列入祀典的四座龙王庙，黑龙潭龙神封王最早，列入祀典亦最早，庙宇规格最高，为黄琉璃瓦（同样封王的玉泉山龙神庙为绿琉璃瓦），清代帝王亲诣祈雨的次数也最多。

清代祭祀黑龙潭龙神属群祀，祭祀时间在每年农历二月、八月。

《清史稿》载："大祀十有三：正月上辛祈穀，孟夏常雩，冬至圜丘，皆祭昊天上帝……群祀五十有三：……春、秋仲月祭黑龙、白龙二潭暨各龙神，玉泉山、昆明湖、河神庙、惠济祠……等祠。"[1]

祭祀礼仪情况如下：

《钦定大清会典（乾隆朝）》："凡祭黑龙潭龙神之礼，岁以春秋诹吉遣官致祭昭灵沛泽龙神于都城北三十里金山之麓，神位东向，帛一、羊一、豕一、铏二、簠二、簋二、笾十、豆十、尊一、爵三、炉一、镫二，和声署设乐，承祭官朝服行礼如仪。"[2]

《大清会典则例》："（乾隆三年）敕封为昭灵沛泽龙王之神，制造神牌，安设供奉，遣官致祭一次，祭文由翰林院撰拟，祭品由太常寺备办。每岁春秋致祭，用黑色礼神制。"[3]

《清朝文献通考》："（乾隆）二十五年谕：岁祭黑龙潭龙神改遣内务府圆明园大臣行礼致祭仪。每岁祭黑龙潭龙神之礼，春秋仲月诹吉遣官将事。是日太常寺具祝版，备器，陈羊一、豕一、簠簋各二、笾豆各十、炉镫具，殿中少南设案一，供祝版，北设一案，陈礼神制帛一（色白）、香盘一、尊一、爵三，和声署设乐于南阶上，太常寺设洗于东阶下之北，承祭官拜位在阶上正中，司祝、司香、司帛、司爵、典仪、掌燎各以其职为位，承祭官朝服行礼。祝辞曰：惟神德润，生民膏流。甸服雨旸，时若凤彰。孚应之灵，年谷顺

① 《清史稿》，中华书局，1976 年，第 2485 页。
② 《景印文渊阁四库全书》第 619 册之《钦定大清会典》，第 426 页。
③ 《景印文渊阁四库全书》第 622 册之《钦定大清会典则例》，台湾商务印书馆，2008 年，第 629 页。

成。溥被盈宁之福，念神庥之丕著，惟典祀之宜崇。兹值仲春（秋曰仲秋），用申报飨。尚其歆格，鉴此精诚。行礼始终仪节均与都城隍庙同。"①

乾隆三年以来，每年派遣官员至黑龙潭举行春秋祭祀，乾隆二十五年开始改派内务府圆明园大臣行礼致祭仪，其典礼仪节较之前也稍有变化。

乾隆敕封黑龙潭龙神的时间，《清史稿》及《清朝文献通考》记作乾隆五年，《大清会典》《日下旧闻考》作乾隆三年，参之以现存的《乾隆三年上谕碑》，应为乾隆三年。

祭祀黑龙潭龙神的音乐用"群祀庆神欢乐"。《清史稿》卷96载："群祀庆神欢乐：乾隆七年定，每岁祭先医於景惠殿，火神庙、显佑宫、关帝庙、都城隍庙、东岳庙、黑龙潭龙神祠、玉泉龙神祠，兴工祭后土、司工之神，迎阳祭窑神、门神皆用之，三献三奏。"②

五、龙王庙旁的寺庙和行宫

据相关文献及碑刻，龙王庙旁还有寺庙和行宫。

明成化年间此处有龙泉寺。成化《御制画眉山龙王庙碑记》碑阳载："都城之西一舍许，有山曰画眉山龙泉寺"，碑阴载："龙泉寺侍奉香火住持正□"，可知龙王庙旁还有一座龙泉寺，并负责龙王庙的香火及管理。之后龙泉寺情况不详，明代的相关史志碑刻均未见载。

清代此地有三世佛殿，康熙时已经存在，康熙、乾隆均有题字。《日下旧闻考》载："三世佛殿恭悬圣祖仁皇帝御书额曰'潭清光凝'。庙内精舍额曰'云影天光'，联曰'幸逢嘉霍敷优泽，一洗纷尘转润姿'，皆皇上御书。"③

《鸿雪因缘图记》"龙潭感圣"条有"僧贺福缘"语，也印证了龙王庙旁有寺庙，由于史料阙如，寺庙情况不详。

明代万历帝曾驻跸黑龙潭，清代帝王经常亲诣黑龙潭祈雨，此地应有皇帝休息的行宫。《日下》提及的"精舍"，应该就是行宫，行宫有乾隆御书门额及联，今已不存。1992年市政府将康熙、乾隆行宫修葺一新。2017年，北京市文物局按照现存房屋样式，对黑龙潭行宫院两处仅存地基倒座房进行了重建。

---

① 《清朝文献通考》，商务印书馆，民国二十五年，第5777页。
② 《清史稿》，中华书局，1976年，第2841页。
③ 《日下旧闻考》，第1759页。

六、黑龙潭龙王庙与明清帝王祈雨活动

黑龙潭龙王庙成为明清帝王著名的祈雨场所，始于明成化年间，成化帝在成化十九年、二十年，因天旱两次派太监郭润来黑龙潭祈雨。万历十三年（1585 年），万历帝派御用监掌印太监张佑祈雨，二十六年，派正一教张真人国祥祈雨，之后"嗣是旱祷辄应，辄复纪勒"。可知，万历帝多次派人来此祈雨并立碑，惜碑多已不存。明代帝王的黑龙潭祈雨活动，是皇帝派遣太监或道士代替自己向龙神祈雨，而非亲自前往，祷雨灵应后，则由皇帝御制碑文记述其事。

黑龙潭龙王庙，自明成化年间派人祈雨并重修庙宇，大概在正德嘉靖年间被列入祀典，黑龙潭龙神在万历二十六年被封王爵，是明代北京城重要的祈雨场所。

帝王亲诣龙神庙祈雨是清朝皇帝的创举，始自康熙帝亲诣黑龙潭祈雨活动。康熙二十年及之前，康熙帝"数以祈雨驻跸于兹"，之后康熙帝来此祈雨的情况不详。

雍正帝亲诣黑龙潭祈雨在雍正二年，此后情况不详。据乾隆帝诗"忆昔雍正年，北郊频命代。尔时常苦旱，虔求随礼拜"，雍正帝曾多次派皇子弘历来黑龙潭祈雨。

乾隆帝是亲诣黑龙潭祈雨次数最多的清代帝王。据《清史稿》高宗本纪，乾隆三年，乾隆帝亲诣黑龙潭祈雨，这是他即位后亲诣黑龙潭祈雨的最早记录。乾隆帝再次来黑龙潭祈雨是乾隆八年。从乾隆八年至他当上太上皇的嘉庆三年止，五十六年间，乾隆多次来黑龙潭祈雨、谢雨，留下了大量的诗文。据统计，黑龙潭现存碑刻中所载的乾隆帝祈雨、谢雨诗共 71 首（包含太上皇时诗作 4 首），记录了乾隆帝 32 个年份 43 次亲诣黑龙潭祈雨或谢雨活动，包含乾隆年间的 29 个年份 40 次活动及太上皇期间的 3 个年份 3 次活动。

乾隆八年是一个值得注意的年份，因为乾隆七年朝廷议定了大雩礼，而大雩礼正式实行则在乾隆八年。

清代每年孟夏举行的常雩为大祀，祭昊天上帝。遇旱而祷，则为大雩，大雩礼是遇到水旱时奉特旨举行。据《大清通礼》卷 1："大雩之礼，孟夏常雩后不雨，既遍祈天神、地祇、太岁、社稷，三复仍不雨，乃诹吉修大雩礼于圜丘。"[①]

帝王亲诣黑龙潭龙王庙祈雨即属于"遇旱而祷"，是大雩礼中遍祈群神的一个环节。康熙帝、雍正帝重视亲诣黑龙潭祈雨，为乾隆帝将帝王亲诣龙神庙祈雨加以制度化并成为清代大雩礼重要环节提供了依据。

乾隆帝是清代大雩礼的制定者和实践者，多次到黑龙潭、玉泉山亲诣祈雨。乾隆帝亲

---

① 《景印文渊阁四库全书》第 655 册之《钦定大清通礼》，台湾商务印书馆，2008 年，第 46、47 页。

诣祈雨，凸显了祷龙神祈雨在清代大雩礼中居于重要地位，也对后来的嘉庆、道光等帝王亲诣黑龙潭、玉泉山等地祈雨有示范作用。乾隆帝如此重视并热衷于亲诣祈雨活动及大雩礼，一方面是因为雨水关乎农业收成，另一方面也是为了在臣民中树立其为民请命、勤政爱民的形象，正如《清朝通典》所言："我朝列圣相承，旰食宵衣，勤求民瘼。"[1]

嘉庆帝、道光帝也多次亲诣黑龙潭祈雨。

综合《清史稿》及《清朝续文献通考》的有关记载，嘉庆亲诣黑龙潭祈雨或谢雨共十次。《清朝续文献通考》记录道光帝亲诣黑龙潭祈雨 22 次，还记载了咸丰帝亲诣黑龙潭祈雨一次。之后的清代皇帝，未见亲诣黑龙潭祈雨的记载。

清代北京有四座列入祀典的龙王庙，黑龙潭龙王庙是最早列入祀典的龙王庙，也是清代帝王最早亲诣祈雨的场所，康熙帝、雍正帝亲诣祈雨均在黑龙潭。黑龙潭龙神，无论是康熙、雍正还是乾隆三年时被封王，都是清代北京龙王庙中最早被封王爵的龙王庙。

乾隆帝非常重视亲诣黑龙潭祈雨，是来此祈雨次数最多的清代帝王，大约 44 次。特别值得指出的是乾隆帝还把亲诣黑龙潭祈雨作为他的政绩，在举办"八旬万寿盛典"时，"黑龙潭祈谢雨泽"作为一个乐章，在典礼上演奏，其他的龙神庙如静明园龙神庙、广润祠、白龙潭龙王庙均未有此殊荣。

兹录《八旬万寿盛典》"黑龙潭祈谢雨泽"乐章如下：

> 祷（征工）泽（角上）立（角上）邀（征工）响（角上）应（羽凡）速（征工），石（角上）梯（征工）百（征工）级（羽凡）步（宫五）虔（羽凡）登（征工）。拟（角上）祈（征工）成（角上）谢（羽凡）仍（角上）祈（商乙）续（宫四），灵（角上）湫（征工）由（宫四）来（商乙）神（宫四）所（羽凡）凭（宫四）。工凡上乙四凡工凡。[2]

---

① 《清朝通典》，商务印书馆，民国二十四年，第 2249 页。
② 《景印文渊阁四库全书》第 660 册之《八旬万寿盛典》，台湾商务印书馆，2008 年，第 666 页。

西山大觉寺的历史变迁与水文化保护

赵　玲[*]

摘　要：大觉寺坐落在北京海淀区阳台山东麓，是一座可以追溯到辽代的寺庙，时称"清水院"，在金章宗时期被列为西山"八大水院"之一，后来几次更名都与水紧密相关，直到明代翻修后被命名为大觉寺。如今大觉寺为国家 AAA 级旅游景区，全国重点文物保护单位，以百年玉兰和千年银杏著称。本文通过整理历史文献材料和相关研究成果，梳理大觉寺自辽代至今的水系渊源和历史变迁，探究大觉寺在西山永定河文化带中具有的重要地位，以及在这地位背后"水"所扮演的角色，并从水文化视角对大觉寺未来的提升保护提出建议。

关键词：大觉寺　西山永定河文化带　水文化景观　生态保护　历史变迁

一、引言

西山大觉寺始建于辽代，其建立的确切时间尚不可考，据寺内《阳台山清水院创造藏经记》碑刻可知，大觉寺至少在辽道宗咸雍四年就已经存在，原名"清水院"。辽代起佛教在王权的支持下进入了一个新的发展阶段，道宗时期，僧尼增加至几十万，并且他广印佛经和建造寺塔。《辽史》称"一岁而饭僧三十六万，一日而祝发三千。"[①] 大觉寺就是在这样的背景下登上历史的舞台，随后在金章宗时期位列"西山八大水院"，后改称"灵泉寺"，明宣德三年在原址上重修更名后便是我们现在熟知的大觉寺。从大觉寺的名称变迁中不难发现，"水"作为文化元素贯穿始终。据研究，大觉寺的泉水源自寺外西北李子峪峡谷[②]，

* 　赵玲，女，北京联合大学在读硕士研究生，研究方向为城市地理学。

① 　（元）脱脱等：《辽史》卷26《道宗本纪》，中华书局，1974 年。

② 　姬脉利、张蕴芬、宣立品、王松：《大觉寺》，中国社会科学出版社，2016 年，第 348 页。

其周围水系毗邻温榆河上游的南沙河上源。

《北京城市总体规划（2016年—2035年）》明确提出推进西山永定河文化带的保护利用，"依托三山五园地区、八大处地区、永定河沿岸、大房山地区等历史文化资源密集地区，加强琉璃河等大遗址保护，修复永定河生态功能，恢复重要文化景观，整理商道、香道、铁路等历史古道，形成文化线路。"①大觉寺位于西山永定河文化带，兼具园林古建的文化特征，更重要的是它具备鲜明的山水生态文化价值。

大觉寺如同历史的注视者，见证了北京温榆河—北运河水系上游在各朝代的水文及环境变迁，西山一脉依山水而建的行宫苑囿也被大觉寺"尽收眼底"。

二、大觉寺的由来及其历史变迁

据史料，金章宗在位期间，曾在北京西山一带修建了八大行宫，被称为"西山八大水院"，对北京西山的山水文化及皇家苑囿的格局影响深远。《帝京景物略》记载："又北十五里，曰大觉寺，宣德三年建。寺故名灵泉佛寺，宣宗赐今名，数临幸焉，而今圮。金章宗西山八院，寺其清水院也。清水者，今绕圮阁出，一道流泉是也。"②西山一带山峦起伏错落，郁郁葱葱，山涧飞瀑而下。八大水院自北向南分别是圣水院（黄普院）、香水院（法云寺）、金水院（金仙庵）、清水院（大觉寺）、潭水院、泉水院（芙蓉殿）、双水院、灵水院（栖隐寺），位于阳台山南麓的清水院就是现在的大觉寺。八大水院奠定了西山一带皇家园林的基础，并且自金代起园林造诣也有较大突破，是如今北京园林体系的重要组成部分。

在辽金以后，北京西山八大水院因战乱等原因，遭到破坏。据《大金国志》："燕京自天会初不罹兵革，殆将百年，僧寺、道观、内外园苑、百司庶府，室屋华盛，至是焚毁无遗。"③包括清水院在内的水院行宫与苑囿山水文化景观损于战乱之中。

至元中后期，西山因山水环境幽静，一些寺庙得以修建。据明宣德三年（1425年）《御制大觉寺碑记》可推知，在其间大觉寺曾名"灵泉佛寺"。明宣德三年，重修清水院并更名为大觉寺。"西山水落瓮山浮，无数人烟簇上头。"④元末明初诗人梵琦在诗中描绘了西山与瓮山水泊的山水意境。

随后的明清两代，大觉寺因得到皇家重视，得以不断修缮。明代的《智光塔铭》中有

---

① 《北京市总体规划（2016年—2035年）》，中国建筑工业出版社，2019年。
② （明）刘侗、于奕正：《帝京景物略》卷5，北京古籍出版社，2001年，第222—225页。
③ （宋）宇文懋昭撰，崔文印校证：《大金国志校正》，中华书局，1986年，第309页。
④ （明）梵琦：《燕京二首·其二》，https：//sou-yun.cn/Query.aspx?type=poem1&id=825208。

记载"阳台山之大觉寺，实皇帝奉皇太后慈旨出内帑所创者，功德利济无间显幽，特命大国师居之以佚其老，并敕礼官度僧百余人为其徒，恩德至厚，无以加矣。"[①]皇室多次下令对大觉寺进行修葺，奠定了如今大觉寺的山水园林格局。

到清乾隆十二年（1747 年），清高宗重修大觉寺，在《御制重修大觉寺碑文》中有"西山大觉寺者，金源别院，表刹前明，山深境幽，泉石殊胜"[②]，可见清代重修时西山大觉寺依然亭台错落，山泉潺潺。高宗曾在前往京西黑龙潭谢雨时巡幸大觉寺，并在《诣黑龙潭谢雨》中写道："心驰大觉寺，翠巘远峰尖。"[③]尽管据记载当时北京西山一带的不少河流沟渠淤塞甚至断流，但李子峪山泉依然泉水丰沛，常年流淌。清代诗人那逊兰保在《宿大觉寺》中这样写道："十亩松阴满寺凉，一条瀑布界山光。"[④]描绘了松柏环抱着大觉寺，潺潺清泉飞流而下将山中景观分界呈现的景象。可见在清代这"金源别院"依然是西山一带引无数香客和游人踏足的佛寺苑囿，"幽都胜概"风采依旧。

清末国力衰弱，由皇家出资修葺大觉寺的记载及史料可查的皇帝巡幸次数越来越少，而不少平民百姓登西山揽胜时便会寻至此处，大觉寺逐渐成为文人墨客陶冶情操和游憩的场所。到了民国时期，社会动荡，新旧事物和观念在这个片土地上碰撞，虽然 1921 年对大觉寺进行了局部的修缮，但 1937 年西山一带被日伪军占领，大觉寺也没能逃过一劫，遭到了严重破坏，仅保留了山水园林的架构和主要的殿堂牌匾。一座古刹悄然淡出大众的视野。

新中国成立后，北京市、海淀区对大觉寺内建筑几次修葺保护，对周边环境进行整治，按照明清时期的格局逐渐恢复其建筑与山水景观。1988 年，大觉寺移交给北京市文物局，而后由文物局建立了北京西山大觉寺管理处。在多方努力下，大觉寺于 2006 年作为明清古建筑被国务院批准列入第六批全国重点文物保护单位名单。随着西山永定河文化带纳入北京历史文化名城保护体系，在生态涵养和文化驱动的发展要求下，大觉寺周围生态环境得到不断恢复。

据史料记载，大觉寺在其历史变迁中有着不同的身份：千年古刹、皇家园林、文保单位、旅游景区等，包含了多种多样的历史文化要素和山水文化要素。其中大觉寺的水文化是非常重要的文化符号。大觉寺的山泉水既为古时大觉寺的僧侣香客提供了用水，也为帝

---

① （明）杨荣：《圆融妙慧净觉弘济辅国光范衍教灌顶广善西天佛子大国师塔铭并序》，北京图书馆金石组编《北京图书馆藏中国历代石刻拓本汇编》第 51 册，中州古籍出版社，1990 年，第 76 页。

② 《御制重修大觉寺碑文》，清乾隆十二年（1747 年）制，载孙容芬、张蕴芬、宣立品：《大觉禅寺》，北京出版社，2006 年，第 25—26 页。

③ （清）弘历：《诣黑龙潭谢雨》，https://sou-yun.cn/Query.aspx?type=poem1&id=796781。

④ （清）那逊兰保：《宿大觉寺》，https://sou-yun.cn/Query.aspx?type=poem1&id=325344。

王家园林营建提供了不可或缺的"水"景观，在当今更成为推动大觉寺山水文化赋能创新发展的重要动力。

三、大觉寺与温榆河水系渊源

大觉寺的山泉来自其西北李子峪峡谷，从地理位置来看应属于温榆河—北运河水系流域，近南沙河支流上源。《水经注》卷 14 载："湿余水故渎东径军都县故城南，又东，重源潜发，积而为潭，谓之湿余潭。"[1] 湿余河、湿余潭即是现今温榆河和温渝潭，温渝潭位于南北沙河的上游。南沙河上源分布多条河谷冲沟，在大觉寺西南方有一条西南东北走向的河谷——寨上沟，寨上沟北部是温榆河冲击洪积扇西部扇缘，这里有一片自北向南的椭圆形扇缘沼泽低洼低地，即"海淀洼地"，这里依山麓分布多个泉眼。而寨上沟南部与永定河相接，其西南部沟水在夏季会汇入永定河。

尽管白浮瓮山河与大觉寺相却数十里，但与温榆河上游径流及生态环境相互影响较大，尤其是近大觉寺的南沙河上源。

金代海陵王贞元元年（1153 年）"改燕京为中都，府曰大兴，汴京为南京，中京为北京。"[2] 其实早在迁都前海陵王就陆续在辽朝湖泊水系的基础上引水，并依水在城内外和郊区修建了不少园林和行宫，为如今北京西山一带园林山水格局奠定了基础。金代为了满足运河（闸河）的漕运需求，而引高粱河水补给，但高粱河水量有限，于是又引高粱河西北瓮山下的瓮山泊之水补给。有专家推测瓮山泊的下游应有一条东北流向的小河，原本这条小河与高粱水之间有一道天然高地作为分水岭，有可能就是在这时经人工开凿打通海淀台地，这条小河便转而南流，注入高粱河，进而注入闸河。[3]

元世祖忽必烈将元大都定于金中都东北郊，从元代开始漕运需求增加，陆续开辟了南北大运河。为了恢复河运，元代杰出水利工程师郭守敬建议引昌平白浮泉水，经瓮山泊下游旧水路汇入金代闸河，这一水路被称为白浮瓮山河。白浮瓮山河流经大觉寺阳台山东麓附近，通河后其河水沿西山南麓地势回转而下，汇集了多处泉水及南北沙河的上游水源，其中就包括前文所提到的寨上沟，经过高粱河汇入金代闸河为运河补给。为金代闸河开源后，漕运得到了恢复，到元至元二十九年（1292 年）河道建成，这条旧闸河便有了一个沿用至今的新名字——通惠河。但白浮瓮山河因为沿山路分布多受山洪影响，供水并不稳

① （北魏）郦道元著，陈桥驿校正：《水经注校正》，中华书局，2013 年，第 321 页。
② （元）脱脱：《金史》卷 1《本纪第五》，中华书局，2020 年，第 112 页。
③ 观点来源于：侯仁之《古代北京运河的开凿和衰落》，《北京规划建设》，2001 年第 4 期，第 8—12 页。

定。据《新元史·河渠志》记载："山水暴发，漫流堤，冲上决水口……都水监言：自白浮、瓮山下至广源牐，堤堰多淤，源泉不能通流。"[①]元代白浮、瓮山堤坝低薄崩陷的地方较多，南北沙河地上源分布着大小冲沟，山洪一到雨季就夹带着泥沙沿河谷冲入河道，又受制于古代堤坝技术，修筑效果欠佳，白浮泉至瓮山一带堤坝常面临决口的问题。足以见得白浮瓮山河的水源供给常有困难，尽管为了水源问题重开金水河，但河道淤塞致使开河受挫，导致通惠河直到元代末期一直有水源不畅的问题。

到了明代，"除元人旧引昌平东南山白浮泉水，往西逆流，经过祖宗山陵，恐于地理不宜……"[②]。当时明陵位于白浮泉北部，从古时风水的角度对继续引水有所忌讳，再加上历史上白浮瓮山河决堤淤积不断，白浮瓮山河上游水源最终在明代断绝，消失在大觉寺的"眼前"。

根据以上文献梳理，不难发现大觉寺与温榆河—北运河水系流域本身就有着明确的地缘关系，且自开凿白浮瓮山河起，大觉寺周边水系与环境实际上就逐渐成为相互影响的"共同体"。

四、大觉寺的水文化景观保护建议

大觉寺作为历经多朝的古寺，随着时代变迁，留下了一系列明清时期代表性的完整建筑群落。大觉寺有八绝，分别是"古寺兰香、千年银杏、老藤寄柏、鼠李寄柏、灵泉泉水、辽代古碑、松柏抱塔、碧韵清池"。其中灵泉泉水和碧韵清池都是与"水"相关的景物，但泉水这一元素近年却逐渐从人们视野里"由动转静"，如今大觉寺八景之一的"灵泉泉水"，由于地下水位下降，仅在丰水季节时有泉水涌出。据说目前大部分时间里"碧韵清池"以及龙潭、功德池等水景均依靠人工补水辅助以保持水位和景观。

通过人工补水的辅助，大觉寺"水"景观得以保留，确保了大觉寺整体园林形态完整完整性，进而留住了水文化，可见水对于大觉寺举足轻重。为了大觉寺的水自然长久地流动下去，应该怎样去保护和提升呢？当今的大觉寺已不仅仅是一处佛寺或古代行宫，时代赋予了它更多的意义。大觉寺位于西山永定河文化带中，它如今既是全国重点文物保护单位，又是国家 AAA 级旅游景区，应该从更多、更新的层面来考虑如何更好地将"水"写在大觉寺的"名片"上。

---

① 柯劭忞撰，张京华、黄曙辉总校：《新元史》第四册，上海古籍出版社，2022 年，第 1396 页。
② （清）孙承泽：《天府广记》卷 5，北京古籍出版社，1984 年，第 520 页。

纳入温榆河水系保护。放眼西山永定河文化带，近年来西山生态环境建设卓有成效，"山、水、人、城"中的水文化建设，围绕永定河流域综合治理得以展开。但山水难分，西山一脉包含了众多不同的生态文化要素和历史文化要素，以妙峰山附近的樱桃沟北源一带为界，西南是永定河水系流域，东北则是温榆河—北运河水系流域。大觉寺既位于西山一脉，又与温榆河—北运河水系有着不可分割的联系，因此可以从水文化景观恢复和保护的视角，将大觉寺水系纳入温榆河—北运河水系保护治理。这对西山一脉山水生态文化保护和发展也至关重要。

涵养水源开辟新源。一方面，大觉寺山泉近年有源泉干涸的趋势，大觉寺本就位于"贫水区"，加之地下水位下降，山泉难以从龙潭涌出实现自流。因此应重视大觉寺周边水生态的保护，及时疏浚和保护山泉上源李子峪山峡的河道。另一方面，要积极寻找新的水源，白浮瓮山河与大觉寺在地缘上息息相关，历史上也曾给予大觉寺"开源"的启示。从开源的角度来看，大觉寺西北2千米有一泉名叫金山泉，位于金仙庵前，流量每日300吨左右，每天游人络绎不绝前来取用。目前金山泉主要作为公共资源，尚未有其他规划，可考虑利用金山泉部分泉水，自西北向东南的地势差来引明流，或修建人工管道等引水工程，将泉水输送到大觉寺，以改善"水"景观的缺位。

五、结语

大觉寺是一座历经沧桑巨变的千年古刹，如今的大觉寺不仅承载着明清园林、史料碑文这些有形记忆，还承载着佛家禅意、历史文化和自然生态的无形记忆。大觉寺的泉水既串联了大觉寺内部水景观，又通过水文化承载着它前世今生的"历史记忆"。未来大觉寺泉水将继续涌流，用水文化景观与西山永定河文化带环环相扣，与温榆河—大运河水系息息相通，潺潺清泉将向来客诉说一段段古老的故事。

保护古树名木 传承历史文化

——浅谈大觉寺古树保护工作

孙熹

摘　要：拥有3000多年建城史的北京，其悠久的历史遗留下丰富的古树资源，特别是西北郊地区，许多古树生长在偏僻的山地、寺庙、陵墓中幸而保留下来。大觉寺地处京西北阳台山东麓，寺庙的历史可上溯至辽代，在金代为西山八大水院之一的清水院。古树是自然界留下的珍贵遗产，被誉为"活的文物"，同时也是悠久历史的见证，对寺院文化有着不可替代的作用，是形成大觉寺独特风韵的重要组成部分。保护古树不是一朝一夕的事情，而是需要长期的管理与呵护。

关键词：大觉寺　历史文化　古树保护

大觉寺位于京西名山阳台山东麓。寺院始建于辽代，至今已逾千载，虽经历了辽、金、元、明、清五代的更迭与变迁，人文环境发生了巨大变化，但寺内的古树依然是古色苍然，挺拔遒劲。古树名木从某种意义上讲是一部科学巨著，是一卷历史长诗，是一幅百看不厌的画。总之它是一个不可再生的无价之宝，具有很高的自然文化价值。古树名木不仅是一部科学巨著，而且是漫长的社会发展中的见证者，他们经历了各个历史时期，留下了种种科学的痕迹。千百年来，古树名木与人类息息相关，它们目睹了人类社会的兴衰成败，阅尽了世间沧桑，饱尝了风霜雨雪，也隐藏了许多诗词和故事。虽然身上早已是伤痕累累，但是它们依旧站立在阳光中，笑看世人，带给人以美的熏陶、美的震撼，让人感觉自己渺小，同时又让人感受到生命是如此的灿烂、如此的珍贵。与其说古树是树，倒不如说它们是一棵棵承载了历史变迁的活的文化遗产，任凭时光流转，世事变迁，古树岿然不动，用无比顽强的生命力向人们诉说着古寺的沧桑变迁。

古树是"活的文物"，既是物质文化遗产，也是非物质文化遗产。之所以说古树是非物质文化遗产，是因为古树不但有生命，还有灵性，探求一个寺院有没有文化底蕴，有没有文化割裂感，不仅要看辉煌灿烂的遗留文物，还要看其大环境下的古树名木。因为我们可以从古树上感受到，它们沧桑的枝干和树皮上，分明写下了最权威、最厚重和最生动的文化，古树就是历史文化的最好见证者。

一、古树价值

古树名木，是指人类历史发展过程中保存下来的年代久远或具有重要科研、历史、文化价值的树木。其中，古树是指树龄在 100 年以上的树木；名木指在历史上或社会上有重大影响的中外名人、领袖人物所植或具有极其重要的历史价值、文化价值、纪念意义的树木。古树堪称记载自然和文化更替演化的史书。面对古树，静下心来，能读出大自然造化的神奇和历史的厚重悠远。

1. 自然科学价值

作为自然界的一员，古树是研究自然史的重要资料，具有重要的科学价值。古树记录了山川、气候等环境巨变和生物演替的信息，每一株古树都是一座值得研究的基因库。同时，古树对于研究树木生理也具有特殊意义，人们无法跟踪长寿树木从生到死的全部生理过程，但不同年龄的古树可以同时存在，这就能把树木生长、发育在时间上的顺序展现为空间上的排列，对于树种的规划有很大参考价值。

古树的自然价值还体现在，它为地球上无以计数的生物提供了不可替代的生境，为地球的生物多样性作出了巨大贡献。古树不但为鸟兽和昆虫提供了充足食物和繁育栖息的场所，也是苔藓、寄生类植物生长的温床，一些古树树体腐烂的部分还是真菌类生物最合适的生存土壤。

2. 生态经济价值

古树具有极高的生态经济价值。古树树高根深，有利于紧固水土。古树枝繁叶茂，可作为绿色屏障挡风减灾、消音吸尘。古树流芳百世，为一方百姓打造宜居环境。此外，古树还可用作药材、食材，如银杏果是药膳滋补的佳品。古树是城市生态建设必不可少的重要资源，特别是在改善城市空气质量的过程中发挥着非常重要的作用。当前人们对防治大气污染有一个明显的误区，认为现代环境科技是解决大气污染问题的根本途径，而往往忽视了天然树木的滞尘和吸附功能。城市空气中的主要污染物为总悬浮颗粒物、二氧化硫等有害物质，而榆树、银杏、刺槐等古树恰好能吸附二氧化硫、二氧化氮等有害气体。此外，松树的树叶还可分泌杀菌素，可以杀死空气中的细菌、害虫及病原菌。

3. 文化价值

作为见证历史变迁的无字史书，古树具有极高的文化价值，是非常珍贵的历史文化资源。在几千年的历史长河中，古树的人文价值被体现得淋漓尽致，并被赋予了人类社会中的"美"与"善"等不同符号象征。如松、柏取其四季常青，可以"与天齐其长，与地等其久"。槐树木质坚硬，古代朝廷中的"三公"就是面槐而居，因此槐树自古具有神圣性和崇高性。银杏树有雌雄之分，被视作阴阳调和与健康长寿的象征。

古代文人墨客还寄情古树，留下了众多经典诗句，成为古树文化的真实写照，如"古树高低屋，夕阳远近山""风吹古木晴天雨，月照平沙夏夜霜""但见悲鸟号古木，雄飞雌从绕林间"等。此外，古树也与宗教文化紧密相连。传说佛祖释迦牟尼曾在菩提树下得道，菩提树因而成为佛教四大圣树之一。[①]

4. 美学价值

古树的美学价值不容忽视。先不论古树花期时的明艳色彩，单单是一年四季的叶色就别有风采。松柏等古树四季常青，不会因为冬季的寒霜而凋敝。银杏叶的季节性变化非常明显，从早春的浅绿色、盛夏的翠绿色、秋季的金黄色到冬季洗尽铅华，奏响了一场庄严的生命乐章。在姿态上，松柏等植物刚劲挺拔，给人庄严之感，玉兰、海棠、槐树等古树在花期还会散发芳香气息，沁人心脾，给人以嗅觉上的享受。

古树，或风骨清癯，或遮云蔽日，与山岩、寺庙相依相存，留存至今，成为地方景观重要的组成部分，并融入诸多名胜古迹之中。因此，古树已经成为现代社会一种极为稀缺的旅游资源。古树见证着自然的变迁、社会的演替，复刻着历史印记的古树是每一个地方的无价之宝。

二、古代僧人对古树的保护

佛教在中国传承上千年，留下众多的庙宇。这些寺庙都有一个共同的特点，那就是佛刹总是与周围的绿树交相辉映。寺院通常又被称作"丛林"，"丛林"一词，其本意为树林，意为树木聚集之处。后来"丛林"成为佛教寺院的代称，即是指僧人的聚居之所。为什么把寺院比作丛林呢？据《禅林宝训》记载："丛林乃众僧所止处，行人栖心修道之所。草不乱生曰丛，木不乱长曰林，言其内有规矩法度。"其大意是，草如果不乱长就称为"丛"，木不乱长就称为"林"，"丛林"之意，就是符合规矩。将寺院比作丛林，就是喻指

---

① 金英美：《古树价值》，《森林与人类》，2016 年第 12 期，第 8—10 页。

寺院乃是规矩之所，是修行的所在。

寺院与树木的关系还不止于此，千余年前百丈禅师创立丛林清规，奉行一日不做，一日不食，农禅并举，要求寺院僧众参与一定的生产劳动。僧人除了每天必修的功课之外，洒扫庭院、砍柴种树等劳作也是修行的一部分。古代高僧多有种树的经历，比如大觉寺四宜堂内久负盛名的古玉兰，据说是寺内清代主持迦陵禅师亲手种植的，树龄已逾 300 年，是京城最古老的白玉兰树，也许迦陵禅师在种树之时就已想到百年之后的愿景了吧。

走进大觉寺，映入眼帘的景物，除了彰显皇家风范的古建筑以外，还有另一道独特的风景，那便是上百棵郁郁葱葱、各具特色的参天古树。这些以松柏为主的古树名木如今都已定级、挂牌，受法律保护，且被很好地养护着。时至今日，大觉寺之所以能留有如此丰富的古树资源，离不开古代僧人们对古树的保护。在从前那个没有古树保护法律条例、没有专业人才管理、没有今天的养护技术手段的时代，这些古树全靠大觉寺一代又一代僧人以自己特有的智慧与方法去默默地守护，才得以保留到今天。

1. 乡亲砍伐御路树，当家师亲见拿住

在大觉寺馆藏的百余件契约文书中编号为 070 号契约中，就记录了一则关于保护古树的事件。现将契约内容摘录如下：

契约文书 070 号

立筏御路树株人乡长邢秉理地方刘鹏金木匠王瑞随人陈有才，因本村西门真武殿渗漏坍塌，全议砌盖。木料短少，无奈筏路树枝岔修，大觉寺当家师亲见拿住。今有合村众乡亲全求常住，当家师大开慈善，立字实放。自此之后，四人各栽树拾棵管活。从此之后御路树木再有人拆筏，有四人看守拿送常住送官治罪。如有树株短少四人不到者，有众乡亲壹面承管。恐后无凭，立字存正。

嘉庆拾肆年二月初二日

立字人 邢秉理（押）刘鹏金（押）

王 瑞（押）陈有才（押）

张 安（押）张德珮（押）

中保众乡人 张 镜（押）权国平（押）

姜文亮（押）天然（花押）

立字存照

上面的契约文书记录了嘉庆十四年（1809 年）乡长邢秉理等四人为修村中真武殿而砍伐御路树木，恰巧被大觉寺当家师亲见拿住。因有村中众乡亲求情，当家师才放人。不过作为赔偿，伐树的四人每人要为大觉寺栽树十棵并且管活。且以后再有人砍伐御路树木，就由这四人看守捉拿并送官治罪。如果树木短少，这四人不到，来求情的众乡亲都要负责。这篇契约文书中的字数虽然不多，但当家师对于古树管理的智慧与手段却已经跃然纸上。对于私自砍伐树木的村民并没有拿去送官治罪，反而大发慈悲心肠，网开一面，通过与村民签订民间契约的形式，既免去了村民送官后身体上所受的刑罚，同时也达到了教化世人爱护树木的目的。

另外还需说明的是大觉寺这座由皇家敕建的宝刹梵宫，珍藏着鲜为人知、保存完整的清代至民国初年有关寺院庙产等方面契约文书的原始资料，它是研究清代大觉寺历史、寺庙经济史及北京社会经济历史的第一手资料，具有珍贵的研究价值。契约文书原件基本保存完整，真实具体地记录了大觉寺清代至民国初年寺院经济及其他方面的活动，数量虽然不多，但内容极为丰富，颇具地区特点。大觉寺馆藏契约文书，大部分属于清代，还有少数属于民国时期，上迄康熙七年（1668 年），下至民国十三年（1924 年），时间跨度达 250 余年，数量达百余件左右，内容十分丰富，涉及土地制度、宗法制度、赋役制度、诉讼司法、风土人情及寺院宗教管理制度等方面，其中包括各种契约文书、账簿、名册、置产簿、收租簿、字据、案卷、告示等等，是极为珍贵的原始资料。①

雕梁画栋、飞檐斗拱、暮鼓晨钟、香烟缭绕，这一切使大觉寺蒙上了神秘的宗教色彩，高高的寺墙并没有隔断它与世俗的联系。一百多年过去了，当事人所立下的字据，有幸保存至今，为今天我们了解古代大觉寺僧人对于古树的保护提供了不可多得的证据。

2. 常修奋力护古树，大觉扶疏绿满庭

大觉寺内松柏苍翠、殿堂古朴，游客徜徉其间，常会赞叹这座寺院环境清雅、古韵悠远。其实在那兵荒马乱的年代，这里也曾经历诸多风雨，大觉寺内这些百年、千年的古树，也曾险些遭受灭顶之灾。而见证这些往事的人，则是大觉寺最后一位僧人常修师父。

1946 年 6 月，内战烽烟四起。一个傍晚，常修师父忽然听到寺外嘈杂，继而听到有人用力敲门。打开山门，一群士兵不由分说闯进了寺内。常修师父这些年已见惯各色打扮，从军装不难看出，这批士兵是国民党的杂牌军。里里外外一通乱翻之后，并没有发现什么值钱的东西，为首的军官非常恼火，但实在是不甘心就此作罢，便继续在寺里东瞅瞅西看看，眼光突然停在了参天的古柏上。原来他是打算把柏树砍伐后变卖了充当军饷，当即就下令让士兵们砍树。这些年来，飘零在外的常修师父早已把大觉寺当作了家，寺里的花草树木，在他心里都像亲人一样，如今要砍古树，常修师父岂能答应？他苦苦阻拦着、乞求

---

① 孙荣芬、张蕴芬：《大觉寺馆藏契约文书述略》，《北京文博》，2000 年第 4 期。

着，但无奈人单力薄，且这些兵痞毫无道理可讲。

此时，士兵们已经爬上了多棵柏树，锯掉了大部分树杈，准备接下来就要砍树的主干了。常修师父心如火焚，急得满脸通红，正所谓急中生智，常修突然想出了一个办法。他以寺内有饭菜为由，让士兵们先去吃饭休息。这些士兵们本就好吃懒做，又听说有饭菜，扔下工具，吆喝着便去吃饭了。

看着士兵们去吃喝，常修师父可不敢怠慢，拔腿跑出山门，奔了数十里，终于在半夜时分赶到了北平城内广济寺。此时的他已脚掌磨破，血流不止，但他顾不上劳累，赶紧把这件事报告给了广济寺方丈。方丈一听，也深感十万火急，便连夜通过关系找到了驻守北平的国民党将领傅作义。傅作义深知千百年的古树名木之于中华民族历史的意义与价值，在获知此事后，便毫不推脱、刻不容缓地下达了手令：不得砍伐大觉寺树木，违者军法处置！得到手令后，常修师父哪还管得了磨破的脚，他不吃不喝，一路狂奔，终于在天亮前赶回了大觉寺，把手令交给了士兵。杂牌国军自然是很气愤的，但内心纵然有万千不悦，也不敢忤逆傅作义的手令，最终只得骂骂咧咧地离开了。就这样，在常修师父有勇有谋的护持下，大觉寺总算保住了这些珍贵的古树。

今天，我们在大觉寺内参观游览时，依然可以看到这些古树当年被砍伐过的痕迹，同时它们也成为了历史的注脚，见证着那些悲伤同时光荣的岁月。

三、大觉寺近三十年来古树保护工作

大觉寺依山而建，园林植被生长环境、立地条件较差。1992 年就曾请北京市林业局古树专家李锦林先生带领专业队伍对寺内的古树进行了普查，而且对古树进行了现状评估与复壮。因为历史原因，地下建筑垃圾随处可见，古树周围尤甚，有的树底建筑垃圾直径少则 0.5 米，多则 1.5 米左右，个别古树就好像长在建筑垃圾之上。[①] 2008 年大觉寺附近村庄居民因生活用水所需，在大觉寺后山西南角打一眼自备井之后，破坏了原本的地下水线直接导致大觉寺潺潺流淌千年的泉水从此断流，泉水断流对植物的长势有着直接的影响，根系吸不到足够水分导致长势衰弱。随着北京旅游事业的蓬勃发展与开发，海淀区政府加强了对海淀西山地区的旅游综合开发力度，到大觉寺参观的游客逐年增加，人为的影响和自身树龄较大等因素，使得许多古树名木长期处在生长弱势和濒危的边缘。加之最近几年空

---

① 王勇：《古树保护，任重而道远——浅谈大觉寺的古树养护工作》，《阳台集：大觉寺历史文化研究》，北京燕山出版社，2012 年，第 255—259 页。

气环境的污染使植物的生长条件日趋恶化。这些现状对寺内植物造成了很大的影响，管理处根据实际情况更加注重了古树植被的保护与管理，每年都积极努力申请古树保护与养护经费，在经费允许的情况下对部分古树有重点的进行复壮，并且保证每年的绿化养护经费开支。不仅如此，还对寺内古树的生长状况进行观测，完善古树档案，而且每年还定期请林业方面的专家对寺内古树进行检查。在古树专家的指导下，我们认真分析了寺内古树衰弱的原因，列举如下：

1. 树木自身衰老，生命力减弱

寺内有些古树树龄已达几百年甚至千年，随着树龄增加，树木生理机能逐渐下降，根系吸收水分、养分的能力也越来越差，不能满足树木地上部分的供给需要，树木生理失去平衡，从而导致部分树枝逐渐枯萎死亡。

2. 立地条件差，营养面积小

大觉寺西高东低落差比较大，部分古树生长的环境土壤贫瘠、水土流失严重，且营养面积小。随着树体的生长，汲取的养分不能维持其正常生长，很容易造成严重的营养不良而衰弱，甚至死亡。

3. 树干周围铺装面积大，土壤理化性质恶化

寺内参观游人逐年增加，古树周围地面践踏频繁，致使土壤板结，树根部通气不良；为了便于旅游者的行走，管理者不得已在一些古树周围进行了铺装，部分铺装已经进入了古树的垂直投影范围之内，直接影响了地上与地下气体交换，使古树处于透气性极差的环境中；加之过去古树周围的建筑垃圾没有清除干净，导致土壤盐碱化，理化性质变坏，加速了古树的衰老。

4. 病虫害危害严重

因北京近年来气候干旱少雨，各种虫害泛滥，由于古树年龄大，树势减弱，易遭病虫害侵袭，如玉兰树的真菌感染、柏树的红蜘蛛、槐树的尺蠖、油松的松毛虫等，对古树的侵害比较严重。

根据实际情况，我们在专家的指导下制定了对院内114棵古树养护与复壮计划。管理处领导也积极努力申请古树保护与养护经费，在经费允许的情况下每年对部分古树有重点地进行复壮。积极与林业古树、病虫害方面的专家联系，每年都定期请有关林业古树方面的专家对寺内的古树进行检查，定期打药与生物防治。经过十余年的时间，管理处对辖管的114棵古树进行了复壮、补洞、支撑与修剪，使得院内古树长势与树势逐年好转。

保护古树名木对于保护资源和自然景观的整体性、延续寺庙历史和文化的完整性有着重要的意义。我们有计划地开展了对寺内古树的复壮与保护，促进了旅游事业的发展，增

强了人们绿化意识和环境意识，这些对促进社会主义精神文明建设和物质文明建设都具有十分重要的意义。这些年来，我们对古树保护采用了多种技术措施和管理方法，主要包括如下几项：

1. 建立古树档案

全面系统地查清古树名木的资源分布和生长状况，建立古树档案，做到一树一档。对确认的古树名木，划定保护范围，制定保护措施。对古树的生态环境、生长发育状况和保护现状进行有效管理。

2. 设置保护围栏

古树根系庞大，树冠投影下，皆为根系生长区。大觉寺每年参观人数达 20 万余人次，大量游客行走对古树周围地面踩踏频繁，致使土壤板结，根部透气不良。尽可能为寺内古树加装防护栏，以人摸不到树干为最低要求，防护栏高度为 1.2 米以上，样式与古树周边环境相协调。对于因客观原因无法加装围栏的树木，根据其生长环境及具体位置，在周围垒砌高出地面 20 至 30 厘米的树池，用来蓄水保土。

3. 清除竞争植物

不同植物之间及不同的植物群落间要争夺光、水、养分及地上、地下空间。因此我们清除了古树冠投影下生长的灌木和杂草，以保证古树生长所需的营养空间。比如四宜堂院内 300 多年树龄的白玉兰旁边有一棵望春玉兰，因为它树龄小、树势旺，所以长得很高大，它遮挡了旁边古玉兰树的阳光，对古玉兰树生长极其不利。于是对望春玉兰采取断枝措施，保证了古玉兰树得到充足的阳光。

4. 保障水肥管理

在每年春季 3 月上旬浇一次返青水，11 月中旬浇一次冻水，对生长在地势低洼地段的古树，修建排水沟及地下渗水管网。由于树龄、树势、强弱不同，对重点古树周围土壤进行分析后确定施肥种类，根据古树名木的生长需要进行施肥。

5. 开展古树的病虫害防治

古树易受病虫侵害。由于先期害虫的危害，消耗了大量古树的水分和养分，易使树势衰弱。古树一旦衰弱后，蛀干害虫如小蠹虫、天牛等次期害虫乘虚而入，破坏树木的输导系统，容易造成树木死亡。因此遵循预防为主，综合防治的原则，每年管理处聘请专业古树打药团队采用低毒无公害的生物农药对院内植被进行打药杀虫。不仅如此还采取以虫治虫，生物防治的手段投放害虫天敌如异色瓢虫、周氏啮小蜂、螳螂、花绒寄甲等进行防虫灭虫，把开展古树的病虫害防治工作作为重点。

6. 进行树枝修剪与树体修复

清除枯枝死叉，防止被大风吹折伤人，及时整理有安全隐患的枯死枝、断枝、病虫枝。及时疏花疏果，减少古树养分消耗。另外汛期多雨潮湿，海棠树树身上的空洞处长出许多菌类，将伤口刮平，清理树干内部，涂上保护剂，用仿真树皮堵好树洞，减少病虫滋生场所。此外，我们还对七叶树、银杏树、国槐进行修补树洞，对油松进行修补树皮等，根据不同的树种和不同的状态进行的不同的养护和治疗。

7. 自然灾害防范保护

雪灾防范：冬季降雪时，及时除去树冠上覆盖的积雪。

雷灾防范：2021 年给院内 12 棵古树加装避雷针。

强风防范：对有劈裂、倒伏隐患的古树名木进行树体支撑、拉纤和加固。

8. 做好巡视检查

每周联合聘请绿化养护公司的负责人对寺内植物长势、病虫害情况进行查看，发现问题及时解决；每月陪同苏家坨镇林业站人员检查古树生长状况；2021 年 8 月配合北京市园林局完成古树体检工作，以及树干空洞检测。

经过这些年所做的工作，我们也深深地体会到保护古树不是一朝一夕的事情，而是需要长期的管理与呵护。古树对寺院文化有着不可替代的作用，古树是大觉寺独特风韵的重要组成部分。让我们感到欣慰的是，这些古树虽然是年老体弱的老者，但是在我们的积极保护下，树势逐渐好转，寿命得以延长。今后我们要做到科学管树，对古树养护做到尽心尽责，努力使大觉寺的古树保护工作再上新台阶。

我与大觉寺五十年

赵
珩[*]

大觉寺坐落在京西阳台山麓，始建于辽代，时称清水院。金代时列为金章宗的西山八大水院之一。后因寺内有灵泉，遂改名为灵泉寺。明代重修后改名大觉寺，又经明正统、成化两代修葺。清康熙五十九年（1720 年）雍亲王胤禛送迦陵禅师入主大觉寺方丈，并于清雍乾时期增建了四宜堂、领要亭等。乾隆十二年（1747 年）皇家再次对大觉寺进行了大规模修缮，遂成今天的格局。从清水院时期至今已有近千年的历史。

关于大觉寺的史料记载，多散见于清人不少史料笔记中，近年都做了整理工作。而自民国以来关于大觉寺和管家岭一带的游记更是不胜枚举。彼时大觉寺的一部分房舍也长期出租，溥心畬等文人雅士和外国学人也有很多是长期租住在寺内的。当年冰心和吴文藻婚礼后，燕京大学校长司徒雷登派专车护送他们往大觉寺度假休憩。至今，在四宜堂院落左侧厢房的廊壁上，还各留下了溥心畬的一首五言律诗《丙子观花留题》和一阙"瑞鹧鸪"词，也是溥老在 1936 年居留在大觉寺的手迹。在傅增湘和俞平伯的游记散文中，都有关于大觉寺的记载。当年"湖社"的不少画家都曾到过大觉寺，梅兰芳和程砚秋也都来过这里。我曾见到过程砚秋在山坡上与友人的留影，泉水就流经在脚下。

从小就听我的老祖母说起当年去管家岭看杏花和游大觉寺，不但有叙述，还有照片为证。我记得那张大照片是那种银盐照片，洗成了棕色。似乎是在夏季，因为照片上所有的男人都穿着夏布长衫，女眷们也是夏布的裙袄。时间大约在 1930 年前后，照片上大约有二十多人，散漫地有站有坐，错落有致地在山坡上，手持折扇，十分闲适的样子，而并非是那种整齐的合影。后面的亭子似乎就是领要亭，我能认得出来的人有中国银行总裁冯耿光（幼伟），以及李释勘（宣倜）、我的祖父（世泽，字叔彦，号拙存）和七祖父（世基），我的两位祖母以及梅兰芳、姜妙香、姚玉芙等，约有二十来人。那时他们夏季常去西山避

* 赵珩，1948 年生，北京人。原北京燕山出版社总编辑、编审，北京市文物局专家、学术委员，文化学者。

暑，但是似乎并没有住过大觉寺，抑或是顺便一游。春天也会去管家岭看杏花，但是不一定都会去大觉寺。这张照片我的印象深刻，可惜毁于 1966 年。

至于我第一次去大觉寺则是在 1968 年的仲春，我还不到二十岁。

那时北京的中学生都不上课，喜欢结伴郊游，而交通工具就是自行车，这对今天的年轻人来说是不可想象的。我们常去的地方就包括了鹫峰。彼时鹫峰无人管理，山路也没有修整，沿途还有几处别墅的废墟。一早从城里出发，骑两个多小时的车，将自行车放在山下，立即就登山，一点不觉疲劳。中午时分到北安河镇上吃饭，那时的北安河镇有几家小饭铺，至今几位老同学还津津乐道那里做的滑溜肉片。吃饭时，有人就建议去附近的大觉寺，也有人说那里不开放，进不去。其中有一位不久前去过，说他有办法。那时大家都不会吸烟，于是从附近的小卖部里买了两包"恒大"牌香烟，就骑上车直奔大觉寺。

彼时的大觉寺还被林业部门占用，寺门紧闭。我们是从傍边的小门进去的，小门也有人看管，那位去过的同学去与他周旋，送上了两包"恒大"。于是顺利进入。

当时寺庙内很杂乱，堆放的东西很多。中路的"动静等观"和"无去来处"两处大殿的殿门都不上锁，可以随便出入，我们游览了大殿，甚至还爬到石台基座上去拍照。但是四宜堂的那边院落是进不去的，通道的门紧锁。春天，寺内还是有不少花草，但是疏于管理，大多处于自生自灭的状态。

此后从七十年代至八十年代初，都会在春天去大觉寺看看，总是能巧妙地进入，并不受到阻拦。至少在那种状况下去过三四次。

直到 1988 年，大觉寺正式移交给北京市文物局，大觉寺才真正得到了维护和修葺管理，步入了文物保护最得力的年代。此后，大觉寺的管理机构一直相对稳定，许多职工一干就是十几年甚至几十年，尽职尽责。大觉寺的几任负责人如老关、孙荣芬、姬脉利等，都为大觉寺的维护与管理乃至发展，付出了极大的心血，这是我在几十年中最深刻的感受。大觉寺的今天，与他们倾注的心血是绝对分不开的。而对于大觉寺的史料研究，专业研究人员张蕴芬和宣立品、王松等更是有着很强的事业心，为此做出了多年不懈的努力，终于出版了像《北京西山大觉寺藏清代契约文书整理及研究》《雍正皇帝与迦陵禅师》《大觉寺》画册等一系列有价值的著作。正是因他们有锲而不舍的精神，有关大觉寺的中外史料才能重见天日，这也是我在近三十年时间中与她们的交往中体会最深的。

九十年代以来，可以说没有一年不到大觉寺。作为一个出版工作者，北京燕山出版社历年的获奖图书和重点图书都与大觉寺不无关联。如《京剧史照》《北京市志稿》《图说北京史》《太平广记汇校》等大型图书，都是作者与出版社、北京社科出版基金办等共同集中在大觉寺，制定出版体例，研讨出版规划，实施具体编辑方案，几方合作共同完成的，至今记忆犹新。那时，方丈院的客房几乎每间都曾留下了我和我的同事们的身影。

还记得在编辑图书之余，我们带来的摄影师也为大觉寺拍摄了殿内二十诸天与十地菩萨的造像，拍摄工作都是在午夜，一干就是几个小时。后来，这些反转片不少都在大觉寺的画册中选用了。

九十年代末，我们住在大觉寺工作，恰逢季羡林先生也应邀住在大觉寺，他住在四宜堂，我们和白化文先生等住在方丈院。清晨，我们陪季老一起在寺内散步，从他住的四宜堂后面假山拾级而上，季老那时身体很好，一路上到憩云轩都坚决不要人搀扶。后来他和我坐在舍利塔下的游人椅上，季老对我大谈他的养生之道，还一再说我父亲的病就是太听医生的话了，不该做手术，如果不做，也许还能多维持几年，他说，别听什么"生命在于运动"，他自己就从不运动云云。至今，那几天与季老的几张珍贵合影还都保留着。

1996 年暮春，又逢丙子，恰是溥心畬先生题壁一甲子，于是心血来潮，步先生原韵，涂鸦五言律诗一首：

> 夜宿前朝寺，辛夷发早春。
>
> 湘簾隔日影，叠嶂远红尘。
>
> 灵泉泽芳草，晓露润苔痕。
>
> 粉墙题壁在，谁念旧王孙。

千禧年世纪之交夜，我是和朋友们一起在大觉寺度过的，那天下午就抵达大觉寺，安排好住宿后，先在寺内游览。那天安排的是晚饭后在寺内的绍兴菜馆联欢，午夜在寺外的空场上燃放烟花。烟花需要自己买好，寺内也预备了不少。届时，附近的村民也同时在空场上燃放烟花。入夜后寺内的钟楼开放，可以登楼撞钟。于是联欢会后大家就鱼贯登楼，次第撞钟不歇。时至午夜，室外鞭炮齐鸣，烟花腾空，五彩斑斓，明灭于夜空。兴奋之余，偶成小诗：

> 龟鼓鲸钟一岁新，人寰梵界相与闻。
>
> 莫道禅林霜月冷，遍地笙歌已报春。

许多年来，几乎每年都在玉兰盛开的时节和银杏金黄的季节到大觉寺，这是大觉寺一年中最美的两个时令，四宜堂前的玉兰虽然树冠不大，每年的花期也要晚于城里玉兰绽放的时节，但是花朵肥厚，晶莹剔透，秀美绝伦。深秋，两殿之间月台右侧的银杏逐渐变成金黄色，在日光的照射下，夺目耀眼。每年，天王殿前后的丁香、紫藤，都会次第开放，届时也会有人特地来寺内观赏。

从九十年代开始，几乎每年都会陪着各地来京的朋友游大觉寺，也陪许多海外的朋友小住大觉寺，入夜，在方丈后院的白皮松下，由携带着古琴的朋友在松风谡谡的伴奏下，弹奏《潇湘水云》《平沙落雁》，饮着"凤凰单从""君山银针"，是何等惬意。

2011 年的秋天，我曾陪着英国剑桥大学亚非学院东亚研究所所长、中国研究中心主任，著名唐史研究专家麦大维教授（Prof David McMullen）和北京大学历史系兼古代史研究中心教授，敦煌专家、唐史专家荣新江和夫人刘芳；北京大学古代史研究中心教授、西域研究中心主任朱玉麒；内子、中国社会科学院历史研究所研究员吴丽娱；北大历史系副研究馆员史睿等一行小住大觉寺，在此期间，又去访了门头沟樱桃谷路口的庄士敦别墅、驱车石景山法海寺观瞻壁画，并去了附近的醇亲王墓园。这次小住给大家留下了极其深刻的印象。

自从 1968 年初到大觉寺至今已经过去了五十四个年头。大觉寺经过了岁月沧桑，依然如故，而且被维护和管理得越来越好。一年四季，花木扶疏，每次到访，都会有新的感受。岁月荏苒，白驹过隙，我也垂垂老矣。但是大觉寺的历史和景物总会魂萦梦牵。

大觉寺品茶赏玉兰

茅子芳*

每逢玉兰花开，春茶上市之际，我便想起了大觉寺。

大觉寺坐落在北京西北的阳台山东麓，庙宇坐西朝东，依山势而建。背后山峦起伏，环境清静优美，是北京著名的佛教寺院。

大觉寺历史悠久，始建于辽代咸雍四年（1068 年），至今已有近千年的历史。因寺内有一泓清泉，所以最初叫清水院，后改名灵泉院。是金代金章宗在西山修建的八座行宫之一，这八座行宫分别是：位于凤凰岭的圣水院，现称黄普院；位于七王坟（老醇亲王奕𫍽的墓）附近妙高峰的香水院，现称黄云寺；位于阳台山的金水院，现在的金山寺；位于阳台山东麓的清水院，现在的大觉寺；位于香山山坡上的潭水院，现在香山公园内的双清别墅；位于玉泉山内的泉水院，现芙蓉殿；位于石景山双泉村北的双水院；位于香山樱桃沟村北的灵水院，现在的栖隐寺。另外也有说金水院为颐和园，温汤院位于温泉村。

灵泉寺（清水院）于明宣德三年（1428 年）重修扩建，赐名大觉寺。据《帝京景物略》卷 5 和《日下旧闻考》卷 106 记载，明末清初大觉寺已坍塌。后于清康熙及乾隆年间两次重修才形成今天的格局。

大觉寺内除了和其他寺庙一样有山门、钟鼓二楼、佛殿等建筑之外，还有清代皇帝的行宫，雍正、乾隆皇帝题写的"憩云轩""四宜堂"等院落。寺内有参天古木、千年银杏、古柏老藤、娑罗圣树……

在古树掩映下的宏伟殿堂内供奉着妙胜庄严的佛像，如明代的横三世佛、观音菩萨、文殊菩萨、普贤菩萨、二十诸天、清代的彩绘悬塑海岛观音等。

---

* 茅子芳，北京市工艺美术研究所退休干部，高级工艺美术师，北京市一级工艺美术大师，北京市级非遗项目"北京刻瓷"代表性传承人。

大觉寺内最为著名的要属那棵有 300 多年树龄的古玉兰了。

每年四月，洁白的花朵开满了全树。每到这个季节，我都和几位好友来这里品茶赏玉兰。

要说茶，是我每天必喝的，已经喝了七十多年了，一生只此一嗜好。要说玉兰花，如今到处可见，就连我住的小区院子里都有，已经不是什么稀罕之物。

为什么非要舍近求远去大觉寺呢？为什么到了大觉寺去"品"茶而不叫喝茶？为什么到大觉寺的玉兰花前去"赏"而不是叫"看"玉兰呢？就是因为"品"与"喝"，"赏"与"看"是有所区别的。

大觉寺具备了品茶与赏玉兰的条件，就是环境与心情。位于四宜堂内的明慧茶院，确实是个品茶赏玉兰的好地方。在这里可以品茶，欣赏茶艺表演和茶农炒茶制茶技艺。品茶的品，是品评、品味。不光是品评茶的质量，更是在品味茶的文化内涵。

茶的历史在中国的历史上可谓久远，传说距今五千年前的"三皇五帝"时期，在今天的四川东部、湖北西北部的山区里，有个叫作"三苗""九黎"的强悍部落，这个部落的首领就是后来被称为神农氏的炎帝。神农氏，是一个身体健壮的智者，他率领的部落的人以野兽和野果为食，以树叶和动物的皮毛为衣。之后神农氏又统一了周边大大小小所有的部落，成为长江流域最强大的部落。但随着人口的增加，用于裹腹充饥的野果和野兽的成了短缺之物，人类的生存问题受到了极大的威胁。为了部落的生存，神农氏走遍了山川大地去寻找新的食物。他首先发现了可以食用的五谷，并教会大家如何播种，"教民稼穑"，解决了人们吃饭的问题。解决了温饱之后，各种疾病又成了对人类的最大威胁。于是神农氏又一次走遍了各地，去寻找能给人们解除病痛的植物。有一次他在路上忽然感觉身体有些不舒服，便随手摘下了身旁一棵树上的几片叶子放在嘴里咀嚼，发现这种叶子的味道有些苦涩。但没过多久忽然感觉到无比的舒爽，一种从未有过的美妙感觉传遍了全身。他赶忙又摘了很多叶子保存起来，并给这些叶子起了一个名字叫"茶"，也就是后来的茶。

发现了被称为茶的叶子之后，神农氏继续寻找其他的草药，由于某些植物中含有毒素，神农氏经常会在品尝时中毒。有一次他服了一株毒性很大的小草，脸色马上变得乌青，口干舌燥，心跳加速，难受极了。这时他想起了那叫茶的叶子，便赶紧拿出几片咀嚼，不一会儿竟然慢慢地解掉了身体中的毒素，一切恢复正常。有时在口渴找不到水的情况下，他也咀嚼这种叶子，发现也能起到止渴生津的作用，后来他就经常用这种叶子泡水喝。这就是关于茶的起源的传说。

在《神农本草经》里也有记载："神农尝百草，日遇七十二毒，得茶而解之。"唐代，被称为"茶圣"的陆羽，在他的《茶经》上也说："茶之为饮，发乎神农氏。"

"神农尝百草"发现了茶，虽说是个传说，但也非无中生有。野生茶树的发源地就是在我国的西南，茶叶的兴起也正是从四川湖北一带开始。茶叶的产地正是神农氏和他的部落生活的地带。

退一步说，茶叶这个东西即便不是神农氏发现的，也是他所在的部落的后代发现的。茶的发现肯定在距今三千多年以前。

"茶"最早写作"荼"，荼是一个有很多含义的字，茶的意思就是其中之一。从汉代开始人们把"荼"字中间去掉了一横变成了今天的"茶"字，从《说文解字》的宋代人的注释中我们可以看到对"荼"字的解释："此即今之茶字"。

茶的意义在中国漫长的历史中早已超出了它自身原本的药用价值和用于解渴的一种植物叶子，而是上升到人的精神领域里，形成了"茶文化"。特别是茶与佛教禅相结合，形成了"茶禅文化"。

唐代赵州观音寺内被称为"赵州古佛"的高僧从念禅师，是中国佛教禅宗历史上有名的禅师。他一生酷爱茶，认为茶有三德：坐禅时可以提神通夜不眠；满腹时可以助消清神；心烦时可以除杂念，平和相处。这些都符合佛教的道德观念。据《五灯会元》记载，从念法师认为通过饮茶能达到悟道。因此他说话前总要说一句"吃茶去"，这三个字便成了佛教禅宗的一句法语。

唐代诗人卢仝在他的《走笔谢孟谏议寄新茶》诗中写出了饮茶七碗的感受："一碗喉吻润，两碗破孤闷。三碗搜枯肠，唯有文字五千卷。四碗发轻汗，平生不平事，尽向毛孔散。五碗肌骨清，六碗通仙灵。七碗吃不得也，惟觉两腋习习清风生。蓬莱山，在何处？玉川子乘此清风欲归去。"

中国佛教协会前会长、书法家、诗人赵朴初先生曾经借用卢仝的"七碗诗"和从念法师的"吃茶去"写过一首诗：

> 七碗受至味，一壶得真趣。
> 空持百年偈，不如吃茶去。

大觉寺在寺内环境幽雅的四宜堂院内开办了明慧茶院，"明慧"二字本身就带有禅意，"明"是明了，明白；"慧"是智慧，大智大慧。这里为品茶创造了优雅的环境，让人们从喧嚣的城市内和紧张的工作压力中，来到这里让自己心情舒畅和放松起来。

在这种环境里，与几位好友边品茗，边谈古论今，切磋学问，感受历史，此时院中的几棵正在盛开的玉兰也无疑在为品茶助兴，这是何等乐事。

赏，即欣赏。"欣赏"一词出自大诗人陶渊明的《移居》诗最后的两句："奇文共欣赏，疑义相与析。"这两句最后的两个字，连起来就是"赏析"。

南朝刘勰在《文心雕龙》中把欣赏称为"知音"。并设有《知音》篇。因此"看玉兰"和"赏玉兰"是不一样的，看是外在的，表面的，肤浅的，走马观花，一带而过。而"赏"是要细心的品味，领略玉兰深层次的的内涵。

在大觉寺内品茶赏玉兰，既可以品出茶的禅意，又能赏出玉兰的内在品格。面对大觉寺中300年树龄的古玉兰树上盛开的朵朵洁白的玉兰花时，让我想起了一个有关玉兰的美丽的传说。

相传有一年，王母娘娘带着众仙女下凡来到昆仑山，寻找一种爽心草时，见到山涧中有一潭碧水清澈见底。在天宫里呆腻味了的王母娘娘和众仙女便与凡人一样，一起宽衣解带入水洗浴，一时周身清爽。中午时分，王母娘娘和众仙女信步山中，不觉走到了一个穷苦青年石娃的家里，石娃赶忙做饭招待。这时有一位叫玉兰的仙女看到石娃一个人在忙时，便主动上前去帮忙做饭。这让石娃非常感动，对玉兰说："原来你这个仙女做饭做得这么好。"玉兰笑着回答说："这有什么奇怪的，织布绣花，我都拿手。"石娃闻听此言，心中冒出了一个念头，若能娶玉兰当妻子那该多好啊。

虽然是一顿粗茶淡饭，可平时吃惯了山珍海味的王母娘娘却吃得津津有味，连连称赞石娃和玉兰做的这顿饭好吃。她问石娃："你想让我怎样感谢你啊？"石娃连忙谢过，没提出任何要求。王母娘娘见此状便起身说："这样吧，你这破旧的草房，冬不避寒，夏不遮雨。我给你换间新房吧。"于是伸出手一指，那座破草屋顿时变成了一座新房。王母娘娘又把石娃上下打量了一番说："你这衣衫也该换换新的了。"又用手一指，石娃穿的衣服马上变成了新衣服。石娃赶忙谢过王母娘娘。

临别之时，石娃悄悄走到玉兰身边问玉兰："我什么时候还能再见到你呀？"玉兰也被这个淳朴的小伙子所打动，深情地望着他小声地说："我会来看你的。"

这天半夜时分，睡梦中的石娃，忽然被一阵敲门声惊醒，问道："谁呀？"只听外面回答道："我是玉兰。"石娃赶忙起身开门，望着玉兰，激动的说不出话来。原来玉兰在返程回天宫的途中偷偷地又溜了回来。从此石娃与玉兰结为夫妻，二人过上了男耕女织的凡人生活，小日子过得虽然不富裕，却也夫妻恩爱，甜甜蜜蜜。

可好景不长，一天玉兰正坐在门口绣花，忽然一条黄绢从天而降，上写："玉兰偷出天宫，以身相许凡人。有犯天条，责令立即回宫，不得有误。"

玉兰惊愕片刻，遂咬破手指，在黄绢背面写道："我与石娃已结为夫妻，誓不分离。"又将黄绢抛向天空。

等石娃从山上干活回来时，玉兰一双泪眼望着石娃说："娘娘已经降旨，召我马上回天宫。"石娃听后，犹如一个晴天霹雳。急切地说："玉兰，你不能走啊，等娘娘来了我一定向她求情。"玉兰苦笑道："天宫规法甚严，你我就要分离了。"说话间，王母娘娘已在众仙女的簇拥下驾云而至。二人跪在地上苦苦哀求，玉兰更表明心迹，若非要回天宫，宁愿一死。王母娘娘见玉兰心意已决，遂脸色一沉，用手一指，玉兰一下子就变成了一棵树立在门前。石娃见此状，悲愤地大叫一声"玉兰"后便昏死在这棵树下，再也没有起来。人们把石娃葬在了这棵树下，并给这棵树取名叫"玉兰"。

第二年春天，这棵玉兰树上开满了美丽的白花。并在根部孕育出了好几颗新树苗。

其中有一颗树苗后来被人们移植到了一座寺院之中，长大之后这棵新玉兰树每年四月花开飘香，吸引着四方的游人前来观赏。我想，这个寺院可能就是北京的大觉寺吧。

图 1　古玉兰树

玉兰的花，洁白纯洁，引人喜爱，明代诗人睦石赞之为："素面粉黛浓，玉盏擎碧空。何须琼浆液，醉倒赏花翁。"而历代的画家们则用各种画风来描绘玉兰的美丽。

本人是一个在工艺美术行业里干了六十多年的老工匠，通过在大觉寺中品茶赏玉兰，激发了我的创作灵感。近些年我利用多种艺术形式，把我内心的感受通过作品表现出来。

首先，我把茶中的禅意与感受编成对联刻在我用葫芦制作的茶壶上，用艺术的形式再现出来。这些茶壶是用来观赏和把玩的。用各种不同形状的葫芦设计成不同造型的茶壶，壶身都是用葫芦下半部粘上圈足，再配上线条美、合适的壶嘴、壶把粘接而成。其中有一把茶壶，我把赵朴初先生的诗刻在了上边，另一面刻上了从念法师的"吃茶去"。

其他壶上刻的对联有：

枯肠搜字吃三碗，润嗓饮茶品一杯。

三卷十篇经（指陆羽的茶经），一壶七度碗（指卢仝的七碗）。

一壶春雪待雅客，两腋清风成神仙。

玉川七碗诵千古，茅公一壶传万年。

狮峰品龙井，洞庭尝碧螺。

茅公壶沏遍名茶，玉川碗品到至味。

……

另外我还在壶上刻了很多古代烧茶的画面，把葫芦造型艺术与茶文化、佛教文化有机地结合起来。我把大觉寺中玉兰的皎洁清纯的风韵，刻在宛如晴空的蓝色瓷盘上，创作在我的作品之中。

刻瓷又叫瓷刻，顾名思义就是在烧制好的瓷器上用钻石刀或合金钢錾直接雕刻的一门技艺，这是在我国流行了近千年的一种传统工艺。据清人叶昌炽的《语石》（北京石刻艺术博物馆丛书，韩锐先生校注）记载，在北宋元丰元年（1078 年）就出现了刻瓷作品。

刻瓷是以刀代笔在瓷器上进行书法、绘画创作的一门艺术，是书法绘画与錾刻技艺的深邃结合。其效果可以达到"触有手感，观有笔墨"的艺术效果。既显示出瓷釉晶莹光洁的特色，又使得书画风韵持久不损，还有金石韵味。它比画瓷更为素雅，更加文气。先辈刻瓷艺术家朱友麟先生曾说："瓷赖画而显，画依瓷而传。"

传统刻瓷多以白瓷为载体。其内容多表现书法和国画题材。刻完后再以墨和颜色渲染，然后涂一层蜡使墨色不脱掉。早期的刻瓷，多是作为瓷器的装饰或题写文字作为纪念。以后逐渐发展成为单独为了观赏的刻瓷艺术品。

随着时代的发展，科技的进步和人们审美观念的变化，刻瓷艺术在表现内容、形式、手法、工艺等方面也不断地丰富，不再仅仅局限于书法、国画的形式和内容了。素描风格的人物肖像、装饰画、版画风格、剪纸风格、漫画等多种形式的内容也出现在刻瓷艺术中。载体也不仅是器皿，纯为观赏用的各种瓷板、挂盘按需要烧制出来，瓷釉也不限于白色，各种釉色的瓷也都用于刻瓷艺术上，使古老的刻瓷艺术内容、形式更加丰富，更加绚丽多彩。

2008 年北京刻瓷被列为非物质文化遗产保护项目。2012 年我被授予北京市级非物质文化遗产保护项目"北京刻瓷"的代表性传承人称号。

刻瓷作品《大觉寺的玉兰》，是我多年在大觉寺品茶欣赏玉兰时，通过写生并融入自己的内心的感受之后创作的作品。虽然如今到处可以见到玉兰，但只有在大觉寺时，才有心对玉兰花细细的欣赏品味，并融入我内心的"寄情"。

图 2　刻瓷作品《大觉寺的玉兰》

　　这两件作品（图 2）是在两块蓝色的瓷盘上雕刻而成。利用盘子蓝色的瓷釉与白色的瓷胎颜色的反差，以蓝色的瓷釉为背景衬托出用白色瓷胎雕刻出的花朵。在雕刻中吸收了工笔国画、素描、摄影等多种技法融入在刻瓷之中。用工笔国画的手法勾勒出玉兰清晰的轮廓，用素描的手法錾出明暗的层次，有虚有实。用摄影的方法表现出折枝玉兰的特写镜头的效果，让花瓣显得有既柔软又挺拔的质感，让欣赏者感到浓烈的诗情画意。给人以天青玉洁，纯粹神圣之感，让欣赏者再次品赏出更深层次的意境。

　　大觉寺，给了我更多的创作灵感和空间，是我永远喜爱的地方。

五
博物馆理论与实践

阳台集——
大觉寺与西山历史文化研究

聚力新时代 奋斗正当时

——关于北京大觉寺与团城管理处所面临的机遇、挑战及发展方向的探讨

李永泉[*]

摘　要：北京大觉寺与团城管理处于 2021 年成立，标志着大觉寺、健锐营演武厅两处全国重点文物保护单位的保护和管理迈出了新的一步。本文对当前的机遇和挑战进行了分析，认为相比此前，管理处在职工结构配置、部门优化调整方面具有新优势，也在文化价值探索、文物保护、科研发展、人力资源等方面面临着新挑战。管理处应在党建与业务深度融合，文物的保护管理、价值挖掘、活化利用等方面扎扎实实做好工作，将各项挑战变为机遇，让两处文保单位的文物工作迈上新台阶，为北京博物馆之城建设，为首都文博高质量发展贡献自己的力量。

关键词：党建与业务深度融合　文物保护管理　价值挖掘　活化利用

2021 年，根据北京事业单位机构改革计划，北京西山大觉寺管理处和北京市团城演武厅管理处合并成为北京大觉寺与团城管理处。新单位的成立标志着大觉寺、健锐营演武厅两处国保单位的保护和管理迈出了新的一步，也面临着新的机遇和挑战，在此略作分析探讨。

一、当前的机遇

当前，文博事业发展正处在有史以来最好的大环境中。党的十八大以来，以习近平同

---

*　李永泉，北京大觉寺与团城管理处主任。

志为核心的党中央，以前所未有的力度高度重视文物保护利用和文化遗产保护传承，我国文物事业发展迅速，文物工作取得了显著成绩，在全党全社会形成了守护历史文脉、传承中华文明的强大合力。习近平总书记对做好新时代文物工作作出一系列重要指示和全面部署，"坚持保护第一""保护文物也是政绩""让文物活起来"等理念深入人心。党的十八届三中全会将文物事业改革发展纳入全面深化改革战略布局。党的十九大和十九届五中、六中全会对加强文物保护利用作出整体谋划。作为首都和全国文化中心，北京地区文博工作发展更进一步。党的十八大以来，习近平总书记多次视察北京并发表重要讲话。总书记殷殷嘱托，要保护好北京这座无与伦比的世界古都，要保护好北京的历史文化遗产。对此，北京市委、市政府高度重视文博工作，在《北京城市总体规划（2016—2035）》中，将文博发展列为非常重要的一项。根据北京城市"四个中心"功能定位，北京市在2019年编制颁布了《全国文化中心建设中长期规划（2016—2035）》，重点构建了"一核一城三带两区"发展框架，其中重点是文博工作。近年，北京市文物局制定了"一轴一城、两园三带、一区一中心"首都中心工作任务，编制颁布了《北京市"十四五"时期文物博物馆事业发展规划》，为首都文博高质量发展构建了框架，打好了基础。总体来看，无论是全国，还是北京，文博事业都处在历史上最好的发展阶段，正可谓顺天应时、未来可期。

大觉寺、团城演武厅都坐落在西山永定河文化带，具有地理优势、文化优势。西山永定河文化带是一个具有多重生态文化和历史文化属性的带状空间单元，是北京历史文脉的重要组成部分，是全国文化中心建设总体框架中重要的一环，是首都文博中心工作"两园三带"中重要的一面。其中，西山可分为大西山和小西山两个地理空间，小西山地理学名为"香峪—大梁"，大西山则在小西山之西，两者间既有区别，又紧密相联。这一点不仅体现在地理位置上，更体现在历史文化内涵之间的关联之中。大觉寺位于阳台山东麓，向东近望小西山。团城演武厅位于香山东麓，是小西山、三山五园地区的核心区域。因此，从地理位置上看，我馆地跨大西山、小西山两个地区，直线上由俗称的"曹雪芹小道"相连，同时包含多个地理元素，在西山永定河文化带中独一无二。从文化角度看，大觉寺、团城演武厅虽然表面并无关联，但在文化内涵上实有千丝万缕的联系。两处文保单位同处西山永定河文化带中，在历史上乾隆皇帝对两处的发展均起过重要作用，团城演武厅虽是军事场所，但又与实胜寺有着密切关系，这些都反映了两处文保单位之间并非相互孤立。恰似大觉寺内乾隆皇帝御赐匾额"动静等观"之喻，兵家之地团城演武厅与千年古刹大觉寺，一动一静，一武一文，在动静文武间，彰显着西山永定河文化带开放包容、兼收并蓄、跨越时空的独特魅力。这一文化内涵，在西山永定河文化带中独一无二。此外，我馆还是北京市文物系统在西山永定河文化带中唯一的直属单位。总之，大觉寺与团城享地利之势、占文化之优、承行政之便，自然被赋予了宣传弘扬西山永定河文化带优秀文化内涵的责任和使命。

我馆职工结构配置相对合理，在优化组合后，完全可以胜任保护管理两处国保单位的任务。北京大觉寺与团城管理处成立后设有编制 26 个。现有职工中，包含老中青三代职工，年龄梯队搭配比较合理。其中，既有工作多年、经验丰富、责任心强的老一代职工，也有年富力强、经验充足、专业扎实的中年职工，还有入职不久、渴望学习、冲劲十足的年轻职工。在这样的人员配置下，老职工可以将丰富的文博工作经验传授给年轻职工，可以用极强的责任心和高尚的文博情操鼓舞带动全馆职工，起到定海神针的作用；中年职工则处在经验、专业、精力、干劲等方面要素最佳契合的时期，正是铆足干劲、攻坚克难、以一当十、创造佳绩、奉献文博的最佳时期，是我馆的中坚力量；年轻职工则处于朝气蓬勃，接受先进理念，接触先进知识最多最易的时期，可将大千世界的前卫知识、时代信息带入馆中，是我馆营造紧跟时代、与时俱进氛围的先锋队，就像第一缕春风，前途不可限量。从职称角度看，我馆既有博物馆专业研究馆员，也有副研究馆员，还有馆员、助理馆员，构成了博物馆专业完整的职称链条。在此情况下，正高级职称职工作为学术带头人，可与副高级职称职工紧密配合，带领其他专技人员共同从事文博行业科研工作。从部门设置看，我馆部门由两个，即办公室、业务部，优化设置为四个，即办公室、综合保障部、业务部、社会教育部，分工更加精细，配置更加合理，正走在"各有所职，而百事举"，追求精益求精的路上。

二、面临的挑战

1. 大觉寺、团城的确在文化内涵上有较大差异，为我馆业务工作统筹开展、交叉研究提出了挑战。大觉寺是一座千年古刹，自创建至民国时期，长期作为宗教场所使用，积累了深厚的宗教文化，在北京市十三五规划中，与潭柘寺、戒台寺等共同被称为西山文化带中宗教文化的代表。至新中国成立后，大觉寺作为北京林学院创校之地，面目一新，成为北京乃至中国林业事业在新中国的肇始之地。至二十世纪八十年代，在北京市文物局接收大觉寺后，大觉寺于 1992 年作为文保单位、博物馆对公众开放，大觉寺的历史又翻开了新的一页。可见大觉寺自创建至今，其所走过的路，所承载的事物，总是与文化紧密相关。在千余年历史中，经历了文化积淀和文化输出的过程。团城演武厅的创建历史并不长，自乾隆十三年至十四年间肇建，至乾隆朝中期颇具规模，至今近三百年历史。在清代，团城演武厅一直作为武备设施使用，承担了演武阅兵、宣扬国威、提振士气的功能，西城楼门、演武厅、团城等古建，镌刻在团城两座城门上方的乾隆御笔"志喻金汤""威宣壁垒"石匾，都是这段历史的明证。新中国成立后，团城演武厅曾为西山农场的属地，1988年，北京市文物局接收团城演武厅，团城也作为文保单位、博物馆对公众开放。回顾团城的历史，其主流仍是武备建筑，是中国古代重要的军事设施，内涵与军事、武力、兵器、战法等密切关联。

通过以上简要分析，大觉寺、团城这一文一武，不同时代的古代建筑群怎样在对立中寻求统一，是摆在我馆业务工作人员面前的问题。诚然，因为差异的客观存在，我们未必要寻找共通之处，不同品类花朵各自绽放，亦是极好。但两处国保单位同处在首都，在全国文化中心的沃土中，做到错落有致、有机搭配亦是理所当然。而两处文保单位都是中华传统优秀文化大家庭的成员，一定有着必然的联系，找到这共通之处，是文博工作文化价值的重要体现。

2. 大觉寺、团城两处单位的科研工作还需要进一步加强，水平还需进一步提高。做好研究工作，进一步发掘文化内涵是博物馆的主要功能之一，对于大觉寺与团城管理处而言，亦是如此。做好科学研究，擦亮历史文化"金名片"，是促进高质量发展、履行传承文化使命的必然要求，是我馆研究能力的具体体现，直接影响办展水平，也是可持续发展的重要增长点。回顾过去，我馆出版了相当数量的图书，发表了十几篇论文，这些成果主要集中在大觉寺、团城两地的文物、历史文化研究方面。此外，还承担过部分局级课题、北京市人才资助项目等。对于已有的学术成果，让人自豪欣慰。但我们还应抱着继续努力的心态，全面、客观、辩证看待我们的科研能力、水平和成果，要对科研结构、能力、体系进行仔细分析，寻找不足，弥补短板，在新单位成立的新阶段把科研工作做好做实，站在新的起点，创造更好的成绩。如大觉寺方面，虽出版了部分图书，在业内取得了一定声誉，发表了论文，但对大觉寺历史文化的研究尚未建立体系，研究方向还没有长远的规划。团城方面，发表了部分文章，但研究能力还需要提高，相关图书《健锐营》亦非我馆出版。如今，两个单位合并，应站在新的起点，考虑科研工作，更要从两处国保单位共同的角度统筹考虑，争取能使两处研究根据各自特点及共性齐头并进。

3. 大觉寺、团城两处单位的文物保护工作还需进一步加强，文保理念、水平、素养都需进一步提高。大觉寺和团城有一个共同的标签——全国重点文物保护单位，两地同在2006年被列入第六批全国重点文物保护单位。全国重点文物保护单位，是由中华人民共和国国务院的文物行政部门，即国家文物局对不可移动文物所核定的最高保护级别。全国重点文物保护单位，核心是"文物"，重点是"保护"，是党和国家为保护祖先留下来的文化遗产，坚定文化自信，延续精神根脉而为"国宝"穿上的"保护罩"。如今，两处国保单位都由我馆保护、管理，怎样利用新技术新理念，改进工作方式，提高能力，保护好、管理好可移动、不可移动以及活态文物，都是我们面临的挑战。

4.在人力资源方面，也面临着挑战。第一，行政岗位工作人员工作量大大增加。从馆藏数量到建筑面积看，我馆属中小型博物馆，虽然体量不大，但工作范围仍包含了安全保卫、后勤保障、服务接待、财务管理、人事管理等方面的事务，也要承担上级单位交办的各项任务，还要迎接行业管理单位的各项检查监督，可谓麻雀虽小，五脏俱全。大觉寺、团城由两家单位分别管理时，行政人员已承担了相当大的工作量。如今，单位合并后，行政人员数量减半，管理的文保单位翻倍，工作量大大增加，而有些行政工作又属于专业性很强的工作，在工作的同时需要具备一定的文博专业知识，或与专技人员共同办理，需要很强的工作技巧和专业能力。第二，总体看单位人手相对紧缺。随着文物保护标准的不断提高，以及文物的自然老化，今日的文物保护管理要求与过去相比，并不能画等号，因此二十余人的职工队伍保护管理两处国保单位，不仅职责重大，而且任务艰巨。随着社会公众对博物馆文物文化日益增长的迫切需求，文博工作者要不断提升文物的研究阐释水平与宣传利用力度。要完成这一任务，履行这一职责，以我馆二十多人之力，并无问题，而要做出精彩，恐怕不够。如我馆业务部门有两个，即业务部、社教部。业务部有 5 人，社教部有 4 人，共同承担了两处文保单位的业务工作。业务工作包括讲解接待、科研、文物保管、策展、线上宣传等，以这 9 名职工的能力和精力，完成以上工作并无问题，但如果遇到高要求、高强度的工作，就会人手紧缺。单以讲解接待而论，这项工作是我馆一项非常重要的工作，是沟通我馆与公众、文化与公众的桥梁，是我馆对外重要喉舌，是我馆展示形象的重点。平时，讲解工作可由讲解员承担，若遇观众较多，讲解任务繁重时，我们能否合理利用社会资源，特别是志愿者团队，分担讲解任务，甚至利用志愿者们不同的职业背景、文化层次帮助我们提高讲解水平。以上这些都值得我们深思。

以上是我馆当前面临的部分机遇和挑战。其实，机遇和挑战不止如此，比如，怎样更有效利用两处文保单位文物资源以及大觉寺多年来面临的转型问题等。总之，机遇很大，挑战也很多，但所谓"祸兮福所倚，福兮祸所伏"，矛盾中对立的双方会互相转化，机遇和挑战也可以互相转化。机遇纵然是机遇，但在机遇面前做不好，机遇就转化为挑战。挑战固然是挑战，迎接挑战，努力做好，挑战也能摇身一变而为机遇，甚至在这种机遇中能作出更好的成绩。

三、关于发展方向的探讨

党的十八大以来，习近平总书记对文物工作作出了一系列重要指示和全面部署。其中，在 2022 年 7 月 9 日给中国国家博物馆老专家的回信中指出："博物馆是保护和传承人类文明的重要场所，文博工作者使命光荣、责任重大。希望同志们坚持正确政治方向，坚定文化自信，深化学术研究，创新展览展示，推动文物活化利用，推进文明交流互鉴，守护好、传承好、展示好中华文明优秀成果，为发展文博事业、为建设社会主义文化强国不断作出新贡献。"诠释了文博工作的意义，指明了文博工作的方向。7 月 22 日，全国文物工作会议召开，提出了"保护第一、加强管理、挖掘价值、有效利用、让文物活起来"文物保护工作 22 字方针。习总书记的系列指示批示是文博工作的根本遵循，全国文物工作会议的精神是文博工作发力的重点，文物保护工作的新方针是文博工作的指南。在围绕"一轴一城 两园三带 一区一中心"首都文博中心工作的前提下，我馆可从以下几方面开展工作：

（一）党建与业务深度融合，用党建引领全馆正确高速发展

"物有本末，事有终始，知所先后，则近道矣"。要迎接挑战，首先要做到党建引领，这是解决所有问题的牛鼻子，是工作发展的主要矛盾。"看北京首先从政治上看"，作为北京市文物局的直属单位，我馆在政治上的表现就是党建与业务深度融合。做好党建与业务深度融合，首先要深入学习领会习近平总书记关于文化遗产保护传承和文物工作重要论述精神。在习近平总书记系列重要指示批示中，强调要强化文物保护的主体责任，把保护放在第一位，要像爱惜自己的生命一样保护好历史文化遗产，坚持在保护中发展，在发展中保护，强调让文物和文化遗产活起来，加强革命文物保护利用，强调推动文明交流互鉴等，都需要我们认真学习领会。唯有学习领会，我们才知道发展的方向，才知道工作的方法论；唯有如此，才能切实把思想和行动统一到党中央决策部署上来，才能把党的各项指示有效落实到我馆文物工作全过程、各方面，才能真正做到党建与业务深度融合。

党建的作用是方方面面的，我们要用党建促进业务，认真贯彻落实新时代文物工作方针，从根本上推动两馆融合与发展，促进职工的交流与团结，激发各级党员干部工作活力，合理寻找业务发展的新发力点。

（二）全面加强我馆文物保护管理工作

依法依规保护我馆文物，尤其要按照《中华人民共和国文物保护法》和北京市文物局十四五规划，以及我馆十四五规划，做好文物保护工作。当前，要按照计划，做好 2022 年大调研课题工作，从管理方法、新技术手段等多方面总结、提炼适合大觉寺殿堂造像保

护的经验，形成保护办法，做好课题研究成果转化，让课题成果落地生根。在做好这项课题工作基础上，进一步对大觉寺、团城两处文保单位所有可移动、不可移动文物进行系统的保护研究，根据两处国保单位特点，做好抢救性保护和预防性保护工作，统筹本体保护和周边保护，同时还要对两处文保单位内的文物进行分析，做到单点保护和集群保护，在保护过程中，要注意维护我馆文物资源的历史真实性、风貌完整性、文化延续性。

（三）深入挖掘文物价值，深化学术研究，踏实做好科研工作

文物价值是我馆的核心价值，做好科研工作，可以为我馆各项工作开展提供保质保量的"弹药"。首先，要切实提高文物研究阐释能力。业务部要充分做好两处文保单位科研计划，根据计划按部就班做好文物研究。聘任在高级专技岗的职工要充分发挥学术带头作用，协助管理处做好文物研究工作，帮助其他专技人员提高文物研究能力，整体提高我馆文物研究水平。所有业务人员要有极强的责任感、使命感，有时不我待的精神，具备功成未必在我、功成必定有我的人格，发扬团队精神，拧成一股绳，齐心协力做好我馆科研工作。其次，要做好大觉寺、团城两处文保单位的关键点研究。做好关键文物研究，如大觉寺造像内涵及保护研究、碑碣石刻研究、大觉寺起源研究、白塔研究、红色历史研究，以及团城演武厅实胜寺碑记及后记研究、健锐营军事文化研究、乾隆皇帝与健锐营研究等，同时要尝试发掘团城演武厅一带红色文化。再次，在研究过程中，应尝试借助社会力量，提升两处文保单位的社会参与水平，联合其他文博单位、研究机构共同投入加强大觉寺、团城的文化价值阐释工作；应敢于尝试借助现代科技力量；要敢于申请国家社会科学基金、北京市社会科学基金支持，必须要申请北京市文物局年度局级课题。

（四）有效利用文物资源，推动文物活化利用，做好服务接待

让大觉寺、团城两处国保单位的文物活起来，要坚持正确政治导向，坚持古为今用，坚持高尚品味，努力从大觉寺、团城两处文保单位中探寻时代价值，提炼出可展示中华民族精神标识的内涵；要充分利用大觉寺、团城两处文保单位的文物价值、地理环境价值、文化价值、生态价值，为首都公众提供公共文化服务；要合理利用两处文保单位的文物资源、文化内涵，乃至周边文物、文化大环境，做好文物、文化的展示展览工作，努力提升展示服务水平，推出更多高水平、高质量，迎合党和国家重大事件以及首都发展重要节点，有时代价值的主题展览，力争起到资政育人的作用。要尝试依法依规吸纳社会力量参与两处文保单位的保护、修缮、展陈等，推进两处文保单位的志愿服务工作。要尝试推动两处文保单位的文物资源授权和文创开发工作，争取打造出深受公众喜爱的文化创意产品。持续推动两处文保单位云建设，让两处文保单位的文物风采、文化内涵在网络得到更多展示宣传，力争在线开辟真正意义上的云展览、云教育等文物数字宣传形式。总之，

要力争在满足人民精神文化生活需求、涵养社会主义核心价值观等方面发挥我馆应有的作用。

总之，扎扎实实做好工作，是我们抓住机遇、迎接挑战的秘诀，我们所面临的的所有问题、困难，在我们推动工作求发展的过程中都可以得到解决、克服。胸怀首都文博工作大局，围绕首都文博中心工作，处理好"自转"与"公转"的关系，处理好管理处与职工个人的关系，处理好守正与创新的关系，处理好保护与发展的关系，处理好两处文保单位之间的平衡关系，是我们努力把握机遇，乘势而上的基础。相信我们一定能将各项挑战变为机遇，让两处文保单位的文物工作迈上新台阶，为北京博物馆之城建设，为首都文博高质量发展贡献自己的力量。

加强大觉寺与团城的文物保护工作喜迎党的二十大

刘克全[*]

摘　要：2022 年恰逢党的二十大召开，各级对安全工作越来越重视，抓得越来越紧。大觉寺与团城于 2021 年合并为"北京大觉寺与团城管理处"，作为一个新成立的单位，面临着许多亟待解决的问题、困难及机遇挑战，尤其是文物的安全保护工作是我们工作的重点。本文试图通过学习习近平总书记关于文物保护工作的一系列重要论述；厘清大觉寺与团城资源"家底"，建立好工作台账；围绕牢记使命、踔厉奋发，立足本职、积极作为等三个方面，进一步提高管理处同仁对大觉寺与团城文物保护工作的重要性认识，做文物保护工作的明白人、实干家，以实际行动践行文博人的初心使命，忠诚履行"一岗双责"，为大觉寺与团城的文物保护工作贡献一份力量。

关键词：大觉寺　团城　文物保护

我对大觉寺与团城的初步了解，最早应追溯到 2006 年。那一年我从北京武警部队转业到大钟寺古钟博物馆，这两个单位都有我认识的军转干部，先后到过这两个地方。对大觉寺最直观的印象就是路途遥远、历史悠久、文化深厚、环境幽美，古寺兰香、千年银杏、鼠李寄柏、辽代古碑、松柏抱塔、九子抱母等故事都让我记忆犹新。团城演武厅留给我的印象就是这里曾是皇家武备场所、特种兵训练营，因在北京某特警部队服过役的缘故，我对这地儿有相当的亲切感！我有过哪天能到这两处文保单位工作该有多好的想法，没想到十六年后，因为北京市文物局事业单位编制体制改革和处级干部轮岗机制的缘故，竟然奇迹般地实现了曾经的愿望。我不知道这算不算是命中注定，或者是一种幸运，就算不是至少也算是一个历史的选择吧！不管怎样说，我还是非常向往这两处地方的。在新成

* 刘克全，北京大觉寺与团城管理处副主任。

立的北京大觉寺与团城管理处，我被任命为管理处领导班子成员，按照班子成员工作分工，我负责办公室的一部分事务和综合保障部事务。大觉寺与团城的文物保护工作也是我日常工作的一项重要内容，为此，我就加强这两处的文物保护工作有了一些思考。在纪念大觉寺对外开放三十周年之际，恰逢喜迎中国共产党二十大召开，我尝试着就加强大觉寺与团城的文物保护工作谈一谈粗浅的认识，期许能给大家带来一点思考和启发。

一、习近平总书记关于文物保护工作的一系列重要论述，对于我们加强文物保护工作具有重要的现实指导作用

党的十八大以来，习近平总书记对文物工作作出百余次重要指示批示，考察足迹遍布全国多个省份的文物古迹、革命旧址、博物馆纪念馆，作出"保护第一""让文物活起来""走出一条符合国情的文物保护利用之路"等一系列重要论述，是习近平新时代中国特色社会主义思想的重要内容，为新时代文物事业发展提供了根本遵循和磅礴动力。他指出，近年来，我国文物事业取得很大发展，文物保护、管理和利用水平不断提高。但也要清醒看到，我国是世界文物大国，又处在城镇化快速发展的历史进程中，文物保护工作依然任重道远。他还指出，传承和弘扬传统文化的思想精华。要讲清楚中华优秀传统文化的历史渊源、发展脉络、基本走向，讲清楚中华文化的独特创造、价值理念、鲜明特色，增强文化自信和价值观自信。系统梳理传统文化资源，让收藏在禁宫里的文物、陈列在广阔大地上的遗产、书写在古籍里的文字都活起来。深入挖掘和阐发中华优秀传统文化讲仁爱、重民本、守诚信、崇正义、尚和合、求大同的时代价值。大力宣传中华民族的优秀文化和光荣历史，继承五四运动以来的革命文化传统，通过多种方式加强爱国主义、集体主义、社会主义教育，引导人们树立和坚持正确的历史观、民族观、国家观、文化观，增强做中国人的骨气和底气。他在讲话中强调，文物承载灿烂文明，传承历史文化，维系民族精神，是老祖宗留给我们的宝贵遗产，是加强社会主义精神文明建设的深厚滋养。保护文物功在当代、利在千秋。他在讲话中强调：各级党委和政府要增强对历史文物的敬畏之心，树立保护文物也是政绩的科学理念，统筹好文物保护与经济社会发展，全面贯彻"保护为主、抢救第一、合理利用、加强管理"的工作方针，切实加大文物保护力度，推进文物合理适度利用，使文物保护成果更多惠及人民群众。各级文物部门要不辱使命，守土尽责，提高素质能力和依法管理水平，广泛动员社会力量参与，努力走出一条符合国情的文物保护利用之路，为实现"两个一百年"奋斗目标、实现中华民族伟大复兴的中国梦作出更大贡献等等。

从 2019 年 8 月敦煌研究院座谈，到 2020 年 9 月中央政治局第二十三次集体学习，是在通过考古和历史研究读懂中国；到 2021 年 6 月第三十一次集体学习，是在通过革命文物读懂中国共产党；到 2022 年 5 月第三十九次集体学习，则是在依托文物和文化遗产读懂中华文明；再到 2022 年 7 月给中国国家博物馆的老专家回信，强调"推动文物活化利用，推动文明交流互鉴，守护好、传承好、展示好中华文明优秀成果"——不到 3 年时间，习近平总书记就文物工作提出一系列重要论述，体现了以习近平同志为核心的党中央对文物保护利用和文化遗产保护传承前所未有的重视。

党的十八大以来，习近平总书记先后十次视察北京、十八次对北京发表重要讲话，为做好新时代首都文物工作提供了根本遵循。我们耳熟能详的名言名句有：历史文化是城市的灵魂，要像爱惜自己的生命一样保护好城市历史文化遗产。北京是世界著名古都，丰富的历史文化遗产是一张金名片，传承保护好这份宝贵的历史文化遗产是首都的职责，要本着对历史负责、对人民负责的精神，传承历史文脉，处理好城市改造开发和历史文化遗产保护利用的关系，切实做到在保护中发展、在发展中保护。搞历史博物展览，为的是见证历史、以史鉴今、启迪后人。要在展览的同时高度重视修史修志，让文物说话、把历史智慧告诉人们，激发我们的民族自豪感和自信心，坚定全体人民振兴中华、实现中国梦的信心和决心。革命文物承载党和人民英勇奋斗的光荣历史，记载中国革命的伟大历程和感人事迹，是党和国家的宝贵财富，是弘扬革命传统和革命文化、加强社会主义精神文明建设、激发爱国热情、振奋民族精神的生动教材。北京历史文化是中华文明源远流长的伟大见证，要更加精心保护好，凸显北京历史文化的整体价值，强化"首都风范、古都风韵、时代风貌"的城市特色。

在中央和北京市委市政府的正确领导下，北京的文博事业取得了巨大成就。北京的文博事业正处于历史上最好的发展阶段。我们是幸运的一代，赶上了文博发展的新时代、新机遇。我们不仅是亲历者、见证者，也是建设者。回顾近几年的北京文博发展成就，主要有以下几点：

1. 文物保护重点工作成效显著。制定实施《北京市人民政府关于进一步加强文物工作的实施意见》《关于加强文物保护利用改革的实施意见》，不断完善首都文物保护工作顶层设计。加快推进北京中轴线申遗工作，编制《北京中轴线保护规划》《北京中轴线申报世界遗产名录文本》等系列文件，明确了中轴线申遗时间表路线图。创造性提出大运河、长城、西山永定河"三条文化带"，公布专项保护发展规划，实施了一批重点文物保护工程和综合整治项目，丰富了整体保护、融合发展的文物工作理念。

2. 文物保护修缮工作扎实推进。五年累计投入文物保护资金近百亿元，相继实施近百项文物修缮和环境整治工程，对近百处文物进行保护性腾退，文物保护状况得到明显改善。文物保护质量监督管理系统上线运行，大运河、长城、故宫、颐和园、十三陵、天坛、周口店北京人遗址 7 处世界文化遗产保护管理和展示水平不断提升，全市拥有全国重点文物保护单位数量增加至 135 处。圆满完成第一次全国可移动文物普查，登录国有可移动文物 501 万件（套），新发现、新认定文物藏品总数 160 万件（套），均位居全国第一。

3. 考古和历史研究成果丰硕。完成考古勘探项目 937 项，勘探面积 9714 万平方米；完成发掘项目 373 项，发掘面积约 41 万平方米，考古项目数量和面积均位居全国前列。有效保障了城市副中心、大兴国际机场、世园会、冬奥会等国家重大工程建设。多处重要遗址得到有效保护，汉代路县故城遗址获评 2016 年度全国十大考古新发现。一批重要考古研究成果涌现，对中华文明和北京文脉的认知不断深入。

4. 博物馆公共服务水平显著提升。加速推进博物馆体系建设，全市备案博物馆达 197 家。北京市博物馆大数据平台上线，博物馆策展水平不断提升，年均接待观众超过 5000 万人次。

5. 文物艺术品市场繁荣发展。全市文物艺术品经营单位近 400 家，文物艺术品拍卖年均超过 800 场，较"十二五"时期翻了两番。网络拍卖快速发展，拍卖企业数量和年成交额始终在全国处于领先地位。打造北京·中国文物国际博览会、金秋文物艺术品拍卖月等活动品牌，扩大合作渠道，繁荣文物艺术品市场。

大觉寺与团城在 2021 年文物局事业单位改革中合并为"北京大觉寺与团城管理处"。两处文保点经过几代文博同仁们的共同努力拼搏奋进取得了非常可喜的成绩。据不完全统计，仅十八大以来，政府用于大觉寺、团城的古建筑维护修缮、安技防升级维护改造、展览陈列改造展示等财政投入达 5000 余万元。维护改造升级后的两处文保点环境优美，设施完善，设备完好，管理规范，团结向上，奋进有为，党建业务工作等均处在北京文物局系统单位的前列。身处在这样的一个团结向上、拼搏奋进的集体之中，身心自然会得到熏陶，精神自然会得到提升，工作自然会得到历练，心情自然会很舒畅，工作成效自然会得到提高，个人价值也自然会得到彰显。虽然到这个集体里时间不长，但我已深深地融入其中，感受到其中的温暖和力量。在这两处文保单位的发展历程中，大家都是参与者、见证者，在与大家的交流交谈中，我也能够深深地感受到大家的那种自豪感、荣誉感、自信心。

二、厘清大觉寺与团城资源"家底"，建立好工作台账，做文物保护工作的明白人

大觉寺与团城有哪些"家底"？这是我到大觉寺与团城后需要尽快了解的基本工作，半年多来，通过自身学习实践和分管同志的积极帮助配合，基本弄清了我们的"家底"，这是做好文物保护工作的基本要求。

（一）大觉寺与团城演武厅的历史

1. 大觉寺历史

大觉寺又称西山大觉寺，位于北京市海淀区阳台山麓，始建于辽代，时称清水院，金代时大觉寺为金章宗西山八大水院之一，后改名灵泉寺，明重建后改为大觉寺后一直沿用至今。寺院建筑寺院坐西朝东，山门朝向太阳升起的方向。体现了辽国时期契丹人朝日的建筑格局。寺依山势而建，主要由中路寺庙建筑，南路行宫和北路僧房所组成，总占地6000平方米。中路自山门向上到龙王堂分别建有山门、碑亭、功德池/桥、钟楼和鼓楼、天王殿、大雄宝殿、无量寿佛殿、大悲坛；南路有四宜堂、憩云轩；北路有方丈院、玉兰院。寺内供奉的佛像，造型优美，形象生动。1989年3月，北京市编委批准成立"北京西山大觉寺管理处"，1992年4月10日，大觉寺正式对外开放。2006年被国务院批准为第六批全国重点文物保护单位。

2. 团城演武厅历史

团城演武厅位于海淀区红旗村，始建于清乾隆十四年（1749年），是北京仅存的融城池、殿宇、亭台、碉楼、教场于一体的武备建筑群，古建艺术风格独特。团城演武厅是乾隆皇帝阅兵的场所，又是健锐云梯营演武之地，布局别具特色，建筑宏伟壮观。其主要建筑为团城、演武厅、东西朝房（已毁）、西城楼门、碑亭、放马黄城（已毁）等。团城东西直径51.2米，南北直径40米，城高11米。南北各有拱形门洞，供人出入，门洞上方各有汉白玉门额一块，南书"威宣壁垒"，北书"志喻金汤"，均为乾隆御书。北城楼中存有《御制实胜寺后记碑》，记述了健锐营在平定准噶尔回部战役中立下的赫赫战功，具有重要的史料价值。1988年6月，北京市编办批准成立"北京市团城演武厅管理处"，1991年12月，团城正式开放。2006年被国务院批准为第六批全国重点文物保护单位。

（二）大觉寺与团城的占地面积、建筑面积

1. 大觉寺

总面积约40000平方米，院内建筑面积约9000平方米，其中文物古建开放面积6400平方米。

2.团城演武厅

总面积 28668.77 平方米，绿地面积 6000 平方米，办公配套用房面积 1564 平方米，公共卫生间面积 101.84 平方米，文物古建开放面积 3655 平方米。

（三）大觉寺与团城房间数及古建筑数量

1.大觉寺共有房屋 247 间。其中文物古建筑 20 处 59 间。

2.团城共有房屋 79 间。其中文物古建筑 8 处 21 间。

（四）大觉寺与团城的文物藏品数量

大觉寺定级文物藏品共 713 件，均为寺院旧藏。其中二级文物 675 件、三级文物 38 件，包括古籍图书 669 件、石器石刻砖瓦 27 件、书法绘画 11 件、陶器 1 件、铜器 5 件。大觉寺定级挂牌的古树有 114 棵，其中一级古树 47 棵，二级古树 67 棵。具体是：一级白皮松 1 棵、一级油松 5 棵、一级桧柏 24 棵、一级侧柏 8 棵、一级国槐 3 棵、一级玉兰 1 棵、一级七叶树 2 棵、一级银杏树 3 棵、二级油松 4 棵、二级桧柏 9 棵、二级侧柏 48 棵、二级国槐 3 棵、二级楸树 3 棵。

团城演武厅目前定级的三级文物 1 件，一般文物 58 件，都是兵器，其中箭占多数。

大觉寺与团城这两组古代历史遗址本身也是一件文物。历经千百年的岁月洗礼、风雨摧残，而屹立不倒，尤其是大觉寺这组古代建筑群，多是木质结构，配上独特的榫卯技术，坚固如初。面对地震、风、雨、雪、山洪等自然灾害，这组古代建筑能完好地保留至今，不得不佩服古人的智慧，不得不说是一种奇迹。

（五）大觉寺与团城安技防情况

1.大觉寺安防技防情况

大觉寺安防系统改造于 2020 年完成，申请政府财政资金 550 余万元，设有专门的中控室和操作控制平台，共有摄像头 177 个，其中云台球机 28 个，固定位置摄像头 149 个，监控率 95% 以上。

大觉寺消防系统改造于 2019 年完成，申请政府财政资金 720 余万元，与目前的安防系统共用一个中控室，基础设施齐备，各型灭火器 320 具。大觉寺室外消火栓共计 31 个，阀门 6 个，水泵接合器 2 个，消防烟感报警器 342 个。

大觉寺的避雷系统维修改造于 2021 年完成，申请政府财政资金 670 余万元，目前设施设备齐全，不仅在古建筑上铺设，在院内至高点古树上也安装了避雷针防护，基本消除了大觉寺雷击隐患。

2.团城安防技防情况

团城安防系统始建于 2015 年，设有专门的中控室和操作控制平台，共有摄像头 56

个：其中云台球机 12 个，室内半球机 13 个，院内枪机 29 个，碑亭 2 个。

团城消防系统建于 2015 年，与安防系统共用一个中控室，基础设施齐备。各型灭火器共计 151 具。团城消火栓共 8 个：室外消火栓 6 个，室内壁挂式消火栓 2 个。消防烟感报警器 81 个，温控报警器 1 个。

团城避雷系统建于 2011 年，2019 年又进行了维修维护，目前设施基本完备。

（六）近五年大觉寺与团城重要工程项目

1. 近五年来，大觉寺先后申请政府财政资金 2140 余万元，实施完成了消防生活自备井工程、消防系统改造项目、安技防项目、防雷系统维修改造项目等重点项目，进一步完善了大觉寺的基础设施设备。

2. 近五年，团城先后申请政府财政资金 2460 余万元，实施完成了健锐营演武厅的瓮城修缮和河道抢修、健锐营演武厅的文物保护规划、中国刀剑文化展、传统射艺文化提升、业务用房地面防水及老办公区加固、瓮城修缮和河道抢险、团城道路改造、电气火灾监控系统改造、团城固定陈列展览改陈等重点工程项目，进一步完善了团城的基础设施设备和文化展示工作。

（七）大觉寺与团城的品牌活动项目

1. 大觉寺玉兰节

大觉寺四宜堂院内的白玉兰树相传是清代迦陵禅师亲手种植，树龄已逾三百年，是京城现存最为古老的一株古玉兰树。大觉寺玉兰节自 2004 年开办以来，几乎没有中断过，每年清明节前后大觉寺都要开展以玉兰为文化题材的系列文化活动。到大觉寺赏玉兰花，很早以前就是一桩雅事，如清代的爱新觉罗·奕绘、顾太清夫妇，纳兰容若、爱新觉罗·溥儒，以及现当代文化名人郭沫若、朱自清、冰心、俞平伯、张伯驹、季羡林等。大觉寺一直在打文化牌，并且每一届兰花节都在文化上创新，已经成为北京市民春季的一项文化盛事，并成为了春季北京市民的一个网红"打卡地"和北京春天踏青的胜景。

2. 大觉寺银杏节

大觉寺银杏节是以银杏观赏和弘扬银杏文化为主题的文化活动。始办于 2005 年。自举办以来，每年的 10 月底至 11 月中旬左右都会吸引大量游客前来大觉寺参观游览。清代乾隆皇帝曾惊叹于这棵树的粗壮，赋诗曰"古柯不计数人围"，又感慨于此树千年的历史，称其"世外沧桑阅如幻"。而到大觉寺的游人，每当看到这棵古树时，也争相与其合影留念。吸引大家的不仅仅是这棵树的粗壮与雄伟，更是深入我们骨髓的中华民族精神使然，而银杏即是这种精神的代表。我们赞叹银杏，即是赞叹我们自身文明的久远与伟大；我们与银杏合影留念，即是我们认同自身传统文化的集中表现。为配合开办银杏节活动，管理处都会在活动期间举办多项配套系列文化活动，以丰富并满足游客参观游览的文化需求。这项活动，业已成为大觉寺的"金名片"。

3.团城"小小巴图鲁"文化体验活动

"巴图鲁"为满语"英雄""勇士"一词音译，为满族传统封号之一。团城演武厅建于清乾隆十四年（1749年），位于山峦连绵、风景秀丽的香山南麓，是清代强盛时期修造的一处雄伟辉煌的武备建筑群，包括世界上最小的城池"团城"，是步兵和骑兵进行训练操演的大型演武场，又是清朝的特种部队"健锐云梯营"演武操练及乾隆皇帝阅兵之地，是北京仅存的融城池、殿宇、亭台、校场于一体的武备建筑群，古建筑风格独特。近年来，管理处依托团城演武厅特色古建以及相关八旗文化等，组织来馆参观的青少年开展传统弓箭试射，在箭场学习传统弓箭射艺、射礼，并亲身体验；开展DIY勇士铠甲制作，通过工作人员讲解，让青少年了解相关历史文化，并参与角色扮演，为自己亲手制作一副铠甲，从而开始自己的勇士之旅；开展户外军营训练小拓展，作为一名小勇士，活动模拟训练小士兵，提高他们的抗挫折能力，增强勇气与智慧，使他体会团结协作的乐趣；开展制作插纸八旗兵制作，在孩子们理解巴图鲁的真正含义后，组织他们制作插纸八旗兵并作为纪念品回馈观众，让观众有一个完整的文化体验，活动受到好评。通过活动让青少年了解团城历史、学习传统知识、体验创作过程、成为一名"小巴图鲁"。在丰富多彩的实践课程中，以深入浅出的形式寓教于其中，使青少年在活动中掌握知识技能，陶冶审美情操、培养动手能力，加深青少年对传统文化的了解及喜爱，弘扬中华民族传统文化。

三、牢记使命、踔厉奋发，加强大觉寺与团城文物保护工作

习近平总书记指出："一代人有一代人的长征，一代人有一代人的担当。建成社会主义现代化强国，实现中华民族伟大复兴，是一场接力跑。我们有决心为青年跑出一个好成绩，也期待现在的青年一代将来跑出更好的成绩。"以2021年7月"北京大觉寺管理处"与"北京团城演武厅管理处"合并为"北京大觉寺与团城管理处"为标志和起点，预示着我们进入了一个新的赛道，站站到一个新的起点，接过一个新的接力棒，开启一场新的接力跑。在此，就加强大觉寺与团城的文物保护工作提出几点不成熟的建议意见。

一是进一步提高政治站位，加强对大觉寺与团城的文物保护工作。"看北京，首先要从政治上看"，"北京无小事，事事连政治"，"牢固树立红线、底线、生命线"，"擦亮首都历史文化金名片"，这些耳熟能详的词句相信大家都已铭记在心。但要真正地把上级的各种要求一件一件地落实到地却不是件容易的事，不是靠说几句冠冕堂皇的话、喊几句激动

人心的口号、造几句平仄押韵的词句就能实现的。要有高度的政治意识、标准意识、规范意识、法纪意识、安全意识、"守摊"意识，有责任担当。文物保护工作更是如此，文物是不可再生的历史文化资源，是祖先留给我们的珍贵文化遗产，一旦遭遇不测事件，就会造成无法估量的损失。各级组织，每位同志都应抱有对文物和文化遗产的尊重、崇敬、敬畏之心，都有保护的责任和义务。大觉寺的历史有近千年，团城演武厅的历史也有近三百年，两座不同时代、不同风格、不同历史文化背景的古代遗址需要我们精心呵护、全力保护。作为党的干部，时时刻刻都要讲政治，事事处处都要把所做的工作提高到讲政治的高度来看待，贯穿运用到我们工作生活学习的方方面面，这样才能不辱使命，干好工作。

二是加强对业务的学习研究，积极推进大觉寺与团城的文物保护工作上台阶。由于历史的原因，过去大觉寺与团城分属两个独立的单位管理，两个单位的正式人员编制也非常少，北京西山大觉寺管理处编制人数 18 名，北京团城演武厅管理处编制人数 12 名，在文物局系统内属小型博物馆（管理处）类型。两个单位的功能定位也有差异，北京西山大觉寺管理处侧重于服务，主要原因是过去（十八大以前）北京市文物局系统培训中心挂靠在管理处名下，依托大觉寺古建筑群及其附属建筑，以"同一套班子同一队人马"的组成形式，并以全国重点文物保护合理利用示范单位的名义对外开展住宿、餐饮、培训、接待、管理、研究等工作，形成了"一岗多用""一专多能""身兼数职"的局面，党的"十八大"后，逐渐回到博物馆的主业上来。北京团城演武厅管理处偏重于管理，主要原因是文物藏品较少、研究领域相对较窄、研究方向相对较偏等。如今，两家单位合并成了一家单位，新组建成立了北京大觉寺与团城管理处，面临着许多亟待解决的问题、难题，这既是挑战，也是机遇。我们在继承和发扬过去两家单位形成的好的经验做法的基础上，进一步整合各方面的资源和力量，采取统筹兼顾、科学谋划、合理安排、以岗定位、因地制宜、因材施教、一物一策、分类指导、师傅带徒弟等措施办法，组织各岗各类人员，开展岗位业务培训和学术研究等工作，以踏石留印、抓铁留痕的毅力和决心，一个一个的面对，一项一项的攻关、一件一件的突破，形成"以管理促业务、以业务促管理、管理业务齐头并进"的良好局面。同时做好与党建工作的融合发展，推动单位的整体发展，推进大觉寺与团城的文物保护工作迈上一个新台阶。

三是立足本职、积极作为，开创大觉寺与团城文物保护工作新局面。合并的北京大觉寺与团城管理处，设立了一个管理处领导班子、四个部门、26 个工作岗位，分管两个全国重点文物保护单位，文物保护的压力、责任都更大了，过去一岗多责、一专多能、身兼数职的现象虽然有所缓解，但还未能得到彻底解决。这就对每名干部职工的能力素质提出了更高的标准和要求，需要大家立足本职，积极作为。需要领导班子真正培养出一支能干事、干成事、不出事的干部职工队伍来。

立足本职、积极作为，就要熟悉了解本职岗位。我的理解就是立足自己分管的工作和自己的岗位职责，进一步厘清自己工作的具体内容、岗位工作标准、工作规范、工作规程、工作要求，进一步学懂、吃透、弄明白，并按照标准、程序、规范、要求等一步一个脚印地抓好落实，做个实干家和明白人。仅拿管理处的综合保障部来说，保障部仅有5位同志，要管大觉寺与团城两处文保单位的"吃喝拉撒"、物业清洁、展厅看护和安全保卫等工作，人少事儿多，点多面广，每个岗位的工作人员要是不完全熟悉和弄明白所肩负的具体工作，所肩负各项工作的标准、规范、规程、要求等，是很难把事情干好的。安全保卫工作是一个单位最重要的工作，也是保底工作，重要性不言而喻。但由于编制机制的原因，管理处的安全保卫工作并入到综合保障部，编制人数仅3人，3人面对两处文保点的内部和驻馆单位人员管理，安防、消防、避雷设施设备保养维护管理，内部和驻馆单位人员日常安全教育、培训、应急情况处置训练演练，日常开放期间的人员安全管理，节假日、重要时期的安全保卫工作等等，系统性管理技术含量较高，任务也相当繁重，一个文保单位的日常安全保卫工作几乎由一个人来承担，任务量可想而知，对干部综合能力素质要求非常高，其他部室也同样面对这种情况。

立足本职、积极作为，就要掌握有效的工作方法。我清楚地记得，市文物局党组书记、局长陈名杰同志在2019年7月1日为全局党员干部上党课时所倡导的几句话，要求基层干部树立"三皮精神"、注重工作"五步法"。"三皮"，即硬着头皮、磨破嘴皮、厚着脸皮。"五步法"，即"马日备台盯"。"马"就是对上级和领导安排、交办的工作马上就办；"日"就是指当日的工作当日完成，日清日结；"备"就是预先有准备，做工作要有计划性，一旦遇到情况能够正确对待、正确处置；"台"就是建立台账，列出工作清单，一项一项抓落实；"盯"就是一盯到底，不能半途而废，虎头蛇尾。这些提法非常适合基层，细想起来也确实如此。除了上述"三皮精神"和"五步法"之外，根据工作实践，我总结了抓工作结果的另一个"五步法"，即"结效留来任"。所谓"结"就是工作到每一阶段都要及时进行工作小结，开展工作总结，及时总结工作的经验做法、问题不足，分析问题、研究对策，抓好下一阶段的工作；"效"就是效果，不做无用之功，做就做出成效来；"留"就是留痕，把有价值可继承的好的经验、资料保存下来，建档造册，以备后查；"来"就是做好来往业务交流沟通，单位与单位之间、部门与部门之间、小组与小组之间、个人与个人之间都有一个与内部和外部交往的情况，在与他们交流的过程中各方面准备得充分，交流得顺畅，势必给单位和个人增添荣誉和赞誉；"任"就是任务，确保各项任务都圆满顺利。

立足本职、积极作为，就要有高度的责任担当，不忘初心，牢记使命。我们来自五湖四海，是共同的理想把我们召唤到了一起。如今，历史的接力棒已经传到了我们手中，我们就要把这一棒跑好，跑扎实，跑出成绩，不辜负领导对我们的培养和教育。为此，我提出文博人要树立"五心、五勤、五主动、四力"理念，力戒做"五手"干部。所谓"五心"即对自己工作的岗位要有爱心、为他人排忧解难要真心、照顾他人关切要细心、帮助他人解答问题要耐心、听取领导和同志意见建议要虚心。所谓"五勤"即，脑勤多思、腿勤多走，眼勤多看、手勤多做、嘴勤多问。脑勤——要想到，超前考虑工作，增强预见性；腿勤——要走到，深入现场，亲力亲为；眼勤——要看到，善于发现问题，掌握工作情况；手勤——要做到，身先士卒，率先垂范；嘴勤——要说到，了解第一手情况资料，提出正确合理的解决措施。"五主动"，即主动受领任务、主动谋划工作、主动征求意见、主动排忧解难、主动落实任务。"四力"即脚力、眼力、脑力、笔力。这是2018年8月，习近平总书记在全国宣传思想工作会议上提出的，要不断增强脚力、眼力、脑力、笔力，努力打造一支政治过硬、本领高强、求实创新、能打胜仗的宣传思想工作队伍。仔细想想，这"四力"对我们文博人来讲也很适用，尤其是对基层的一线人员来讲更是如此。在"脚力"上下功夫，就是要走出办公室、深入自己的岗位，走一走，转一转，看一看，多走、多转、多看，才能真正了解实情，脚步走得才会更扎实；在"眼力"上下功夫，就是要用敏锐的眼光看岗位上存在的这样那样的不足、问题隐患，发现"真善美"，识别"假恶丑"；在"脑力"上下功夫，就是要围绕自己的"一亩三分地"，多思善谋、多动脑筋，善于以小见大、由点及面，善于发现问题、分析问题、回答问题；在"笔力"上下功夫，就是要多思考、多总结自己工作中的优缺点，写出既有思想深度，又有理论厚度，既有知识广度，又有精神高度的总结，养成良好的工作学习习惯，以利于今后更好地开展工作。工作中要力戒做"五手"干部，即袖着手看着别人干的"袖手干部"、习惯发号施令的"背手干部"、遇事就外推的"摆手干部"、遇事"绕道走""踢皮球"的"插手干部"、害怕他人超越自己的"留一手干部"。应该说，"五手干部"是对当前存在于基层的"慵懒散""虚浮空"干部的准确描述，也是对当前基层"四风"问题的直观折射。尽管随着全面从严治党向基层纵深推进，"五手干部"已是少数，但只要尚存，就容易给干群关系筑起一道"隔心墙"，就会成为事业发展的"拦路虎"，这些行为不可取，这种干部要不得。

践行社会主义核心价值观的行业博物馆展览

谷　赵
媛　倩
　　倩*

摘　要：本文通过解读新时代社会主义核心价值观的内涵，分析博物馆展览在践行"弘扬中华优秀传统文化，培育社会主义核心价值观"的实践中，如何围绕博物馆特色和时代特点，进行主题展览的选题、策划、实施。通过获奖的具体案例分析展览的科学选题是根本、内容设计是核心、形式设计是亮点、宣传推广是助力的展览执行方法和经验，用见物、见人、见精神的办展理念去挖掘社会主义核心价值观的精神，让展览不仅成为美育教育的途径和直达观者心灵的窗口，更能成为弘扬民族精神、时代精神的力量之源。

关键词：博物馆　社会主义核心价值观　展览　策划

博物馆以潜移默化、润物无声的传播方式和独特资源优势，日益成为传承中华优秀传统文化、弘扬社会主义核心价值观的主要渠道和重要课堂。行业博物馆在自身行业内发挥了记载行业历史、转化发展成果、展示行业技术文化等重要功能，让公众深入了解一个行业在社会发展中的贡献，在文化传播中的地位，引导公众走进博物馆。行业博物馆行业的特殊性也增加了其本身的吸引力和神秘感，在打造核心价值观展览体系方面进行深入探索，树立展览品牌，从而成为行业博物馆立馆的优势。

一、社会主义核心价值观展览的内涵

党的十八大以来，以习近平同志为核心的党中央高度重视培育和践行社会主义核心价

---

* 谷媛，中国园林博物馆副馆长；赵倩倩，中国园林博物馆科员。

值观。习近平总书记曾这样总结 24 字的社会主义核心价值观：富强、民主、文明、和谐是国家层面的价值要求；自由、平等、公正、法治是社会层面的价值要求；爱国、敬业、诚信、友善是公民层面的价值要求。针对社会主义核心价值观，习近平总书记还曾多次作出重要论述并提出明确要求，为促进我国国家发展进步、社会安定团结、人民诚信友爱指明了方向。

2019 年 7 月 15 日，习总书记在赤峰博物馆考察时指出，我国是统一的多民族国家，中华民族是多民族不断交流交往交融而形成的。中华文明植根于和而不同的多民族文化沃土，历史悠久，是世界上唯一没有中断、发展至今的文明……要引导人们树立正确的历史观、国家观、民族观、文化观，不断巩固各族人民对伟大祖国的认同、对中华民族的认同、对中国特色社会主义道路的认同。

习总书记关于文博工作的重要论述，赋予了文博工作者新的使命和担当，也为我们的工作提供了根本遵循，指明了前进方向。"弘扬中华优秀传统文化，培育社会主义核心价值观"，是所有博物馆办展的宗旨和使命，用博物馆语言讲好社会主义核心价值观深刻内涵和动人故事，通过举办展览，让收藏在博物馆里的文物、陈列在广阔大地上的遗产、书写在古籍里的文字都活起来，甚至跨越时空、超越国界，感受不同文化的魅力，讴歌伟大民族精神和时代精神，增进国人的道路自信、理论自信、制度自信、文化自信。

弘扬社会主义核心价值观的展览，有着一定之规。首先是要展现中国人民在经济、政治、文化、社会、生态建设各领域的生动实践和伟大成就，对凝心聚魂，构筑中国精神、中国价值、中国力量，建设"富强、民主、文明、和谐"的社会主义现代化强国具有重要引领作用；其次是要展现中华民族在治理国家、维护公平正义、增进社会和谐、引领社会进步方面的历史智慧和当代实践，对集聚强大正能量，建设"自由、平等、公正、法治"的美好社会，推进中华民族复兴伟业具有示范引领作用；第三是要展现适应新时代要求的思想观念、精神面貌、文明风尚、行为规范，对促进"爱国、敬业、诚信、友善"的公民道德建设，树立理想信念，促进人的全面发展，培养担当民族复兴大任的时代新人，具有重要示范引领作用。博物馆展览的核心要义是传播真善美，倡导经典文化和正能量，这与社会主义核心价值观的宏观要求不谋而合。

二、中国园林的社会主义核心价值

1. 历史久远

中国园林，从殷、周时代囿的出现算起，至今已有三千多年的历史，是世界园林艺术起源最早的国家之一，在世界园林史上占有极其重要的位置，并具有极其高超的艺术水平和独特的民族风格。

商周秦汉是中国古典园林萌芽、产生并逐渐成长的时期。从早期的苑囿、园圃出现，发展到秦汉时的建筑宫苑，再到私家园林的出现，历经千余年。东汉、魏晋南北朝，"园林"一词开始出现，是中国园林发展中一个承前启后的转折时期。佛教传入、道教出现，诸家思想的活跃，促进了艺术领域的开拓，对这一时期的中国园林发展产生了较大的影响。隋唐时代，是园林创作的一个高峰，既发扬了秦汉大气磅礴的闳放气度，又在精致的艺术追求上取得了辉煌成就，既有皇家园林的"皇家气派"，也有私家园林追求的个性特征，且逐渐向文人化的园林创作方向发展。宋代以来，文化繁荣昌盛，科学技术长足进步，促进了园林艺术的全面发展。这一时期，文人参与造园并赋予园林诗情画意，从山水画与诗词歌赋中可以看出，文人园林的发展最为突出，并且影响到皇家园林、寺观园林的建设。明清时期是中国古典园林发展史上的又一个高峰，园林形式更加丰富，造园技艺更加成熟，帝王的南巡北狩，从塞外到江南，促进了皇家园林、私家园林和寺观园林的繁荣，出现了一批不同地域、风格迥异的园林作品。留存至今的许多明清历史名园，被列为世界文化遗产。

中国古典园林承载着几千年中国文化的传承和发展，也是千百年来国人追求理想生活、美丽家园的最直接的物质载体。在弘扬社会主义核心价值观的历史进程中，通过各类主题展览，能够有力地的推进中华民族复兴伟业，并起到示范引领作用。

2. 文化灿烂

中国古典园林艺术是中华民族的瑰宝，蕴含着很多值得继承和发扬的中国优秀传统文化思想。中国园林，是一种独具特色的园林景观，与世界上大多数的园林相比，更具想象力和创造性。中国的园林并不是对自然的简单复制，既不单纯依赖已有的自然景致或山水构图，也不简单化地对其进行大规模深度改造。中国人对于自然的深刻感受潜移默化地影响着他们的艺术思维和观念，然后通过园林这种形式表达出来。

中国园林艺术与绘画艺术息息相关。魏晋南北朝时期，人们对大自然风景的审美观念趋于成熟，山水文学、山水绘画等艺术得到大发展，进而促进了造园思想和活动的兴起，为中国园林的转变发展提供了思想和文化基础。在一定程度上，历代山水画家和书画理论家造就了典型的中国园林。山水、树木、花草以及各种各样的装饰性建筑，既是书画中最常见的题材，也是园林的主要构成要素。

国兴则园兴，在政治稳定，经济发达，文化艺术繁荣时期，绚丽多彩的文学、史学、建筑、雕塑、绘画、书法便会交相辉映在山水画、山水诗、山水园林中，"外师造化，中得心源"的绘画理论，开始深刻影响着园林艺术创作。

园林中文人雅士追求雅致生活的场景，也成为今天我们挖掘园林文化的重要内容。焚香、点茶、挂画、插花等组成的生活艺术，在各类展览和活动中频繁亮相，且深受欢迎，极大地感染着现代人的生活美学和修养格调。

3. 种类丰富

中国古典园林的产生和发展反映了先民对理想生活空间和精神世界的向往和追求，虽由人作，宛自天开。从先秦到晚清，中国古典园林经历了漫长的发展历程，以皇家园林、私家园林、寺观园林为主体，逐渐形成了独具特色的园林体系和异彩纷呈的地域风格，集中体现了中华民族"道法自然""天人合一"等哲学思想，以其丰富的内涵和卓越的成就，彰显了中国传统文化的独特魅力，在人类文明史上谱写了一部创造理想家园的灿烂篇章。

中国园林的丰富性，在中国园林博物馆中可以直接体会到，置身这座园林化的博物馆，既能看到丰富的园林景观，也能通过展览感知悠久的园林历史，同时也能体会一座"有生命"的博物馆所带来的活力。

中国园林博物馆选址于北京市西南部，地处鹰山脚下，依托生态环境资源和历史文化积淀丰厚的永定河畔，与卢沟古桥遥相呼应，是北京城南行动计划中"永定河绿色生态发展带"的核心区，历史文化氛围浓郁，风景秀丽优美。2011 年 8 月破土动工，工程耗时仅21 个月。中国园林博物馆一半地基是过去的首钢废弃钢渣填埋区，在原垃圾填埋场上建设一座生态环保的博物馆，可谓是一大创举。占地 6.5 万平方米的地块上拔地而起一座内部空间开放高大的现代博物馆，并结合室内外展园很好地与环境融合，使它们和谐共处，智慧来自于古人的"因地制宜"和"负阴抱阳"的思想，背靠西北侧的鹰山，形成了建筑秩序的轴线，并从永定河水源头引水至鹰山脚下，水流环绕博物馆西侧，继续向南，将场地中最大的水面汇集于场地的一侧，最终形成了"负阴抱阳"的整体格局。园博馆的建设布局不仅用活了整块场地还辐射周边，为更大的区域奠定了合理周正的园林格局。对改善区域生态环境、加速市政基础设施建设、促进区域综合发展、构建京西旅游新格局都具有深远的影响。

在合理布局的基础上，依据空间特点，将展陈体系分为室内展陈、室内展园和室外展区三部分。室内展陈采取基本陈列、专题陈列和临时展览相结合的展陈系统，以中国古代园林厅和中国近现代园林厅作为基本陈列，中国造园技艺厅、中国园林文化厅、世界名园博览厅和园林互动体验厅作为专题陈列，四个临时展厅不断推出国内外园林文化艺术精品展览。室内展园按原样复建了江南私家园林苏州畅园、扬州片石山房，以及岭南私家园林余荫山房。室外展区依地形和自然条件建造了北方园林染霞山房、半亩轩榭和塔影别苑，展示各类植物 200 余种、水禽 10 余种、山石 10 余类。将丰富的园林元素通过展览、实景、数字影像等方式传达给观众，将培育社会主义核心价值观的理念贯穿于始终。

三、中国园林博物馆社会主义核心价值观展览

中国园林博物馆是一个年轻的行业博物馆，其所服务的行业，是有着千百年历史的中国古典园林。就北京而言，这些园林占据了全市历史名园的半壁江山。在组织举办中国园林优秀传统文化展览陈列方面，中国园林博物馆的展陈体系，本身就是一个承载着厚重历史文化积淀的中华优秀传统文化展览。建成开馆当年即荣获第十一届（2013 年度）全国博物馆十大陈列展览精品评选活动优秀奖。开馆后近 10 年间，在展览选题上充分将培育社会主义核心价值观和弘扬中华优秀传统文化考虑其中，同时高度契合行业博物馆的特点，围绕城市园林的历史、园林的文化与功能、园林和城市的关系这些角度策划我们的展览，先后举办了涵盖园林文化、历史、技艺、典籍、景观等特色专题展览近 200 项，其中有四项展览获得"弘扬中华优秀传统文化，培育社会主义核心价值观"推荐项目。

本文通过获奖展览实例来分享弘扬社会主义核心价值观展览的策划和实施经验。

1. 科学选题是根本

展览的选题首先要基于博物馆的定位。综合性的博物馆选题较为宽泛，只需要考虑展览内容是否符合社会主义核心价值观的要求。但是作为行业博物馆，还要考虑展览的选题是否紧密地与行业特色结合，为行业服务，始终在坚持行业定位的前提下来策划展览。

其次，要明确展览的受众群体并进行预判和分析。要明确博物馆的大部分的受众群体是谁，本次展览要讲给谁听，而且要用能让观众听得懂的语言进行展览内容的设计。除了了解哪些观众会对本展览感兴趣，他们的背景和特征如何，还要了解他们的参观动机、兴趣和预期是什么。

第三，要对选题的核心价值进行分析，对展览资料要有系统地掌握和了解。主题是否能够传播真善美，资料和展品是否能支撑展览的语言和观点，并选出最能揭示主题、最具代表性的实物做展品。通过对学术资料的深入分析研究，从而为展览主题的提炼、展览概念和观点的提出、展览说明文字的编写、辅助展品的创作等奠定扎实的基础。

以"恰同学少年——校徽上的大学记忆"展览为例，时间锁定在中国近现代以来教育发展的百年，这正是中国青年一代又一代接续奋斗、凯歌前行的百年，一枚枚小小的校徽，承载着一代又一代人的大学记忆，把这 600 平方米展厅的 1919 枚校徽串联起来，就是一曲以青春之我创造青春之中国、青春之民族的时代华章。展览以凝聚爱国的力量、教

育兴则国兴，贯穿历史的逻辑，涵养青春的温度为选题主旨，在展览中校徽不再是冷冰冰的展品，而是会说话的讲解员，展览通过巧妙的布局和历史脉络的梳理，充分呈现校徽所承载的历史价值和时代价值，让观众对百年文脉绵延不绝、守正创新的的雄伟画卷鲜活可感、受益匪浅。展览不仅展示校徽，还展示大学生活的老照片、老物件，以此来讲述平凡又动人的校园故事，为观众呈现鲜活有温度的青春和凝固的记忆。提醒今天的莘莘学子：不要因为走得太远，而忘记了为什么出发，传递"青春由磨砺而出彩，人生因奋斗而升华"的思想。

2. 内容设计是核心

展览的内容设计是展览的灵魂，在精心构思的主题逻辑下，兼顾知识性、趣味性和艺术性。以揭示一段历史、一个事件、一种文化为目标。"恰同学少年——校徽上的大学记忆"展览，开篇以时间轴的形式，追溯大学的前身，从公元前124年，汉武帝在长安设立最高学府太学为起点，讲述了两千多年中国教育史的雏形、滥觞、发展、壮大、繁荣的历程。展览主要分为以"徽"字为连接点，将展览内容有机的串联起来，共分为徽源、徽印、徽黉、徽忆四个部分，其中"徽源"主要讲述了校徽的起源，通过中西方对比，表现百余年来，中国的大学校徽博采众长、自成一格，发展成为一种相对完善的文化现象，通过立象尽意，充分表达出大学的人文精神和文化内涵。"徽印"部分主要通过校徽展示百余年来中国大学发展的历史脉络，以大学校徽为切入点，融汇东西方教育文明，全景式展现百余年来中国高等教育弦歌不辍、文脉绵延的时代风貌和人文价值。"徽黉"部分主要以校徽上的园林和建筑图案为载体，呈现中国大学园林中西合璧、自成一格的校园景观。"徽忆"部分主要通过校徽、老照片、老物件的巧妙组合，并设置一面巨大的由千余枚校徽组成的校徽墙，让观众直达曾经的青春现场，重温难忘的大学岁月。通过这几个部分的有机组合，做到见物，更要见人，见史，见精神，让观众置身其中，犹如展开一次朝气蓬勃、壮志凌云的"青春号"大学之旅。

3. 形式设计是亮点

形式设计是展览内容的载体，在设计上充分考虑观众的观展心理，做到形式和内容的统一，仅仅围绕着展览内容进行空间划分、氛围营造、重点展项呈现、局部空间设计及展墙色彩提取。

"校徽上的大学记忆"展览的形式设计充分考虑观者和展览的关系，以时间脉络为设计支撑。首先通过巨幅海报和老照片墙进行视觉的强刺激把观者带入历史的时光中，拉近与校徽的距离。再通过以园林艺术为明线，爱国和青春为暗线的时间轴让人跨越中华教育的两千年。通过现代的展现手段，以中国园林和校园环境共同的的建筑要素、功能要素、植物配置做场景氛围的营造。以一千余枚校徽实物组成一棵大树及"绿叶对根的情谊校徽墙",以竹林、绿叶贯穿的"校训林"成为展览的独特精神空间。展厅整体色调明亮通透,以中灰、乳白为主色调,以蓝色为辅色调,代表简单、纯洁、进步。

在"中国古琴文化展"的形式设计上,同样充分挖掘古琴艺术的文化内涵,以群众喜闻乐见、接地气的创新展示方式讲好古琴文化。展览通过"丝桐春秋""良质善斫""妙指正心"及"居园听琴"四个单元,以实物为依据,以典籍为序,以编年形式为观众朋友呈现传承千年的古琴文化脉络。形式设计以两条主线来呈现,其一是将《四库全书》和古代琴书文献当中所记载的贯穿五千年文明史的165位琴人代表按照顺序围合悬置于展厅五米的高空处,成为当时文博圈里的网红打卡地。其二是依照宋代《琴史》当中的"琴之四美":一曰良质,二曰善斫,三曰秒指,四曰正心。在展览呈现方式上以"视、听、闻"立体再现了国宝级琴画《听琴图》全部内容,再现"雍正十六雅事图——月夜鸣琴"等生活场景,打造了"抚琴动操,欲令众山皆响"的美学空间等。同时展览氛围营造通过幔帐的围合,既营造出了一片活动空间,同时也体现出了园林的山水氛围,以视、听、触、嗅等全方位立体化的形式感受古琴和园林的文人精神追求和情操。

4.宣传推广是助力

宣传推广是展览的助燃剂,线上与线下结合可以扩大展览的影响力,形成展览品牌效应。后疫情时代,线上观展也成为了博物馆满足广大观众精神文化需求、丰富广大观众精神文化生活的重要途径。

在一个展览的生命周期中,很重要的且很容易被忽视的阶段是"释展",也就是展览开展后,如何向观众有效传达策展理念、解读展品背后的故事,真正让文物活起来,这是策展人在完成展览后必须要做的一项工作。其形式可以是展厅内现场讲解,可以是图文版观展提示,也可以通过拍摄释展视频,提示观众展览的正确打开方式。除此之外,与展览主题紧密结合的文化活动、文创产品、问卷调查等,也是对展览进行宣传推广的重要抓手。

在"校徽上的大学记忆"展览的宣传推广上,抓住6—9月的展期,在高考、暑假、开学这三个时间节点上开展线上推送、媒体报道、网络直播等宣传形式。当时在北京线上一个半小时的"云观展"直播就有100多万名观众在线观看。以"高校文化周"的形式,不间断组织各高校学生参观展览,以沙龙、演讲、拍摄小视频的形式留下展览宝贵资料。邀请著名高校大学生为中小学生讲述勇攀高峰的过程,鼓励中小学生努力学习,树立目标。老校友为青少年讲述"我的大学",并举办佩戴大学校徽活动,在"校训林"中写下自己的志向。

"中国古琴文化展"展期恰逢新中国成立70周年，在展览开幕现场特邀70位琴者抚琴吟唱《歌唱祖国》及策划"携琴游园之旅"环节，观众移步换景，徜徉于亭台楼阁间，在琴乐悠扬中沉浸式地了解中国传统园居生活，感受中华民族深厚的园林文化内涵。展览期间每周都举办"传统雅集""对话园林""弦上百年"古琴主题文化讲座、音乐会、雅集等系列"传统文化惠民活动"，以不同主题对古琴文化进行展示，让观众朋友走进中国园林博物馆参观，感受园居雅境与古琴大美的山水情怀，极大地推动了古琴文化艺术的普及和各地区的交流学习。针对青少年，开展了"琴砚和鸣与砚拓现场分享""斫琴匠人巧思的剑胆琴心""古琴文化分享体验"等活动10余场，让青少年参与体验斫琴过程、学习古琴文化，并从中体会古琴曲中的家国情怀。开创性的古琴文化展览新模式及其亮点成了热议话题，使得展览自开展以来接待了来自全国各地的观众约15万人次，并成为本年度最大规模和受众人数最多的中国古琴文化事件之一。

四、结语

中国园林博物馆作为行业博物馆的代表，践行服务行业，立足园林的宗旨，在"弘扬中华优秀传统文化，培育社会主义核心价值观"理念的指导下，持续用园林好故事讲好园林故事。在科学选题、内容设计、形式设计、宣传推广等方面积累了一定的经验，同时不断加强自主策展能力，探索和丰富多种陈列模式，以互动性和参与性强等特点拓展展示内容，增强了园林知识普及的效果，相关研究内容和成果可为其他博物馆展览提供借鉴。未来将继续秉承博物馆服务社会、传播文化、以人为本的宗旨，通过系列主题展览的策划，一方面展示社会主义核心价值观的经典园林文化；另一方面，为首都博物馆之城建设，以及实现西山永定河文化带魅力工程贡献园博馆智慧。

参考文献

1. 汪菊渊：《中国古代园林史》，中国建筑工业出版社，2012年。

2.《习近平新时代中国特色社会主义思想学习论丛》，中央文献出版社，2020年。

3. 韩振峰：《社会主义核心价值体系与核心价值观研究新进展》，清华大学出版社，2019年。

构建新发展格局提升办公室行政管理能力

张
甜[*]

摘 要：2021 年 5 月，北京西山大觉寺管理处与北京市团城演武厅管理处，依据事业单位改革的要求，整合组建为公益一类事业单位——北京大觉寺与团城管理处。为进一步深入贯彻习近平总书记对北京文物工作的指示精神，对以大觉寺为代表的寺庙文化、团城演武厅为代表的古代军事武备文化深入研究，促进西山永定河文化带历史文化遗产的保护、利用、传承、发展，审视、梳理北京大觉寺与团城管理处办公室行政文秘、档案管理、党务、公车、财务、合同等职能职责及新时代改革发展亟须解决的问题，提出守正创新，履职尽责，优化提升，创新发展的思路。文章依据新时代、新形势、新变化、新要求，聚焦重点，聚力关键，着眼思维方法、标准要求、转变作风、压实责任、狠抓落实、提速提效。文章强调办公室工作要有所作为，必须突出党的领导，政治引领，贯彻新发展理念，实行精细化管理，提升办公室人员政治、业务素质，推动党建与业务深度融合。以实际行动推动馆务建设、事业发展，迎接党的二十大胜利召开，庆祝大觉寺开放 30 周年。

关键词：博物馆 办公室管理 人才生成 融合发展

2021 年 5 月，北京西山大觉寺管理处与北京市团城演武厅管理处作为北京市文物局所属文物保护、公益服务的事业单位，依据事业单位改革的要求，实行深层次改革，整合组建为公益一类事业单位——北京大觉寺与团城管理处，展现了新的活力和气象。

2021 年，是"十四五"开局之年，是全面建设社会主义现代化国家新征程的开局之年。为进一步深入贯彻习近平总书记对北京文物工作的指示精神，加强对以大觉寺为代表的寺庙文化、团城演武厅为代表的古代军事武备文化的科学研究、保护利用、传承传播、

---

[*] 张甜，北京大觉寺与团城管理处办公室主任。

服务民众，促进文博事业发展，现结合办公室工作实践，结合新时代历史文化遗产保护、利用、传承、传播发展的客观要求，明晰办公室岗位工作的职责，审视、梳理有关文博单位办公室涉及行政文秘、档案、党务、公车、财务、合同等业务管理现状及亟待解决的一些问题和措施，适应新时代改革发展的需求。

一、历史与现状

北京大觉寺与团城演武厅，位于京郊西山永定河文化带，均属国家历史文化遗产和著名风景名胜，各以寺庙文化、古代军事武备文化为其根本特点，以古代建筑、园林水系、历史遗迹、传统民俗文化、历史事件等人文特色，构成其独有、珍稀的文物保护、研究、观赏及爱国主义教育等文物价值，是镶缀在北京西山光彩耀眼的文物遗存和吸引游客纷至沓来的金色名片。

大觉寺又称西山大觉寺、大觉禅寺，位于北京市海淀区北安河乡西南的阳台山麓。始建于辽代，时称清水院。金代被列为西山"八大水院"之一。元代和明初，曾名灵泉佛寺。明代重修后赐名敕建大觉禅寺。大觉寺坐西朝东，依山就势，步步递高，建筑布局大体分为中路、北路和南路。中路自东向西有天王殿、大雄宝殿、无量寿佛殿、大悲坛、龙王堂等建筑。北路为旧时僧舍。南路有四宜堂、憩云轩、领要亭等建筑。1979年，被公布为市级文物保护单位。1989年3月，市委编办批准成立"北京西山大觉寺管理处"。1992年，大觉寺对外开放。2005年，市文物局批准设置办公室、业务部两个部门。2006年，被公布为全国重点文物保护单位，对每周三前200名游客实行免费政策。

团城演武厅，位于北京市海淀区风景秀丽的香山地区，始建于清乾隆十四年（1749年），是乾隆帝阅兵的场所，又是健锐云梯营演武之地。建筑格局完整，宏伟壮观，集城池、殿宇、亭台、校场为一体。从北向南依次为石桥、团城、演武厅、东西朝房、西城楼门、教场、放马黄城、实胜寺碑亭等。1979年，被公布为市级文物保护单位。1988年6月，市委编办批准成立"北京市团城演武厅管理处"。1991年，团城演武厅对外开放。2006年，市文物局批准设置办公室、业务部两个部门。同年，被公布为全国重点文物保护单位，定名为"健锐营演武厅"，对公众实行免费开放。

北京大觉寺与团城管理处隶属北京市文物局，属公益一类全额拨款事业单位，具有很强的专业性、技术性、服务性。其业务范围包含文物征集、鉴定、登编、保管、展陈，以及古建筑、宫廷历史、博物馆、古器物、藏品研究，文物宣传，民俗文化保护，接待讲解，科普宣传，编辑出版学术著作等方面。

北京大觉寺与团城管理处现设办公室、综合保障部（安全保卫部）、业务部、社会教育部四个部门。办公室作为三部一室中的行政部门，承担了行政文秘、档案管理、党务、公车、财务、合同等管理工作。新的机构设置通过优化职能、明确职责，避免了职能交叉、职责重叠的弊病，随着整合与调整，形成目前统一管理、传承文脉、科学研究、保护利用的新格局。

二、业务与职能

新的征程，要积极贯彻新发展理念，明晰职责定位，全方位提升行政管理工作认知水平。要掌握提升办公室行政管理工作的办文、办事能力，做到有效沟通与协调，应对及处理突发公共事件，执行法律法规，有序进行文秘、档案、党务、公车、财务、合同等标准化、规范化、制度化管理。

（一）行政文秘

自 2021 年大觉寺、团城合并为北京大觉寺与团城管理处，既完成了形式上的合并，亦实现了部门内部的整合。办公室既是单位的核心部门，又是"总开关""总枢纽""总调度"。

习近平总书记高度重视办公厅（室）工作，在福建宁德，曾撰文《秘书工作的风范——与地县办公室干部谈心》；在福州指导提炼了"对党忠诚、马上就办、严谨认真、同心协力、无私奉献"的福州市委办公厅机关精神；在浙江，对省委办公厅提出了"激浊扬清、敬业乐业、乐在人和、力戒浮躁、贵耳重目、求知善读、戒奢节俭"28 字要求。总书记的这些论述和要求，立意高远，思想深邃，将指引办公室人员克难尽责，上传下达，发挥智囊、参谋作用，高标准、高水平、高质量地把工作做得更细更实更好。

机构改革前，大觉寺、团城所属综合办公室，没有设置行政文秘固定人员。机构改革后，根据工作需要，增设兼职行政文秘人员 1 人，服务于各项馆务，草拟会务文章，做好各项请示报告，信息上报，为领导决策提建议，当参谋，提供决策依据，确保相关政策及工作任务落实完成。

（二）档案管理

文书立卷、档案管理是一项十分重要的工作。重新整合前，档案管理由业务部、人事、财务、党务等人员兼任。机构改革后，设置兼职档案管理工作人员 1 人。每年 3 月底各部门将上一年度归档的资料按照归档范围和归档要求，整理收集移交档案室。档案管理人员根据档案的不同价值、类型进行归档整理，统一编号，为后期查阅和利用提供便利。

涉及归档的档案分为行政档案、业务档案、基建工程档案。专门档案（人事档案、财务档案、文物档案）由大觉寺与团城相关负责人员进行管理。档案管理工作已逐步实现规范化、标准化、制度化。

（三）党务工作

党务工作是办公室围绕党建进行的党内活动。通过服务党的工作，维护、增强党的领导核心地位。党务工作者在基层党建工作中，发挥了重要作用。机构改革前，大觉寺、团城由兼职党务干部开展党务活动。机构改革后，大觉寺与团城全面提升基层党组织和党员队伍建设，设置了专职党务干部 1 人，负责开展管理处党务工作。办公室工作人员严格纪律，忠诚担当，认真做事，不断提升党性、能力、作风，围绕中心，服务大局，发挥参谋助手作用。疫情来袭之时，办公室在党组织的领导下，严格执行北京防控措施，发挥党员先锋模范作用，加强出入查验、体温检测、登记信息，全面排查隐患，注射疫苗，进行核酸检测，佩戴口罩，保持安全距离，无死角消毒，确保管理处及游客的安全。

（四）公车管理

大觉寺位于海淀区苏家坨镇、团城位于海淀区香山南路，公务用车对于保障大觉寺、团城正常运转、高效率履职尽责意义重大。机构改革前，大觉寺、团城公务用车实行编制管理，根据编制标准大觉寺、团城分别配置一般公务用车 1 辆，2013 年购置，由办公室集中管理。设立专人对车辆及驾驶员进行管理，严格实施纸质派车制度。车身标记公车标识，加装定位设备。公务用车严格规范管理，安全圆满地完成了各项工作任务。机构改革后，大觉寺与团城根据编制标准配置一般公务用车 2 辆，实行集中管理，全部纳入"北京市公务用车管理平台"监管。平台的监管实现了对用车申请、审核、调度派车、执行、交车全流程业务管理；通过电子地图的方式展示单位公务车辆实时运行情况并与定点加油、定点保险、定点维修、ETC、电子停车等单位的信息互联互通，消除监管盲区，提高办事效率，保障公务活动正常有序开展。

（五）财务管理

财务管理工作是基础工作，为单位的有序运行提供强大的基础保障，开展各项业务活动都离不开财务管理。机构改革前，大觉寺、团城分别设置会计人员、出纳人员 2 人，负责预决算管理、资产管理、采购管理、收支管理、会计核算、纳税、统计等工作。机构改革后，大觉寺与团城结合单位实际情况，设置了会计人员、出纳人员 2 人，负责预决算管理、收支管理、会计核算、纳税、统计等工作。办公室进一步优化财务管理、细化分工，规范内部控制，建立一套科学、系统的内部控制体系，加强廉政风险防控机制建设，推动大觉寺与团城财务管理工作不断夯实基础。财务人员配合第三方机构对大觉寺、团城所有资产进行了清查，做好国有资产的交接管理工作，防止国有资产流失，确保机构改革工作平稳有序推进。

（六）合同管理

合同管理是内控管理的重要组成部分，文物的征集、展览的设计、古建的修缮等业务活动开展都需要签订合同。加强合同管理，不但可以有效规避风险，确保资金使用安全还可以在开展业务活动中做到有法可依。机构改革前，大觉寺、团城合同均由办公室统一归口管理，根据合同管理办法对外签订、履行合同。机构改革后，合同仍实行办公室统一归口管理。建立了合同管理制度，包括合同的签订、合同的履约执行、合同的价款支付等，分工明确、职责清晰、确保业务活动的有序开展。办公室严格按照程序履行签订合同的手续，通过聘请法律顾问审查合同，把控合同细节，并根据明确的合同流转流程由部门、办公室、主管领导、管理处主任层层审批，防范签订过程中的相关风险。

三、优化与提升

基于新时期发展的趋势，文博事业迎来了大繁荣，充满了机遇与挑战。办公室须进一步优化管理，快速提升公文写作、综合管理实务技能，适应新形势和新要求，传承创新、与时代同行，更好地提升办公室工作时效。

（一）行政文秘的职业技能培养

1. 加强系统培训，熟练掌握常用公文文种意见、请示、通知、函、会议讲话稿、调研报告等写作规范与要领。改进工作，摸索经验，熟练掌握工作所必需的行政文秘知识、现代科技管理手段。

2. 敬业爱岗，开拓创新，当好领导参谋和助手，提升办公效能，做好行政沟通与协调，保证大觉寺与团城各部门、各项工作有机配合，高效运转。

（二）档案管理工作的规范运作

1. 完善相关管理制度和规定。界定各类归档要求、标准，明确归档资料的范围、时间。各部门结合工作特点，做好日常档案、信息材料、文档的收集、整理工作。

2. 推进档案管理数字化建设，进一步优化档案管理工作，及时完成文件扫描工作。对存档管理定期督办和考核。

（三）党务工作的引领带动

1. 进一步完善党的建设工作目标，把党建工作与大觉寺与团城的日常工作相结合。推进理念思路创新、党建工作方式创新。

2.突出政治标准，坚持以人民为中心。强化对专业素养、创新意识、创新能力的要求，增强理想信念教育。培育热爱文博、热爱公益、勤勉敬业、担当作为的工作作风、良好品质。

3.增强党务干部的主体责任意识。加强对党务干部的管理、培训，提高党务干部高素质专业化的综合素质，激发干事活力，促进大觉寺与团城各项工作持续发展和建设。

（四）公务车辆的规范化管理

1.结合公车管理平台，建立可操做性强的配套管理制度，形成规范的公务用车使用、监督、评价体系，堵塞公务用车管理使用方面的漏洞。

2.合理统筹调度，坚持一趟多站，一站多办事原则，减少车辆空驶里程，提高使用效率，降低能源和碳排放。

（五）财务内控机制的完善

1.加强专业化培训和继续教育，2019年实施政府会计新制度，构建政府预算会计和财务会计适度分离并相互衔接的政府会计核算体系，需要同时编制预算会计报告和财务会计报告，业务内容更加丰富，业务流程更加优化，对财务工作提出更高要求。推行新的财务工作和财务软件的培训力度，不断提升财务管理水平，不断提高对财务会计信息的分析利用水平，增强抵御财务风险的能力。

2.财务管理者要对相关风险进行调研、分析、识别，根据计划和工作标准，监督检查各项活动及其结果，并及时调整。

（六）合同严格依法管理

1.进一步提升合同管理风险防控意识。加强合同管理履约情况、项目进展的监督。

2.关注合同执行过程中的变化，合法合规使用资金。推动业务工作顺利开展，促进整体工作稳中求进。

四、人才与创新

习近平总书记在"深入实施新时代人才强国战略 加快建设世界重要人才中心和创新高地"讲话中曾说："发展是第一要务，创新是第一动力，人才是第一资源。"做好文博办公室工作同样离不开高素质人才和创新发展的意识。面对馆务职能的融合转变，更要强化办公室人才的政治素养、专业能力、专业精神的历练和培养，更要精准施策，拓宽思路，做好工作。

（一）适应转变共谋发展

1.面对整合后的大觉寺与团城，人心振奋，活力旺盛。新的环境，新的岗位，新的同事，新的目标，对办公室提出了新的更高标准和要求。此时此刻，提高认识，加强融合，强化责任，提高效能，成了当务之急。培养人才，集聚力量，增进团结，共谋发展，成为办公室全体人员的共识和行动。

2.办公室承载着执行、参谋、调研的管理职能，是处理好上下左右、方方面面关系，保证单位正常运转的桥梁和纽带。办公室要发挥表率作用，不断提高工作效率，必须以人为本，精诚团结，坚定信念，提升本领。大觉寺、团城虽说文化背景、研究方向不同，但同属西山历史文化遗产，同属京西永定河文脉，同心同向同行，务实担当，时不我待，相融共进，压实责任，才能有效推进管理处工作，推进博物馆事业的健康发展。

（二）深度融合凝心聚力

1.重新整合后的大觉寺与团城，注入了新的发展驱动力，是一次创新性融合。把握历史机遇，将文物资源优势互补互动，助力实现跨越式发展，以文化融合为契机，以团结凝聚人心为动力，实现深度融合，增强凝聚力和向心力。

2.充分考虑办公室每个人的特长、工作经验，从整体、大局谋划，按需施训，从严管理，做到尽心尽力，尽职尽责。增强团结协作意识，凝心聚力，同舟共济，把大觉寺与团城打造成西山永定河文化带金名片。培训内容包括：政治理论、法律法规、政策知识、行为规范、纪律要求，以及业务知识、技术技能等。

党的十八大以来，习近平总书记多次视察北京，就文物工作发表一系列重要讲话，为文物工作指路领航。文博事业迎来了空前大繁荣，办公室工作也展现出更大活力。迈上新征程，面对新时代、新发展、新要求，办公室工作人员要增强责任意识、使命意识，迎难而上，踏实工作，以崭新的精神面貌和高质量的发展成果庆祝大觉寺开放30周年，喜迎党的二十大胜利召开。

文物建筑类博物馆的展陈特点与空间利用

——以北京大觉寺与团城管理处为例

郑维丽*

摘　要：文物建筑凝结着古人的智慧和汗水，承载着较高的历史文化和艺术价值。文物建筑类博物馆是指在古建保护的理念上增添博物馆的职能，使其更好地阐释自身历史文化信息。在近现代博物馆发展进程中，文物建筑再利用为博物馆的案例屡见不鲜，它们对于促进博物馆事业全面发展，满足公共文化服务需求，传播优秀历史文化起到了重要作用。本文以北京大觉寺与团城管理处为例，尝试探讨两家文物建筑类博物馆在展览策划和空间利用中所面临的客观困境，以及在挖掘自身文化优势，积极参与社会生活，避免模式化发展方面所做的努力。

关键词：文物建筑类博物馆　功能转换　展览陈列　空间利用　发挥职能

泱泱中华，有着上下五千年的文化发展历史，底蕴深厚，博大精深。在漫长的发展过程中，勤劳勇敢的祖先们用自己的双手和智慧创造了丰硕的物质文化和璀璨的精神文明，给后代留下了丰富而宝贵的人文景观、历史文物、建筑遗迹及传统而活态的生活方式和精湛技艺。它们是人类想象力、创造力及劳动和智慧的共同见证，也是人类文化多样性的生动展示。

2014 年，习近平总书记指出："让收藏在博物馆里的文物、陈列在广阔大地上的遗产、书写在古籍里的文字都活起来，让中华文明同世界各国人民创造的丰富多彩的文明一道，为人类提供正确的精神指引和强大的精神动力。"[①] 作为文化遗产的重要组成部分，文物建

---

* 郑维丽，北京大觉寺与团城管理处业务部馆员。
① 摘自 2014 年习近平总书记在巴黎联合国教科文组织总部的演讲词。

筑凝聚着古人的智慧和汗水，承载着较高的历史价值、文化价值和艺术价值，是历史记忆的承载者和文化传承的衔接者。文物建筑类博物馆主要是指依托文物建筑而建设的博物馆或文物建筑再利用为博物馆，它是我国博物馆总量的主要基数之一，在我国博物馆体系中占比庞大。本文以体制改革后的北京大觉寺与团城管理处为例，尝试探讨大觉寺和团城演武厅两处文物建筑类博物馆的展览特点与空间利用问题。

一、文物建筑类博物馆的概念及相关政策

文物建筑类博物馆，即利用原有的文物建筑作为博物馆的馆舍，在文物建筑保护的基础上叠加博物馆的概念和职能，使其更好地发挥社会功能，阐释和展示其独特价值及历史文化信息。在近现代博物馆发展进程中，文物建筑再利用为博物馆的案例屡见不鲜，它们对于促进博物馆事业全面发展，满足公共文化服务需求，传播优秀历史文化起到了重要作用。

活化利用（Adaptive Resue）一词最早出自 1979 年的《巴拉宪章》，意为建筑遗产找到合适的用途（即容纳新的功能），使得该场所的文化价值得以最大限度地传承和再现，同时对建筑重要结构的改变降到最低程度。[①] 随着现代文物保护范围的进一步扩大，保护理念的不断更新，保护内容的深入丰富，一座文物建筑活化利用为博物馆，意味着打破以往"保护为主"的静态模式，转变成集全面保护、科学研究、展示利用、教育宣传多元一体的功能模式，更加注重对文物建筑历史文化内涵的挖掘与阐释。利用文物建筑作为博物馆这种就地取材的方式，是文化价值的延伸，是古建功能的转换，也是为历经千百年岁月沉淀而成的历史文化意蕴，找到了别样的表达方式，方便公众对其重新解读。

建筑的再利用一直都很常见。我们现在所讲的文物建筑，因其在历史长河里具备各种各样的实用功能，而被赋予过不同的利用价值。改革开放之后，国家文物事业管理局颁发了《省、市、自治区博物馆工作条例》，提出贯彻古为今用的方针，鼓励各地大力发展博物馆事业[②]。一时间，各地纷纷因地制宜地开展博物馆建设工作，在推进文物建筑腾退工作的同时，利用其建筑空间挂牌各类博物馆，主要有专题性博物馆、纪念馆和综合性博物馆等。依托文物建筑的历史文化内涵开展与之相关的博物馆业务，真正从"文"（保护）迈向"博"（博物馆），探索文物利用，发挥其公共职能。

---

① 张朝枝、刘诗夏：《城市更新与遗产活化利用：旅游的角色与功能》，《城市观察》，2016 年第 5 期。
② 国家文物局编：《中国文化遗产事业法规文件汇编（1949—2009）》上册，文物出版社，第 89—92 页。

2015 年修订的《中华人民共和国文物保护法》规定，核定为文物保护单位的属于国家所有的纪念建筑物或者古建筑，除可以建立博物馆、保管所或者辟为参观游览场所外，作其他用途的，应逐级申报。[①] 这一规定更加明确了文物古建的再利用方向，为文物建筑博物馆化创造了条件。以北京为例，在 2015 年博物馆名录的 151 家博物馆中，古建类文物保护单位有 40 家，其中坛庙宫观类 16 家、名人故居及历史事件发生地类 11 家、城楼类 6 家、宫廷 1 家、王府 1 家、会馆 1 家、近现代工商建筑 4 家。[②] 截至 2022 年 5 月 18 日，北京地区已有备案的博物馆 204 家，文物建筑类博物馆将近占总数的四分之一，例如故宫博物院、孔庙和国子监博物馆、北京石刻艺术博物馆、北京艺术博物馆等，都是在文物建筑的基础上成立的博物馆，这也是北京地区博物馆的一大特色。

2020 年，国家文物局印发的《文物建筑开放导则》第三条指出："文物建筑开放应有利于阐释文物价值、发挥文物社会功能、保持文物安全、提升文物管理水平，在不影响文物建筑安全的前提下，依托文物建筑进行参观游览、科研展陈、社区服务、经营服务等活动。"2022 年 7 月，国家文物局印发了《关于鼓励和支持社会力量参与文物建筑保护利用的意见》，鼓励和支持社会力量参与文物建筑保护利用，共同推动文物事业高质量发展。由此可见，文物建筑的保护理念是不断发展的，从原来的静态保护、修复为主转变成了开放利用、发挥社会功能。文物建筑在当下社会也逐渐开始扮演新的角色，有了新的发展方向和身份的多元化，拥有更多的人文关怀和亲和力，逐渐发展成为引发思考、激发共鸣、启迪思想的文化交汇和传播的公众交流平台与媒介。

二、大觉寺与团城的展陈特点分析

近两年来，北京地区事业单位经历体制改革，原来的大觉寺管理处和团城演武厅管理处合并为北京大觉寺与团城管理处，囊括了大觉寺和健锐营演武厅两个国家级文物保护单位，同时也是面向公众开放了三十余年的两家文物建筑类博物馆。管理处与博物馆机构并置的"双名制"特性，意味着管理方向从古建保护走向文化价值的综合研究，体现出文物利用的公共性意义。

（一）大觉寺与团城建筑遗迹

大觉寺是一座始建于辽代的千年古刹，位于海淀区阳台山东麓，寺背倚山峦，绿树环

---

① 国家文物局官网：《中华人民共和国文物保护法（2017 年修正本）》第二十三条。
② 国家文物局《关于印发 2015 年度全国博物馆名录的通知》，文物博发〔2016〕18 号。

抱，花草簇拥，是典型的汉传佛教寺院群落。寺院建筑分东、中、西三路，按照辽代契丹族尊日东向、崇拜太阳的习俗，坐西朝东，依山就势，层层递进。其中，中路建筑自东向西依次为山门殿、碑亭、钟鼓楼、天王殿、大雄宝殿、无量寿佛殿、藏经楼、佛塔、龙王堂等，布局严谨规整，精巧幽深。大觉寺历经五朝政权更迭，历史源远流长，文化底蕴深厚，在几度兴衰交替中完整保存了古代佛教的建筑特色，保留了造像、经板、碑刻、契约文书等珍贵的文化遗存，这些对于研究古代佛教文化、北京社会风俗、土地及宗法制度等方面具有极高的价值和意义。

团城演武厅又称健锐营演武厅，坐落于香山脚下，始建于清乾隆十四年（1749年），是清代皇家特种兵健锐营定期进行合练的演武校场遗址。健锐营在清代是一支骁勇善战的特种部队，与火器营和圆明园护军营并称"京西外三营"，在乾隆、嘉庆、道光三朝，为维护国家统一和保卫边疆安定立下过汗马功劳，深受几位皇帝赏识与嘉奖，在清朝政治军事中占据重要地位。健锐营演武厅是京西外三营中唯一完整保存了原有校场格局的皇家武备建筑群，承载着北京西郊"三山五园"地区重要的军事武备文化内涵，建筑宏伟壮观，风景秀丽如画。建筑遗迹从北向南依次为石桥、团城、演武厅、东西朝房、西城楼门、校场、放马黄城、实胜寺碑亭、松堂，分布在周围的还有八旗营房、印房、官学、石碣等。

（二）两家博物馆的展览特点

作为中小型博物馆，大觉寺和团城演武厅在发挥博物馆职能方面，在各自领域面临着众多困境，例如受古建空间、结构的制约，展陈形式较为传统、单一；展览陈列中的精品文物、展品不足；建筑群落相对分散，展览叙事碎片化；日常事务繁杂，人员配备不足等。面对困难，两家博物馆敢于迎难而上，各自发挥所长，挖掘文化价值，努力策划各种展览活动，真正实现古建的功能转换。从佛教院落转化为博物馆，意味着大觉寺不再是单一的宗教信徒的教育场所，而是要成为向社会公众提供知识、受社会公众普遍信赖的公共文化机构。近年来，大觉寺在发挥博物馆职能方面，做出了很多尝试，举办了诸多以社会教育和公众服务为导向的展览和活动，取得了良好的社会效益。同样，作为向公众开放的国家级文物保护单位，团城演武厅依托丰富的历史文化资源，结合健锐营文物建筑特色，努力发挥自身武备文化优势，广泛关注周边社会群体，开展一系列主题展览及文化体验活动，积极弘扬优秀中华传统文化，受到了广大观众尤其是青少年群体的一致认可。

虽然两家博物馆文化主题相差甚远，但在进行建筑功能转换、发挥博物馆职能、开展社会公众文化教育等方面总有一些相通之处，暂将两馆展览特点归纳总结如下：

1. 充分挖掘文化优势，打造相关文化品牌

大觉寺环境优雅，林莽苍郁，有大量古树名木，品种珍贵，造型奇特。其中最负盛名

的，是无量寿佛殿前的千年银杏和四宜堂院内的古玉兰树。千年银杏树干粗壮，枝繁叶茂，每年秋季，金光灿灿，落叶满地，蔚为壮观。古玉兰树树龄近三百年，花繁瓣大，花形俏丽，典雅洁白，冰清玉洁，美不胜收，每年春天，赶来看古玉兰的游客络绎不绝。为了突出文化景观优势，打造自身文化品牌，大觉寺近年来以银杏和玉兰为主题，因地制宜的举办了多次"大觉寺玉兰文化展""西山·大觉寺银杏文化展"等文化展览活动，让观众在古寺的声声钟磬中能够春赏玉兰，秋赏银杏，感受世外桃源般的静谧。

健锐营驻扎的北京西山地区有着深厚的历史文化积淀，以健锐营演武厅为物质依托的相关旗营文化遗产，对于研究清代军事文化、旗营文化等具有十分重要的意义。团城演武厅多年来深入挖掘清代旗营、军事武备等相关文化内涵，策划一系列相关展览，发挥军事文化优势，助力"三山五园"文保示范区的创建。比如"古代军事建筑展""健锐营营房展""中国古代知名战马展""大阅兵——历代军戎服饰展""中国古代军事体育展""庆祝建国 70 周年'大阅兵'展"等，并策划多场"小小巴图鲁"文化体验活动，宣传有勇有谋、知方守节健锐营精神，打响武备文化特色品牌。

2. 积极参与社会生活，开拓展示服务资源

除了传统的历史文化、自然景观等策展思路外，近年来大觉寺努力打破属性禁锢，转换策展思路，以人为本，注重观众情感互动和参观体验，尝试积极参与社会生活，围绕观众以及观众眼中的大觉寺进行展览活动策划，例如"我与大觉寺"系列"彩墨金秋大觉禅韵——大觉寺主题绘画展""古刹春色——大觉寺摄影图片展"等，围绕大众喜爱的传统节日文化习俗策划了"元旦民俗文化展览""腊八节民俗文化展""博物馆里过大年——春节民俗文化展览""端午民俗文化展览""中秋传统文化展览"等，深受观众喜爱，取得了良好的社会效益。

团城演武厅也积极探索展示利用方式和宣传教育路径，开拓周边社区、学校、相关单位服务资源，在香山公园举办"大阅兵"巡展、在怀柔区喇叭沟门满族乡举办"我的满族人生——清代满族文化展"、在门头村社区举办"香山地区风景名胜展"，在海淀第四实验小学举办"中国古代军事体育展"等，以公众喜闻乐见、易于理解的方式策划实施展览项目，提升公众的获得感。另外自 2012 年以来，团城围绕"打工子弟"策划实施了一系列展览项目，比如"我爱我家——打工子弟学校学生绘画展""我爱博物馆——外来务工子弟学校手抄报展""我爱创意——外来务工子弟学校创意产品展""外来务工子弟学校校史展"及"我爱老北京建筑"小学生摄影展等，用温情和善意关注社会群体，真正体现人文关怀，让博物馆与公众建立密切联系。

3. 搭建文化交流平台，实现传播互利共赢

为增强文化亲和力，让博物馆文化更好地融入现代社会生活，用大觉寺与多家单位开展共建合作，搭建文化交流平台，提升交流和传播的广泛性，实现文化的互利共赢。其中，与明慧茶院合作的"中国茶文化展"，在 2014 年至 2015 年，相继到俄罗斯中国文化中心和普希金博物馆、美国芝加哥等多地展出，将中国茶文化带出国门，促进优秀传统文化的交流与传播。另外，大觉寺还与北京星空创想创造型思维美术教育机构合作举办"北京星空创想美术教育夏令营写生作品展"、与中国插花花艺协会合作的"国家级非物质文化遗产——传统插花文化展"、与柳州文庙管理所和柳州群众艺术馆合作的"柳州少数民族风情展"等展览项目，充分体现了大觉寺打破固定办展思维，真正实现文化交流互通。

作为文物建筑类博物馆，团城的主要特色是文物建筑，文物藏品稀缺，展厅相对分散。如何在展览项目中凸显优势、发挥特长，讲好自身文化故事，成为持久的难题。在北京市文物局的领导和关怀下，团城与首都博物馆、北京市古代钱币展览馆、北京石刻艺术博物馆、天津博物馆等合作共建，通过仿制文物、租借场地等方式，搭建交流平台，学习先进经验，逐渐摸索出一条适合自己的道路。2018 年，团城与天津博物馆进行临展交流，天津博物馆策划的"梁启超和他的孩子们巡展"在团城的帮助下来到北京几家中小学等地方展出；团城策划的"我的满族人生——清代满族文化展"在天津博物馆展出。这种交流协作模式，打破了团城办展的瓶颈约束，拓展了文化传播的渠道，更利于双方发挥自身优势，互利共赢。

4. 深耕历史文化底蕴，促进科研成果转化

大觉寺自创建至今已有千年的历史，历尽沧桑，底蕴深厚。1989 年，经北京市编委批准成立北京西山大觉寺管理处，1992 年大觉寺正式对外开放。三十余年里，大觉寺的科研人员辛勤耕耘，深度研究本馆的历史文化，申报多项科研课题，发表了诸多专题论文并出版专著多部。大觉寺展览的另一个显著特点，是以科研成果为基础，注重科研成果转化，在广泛搜集资料、实地调研和充分论证的基础之上撰写展览大纲，结合自身建筑特点选择展陈形式，形成了"大觉寺历史文化展""此情可待成追忆——历代名人与大觉寺""诸天造像艺术展""乾隆与大觉寺""追忆百年 红色记忆——大觉寺及周边红色史迹展"等观众口碑良好的专题展览，促进了历史文化的展示和传播。

展览未始，科研先行。团城非常重视科研资料的积累及科研成果的转化利用，在传播科学文化知识和教化公众方面努力发挥作用。团城业务人员努力钻研，多次深入全国各地开展调研踏查，广泛搜集健锐营相关历史文化资料整理成史料汇编，完成多项科研课题，发表多篇学术论文，并最终转化为多个高品质展览。"中国传统弓箭文化展""中国古代盾

牌文化展""中国古代刀剑文化展"及正在落地的"团城演武厅固定陈列展展陈"项目等都是在前期科研课题申报和实地考察的基础上实施的,充分保障展览的科学性和严谨性。

三、文物建筑类博物馆在空间利用方面的探索

《文物建筑开放导则》第十七条指出:"文物建筑开放使用建设应坚持最小干预原则,不得影响文物建筑原有的形式、格局和风貌,不得改变结构体系,不得损毁文物建筑、影响文物价值。"① 在现实中,文物建筑类博物馆在办展时大多会受到自身建筑特性的约束,一方面是不具备现代化博物馆场馆室内的广阔空间和举高,另一方面是文物建筑本身就是最大的展品,如何处理好文物建筑保护与展览效果之间的关系,如何在保证古代建筑整体格局和风格的同时,又充分考虑到现代化展板、展柜、射灯、多媒体和互动设备等的布置,展览路线的规划等问题,是值得每个策展人深入思考的问题。

(一)大觉寺的建筑空间利用

大觉寺的展陈空间主要由常设展厅和临时展厅组成,随着博物馆功能的不断演进和宣传教育需求的不断拓展,大觉寺逐渐开拓展览空间,腾退部分办公用房作为临时展厅,方便公众获取更多历史文化知识。常设展厅位于中轴线上的大悲坛,目前展出的是"大觉寺历史文化展"。在大觉寺山门内的南北两侧,分别设置了两个临时展厅,目前展出的是"乾隆与大觉寺""追忆百年 红色记忆——大觉寺及周边红色史迹展"。另外,基于季节性活动文化宣传以及观众看展的空间等需求,以图文为主的科普性临时展板会放置在山门内步行道左右。

以"追忆百年 红色记忆——大觉寺及周边红色史迹展"为例,为了彰显大觉寺及周边红色史迹在北京西山一带的重要性,充分利用临时展厅的建筑空间,展览突破传统展陈形式,利用场景搭建的手法形成体验性设计,在展厅中设置了象征红色丰碑、国之柱石的多根立柱,在特定的情境中仿造真实年代场景,展现出革命场景的发生、发展过程。立柱四周安装图文展板,观众在围绕"丰碑""柱石"参观的过程中,产生一种穿越时空的状态,营造令人陶醉、愉悦的情感体验,让他们深刻感受党艰苦卓绝的奋斗历程,接受党史和革命传统教育。

---

① 中华人民共和国中央人民政府官网:《国家文物局关于印发〈文物建筑开放导则〉的通知》,文物保发〔2019〕24 号。

（二）团城演武厅的建筑空间利用

团城演武厅是清代皇家演武校场，具有室外场地开阔，但文物建筑展厅相对分散、径深不足等特点。以往的展陈空间分为室内和室外两个部分，常设展厅设在演武厅、东朝房，临时展厅设在西朝房，室外主要是图文科普类的临时展，设在箭场和现代军事展区。在近两年的固定陈列展改陈工作中，团城在展陈空间利用上进行了新的探索，结合先前布局经验，深度分析展厅优劣势，开放东西值房、南北城楼作为新的展览空间，并对七处文物建筑空间重新进行功能划分，使展示内容相对独立又相互串联。此次改陈采用原状陈列与现代展陈方式相结合的思路，做到扬长避短，更加注重观众体验，更深入系统地展示健锐营皇家演武场的历史风貌。演武厅通过清乾隆时期家具、牌匾等原状复原的方式展示健锐营的历史沿革；东西配殿通过经典战争场景搭建、武器复原等讲述健锐营建制及功勋；东西值房以活泼有趣的多媒体及物理互动讲述旗营生活及传统技艺；北城楼主要解读《御制实胜寺后记碑》和乾隆宝玺；南城楼紧扣"三山五园"主题讲述健锐营在"三山五园"中的职能和定位。

以东朝房为例。按照新的展览大纲及策展思路，东朝房主要展示健锐营的建制与将领。展厅整体呈长方形，径深只有 6 米，实际展示面积不足一百平方米。此次改陈中，我们在保证观展效果的同时努力做到空间利用最大化，将展厅东侧切割成斜角做成壁龛柜展示八旗甲胄及旗帜，将展板文字以丝网印的形式印在龛柜玻璃上，将诸多健锐营将士名录用表格统计，做成玻璃推拉板的形式，把著名将领代表性的生平事迹以语音自述的形式做成听筒播放，在相对狭窄的展厅景深中尽可能完整而流畅的展示相关信息，让内容和媒介与观众形成具有亲和力的对话空间，在考虑实际观展效果的基础上节约展厅空间，使观众体验造型、材料、声音等所表现出的生命力。

另外，在新的展览设计中，团城演武厅打破了原来单一的通过视觉形象使观众获得知识信息的展陈模式，增加了如利用莫奈条纹物理装置展示健锐营马技、利用 iPad 屏与灯光电路联动展示健锐营日常训练、利用交互控制系统与一体机进行虚拟穿衣和亚克力翻板展示满族旗营特色饮食等趣味性互动项目，横向拓展客观受限的展陈空间，优化观众观展体验，提升观众自主性和忠诚度，让观众在"特定的情境中体验、发现、反思，从而对特定知识产生兴趣，将被动的参观变为主动的学习和创造过程。"①

---

① 贾佳、左依娜：《新媒体时代博物馆的角色与功能转型》，《大众文艺》，2016 年第 14 期。

四、小结

　　以大觉寺和团城为例的文物建筑类专题性博物馆，尝试转换发展思路，突破客观瓶颈，在传递文化知识和实现社会价值，进行社会教育和公众服务的道路上努力学习，砥砺前行。宋向光先生认为，以文物建筑之为博物馆这一做法，会给社会公众以为博物馆就是文物的认知[①]。随着社会发展的日新月异和不断增长的公众文化需求，文物建筑转化为博物馆后，怎样发挥自身文化优势，扬长避短，从"文物保护"迈向"展示利用"，怎样明确核心价值和定位，重构文化内涵，避免模式化发展，怎样充分利用建筑空间，激发自身活力，有效参与社会生活，值得我们今后去深入研究和不断探索。

---

① 　宋向光：《博物馆不是"场馆"》，《中国文物报》，2013 年 3 月 1 日，第 3 版。

浅谈博物馆财务工作

吴
茜 *

摘　要：随着社会发展，博物馆已经成为城市的"文化名片"，博物馆的财务管理工作也越来越重要，但同时博物馆财务工作也存在一些问题。本文将简要介绍博物馆财务工作的内容、存在的问题及解决思路。

关键词：博物馆　财务管理　内部控制

我国博物馆作为公共文化服务体系的非营利性机构，是珍贵文化资源的载体，具有收藏、保护、研究、展示等功能，是文化旅游产业的重要组成部分。近年来随着"文化自信"的提出，社会大众对文化需求日益增加，博物馆发展也得到了国家大力的支持。为使大众更加了解博物馆的财务工作，本文将以北京大觉寺与团城管理处为例，浅谈博物馆资金活动、财务工作的内容、财务管理存在的问题及解决思路。

一、资金活动

北京大觉寺与团城管理处隶属于北京市文物局，是公益一类事业单位，发展建设资金主要来自财政拨款资金，以及少量纳入预算管理的事业收入和其他收入。预算一经申报批准，在一个会计期间基本不会变更，除项目追加经费或核减经费。下面我将从财务管理的角度说明单位的资金活动。

1. 筹资活动

单位筹集资金的来源有三个方面：一是财政拨款资金，包括按部门预算定额标准核定的人员经费和公用经费，按事业发展行业定额标准核定的公用经费以及开展特定项目的项

---

* 吴茜，北京大觉寺与团城管理处会计。

目经费；此类经费可维持日常运行，保障开放，同时支持部分特定项目活动的开展。二是事业收入。此类收入受整体文化旅游环境影响较大，存在一定的波动性，往往需要进行预算调整。同时此类经费金额与财政拨款金额相比较小，通常用于弥补财政拨款公用经费不足，以及日常运行、基础设施维护保养等。三是其他收入，包括利息、捐款、租金收入等。此类经费金额小于前两项，用途与事业收入经费基本一致。

2. 投资活动

投资活动其实就是资金的投放及使用。我馆资金使用方向大致包括：人员工资、日常运转、展览等业务方面支出及特定项目的开展等。在此过程中，要考虑以收定支，不能出现赤字，还要考虑支出的合理合规合法性，规避风险。同时还要考虑资金支出能够取得的社会效益、经济效益、生态效益、可持续影响等，确保资金投入的使用效率。

二、财务工作的内容

根据日常实际工作，我将财务工作及职能划分为以下几项：预算及决算业务、收支业务、监督工作、资产、建设项目及合同六大类。

1. 预算及决算业务

单位预算是单位开展各项工作的起点，是财务工作的基础依据。预算反映了预算年度内单位资金收支的规模及资金使用的方向，为单位开展各项业务活动、实现工作目标提供财力支持。单位决算是对预算的总结，反映了单位预算执行的最终结果，提供可供分析的数据，促使单位加强财务管理，提升内部管理水平；同时反映预算编报的合理性，促使单位科学填报预算。

2. 收支业务

收支业务是财务的日常工作，与资金使用密切相关，是单位运行的核心内容之一。简单来说，收支业务由收入和支出构成，应严格按照各项法律法规对单位资金使用进行管理，保证做到"收支两条线"，严禁"坐收""坐支"，同时严格把控支出审批流程，确保资金使用的合法性。

3. 监督工作

监督工作主要包括：（1）国家权力机关的监督，如政府工作报告、预算及决算的审议、税务机关的监查等。（2）审计监督，如财政预算的执行、财务计划的执行和财政决算；项目的财务收支；国有资产的管理情况；与财政财务有关的各项经济活动及收益；国家法律法规规定的其他审计事项等。（3）社会舆论监督，如开展预算及决算信息公开工作、接受新闻及公众舆论的监督。

4. 资产业务

资产业务包括：货币资金、固定资产、无形资产、文物文化资产等，日常工作中应按照相关政策法规，严格管理各项资产，做到"账账相符，账实相符，账物相符"，同时定期开展资产清查工作，全面掌握资产情况，合理安排使用资产，提高使用效率，避免国有资产闲置浪费甚至流失。

5. 建设项目

项目工作主要是配合项目负责人开展相关工作，如项目申报、政府采购、支付、绩效评价、跟踪审计等。

6. 合同

在项目负责人提出资金拨付时，对照合同条款审核是否可以支付。同时按合同约定，督促项目负责人完成年初预算，保障支付进度。

三、财务管理存在的问题

1. 对预算管理重视程度不够

近年来，北京市财政局提出厉行节约，过"紧日子"的精神，要求各单位合理安排资金使用，不断提高资金使用效率，更好地发挥博物馆基本职能。首先，为避免在进行预算评审时核减部分资金，项目编制预算时应该科学、准确；其次，涉及专业性较强的项目，我单位会聘请专业机构进行预算编制工作，为保证预算内容和金额符合实际工作需求，项目负责人应审核调整后上报。最后，预算编制有时存在随意性，部门之间预算编制不明确，导致单位整体预算控制性不强，容易造成临时性、计划外支出难以得到有效控制，会引起预算脱节，不能合理有效安排资金，形成结余。

2. 对项目流程监控不够重视

使用财政资金的项目经费要经过严格的流程监控，从而提高资金使用效率，做到合法合规支出。编制预算前，应编制项目立项背景及发展规划、项目预算等申报所需材料。200万元以上项目还须编制专家论证意见以及可行性研究报告。如涉及修缮、信息化的项目，还应经过国家文物局、经信委的批示。上述内容可提高项目的成熟度，在申报预算时，会被优先考虑。在项目批复后，项目负责人要履行招标程序，按照设定的绩效目标执行，留存过程性资料备查。项目经费的使用有着复杂的程序，项目负责人一定要高度重视，把握每一个程序，不能因烦琐而忽视某个环节。

3. 对资产管理及政府采购认识不足

近年来，政府出台了大量关于资产管理及政府采购管理的文件，意味着对这两项工作的重视程度越来越高，要求也更加严格。我单位目前有一套完整的资产管理及政府采购管理的制度，但仍有部分从业人员重视程度不够，疏于管理，存在采购固定资产时不进行政府采购，或者是采购固定资产后不入账或入账不及时的问题，形成了国有资产流失的风险。另外，资产使用过程中，部分资产变更使用人、存放地点等，未及时通知资产管理员，出现账面信息与实际使用间的差异，导致资产管理混乱。

4. 财务管理意识不强

博物馆财务管理意识不强的原因包括：（1）博物馆更偏重于业务工作，间接导致对财务管理重视程度不足。（2）从业人员墨守成规，不愿根据新政策调整自身工作。（3）从业人员片面的认为财务管理是财务人员的工作，不需要其他部门的参与和沟通，导致部分基础数据缺失，增加了预算执行过程中的相关风险。

四、解决财务管理问题的思路

1. 建立健全单位内部控制体系

为了贯彻落实《中共中央关于全面深化改革若干重大问题的决定》提出的"坚持用制度管权、管事、管人，让人民监督权力，让权力在阳光下运行，是把权力关进制度笼子的根本之策"，根据财政部印发的《行政事业单位内部控制规范（试行）》（财会〔2012〕21号），我单位 2018 年起开展内部控制体系，通过将管理制度化、制度流程化、流程岗位化、岗位职责化、职责表单化、表单信息化的方式，进一步提高单位内部管理水平，规范内部控制，加强廉政风险防控机制建设，目前已取得部分成效。

内部控制体系分为内部控制手册及制度汇编两个部分，包括总论、风险评估和控制方法、单位层面内部控制、业务层面内部控制、监督与评价以及制度等方面内容，涵盖了预算、收支、政府采购、资产、修缮、合同、其他等业务范围。

我单位现处于事业改革后的初始阶段，内部控制体系正在逐步更新，修订并完善，最大程度地贴合实际工作。通过内部控制体系，可以更好地划分岗位，明确职责，梳理业务流程，把控风险点，提升单位管理水平。此项工作需要从业人员参与和配合，才能更大程度地发挥作用。

2. 强化财务管理意识

强化从业人员的财务管理意识要从两个方面做起，首先就是要得到领导班子的重视，从而更好地推进财务工作，使各部门主动参与其中，配合开展相关工作。其次财务人员要树立主动意识，充分认识自身在财务管理中的定位，积极适应新政策、新环境，做好事前审批和事中执行的监督工作，同时注重事后资料的收集与分析，不断吸收新想法、新思路，更好地为财务管理工作提供动力。

3. 做好财务培训工作

第一，财务人员每年要参加继续教育，提升自身业务能力，进一步提高单位队伍的素质。第二，财务人员应定期为单位从业人员开展培训，使其熟悉业务流程，了解政策法规，强化从业人员财务管理意识。

五、结语

以上就是我对博物馆财务工作的认识。财务工作从来都不是独立的，需要各部门共同配合，遵守政策法规，严格按照内部控制体系开展工作，更好地促进博物馆发展。

大事记（2012—2022 年）

2012 年

1 月　举办"腊八节民俗文化展"和"民俗腊八节，与民共品腊八粥"活动。

2 月　举办"龙王堂里话'龙'年——大觉寺 2012 新春民俗展"和"博物馆里过大年——2012 年大觉寺新春祈福活动"。

4 月　举办"2012 大觉寺玉兰节暨大觉寺对外开放二十周年"大型系列文化活动；"大觉寺玉兰文化展""国家级非物质文化遗产——传统插花文化展"对外展出；举办公益讲座"让生命像花儿般绽放"，由北京中医药大学副教授曲黎敏主讲；举办国家级非物质文化遗产"清新自然 宛自天开——传统插花赏析与体验"活动。

同月　《阳台集：大觉寺历史文化研究》图书由北京燕山出版社出版。

同月　举办"感谢、传承、凝聚、开创——大觉寺开放二十周年纪念会"。

同月　选派工作人员赴台参加北京与台北文创产业交流活动。

5 月　"5·18"博物馆日当天，举办公益讲座"浅谈清敕修乾隆大藏经经版修复、保护与研究"，由中国佛教协会副秘书长延藏法师主讲；召开"我记忆中的大觉寺——周边居民口述资料收集整理座谈会"。

6 月　举办"端午节民俗文化展"。

9 月　"赏月中秋祈福大觉——赏月·冷餐·音乐"活动举办，"中秋传统文化展览"对外展出。

10 月　国庆节期间，"大觉寺——镜头里的记忆与变迁"图片展对外展出。麋鹿苑副馆长郭耕主讲"素食：健康与环保的捷径""生态文明与绿色行动"2 场讲座；王松主讲"弥勒造像的流传与演变"1 场讲座。

11 月　举办"山深境幽 古树禅心——2012 大觉寺银杏节"系列文化活动；大觉寺银杏节期间，"西山·大觉寺银杏文化展"对外展出；银杏节期间举办摄影知识讲座 2 场。

同月　开通大觉寺官方微博。

同月　完成标识牌改装，完成五种语言景区标识牌设计安装。

是年　完成大觉寺北下院安保房及暖廊等维修工程、绿化及环境整治工程、北下院北房厕所装修工程、大觉寺绿化及环境整治工程、大觉寺功德池南侧增设服务设施工程、电力设备增容工程、围墙及院内堡坎修缮工程等。

是年　完成大觉寺馆藏木器家具修复项目的申报审批并启动修复工作。

2013 年

1 月 19 日　大觉寺举办"腊八民俗节 共品腊八粥"民俗活动。活动主要包括现场免费喝粥，免费领取腊八米与家人分享，看民俗展览等内容。

1 月 23 日中午　海淀区消防支队、海淀区文委、苏家坨镇综治办有关领导来到大觉寺，联合开展消防安全大检查。

1 月　经北京市旅游发展委员会旅游景区质量等级评定委员会评定，批准北京西山大觉寺由国家 AA 级旅游景区升级为国家 AAA 级旅游景区。

2 月　大觉寺管理处举办"纳福纳瑞 一体同春——2013 年新春祈福"活动，推出"敲福钟、品民俗、看展览、猜灯谜"等系列春节文化祈福活动内容，为市民奉上一道丰盛的春节文化大餐。

3 月 27 日上午　在大觉寺银杏院养正堂内召开"古寺兰香 赏花悟道——2013 大觉寺玉兰节"新闻通气会，新闻发言人为大觉寺管理处主任姬脉利。北京市文物局副局长刘超英、海淀区政协主席彭兴业、中国佛教协会副秘书长延藏法师等有关领导和嘉宾出席并讲话。大觉寺玉兰节活动时间为 4 月 4 日至 4 月 30 日，活动内容主要包括：国家级非物质文化遗产——传统插花现场讲座及体验分享；"大觉寺历史文化展览"改陈开展；"大觉寺摄影作品展"；"纪念毛泽东诞辰 120 周年书画展"；大觉寺玉兰节摄影公益讲座等多项内容。

4 月 4 日下午　大觉寺管理处举办"国家级非物质文化遗产——传统插花之体验与分享"活动。

4 月 6 日上午　大觉寺管理处推出公益摄影讲座，邀请业界专业摄影师——北京市博物馆文化研究所副所长、中国文物学会文物摄影委员会会长祁庆国老师在大觉寺开讲。讲座内容丰富、引人入胜。

4 月 20 日上午　海峡两岸文化创意产业展在台北世贸中心开幕，大觉寺管理处积极组织参展工作。

4 月　"大觉寺历史文化展览"改陈开展。此次展览改陈，在继续丰富展品的基础上，增加现代化展示媒介，力求使观众在参观的同时，获得知识以及视觉与美的体验。

同月　大觉寺举办公益展览"大觉寺摄影作品展"。

5 月 18 日　博物馆日，大觉寺举行纪念活动，通过展览、讲解、票价优惠等方式，让更多观众了解其作为一座以古建筑及园林等文化为核心的博物馆对于文化的传承和弘扬。

6 月 12 日上午　大觉寺举办游古寺、品端午民俗——"端午节时品香粽"活动。

9 月 19 日　中秋佳节，由北京市文物局主办、北京西山大觉寺管理处和明慧茶院承办的"琴歌雅韵 清泉流觞——2013 大觉寺中秋古琴会"在西山大觉寺开幕。来自国内十多名古琴艺术家、爱好者和琴童倾情献艺，约 300 多名听众举家赏月听琴。

10 月 13 日　重阳节，大觉寺管理处为老年人精心准备了具有大觉寺特色的文化创意礼品——大觉寺石碑揽胜之书法及无量寿佛殿素描绘画综合一体创意而成的创意礼品。

10—11 月　大觉寺举办"山深境幽 古树禅心——2013 大觉寺银杏节"，让观众游古寺，赏古树，品香茗，听琴声。

11 月 2 日下午　大觉寺银杏院内，举办"一盏清茶酬知音——金秋雅集"分享活动。

11 月　大觉寺管理处积极参加"第八届中国北京国际文化创意产业博览会"博物馆长廊展示。在"第八届中国北京国际文化创意产业博览会"中荣获"主展场最佳展示奖"；在文物及博物馆相关文化创意展馆中荣获"文博创意产业促进奖"。大觉寺文化创意产品"动静等观"匾额摆件，在第十届"北京礼物"旅游商品大赛中获铜奖。

2014 年

4 月初　大觉寺管理处赴俄罗斯中国文化中心和普希金博物馆，举办"一盏清茶酬知音——中国茶文化体验与分享"展览及茶艺表演等活动。

4 月　深度挖掘大觉寺佛教造像艺术及历史文化，开展专题研究，举办"诸天造像艺术展"专题展览，除布展于大觉寺临时展厅外，还开辟大觉寺龙王堂作为展厅配合此次展览活动。

同月　举办"古寺兰香 赏花悟道——2014 大觉寺踏春季"清明踏春赏花活动。活动期间，举办插花公益讲座和现场实践体验活动 2 场，举办茶文化讲座、茶艺表演、赏花品茗等活动。

7 月　姬脉利、张蕴芬编著的《北京西山大觉寺藏清代契约文书整理及研究》由北京燕山出版社出版，该书为 2013 年北京市文物局科研成果出版项目、国家出版基金项目。

9 月　大觉寺管理处赴西藏林芝举办"2014 茶马古道——北京、林芝茶文化交流会"活动，在林芝群众艺术馆举办"中国茶文化展览"、文士茶表演、中国茶文化讲座，并与西藏酥油茶文化表演者同台献艺，与茶马古道之易贡茶场进行交流分享等。

同月　中秋节期间，大觉寺举办"中秋明月夜 共叙跨国情——二○一四年在京外国专家联谊座谈会"；举办古琴音乐欣赏等活动。

10—11月　举办"山深境幽 古树禅心——2014大觉寺银杏节"活动。活动内容主要包括"大觉寺银杏摄影作品展""诸天造像艺术展"，赏银杏、品香茗等活动。

12月　姬脉利、王松主编的《北京大觉寺诸天造像》画册由社会科学文献出版社出版。

是年　举办腊八、春节、端午、中秋、重阳等多项传统民俗活动，并推出多项临时展览，其中包括"元旦民俗文化展览""腊八民俗文化展览""春节民俗文化展览""古刹春色——大觉寺摄影图片展""国家级非物质文化——传统插花专题展览""端午民俗文化展览"和"中秋民俗文化展览"等。

是年　业务干部宣立品参与市文物局考古科研处"一对一专家帮助培训"项目，与指导老师黄春和踏查川藏地区寺庙历史文化，撰写专题学术论文《金代青州希辩禅师塔铭考述》，并提交学术刊物发表。

2015 年

1月　王松、宣立品著《雍正皇帝与迦陵禅师：从迦陵禅师和大觉寺看雍正皇帝与佛教》由北京燕山出版社出版。

4月　举办"古寺兰香 赏花悟道——2015大觉寺踏春季"清明踏春赏花活动。活动期间，举办茶文化讲座、茶艺表演、赏花品茗等活动。

同月　依靠现有条件积极参与科普活动，举办"科学放生科普展览"及科学放生等活动。

5月　由北京市文物局、厦门大学国学研究院主办，北京西山大觉寺管理处、厦门篔筜书院承办的"禅与茶——中国茶文化展览"在厦门篔筜书院举办。

7月　《北京西山大觉寺藏清代契约文书整理及研究》一书，被中国出版协会古籍出版委员会评选为2014年度全国优秀古籍图书奖二等奖。

8月　完成"禅与茶——中国茶文化展览"赴美国芝加哥外展活动。除展览外还举办了禅茶和文士茶表演、中国茶文化讲座、中国功夫茶互动、中国书法讲座与撰写展示互动、中国传统插花互动教学以及古筝演奏等活动。该活动由北京市文物局、大觉寺管理处主办，美国二十一世纪学会、奥兰德帕克市政府、奥兰德帕克市公共图书馆承办。

9—10月　举办"山深境幽 古树禅心——2015大觉寺银杏节"活动。推出特色临时展览"千年极境——非物质文化遗产唐卡文化展"和"彩墨金秋 大觉禅韵——大觉寺主题绘画展"。

10 月　与明慧茶院联合举办古琴音乐欣赏等活动。

12 月　完成"西山大觉寺藏契约文书中记载寺庙的初步调查"和"北京明代及周边地区诸天形象研究"两项局级课题的立项申报工作，并获批成为 2016 年科研课题。

同月　参与并完成全国文物普查工作项目中大觉寺相关普查工作内容。

同月　完成院内消防设施的维护及保养工程，完善消防设施的配套配置，完成南坡长亭避雷工程的施工，完成全院的电消检工作。

同月　完成大觉寺修缮工程、大觉寺中路安全辅助照明及电路改造工程、大觉寺匾额修缮工程等。全面加强了文物古建的安全，改善了接待环境。鉴于临近村民拆迁的情况，对大觉寺南侧围墙进行了勘查和修建的方案设计，完成了大觉寺院内环境整治工程方案设计并报市文物局审核。

同月　北京市文物局干部培训中心党支部书记、北京西山大觉寺管理处主任姬脉利退休。工作延续至 2016 年 11 月。

同月　北京市文物局干部培训中心撤销。

是年　开发大觉寺主题国画书签，在赴厦门茶文化展览、赴美芝加哥茶文化展、大觉寺主题绘画展、重阳节等特色节庆、局工会职工俱乐部系列活动中，免费发放，获得了观众的喜爱和好评。

是年　举办腊八、春节、端午、中秋、重阳等多项传统民俗活动，并推出多项临时展览，如"元旦民俗文化展览""腊八民俗文化展览""博物馆里过大年——春节民俗文化展览""古刹春色——大觉寺摄影图片展""端午民俗文化展览"等。

2016 年

1 月　在利用传统媒体和网络媒体做好宣传报道的同时，顺应新媒体发展的趋势，申请开通大觉寺管理处微信公众号，宣传推介大觉寺历史文化，报道管理处举办的各项特色活动。

4 月　举办"古寺兰香 赏花悟道——2016 大觉寺踏春季"清明踏春赏花活动。活动期间，举办古琴演奏、茶艺表演、赏花品茗等活动。

5 月　完成了由北京市文物局主办，北京西山大觉寺管理处、柳州文庙承办的"禅与茶——中国茶文化展览"柳州外展。该活动在"5·18"国际博物馆日期间在柳州文庙博物馆举办。

9 月 16—19 日　参加在四川成都举办的第七届中国博物馆及相关产品与技术博览会

（博博会），展示并宣传大觉寺的历史文化，推广大觉寺文创产品。

9月　完成了由北京市文物局、中共重庆市渝中区统战部主办，北京西山大觉寺管理处、王琦美术博物馆承办的"经过千年遇见茶——中国茶文化展览"重庆外展项目。该展览受到重庆市政府和市民的广泛赞誉。

同月　姬脉利、张蕴芬、宣立品、王松著《大觉寺》，由社会科学文献出版社出版。

9—10月　中秋及国庆节期间，与明慧茶院联合举办古琴昆曲音乐欣赏、古琴演奏、茶艺表演、亲子习茶、汉服展示等活动。

10月　举办"山深境幽 古树禅心——2016大觉寺银杏节"活动。活动内容主要包括"此情可待成追忆——历代名人与大觉寺展""彩墨金秋——大觉禅韵艺术作品展""柳州少数民族风情展"，以及赏银杏、品香茗、听古琴等活动。

12月　何沛就任北京西山大觉寺管理处主任。

是年　由北京市文物局、北京西山大觉寺管理处主办，美国二十一世纪学会、奥兰德帕克市政府、奥兰德帕克市图书馆承办，2015年8月赴美国芝加哥"禅与茶——中国茶文化展览"及活动相关展品及纪念品，被奥兰德帕克市图书馆设专柜珍藏展示。

是年　举办腊八、春节、端午、中秋、重阳等多项传统民俗活动，推出临时展览多项，如"元旦民俗文化展览""腊八民俗文化展览""博物馆里过大年——春节民俗文化展览""古刹春色——大觉寺摄影图片展""端午民俗文化展览""中秋民俗文化展览""科学放生科普展览""北京星空创想美术教育夏令营写生作品展"等。

是年　辅导北京联合大学学生以大觉寺为创作背景开展微视频创作，并参加由北京数字科普协会和中国博物馆协会数字化专业委员会联合主办，由北京市科协信息中心、北京市文物局信息中心指导的大学生博物馆微视频活动，其中北京联合大学应用文理专业的大学生团队拍摄的《文化名人与大觉寺》荣获2016年大学生博物馆微视频创作一等奖；北京联合大学广告学院的大学生团队拍摄的《静寻千年》荣获2016年大学生博物馆视频创作二等奖。

是年　开展"西山大觉寺藏契约文书中记载寺庙的初步调查"和"北京明代及周边地区诸天形象研究"两项局级课题的研究工作，并形成调研报告。

是年　经过专家评审和有关平台遴选，业务部王松"中国南方地区诸天造像考证"项目，获评为2016年北京市优秀人才培养资助对象。

是年　加大博物馆纪念品开发力度。在继续开发茶文化相关纪念品如竹瓷杯垫、玉兰花茶叶罐等产品的同时，还开发了大觉寺环保布袋、卡包，风光主题冰箱贴，银杏叶书签等文创产品。

是年　业务部宣立品和王松，参与北京市文物局中青年干部"一对一"培养项目，开展研究工作，撰写论文形成研究成果。

是年　完成全国文物普查工作项目中大觉寺相关普查工作内容。其间，多次参与北京市文物局文物普查会议、数据审查、小组互查、汇报总结等工作。

是年　做好安防设施的硬件维护保养工作。完成消防设施器材的年检维护保养；完成消防主机及相关线路的抢修工作；根据消防局的要求，对全院的消防器材进行检查登记；组织监控系统设备更换项目工程及验收；着手安技防系统升级工程和消防改造工程前期准备工作；对院内消防管线进行全面检查并对消防井消防栓进行重点维护。

是年　完成南北厕所室内改造工程、南玉兰院藤萝架更新改造工程、连廊内侧增设暖气片及院内零修工程、畅云轩及功德池南等区域环境整治工程等项目。

2017 年

3月8日　为庆祝"三八"国际劳动妇女节，北京西山大觉寺管理处与北京市团城演武厅管理处全体女职工在大觉寺职工之家联合举办插花艺术培训。

3月16日下午　四川省政协常委、建川博物馆馆长樊建川先生参访大觉寺并进行博物馆文化建设交流。

3月　北京市文物局干部培训中心党支部更名为北京西山大觉寺管理处党支部。

4月13日下午　瑞士卢加诺市高等学校文化交流团一行20人来到北京西山大觉寺参访，开展文化交流活动。

4月25日上午　"大觉寺转型发展研讨会"在大觉寺召开，管理处邀请数位在文博行业工作多年，具有丰富组织、管理及专业经验的专家，为大觉寺转型发展工作建言献策。北京市文物局博物馆处处长范军、组宣处副处长王昕，孔庙和国子监博物馆馆长吴志友、北京艺术博物馆馆长王丹，以及大觉寺管理处班子成员、各部门负责人出席了本次会议。

4月26日　大觉寺管理处召开"大觉寺安防系统专家论证会"。国家文物局专家组成员刘起富、中国人民公安大学教授彭喜东、北京安全技术学会杨英及北京市文物局保卫处相关领导出席会议。

5月4日　北京市文物局市场处组织北京西山大觉寺管理处、北京市团城演武厅管理处、北京文博交流馆、北京石刻艺术博物馆、北京市正阳门管理处、北京市大葆台西汉墓博物馆等数家北京市文物局直属博物馆在大觉寺内召开"博物馆文创产品开发研讨会"。市文物局副局长向德春、市场处处长哈骏、市场处王彤及上述博物馆馆长共同出席会议。

6月21日　北京市文物局副局长刘正品主持召开防汛工作专题会，对大觉寺内大悲坛后护坡墙因椿树树根造成的明显突出等安全隐患做出指示，同时责成局文保处、保卫处等相关处室对此进行解决。文保处处长王有泉带领古研所及古建公司相关人员，会同大觉寺管理处主任何沛等对隐患现场进行勘查并商讨临时保护措施与后期保护方案。

6月26日　"大觉寺消防系统升级改造项目专家论证会"在大觉寺召开，中国建筑学会防火综合技术分会成员赵克伟、中国建科院李宏文及北京市文物局保卫处相关领导出席会议。

6月30日　北京市文物局联合首都高校，在首都师范大学举办"擦亮首都历史文化遗产'金名片'青年党员党建讲坛"。大觉寺管理处青年党员宣立品发言的题目是"擦亮首都历史文化遗产'金名片'——古刹大觉寺 旧貌绽新颜"。

7月18日上午　北京市文物局副局长于平、博物馆处副处长李学军来到大觉寺，同大觉寺管理处馆领导及相关干部展开座谈，听取大觉寺管理处发展设想、2018年项目安排等，并进行博物馆日常检查。大觉寺管理处主任何沛、副主任刘金柱、顾春敏等参加了会议。

7月28日　《2015—2016年度北京市文物局优秀中青年干部论文汇编》由北京市文物局法制处（科研处）编印下发。王松撰写的《明代北京大觉寺及周边密教史迹考》和宣立品撰写的《白瀑寺禅师史迹考——以金元时期为范围》收录其中。

8月15日　大觉寺管理处举办"乾隆皇帝与大觉寺"临展对公众免费开放。

10月　为迎接党的十九大召开以及国庆中秋双节到来，丰富节日期间的参观内容，管理处举办了"山水有清音·中秋雅集"文化活动，邀请北京联合大学箜篌乐团在寺内举办了为期三天的箜篌音乐会。为配合活动的开展特举办"丝桐雅韵 禅境妙音——箜篌历史文化展"，搜狐、网易、新浪等媒体对"箜篌雅韵禅境妙音——箜篌音乐会"进行专题报导。

是年　根据节庆节点，举办"腊八民俗节 共品腊八粥"——腊八民俗节庆活动；"博物馆里过大年"——大觉寺新春祈福活动；"端午浓情 粽香大觉"——大觉寺端午节文化活动；"九九重阳节 浓浓敬老情"——大觉寺重阳节敬老活动等。

是年　推出传统临时展览多项。具体包括"元旦民俗文化展览""腊八民俗文化展览""博物馆里过大年——春节民俗文化展览""古刹春色——大觉寺摄影图片展""端午民俗文化展览""中秋民俗文化展览"和"科学放生科普展览"等。

2018 年

1月5日下午　大觉寺管理处聘请专业机构对全体职工进行内控制度建设培训。

1月24日　腊八节当天，大觉寺管理处在大觉寺内举办了相关节庆活动。推出"中国传统民俗展——腊八节"展览，为来馆参观的游客提供腊八粥和腊八米。赴海淀区双缘敬老院，向老人们赠送特制的"福"字腊八米，并向敬老院职工及老人们宣讲了腊八节的由来、传统和各地习俗等中华传统文化知识。

2 月 6 日上午　北京西山大觉寺管理处邀请北京古代钱币展览馆、北京力洋设计公司相关工作人员来到大觉寺，以"文化创意"为主题召开了"大觉寺—古币馆博物馆文化交流会"。

2 月 9 日下午　大觉寺管理处举办"共同迈进 2018——大觉寺五项全能知识竞赛"活动，管理处全体职工会同大觉寺内物业公司、保安公司、明慧茶院全体职工共同参加。

3 月 7 日上午　为庆祝"三八"国际劳动妇女节，大觉寺管理处与团城演武厅管理处在大觉寺职工之家联合举办了"情系西山 浓香寺溢——庆三八咖啡文化传习活动"。

3 月 21 日上午　"2018 首都文博志愿者培训拓展活动项目工作会议"在大觉寺管理处召开。北京西山大觉寺管理处、老舍纪念馆、北京古代钱币展览馆、北京古代建筑博物馆、北京市团城演武厅管理处、北京市大葆台西汉墓博物馆、北京文博交流馆领导及联系人出席本次会议，会议由北京西山大觉寺管理处主任何沛主持。

3 月 29 日下午　瑞士卢加诺市高等学校文化交流团一行 19 人，在市政府专员 Chung Chia-Hung、校长 Prinsi Bruno、文化宣传司长 Tararico、教授 Valeria 和 Rosaria 的带领下，来到北京西山大觉寺参访，开展文化交流活动。

3 月 30 日下午　大觉寺管理处组织职工到香山双清别墅和香山寺进行业务学习。

4 月 12—15 日　大觉寺管理处积极开展全民国家安全教育日系列宣传教育活动。

5 月 1 日　大觉寺管理处在"五一"假期期间，为来寺参观的游客准备了古琴演奏、文士茶表演、免费奉茶等特色活动。

5 月 8 日　北京市文物局机关党委联合北京市档案馆编研处党支部、北京西山大觉寺管理处党支部，在西山大觉寺共同举办"1+1+1"联合主题党日活动。活动以"以党建促业务、推动西山永定河文化带建设"为主题开展。

5 月 14 日下午　国家文物局委托中央文化管理干部学院举办的"2018 全国重点文物保护单位（古遗址古墓葬类）保护管理机构负责人培训班"约 170 名学员来到北京西山大觉寺进行现场教学，大觉寺管理处接待并承担了该培训班的现场教学任务。

5 月 18 日　大觉寺管理处组织业务人员开展京西妙峰古道和妙峰山庙会徒步踏查和调研。

5 月 26 日　由北京西山大觉寺管理处主办，老舍纪念馆协办的"2018 首都文博志愿者培训拓展活动第三期——'走进老舍纪念馆'"在大觉寺举办。

5月28日上午　大觉寺管理处组织职工到石景山区法海寺和承恩寺参观学习。

6月8日上午　首都博物馆保护部、藏品部两个党支部组织党员来到西山大觉寺，与大觉寺管理处党支部联合开展主题党日活动。

6月9日　"2018首都文博志愿者培训拓展活动"——大觉寺专场活动在大觉寺内举办，主题为"文化遗产的传播与传承"。活动包括专题文化讲座、中国非遗——内画鼻烟壶绘制体验、文博志愿者讲解大觉寺历史文化等内容。

7月24日上午　大觉寺管理处组织职工到门头沟永定河文化博物馆参观学习。

8月24日上午　管理处业务部研究人员来到石景山区双泉寺开展课题踏查调研工作。

9月24日　由北京市文物局工会、北京联合大学工会主办，北京西山大觉寺管理处策划和承办的以"月圆京城 情系中华"为主题的"2018大觉寺·中秋文化活动"在大觉寺举办。包括月饼制作、手绘兔爷等中秋节民俗手工互动项目和篷篪音乐会、茶艺表演等演出内容。来自北京市文物局、北京联合大学的近百名文博系统职工和高校教职员工参加了此次活动。

9月28日上午　大觉寺管理处联合团城演武厅管理处，共同组织鹫峰登山比赛和秀峰寺等文物古迹踏查活动。

10月10—12日　大觉寺管理处组织业务研究人员分别来到门头沟区仰山栖隐寺、海淀区凤凰岭黄普院、海淀区阳台山金山寺开展课题踏查调研工作。

10月17日上午　大觉寺管理处偕院内明慧茶院茶艺师在重阳节之际，一同来到海淀区双缘敬老院共同为老人们举办了茶艺知识讲座、茶艺表演和奉茶活动。

10月23日下午　大觉寺管理处职工在何沛主任的带领下来到大觉寺北侧普照寺进行踏查。

10月26日下午　中国人民解放军中部战区某部600余名官兵来到北京西山大觉寺参观，大觉寺管理处对部队官兵的到来表示热烈欢迎并给予热忱接待。

11月20日下午　"2018首都文博志愿者培训拓展项目总结会"在大觉寺召开，北京西山大觉寺管理处、北京古代建筑博物馆、北京市古代钱币展览馆、北京市大葆台西汉墓博物馆、老舍纪念馆和北京市团城演武厅管理处共6家博物馆出席会议，北京博物馆志愿者服务总队和北京力洋展示设计有限责任公司参会，北京市文物局博物馆处负责人出席会议并讲话，北京西山大觉寺管理处主任何沛主持会议。

3—12月　大觉寺管理处业务部开展并完成局级立项调研课题——西山八大水院历史传承发展和现状初探。

是年　经北京市文物局博物馆处组织文物鉴定委员会专家到大觉寺对上报的未鉴定文

物进行鉴定。包括雕塑、造像、织绣、瓷器、铜器、石刻等共 10 类，数量 180 余件。专家组成员根据文物藏品定级标准并通过实地考察，完成了大觉寺文物鉴定工作。鉴定结果为：二级文物 1 件，三级文物 9 件，一般文物 39 件。

2019 年

1 月 13 日　在大觉寺内举办"中国传统民俗展——腊八节"展览，系统介绍了"腊八节"的由来、习俗、传说等相关历史文化知识。大觉寺管理处还为来馆参观的游客提供了免费腊八粥。弘扬了中华民族优秀的文化，也增强了节庆体验，是一次非常有意义的活动。

2 月　为丰富游客春节期间的文化生活，弘扬中华民族传统历史文化和民俗，北京西山大觉寺管理处推出"纳福纳瑞 一体同春——大觉寺 2019 年春节民俗展"。还在农历正月初一至初五及十五元宵节期间在大觉寺院内推出了"贺新春·博物馆里猜灯谜"活动。

4 月　为弘扬中华优秀传统文化，丰富市民精神文化生活，共享改革开放发展成果，迎接新中国成立七十周年，根据市委宣传部、市文物局工作部署，大觉寺管理处举办"春满华枝——2019 大觉寺踏春季"系列文化活动。活动包括"春满华枝——大觉寺名花古木文化展""茶香寺溢——明慧春茶炒制""花艺无边——插花艺术讲座及体验"等内容。

6 月 7 日　大觉寺管理处举办"端午民俗文化展"，并向观众赠送金刚结，以宣传和弘扬中华民族优秀的节庆文化。

8 月 18 日　"2019 首都文博志愿者培训拓展活动"第十期在大觉寺养正殿举办。上午培训内容为主题文化讲座："西山永定河文化带——北京人的精神家园"，特邀北京联合大学文理学院副院长张景秋教授主讲。下午为非遗体验：面塑，由北京民间文艺家协会张俊显老师主讲并现场指导。

9 月 11 日　大觉寺管理处参加庆祝中华人民共和国成立 70 周年"撷彩中华——第三届北京市文物局博物馆八馆联展"，赴吉林省长春博物馆举办"禅茶与寺庙——中国茶文化展"。

9 月 12 日下午　大觉寺管理处举办"2019 大觉寺·中秋雅集"。活动以"月圆天心·情浓中秋"为主题，活动内容包括：邀月抚琴弦——大觉寺迎中秋民乐专场演奏，百年红螺 京味特色——现场体验月饼制作，月圆天心——大觉寺中秋文化展览等内容。

9 月 30 日　完成消防设施改造工程。该工程自 5 月 6 日开工以来，历时 140 余天，重点完成了地下管道更换、设置微型消防站、配齐消防用具等工作。

9 月 29 日—10 月 20 日　由大觉寺管理处主办的"大觉寺·旧貌与新颜展览"在大觉

寺山门内临时展区展出。谨以此展览献礼中华人民共和国成立七十周年纪念。

10 月 30 日—11 月 20 日 由大觉寺管理处主办的"最美的秋天——大觉寺银杏文化展"在大觉寺山门内临时展区展出。围绕大觉寺现存的四株古银杏，详细介绍了银杏树的形态特征、价值功用以及文化寓意等内容。

11 月 7 日 北京西山大觉寺管理处与北京市海淀区和平小学签署共建合作协议书，并热情接待该校师生参观。大觉寺将以自身文化资源作为学校教学素材，为和平小学的师生们提供所需的社会教育。

12 月 12 日 "山河壮美 遗珍荟萃—— 西山永定河文化带之瑰宝暨 2019 首都文博志愿者培训拓展活动"总结会在大觉寺召开。北京市文物局博物馆处及参与单位相关负责人出席会议。本次活动由北京西山大觉寺管理处联合西山永定河文化带沿线 12 家博物馆等文化单位共同举办。活动共举办了 10 期，为近千名首都文博志愿者提供了一次全面系统的培训，提升了文博志愿者综合文化素质及服务理念。

2020 年

1 月 2 日 在大觉寺内举办"中国传统民俗展——腊八节"展览。腊八节当天，大觉寺管理处还为入馆观众提供了精心熬制而成的腊八粥现场免费品尝。

1 月 14 日 组织全体党员干部学习习近平总书记在"不忘初心、牢记使命"主题教育总结大会上的重要讲话精神，为持续推动主题教育往深里走、往心里走、往实里走指明了方向。

1 月 23 日 组织召开紧急会议，研究部署管理处新冠肺炎疫情防控工作，24 日凌晨发布临时闭馆公告，实施闭馆措施。

5 月 1 日上午 市纪委市监委第一监督检查室主任陈继红、副主任翟军在驻局纪检监察组组长滕修展、二级巡视员刘正品等陪同下，对大觉寺管理处"五一"期间"四风"纠治工作、统筹推进疫情防控和有序恢复开放服务工作进行现场督导检查。管理处党支部书记、主任何沛就严明节日纪律、严格落实中央八项规定精神和市纪委市监委、市文物局党组相关要求以及疫情防控工作做汇报。

5 月 1 日 大觉寺在做好各项疫情防控工作的前提下有序恢复开放，实行线上实名制分时段预约参观。

同日 海淀区区委常委、宣传部部长张劲林赴大觉寺检查"五一"假日旅游工作。管理处主任何沛就"五一"假日期间疫情防控及有序恢复开放工作进行汇报。

5 月 11 日 聘请北京市林业保护站闫国增和北京市林业工作总站郑波两位专家，为大觉寺院内油松、侧柏、玉兰等古树进行现场踏查。专家听取情况介绍并结合现场诊断情况，对存在病虫害的古树提出了管护措施建议。

6 月 3 日上午　国际儒学联合会会长、第十八届中央政治局委员、国务院原副总理刘延东同志等一行 8 人来到大觉寺，调研文化遗产工作。北京市文物局党组书记、局长陈名杰，大觉寺管理处主任何沛及海淀区委区政府领导陪同调研。调研组就大觉寺内展厅展览、讲解宣教、文物保护、观众接待、疫情防控等工作进行了视察调研。

6 月 5 日　中国农业博物馆副馆长邓志喜一行 6 人赴大觉寺管理处调研文创产业相关工作，大觉寺管理处主任何沛陪同参观大觉寺并就文创工作开展座谈交流。

7 月 1 日　党支部开展庆祝建党 99 周年活动，全体职工参加。党支部书记何沛以"历史的轨迹——中国共产党保持恒久韧性的奥秘"为题讲党课，教育全体职工，要坚定理想信念，加强理论学习，保持忧患意识，在助推首都文博事业发展的道路上奉献青春汗水。青年党员王松同志以"担当作为——从近代到当代 从历史人物到博物馆"为题讲微党课。

7 月 3 日　大觉寺管理处召开"大觉寺及周边红色文化史迹调研"课题工作会议，此项调研是管理处围绕文博工作实际，着眼重点任务的工作性调研。

7 月 31 日至 8 月 4 日　为期 5 天的"北京市文物局十三五期间科研成果展"在大觉寺举办。馆领导高度重视，召开专题会议研究布展方案，认真组织职工分时分批参观展览。

8 月 5 日　业务部赴中国农业博物馆，清点并运回中国农业博物馆研究员贾文忠先生向我馆捐赠的个人藏书和大觉寺原弥勒造像微缩复制品。

8 月 19 日　业务部主任宣立品等一行 5 人应邀赴海淀老龄大学开展业务交流活动，海淀老龄大学常务副校长梁彩萍同志接待并出席。交流中，宣立品主任代表大觉寺管理处表示，愿为老年人群的公益性事业做出积极贡献。

8 月 20 日上午　党支部联合管理处工会组织全体党员干部职工，赴门头沟区妙峰山镇涧沟村，参观平西情报联络站旧址，开展爱国主义教育。

8 月 24 日　邀请大觉寺最后一位僧人王常修师父之子王秋生先生一家到大觉寺进行专访座谈，叙述了大觉寺在民国时期及建国初期的历史变迁，其中涉及大觉寺红色历史、古树保护、契约文书保护等重要内容。

8 月 31 日　市文物局召开下沉干部参加社区新冠疫情防控工作座谈会。党组成员、驻局纪检监察组组长滕修展主持会议，党组书记、局长陈名杰出席会议并讲话。我馆马伟汉同志作为下沉干部，在会上领取了"下沉社区防疫先进个人"荣誉证书，并被推选为代表作发言。

9 月 7 日　党支部组织全体党员干部职工参观 2020 年中国国际服务贸易交易会。重点参观文化服务专题"文物及博物馆文化创意展区",学习了国内兄弟博物馆文创开发的最新成果。

9月29日晚　国际儒学联合会在北京西山大觉寺管理处憩云轩举办了"千里共婵娟 北京—巴黎赏月雅集"活动,国际儒学联合会会长刘延东出席并致辞。该活动由国际儒学联合会、法国展望与创新基金会联合主办,北京西山大觉寺管理处、明慧茶院、艺泽中欧文化交流协会共同协办。

10月15日　北京林业大学校党委书记王洪元带领校党委理论学习中心组全体成员、联学党支部负责人和校史编撰工作小组负责人到大觉寺寻访建校原址,开展专题调研工作。以期未来有更广泛的交流和合作。

10月27日　北京西山大觉寺管理处与中央广播电视总台"央视频"平台在大觉寺内联合举办了专场在线直播活动。以"满园秋日关不住"为主题,以慢直播、演播室、移动直播的形式向广大网友系统展示了千年古刹大觉寺的深厚历史文化和秋日景色。

10月28日上午　北京西山大觉寺管理处与北京市海淀区和平小学联合开展校外拓展活动。大觉寺管理处的讲解员们为前来参观的师生们介绍了大觉寺的历史文化以及古建古树等知识,使同学们在参观体验中获取文博知识,增强文物保护意识,提升热爱祖国、热爱传统文化和热爱家乡的情怀。

11月5日　完成大觉寺AAA景区质量等级复核工作。通过了文旅部门委托的景区评定复核小组对大觉寺AAA景区质量等级评定复核。对评定小组提出的意见和建议,进行了专题研究,通过集中整改,有力地促进了管理处开放接待水平。

11月6日　市文物局工会读书俱乐部联合管理处工会在大觉寺内举办读书培训活动,局工会副主席黄凯,读书俱乐部组长王放、副组长王红英,管理处何沛主任等出席活动。北京林业大学教授、中国古树名木保护专业委员会副主任沈应柏教授以"古树名木日常养护技术概论"为题为本次活动授课,就古树养护等问题展开专题讨论。培训人员还前往北京林业大学实验林场进行了参观学习。

11月11日　完成大觉寺安技防项目竣工验收工作。该项目主要包含视频监控系统、门禁系统、入侵报警系统和周界报警系统。项目工期为7月至11月。该系统的实施大大提升了管理处的安技防硬件设施水平。

11月13日上午　北京西山大觉寺管理处党支部与北京联合大学应用文理学院历史文博系党支部在大觉寺组织开展"1+1"支部共建主题党日活动。历史文博系主任顾军、党支部书记于洪及30余名师生,大觉寺管理处党支部支委马伟汉、宣立品及业务部全体人员参加活动。

11 月 14 日　完成了 2020 年度局级大调研课题"大觉寺及周边红色史迹调研"报告的撰写和上报工作。为庆祝中国共产党建党 100 周年，根据调研成果，我馆拟于 2021 年举办"大觉寺及周边红色史迹"专题展览。

11 月 25 日　管理处启动讲解志愿者招募活动。计划招募志愿者 20 名，并制订《北京西山大觉寺管理处志愿者管理办法》。

11 月 26 日　聘请北安河消防队到大觉寺开展"一警六员"考核工作。25 人参加考核，全部合格，较好得落实了北京市消防应急救援总队"一警六员"工作精神和相关工作部署。

2021 年

1 月 20 日　北京西山大觉寺管理处推出"中国传统民俗展——腊八节"展览，系统科普"腊八节"的历史、民俗、诗词等相关传统文化知识，以宣传、弘扬中华民族优秀节庆文化。此外，大觉寺管理处还在腊八节当天为入馆游客提供了精美的小礼品，让游客带福还家。

1 月 27 日上午　北京市文物局党组副书记、副局长、机关党委书记王翠杰带领第二考核组一行 5 人到北京西山大觉寺管理处进行 2020 年全面从严治党（党建）工作考核和领导班子、班子成员年度考核工作。管理处党支部何沛书记及全体党员干部参会。

2 月 10 日　为丰富入馆游客春节期间的文化生活，春节期间，北京西山大觉寺管理处在大觉寺内推出"纳福纳瑞 一体同春——大觉寺二〇二一年春节民俗展"。管理处在正月初一至初五和正月十五元宵节当天为入馆游客提供了精美小礼品。

2 月 11 日　为响应市委市政府"在京过年"号召、丰富首都群众的春节文化生活，大觉寺于除夕至正月初六期间对公众延时开放，每日延时开放至 19 点 30 分。

2 月 19 日　大觉寺管理处领导带队，配合北京市古代建筑研究所和古建公司完成大觉寺山门外以东及大觉寺影壁以西停车场的勘察工作，为大觉寺收回该地段做好前期的设计、施工准备。

2 月 24 日　完成大觉寺管理处自备井取水证的延续和执照办理工作。

3 月下旬　大觉寺迎来赏花踏春季，特推出"古寺兰香：又到一年赏花季"展览，展览通过文字和古玉兰图片，介绍宣传大觉寺历史文化和科普玉兰花植物学相关知识。踏春季期间，大觉寺还举办线上《大觉寺·云赏花》视频宣传活动，让观众了解大觉寺花卉开放情况，并在视频中介绍大觉寺历史文化、古树名木等科普知识。

3 月 29 日上午　明慧茶院总经理欧阳旭给大觉寺捐赠了一棵白玉兰树，根据大觉寺院内绿化的总体布局，与古树养护施工方确定古树栽种地点，进行栽种，并举行了捐赠仪式。

3月29日　为保护大觉寺内树木减少发生病虫害风险，大觉寺管理处开展古树保护工作。

4月4日　大觉寺管理处完成功德池清淤及水质净化养护工程，经验收合格，投入使用。

4月10日　大觉寺管理处重新启动大觉寺讲解志愿者面试工作，共13名志愿者参加面试。志愿者培训工作将在5月份进行。

4月上旬　大觉寺玉兰花开，市民争相欣赏，大觉寺管理处利用官方网站、微信和微博公众号，推出数期"大觉寺云赏花"专题作品，通过视频、摄影作品、散文等形式，打造大觉寺"云赏花"文化品牌，为观众的参观提供了新的视角和便捷的方式，得到了观众的广泛认可。

4月中旬　大觉寺管理处对大觉寺殿堂、展厅工作人员及讲解人员开展了调研走访，对观众关心关注的问题进行了搜集整理并形成明确的解答供一线职工参考。对一线工作者开展大觉寺历史知识和参观接待专业技能培训，以期更好地为观众提供满意的参观服务。

4月23日　完成大觉寺寨口自备井报废的全部工作。大觉寺寨口自备井报废的相关手续及报废批文已按要求存档。

5月7日　北京西山大觉寺管理处将馆藏慈禧皇太后御题"象教宏宣"匾额迁回天王殿，恢复原状陈列展示。该匾额的归位，在更大程度上恢复了天王殿文物原貌，使文物本体得到了更好地陈列，丰富了展示内容。

5月18日　在第45个国际博物馆日到来之际，北京西山大觉寺管理处开展"5·18"国际博物馆日博物馆进校园活动。"走进博物馆"科普讲座，走进了海淀区北部新区实验学校。激发了学生对博物馆的兴趣爱好。

5月21日　北京西山大觉寺管理处党支部联合北京市行业协会商会综合党委党建工作处在大觉寺管理处开展题为"传承红色基因，助力党史学习教育"的党建共建活动，大觉寺党支部书记何沛、中国地名文化遗产保护促进会秘书长闫培义、党建工作处调研员董平出席，大觉寺管理处党支部党员代表及党建工作处80余人共同参加。

同日　北京市团城演武厅管理处、北京西山大觉寺管理处合并组建为北京大觉寺与团城管理处，为正处级公益一类事业单位。

5月30日　为加强大觉寺志愿者队伍建设，更好地提升志愿者队伍的专业素养，更好地服务观众，展现博物馆风采，大觉寺管理处对新招募的11名讲解志愿者开展业务培训。

6月12日　大觉寺管理处在端午节期间推出系列文化活动，举办端午印象民俗文化展和端午知识竞答活动，使前来参观大觉寺的游客朋友们了解了更多的非遗保护法、非遗知识，丰富了传统节日文化内容，营造了民众参与文物保护的良好气氛。

6月14日　大觉寺管理处举办"古乐飞扬入云端"箜篌演奏会，来自北京市文物局、北京市团城演武厅管理处以及北京市海淀区温泉、苏家坨学区管理中心，北京林业大学实验林场等友邻单位的60余名观众参加活动。为传统文化提供良好的展示平台，充分展示了中华民族传统节日的丰富内涵和独特魅力。

6月19日上午　北京西山大觉寺管理处在方丈院召开档案工作座谈会，特邀请北京联合大学档案（校史）馆馆长姜素兰出席，就如何提高大觉寺管理处档案资料规范化管理进行交流研讨。

7月1日　北京西山大觉寺管理处"追忆百年 红色记忆——大觉寺及周边红色史迹展"正式开展。该展览结合调研课题，从北京市第一批不可移动革命文物名录、大觉寺及周边选取了十余处红色史迹，对这些史迹进行解读和展示，重温党和人民在该地区英勇奋斗的光荣历史、革命历程和感人事迹。

7月8日上午　参加北京市文物局庆祝建党百年主题党日暨"两优一先"表扬大会，北京西山大觉寺管理处党支部被评为北京市文物局先进党组织，业务部副主任王大爽被评为北京市文物局优秀共产党员。

7月8日　北京古代建筑博物馆原馆长李永泉调任北京大觉寺与团城管理处，任负责人。

8月3日—9月3日　对大觉寺部分房屋屋面进行了防汛抢修。该工程包括方丈前后院、南十间房后坡拆装彩钢瓦后清理排水口、涂膜防水等。该工程已施工完毕，并通过验收。

9月2—7日　管理处参加了为期6天的2021年中国国际服务贸易交易会。展示的文创产品及举办的玉兰花团扇绘画体验活动，受到观众喜爱。

9月中旬　北京大觉寺与团城管理处按照事业单位改革有关事项的要求，完成了法人设立登记工作。

9月23日　管理处业务部主任宣立品带队赴中国农业博物馆，接收运回了中国农业博物馆研究员贾文忠先生向管理处捐赠的数百册个人藏书。管理处对贾文忠先生的无偿捐赠表示感谢，并颁发捐赠证书。

10月21日　北安河消防队考核大觉寺"一警六员"工作。考核过程中，警卫人员发挥稳定，操作设备熟练，且全部达标。保卫干部冯云龙监督考核。

10月23日　北京大觉寺与团城管理处在大觉寺山门内推出"叶落知秋——摄影作品展"。自3月16日大觉寺官方微信公众号发布"我和大觉寺"作品征集活动以来，共收到百余位热情观众的投稿作品，本次展览中所展出的全部摄影作品，均来自观众们的投稿。

11月5日　北京大觉寺与团城管理处邀请青铜领域专家贾文忠先生来到大觉寺，对寺内旧存明代宣德铜钟和清代康熙、乾隆两朝遗存铜锅的保护工作进行调研，经过仔细勘查后提出了专业的保护意见。

11月18日　北京大觉寺与团城管理处组织大觉寺防雷工程验收工作。通过对工程质量检验和现场比对施工计划图纸，验收结果为符合项目标准。

11月25日　北京大觉寺与团城管理处在大觉寺南会议室组织召开了"2021年大觉寺树木病虫害管护防治项目"验收会。会议认为北京如景生态园林绿化有限公司所采取的技术措施符合相关技术规范要求，达到预期效果，通过验收。

同日　北京大觉寺与团城管理处组织召开"2021年大觉寺古树绿化养护工程"验收会。会议认为北京蓝太植物园林工程有限公司采取的养护措施符合相关技术规范要求，基本达到了预期效果，通过验收。

11月　大觉寺零修工程完工，该工程由北京古建工程公司施工，2021年9月开始施工，对大觉寺部分地面、办公房屋进行了维修。

12月6日　大觉寺锅炉房及地面维修项目竣工，通过验收。

12月27日　李永泉就任北京大觉寺与团城管理处主任。

2022年

1月10日　"腊八节"，北京大觉寺与团城管理处在大觉寺内推出了"中国传统民俗展——腊八节"展览，系统科普"腊八节"的历史、民俗等相关传统文化知识以宣传，弘扬中华民族优秀节庆文化。

2022年春节期间　北京大觉寺与团城管理处举办"大觉寺二〇二二年春节民俗展"。涵盖了春节的起源、历史、传统、各地民俗等多方面内容，结合北京冬奥会主题，从"我和大觉寺"作品征集活动作品中，挑选"大觉寺雪景"照片进行展示。

3月25日　管理处在大觉寺山门内举办了"古寺兰香——大觉寺玉兰花文化展"专题展览。该展览旨在向参观游客宣传大觉寺悠久的历史、丰富的文化和良好的生态环境，展期为3月25日—4月25日。

3—4月　大觉寺与团城管理处开展了对业务人员与大觉寺志愿者的业务培训，邀请丝路文化方向的职业画家及专职讲师萧颖开展了为期四次的"丝路文化大讲堂"系列讲座，同时还开展了敦煌壁画绘画体验课程，丰富并提升了业务人员和志愿者的文博素养。

4 月 12 日　累计 15 期的大觉寺"玉兰云赏花实况播报"完美收官，拍摄作品受到社会各界观众的广泛好评。期间，大觉寺微信公众号的浏览量达到 49984 人次。

4 月 19 日　"大觉寺周边古代寺庙遗迹及清代岔曲起源与传承"课题开题会在大觉寺召开。

4 月 20 日　大觉寺憩云轩南围墙抢险及零修项目开工。按计划，该项目于 4 月 29 日前完工。

4 月 21 日　完成了大觉寺标牌的制作及更换安装。

4 月　继续推进"健锐营演武厅固定陈列展陈"项目，对展览立面进行多轮校对，完成岔曲录制、制作展览动画、完成展览导览点位内容并设计手持设备界面等多媒体展项工作。同时，积极筹备展览配套图册出版工作，撰写书稿，并完成资金评审。

5 月 18 日　第 46 个国际博物馆日，管理处开展了丰富多彩的线上宣传活动，以"云图集""云视频"的方式集中展示大觉寺、团城演武厅两处国保单位历史文化内涵、文物保护成果，传递"博物馆的力量"，助力北京博物馆之城建设。

7 月底　完成大觉寺与团城管理处 2023 年度科研课题申报工作，分别为"大觉寺藏清代账簿与相关文献研究"和"中国龙文化与大觉寺龙王堂、团城演武厅活化利用研究"。

8 月 3 日　业务人员集体参观嘉德艺术中心举办的"崇威耀德——故宫博物院藏清代武备展"，学习相关知识及布展经验。

8 月 8 日和 8 月 19 日　针对玉兰叶斑病、国槐尺蠖、银杏叶螨病虫害喷洒百菌清、高氯氰菊酯进行防治。

8 月 9 日上午　北京大觉寺与团城管理处党支部在大觉寺会议室开展了 8 月主题党日活动。党支部书记李永泉主持会议，全体党员干部职工参会。本次主题党日进行了理论学习、交流研讨和"青年党员作主讲"等活动。

8 月 15—19 日　管理处全体工作人员参加并完成第二十一期文博行业专业技术人员和管理人员线上培训班，为期五天，共 20 学时培训课程。

8 月 16 日　邀请林业专家沈应柏、郑波两位教授到大觉寺勘察诊断玉兰、银杏养护现状，并提出意见。

8 月 30 日　召开了中共北京大觉寺与团城管理处支部委员会党员大会。按照《中国共产党基层组织选举工作条例》和市委有关规定，选举产生了中共北京大觉寺与团城管理处支部委员会。党员大会闭幕后，中共北京大觉寺与团城管理处支部委员会召开了第一次全体会议，以无记名投票等额选举的办法，选举产生了中共北京大觉寺与团城管理处支部委员会书记和副书记。党支部书记李永泉，党支部副书记刘克全。

8月　开展"北京西山大觉寺殿堂古代佛造像保护机制研究"大调研，课题组于8月3日赴广济寺、白塔寺，8月5日赴大慧寺，8月12日赴戒台寺，8月18日赴雍和宫、法源寺开展实地踏查。

同月　启动团城演武厅固定陈列展导视牌系统项目，完成导视牌设计及部分施工制作。

同月　完成固定陈列展互动展项的安装、展览说明牌内容及设计、多媒体展项及宣传片二次审核以及八旗甲胄、家具、牌匾等部分展品验收及进场布展工作。

同月　完成《志喻金汤：健锐营演武厅文物史迹图志》图书出版工作。

9月1日　大觉寺与团城管理处为大觉寺院内特色植物悬挂科普标识牌，介绍每种植物的学名、科属和基本特征，以更好地为观众科普植物知识。

9月2日　在大觉寺山门内展区推出"千里共婵娟——中秋民俗文化展"。展览涵盖中秋节的起源、历史、传说、习俗等多方面内容，使观众在参观了解大觉寺历史的同时，一同领略中秋民俗文化的深厚内涵和独特魅力。

同日　团城演武厅召开研讨会，与北京大学、清华大学、中央民族大学、北京舞蹈学院、圆明园研究院、曹雪芹学会、海淀西山创新设计联合会等多家单位就"志喻金汤——健锐营历史文化展"开幕事宜进行研讨。

9月7日　大觉寺与团城管理处在团城演武厅召开中秋、国庆节前警示教育和安全教育大会，确保节日期间各项工作落实落细。

9月8日　团城演武厅邀请洪烨、张敏、谭晓玲等三位专家，召开"志喻金汤——健锐营历史文化展"项目验收会。

9月初　完成《阳台集：大觉寺与西山历史文化研究》文集全部文稿分类整理、目录编制工作并将文稿交付北京燕山出版社。

9月26日　团城演武厅举办开馆仪式。北京市文物局副局长向德春、北京市文物局博物馆处处长白崇、故宫博物院办公室主任果美侠、北京市海淀区文化和旅游局副局长柳阑、香山街道办事处主任刘来奇、海淀区文化发展促进中心调研员叶亮清、海淀区教师进修学校附属实验学校校长董红军等嘉宾出席了开馆仪式。北京大觉寺与团城管理处李永泉主任与海淀区教师进修学校附属实验学校、香山街道签订共建合作协议。

9月27日　团城演武厅在历经4年修缮改陈后再次开馆，正式对社会大众开放。开馆前注册了"健锐营演武厅"微信公众号，进行为期一周的宣传，增加微信关注粉丝1600

余人，展览在"学习强国"学习平台、北京青年报、新京报、首都之窗、北青网、新浪新闻、腾讯新闻、搜狐网等四十余家媒体及网络平台进行了宣传报道。

9月28日　大觉寺与团城管理处召开疫情防控领导小组扩大会议暨迎接党的二十大维护安全稳定工作会议，全馆职工参加，会议由李永泉主任主持。会议就国庆节假期、二十大安全维稳和疫情防控等工作进行动员部署，确保国庆节和二十大祥和、安全、顺利、圆满。

9月28日和9月29日　大觉寺与团城管理处组织召开了"北京西山大觉寺殿堂古代佛造像保护机制研究"课题座谈会，分别邀请中国国家博物馆文物科技保护中心和故宫博物院文保科技部专业人员参加，管理处主任李永泉主持座谈，课题组成员参加会议。

9月　"大觉寺周边寺庙遗迹调研"课题组开展大觉寺周边寺庙实地踏查工作。

同月　开展"大觉寺殿堂古代佛造像保护机制研究"大调研课题实地踏查，到故宫博物院科技部、国家博物馆文物科技保护中心、北京艺术博物馆、云居寺和石经山等文保单位进行调研交流。

10月6日上午　市文物局党组成员、驻局纪检监察组组长滕修展带队以"四不两直"方式检查大觉寺疫情防控和安全生产工作。

10月11日上午　北京大觉寺与团城管理处党支部在大觉寺会议室，组织开展10月份主题党日活动，李永泉书记主持，全体党员干部职工参加。本次主题党日进行了理论学习、"青年党员作主讲"和支部书记工作讲评等活动。

10月16日上午　大觉寺与团城管理处全体干部职工于上午10点认真收听收看中国共产党第二十次全国代表大会开幕会现场直播。党支部把组织收听收看大会开幕式及第一次全体会议相关报道作为一项重要政治任务，作为集体学习的一项重要内容。

10月17日　管理处工会举办"喜庆二十大 奋力新征程"职工传统射箭比赛和职工登山健身活动。

10月20日　"西山·大觉寺银杏文化展"布展完毕，对外展出。

10月24日　管理处工会组织开展传统手工艺体验活动。

10月25日　针对大觉寺松柏类古树上出现的蚜虫问题，对院内植物开展整体打药防治工作。

10月31日　管理处开展以"宣传普及消防安全知识"为主题的消防安全知识竞赛活动。

10月底　完成"大觉寺殿堂古代佛造像保护机制研究"调研报告撰写工作。

10月　开展"岔曲艺术与旗营文化研究"中两首健锐营相关岔曲创作，月底完成录制；明确课题成果及撰写分工。

　　同月　参与北京广播电台《运河之上》栏目的直播，参加北京交通广播《1039 慧旅行》节目直播及央视频直播节目对"北京香山健锐营历史文化展"进行的拍摄。中央电视台《国宝·发现》栏目在团城拍摄节目。

葛悦[*]　整理

————————————

*　葛悦，北京大觉寺与团城管理处社教部馆员。

后 记

　　2022 年是西山大觉寺对外开放 30 周年，北京大觉寺与团城管理处决定出版文集以为纪念，并成立编辑组负责征文启事拟定、定向约稿组稿，以及其他出版工作事宜。在管理处主任、文集主编李永泉领导下，编辑组人员于 2022 年 3 月向科研单位、文化机构的专家学者、高校师生，以及北京地区博物馆业界同仁发出诚意邀请。截至 2022 年 8 月底，共收到专题论文和纪念文章 30 余篇。稿件内容丰富，篇幅可观，令我们深受鼓舞。

　　这次编辑出版的文集，得到学界、业界专家学者以及各级领导的大力支持。北京市文物局原局长、北京文物保护协会会长孔繁峙欣然为文集作序；北京市文物局原局长、北京市政协教文卫体委员会副主任舒小峰为文集撰写专题论文。河北师范大学历史文化学院教授秦进才，北京大学外国语学院教授薄文泽，南开大学历史学院教授何孝荣，北京联合大学应用文理学院教授、副院长张景秋，北京联合大学文化遗产研究所所长、教授顾军，北京联合大学北京学研究所博士刘少华，北京语言大学文学院副教授李扬，北京市社科院历史所原副所长、副研究员吴文涛，北京燕山出版社原总编辑、文化学者赵珩，著名古碑文鉴定专家、辽金史专家伊葆力，著名律师、文化学者陆波，首都博物馆首席研究员鲁晓帆，中国园林博物馆副馆长谷媛，大钟寺古钟博物馆馆长何沛，以及北京地区多家博物馆、文化单位的研究员、馆领导和相关负责人分别从寺庙文化、文物考释、遗产保护、园林生态、博物馆理论五个方面，展开了专题性的研究和探索，并结合自己的研究领域、专业方向及工作范围撰写了专题论文和纪念文章。此外文集还包括北京大觉寺与团城管理处领导和工作人员的 10 余篇文章。其中既有对西山大觉寺千年历史、寺庙文化的挖掘与研究，又有关于博物馆建设、发展以及对公众开放进行社会教育的思考与实践。我们将这些文章编辑在一起，定名为《阳台集：大觉寺与西山历史文化研究》，并将其作为向大觉寺开放 30 周年（1992—2022 年）的一份礼物。

　　习近平总书记于 2022 年 7 月 8 日在给中国国家博物馆老专家的回信中说："博物馆是保护和传承人类文明的重要场所，文博工作者使命光荣、责任重大。希望同志们坚持正确政治方向，坚定文化自信，深化学术研究，创新展览展示，推动文物活化利用，推进文明交流互鉴，守护好、传承好、展示好中华文明优秀成果，为发展文博事业、为建设社会主义文化强国不断作出新贡献。"让我们牢记总书记的指示，勇敢担当起时代赋予的使命任务，坚定文化自信，把博物馆的优势和作用充分发挥出来，讲好北京历史文物的故事。

值此文集付梓之际，我们谨向以上提到的各位领导、专家学者及未提到而对文集写作给予帮助的诸多朋友们致以衷心的感谢！对为本书出版付出辛苦的北京燕山出版社总编辑夏艳、编辑张金彪一并致以谢意！

由于时间仓促，难免有种种不足，恳请大家批评指正。

张蕴芬

2022 年 10 月于西山大觉寺